土地资源综合监测野外科研基地建设

高延利　郭旭东　张衍毓　等　编著

地质出版社
·北　京·

图书在版编目（CIP）数据

土地资源综合监测野外科研基地建设／高延利等编著. —北京：地质出版社，2017.1
ISBN 978-7-116-10242-2

Ⅰ.①土… Ⅱ.①高… Ⅲ.①土地资源-监测-中国
Ⅳ.①F323.211

中国版本图书馆CIP数据核字（2017）第012388号

Tudi Ziyuan Zonghe Jiance Yewai Keyan Jidi Jianshe

责任编辑：赵 芳 孙 灿
责任校对：韦海军
出版发行：地质出版社
社址邮编：北京海淀区学院路31号，100083
电 话：（010）66554649（邮购部）；（010）66554613（编辑室）
网 址：http：//www.gph.com.cn
传 真：（010）66554607
印 刷：北京地大天成印务有限公司
开 本：787mm×1092mm 1/16
印 张：24.25
字 数：570千字
版 次：2017年1月北京第1版
印 次：2017年1月北京第1次印刷
定 价：66.00元
书 号：ISBN 978-7-116-10242-2

《土地资源综合监测野外科研基地建设》

编 委 会

主　编： 高延利

副主编： 郭旭东　张衍毓　徐进才　闫旭东　朱凤武　田群杰

廖　平　冯永忠　李　钢

编　委（按姓氏笔画排序）：

王　雯　王　静　古　春　伍　文　吕春艳　孙鹏举

严长清　李保莲　杨　敏　吴　全　吴荣涛　汪四文

金志丰　赵　华　胡燕凌　姚喜军　徐艳红　徐嘉兴

唐世超　焦俊党　蒲玲媛　鲍桂叶　慕　楠

前　言

新的形势下，单纯的土地资源数量监测已经难以满足国土资源管理的需求，迫切需要开展土地数量、质量、生态的综合监测。野外科研基地是土地资源综合监测的重要平台。为推进野外科研基地建设，2009 年 7 月，受国土资源部科技与国际合作司委托，中国土地勘测规划院、中国地质大学（北京）、国土资源部土地整治中心等单位组织开展了“土地科技野外基地现状分析及命名标准研究”，明确提出了土地领域野外科研基地建设设想。2010 年 11 月，国土资源部土地利用重点实验室甘肃科研基地挂牌，成为土地领域第一个野外科研基地，标志着土地科技野外科研基地建设取得实质性进展。随后，江苏、内蒙古、河南和四川成都科研基地先后挂牌，土地领域野外科研基地建设工作全面展开。2011 年 11 月，国土资源部印发《关于批准命名和建设第一批野外科学观测研究基地的通知》（国土资发〔2011〕183 号），批准命名了第一批野外科学观测研究基地，中国土地勘测规划院、国土资源部土地利用重点实验室先期建设运行的 6 个科研基地全部入围。目前，在国土资源部科技与国际合作司指导下，在全国土地勘测规划院系统的共同努力和地方各级国土资源主管部门大力支持下，基地办公条件、观测仪器设备、观测站点布设、技术标准、数据库、研究队伍、制度规范等各方面建设取得长足进展，科研基地关键科学现象观测、重要科学数据采集与获取、先进技术应用示范场所等能力已经形成。

2013 年，联合并依托 6 个科研基地，国土资源部土地利用重点实验室实施了国土资源公益性行业科研专项“典型区域土地资源数量—质量—生态监测及持续利用应用示范”（201211050）项目。项目实施过程中，始终将先进技术研发集成应用与基地建设紧密结合，始终将关键科学现象和数据的观测、采集与土地资源管理的热点重点问题跟踪紧密结合，始终将土地科技成果转化与基层土地科技队伍建设和能力提升紧密结合。通过项目实施，有力促进了土地资源领域产学研用的有效结合，提升了土地数量、质量、生态综合管护的理念，探索建立了土地科技创新的有效路径。

本书归纳了土地资源综合监测野外科研基地建设与土地资源可持续利用示范的最新成果。全书共分6章，详细介绍了内蒙古能源开发区、江苏万顷良田区、中部粮食主产区、成都统筹城乡试验区、西部生态脆弱区、苏北煤矿开采区6个土地领域野外科研基地的基础条件、监测指标体系、野外观测站点布设、规章制度等建设情况；利用监测数据，进行土地资源数量—质量—生态综合分析；结合区域特点，有针对性地提出区域土地资源可持续利用的对策。

参加本书编写的人员有：中国土地勘测规划院，国土资源部土地利用重点实验室郭旭东、张衍毓、吕春艳；内蒙古鄂尔多斯野外科研基地徐进才、闫旭东、吴全、徐艳红、姚喜军；江苏金坛野外科研基地朱凤武、严长清、鲍桂叶、金志丰、王静；河南新郑野外科研基地田群杰、吴荣涛、李保莲、焦俊党；四川都江堰野外科研基地廖平、汪四文、杨敏、古春、伍文、唐世超、慕楠；甘肃榆中野外科研基地冯永忠、孙鹏举、胡燕凌、王雯；江苏徐州野外科研基地李钢、赵华、蒲玲媛、徐嘉兴；全书统稿工作由高延利、郭旭东、张衍毓完成。

在项目实施、野外科研基地建设和本书编写过程中，得到了国土资源部科技与国际合作司，中国土地勘测规划院，各省（自治区）国土资源厅，地方国土资源局有关领导、同志们的悉心指导和大力支持，得到了相关专家和同行们的热心帮助，得到了内蒙古自治区土地调查规划院、江苏省土地勘测规划院、河南省国土资源调查规划院、四川省国土勘测规划研究院、甘肃省国土资源规划研究院、中国矿业大学、成都市国土规划地籍事务中心的大力支持和鼎力相助，在此一并表示最衷心的感谢。

土地野外科研基地建设尚处于初创阶段，还需要在理论、技术、机制等方面进一步深化和完善。例如，监测指标体系需要根据区域特点进一步修改补充完善；野外观测布点方案需要不断优化调整；监测技术流程需要进一步规范；基地运行管理制度需要不断创新等。加之作者研究水平、研究条件和研究时间的局限，书中不妥和疏漏在所难免，敬请读者见谅，并恳请读者不吝赐教。

高延利

2016年6月

目　录

第一章　内蒙古能源开发区野外科研基地建设与土地资源可持续利用示范

第一节　内蒙古能源开发区野外科研基地建设

一、野外科研基地概述

（一）野外科研基地基本情况与特征

1. 科研基地定位

内蒙古能源开发区野外科研基地位于内蒙古自治区西南部的鄂尔多斯市。境内矿产资源丰富，$8.7\times10^4km^2$ 的土地上70%的地下埋藏着煤炭、天然气等资源，是全国重要的能源化工基地。其煤炭资源不仅储量大、分布面积广，而且埋藏浅、易开采。依托独特的地理位置和资源禀赋，鄂尔多斯市经济实现了历史性的跨越发展。同时，煤炭资源大量开采，导致土地利用结构、布局发生巨大变化，给生态环境保护带来巨大压力。内蒙古能源开发区野外科研基地的定位即针对煤炭开采、矿山复垦、耕地保护、土地流转及生态环境建设等典型土地利用和资源开发活动开展长期野外观测、技术攻关和政策创新。

紧密结合生态脆弱区能源产业快速发展背景下人地关系演变的基本特征，依托重大科研和业务工作，建设具有显著地域特色的土地科技和政策创新基地，促进重大基础业务建设、重大课题联合攻关、政策联合调研、科研技术队伍建设，将科研基地建设成为土地科技重大问题研究和政策创新的基础平台、科技成果转化的重要窗口、国土资源政策和科技需求反馈的重要渠道，为全面提升土地科技支撑和服务能力、保障能源基地建设、促进西部地区人地关系和谐发展提供科技和政策支撑。野外基地建设的总目标：一是建立系统的能源开发区土地资源数量—质量—生态监测指标体系，设立长期稳定的野外观测站点，形成长序列的观测数据；二是对土地改革政策、创新性成果、典型经验、先进技术等进行试验、示范，总结提高；三是开展土地政策和科研课题研究，形成创新成果；四是建立土地科技与管理人才培养基地，创建一流专业队伍；五是建立土地科普科教平台，促进土地科技成果、政策制度与应用技术的普及、应用。

2. 科研基地区域特征

基地在鄂尔多斯市选取能源集中开发的伊金霍洛旗和耕地新垦区达拉特旗，围绕土地资源数量、质量和生态开展长期监测，为土地资源可持续利用提供理论依据，也为农业产业结构调整提供科学依据。

伊金霍洛旗地处毛乌素沙地东北缘，位于我国北方农牧交错带，土地沙漠化非常严重。该旗在气候上属于温带半干旱大陆季风气候区，受干旱、多风、地表组成物质松散、植被覆盖度低等自然因素影响，同时，由于长期以来人口快速增长和土地不适当的开发利用，生态环境趋向恶化，沙尘暴频繁。伊金霍洛旗境内蕴藏了丰富的矿产资源，尤其是煤炭资源非常丰富，多年的矿产开采及工业开发建设，也对其造成了极大的生态破坏。随着近年来伊金霍洛旗经济的快速发展和人口的增长，工业化、城市化进程的快速推进，土地利用及土地覆被变化剧烈。因此，在该旗建立长期野外观测基地，综合分析该旗土地资源数量、质量、生态状况、土地利用结构演变规律及其影响因素，可为伊金霍洛旗的生态恢复和区域可持续发展提供科技支撑，也可为农牧交错带工矿开采干扰下土地合理利用和退化生态环境的恢复提供参考依据（高子龙，2011）。

达拉特旗土地面积大、土壤类型多、差异明显，土地结构为“五山二沙三分田”，分布特点是“南山中沙北平原”。该旗土壤养分贫瘠，不良土地面积占土地总面积比例大，自然条件恶劣，生态环境非常脆弱。加之快速增长的人畜压力，草场长期超载放牧，草地退化；经济开发过热，大量耕地被非农建设用地占用；土壤污染、耕地过度垦殖致使土地退化严重（王秀娟，2010）。因此，在该旗建立长期野外观测基地，综合分析该旗土地资源数量、质量、生态状况、土地利用结构演变规律及其影响因素，既可为达拉特旗土地利用结构与合理调整提供科学依据，又可为农业生产布局及城市规划提供支持。

（二）科研基地建设历程

为进一步加强土地科技创新，推动矿产资源开发区土地资源可持续利用，积极贯彻落实《国土资源部关于批准命名和建设第一批野外科学观测研究基地的通知》（国土资发〔2011〕183 号）精神，牢牢抓住国土资源部野外科研观测基地建设的大好机遇，2011 年 3 月，在中国土地勘测规划院的指导下，中国土地勘测规划院、内蒙古自治区土地调查规划院和鄂尔多斯市土地调查规划院联合申报了“能源开发区土地利用——内蒙古鄂尔多斯野外基地”（以下简称野外基地），并于 2011 年 11 月获得国土资源部批准，成为国土资源部第一批野外科学观测研究基地。内蒙古自治区土地调查规划院为野外基地建设牵头单位，内蒙古师范大学、鄂尔多斯市土地调查规划院为野外基地共建单位。

野外科研基地以长期野外监测为目标，选取能源集中开发的伊金霍洛旗和耕地新垦区达拉特旗围绕土地资源数量、质量和生态开展长期土地资源数据和相关信息的收集、采集与观测，建立集土地基础业务数据、站点观测数据、基础地理信息和社会经济相关数据于一体的内蒙古科研基地土地资源综合监测数据库。

野外基地观测样点布设于鄂尔多斯市伊金霍洛旗和达拉特旗。伊金霍洛旗共计布设观测点 19 个，重点观测矿区发展进程中土地数量、质量及生态状况变化情况，观测点划分为采矿区、采煤塌陷区、干扰区、复垦区、耕地区、废弃地和背景对照区等多种类型；达拉特旗共计布设观测点 16 个，突出库布齐沙漠边缘农业耕作区特点，重点观测不同农业耕作方式对土地质量的影响和土地沙化、退化等情况，观测点划分为现代农业区、传统农业区、盐碱地、沙地等多种土地利用类型；伊金霍洛旗大气降尘监测点共布设 22 个，以矿区为中心，根据矿区盛行下风向特点，依据区域环境功能区划，分别在矿区附近的农业区、居民区、主干道等进行布点，并在矿区上风向选取绿化清洁区作为对照点。

基于野外科研基地平台，开展相关专题、理论政策等方面的研究工作，累计承担省部级科研项目6项，发表论文20余篇。开展学术交流及合作、举办大型学术交流研讨会2次，邀请国内外专家来基地讲学10余次，基地工作人员外出参加培训会议、实地调研20余次，极大地丰富了野外基地的科学内涵，提升了野外基地在内蒙古自治区各领域的熟识程度。

（三）科研基地建设现状

在国土资源部土地利用重点实验室和自治区规划院的关怀和支持下，经过3年的建设，基地配备了日常办公场所和监测一体设备，已建成软硬件设施配套的“产、学、研”一体化科研、教学、实习平台，具备了长期野外观测能力。

基地观测样点布设于鄂尔多斯市伊金霍洛旗和达拉特旗。伊金霍洛旗共计布设观测点19个，重点观测矿区发展进程中土地数量、质量及生态状况变化情况，观测点划分为采矿区、采煤塌陷区、干扰区、复垦区、耕地区、废弃地和背景对照区等多种类型；达拉特旗共计布设观测点16个，突出库布齐沙漠边缘农业耕作区特点，重点观测不同农业耕作方式对土地质量的影响和土地沙化、退化等情况，观测点划分为现代农业区、传统农业区、盐碱地、沙地等多种土地利用类型；伊金霍洛旗大气降尘监测点共布设22处，以矿区为中心，根据矿区盛行下风向特点，依据区域环境功能区划，分别在矿区附近的农业区、居民区、主干道等进行布点，并在矿区上风向选取绿化清洁区作为对照布点。

二、野外科研基地基础条件建设

（一）办公场所

内蒙古自治区土地调查规划院作为野外科研基地建设的技术依托单位，积极筹备科研基地的硬件设施，设有数据研究中心，配有独立的办公室、会议室和展览室（图1－1，图1－2）。鄂尔多斯市土地调查规划院作为野外科研基地共建单位，设有数据采集处理中心，并提供了专用场地。两院办公室面积总计达500m^2，会议室面积为150m^2，成果阅览室面积为200m^2。

图1－1　野外科研基地办公室（内蒙古规划院）

图1－2　野外科研基地会议室（内蒙古规划院）

（二）科研观测仪器设备

野外科研基地相关办公设施，如办公桌椅、电脑、服务器等均已配置齐全。购置了PDA、GPS及日常野外采样所需的设备工具及土壤养分速测仪（TRF－2A）和野外土壤水分速测仪（SU－LB）等专业仪器（图1－3～图1－6）。

图1－3　野外基地科技成果展示厅（鄂尔多斯规划院）

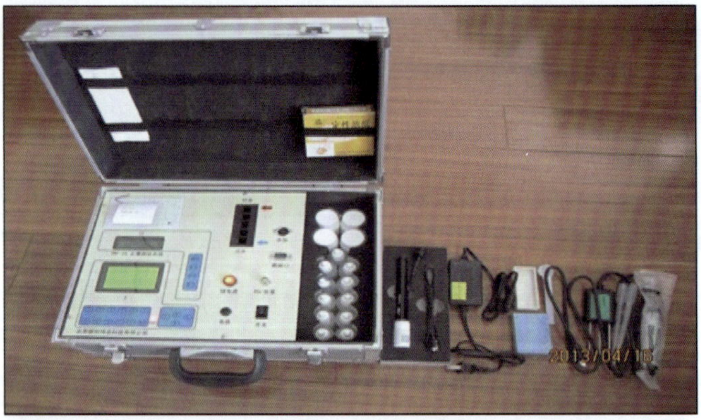

图1－4　土壤养分速测仪

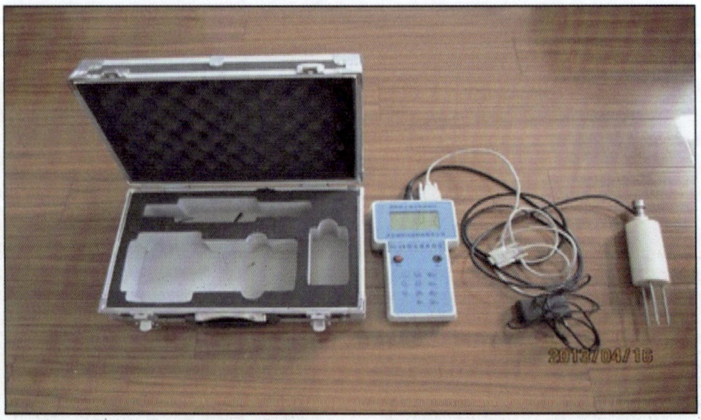

图1－5　野外土壤水分速测仪

图1-6　PDA/GPS 仪器

（三）科研队伍建设

目前，野外科研基地共有研究人员33人，其中，高级工程师7名，工程师16名，其他人员10名。团队学术带头人3名，主持的多项研究成果获得国家及自治区科技进步奖，研究人员分别获得国务院津贴、国土资源部“青年科技骨干”、内蒙古自治区“有突出贡献的中青年专家”、“草原英才”等荣誉称号。通过基地建设和科研项目带动，在外业调查、化验检测、数据分析和影像信息提取等各个环节，培养了大批专业技术人员，为基地构建了专业的科研人才队伍，为数据监测和分析打下了坚实的基础。2012年，该团队获得内蒙古自治区高层次产业创新人才团队称号。

（四）科研基地制度和机制建设

为推动基地更好更快地建设，成立了基地办公室、基地学术指导委员会，制定了发展规划，建立起了基地运行管理规定及工作制度。

1. 组织机构

由内蒙古自治区国土资源厅成立领导小组，下设办公室、基地学术指导委员会和基地项目负责人。

野外基地办公室设在内蒙古自治区土地调查规划院，设主任一名，副主任三名。

2. 运行机制

（1）领导小组。负责制定野外基地发展方针和政策，宏观指导野外基地的建设和运行，落实野外基地科研经费，协调与相关部门的关系，解决野外基地建设与运行中的重大问题等。

（2）办公室。推进野外基地基础条件建设，组织实施科研项目和重大工程、管理观测站点和实验示范基地、制定野外基地各项规章制度、提出基地建设与发展规划建议等。

（3）基地学术指导委员会。由中国土地勘测规划院土地利用重点实验室相关负责人和区内外相关领域的知名专家组成，为基地建设提供智力支持，负责指导、审查和监督基地工作等。

（4）基地项目负责人。协助办公室完成日常管理工作，并带领研究人员完成科研基地研究课题及政策调研等活动。

三、野外观测站点布设

（一）监测体系设计

根据伊金霍洛旗和达拉特旗两个不同监测区域监测重点的不同，通过查阅文献、咨询专家，借鉴已有的研究成果，进一步制定完善了两套有针对性的可以反映区域土地资源数量、质量、生态状况的指标体系（表1－1，表1－2）。

表1－1 伊金霍洛旗土地资源数量、质量、生态状况指标体系

指标类型	一级指标	二级指标	三级指标	数据来源	上报周期
土地资源数量指标	土地利用类型转移指标	耕地（水田、旱地、其他）变化	耕地→沙地，耕地→盐碱地，耕地→荒草地，耕地→裸土地，耕地→建设用地	二次调查与变更调查数据	1次/a
		林地（有林地、灌木林、其他）变化	林地→沙地，林地→盐碱地，林地→荒草地，林地→裸土地，林地→建设用地	二次调查与变更调查数据	1次/a
		草地（天然草地、人工草地）变化	草地→沙地，草地→盐碱地，草地→荒草地，草地→裸土地，草地→建设用地	二次调查与变更调查数据	1次/a
		水域（河流、湖泊、水库）变化	河流→其他用地，湖泊→其他用地，滩涂→其他用地，水域→建设用地	二次调查与变更调查数据	1次/a
		未利用地开发利用	裸地→耕地、林地和草地，建设用地 盐碱地→耕地、林地和草地，建设用地 沙地→耕地、林地和草地，建设用地	二次调查与变更调查数据	1次/a
	土地利用集约度监测指标	农用地	复种指数	固定样点与问卷调查	1次/a
			化肥使用量	固定样点与问卷调查	1次/a
			农药使用量	固定样点与问卷调查	1次/a
			除草剂用量	固定样点与问卷调查	1次/a
			机械总动力	固定样点与问卷调查	1次/a
		建设用地	容积率	遥感与固定样点监测	1次/a
			建筑密度	遥感与固定样点监测	1次/a
	农用地流转状况指标	农用地租赁价格		固定样点与问卷调查	1次/a
		劳动力价格		固定样点与问卷调查	1次/a
		撂荒土地面积		固定样点与问卷调查	5a

续表

指标类型	一级指标	二级指标	三级指标	数据来源	上报周期
土地资源质量指标	土地基础背景调查指标	土壤	耕作层厚度	固定样点监测	5a
			障碍层厚度	固定样点监测	5a
			土地构型	固定样点监测	5a
			土壤质地	固定样点监测	5a
		地形地貌	坡度	固定样点监测	5a
			高程	固定样点监测	5a
	植被盖度指标	植被覆盖指数（NDVI）		遥感光谱数据	1次/a
	土壤样点观测指标	土壤指标	全量氮磷钾	固定样点监测	1次/a
			有机质	固定样点监测	1次/a
			土壤水分（雨季和旱季）	固定样点监测	1次/a
			土壤氨态氮	固定样点监测	1次/a
			土壤含盐量	固定样点监测	1次/a
		基于样点（地块）的问卷调查数据			
土地资源生态状况指标	土壤污染监测指标	耕地区污染	重金属污染［肥料污染——铬（Cr），农业污染——汞（Hg），有机污染物——有机氯］	固定样点	1次/a
			类金属污染指标——砷（As）	固定样点	1次/a
		矿区污染	空气中降落的粉尘、煤尘、烟尘污染	固定样点	每月监测
			固体废弃物	遥感与固定样点监测相结合	1次/a
			区域面积	遥感与固定样点监测相结合	1次/a
	土地生态状况指标	村（耕地、林地、草地）	植被覆盖度	遥感与固定样点监测相结合	1次/a
			林网密度	遥感监测与地面调查	1次/a
			渠网密度	遥感监测与地面调查	1次/a
		城市土地（县域）	城市绿地	遥感	1次/a
			城市水面	遥感	1次/a
			非渗透性表面	遥感	1次/a
		采矿区指标	采矿方法	典型调查	1次
			矿藏规模	典型调查	1次/a
			采空区面积	调查、资料收集	1次/5a
			顶板管理方法	调查、资料收集	1次/6a
			闭矿年限	调查、资料收集	1次

表 1－2 达拉特旗土地资源数量、质量、生态状况指标体系

指标类型	一级指标	二级指标	三级指标	数据来源	上报周期
土地资源数量指标	土地利用类型转移指标	耕地（水田、旱地、其他）变化	耕地→沙地，耕地→盐碱地，耕地→荒草地，耕地→裸土地，耕地→建设用地	二次调查与变更调查数据	1 次/a
		林地（有林地、灌木林、其他）变化	林地→沙地，林地→盐碱地，林地→荒草地，林地→裸土地，林地→建设用地	二次调查与变更调查数据	1 次/a
		草地（天然草地、人工草地）变化	草地→沙地，草地→盐碱地，草地→荒草地，草地→裸土地，草地→建设用地	二次调查与变更调查数据	1 次/a
		水域（河流、湖泊、水库）变化	河流→其他用地，湖泊→其他用地，滩涂→其他用地，水域→建设用地	二次调查与变更调查数据	1 次/a
		未利用地开发利用	裸地→耕地、林地和草地，建设用地 盐碱地→耕地、林地和草地，建设用地 沙地→耕地、林地和草地，建设用地	二次调查与变更调查数据	1 次/a
	土地利用集约度监测指标	农用地	复种指数	固定样点与问卷调查	1 次/a
			化肥使用量	固定样点与问卷调查	1 次/a
			农药使用量	固定样点与问卷调查	1 次/a
			除草剂使用量	固定样点与问卷调查	1 次/a
			机械总动力	固定样点与问卷调查	1 次/a
		建设用地	容积率	遥感与固定样点监测	1 次/a
			建筑密度	遥感与固定样点监测	1 次/a
	农用地流转状况指标	农用地租赁价格		固定样点与问卷调查	1 次/a
		劳动力价格		固定样点与问卷调查	1 次/a
		撂荒土地面积		固定样点与问卷调查	5a
土地资源质量指标	土地基础背景调查指标	土壤	耕作层厚度	固定样点监测	5a
			障碍层厚度	固定样点监测	5a
			土地构型	固定样点监测	5a
			土壤质地	固定样点监测	5a
		地形地貌	坡度	固定样点监测	5a
			高程	固定样点监测	5a
	作物长势指标	植被覆盖指数（NDVI）		遥感	1 次/a
	土壤样点观察指标	土壤指标	全量氮磷钾	固定样点监测	1 次/a
			有机质	固定样点监测	1 次/a
			土壤水分（雨季和旱季）	固定样点监测	1 次/a
			土壤氨态氮	固定样点监测	1 次/a
			土壤含盐量	固定样点监测	1 次/a
		基于样点（地块）的问卷调查数据			

续表

指标类型	一级指标	二级指标		三级指标	数据来源	上报周期
土地资源生态状况指标	土壤污染监测指标	土壤污染	耕地区污染	重金属污染［肥料污染——铬（Cr），农业污染——汞（Hg），有机污染物——有机氯］	固定样点	1 次/a
	土壤生态状况监测指标	土地退化指标		类金属污染指标——砷（As）	固定样点	1 次/a
				地表状况（砾石化率）	遥感与固定样点监测相结合	1 次/a
				沙漠土地面积或占地比率	遥感监测	1 次/a
				沙漠化各类土地占地结构	遥感监测	1 次/a
				草地面积或占地比率	遥感监测	1 次/a
				盐渍化程度	遥感与固定样点监测相结合	1 次/a
	土地生态状况指标	村（耕地、林地、草地）		盐渍化面积	遥感与固定样点监测相结合	1 次/a
				植被覆盖度	遥感与固定样点监测相结合	1 次/a
				林网密度	遥感监测与地面调查	1 次/a
				渠网密度	遥感监测与地面调查	1 次/a
		城市土地（县域）		光合有效辐射	固定样点监测（光合有效辐射计）	1 次/a
				城市绿地	遥感	1 次/a
				城市水面	遥感	1 次/a
				非渗透性表面	遥感	1 次/a

注：表格中个别确实无法获取或暂时不存在的指标可赋空值；文中及表中第二次土地调查简称二调或二次调查。

（二）布点原则、布点方法、站点布设图

1. 布点原则

土壤监测样点布设尽量不打破行政界线，本着样点集中不分散原则进行布点。伊金霍洛旗土壤监测样点以矿区土地资源质量为主要选取原则，选取矿区周边的耕地、草地等地类作为对照进行样点布设；达拉特旗以农地土地资源质量为主要选取原则，选取农地周边的草地、沙化地、盐碱地等地类作为对照进行样点布设。

伊金霍洛旗大气降尘监测点布设依据《环境监测（第三版）》布点方法，采用功能区布点法，布点时先将监测地区按《环境空气质量标准》（GB 3095—1996）划分成若干“功能区”。以矿区为中心，根据矿区盛行下风向特点，依据区域环境功能区划，分别在矿区附近的农业区、居民区、主干道等进行布点，并在矿区上风向选取绿化清洁区作为

对照布点。

2. 布点方法

根据各旗县监测内容侧重点的不同，选择典型样地进行布点，伊金霍洛旗点位选取以矿区为中心向外辐射，阶梯状布点；达拉特旗以典型的农业区为中心向外辐射，阶梯状布点。按照上述原则在遥感影像图上布点并以一定的顺序编号，提取样点坐标。根据室内提取样点坐标，在野外使用 GPS 进行定位，然后根据实地情况综合考虑各方面因素，对样点进行适当调整，以调整后的点位作为最终观测样点，并设立标示牌。标示牌采用 10cm × 10cm × 80cm 的水泥桩，点注记记录观测点的具体位置、坐标、观测指标、说明、影像资料等内容，观测点由当地国土资源所负责管理与维护。

根据已确定的大气降尘监测点，在确定地点放置集尘缸。由于人力物力所限，考虑到方便、易于操作等因素，监测区主要采用玻璃球法收集大气降尘，并设立 2 ~ 3 组兼有干法收集、湿法收集与玻璃球法收集降尘实验作为对照。

3. 站点布设图（图 1 – 7 ~ 图 1 – 9）

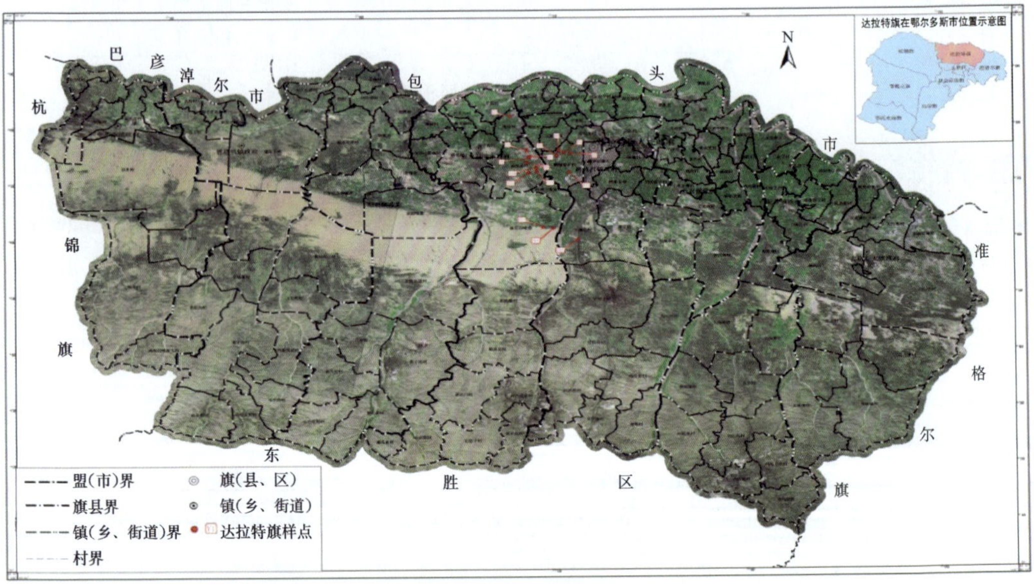

图 1 – 7　达拉特旗野外观测样点布设图

（三）科研基地数据库

派专人对所收集和测试化验所得到的数据进行登记造册，并对纸质材料进行电子格式的转化。建成基础资料数据库（包含人口、气象、水利、土壤、土地利用、社会经济环境等方面的数据）和专项数据库（包含 2012—2014 年样点监测数据及伊金霍洛旗、达拉特旗相关指标提取数据）。

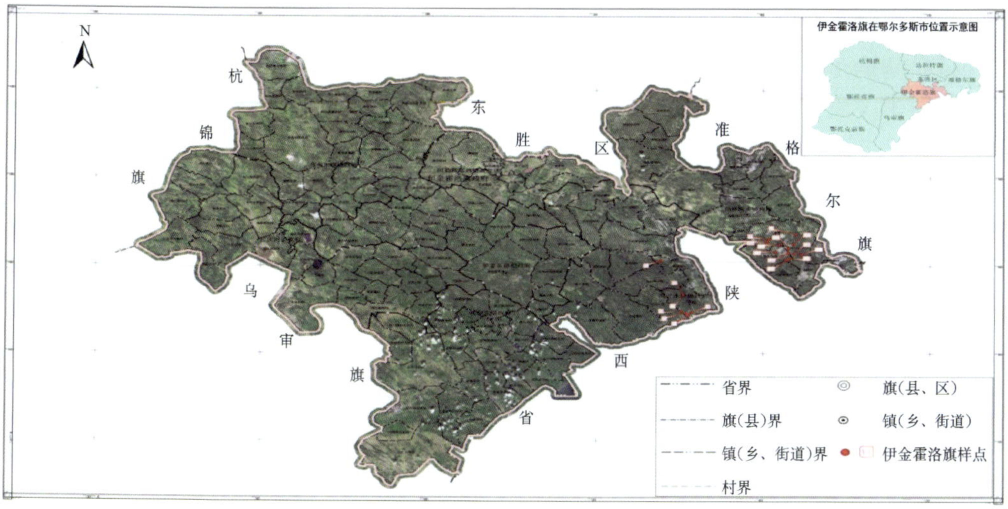

图 1-8 伊金霍洛旗野外观测样点布设图

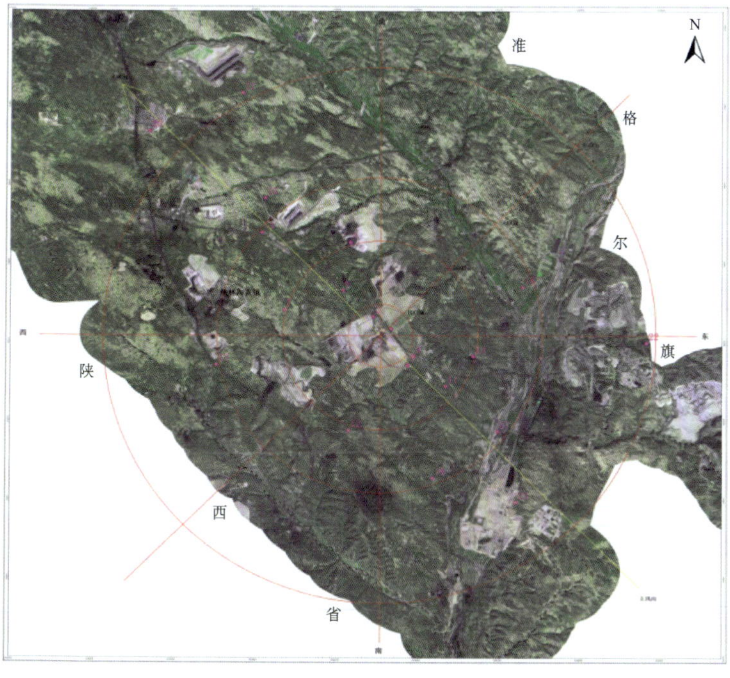

图 1-9 伊金霍洛旗降尘样点布设图

四、科研基地建设经验与发展设想

（一）建设经验

内蒙古自治区作为全国重要的能源化工基地，也是中西部地区经济发展的重要增长点，土地利用变化剧烈，土地资源管理工作面临巨大压力。如何科学合理地管好、用好有限的土地资源成为各级政府关注的问题，也是各级国土资源部门亟须解决的问题。鄂尔多斯野外科研基地正是在此背景下成立的，野外科研基地的建设与发展，对土地科学研究和土地管理科学决策具有重要支撑作用。

1. 围绕区域土地利用管理特点，开展土地科技创新工作

内蒙古自治区土地资源利用具有典型区域特色，地域跨度大，区位独特，人口密度低，资源富集，土地质量差，以水定地，区域差异明显；土地利用空间结构不合理，利用效率低，采矿用地需求量大，基础设施用地量大，气候独特，生产建设项目周期短，农业生产受自然环境和水资源制约显著；围绕内蒙古自治区土地管理现实需求，凸显土地利用特色，开展土地科技创新工作，提升土地资源可持续利用水平提供支撑。

2. 充分发挥土地信息技术的重要作用

采用信息化、网络化和大数据技术，依托遍布全国的野外科研基地，形成土地资源综合监测网络是支撑土地科技创新与进步的重要战略举措，为提高地方科研水平和综合研究能力提供了重要渠道。

3. 获取高质量观测数据是基地建设的核心任务

野外科研基地建设以长期野外监测为核心任务，关键是区域特色监测指标构建与监测站点布设。旨在形成野外长期观测的能力，获得长时间序列的土地资源数量、质量、生态动态监测数据。解决了能源开发区土地研究基础数据不足的问题，同时，长序列观测数据是寻找土地利用演替规律的重要途径。

4. 基地是土地政策试验示范的前沿阵地

科技试验示范是能源区创新发展模式的重要途径。开展基地科研工作是各部门合力的纽带，为自治区土地政策的普及推广奠定实践基础。

（二）存在问题

1. 多元化资金投入保障机制需完善

野外科研基地建设初期，软硬件建设都需要投入大量人力、物力，所需资金量较大，3~5 年的一个建设期过后，还需要继续投入资金用于基地的日常维护、管理，建立完善的、长效的资金保障体系非常关键。

2. 野外观测样点维护工作量大

伊金霍洛旗沟壑纵横、地形复杂，遇上雨天路况十分不好，给野外监测样点的管理和维护带来不便，再加上样点受到自然、人为扰动（如采矿、复垦、退耕还林）等影响很大，需要派专人对样点进行定期监管。达拉特旗虽然地势平坦，但样点大部分处于耕作区，受耕作时人为破坏的可能性很大，且样点之间的距离较远，仍需要派专人进行定期的监管。

3. 部分资料不易获取

资料收集过程中水利、环保、林业等部门的部分资料收集难度大。

（三）发展设想

完善覆盖全自治区的野外基地动态监测网，对能够反映土地资源数量、质量、生态状

况的指标进行重点监测，定期更新。

以野外基地为科技平台，在自治区境内开展耕地保护、湿地保护、未利用地开发利用、生态保护等关键技术的研究与推广。

构建服务于基地—自治区—国家三级层次的土地资源综合监测与信息服务系统。

积极引入自治区高校参与野外基地的建设，充分发挥高校的人才、科研优势，在产学研相结合的基础上，将野外基地建设成为一个博士、硕士培养基地，以及新产品的孵化站和博士后流动站。

第二节　内蒙古能源开发区土地资源综合监测数据分析

一、研究区土地利用现状分析

土地利用现状是人们为了既定的目的，在土地利用众多的不同方式上，依据国民经济各部门之间分配与规划使用各类用地的现有面积、分布及利用水平。土地利用现状分析的对象是目前土地利用的结构、变化、效益，为科学合理利用土地提供借鉴，与此同时为土地利用总体规划修编研究提供基础。

（一）研究区土地利用结构及空间分布

根据最新的土地调查数据显示，截至2012年末，伊金霍洛旗土地利用一级地类的组成及比例情况如表1－3所示，伊金霍洛旗行政区域总面积548680.86hm^2，其中，草地（天然牧草地、人工牧草地、其他草地）面积最大，为320678.69hm^2，占土地总面积的58.45%；其次为林地（有林地、灌木林地、其他林地），面积为147551.07hm^2，达到土地总面积的26.89%；耕地（水田、水浇地、旱地）的面积居于第3位，为33296.98hm^2，占土地总面积的比例达到6.07%。除此以外，其他土地利用类型面积所占比例较小，城镇村及工矿用地（城市、建制镇、村庄、采矿用地、风景名胜及特殊用地）面积为15862.86hm^2，占土地总面积的2.89%；水域及水利设施用地（河流水面、湖泊水面、水库水面、坑塘水面、沿海滩涂、内陆滩涂、沟渠、水工建筑用地、冰川及永久积雪）面积为14317.73hm^2，占土地总面积的2.61%；交通运输用地（铁路用地、公路用地、农村道路、民用机场用地、港口码头用地、管道运输用地）面积为8547.41hm^2，占土地总面积的1.56%；其他用地（设施农用地、田坎、盐碱地、沼泽地、沙地、裸地）面积为8403.30hm^2，占土地总面积的1.53%；面积最小的土地利用类型为园地，面积为22.82hm^2，仅占土地总面积的0.004%。

根据最新的土地调查数据显示，截至2012年末，达拉特旗土地利用一级地类的组成及比例情况如表1－4所示，达拉特旗行政区域总面积824107.11hm^2，其中，草地（天然牧草地、人工牧草地、其他草地）面积最大，为321333.19hm^2，占土地总面积的38.99%；

表 1－3　2012 年伊金霍洛旗土地利用结构表

土地利用类型	面积/hm^2	比例/%
耕地	33296.98	6.069
园地	22.82	0.004
林地	147551.07	26.892
草地	320678.69	58.445
城镇村及工矿用地	15862.86	2.891
交通运输用地	8547.41	1.558
水域及水利设施用地	14317.73	2.609
其他用地	8403.30	1.532
总计	548680.86	100.000

注：以上数据来源于第二次全国土地调查，采用最新土地利用现状分类标准（GB/T 21010—2007）。

其次为林地（有林地、灌木林地、其他林地），面积为 174616.47hm^2，达到土地总面积的 21.19%；耕地（水田、水浇地、旱地）的面积居于第 3 位，为 150077.22hm^2，占土地总面积的比例达到 18.21%。除此以外，其他土地利用类型面积所占比例较小，其他用地（设施农用地、田坎、盐碱地、沼泽地、沙地、裸地）面积为 107719.64hm^2，占土地总面积的 13.07%；水域及水利设施用地（河流水面、湖泊水面、水库水面、坑塘水面、沿海滩涂、内陆滩涂、沟渠、水工建筑用地、冰川及永久积雪）面积为 40667.01hm^2，占土地总面积的 4.94%；城镇村及工矿用地（城市、建制镇、村庄、采矿用地、风景名胜及特殊用地）面积为 21530.67hm^2，占土地总面积的 2.61%；交通运输用地（铁路用地、公路用地、农村道路、民用机场用地、港口码头用地、管道运输用地）面积为 8146.64hm^2，占土地总面积的 0.99%；面积最小的土地利用类型为园地，面积为 16.27hm^2，仅占土地总面积的 0.002%（表 1－4）。

表 1－4　2012 年达拉特旗土地利用结构表

土地利用类型	面积/hm^2	比例/%
耕地	150077.22	18.211
园地	16.27	0.002
林地	174616.47	21.189
草地	321333.19	38.992
城镇村及工矿用地	21530.67	2.613
交通运输用地	8146.64	0.989
水域及水利设施用地	40667.01	4.935
其他用地	107719.64	13.071
总计面积	824107.11	100.000

注：以上数据来源于第二次全国土地调查，采用最新土地利用现状分类标准（GB/T 21010—2007）。

（二）研究区土壤质量评价指标调查分析

土壤质量是土壤在生态系统的范围内，维持生物的生产力、保护环境质量及促进动植物健康的能力。土壤具有不同等级的质量，这是与土壤的各种形成因素及土壤耕作引起的动态变化有关的一种固有的土壤属性。土壤质量的基本定量指标体系包括土壤物理指标、化学指标和生物指标。上壤质量的变化一方面体现在土壤质量的时间动态变化；另一方面则体现在土壤质量的空间变异。

1. 土壤质量定性评价指标

研究土壤质量的方法包括定性分析和定量研究等，本章根据土壤质量的基本定性指标体系，综合考虑研究区域土壤的特点及土壤质量数据的可获得性，选择土壤酸碱度、有机质、全氮、全磷、全钾、土壤含盐量 6 个土壤质量定性评价指标因子。

土壤酸碱度包括酸性强度和酸度数量两个方面，酸性强度是指与土壤固相处于平衡的土壤溶液中 H^+ 的浓度，用 pH 表示。土壤酸碱性的形成决定于盐基淋溶和盐基积累过程的相对强度，受母质、生物气候及农业措施等条件的制约，它是土壤肥力的重要影响因子之一。土壤 pH 的变化直接影响土壤中营养元素的存在状态和有效性，还能影响土壤离子交换、运动、迁移和转化及土壤微生物的活性等。

土壤有机质是指存在于土壤中的所有含碳的有机化合物，主要包括土壤中各种动物、植物残体，微生物体及其分解和合成的各种有机化合物。土壤有机质的含量与土壤肥力水平是密切相关的，虽然有机质仅占土壤总量的很小一部分，但它在土壤肥力上起的多方面作用却是显著的。有机质具有提供植物营养、促进植物生长发育、改善土壤的物理性质、促进微生物和土壤动物的活动、提高土壤的保肥性和缓冲性及活化磷的作用。

在各种营养元素之中，氮、磷、钾 3 种是植物需要量和收获时带走量较多的营养元素，氮是植物生长的必需养分，植物生长需要大量氮。氮素是叶绿素的组成成分，叶绿素 a 和叶绿素 b 都是含氮化合物。氮也是植物体内维生素和能量系统的组成部分，氮素对植物生长发育的影响是十分明显的，当氮素充足时，植物可合成较多的蛋白质，促进细胞的分裂和增长，因此，植物叶面积增长快，能有更多的叶面积用来进行光合作用。此外，氮素的丰缺与叶子中叶绿素含量有密切的关系。

磷在植物体中的含量仅次于氮和钾，一般在种子中含量较高。磷对植物营养有重要的作用。植物体内许多重要的有机化合物含有磷，磷在植物体内参与光合作用、呼吸作用、能量储存和传递、细胞分裂、细胞增大和其他一些过程。磷能促进早期根系的形成和生长，提高植物适应外界环境条件的能力，有助于植物耐过冬天的严寒（刘秀，2008）。磷能提高许多水果、蔬菜和粮食作物的品质。磷有助于增强一些植物的抗病性、抗旱和抗寒能力。磷有促熟作用，对作物品质的形成很重要。但是，用磷过量会使植物晚熟、结实率下降。

钾是植物的主要营养元素，也是土壤中常因供应不足而影响作物产量的三要素之一。钾与氮、磷不同，其不是植物体内有机化合物的成分。钾呈离子状态溶于植物汁液之中，主要功能与植物的新陈代谢有关。钾能够促进光合作用，缺钾使光合作用减弱。钾能明显地提高植物对氮的吸收和利用，并很快转化为蛋白质（赵锴，2008）。钾还能促进植物经济用水。在钾供应充足时，作物能有效地利用水分，并将水分保持在体内，减少蒸腾作用。钾的另一特点是有助于作物的抗逆性。钾的重要生理作用之一是增强细胞对环境条件的调节作用。钾能增强植物对各种不良状况的忍受能力，如干旱、低温、含盐量不正常、病虫危害、倒伏等（丁雪梅，2012）。

土壤含盐量是土中所含盐分的质量占干土质量的百分数。按溶于水的难易程度可分为易溶盐、中溶盐、难溶盐。土中盐分，特别是易溶盐的含量及类型对土的物理、水理、力学性质影响较大。

2. 土壤质量指标测定

在前述土壤样点采集的基础上，对野外采集的土壤样品进行室内的实验处理，测定土壤酸碱度、有机质、全氮、全磷、全钾、土壤含盐量6个因子。根据土壤环境质量国标和土壤实验手册对土壤样品进行如下指标测定：土壤pH、土壤有机质（重铬酸钾氧化－稀释热法）、全量氮（半微量凯氏定氮法）、全量磷（氢氧化钠熔融钼锑比色法）、全量钾（氢氧化钠熔融火焰光度计法）和土壤盐分（残渣法）。

3. 土壤质量指标总体分析

根据上述原则与方法获取土壤质量各指标数值，表1－5是伊金霍洛旗和达拉特旗的土壤质量指标信息。其中，在伊金霍洛旗选取19个样点，涉及7个典型土地利用类型（样点1为灌木林地；样点2为其他草地；样点3、5、6、7为采矿用地；样点4、9、12、17、19为天然牧草地，样点8、18为水浇地；样点10、11、14、16为旱地；样点13、15为裸地）。在达拉特旗选取16个样点，涉及3个典型土地利用类型（样点1、2、4、5、7、10、12、13为水浇地，样点3、6、8、9、14、15、16为天然牧草地；样点11为盐碱地）。

表1－5　采样点基本情况信息表

样点编号	X坐标	Y坐标	坐落乡镇名	现状地类名称	土地利用状况
Y1	37421694.00	4361220.00	乌兰木伦镇	灌木林地	废弃采矿用地，实际为荒草地。距离最近采矿用地约500m，距离运煤集装站约1200m
Y2	37425601.00	4353386.00	乌兰木伦镇	其他草地	塌陷区，现状为其他草地，距离最近采矿用地约80m，距离最近公路约3400m
Y3	37425880.76	4353225.78	乌兰木伦镇	采矿用地	塌陷区，现状为采矿用地，距离周边公路约3200m
Y4	37425810.57	4349623.53	乌兰木伦镇	天然牧草地	未开采，可作背景点，现状为天然牧草地，距离周边采矿用地约260m
Y5	37426202.00	4349124.00	乌兰木伦镇	采矿用地	塌陷区，现状为采矿用地，位于采矿用地内部，距离周边公路约4800m
Y6	37427228.09	4349280.37	乌兰木伦镇	采矿用地	复垦区，现状为蔬菜基地，位于采矿用地内部，距离周边公路约3800m
Y7	37426655.50	4348769.17	乌兰木伦镇	采矿用地	采矿区，现状为采矿用地，位于采矿用地内部，距离周边公路约4500m
Y8	37445854.70	4367212.17	纳林陶亥镇	水浇地	一般农用地，距离周边采矿用地约330m，距离最近公路约3500m
Y9	37441082.85	4366122.44	纳林陶亥镇	天然牧草地	塌陷区，现状为天然牧草地，距离公路约100m，距离采矿用地约300m
Y10	37440794.58	4365484.92	纳林陶亥镇	旱地	一般农用地，现状为旱地，距离周边公路约820m
Y11	37442940.65	4364832.72	纳林陶亥镇	旱地	塌陷区，一般农用地，现状为旱地，距离周边公路约120m，距离采矿用地约430m

续表

样点编号	X 坐标	Y 坐标	坐落乡镇名	现状地类名称	土地利用状况
Y12	37444790.87	4364348.66	纳林陶亥镇	天然牧草地	塌陷区，现状为天然牧草地，距离公路约 880m，距离采矿用地约 820m，距离常青矿复垦区约 100m
Y13	37444361.99	4364085.79	纳林陶亥镇	裸地	塌陷区，现状为裸地，距离周边最近公路约 370m，距离采矿用地约 720m，距离常青矿复垦区约 50m
Y14	37441869.07	4363119.22	纳林陶亥镇	旱地	塌陷区，一般农用地，现状为旱地，距离最近公路约 2200m，距离周边采矿用地约 1000m，距离常青矿复垦区约 1500m
Y15	37444281.98	4363193.82	纳林陶亥镇	裸地	塌陷区，现状为裸地，距离公路约 230m，距离采矿用地约 440m，距离振兴煤矿露天一期复垦区约 300m
Y16	37445546.24	4362697.81	纳林陶亥镇	旱地	塌陷区，一般农用地，距离周边公路约 20m，距离采矿用地约 80m，距离振兴煤矿露天一期复垦区约 340m
Y17	37446700.31	4362645.69	纳林陶亥镇	天然牧草地	塌陷区，现状为天然牧草地，距离公路约 60m，距离采矿用地约 230m，距离振兴煤矿露天一期复垦区约 1500m
Y18	37443694.12	4361759.67	纳林陶亥镇	水浇地	塌陷区，一般农用地，距离周边最近采矿用地约 1500m，距离最近公路约 1700m
Y19	37444648.00	4361670.00	纳林陶亥镇	天然牧草地	塌陷区，现状为天然牧草地，距离周边最近公路约 1200m，距离采矿用地约 1400m
D1	37403427.00	4481737.00	展旦召苏木	水浇地	传统农业区，距离周边公路约 200m、距离最近采矿用地约 980m
D2	37405272.93	4475899.79	展旦召苏木	水浇地	现代农业区，距离周边铁路约 4000m
D3	37410512.75	4475536.21	树林召镇	天然牧草地	现状为天然牧草地，距离周边公路约 90m
D4	37410933.72	4475524.10	树林召镇	水浇地	传统农业区，距离周边公路约 60m
D5	37411881.64	4475460.50	树林召镇	水浇地	传统农业区，距离周边公路约 50m
D6	37405640.12	4474624.27	展旦召苏木	天然牧草地	现状为天然牧草地，地处现代农业区，距离周边铁路约 3300m
D7	37406226.35	4474759.55	展旦召苏木	水浇地	整理项目区，距离周边铁路约 4500m
D8	37409922.19	4474978.97	树林召镇	天然牧草地	现状为天然牧草地，距周边公路约 100m
D9	37405544.72	4473112.96	展旦召苏木	天然牧草地	现状为天然牧草地，距周边铁路约 1500m
D10	37406675.67	4472767.13	展旦召苏木	水浇地	一般农用地，距离周边铁路约 2800m
D11	37405624.40	4471765.12	展旦召苏木	盐碱地	现状为盐碱地，距离周边铁路约 60m
D12	37411745.36	4471814.16	树林召镇	水浇地	一般农用地，位于村庄附近，距离周边公路约 1600m
D13	37406967.98	4462329.38	展旦召苏木	水浇地	距离沙漠 100m，一般农用地，距离周边农村道路约 1200m
D14	37409152.65	4461980.42	展旦召苏木	天然牧草地	现状为天然牧草地，距离周边农村道路约 400m，距离沙漠 100m

表 1-6　2012 年伊金霍洛旗土壤质量指标分析

编号	土壤有机质/（g·kg^{-1}）			全氮量/（g·kg^{-1}）			全磷量/（g·kg^{-1}）			全钾量/（g·kg^{-1}）			含盐量	pH	
	0~10cm	10~20cm	20~30cm	0~10cm	10~20cm	20~30cm	0~10cm	10~20cm	20~30cm	0~10cm	10~20cm	20~30cm	g/kg	0~10cm	20~30cm
1	6.54	4.47	3.08	0.11	0.07	0.05	0.57	0.56	0.58	22.86	21.07	22.19	0.11		
2	16.23	9.79	8.38	0.56	0.17	0.09	0.81	0.73	0.45	22.09	22.58	24.60	0.08		
3	11.46	5.79	5.48	0.13	0.06	0.04	0.68	0.55	0.50	25.88	21.13	19.85	0.18		
4	18.28	9.94	7.56	0.35	0.16	0.12	0.73	0.69	0.54	22.11	20.98	19.86	0.28		
6	9.92	5.43	4.83	0.16	0.07	0.05	0.52	0.50	0.57	22.01	20.99	23.48	0.16		
7	4.96	4.44	4.11	0.12	0.07	0.04	0.56	0.54	0.44	23.56	22.33	27.35			
8	35.78	15.92	7.56	0.92	0.36	0.29	0.74	0.60	0.48	22.23	19.72	20.00	0.23	7.89	9.24
9	18.19	5.90	17.30	0.50	0.13	0.58	0.53	0.46	0.41	22.23	21.10	21.13	0.13		
10	2.29	6.18	2.60	0.59	0.51	0.20	0.55	0.54	0.45	22.22	20.95	20.92	0.24	8.84	7.85
11	15.43	9.66	3.95	0.82	0.63	0.20	0.48	0.43	0.39	21.04	19.62	21.13	0.17	8.66	9.26
12	15.13	2.19	1.28	0.78	0.11	0.06	0.62	0.49	0.36	19.88	22.54	21.09			
13	3.25	1.56	1.70	0.13	0.09	0.08	0.50	0.47	0.49	21.07	23.48	21.51	0.23		
14	3.53	3.72	3.62	0.15	0.13	0.16	0.35	0.31	0.50	20.96	21.11	23.42		9.03	9.12
15	5.58	3.50	2.48	0.15	0.18	0.14	0.40	0.44	0.52	22.10	22.31	24.42	0.08	8.91	8.93
16	21.64	10.40	2.45	0.68	0.25	0.10	0.36	0.26	0.23	24.55	21.00	22.06	0.21	7.95	8.57
17	7.99	1.71	1.11	0.07	0.03	0.03	0.45	0.51	0.53	19.80	22.26	22.38	0.11		
18	30.40	12.42	7.62	0.99	0.15	0.37	0.73	0.54	0.36	20.98	22.16	26.80	0.16	8.73	9.08
19	11.63	3.79	4.19	0.35	0.20	0.24	0.51	0.47	0.44	28.08	28.28	19.76	0.47		

注：样点 5 样品存在偶然损失。

1）伊金霍洛旗土壤质量指标分析

由表1－6可知，伊金霍洛旗土壤有机质在0～10cm深度均值为13.24g/kg，10～20cm深度均值为6.49g/kg，20～30cm深度均值为4.96g/kg，呈现随剖面深度增加有机质含量逐步降低的趋势；土壤全氮量在0～10cm深度均值为0.42g/kg，10～20cm深度均值为0.19g/kg，20～30cm深度均值为0.16g/kg，呈现随剖面深度增加全氮量含量逐步降低的趋势；土壤全磷量在0～10cm深度均值为0.56g/kg，10～20cm深度均值为0.51g/kg，20～30cm深度均值为0.46g/kg，呈现随剖面深度增加全磷量含量逐步降低的趋势；土壤全钾量在0～10cm深度均值为22.43g/kg，10～20cm深度均值为21.87g/kg，20～30cm深度均值为22.33g/kg，呈现随深度增加全钾量含量保持相对稳定的趋势；所选取的典型土壤样点的含盐量均值为0.19g/kg；pH均值在0～10cm深度均值为8.57，20～30cm深度均值为8.86，整体呈现弱碱性。

通过对7种土地利用类型进行土壤有机质含量分析对比可知（表1－7，表1－8），土壤有机质含量：水浇地(18.28g/kg)＞其他草地(11.47g/kg)＞天然牧草地(8.41g/kg)＞旱地(7.12g/kg)＞采矿用地(6.27g/kg)＞灌木林地(4.70g/kg)＞裸地(3.01g/kg)，水浇地中农作物种植过程秸秆、废弃物残渣等形成腐殖质层，加上各种农药化肥的施用导致其有机质含量高；其次为其他草地，天然牧草地也由于枯枝落叶的腐化作用造成有机质的含量较高；旱地由于耕垦效应，改变了土壤温度条件和通气状况，微生物活性增强，使土壤有机质分解速率加快，故含量较低；采矿用地受到表土剥离，采矿塌陷等造成有机质含量减少，其他土地利用类型有机质均存在相应程度的低量（其中，灌木林地和其他草地土壤采集点较少，土壤有机质含量存在偶然性）。对上述土地利用类型和土壤有机质含量进行SPSS单因素方差分析（ANOVA），结果表明：$F=4.072$；$P=0.021$（$p<0.05$），不同土地利用方式之间土壤有机质含量差异显著。

表1－7 伊金霍洛旗土壤有机质含量分组分析

土地利用类型	土壤编号	有机质/（$g\cdot kg^{-1}$）	标准差
灌木林地	1	4.70	
其他草地	2	11.47	
采矿用地	3、5、6、7	6.27	1.59
天然牧草地	4、9、12、17、19	8.41	4.27
水浇地	8、18	18.28	2.08
旱地	10、11、14、16	7.12	4.07
裸地	13、15	3.01	1.19

土壤全氮量：水浇地(0.51g/kg)＞旱地(0.37g/kg)＞其他草地(0.27g/kg)＞天然牧草地(0.25g/kg)＞裸地(0.13g/kg)＞灌木林地(0.08g/kg)＝采矿用地(0.08g/kg)；土壤全氮含量的对比情况与土壤有机质含量对比情况基本一致，对于上述土地利用类型和土壤全氮含量进行SPSS单因素方差分析（ANOVA），结果表明：$F=3.85$；$P=0.026$（$p<0.05$），不同土地利用方式之间土壤全氮含量差异显著。

表 1-8 伊金霍洛旗土壤全氮、全磷、全钾含量分组分析

土地利用类型	土壤编号	全氮量（g·kg^{-1}）	标准差	全磷量（g·kg^{-1}）	标准差	全钾量（g·kg^{-1}）	标准差
灌木林地	1	0.08		0.57		22.04	
其他草地	2	0.27		0.66		23.09	
采矿用地	3、5、6、7	0.08	0.01	0.54	0.03	22.95	1.27
天然牧草地	4、9、12、17、19	0.25	0.13	0.52	0.08	22.10	1.84
水浇地	8、18	0.51	0.01	0.58	0.04	21.98	1.88
旱地	10、11、14、16	0.37	0.17	0.40	0.10	21.58	0.81
裸地	13、15	0.13	0.04	0.47	0.02	22.48	0.65

土壤全磷量：其他草地(0.66g/kg) > 水浇地(0.58g/kg) > 灌木林地(0.57g/kg) > 采矿用地(0.54g/kg) > 天然牧草地(0.52g/kg) > 裸地(0.47g/kg) > 旱地(0.40g/kg)；该结果是由林地、草地比耕作植物更能吸收大量的磷或者说更高比例的磷被微生物固定和保留在林地层、草地层中所造成的。对上述土地利用类型和土壤全磷含量进行 SPSS 单因素方差分析（ANOVA），结果表明：$F = 2.799$；$P = 0.066$（$p > 0.05$），不同土地利用方式之间土壤全磷含量差异不显著。

土壤全钾量：其他草地(23.09g/kg) > 采矿用地(22.95g/kg) > 裸地(22.48g/kg) > 天然牧草地(22.10g/kg) > 灌木林地(22.04g/kg) > 水浇地(21.98g/kg) > 旱地(21.58g/kg)；水浇地和旱地在农作物不断生长的过程中消耗大量钾元素使得其含量较少；其他土地利用类型下其全钾含量对比趋势与全磷含量对比趋势基本保持一致；对上述土地利用类型和土壤全钾含量进行 SPSS 单因素方差分析（ANOVA），结果表明：$F = 0.351$；$P = 0.895$（$p > 0.05$），不同土地利用方式之间土壤全钾含量差异不显著。

土壤含盐量：旱地(0.207g/kg) > 水浇地(0.195g/kg) > 天然牧草地(0.180g/kg) > 采矿用地(0.170g/kg) > 裸地(0.155g/kg) > 灌木林地(0.110g/kg) > 其他草地(0.080g/kg)。

由表 1-9 和表 1-10 可知：从有机质含量看，所有样品的有机质含量均小于 20g/kg，属于土壤肥力状况的评价标准中“稍缺”的类型，其中有 12 个样品的有机质含量低于 10g/kg，属于“缺”的类型，更有 7 个样品的有机质含量低至 6g/kg 以下（最低值 2.17g/kg），属于“极缺”类型，急需补充。

再分析全氮、全磷、全钾的丰缺度，其中，样品全氮含量比较均匀，差异不大，除样点 8、11、18 外均处于 6 级水平，即“极缺”，土壤中全氮含量急需大量补充，矿区一些大树叶片不够鲜绿、不够肥厚，甚至容易发黄，缺水缺氮可能是主要原因；从全磷含量来看，样点 2、4、8 土壤全磷含量达到 3 级水平，即“中等类型”，可以满足植物生长所需，其余样点的全磷含量均处于 4～5 级水平，即“稍缺”或“缺”，应该补施磷肥；从全钾含量看，样品全钾含量比较均匀，差异不大，均处于 2 级水平，即“稍丰”的类型，比较理想。

2）达拉特旗土壤质量指标分析

达拉特旗土壤有机质在 0～10cm 深度均值为 5.59g/kg，10～20cm 深度均值为 2.92g/kg，

表 1-9　2012 年伊金霍洛旗土壤质量指标分析

土壤编号	土壤有机质/(g · kg^{-1})	全氮量/(g · kg^{-1})	全磷量/(g · kg^{-1})	全钾量/(g · kg^{-1})
1	4.70	0.08	0.57	22.04
2	11.47	0.27	0.66	23.09
3	7.58	0.08	0.58	22.29
4	11.93	0.21	0.65	20.98
6	6.73	0.09	0.53	22.16
7	4.50	0.08	0.51	24.41
8	19.75	0.52	0.61	20.65
9	13.80	0.40	0.47	21.49
10	3.69	0.43	0.51	21.36
11	9.68	0.55	0.43	20.60
12	6.20	0.32	0.49	21.17
13	2.17	0.10	0.49	22.02
14	3.62	0.15	0.39	21.83
15	3.85	0.16	0.45	22.94
16	11.50	0.34	0.28	22.54
17	3.60	0.04	0.50	21.48
18	16.81	0.50	0.54	23.31
19	6.54	0.26	0.47	25.37

表 1-10　土壤养分含量分级与丰缺度

级别	丰缺度	有机质	全氮	全磷	全钾
		(g/kg)	(g/kg)	(g/kg)	(g/kg)
1	丰	>40	>2.0	>1.0	>25.0
2	稍丰	30~40	1.5~2.0	0.81~1.0	20.1~25.0
3	中等	20~30	1.0~1.5	0.61~0.80	15.1~20.0
4	稍缺	10~20	0.75~1.0	0.41~0.60	10.1~15.0
5	缺	6~10	0.5~0.75	0.20~0.40	5.1~10.0
6	极缺	<6	<0.5	<0.20	<5.0

20~30cm 深度均值为 2.72g/kg，呈现随深度增加有机质含量逐步降低的趋势；土壤全氮量在 0~10cm 深度均值为 0.23g/kg，10~20cm 深度均值为 0.16g/kg，20~30cm 深度均值为 0.13g/kg，呈现随深度增加全氮量含量逐步降低的趋势；土壤全磷量在 0~10cm 深度均值为 0.50g/kg，10~20cm 深度均值为 0.43g/kg，20~30cm 深度均值为 0.42g/kg，呈现随深度增加全磷量含量逐步降低的趋势；土壤全钾量在 0~10cm 深度均值为 22.25g/kg，10~20cm 深度均值为 21.7g/kg，20~30cm 深度均值为 22.38g/kg，呈现随深度增加全钾量含量保持相对稳定的趋势；所选取的典型土壤样点的含盐量均值为 0.36g/kg、pH 均值在 0~10cm 深度均值为 8.92g/kg，20~30cm 深度均值为 9.26g/kg，整体呈现弱碱性（表 1-11）。

表 1－11　2012 年达拉特旗土壤质量指标分析

编号	土壤有机质/（g·kg⁻¹）			全氮量/（g·kg⁻¹）			全磷量/（g·kg⁻¹）			全钾量/（g·kg⁻¹）			含盐量	pH	
	0～10cm	10～20cm	20～30cm	0～10cm	10～20cm	20～30cm	0～10cm	10～20cm	20～30cm	0～10cm	10～20cm	20～30cm	g/kg	0～10cm	20～30cm
1	14.50	6.43	4.80	0.59	0.33	0.22	0.80	0.64	0.63	19.83	21.03	22.38	1.02	9.12	9.63
2	3.62	1.95	2.68	0.10	0.05	0.04	0.65	0.60	0.48	20.97	21.71	19.83	0.35	8.34	9.60
3	1.78	1.41	2.08	0.14	0.13	0.06	0.56	0.47	0.39	21.19	18.66	18.47	0.26		
4	4.05	2.13	2.61	0.21	0.13	0.13	0.57	0.43	0.43	20.42	21.14	19.88	0.32	9.17	9.30
5	12.29	5.10	3.86	0.45	0.25	0.21	0.58	0.47	0.42	25.38	21.32	21.98			
6	5.41	1.63	1.55	0.11	0.07	0.09	0.40	0.35	0.31	23.19	20.46	21.80			
7	2.85	1.88	1.78	0.13	0.09	0.09	0.43	0.46	0.43	22.07	21.96	21.72			
8	5.78	1.53	2.02	0.27	0.13	0.11	0.53	0.32	0.42	23.21	22.95	20.12			
9	5.32	1.63	2.33	0.26	0.12	0.09	0.54	0.35	0.29	21.78	20.71	22.98	0.23		
10	3.84	3.03	0.42	0.21	0.12	0.12	0.46	0.32	0.42	20.13	22.43	34.88	0.12		
11	2.40	4.68	4.01	0.19	0.25	0.18	0.48	0.56	0.44	21.95	21.88	22.75	0.43		
12	9.22	1.99	3.80	0.33	0.15	0.13	0.49	0.42	0.40	21.76	21.89	21.70		8.94	9.49
13	5.29	5.69	4.37	0.12	0.29	0.20	0.41	0.38	0.28	21.80	21.96	21.72	0.38	9.04	8.30
14	2.69	1.50	1.29	0.22	0.16	0.12	0.20	0.34	0.70	25.46	25.47	24.28	0.13		
15	5.63	2.97	2.42	0.24	0.13	0.08	0.51	0.45	0.41	23.74	20.59	21.79			
16	4.71	3.21	3.57	0.18	0.15	0.14	0.36	0.26	0.27	23.13	23.09	21.79	0.34		

通过对 3 种土地利用类型进行质量指标分析对比可知（表 1－12），土壤有机质含量：水浇地（4.51g/kg）＞盐碱地（3.70g/kg）＞天然牧草地（2.88g/kg）；对上述土地利用类型和土壤有机质含量进行 SPSS 单因素方差分析（ANOVA），结果表明：$P=0.014$（$p<0.05$），不同土地利用方式之间土壤全磷含量差异显著（盐碱地土壤采集点布设仅为 1 个，其土壤有机质含量存在偶然性）。

表 1－12　达拉特旗土壤养分含量分组分析

土地利用类型	土壤编号	土壤有机质（$g\cdot kg^{-1}$）	标准差	全氮量（$g\cdot kg^{-1}$）	标准差	全磷量（$g\cdot kg^{-1}$）	标准差	全钾量（$g\cdot kg^{-1}$）	标准差
水浇地	1、2、4、5、7、10、12、13	4.51	2.37	0.20	0.48	0.48	4.89	22.08	1.76
天然牧草地	3、6、8、9、14、15、16	2.88	0.82	0.14	2.26	0.40	1.88	22.14	1.38
盐碱地	11	3.70		0.21		0.49		22.19	

土壤全氮量：盐碱地（0.21g/kg）＞水浇地（0.20g/kg）＞天然牧草地（0.14g/kg）；对上述土地利用类型和土壤全氮含量进行 SPSS 单因素方差分析（ANOVA），结果表明：$P=0.003$（$p<0.05$），不同土地利用方式之间土壤全氮含量差异显著（盐碱地土壤采集点布设仅为 1 个，其土壤全氮含量存在偶然性）。

土壤全磷量：盐碱地（0.49g/kg）＞水浇地（0.48g/kg）＞天然牧草地（0.40g/kg）；对上述土地利用类型和土壤全磷含量进行 SPSS 单因素方差分析（ANOVA），结果表明：$P=0.285$（$p>0.05$），不同土地利用方式之间土壤全磷含量差异不显著（盐碱地土壤采集点布设仅为 1 个，其土壤全磷含量存在偶然性）。

土壤全钾量：盐碱地（22.19g/kg）＞天然牧草地（22.14g/kg）＞水浇地（22.08g/kg）；对上述土地利用类型和土壤全钾含量进行 SPSS 单因素方差分析（ANOVA），结果表明：$P=0.622$（$p>0.05$），不同土地利用方式之间土壤全钾含量差异不显著（盐碱地土壤采集点布设仅为 1 个，其土壤全钾含量存在偶然性）。

土壤含盐量：水浇地（0.438g/kg）＞盐碱地（0.430g/kg）＞天然牧草地（0.347g/kg）。

由表 1－13 可知：从有机质含量看，所有样品的有机质含量均小于 10g/kg，属于土壤肥力状况的评价标准中“缺”的类型，更有 14 个样品的有机质含量低至 6g/kg 以下（最低值 1.76g/kg），属于“极缺”类型，急需补充。

再分析全氮、全磷、全钾的丰缺度，其中，样品全氮含量比较均匀，差异不大，均处于 6 级水平，即“极缺”，土壤中全氮含量急需大量补充；从全磷含量来看，样点 1 土壤全磷含量达到 3 级水平，即“中等类型”，可以满足植物生长所需，其余样点的全磷含量均处于 4～5 级水平，即“稍缺”或“缺”，应该补施磷肥；从全钾含量看，样品全钾含量比较均匀，差异不大，除样点 3 全钾含量为 19.44g/kg 外，均处于 2 级水平，即“稍丰”的类型，比较理想。

表 1－13　2012 年达拉特旗土壤质量指标分析

土壤编号	土壤有机质/（g·kg⁻¹）	全氮量/（g·kg⁻¹）	全磷量/（g·kg⁻¹）	全钾量/（g·kg⁻¹）
1	8.58	0.38	0.69	21.08
2	2.75	0.06	0.58	20.84
3	1.76	0.11	0.47	19.44
4	2.93	0.16	0.48	20.48
5	7.08	0.30	0.49	22.89
6	2.86	0.09	0.35	21.82
7	2.17	0.10	0.44	21.92
8	3.11	0.17	0.42	22.09
9	3.09	0.16	0.39	21.82
10	2.43	0.15	0.40	25.81
11	3.70	0.21	0.49	22.19
12	5.00	0.20	0.44	21.78
13	5.12	0.20	0.36	21.83
14	1.83	0.17	0.41	25.07
15	3.67	0.15	0.46	22.04
16	3.83	0.16	0.30	22.67

（三）研究区土地利用生态环境敏感性分析

生态环境敏感性是指生态系统对各种环境变异和人类活动干扰的敏感程度，即生态系统在遇到干扰时，生态环境问题出现的概率大小。生态环境敏感性评价的实质就是在不考虑人类活动影响的前提下，评价具体的生态过程在自然状况下发生潜在的生态环境问题的可能性大小，敏感性高的区域，当受到人类不合理活动影响时，就容易产生生态环境问题，是生态环境保护和恢复建设的重点（刘春霞等，2011）。利用伊金霍洛旗和达拉特旗的生态状况基础性调查资料和各种对当地生态环境现状的调查和评价结果，通过单因子分析和多因子综合评价相结合，对生态环境敏感性进行了综合评价，明确生态环境敏感区域，为当地土地资源的“数量管控、质量管理、生态管护”三位一体管理服务。

1. 研究方法

生态环境问题的形成和发展往往是多个因子综合作用的结果。生态环境问题的出现或者发展概率常常取决于影响生态环境问题形成的各个因子的强度、分布状况和多因子的组合。因此，在生态环境敏感性评价时，常常采用多因子的综合方法。如景观多样性，就包括了土地利用类型多样性指数、土地利用格局多样性指数、斑块多样性指数等与景观多样性直接相关的因子。通过综合各影响因子分布图，采用 GIS 空间分析方法，得出各生态环境问题的敏感性分布图，然后进一步综合，得出当地生态环境敏感性分布图。

影响环境敏感性的因子很多，根据当地的实际情况，生态敏感性评价主要针对景观多样性、水土流失、土地损毁与退化 3 方面对研究区域的生态环境问题进行分析。在生态环境敏感性评价中，很难直接得出研究区域的生态环境敏感性，所以需要进行评价标准的设定，以便把定量的评价结果定性描述，本章参考相关研究成果和文献，根据伊金霍洛旗和达拉特旗的实际状况，结合目前相应的评价标准，采用非等间距方法，将生态环境敏感性分析评价标准划分为 5 种状态，即极敏感、高度敏感、中度敏感、轻度敏感、不敏感。敏感性分值越高，其区域土地生态系统结构就越稳定，在有人类活动影响的条件下抗干扰性就较强，生态状况就越安全，反之越差。评价标准见表 1－14。

表 1－14　研究区域生态环境敏感性分析等级标准

等级	状态	特征
Ⅰ	极敏感状态	土地生态系统服务功能严重退化，功能丧失，土地生态环境受到严重破坏，生态恢复与重建很困难，生态过程很难逆转，生态环境问题很大并经常演变为生态灾害
Ⅱ	高度敏感状态	土地生态系统服务功能有较大退化，功能退化且不全，土地生态环境受到较大破坏，受外界干扰后恢复困难，生态过程较难逆转，生态问题较大，生态灾害较多
Ⅲ	中度敏感状态	土地生态系统服务功能已有退化，但尚可维持基本功能，土地生态环境受到一定破坏，受干扰后易恶化，生态问题显著，生态灾害时有发生
Ⅳ	轻度敏感状态	土地生态系统服务功能基本完善，功能尚好，土地生态环境较好，受干扰后一般可恢复，生态问题不显著，生态灾害不大
Ⅴ	不敏感状态	土地生态系统服务功能完善，功能性强，土地生态环境好，受干扰后能恢复，生态问题不显著，很少发生自然灾害

2. 景观多样性敏感性指标

景观是由相互作用的景观要素或生态系统以一定的规律组成的具有高度空间异质性的区域。景观多样性是指不同类型的景观在空间结构、功能机制和时间动态方面的多样化和变异性，反映了景观的复杂程度。多样性指数主要取决于两个因素：一是土地利用类型的多少；二是各土地利用类型在面积上分布的均匀程度。以此为基础本章综合考虑景观类型多样性指数、景观格局多样性指数、景观斑块多样性指数、无污染高等级耕地比例、有林地与防护林比例、天然草地比例、无污染水面比例 7 个指标因子。

（1）土地利用类型多样性指数：土地利用类型多样性是指不同景观类型如农田、森林、草地等的数目及其面积所占比例。是景观类型的丰富度和复杂度，对物种多样性和生态过程有重要的影响。

（2）土地利用格局多样性指数：土地利用格局多样性是指景观类型空间分布的多样性及各类型之间及斑块与斑块之间的空间关系和功能联系。

（3）景观斑块多样性指数：景观斑块多样性是指景观中斑块包括斑块、廊道和基质的数量大小和斑块形状的多样性和复杂性。单位面积上斑块的数目表现景观的完整性和破碎化。景观的完整性和破碎化对物种的生存与灭绝具有重要的影响。

由伊金霍洛旗土地利用多样性系列指数分布图和柱状图可知，伊金霍洛旗土地利用类型多样性最高的为乌兰木伦镇（1.75），土地利用类型多样性最低的为扎萨克镇（1.42）；土地利用格局多样性最高的为阿勒腾席热镇（2.07），土地利用格局多样性最低的为纳林陶亥镇（1.80）；斑块多样性最高的为纳林陶亥镇（0.19），斑块多样性最低的为红庆河镇（0.13）；天然草地比例最高的为扎萨克镇（56.89%），天然草地比例最低的为阿勒腾席热镇（29.74%）（图1-10~图1-17）。

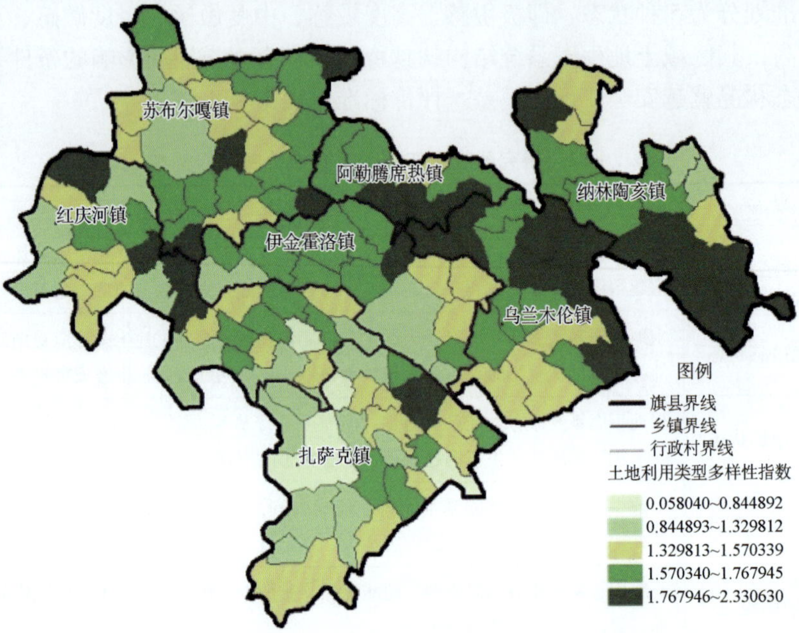

图1-10 伊金霍洛旗土地利用类型多样性指数分布图

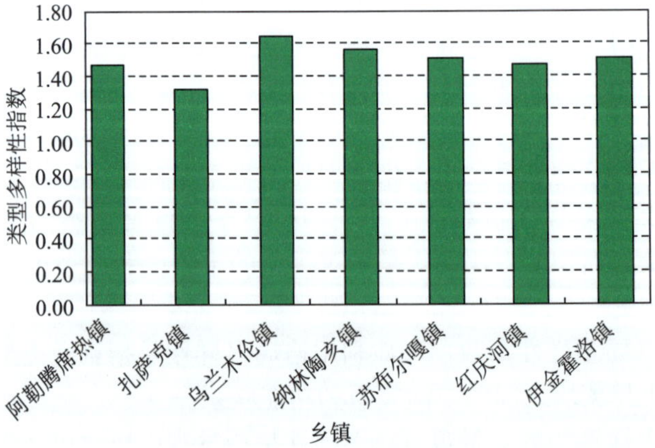

图1-11 伊金霍洛旗土地利用类型多样性指数柱状图

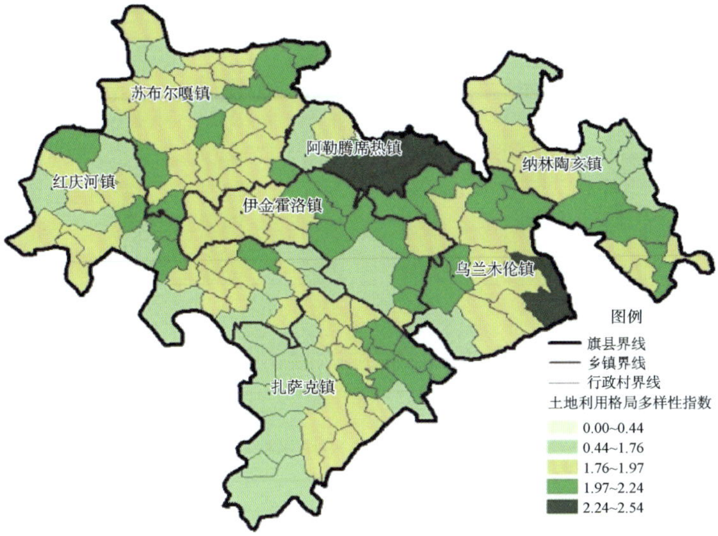

图 1-12　伊金霍洛旗土地利用格局多样性指数分布图

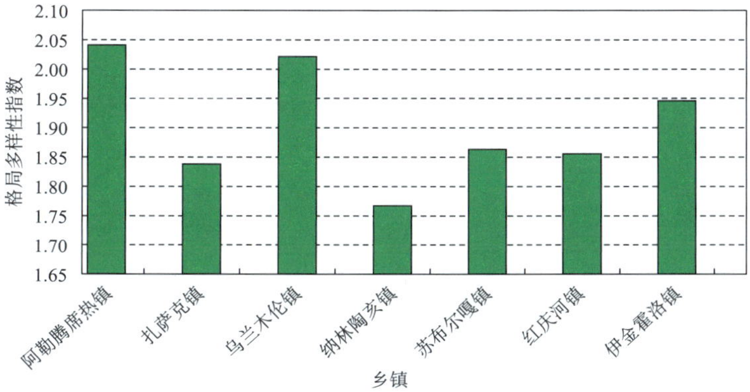

图 1-13　伊金霍洛旗土地利用格局多样性指数柱状图

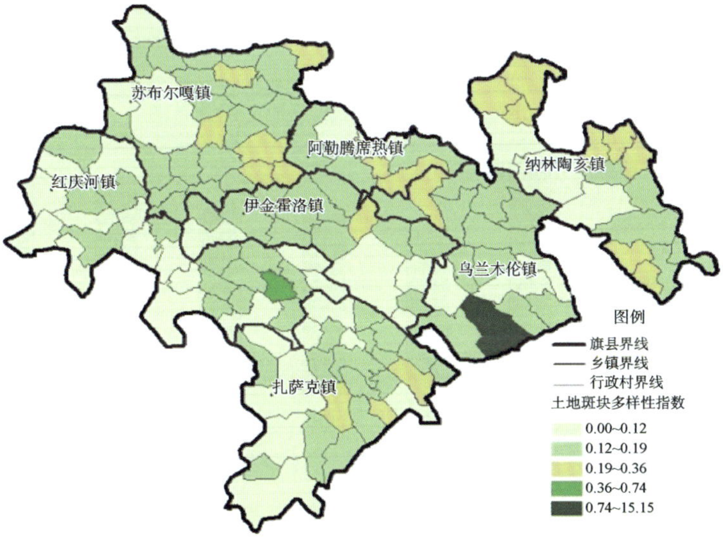

图 1-14　伊金霍洛旗土地斑块多样性指数分布图

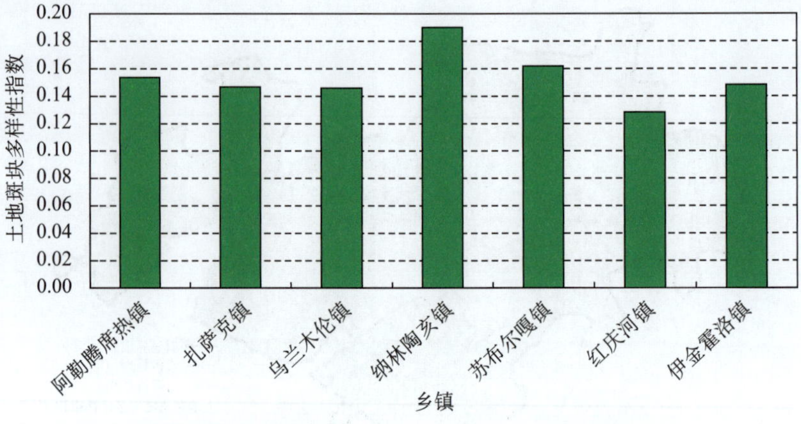

图 1－15　伊金霍洛旗土地斑块多样性指数柱状图

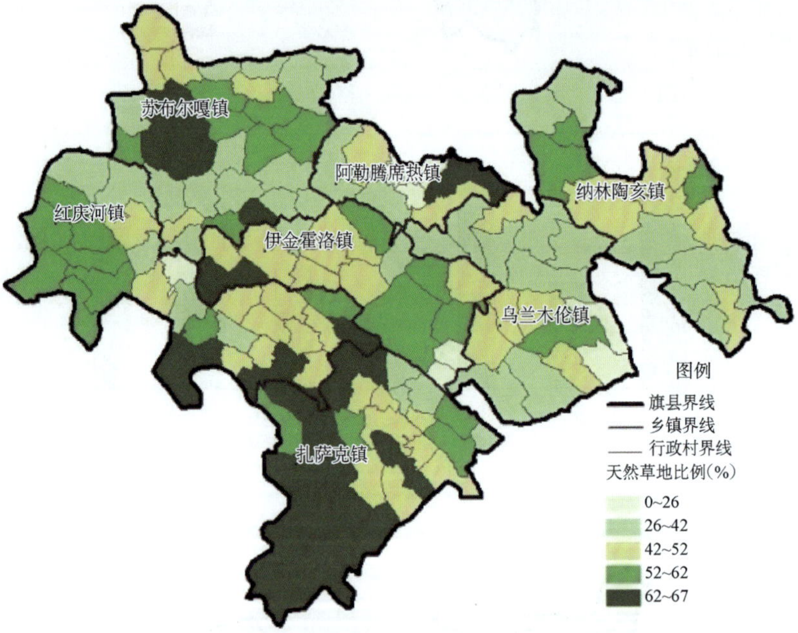

图 1－16　伊金霍洛旗天然草地比例分布图

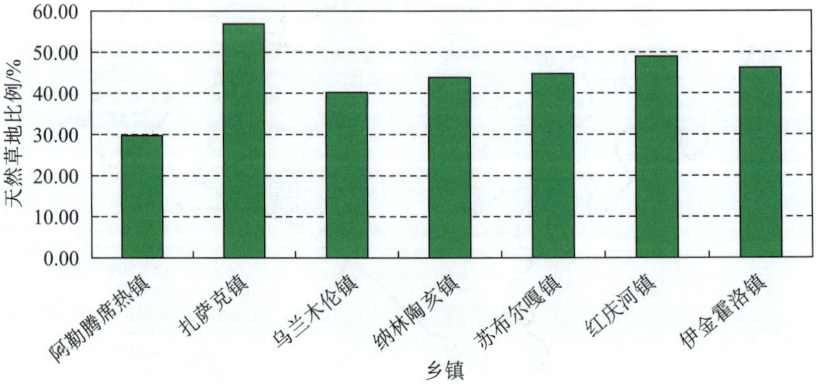

图 1－17　伊金霍洛旗天然草地比例柱状图

由达拉特旗土地利用多样性分布图和柱状图可知，达拉特旗土地利用类型多样性最高的为吉格斯太镇（1.72），土地利用类型多样性最低的为展旦召苏木（1.08）；土地利用格局多样性最高的为吉格斯太镇（2.04），土地利用格局多样性最低的为树林召镇（1.66）；斑块多样性最高的为恩格贝镇和树林召镇（0.08），斑块多样性最低的为昭君镇、中和西镇、展旦召苏木（0.06）；天然草地比例最高的为展旦召苏木（42.645%），天然草地比例最低的为王爱召镇（15.52%）（图1－18～图1－25）。

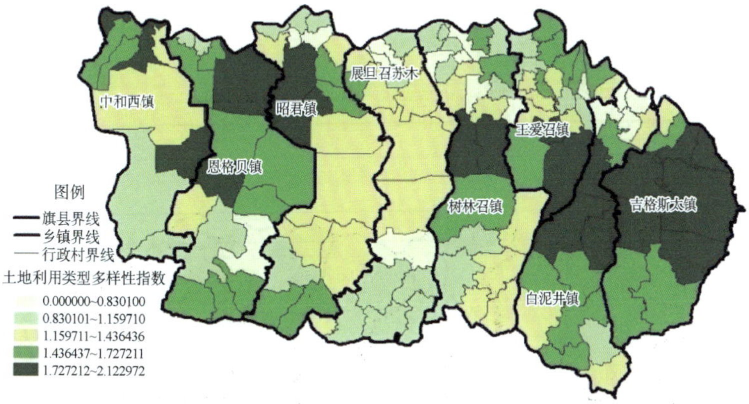

图1－18　达拉特旗土地利用类型多样性指数分布图

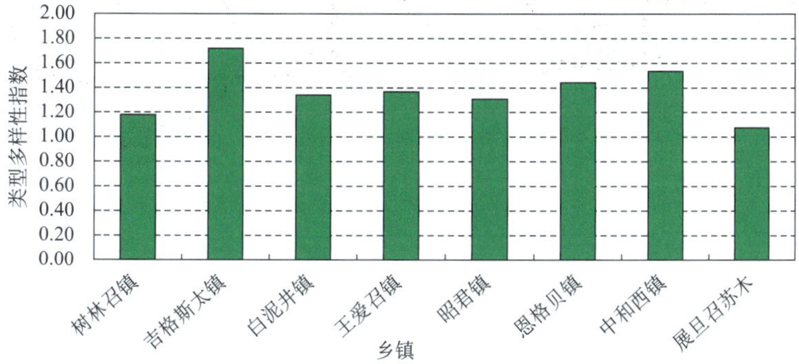

图1－19　达拉特旗土地利用类型多样性指数柱状图

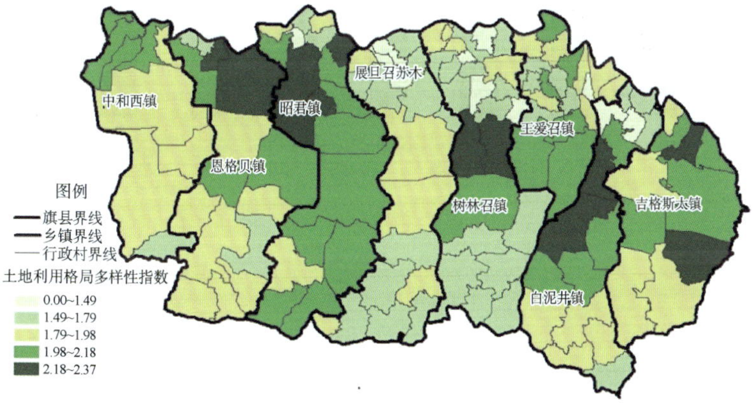

图1－20　达拉特旗土地利用格局多样性指数分布图

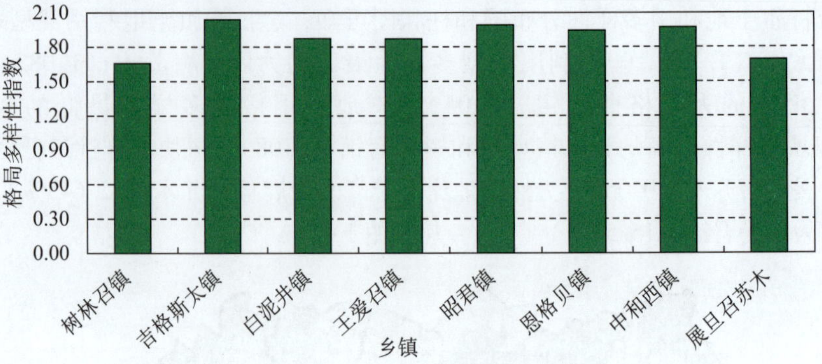

图 1－21　达拉特旗土地利用格局多样性指数柱状图

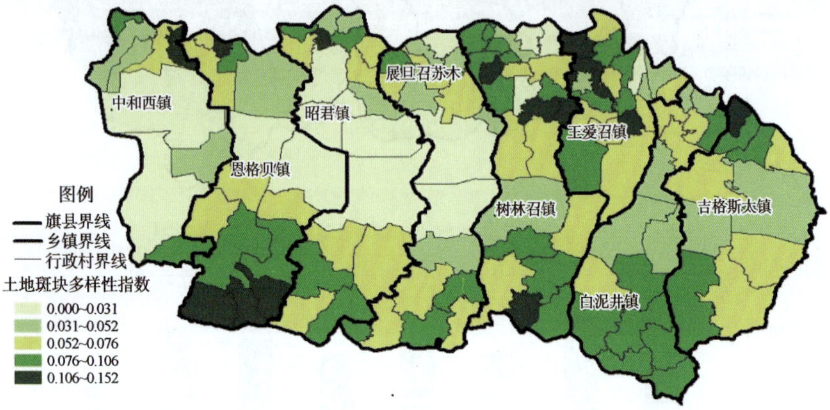

图 1－22　达拉特旗土地斑块多样性指数分布图

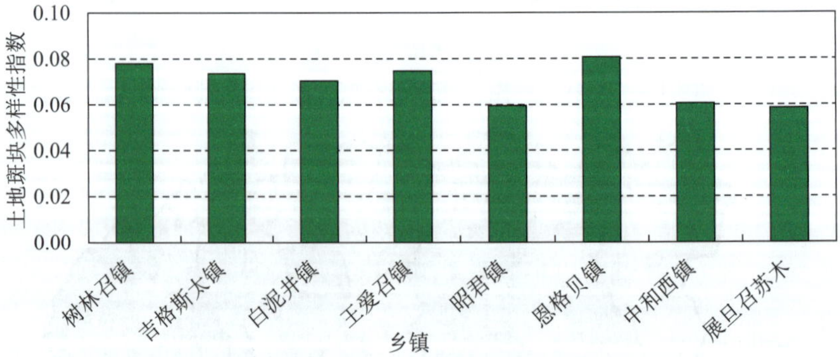

图 1－23　达拉特旗土地斑块多样性指数柱状图

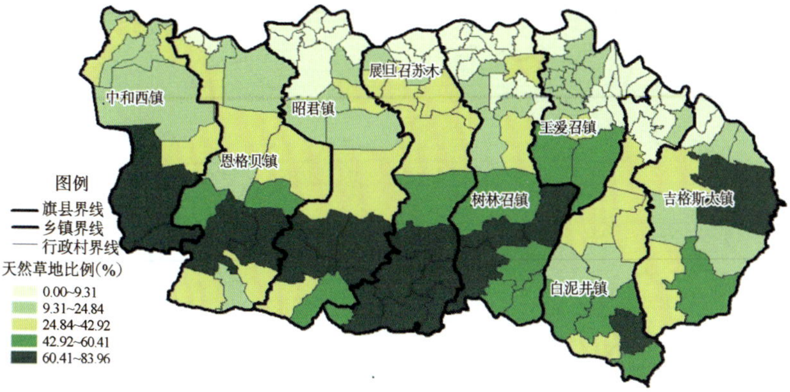

图 1-24　达拉特旗天然草地比例分布图

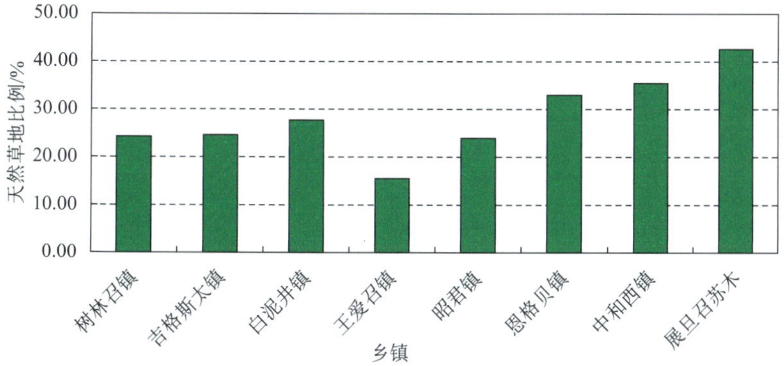

图 1-25　达拉特旗天然草地比例柱状图

3. 水土流失敏感性指标

降水是产生水土流失的主要因子，由于降水分布的不均匀性引发了水土流失的敏感性差异。植被是影响水土流失的又一非常重要的因子。当降水侵蚀力较小时，植被为农业用地而不是地带性森林植被，发生水土流失的概率就会很高；当降水侵蚀力较大时，如果植被为地带性的森林植被，发生水土流失的概率较小。地貌和土壤类型对水土流失的影响也比较显著，地形的区域差异也导致了水土流失敏感性的差异。以此为基础本章选取了年均降水量、降水量季节分配、土壤有机质含量、有效土层厚度、坡度、高程、植被覆盖度、生物量 8 个指标因子。

因为研究区域的年均降水量基础资料只收集到各个乡镇，所以，伊金霍洛旗和达拉特旗的年均降雨量分布图只显示每一个乡镇年均降雨量的差别，各个行政村之间并没有较大差异。由伊金霍洛旗年均降雨量分布图和柱状图可知，伊金霍洛旗年均降雨量为 354.92mm，年均降雨量较高的为位于伊金霍洛旗中部的阿勒腾席热镇和扎萨克镇，年均降水量为 358.20mm；年均降雨量较低的为位于伊金霍洛旗东部的纳林陶亥镇，年均降水量为 350.00mm（图 1-26，图 1-27）；由达拉特旗年均降雨量分布图和柱状图可知，达拉特旗年均降雨量为 318.89mm，年均降雨量较高的为位于达拉特旗东部的树林召镇、吉格斯太镇和白泥井镇，年均降水量分别为 359.00mm、348.32mm 和 348.32mm；年均降雨量较低的为位于达拉特旗中部的展旦召苏木，年均降水量为 280.00mm（图 1-28，图 1-29）。

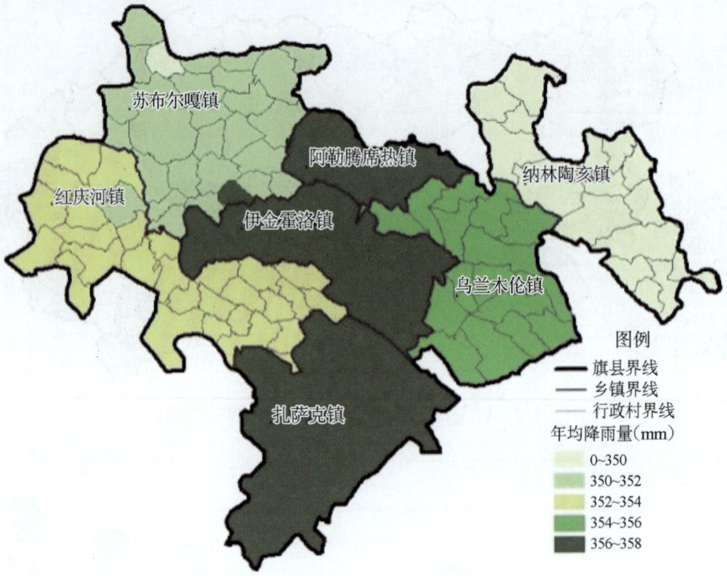

图 1－26　伊金霍洛旗年均降雨量分布图

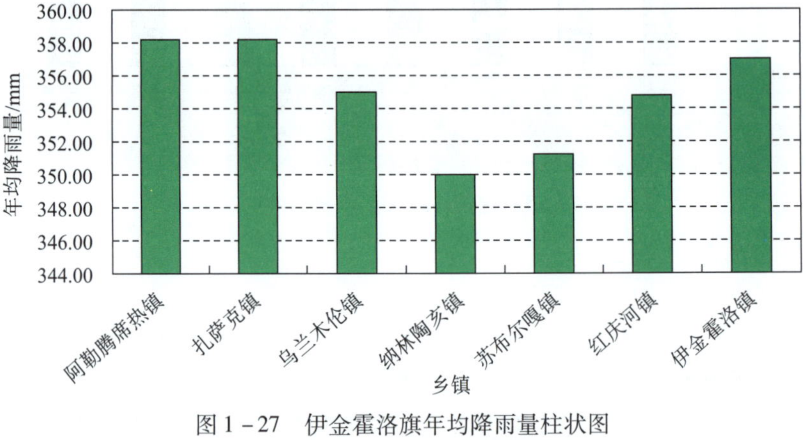

图 1－27　伊金霍洛旗年均降雨量柱状图

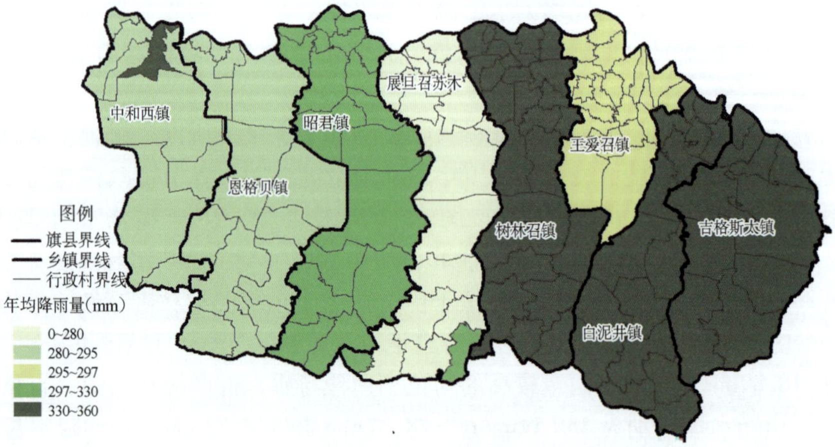

图 1－28　达拉特旗年均降雨量分布图

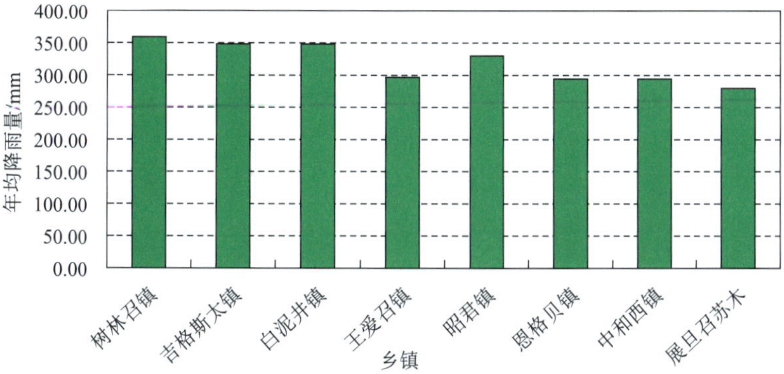

图 1－29　达拉特旗年均降雨量柱状图

本章高程指数的提取过程。首先，下载 DEM 数字高程模型数据，在国际科学数据服务平台（http：//datamirror. csdb. cn/dem/search. jsp）下载 srtm 数据，经纬度范围分别为：E97°～E126°，N37°～N53°，在内蒙古自治区范围内一共包括 28 张分辨率为 90m 的 dem 数据影像图。其次，在 ENVI 中添加影像图，对其进行拼接，得到整体的内蒙古自治区的 dem 数字高程模型；再分别通过行政区界线剪切伊金霍洛旗和达拉特旗的影像图；最后，在 ArcMap 中转化成研究区域的高程图，所以，伊金霍洛旗和达拉特旗的高程分布图中各个行政村之间都存在明显的地形差异性。

由伊金霍洛旗高程分布图和柱状图可知，伊金霍洛旗平均高程为 1365m，海拔较高的为位于伊金霍洛旗北部的苏布尔嘎镇，海拔为 1465m；海拔较低的为位于伊金霍洛旗东部的纳林陶亥镇和乌兰木伦镇，海拔分别为 1308m 和 1305m（图 1－30，图 1－31）；由达拉特旗高程分布图和柱状图可知，达拉特旗境内海拔并不是很高，平均海拔为 1198m；达拉特旗地势总体呈现南高北低的状态，南部的大部分行政村的海拔在 1201～1536m 之间，而东北部地区的大部分行政村的海拔在 970～1030m 之间（图 1－32，图 1－33）。

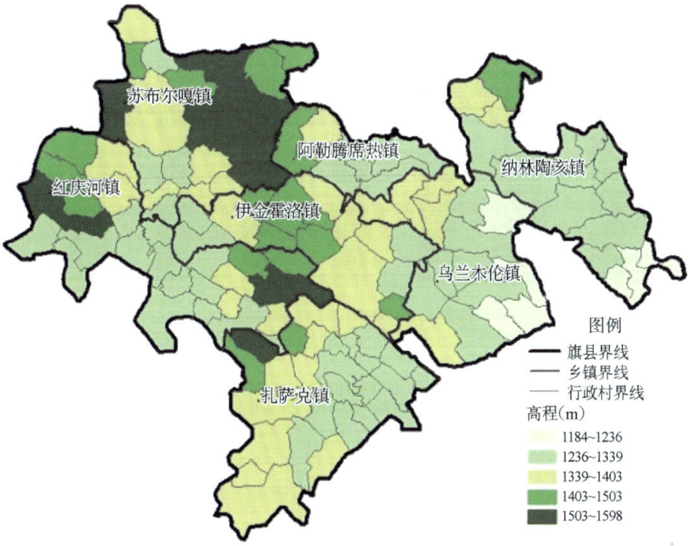

图 1－30　伊金霍洛旗高程分布图

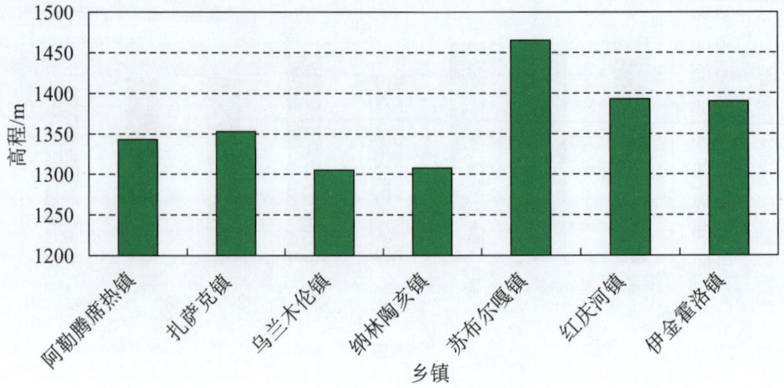

图1-31　伊金霍洛旗高程分布柱状图

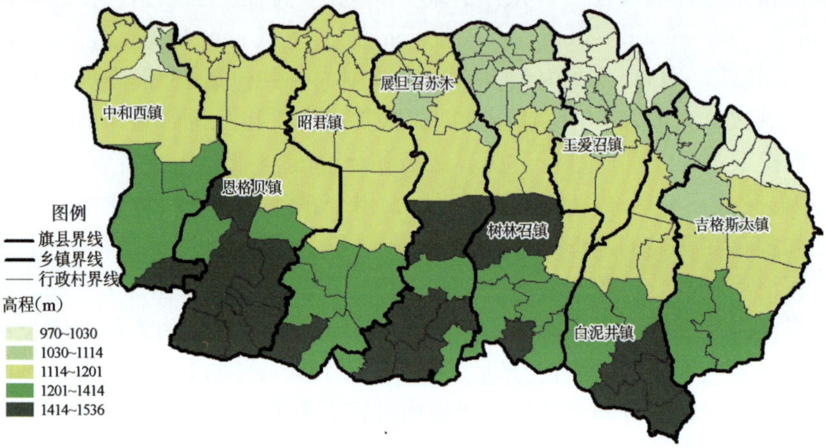

图1-32　达拉特旗高程分布图

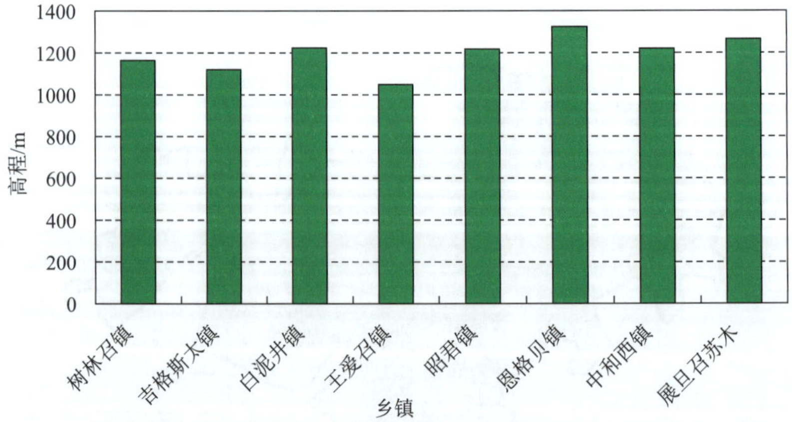

图1-33　达拉特旗高程分布柱状图

植被盖度指植物群落总体或个体的地上部分的垂直投影面积与样方面积之比的百分数，它反映植被的茂密程度和植物进行光合作用面积的大小，是区域土地生态状况的重要依据，及时了解、准确掌握区域的植被覆盖度对该区域土地生态状况的研究具有重要的意义。以遥感为主的“3S”高新技术具有全覆盖、及时、客观等特点，为植被覆盖度的提取提供了科学的技术支撑。本章利用 MODIS NDVI 产品，使用 MODIS 陆地植被指数数据产品名为 MYD13Q1（MODIS/Aqua Vegetation Indices 16 - Day L3 Global 250m SIN Grid V005），内容为 16 天合成的归一化植被指数和增强型植被指数（NDVI/EVI），空间分辨率为 250m，取其中的归一化植被指数 NDVI 使用。得到研究区域内的 NDVI 16 天合成产品后，在使用 ENVI 的 Basic Tools 模块中 Band Math 工具进行标准化，确定 NDVI 的真实值的值域为｛-0.1，0.92｝，再利用最大合成法 MVC 获取研究区域内 5～10 月的每个月 NDVI 值，算出研究区内 6 个月 NDVI 的平均值。最后，计算研究区的植被覆盖度，进行高斯投影转换之后在 ArcGis 中将 Tiff 格式的植被覆盖度与研究区的行政区叠加，输入每个评估单元的植被覆盖度值。

生物量数据直接使用 MODIS 的陆地 NPP 数据产品（MOD17A3）（MODIS/Terra Net Primary Production Yearly L4 Global 1km SIN Grid V055），该产品数据空间分辨率 1km，MOD17A3 为年度数据。元指标 NPP 值可直接使用 MOD17A3 的 NPP 值。

由伊金霍洛旗植被覆盖度分布图和柱状图可知，伊金霍洛旗平均植被覆盖度较高，为 70%，原因在于当地天然草地所占比例较大，植被覆盖度较高的为位于伊金霍洛旗中部的伊金霍洛镇，植被覆盖度为 77.41%；植被覆盖度较低的为位于伊金霍洛旗北部的阿勒腾席热镇和苏布尔嘎镇，植被覆盖度分别为 54.7% 和 67.9%（图 1-34～图 1-36）；由达拉特旗植被覆盖度分布图和柱状图可知，达拉特旗总体植被覆盖度不高，平均植被覆盖度为 55.255%；达拉特旗植被覆盖度呈现南低、西低、北高的状态，北部黄河流域南岸冲积平原地区的大部分行政村的植被覆盖度较高，在 60%～85% 之间，而南部的大部分行政村的植被覆盖度在 15%～50% 之间（图 1-37～图 1-39）。

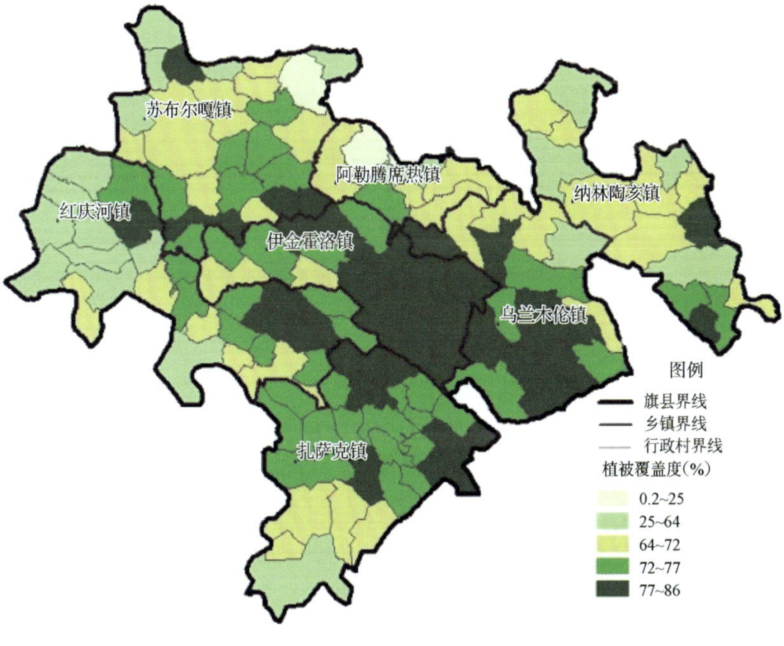

图 1-34　伊金霍洛旗植被覆盖度分布图

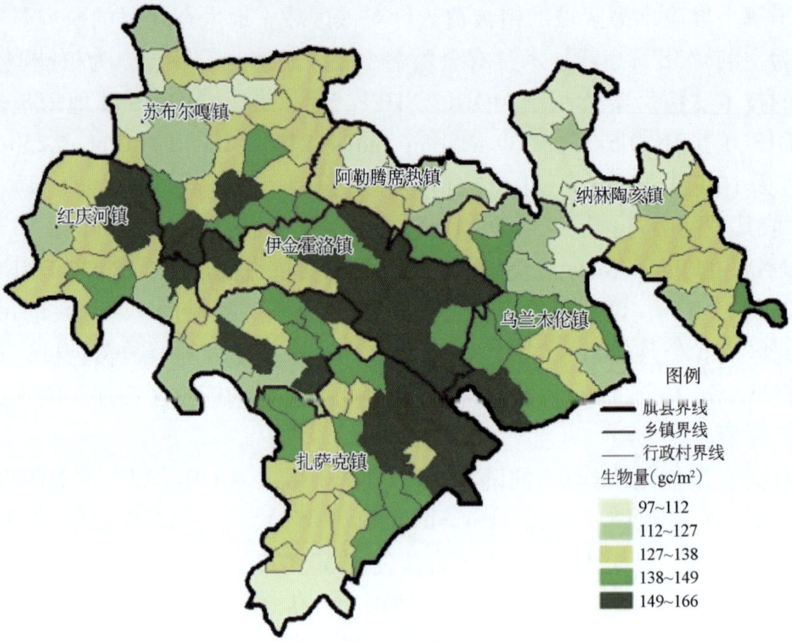

图1－35　伊金霍洛旗生物量分布图

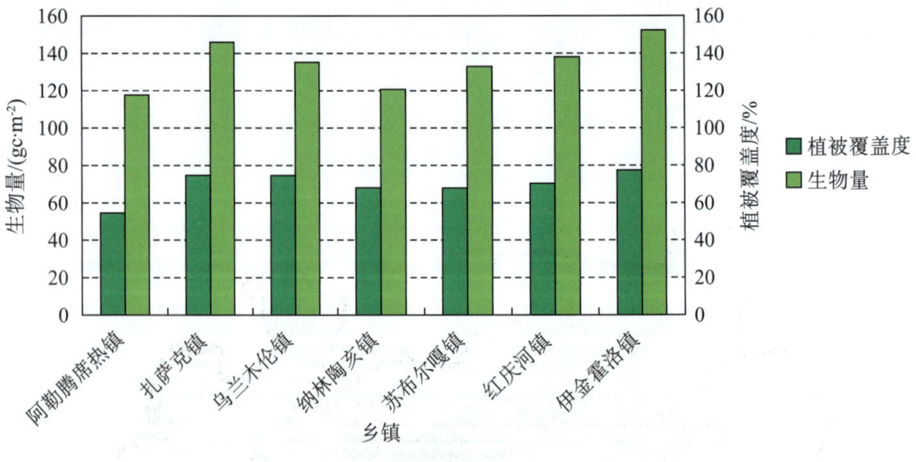

图1－36　伊金霍洛旗植被覆盖度与生物量柱状图

4. 土地损毁与退化敏感性指标

不合理的土地利用方式、城市化进程急剧加速、煤炭开发都会造成土地损毁现象。达拉特旗土地损毁现象较明显，伊金霍洛旗有少许土地损毁的现象。土地退化是由于使用土地或由于一种营力或数种营力结合致使干旱、半干旱和亚湿润干旱地区雨浇地、水浇地或草地、牧场、森林和林地的生物或经济生产力复杂性下降或丧失。以此为基础本章选取了挖损土地比例、压占土地比例、自然灾毁土地比例、耕地年均退化率、林地年均退化率、草地年均退化率、湿地年均退化率、水域年均退化率8个指标因子。

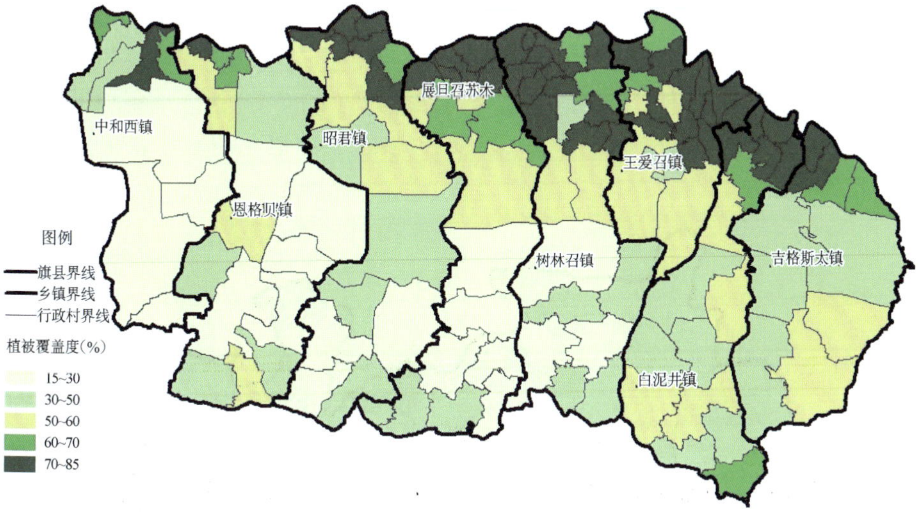

图 1－37　达拉特旗植被覆盖度分布图

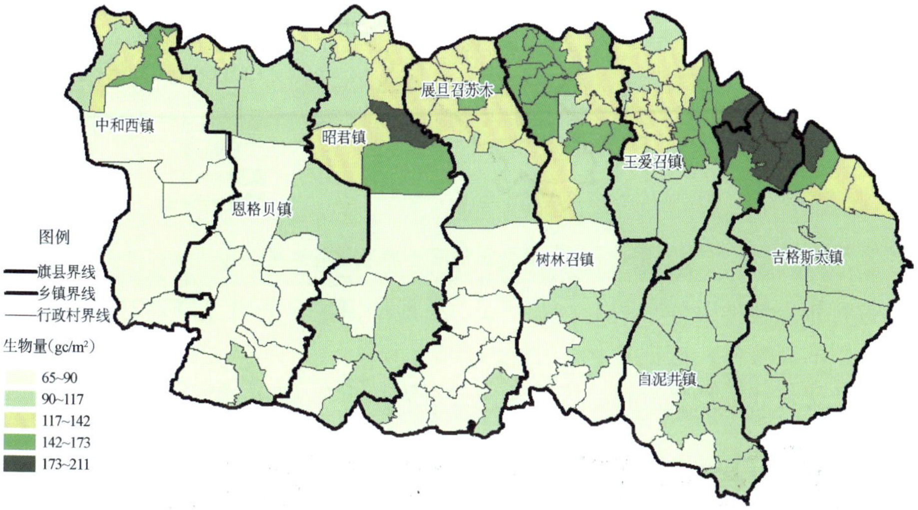

图 1－38　达拉特旗生物量分布图

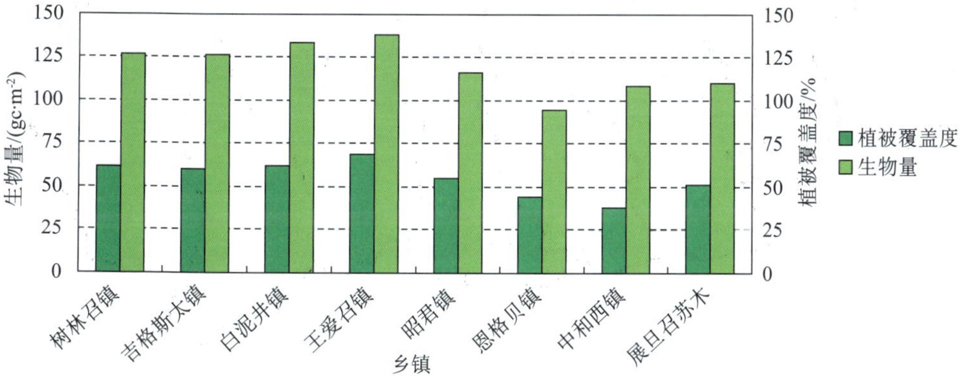

图 1－39　达拉特旗植被覆盖度与生物量柱状图

由伊金霍洛旗土地退化分布图1－40可以看出，该镇水域年均退化率、林地年均退化率、湿地年均退化率较高，水域年均退化率较高的乡镇为乌兰木伦镇（2.4%）、伊金霍洛镇（0.7%），林地年均退化率最高的乡镇为白泥井镇（1.17%），湿地年均退化率较高的为白泥井镇（0.43%）、纳林陶亥镇（0.27%），耕地年均退化率较小，主要分布于纳林陶亥镇和红庆河镇。

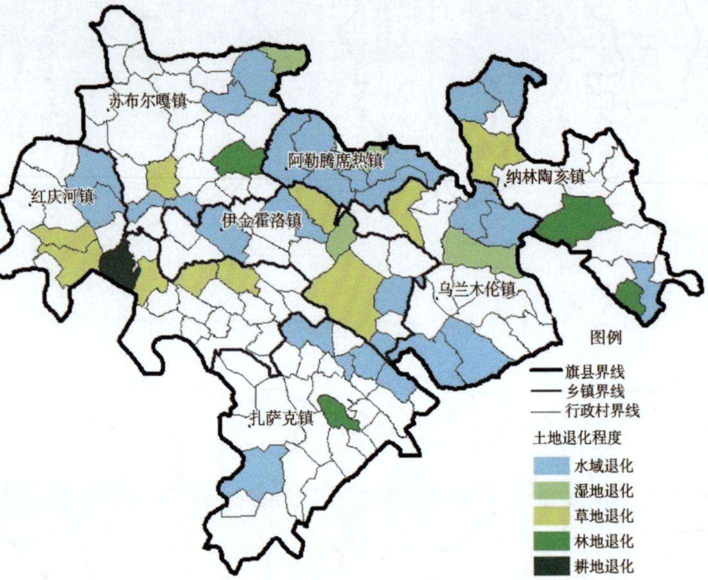

图1－40　伊金霍洛旗土地退化分布图

由达拉特旗土地损毁分布图1－41可知，土地挖损主要分布在展旦召苏木的和合成梁村和中和西镇的红海村，挖损比例分别为1.06%和0.51%；土地自然灾害主要分布在中和西镇的南伙房村和宝日呼舒村，灾毁比例分别为0.45%和0.125%。

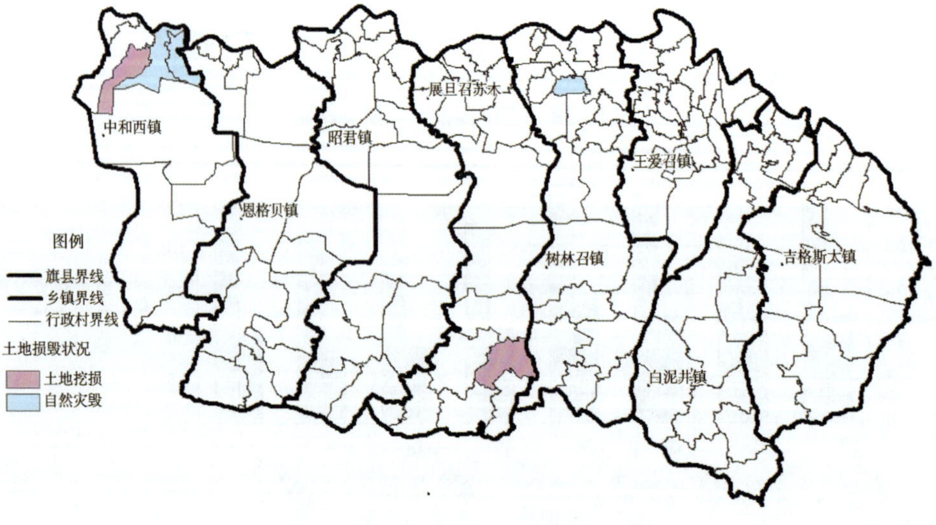

图1－41　达拉特旗土地损毁分布图

由达拉特旗土地退化分布图1－42可以看出，该镇水域年均退化率、湿地年均退化率较高，水域年均退化率较高的乡镇为展旦召苏木的展旦召嘎查（0.68%），昭君镇（0.42%）；湿地退化率最高的是展旦召苏木的和合成梁村（2.13%）；草地年均退化率最高的是昭君镇的门肯嘎查（22.94%）；林地年均退化率最高的乡镇为白泥井镇的七分子村（27.84%），耕地年均退化率较小，主要分布于树林召镇的南伙房村。

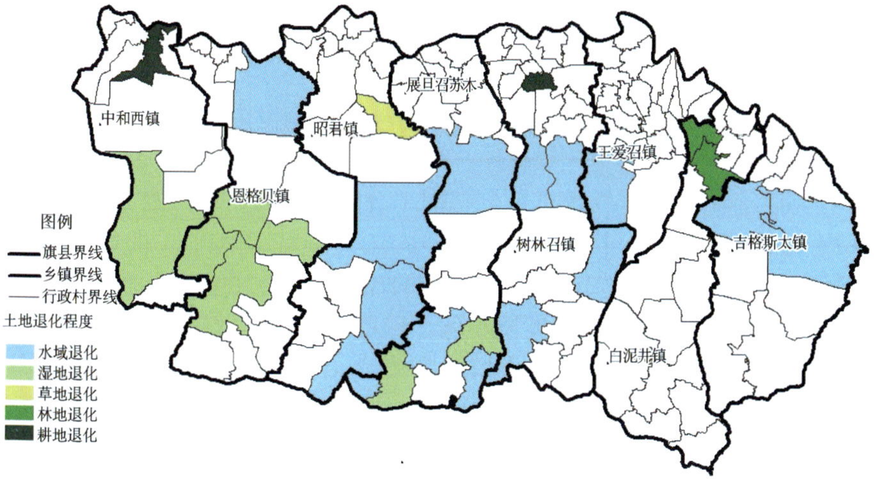

图1－42　达拉特旗土地退化分布图

5. 综合评价方法

对于多指标多对象的综合评价，人们已提出许多不同的综合评价方法。传统评价方法有综合评分法、标准化计分法和功效系数法；多目标决策评价方法有优序法、引进次序法、双基点法和投影法；现代评价方法有主成分分析法，因子分析法、熵值法、模糊评价法、灰色关联分析评价法和层次分析评价法等。本章通过对研究区域出现的三种主要的生态环境敏感性问题运用了综合评分法进行分析，并建立研究区域生态环境敏感性评价体系。在评价过程中，指标权重大小表明各个指标的重要程度。由于权重的赋值是否合理对最终评价结果的科学准确性起到关键性的作用，这就要求研究者首先选择合适的方法确定权重，以保证结果的科学、客观、合理。通过比较分析本章应用特尔斐法确定各指标的权重，评价指标体系如表1－15所示。

表1－15　研究区生态环境敏感性评价指标体系

景观多样性敏感性指标	水土流失敏感性指标	土地损毁与退化敏感性指标
景观类型多样性指数（0.152）	年均降雨量（0.166）	挖损土地比例（0.125）
景观格局多样性指数（0.144）	降雨量季节分配（0.124）	压占土地比例（0.124）
景观斑块多样性指数（0.133）	土壤有机质含量（0.102）	自然灾毁土地比例（0.123）
无污染高等级耕地比例（0.138）	有效土层厚度（0.102）	耕地年均退化率（0.126）
有林地与防护林比例（0.148）	坡度（0.112）	林地年均退化率（0.127）
天然草地比例（0.146）	高程（0.112）	草地年均退化率（0.125）
无污染水面比例（0.149）	植被覆盖度（0.158）	湿地年均退化率（0.124）
	生物量（0.124）	水域年均退化率（0.126）

最后采用公式（1－1）计算生态敏感性评价综合分值：

$$S = \sum_{i=1}^{m} W_i \cdot Y_i \tag{1-1}$$

式中：S 为生态敏感性综合分值；W_i为指标权重；Y_i为指标分值；m 为指标个数。

计算生态敏感性综合分值之后，用 ArcMap 中的 Quantities 进行自然分界（natural break）将综合分值结果分为5级，这种分类方法是利用统计学中的 Jenk 最优化法得出的分界点，能够使各级别之间的内部方差之和最小。

6. 伊金霍洛旗生态环境敏感性评价

根据本章选取的指标体系，运用公式（1－1），计算伊金霍洛旗景观多样性敏感性、水土流失敏感性、土地损毁与退化敏感性、综合生态环境敏感性。

根据伊金霍洛旗景观多样性敏感性分析图综合分析得出，在景观多样性敏感性方面，伊金霍洛旗大部分地区处于高度敏感和中度敏感区，其中，极敏感区域面积为56785.03hm²，占全旗总面积的10.35%，分布的比较零散，主要分布于全旗大部分乡镇的个别行政村，说明这些地区的景观类型较低、较单一；高度敏感区域占全旗的比例比较大，面积为115031.68hm²，占全旗总面积的20.96%，主要集中在全旗的西南部地区，分布在红庆河镇和扎萨克镇的大部分村镇；中度敏感区面积为176684.50hm²，占全旗总面积的32.19%，中度敏感区分布比较零散，主要集中于北部的苏布尔嘎镇和中部的伊金霍洛镇的大部分行政村；轻度敏感区面积为166890.45hm²，占全旗总面积的30.41%，分布于伊金霍洛旗的各个乡镇，其中，阿勒腾席热镇分布的最多；不敏感区的分布最少，面积为33470.30hm²，占全旗总面积的6.10%，主要集中在东北部区域，说明该地区的土地利用类型较多、较丰富（图1－43）。

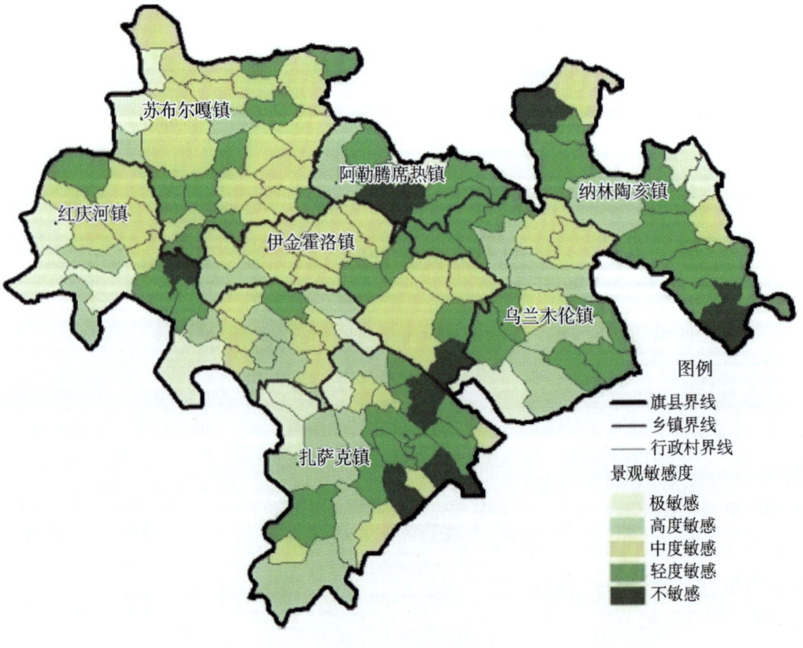

图1－43　伊金霍洛旗景观多样性敏感性分析图

根据伊金霍洛旗水土流失敏感性分析图综合分析得出，在水土流失敏感性方面，伊金霍洛旗大部分地区处于高度敏感和中度敏感区，其中，极敏感区域面积为63204.71hm²，占全旗总面积的11.52%，极敏感区分布的比较零散，主要在伊金霍洛镇和扎萨克镇的个别行政村内；高度敏感区主要集中在全旗的中部地区，面积为176092.65hm²，占全旗总面积的32.08%，分布在伊金霍洛镇和扎萨克镇的大部分行政村内；中度敏感区面积为132470.91hm²，占全旗总面积的24.14%，主要集中在阿勒腾席热镇和乌兰木伦镇；轻度敏感区面积为132491.83hm²，占全旗总面积的24.14%，主要分布在苏布尔嘎查的绝大多数村镇和纳林陶亥镇的东部地区；不敏感区的分布最少，面积为44601.86hm²，占全旗总面积的8.13%，主要分布在苏布尔嘎查和纳林陶亥镇的个别行政村内（图1-44）。

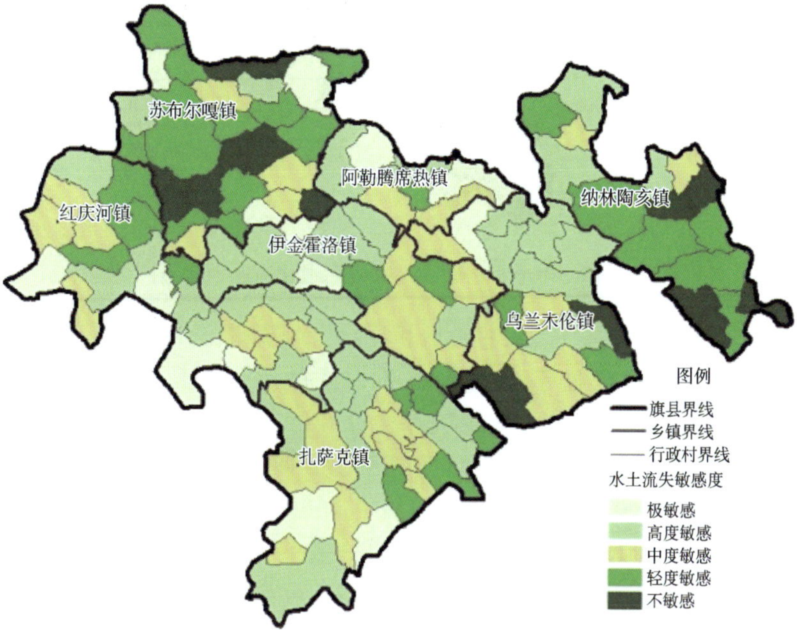

图1-44 伊金霍洛旗水土流失敏感性分析图

根据伊金霍洛旗土地损毁与退化敏感性分析图综合分析得出，在土地损毁与退化敏感性方面，伊金霍洛旗大部分地区处于不敏感和轻度敏感区，其中，极敏感区域面积为9942.70hm²，占全旗总面积的1.81%，主要分布在阿勒腾席热镇的柳沟村、查干庙村等；高度敏感区域面积为4106.17hm²，分布比较少，占全旗总面积的0.75%，主要分布在阿勒腾席热镇的车家渠村；中度敏感区面积为26414.50hm²，占全旗总面积的4.81%，主要分布在红庆河镇的其和淖尔村和白格针村；轻度敏感区面积为174108.61hm²，占全旗总面积的31.72%，全旗的每一个乡镇都有分布，主要集中在中部地区；不敏感区的分布最多，面积为334289.98hm²，占全旗总面积的60.91%，分布在每个乡镇的大部分行政村（图1-45）。

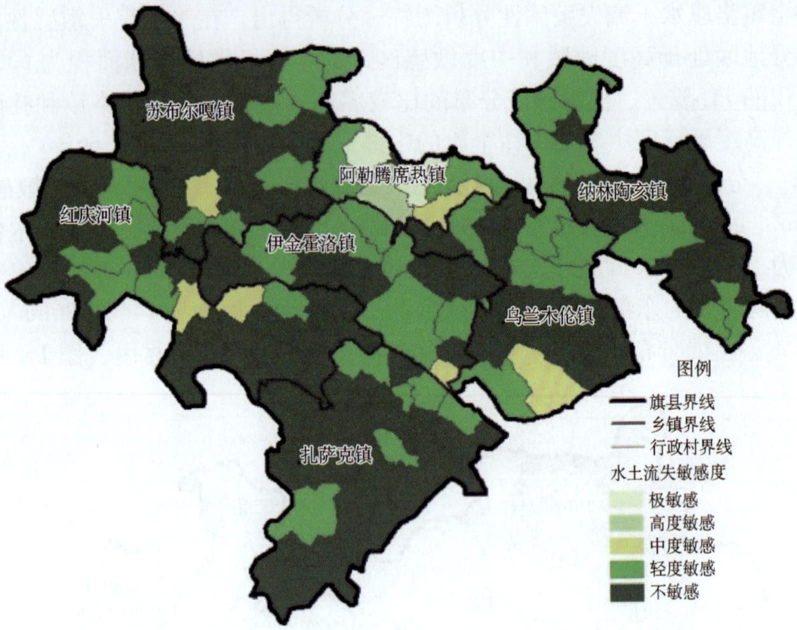

图 1－45　伊金霍洛旗土地损毁与退化敏感性分析图

根据伊金霍洛旗综合生态环境敏感性分析图综合分析得出，在综合生态环境敏感性方面，伊金霍洛旗大部分地区处于高度敏感和中度敏感区，其中，极敏感区域面积为 33951. 60hm^2，占全旗总面积的 6. 19%，主要分布在红庆河镇的布连图村；高度敏感区域在全旗的比例较大，面积为 142377. 15hm^2，占全旗总面积的 25. 94%，主要分布在扎萨克镇的大部分行政村内；中度敏感区面积为 243675. 34hm^2，占全旗总面积的 44. 40%，主要集中在西北部地区，分布于伊金霍洛旗的每一个乡镇；轻度敏感区面积为 111426. 72hm^2，占全旗总面积的 20. 30%，轻度敏感区比较零散，主要分布在阿勒腾席热镇和伊金霍洛镇境内；不敏感区的分布最少，面积为 17431. 16hm^2，占全旗总面积的 3. 18%，主要分布在阿勒腾席热镇和伊金霍洛镇的红海子村和沙巴日太嘎查（图 1－46）。

7. 达拉特旗生态环境敏感性评价

根据本章选取的指标体系，运用公式（1－1），最后计算达拉特旗景观多样性敏感性、水土流失敏感性、土地损毁与退化敏感性、综合生态环境敏感性。

根据达拉特旗景观多样性敏感性分析图综合分析得出，在景观多样性敏感性方面，达拉特旗大部分地区处于轻度敏感和中度敏感区，其中，极敏感区的分布最少，面积为 2823. 41hm^2，占全旗总面积的 0. 34%，主要分布在树林召镇的树林召城区内，说明这个地区的景观类型较低、较单一；高度敏感区的面积为 84248. 22hm^2，占全旗总面积的 10. 22%，主要集中在全旗北部的大部分行政村内，分布在王爱召镇和树林召镇的北部地区；中度敏感区面积为 216914. 40hm^2，占全旗总面积的 26. 31%，主要集中于中和西镇和恩格贝镇的大部分行政村内；轻度敏感区域占全旗的比例最大，面积为 441976. 70hm^2，占全旗总面积的 53. 61%，主要集中在全旗的南部地区，分布于每一个乡镇内，其中，白泥井镇分布的最多；不敏感区的分布较少，面积为 78366. 11hm^2，占全旗总面积的 9. 51%，

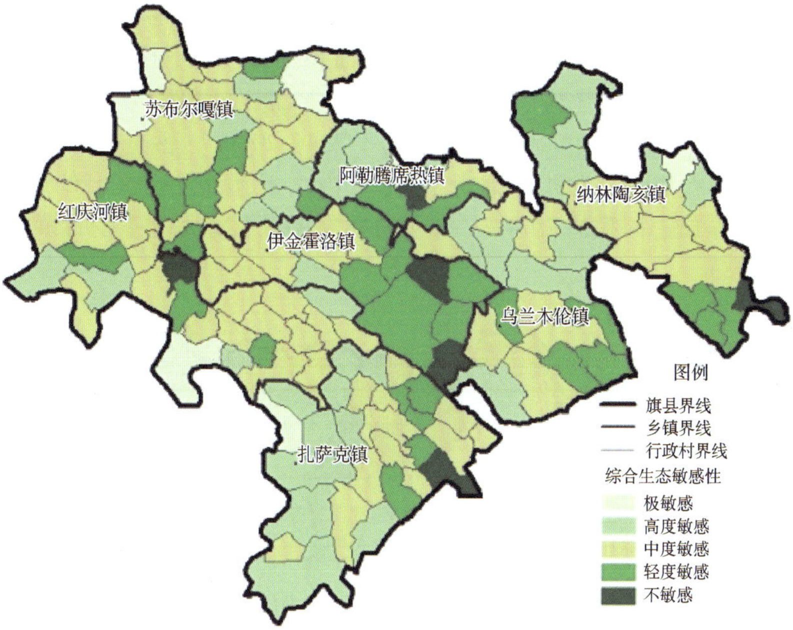

图 1－46　伊金霍洛旗综合生态环境敏感性分析图

主要集中在全旗东部的吉格斯太镇的个别行政村，说明该地区的土地利用类型较多较丰富（图 1－47）。

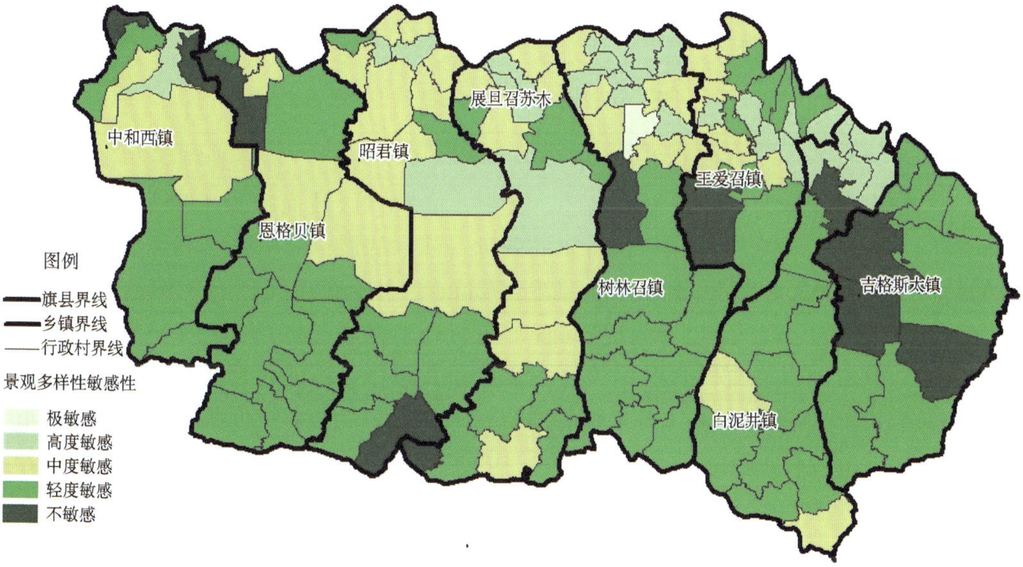

图 1－47　达拉特旗景观多样性敏感性分析图

根据达拉特旗水土流失敏感性分析图综合分析得出，在水土流失敏感性方面，达拉特旗极敏感区域面积为 201194.10hm^2，占全旗总面积的 24.41%，主要集中在全旗的东南地区，分布于树林召镇、白泥井镇和昭君镇的个别行政村内；高度敏感区主要集中在全旗的东南和西南地区，面积为186235.90hm^2，占全旗总面积的22.59%，分布在中和西镇、恩格贝镇和吉格斯太镇的个别村镇；中度敏感区面积为230847.60hm^2，占全旗总面积的28.00%，中度敏感区分布的比较零散，分布于达拉特旗的大部分乡镇内，其中，中和西镇和恩格贝镇的面积较大；轻度敏感区面积为142246.20hm^2，占全旗总面积的17.26%，主要分布在王爱召镇北部的大部分行政村内；不敏感区的分布最少，面积为63804.94hm^2，占全旗总面积的7.74%，主要分布在展旦召苏木和王爱召镇北部的个别行政村内（图1-48）。

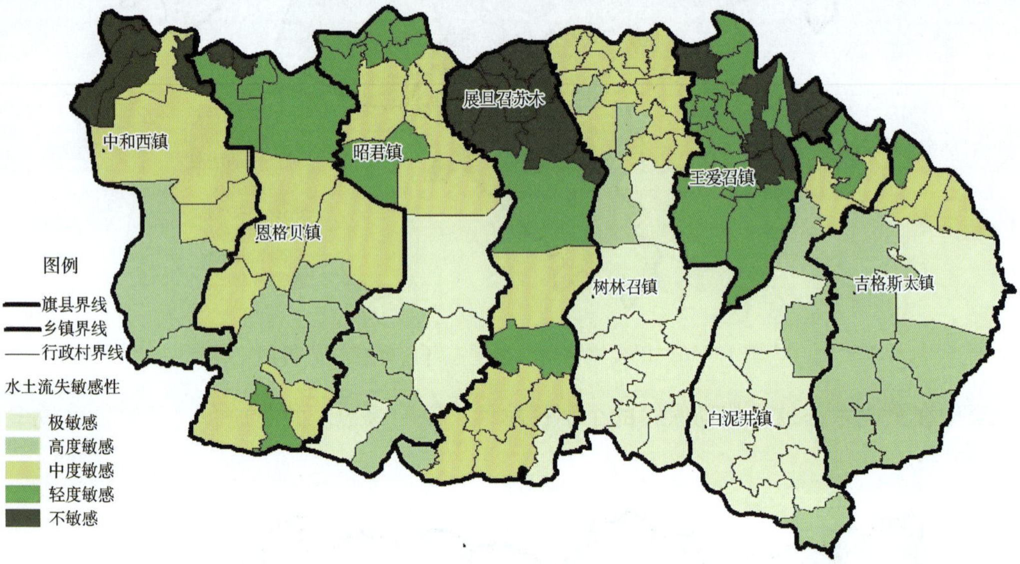

图1-48　达拉特旗水土流失敏感性分析图

根据达拉特旗土地损毁与退化敏感性分析图综合分析得出，在土地损毁与退化敏感性方面，达拉特旗大部分地区处于不敏感区，其中，极敏感区域面积为47863.69hm^2，占全旗总面积的5.81%，主要分布在达拉特旗的展旦召苏木的展旦召嘎查与和合成梁村、中和西镇的南火房村；高度敏感区域面积为74298.72hm^2，占全旗总面积的9.01%，主要分布在中和西镇的牧业村和红海村、昭君镇的查干沟村；中度敏感区面积为36339.86hm^2，分布面积较小，只占全旗总面积的4.41%，主要分布在恩格贝镇的茶窑沟村和牛场梁村；轻度敏感区面积为135333.33hm^2，占全旗总面积的16.42%，主要分布在恩格贝镇和吉格斯太镇；不敏感区的分布最多，面积为545045.10hm^2，占全旗总面积的65.12%，分布在全旗北部地区和南部地区的每个乡镇内（图1-49）。

根据达拉特旗综合生态环境敏感性分析图综合分析得出，在综合生态环境敏感性方面，达拉特旗大部分地区处于高度敏感和中度敏感区，其中，极敏感区域面积为43335.35hm^2，占全旗总面积的5.26%，主要分布在树林召镇的河洛图村和白泥井镇的大纳林村；高度敏感区域在全旗的比例较大，面积为249558.10hm^2，占全旗总面积的30.27%，主要集中于全旗南部的大部分村镇；中度敏感区面积为304515.40hm^2，占全旗总面积的36.94%，中度敏感区比较零散，主要集中在全旗的西南地区，分布于达拉特旗

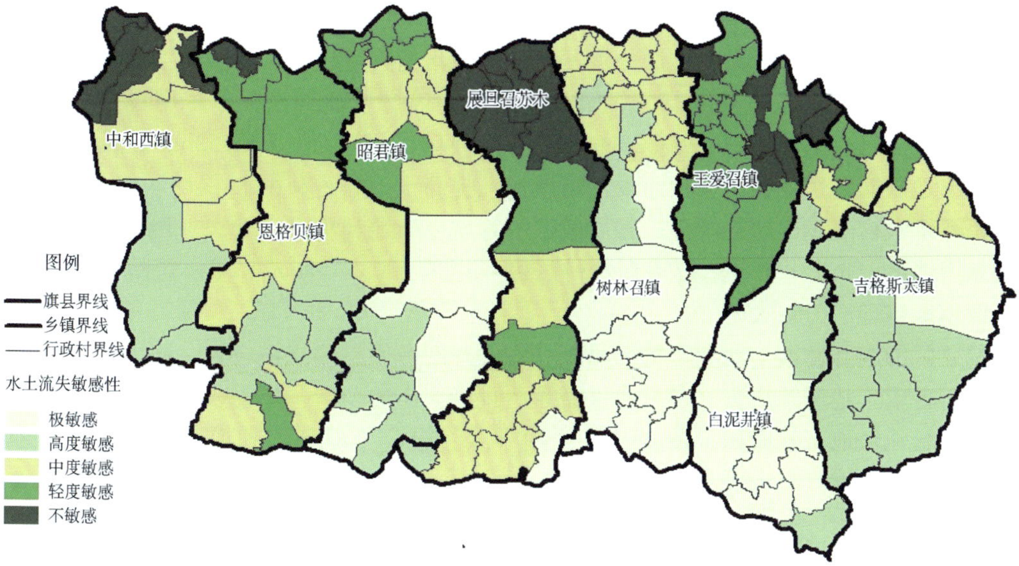

图 1-49 达拉特旗土地损毁与退化敏感性分析图

的每一个乡镇内；轻度敏感区面积为 168636.70hm^2，占全旗总面积的 20.46%，主要分布在全旗北部地区的大部分村镇；不敏感区的分布最少，面积为 58283.22hm^2，占全旗总面积的 7.07%，主要分布在王爱召镇的新民堡村和展旦召苏木的福茂城村（图 1-50）。

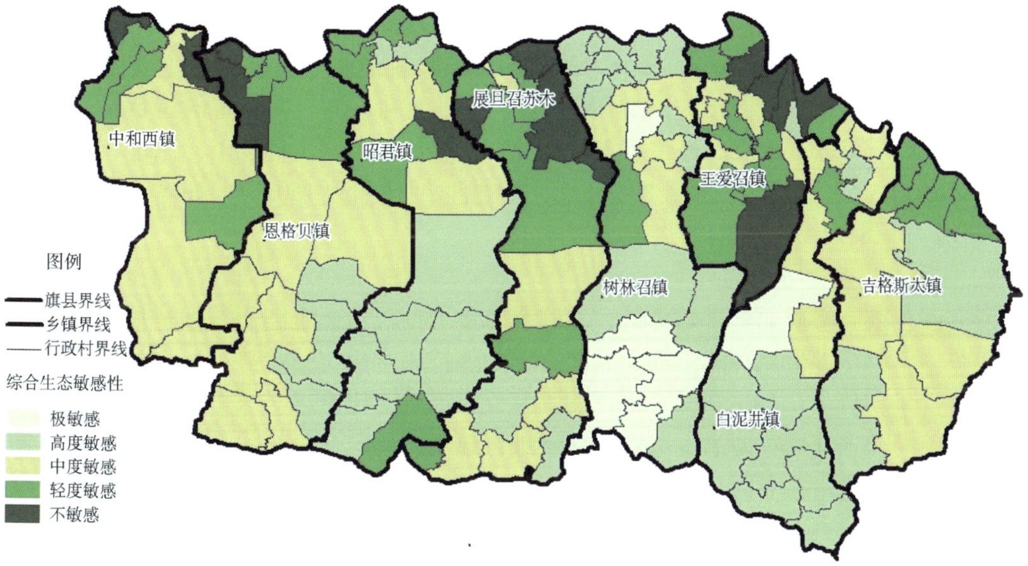

图 1-50 达拉特旗综合生态环境敏感性分析图

（四）土地利用特点及土地利用存在问题

研究区土地利用率高，土地利用存在结构性矛盾。2012 年末，伊金霍洛旗土地利用率为 90.53%，达拉特旗土地利用率为 81.46%，均呈现土地后备资源匮乏现象。同时，土地利用区域、城乡、部门争地现象突出。

研究区工矿用地总量大，布局分散，土地利用集约程度较低。伊金霍洛旗是重要的工业、能源基地，重工业化程度高，煤炭、通用设备等产业比例高，工矿用地总量大。目前，伊金霍洛旗有采矿用地4253.26hm^2，达拉特旗有采矿用地1075.52hm^2，废弃工矿难以发挥土地规模利用效益，亟须通过复垦整治，提高土地集约利用水平。

研究区农村建设用地存量多、布局散，统筹城乡土地利用潜力较大。伊金霍洛旗农村居民点用地11188.13hm^2，达拉特旗农村居民点用地20035.11hm^2，城乡统筹发展中的农村建设用地整理潜力较大。

研究区资源开发型土地利用特征明显。资源开发占用土地规模较大，而大量采矿废弃地存在，造成土地资源浪费。在土地供需矛盾日趋突出的今天，加强采矿废弃地土地复垦整治，对增强耕地有效面积，转变土地利用方式，提高土地集约利用水平，改善生态环境，提高生态质量具有重要意义。

（五）小结

1. 土地利用数量方面

截至2012年末，伊金霍洛旗行政区域总面积548680.86hm^2。草地面积 > 林地面积 > 耕地面积 > 城镇村及工矿用地面积 > 水域及水利设施用地面积 > 交通运输用地面积 > 其他用地面积 > 园地面积，其中：草地、林地与耕地为伊金霍洛旗的主要土地利用类型，其总面积约占土地总面积的91.41%。达拉特旗行政区域总面积824107.11hm^2。草地面积 > 林地面积 > 耕地面积 > 其他用地面积 > 水域及水利设施用地面积 > 城镇村及工矿用地面积 > 交通运输用地面积 > 园地面积，其中：草地、林地与耕地为达拉特旗的主要土地利用类型，其总面积约占土地总面积的78.39%。两个旗土地利用均有其一定的特点，这也与其所具有的自然、气候、人文、经济等条件有关。伊金霍洛旗城镇村及工矿用地利用面积为15862.86hm^2，占土地总面积的2.89%；达拉特旗耕地面积为150077.22hm^2，占土地总面积的比例达到18.21%。

2. 土地资源质量方面

研究区土壤有机质、土壤全氮量、土壤全磷量均呈现随土壤剖面深度增加含量逐步降低的趋势；土壤全钾量呈现随土壤剖面深度增加保持相对稳定的趋势；所选取的典型土壤样点的含盐量均值为0.19～0.36g/kg，整体呈现弱碱性。

在对不同土地利用类型的土壤养分含量进行单因素差异性分析中：土壤有机质、土壤全氮量、土壤全磷量在不同土地利用类型中呈现显著差异性，表明土地利用类型对土壤有机质、土壤全氮量具有较明显的影响，应在土地利用过程中予以重视；土壤全钾量在不同土地利用类型中呈现不显著差异性，应对耕地进行一定量的钾元素补充，促进农作物的生长。

伊金霍洛旗有机质含量属于土壤肥力状况的评价标准中“稍缺”“缺”的类型；全氮含量大部分处于6级水平，即“极缺”，亟须大量补充，矿区一些大树叶片不够鲜绿、不够肥厚，甚至容易发黄，缺水缺氮可能是主要原因；从全磷含量来看，均处于4～5级水平，即“稍缺”或“缺”，应该补施磷肥；全钾含量比较均匀，差异不大，均处于2级水平，即“稍丰”的类型，比较理想。达拉特旗土壤有机质含量均小于10g/kg，更有14个样品的有机质含量低至6g/kg以下，属于“极缺”类型，亟须补充。全氮含量比较均匀，均处于6级水平，即“极缺”，土壤中全氮含量亟须大量补充；全磷含量均处于4～5级水平，即“稍缺”或“缺”，应该补施磷肥；全钾含量比较均匀，均处于2级水平，即“稍丰”的类型，比较理想。

3. 土地资源生态状况方面

伊金霍洛旗景观多样性敏感性中，大部分地区处于高度敏感和中度敏感区，其中，高度敏感区域占全旗的比例比较大，面积为115031.68hm^2，是全旗总面积的20.96%；中度敏感区面积为176684.50hm^2，占全旗总面积的32.19%，说明该地区的土地利用类型较多、较丰富。伊金霍洛旗水土流失敏感性中，大部分地区处于高度敏感和中度敏感区，高度敏感区主要集中在全旗的中部地区，面积为176092.65hm^2，占全旗总面积的32.08%；中度敏感区面积为132470.91hm^2，占全旗总面积的24.14%，主要集中在阿勒腾席热镇和乌兰木伦镇。伊金霍洛旗土地损毁与退化敏感性中，大部分地区处于不敏感和轻度敏感区，其中，轻度敏感区面积为174108.61hm^2，占全旗总面积的31.72%，全旗的每一个乡镇都有分布，主要集中在中部地区；不敏感区的分布最多，面积为334289.98hm^2，占全旗总面积的60.91%，分布在每个乡镇的大部分行政村。伊金霍洛旗综合生态环境敏感性中，大部分地区处于高度敏感和中度敏感区，其中，高度敏感区域在全旗的比例较大，面积为142377.15hm^2，占全旗总面积的25.94%，主要分布在扎萨克镇的大部分行政村内；中度敏感区面积为243675.34hm^2，占全旗总面积的44.40%，主要集中在西北部地区，分布于伊金霍洛旗的每一个乡镇。

达拉特旗景观多样性敏感性中，大部分地区处于轻度敏感和中度敏感区，其中，中度敏感区面积为216914.40hm^2，占全旗总面积的26.31%，主要集中于中和西镇和恩格贝镇的大部分行政村内；轻度敏感区域占全旗的比例最大，面积为441976.70hm^2，占全旗总面积的53.61%，主要集中在全旗的南部地区，分布于每一个乡镇内，其中，白泥井镇分布的最多，说明该地区的土地利用类型较多、较丰富。达拉特旗水土流失敏感性中，大部分地区处于极敏感和中度敏感区，极敏感区域面积为201194.10hm^2，占全旗总面积的24.41%，主要集中在全旗的东南地区，分布于树林召镇、白泥井镇和昭君镇的个别行政村内；中度敏感区面积为230847.60hm^2，占全旗总面积的28.00%，中度敏感区分布的比较零散，分布于达拉特旗的大部分乡镇内，其中，中和西镇和恩格贝镇的面积较大。达拉特旗土地损毁与退化敏感性中，大部分地区处于不敏感区，面积为545045.10hm^2，占全旗总面积的65.12%，分布在全旗北部地区和南部地区的每个乡镇内。达拉特旗综合生态环境敏感性中，大部分地区处于高度敏感和中度敏感区，其中，高度敏感区域在全旗的比例较大，面积为249558.10hm^2，占全旗总面积的30.27%，主要集中于全旗南部的大部分村镇；中度敏感区面积为304515.40hm^2，占全旗总面积的36.94%，中度敏感区比较零散，主要集中在全旗的西南地区，分布于达拉特旗的每一个乡镇内。

二、土地资源数量分析

土地利用动态变化表现在多个方面，对其进行分析的指标也有很多，本章主要以土地利用的数量变化为重点对伊金霍洛旗和达拉特旗1996—2012年的土地利用情况进行分析。主要选取具有显著变化的土地利用类型进行分析，即耕地、园地、林地、牧草地、城镇村及工矿用地、交通用地、水域及水利设施用地、其他用地等。

（一）研究区土地利用数据汇总分析

1. 伊金霍洛旗土地利用数据汇总分析

在整理和分析伊金霍洛旗1996—2012年土地利用现状数据（表1－16）过程中，本章主要选取1996年、2000年、2004年、2008年、2012年即5期数据进行详细分析，图1－51为该旗5年的土地利用数据分析图。

表1－16　1996—2012年伊金霍洛旗土地利用现状调查表

单位：hm^2

阶段	年份	耕地	园地	林地	草地	城镇村及工矿用地	交通运输用地	水域及水利设施用地	其他用地	合计
二调前	1996	43984.77	198.05	157700.47	334408.91	10662.31	1671.34	25806.77	23661.98	598094.60
	1997	44035.84	198.05	160137.84	332218.46	10676.69	1671.34	25804.73	23351.65	598094.60
	1998	44270.15	222.05	163643.87	330509.10	10694.69	1781.11	25585.53	21388.10	598094.60
	1999	44295.13	244.05	163928.66	330298.07	10694.69	1787.31	25585.53	21261.15	598094.60
	2000	43971.01	244.05	164451.97	330098.89	10694.69	1787.31	25585.53	21261.15	598094.60
	2001	43997.67	249.38	167985.97	326730.29	10694.69	1799.44	25576.00	21061.15	598094.60
	2002	44052.07	249.38	168605.30	325656.16	10991.85	1841.24	25576.00	21122.59	598094.60
	2003	42702.39	249.38	172404.75	323355.35	11170.32	2352.61	25576.00	20283.79	598094.60
	2004	42610.73	249.38	173187.69	322828.83	11305.50	2352.61	25499.33	20060.53	598094.60
	2005	35271.27	249.38	182446.99	320373.64	11695.23	2498.23	25499.33	20060.53	598094.60
	2006	35257.57	249.38	182444.66	319942.20	11883.65	2644.25	25618.08	20054.80	598094.60
	2007	35210.59	249.38	182397.34	319125.59	12337.13	3253.99	25655.12	19865.47	598094.60
二调后	2008	33625.04	23.12	148686.96	322413.46	14230.71	7111.43	14337.51	8252.63	548680.86
	2009	33551.51	22.83	148144.15	321435.03	14983.54	7841.36	14345.49	8356.95	548680.86
	2010	33431.29	22.82	147744.03	320909.83	15524.64	8332.67	14320.10	8395.48	548680.86
	2011	33431.29	22.82	147743.94	320909.98	15524.51	8332.64	14320.16	8395.52	548680.86
	2012	33296.98	22.82	147551.07	320678.69	15862.86	8547.41	14317.73	8403.30	548680.86

在综合分析图1－51和表1－17可知：1996年，伊金霍洛旗土地利用类型以草地、林地和耕地为主，其占土地总面积的比例分别达到55.91%、26.37%和7.35%；其次为水域及水利设施用地，其占土地总面积比例达4.32%，其他用地占土地总面积比例达3.96%，城镇村及工矿用地占土地总面积比例达1.78%；其余两项所占土地总面积比例甚少，不足1%，分别为交通运输用地和园地，其占土地总面积的比例分别为0.28%和0.03%。

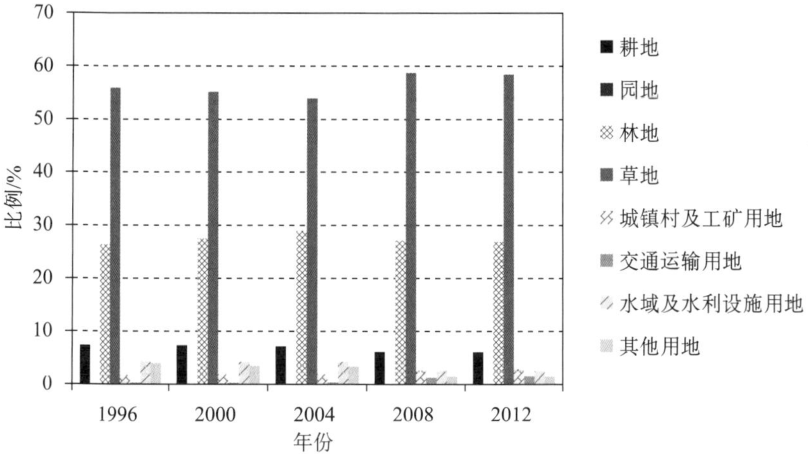

图1－51　1996—2012年典型年份伊金霍洛旗土地利用结构图

表1－17　1996—2012年典型年份伊金霍洛旗土地利用结构表　　单位:%

年份	耕地	园地	林地	草地	城镇村及工矿用地	交通运输用地	水域及水利设施用地	其他用地	总计
1996	7. 354	0. 033	26. 367	55. 912	1. 783	0. 279	4. 315	3. 956	100. 000
2000	7. 352	0. 041	27. 496	55. 192	1. 788	0. 299	4. 278	3. 555	100. 000
2004	7. 124	0. 042	28. 957	53. 976	1. 890	0. 393	4. 263	3. 354	100. 000
2008	6. 128	0. 004	27. 099	58. 762	2. 594	1. 296	2. 613	1. 504	100. 000
2012	6. 069	0. 004	26. 892	58. 445	2. 891	1. 558	2. 609	1. 532	100. 000

2000年，伊金霍洛旗土地利用类型以草地、林地和耕地为主，其占土地总面积的比例分别达到55. 19%、27. 50%和7. 35%；其次为水域及水利设施用地，其占土地总面积比例达4. 28%，其他用地占土地总面积比例达3. 56%，城镇村及工矿用地占土地总面积比例达1. 79%；其余两项所占土地总面积比例甚少，不足1%，分别为交通运输用地和园地，其占土地总面积的比例分别为0. 30%和0. 04%。与1996年相比，草地面积有所减少，其占土地总面积的比例减少0. 72%；林地面积有所增加，其占土地总面积的比例增加1. 13%；耕地面积相对保持不变，其他各项土地利用类型均有小幅度变化。

2004年，伊金霍洛旗土地利用类型以草地、林地和耕地为主，其占土地总面积的比例分别达到53. 98%、28. 96%和7. 12%；其次为水域及水利设施用地，其占土地总面积比例达4. 26%，其他用地占土地总面积比例达3. 35%，城镇村及工矿用地占土地总面积比例达1. 89%；其余两项所占土地总面积比例甚少，不足1%，分别为交通运输用地和园地，其占土地总面积的比例分别为0. 39%和0. 04%。与2000年相比，草地面积有所减少，其占土地总面积的比例减少1. 22%；林地面积有所增加，其占土地总面积的比例增加1. 46%；耕地面积稍有所减少，其他各项土地利用类型均有小幅度变化。

2008年，伊金霍洛旗土地利用类型以草地、林地和耕地为主，其占土地总面积的比例分别达到58. 76%、27. 10%和6. 13%；其次为水域及水利设施用地，其占土地总面积比例达2. 61%，城镇村及工矿用地占土地总面积比例达2. 59%，其他用地占土地总面积比例达1. 50%；交通运输用地占土地总面积比例达1. 30%；园地面积甚少，其占土地总面积的比例为0.004%。2009年以前开展的年度变更调查是在第一轮土地详查的基础上，采用全省统一的年度变更调查软件进行面积变更及汇总上报，但详查时间跨度大、数据更新不及时等因素，造成变更数据累计误差越来越大，加之区域经济建设和社会各项事业的快速发展，特别是城镇化、工业化进程、土地开发整理、退耕还林和农业产业结构调整步伐的进一步加快，土地利用现状发生了很大变化，现有土地利用现状调查成果资料（图件、数据等）与实地有较大差距。自2007年起，我国关于土地利用现状开展第二次全国土地调查，期间采用新的调查技术与方法，并对土地利用现状分类进行进一步更新与调整，2009年提交并使用二调成果数据，所以，2009年前后土地利用数据存在不同程度的差异，在此不与2004年数据进行比较。

2012年，伊金霍洛旗土地利用类型以草地、林地和耕地为主，其占土地总面积的比例分别达到58.45%、26.89%和6.07%；其次为水域及水利设施用地，其占土地总面积比例达2.61%，其他用地占土地总面积比例达1.53%，城镇村及工矿用地占土地总面积比例达2.89%；交通运输用地占土地总面积比例达1.56%；园地面积甚少，其占土地总面积的比例为0.004%。与2008年相比，草地面积有所减少，其占土地总面积的比例减少0.32%；林地面积有所减少，其占土地总面积的比例减少0.21%；耕地面积稍有所减少，城镇村及工矿用地面积有所增加，其占土地总面积比例增加0.01%；交通运输用地有所增加，其占土地总面积比例增加0.24%；其他各项土地利用类型均有小幅度变化。

2. 达拉特旗土地利用数据汇总分析

在整理和分析达拉特旗1996—2012年土地利用现状数据过程中（表1－18），本章主要选取1996年、2000年、2004年、2008年、2012年即5期数据进行详细分析，图1－52，表1－19为该旗五年的土地利用数据分析情况。

表1－18　1996—2012年达拉特旗土地利用现状调查表　　单位：hm^2

阶段	年份	耕地	园地	林地	草地	城镇村及工矿用地	交通运输用地	水域及水利设施用地	其他用地	合计
二调前	1996	156834.21	299.97	73405.79	385765.69	19304.01	4042.69	44638.48	142368.25	826659.09
	1997	156912.21	299.97	77176.45	383431.96	19304.01	4054.09	44590.68	140889.71	826659.09
	1998	157462.21	299.97	77499.79	382691.96	19304.01	4087.42	44624.01	140689.71	826659.09
	1999	157221.11	309.97	78670.89	381415.29	19344.01	4512.75	44695.35	140489.71	826659.09
	2000	155593.00	309.97	85780.59	370299.88	19318.34	4538.29	44629.04	146189.97	826659.09
	2001	152772.47	309.97	93212.07	365732.20	19317.61	4614.47	44629.04	146071.24	826659.09
	2002	148742.59	309.97	105247.45	365564.86	19319.99	4614.47	44630.60	138229.16	826659.09
	2003	142909.65	309.97	116553.63	359423.45	19465.59	4732.31	44718.22	138546.26	826659.09
	2004	137842.98	309.97	121620.30	359423.45	19465.59	4732.31	44718.22	138546.26	826659.09
	2005	130144.97	309.97	127684.65	358744.39	20133.63	4732.31	48051.57	136857.59	826659.09
	2006	130100.39	309.97	128216.59	358372.21	20409.15	4759.97	48051.57	136439.23	826659.09
	2007	130088.29	309.97	128216.59	358368.88	20693.20	4761.31	48053.57	136167.28	826659.09
二调后	2008	149029.55	16.27	175569.98	324409.39	19811.60	7076.68	40697.60	107496.04	824107.11
	2009	149643.70	16.27	174966.95	322750.28	20821.40	7597.70	40683.37	107627.44	824107.11
	2010	149562.83	16.27	174861.88	322164.87	21258.06	7669.60	40680.35	107893.25	824107.11
	2011	149562.88	16.27	174861.89	322164.91	21258.04	7669.59	40680.35	107893.18	824107.11
	2012	150077.22	16.27	174616.47	321333.19	21530.67	8146.64	40667.01	107719.64	824107.11

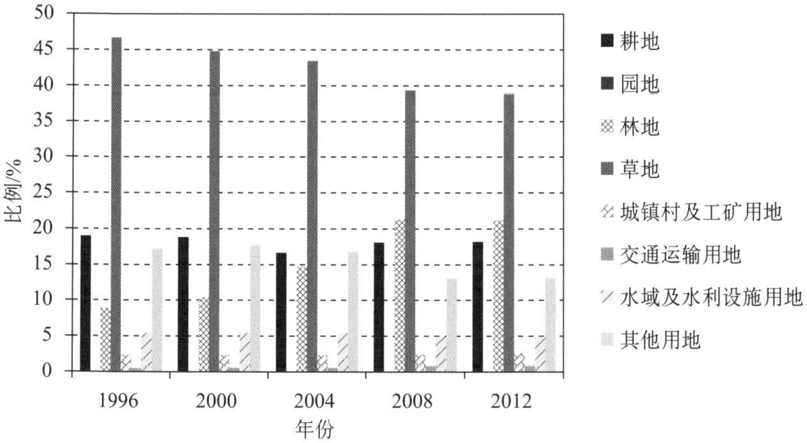

图 1－52　1996—2012 年典型年份达拉特旗土地利用结构图

表 1－19　1996—2012 年典型年份达拉特旗土地利用结构表

年份	耕地	园地	林地	草地	城镇村及工矿用地	交通运输用地	水域及水利设施用地	其他用地	合计
1996	18. 972	0. 036	8. 880	46. 666	2. 335	0. 489	5. 400	17. 222	100. 000
2000	18. 822	0. 037	10. 377	44. 795	2. 337	0. 549	5. 399	17. 684	100. 000
2004	16. 675	0. 037	14. 712	43. 479	2. 355	0. 572	5. 410	16. 760	100. 000
2008	18. 084	0. 002	21. 304	39. 365	2. 404	0. 859	4. 938	13. 044	100. 000
2012	18. 211	0. 002	21. 189	38. 992	2. 613	0. 989	4. 935	13. 071	100. 000

1996 年，达拉特旗土地利用类型以草地、耕地和其他用地为主，其占土地总面积的比例分别达到 46. 67%、18. 97% 和 17. 22%；其次为林地，其占土地总面积比例达 8. 88%，水域及水利设施用地占土地总面积比例达 5. 40%，城镇村及工矿用地占土地总面积比例达 2. 34%；其余两项所占土地总面积比例甚少，不足 1%，分别为交通运输用地和园地，其占土地总面积的比例分别为 0. 49% 和 0. 04%。

2000 年，达拉特旗土地利用类型以草地、耕地和其他用地为主，其占土地总面积的比例分别达到 44. 80%、18. 82% 和 17. 68%；其次为林地，其占土地总面积比例达 10. 38%，水域及水利设施用地占土地总面积比例达 5. 40%，城镇村及工矿用地占土地总面积比例达 2. 34%；其余两项所占土地总面积比例甚少，不足 1%，分别为交通运输用地和园地，其占土地总面积的比例分别为 0. 55% 和 0. 04%。与 1996 年相比，草地面积有所减少，其占土地总面积的比例减少 1. 87%；耕地面积有所减少，其占土地总面积的比例减少 0. 15%；其他用地面积稍有所增加，其占土地总面积的比例增加 0. 46%；林地面积有所增加，其占土地总面积的比例增加 1. 50%；其他各项土地利用类型均有小幅度变化。

2004 年，达拉特旗土地利用类型以草地、耕地和其他用地为主，其占土地总面积的比例分别达到 43. 48%、16. 76% 和 16. 68%；其次为林地，其占土地总面积比例达 14. 71%，水域及水利设施用地占土地总面积比例达 5. 41%，城镇村及工矿用地占土地总面积比例达 2. 36%；其余两项所占土地总面积比例甚少，不足 1%，分别为交通运输用地和园地，其占土地总面积的比例分别为 0. 57% 和 0. 04%。与 2000 年相比，草地面积有所减少，其占土地总面积的比例减少 1.32%；其他用地面积有所减少，其占土地总面积的比例减少 2.15%；耕地面积稍有所减少，其占土地总面积的比例减少 0.92%；林地面积有所增加，其占土地总面积的比例增加 4.34%；其他各项土地利用类型均有小幅度变化。

2008 年，达拉特旗土地利用类型以草地、林地和其他用地为主，其占土地总面积的比例分别达到 39.36%、21.30% 和 18.08%；其次为耕地，其占土地总面积比例达 13.04%，水域及水利设施用地占土地总面积比例达 4.94%，城镇村及工矿用地占土地总面积比例达 2.40%；其余两项所占土地总面积比例甚少，不足 1%，分别为交通运输用地和园地，其占土地总面积的比例分别为 0.86% 和 0.002%。同样，在此不对 2008 年土地利用数据与 2004 年的数据进行对比分析。

2012 年，达拉特旗土地利用类型以草地、林地和其他用地为主，其占土地总面积的比例分别达到 38.99%、21.19% 和 18.21%；其次为耕地，其占土地总面积比例达 13.07%，水域及水利设施用地占土地总面积比例达 4.94%，城镇村及工矿用地占土地总面积比例达 2.61%；其余两项所占土地总面积比例甚少，不足 1%，分别为交通运输用地和园地，其占土地总面积的比例分别为 0.99% 和 0.002%。与 2008 年相比，草地面积有所减少，其占土地总面积的比例减少 0.37%；林地面积有所减少，其占土地总面积的比例减少 0.12%；耕地面积有所增加，其占土地总面积的比例增加 0.13%；交通运输用地面积有所增加，其占土地总面积的比例增加 0.13%；其他各项土地利用类型均有小幅度变化。

（二）土地利用数量变化

土地利用的数量变化是研究区域土地利用动态变化的重要内容，主要反映在土地利用变化的幅度和速度上，通过对土地利用数量变化进行分析，能够掌握土地利用变化总的态势及其结构变化特征。

1. 土地利用类型变化幅度

土地利用类型变化幅度主要反映在不同土地利用类型的总量变化及相对变化量上，通过分析土地利用类型的总量变化与相对变化量，可了解研究区土地利用变化总的态势和区域土地利用结构的变化。

$$\Delta = Ub - Ua \qquad (1-2)$$

式中：Δ 为研究时段内土地利用类型变化的总面积；Ua 为研究时间段初期各种土地利用类型的面积；Ub 为研究时间段末期各种土地利用类型的面积。

根据公式（1－2）分别计算 1996—2012 年伊金霍洛旗和达拉特旗土地利用类型面积变化幅度如表 1－20 和表 1－21 所示。

表 1－20　1996—2012 年伊金霍洛旗土地利用类型面积变化幅度表　　单位：hm^2

阶段	耕地	园地	林地	草地	城镇村及工矿用地	交通运输用地	水域及水利设施用地	其他用地
1996—2000 年	－13.77	46.00	6751.49	－4310.02	32.39	115.97	－221.23	－2400.83
2000—2004 年	－1360.28	5.33	8735.73	－7270.06	610.81	565.30	－86.20	－1200.63
2004—2008 年	－8985.69	－226.26	－24500.73	－415.37	2925.21	4758.82	－11161.82	－11807.90
2008—2012 年	－328.06	－0.30	－1135.89	－1734.77	1632.15	1435.98	－19.78	150.67

表 1－21　1996—2012 年达拉特旗土地利用类型面积变化幅度表　　单位：hm^2

阶段	耕地	园地	林地	草地	城镇村及工矿用地	交通运输用地	水域及水利设施用地	其他用地
1996—2000 年	－1241. 21	10. 00	12374. 81	－15465. 81	14. 33	495. 60	－9. 44	3821. 72
2000—2004 年	－17750. 02	0. 00	35839. 71	－10876. 43	147. 25	194. 02	89. 18	－7643. 71
2004—2008 年	11186. 57	－293. 70	53949. 68	－35014. 06	346. 01	2344. 37	－4020. 62	－31050. 22
2008—2012 年	1047. 67	0. 00	－953. 51	－3076. 20	1719. 07	1069. 96	－30. 59	223. 60

伊金霍洛旗农牧业历史发展悠久，工矿企业繁荣发展，其中，耕地、草地、工矿用地是该旗土地利用的主要类型。达拉特旗农牧业发展稳健，基础牢固，第二、第三产业发展迅速，势头良好，耕地、草地、建设用地是该旗土地利用的主要类型。近些年，随着城市化进程的推进，经济快速发展，两个旗县的耕地面积均有所减少，建设用地面积呈现增加的趋势。

伊金霍洛旗耕地面积在 1996—2000 年、2000—2004 年、2004—2008 年、2008—2012 年 4 个时段的变化趋势大致相同，均呈现了减少、急剧减少、缓慢减少的变化趋势。1996—2000 年，耕地面积减少 13. 77hm^2，耕地变化率为－0. 03%；2000—2004 年，耕地面积减少 1360. 28hm^2，耕地变化率为－3. 09%；2004—2008 年，耕地面积减少 8985. 69hm^2，耕地变化率为－21. 09%（注：二调前后变更数据略有差异，不对其进行数据分析）；2008—2012 年，耕地面积减少 328. 06hm^2，耕地变化率为－0. 98%。

达拉特旗耕地面积在 1996—2000 年、2000—2004 年、2004—2008 年、2008—2012 年 4 个时段的变化趋势略有差异，呈现了先减少后增加的变化趋势。1996—2000 年，耕地面积减少 1241. 21hm^2，耕地变化率为－0. 79%；2000—2004 年，耕地面积减少 17750. 02hm^2，耕地变化率为－11. 41%；2004—2008 年，耕地面积增加 11186. 57hm^2，耕地变化率为 8. 12%（注：二调前后变更数据略有差异，不对其进行数据分析）；2008—2012 年，耕地面积增加 1047. 67hm^2，耕地变化率为 0. 7%。

图 1－53 为两个旗县 1996—2012 年详细耕地面积变化图。

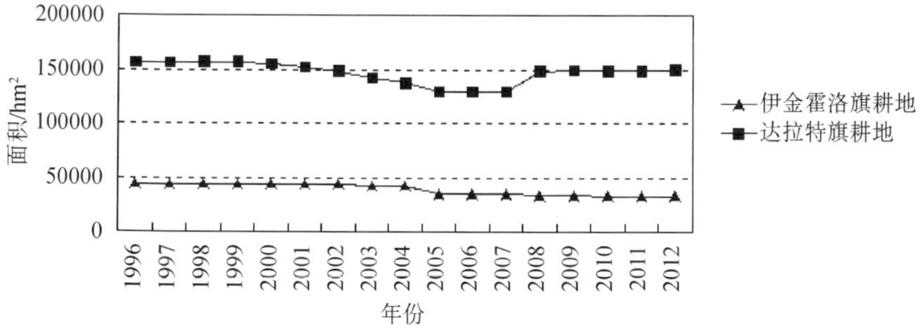

图 1－53　1996—2012 年两个旗县详细耕地面积变化图

伊金霍洛旗园地面积在1996—2000年、2000—2004年、2004—2008年、2008—2012年4个时段的变化趋势略有差异，呈现先增加后减少的变化趋势。1996—2000年，园地面积增加46.00hm^2，园地变化率为23.23%；2000—2004年，园地面积增加5.33hm^2，园地变化率为2.19%；2004—2008年园地面积减少226.26hm^2，园地变化率为-90.73%（注：二调前后变更数据略有差异，不对其进行数据分析）；2008—2012年，园地面积减少0.30hm^2，园地变化率为-1.3%。

达拉特旗园地面积在1996—2000年、2000—2004年、2004—2008年、2008—2012年4个时段的变化趋势大致相同，呈现略有增加的变化趋势。1996—2000年，园地面积增加10.00hm^2，园地变化率为3.33%；2000—2004年，园地面积基本保持不变；2004—2008年，园地面积减少293.70hm^2，园地变化率为-94.75%（注：二调前后变更数据略有差异，不对其进行数据分析）；2008—2012年，园地面积保持不变。

图1-54为两个旗县1996—2012年详细园地面积变化图。

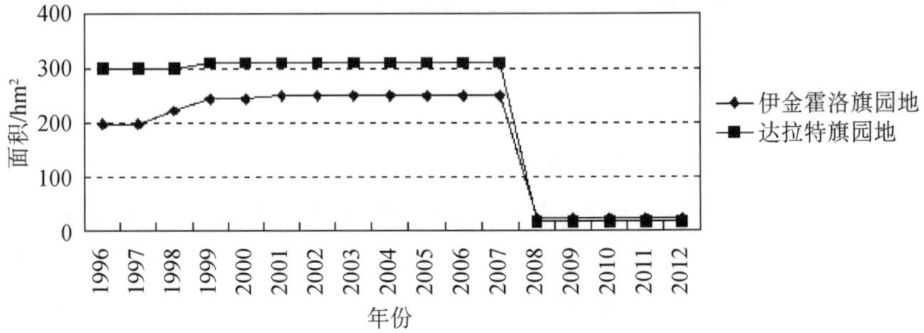

图1-54　1996—2012年两个旗县详细园地面积变化图

伊金霍洛旗林地面积在1996—2000年、2000—2004年、2004—2008年、2008—2012年4个时段的变化趋势略有差异，呈现先增加后减少的变化趋势。1996—2000年，林地面积增加6751.49hm^2，林地变化率为4.28%；2000—2004年，林地面积增加8735.73hm^2，园地变化率为5.31%；2004—2008年，林地面积减少24500.73hm^2，林地变化率为-14.15%（注：二调前后变更数据略有差异，不对其进行数据分析）；2008—2012年，林地面积减少1135.89hm^2，园地变化率为-0.76%。

达拉特旗林地面积在1996—2000年、2000—2004年、2004—2008年、2008—2012年4个时段的变化趋势略有差异，呈现先增加后减少的变化趋势。1996—2000年，林地面积增加12374.81hm^2，林地变化率为16.86%；2000—2004年，林地面积增加35839.71hm^2，林地变化率为41.78%；2004—2008年，园地面积增加53949.68hm^2，林地变化率为44.36%（注：二调前后变更数据略有差异，不对其进行数据分析）；2008—2012年，林地面积减少953.51hm^2，园地变化率为-0.54%。

图1-55为两个旗县1996—2012年详细林地面积变化图。

伊金霍洛旗草地面积在1996—2000年、2000—2004年、2004—2008年、2008—2012年4个时段的变化趋势大致相同，均呈现了减少、急剧减少、缓慢减少的变化趋势。1996—2000年，草地面积减少4310.02hm^2，草地变化率为-1.29%；2000—2004年，草

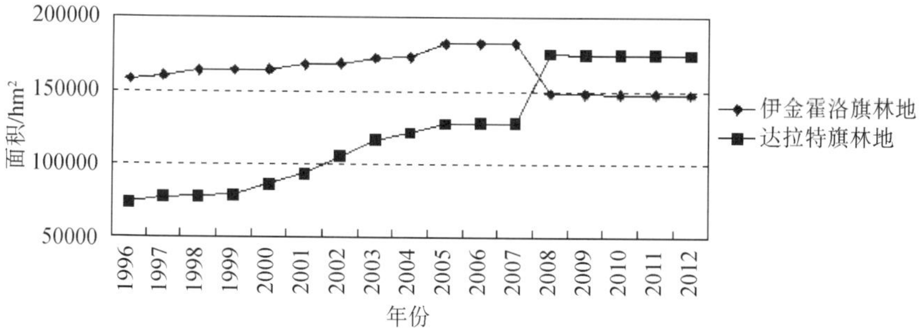

图 1－55　1996—2012 年两个旗县详细林地面积变化图

地面积减少 7270.06hm^2，草地变化率为－2.2%；2004—2008 年，草地面积减少 415.37hm^2，草地变化率为－0.13%（注：二调前后变更数据略有差异，不对其进行数据分析）；2008—2012 年，草地面积减少 1734.77hm^2，草地变化率为－0.54%。

达拉特旗草地面积在 1996—2000 年、2000—2004 年、2004—2008 年、2008—2012 年 4 个时段的变化趋势大致相同，均呈现了不同程度减少的变化趋势。1996—2000 年，草地面积减少 15465.81hm^2，草地变化率为－4.01%；2000—2004 年，草地面积减少 10876.43hm^2，草地变化率为－2.94%；2004—2008 年，草地面积减少 35014.06hm^2，草地变化率为－9.74%（注：二调前后变更数据略有差异，不对其进行数据分析）；2008—2012 年，草地面积减少 3076.20hm^2，草地变化率为－0.95%。

图 1－56 为两个旗县 1996—2012 年详细草地面积变化图。

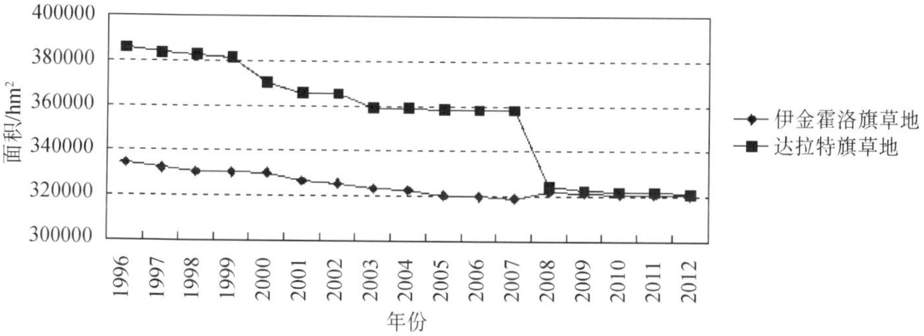

图 1－56　1996—2012 年两个旗县详细草地面积变化图

伊金霍洛旗城镇村及工矿用地面积在 1996—2000 年、2000—2004 年、2004—2008 年、2008—2012 年 4 个时段的变化趋势大致相同，均呈现了增加、急剧增加、缓慢增加的变化趋势。1996—2000 年，城镇村及工矿用地面积增加 32.39hm^2，变化率为 0.3%；2000—2004 年，城镇村及工矿用地面积增加 610.81hm^2，变化率为 5.71%；2004—2008 年，城镇村及工矿用地面积增加 2925.21hm^2，变化率为 25.87%（注：二调前后变更数据略有差异，不对其进行数据分析）；2008—2012 年，城镇村及工矿用地面积增加 1632.15hm^2，城镇村及工矿用地变化率为 11.47%。

达拉特旗城镇村及工矿用地面积在 1996—2000 年、2000—2004 年、2004—2008 年、2008—2012 年 4 个时段的变化趋势大致相同，均呈现了缓慢增加、急剧增加的变化趋势。

1996—2000 年，城镇村及工矿用地面积增加 14. 33hm²，变化率为 0. 07%；2000—2004 年，城镇村及工矿用地面积增加 147. 25hm²，变化率为 0. 76%；2004—2008 年，城镇村及工矿用地面积增加 346. 01hm²，变化率为 1. 78%（注：二调前后变更数据略有差异，不对其进行数据分析）；2008—2012 年，城镇村及工矿用地面积增加 1719. 07hm²，城镇村及工矿用地变化率为 8. 68%。

近年来，伊金霍洛旗采矿业蓬勃发展，相应造成了采矿用地类型面积的增加。随着城镇一体化进程的加快，基础设施建设更加齐全，达拉特旗第二、第三产业蓬勃发展，其对建设用地的需求和使用量也进一步加大。

图 1 - 57 为两个旗县 1996—2012 年详细采矿用地面积变化图。

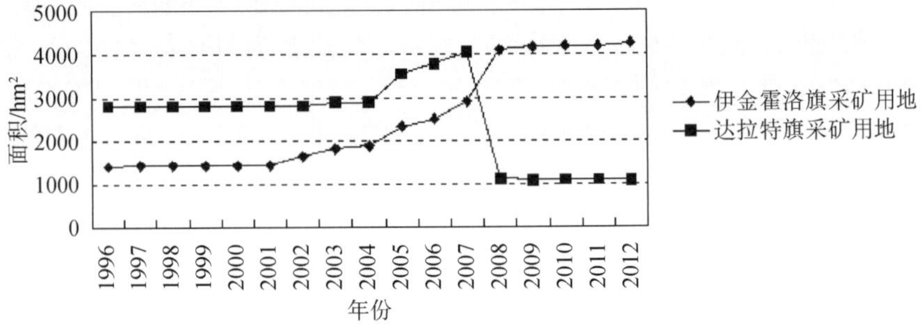

图 1 - 57　1996—2012 年两个旗县详细采矿用地面积变化图

伊金霍洛旗交通运输用地面积在 1996—2000 年、2000—2004 年、2004—2008 年、2008—2012 年 4 个时段的变化趋势大致相同，均呈现了增加、急剧增加、缓慢增加的变化趋势。1996—2000 年，交通运输用地面积增加 115. 97hm²，交通运输用地变化率为 6. 94%；2000—2004 年，交通运输用地面积增加 565. 30hm²，交通运输用地变化率为 31. 63%；2004—2008 年，交通运输用地面积增加 4758. 82hm²，交通运输用地变化率为 202. 28%（注：二调前后变更数据略有差异，不对其进行数据分析）；2008—2012 年，交通运输用地面积增加 1435. 98hm²，交通运输用地变化率为 20. 19%。

达拉特旗交通运输用地面积在 1996—2000 年、2000—2004 年、2004—2008 年、2008—2012 年 4 个时段的变化趋势大致相同，均呈现了不同程度增加变化趋势。1996—2000 年，交通运输用地面积增加 495. 60hm²，交通运输用地变化率为 12. 26%；2000—2004 年，交通运输用地面积增加 194. 02hm²，交通运输用地变化率为 4. 28%；2004—2008 年，交通运输用地面积增加 2344. 37hm²，交通运输用地变化率为 49. 54%（注：二调前后变更数据略有差异，不对其进行数据分析）；2008—2012 年，交通运输用地面积增加 1069. 96hm²，交通运输用地变化率为 15. 12%。

综合分析两个旗县交通运输用地的面积变化，其主要来自于公路用地面积的变化，这是由于伊金霍洛旗工业，特别是采矿业的发展需要修建更多的公路做保证。达拉特旗第二、第三产业发展也需要修建更多的公路做保证。

图 1 - 58 为两个旗县 1996—2012 年详细公路用地面积变化图。

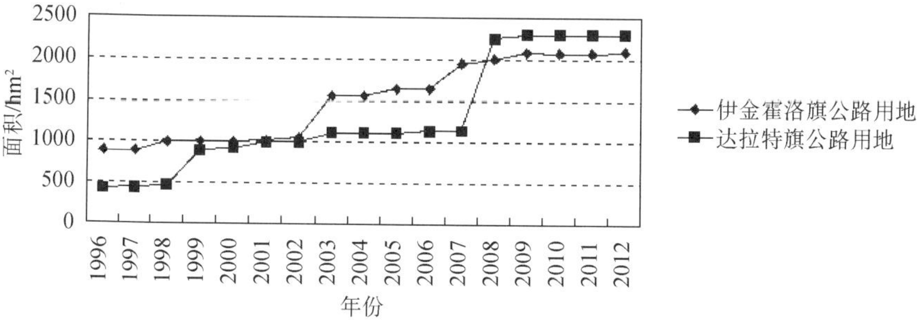

图 1－58 1996—2012 年两个旗县详细公路用地面积变化图

伊金霍洛旗水域及水利设施用地面积在 1996—2000 年、2000—2004 年、2004—2008 年、2008—2012 年 4 个时段的变化趋势大致相同，均呈现了缓慢减少的变化趋势。1996—2000 年，水域及水利设施用地面积减少 221.23hm^2，变化率为－0.86%；2000—2004 年，水域及水利设施用地面积减少 86.20hm^2，变化率为－0.34%；2004—2008 年，水域及水利设施用地面积减少 11161.82hm^2，变化率为－43.77%（注：二调前后变更数据略有差异，不对其进行数据分析）；2008—2012 年，水域及水利设施用地面积减少 19.78hm^2，变化率为－0.14%。由于水域及水利设施用地类型变化不显著，在此不做图进行进一步分析。

达拉特旗水域及水利设施用地面积在 1996—2000 年、2000—2004 年、2004—2008 年、2008—2012 年 4 个时段的变化趋势略有差异，呈现了先减少后增加再减少的变化趋势。1996—2000 年，水域及水利设施用地面积减少 9.44hm^2，变化率为－0.02%；2000—2004 年，水域及水利设施用地面积增加 89.18hm^2，变化率为 0.2%；2004—2008 年，水域及水利设施用地面积减少 4020.62hm^2，变化率为－8.99%（注：二调前后变更数据略有差异，不对其进行数据分析）；2008—2012 年，水域及水利设施用地面积减少 30.59hm^2，变化率为－0.08%。由于水域及水利设施用地类型变化不显著，在此不做图进行进一步分析。

伊金霍洛旗其他用地面积在 1996—2000 年、2000—2004 年、2004—2008 年、2008—2012 年 4 个时段的变化趋势略有差异，均呈现了先减少后增加的变化趋势。1996—2000 年，其他用地面积减少 2400.83hm^2，其他用地变化率为－10.15%；2000—2004 年，其他用地面积减少 1200.63hm^2，其他用地变化率为－5.65%；2004—2008 年，其他用地面积减少 11807.90hm^2，其他用地变化率为－58.86%（注：二调前后变更数据略有差异，不对其进行数据分析）；2008—2012 年，其他用地面积增加 150.67hm^2，变化率为 1.83%。

达拉特旗其他用地面积在 1996—2000 年、2000—2004 年、2004—2008 年、2008—2012 年 4 个时段的变化趋势略有差异，均呈现了先增加后减少再增加的变化趋势。1996—2000 年，其他用地面积增加 3821.72hm^2，其他用地变化率为 2.68%；2000—2004 年，其他用地面积减少 7643.71hm^2，其他用地变化率为－5.23%；2004—2008 年，其他用地面积减少 31050.22hm^2，其他用地变化率为－22.41%（注：二调前后变更数据略有差异，不对其进行数据分析）；2008—2012 年，其他用地面积增加 223.60hm^2，变化率为 0.21%。

综合分析两个旗县的其他用地类型，沙地面积变化比较显著，因此重点分析，图 1－59

为两个旗县1996—2012年详细沙地面积变化图。

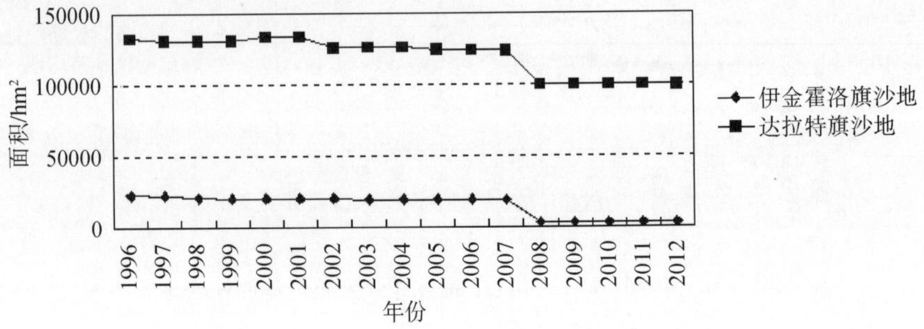

图1-59　1996—2012年两个旗县详细沙地面积变化图

2. 土地利用动态度

土地利用动态度用来定量描述区域土地利用变化的速度，其对比较地区土地利用变化的区域差异和预测未来土地利用趋势方面都具备积极的作用。

单一土地利用类型动态度表示某研究区在一定时间段范围内某一种土地利用类型的数量变化情况，表达式为

$$K = \frac{Ub - Ua}{Ua} \times \frac{1}{T} \times 100\% \qquad (1-3)$$

式中：K为研究时段内某一土地利用类型动态度；Ua，Ub分别为研究期初及研究期末某一种土地利用类型的数量；T为研究时段长，当T的时段定为年时，K值就是该研究区域某一种土地利用类型的年变化率。

综合土地利用类型动态度表示在一定时间段内土地利用变化的强度，反映了人类与土地之间进行物质、能量、信息交流的强度，表达式为

$$LC = \left(\frac{\sum_{i=1}^{n} \Delta LU_{i-j}}{2\sum_{i=1}^{n} LU_i} \right) \times \frac{1}{T} \times 100\% \qquad (1-4)$$

式中：LC为研究时段内的综合土地动态度；LU_i为研究初期土地利用类型中第i类的面积；ΔLU_{i-j}为研究时段内土地利用类型中第i类转变为j类的面积绝对值；T为研究时长。

根据上述公式分别计算伊金霍洛旗和达拉特旗单一土地利用动态度和综合土地利用动态度。

从表1-22可以看出，1996—2012年的17年间，伊金霍洛旗的交通运输用地和城镇村及工矿用地均出现不同程度的增加趋势，其中，交通运输用地的土地利用年变化率较突出，达到了25.71%，共增加了6876.07hm²，是城镇化发展的结果。伊金霍洛旗县内不仅新增数条铁路支线，其高速公路的修建也方便快捷了人们的生活出行；城镇化建设发展取得了很大的成效，城镇村及工矿用地增加面积达到5200.55hm²，年土地利用变化率为3.05%。其他用地类型均呈现减少的趋势，其中，草地的年变化率最低，为-0.26%，由于草地基数较大，所以总量减少较大，共减少了13730.22hm²；林地、耕地、水域及水利设施用地、其他用地、园地的变化率则介于其间，分别为-0.40%、-1.52%、-2.78%、

-4.03%、-5.53%。近17年期间，伊金霍洛旗的综合土地利用类型动态度为0.38%，说明研究区的土地利用变化速度较缓。

表1-22 1996—2012年伊金霍洛旗土地利用动态变化表

土地利用类型	1996年土地分类面积/hm^2	2012年土地分类面积/hm^2	1996—2012年土地利用年变化率/%	综合土地利用类型动态度/%
耕地	43984.77	33296.98	-1.52	0.38
园地	198.05	22.82	-5.53	
林地	157700.47	147551.07	-0.40	
草地	334408.91	320678.69	-0.26	
城镇村及工矿用地	10662.31	15862.86	3.05	
交通运输用地	1671.34	8547.41	25.71	
水域及水利设施用地	25806.77	14317.73	-2.78	
其他用地	23661.98	8403.30	-4.03	

从表1-23可以看出，1996—2012年的17年间，达拉特旗的林地、交通运输用地和城镇村及工矿用地均出现不同程度的增加趋势，其中，林地的土地利用年变化率较明显，为8.62%，这是由于达拉特旗积极响应自治区植树育林、退耕还林号召与政策，林地面积增加101210.68hm^2；交通运输用地的土地利用年变化率达到了6.34%，共增加了4103.95hm^2，这是城镇化发展的结果；城镇村及工矿用地增加面积达到2226.66hm^2，年土地利用变化率为0.72%。其他用地类型均呈现出减少的趋势，其中耕地的年变化率最低，为-0.27%，这是由于农业为达拉特旗的基础产业，耕地面积数量和质量有效保证农业发展，其耕地面积减少6756.99hm^2，在其较大的基数下，年变化率最低；水域及水利设施用地、草地、其他用地、园地的变化率则介于其间，分别为-0.56%、-1.04%、-1.52%、-5.91%。近17年期间，达拉特旗的综合土地利用类型动态度为0.82%，说明研究区的土地利用变化速度较快。

表1-23 1996—2012年达拉特旗土地利用动态变化表

土地利用类型	1996年土地分类面积/hm^2	2012年土地分类面积/hm^2	1996—2012年土地利用年变化率/%	综合土地利用类型动态度/%
耕地	156834.21	150077.22	-0.27	0.82
园地	299.97	16.27	-5.91	
林地	73405.79	174616.47	8.62	
草地	385765.69	321333.19	-1.04	
城镇村及工矿用地	19304.01	21530.67	0.72	
交通运输用地	4042.69	8146.64	6.34	
水域及水利设施用地	44638.48	40667.01	-0.56	
其他用地	142368.25	107719.64	-1.52	

（三）土地利用空间结构变化特征

土地利用空间结构反映了土地利用类型在地域上的分配及其对比关系，对土地利用空间结构的分析，有助于人们更好地认识土地利用与区域自然、社会和经济条件的相关性，揭示土地利用类型空间分布的集中与离散的规律性，从而可以分析土地利用布局的区域差异性与合理性。

1. 研究区总体地类转移变化分析

由2009—2011年伊金霍洛旗地类转移变化表1-24和变化柱状图1-60可以看出，2009—2011年，伊金霍洛旗的耕地主要转变为林地、草地、交通运输用地、城镇村及工矿用地和其他土地，其中，转变为城镇村及工矿用地的面积最大，为319.51hm²，其次为交通运输用地，面积为193.39hm²，没有发生变化的耕地面积为34876.52hm²；园地主要转变为交通运输用地和城镇村及工矿用地，转换的面积分别为0.14hm²和0.17hm²；林地主要转变为耕地、草地、交通运输用地、水域及水利设施用地、城镇村及工矿用地和其他土地，其中，转变为交通运输用地的面积最大，为460.30hm²，其次为城镇村及工矿用地，面积为440.49hm²，没有发生变化的林地面积为148242.74hm²；草地主要转变为耕地、林地、交通运输用地、水域及水利设施用地、城镇村及工矿用地和其他土地，其中，转变为城镇村及工矿用地的面积最大，为819.48hm²，其次为交通运输用地，面积为799.87hm²，没有发生变化的草地面积为323372.65hm²；其他土地主要转变为草地、交通运输用地、城镇村及工矿用地，其中，转变为城镇村及工矿用地的面积最大，为72.85hm²，其次为交通运输用地，面积为25.87hm²，没有发生变化的其他土地面积为7254.67hm²。

表1-24　2009—2011年伊金霍洛旗地类转移变化表　　单位：hm²

	耕地	园地	林地	草地	交通运输用地	水域及水利设施用地	城镇村及工矿用地	其他土地
耕地	34876.52	0.00	0.14	35.02	193.39	0.00	319.51	21.46
园地	0.00	23.77	0.00	0.00	0.14	0.00	0.17	0.00
林地	79.23	0.00	148242.74	105.74	460.30	5.51	440.49	70.39
草地	118.19	0.00	0.002	323372.65	799.87	30.22	819.48	160.89
其他土地	0.00	0.00	0.00	0.06	25.87	0.00	72.85	7254.67
水域及水利设施用地	10.76	0.00	0.00	0.08	16.21	14332.79	24.12	5.33

由2009—2011年达拉特旗地类转移变化表1-25和图1-61可以看出，2009—2011年达拉特旗的耕地主要转变为草地、交通运输用地、水域及水利设施用地、城镇村及工矿用地和其他土地，其中，转变为城镇村及工矿用地的面积最大，为393.29hm²，其次为其他土地，面积为144.03hm²，没有发生变化的耕地面积为152111.74hm²；园地没有发生变化；林地主要转变为耕地、草地、交通运输用地、水域及水利设施用地、城镇村及工矿用地和其他土地，其中，转变为耕地的面积最大，为327.13hm²，其次为交通运输用地，面积为301.70hm²，没有发生变化的林地面积为175126.54hm²；草地主要转变为耕地、交通

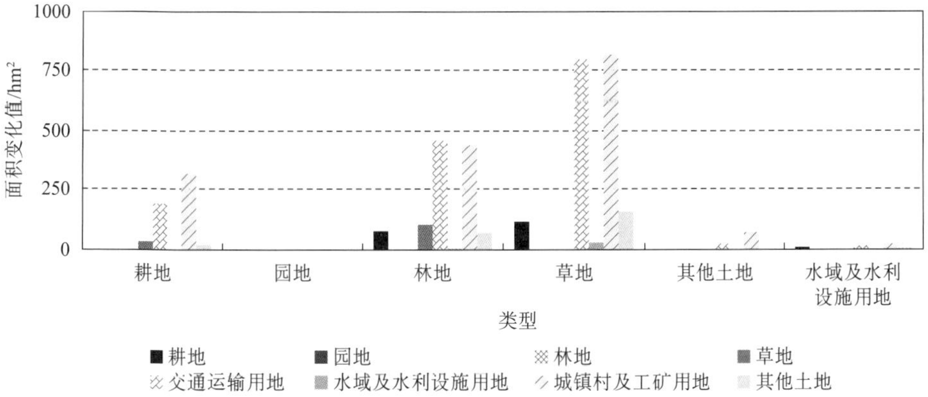

图 1-60　2009—2011 年伊金霍洛旗地类转移变化柱状图

运输用地、水域及水利设施用地、城镇村及工矿用地和其他土地，其中，转变为耕地的面积最大，为 1223.66hm²，其次为城镇村及工矿用地，面积为 1018.40hm²，没有发生变化的草地面积为 1223.66hm²；其他土地主要转变为耕地、林地、交通运输用地、水域及水利设施用地、城镇村及工矿用地，其中，转变为城镇村及工矿用地的面积最大，为 208.46hm²，其次为耕地面积，为 170.32hm²，没有发生变化的其他土地面积为 106387.35hm²。

表 1-25　2009—2011 年达拉特旗地类转移变化表　　单位：hm²

	耕地	园地	林地	草地	交通运输用地	水域及水利设施用地	城镇村及工矿用地	其他土地
耕地	152111.74	0.00	0.00	18.85	117.92	0.85	393.29	144.03
园地	0.00	16.60	0.00	0.00	0.00	0.00	0.00	0.00
林地	327.13	0.00	175126.54	74.15	301.70	1.71	142.47	115.10
草地	1223.66	0.00	0.00	322764.35	477.78	7.35	1018.40	482.62
其他土地	170.32	0.00	0.01	0.00	170.15	0.79	208.46	106387.35
水域及水利设施用地	0.22	0.00	0.00	1.34	23.65	39301.31	1.51	3.96

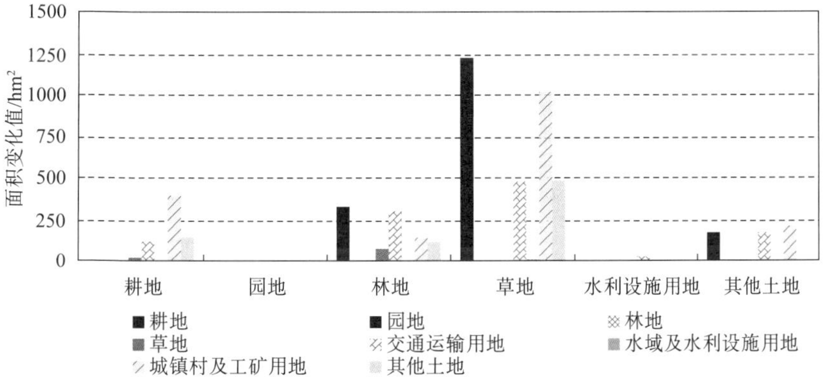

图 1-61　2009—2011 年达拉特旗地类转移变化柱状图

2. 研究区分地类转移变化分析

如2009—2011年伊金霍洛旗耕地变化图1-62所示，伊金霍洛旗的耕地变化量较大，每一个乡镇都出现了耕地变化的现象，其中，阿勒腾席热镇耕地变化的面积最大，为405.65hm²，占全部转换耕地的71.23%，其耕地主要转变为建制镇和公路用地；扎萨克镇耕地变化的面积最小，为8.91hm²，占全部转换耕地的1.57%，个别耕地有变成裸地和设施农用地的现象。

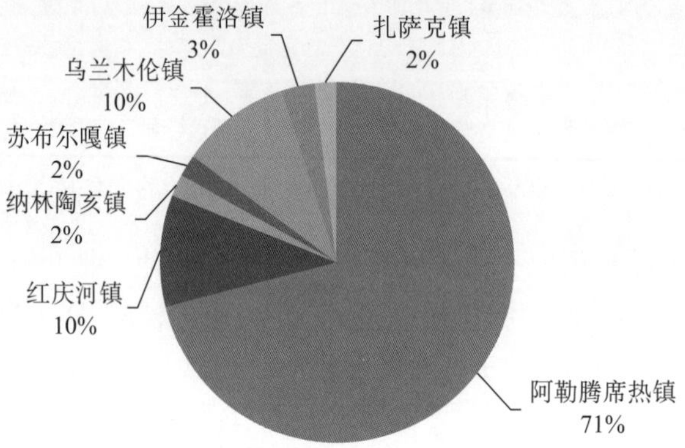

图1-62　2009—2011年伊金霍洛旗各乡镇耕地变化面积比例图

如2009—2011年伊金霍洛旗草地变化图1-63所示，伊金霍洛旗的草地变化量较大，每一个乡镇都出现了草地变化的现象，其中，阿勒腾席热镇草地变化的面积最大，面积为859.88hm²，占全部转换草地的44.58%，其草地主要转变为建制镇和公路用地；红庆河镇草地变化的面积最小，面积为83.22hm²，占全部转换草地的4.32%，个别草地有变成水浇地和水工建筑用地的现象。

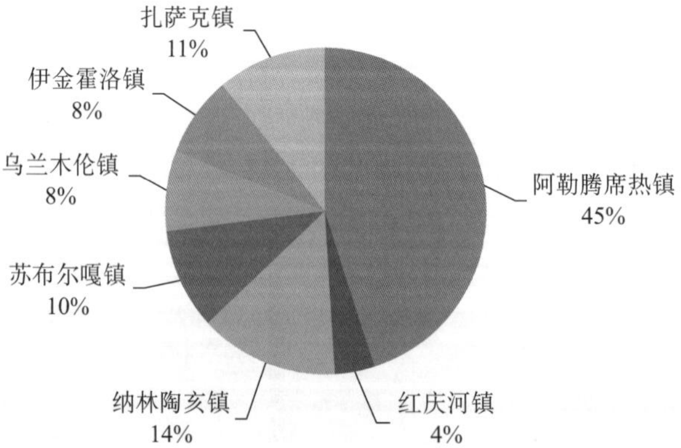

图1-63　2009—2011年伊金霍洛旗各乡镇草地变化面积比例图

如2009—2011年伊金霍洛旗林地变化图1-64所示，伊金霍洛旗的林地变化量较大，每一个乡镇都出现了林地变化的现象，其中，阿勒腾席热镇林地变化的面积最大，为5578.89hm²，占全部转换林地的47.71%，其林地主要转变为建制镇和公路用地；红庆河镇林地变化的面积最小，为168.26hm²，占全部转换林地的1.44%，个别林地有变成盐碱地和设施农用地的现象。

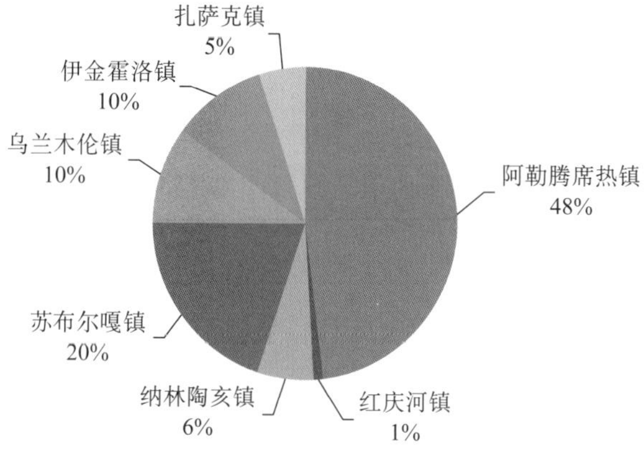

图 1－64　2009—2011 年伊金霍洛旗各乡镇林地变化面积比例图

如 2009—2011 年伊金霍洛旗水域及水利设施用地变化图 1－65 所示，伊金霍洛旗的水域及水利设施用地变化量较小，只有个别乡镇出现了水域及水利设施用地变化的现象，其中，阿勒腾席热镇水域及水利设施用地变化的面积最大，为 19. 36hm²，占全部水域及水利设施用地变化的 34. 00%，其水域及水利设施用地主要转变为建制镇和公路用地；红庆河镇水域及水利设施用地变化的面积最小，为 0. 03hm²，占全部水域及水利设施用地变化的 0. 05%，个别水域及水利设施用地有变成其他草地的现象。

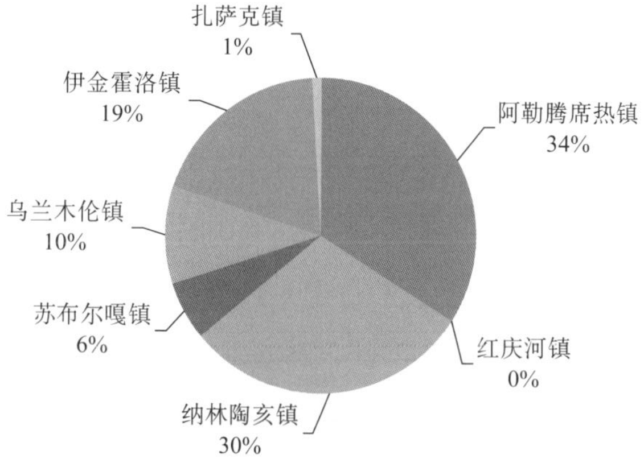

图 1－65　2009—2011 年伊金霍洛旗各乡镇水域及水利设施用地变化面积比例图

伊金霍洛旗其他土地变化量较小，只有个别乡镇出现了其他土地变化的现象，其中，阿勒腾席热镇其他土地变化的面积最大，为 27. 79hm²，占其他土地变化总面积的 50. 41%，其他土地主要转变为建制镇和公路用地；伊金霍洛镇其他土地变化的面积最小，为 0. 54hm²，占其他土地变化总面积的 0. 54%，个别其他土地有变成其他草地的现象，红庆河镇没有发生变化。

达拉特旗各乡镇地类变化如下所示：

如 2009—2011 年达拉特旗耕地变化图 1－66 所示，达拉特旗的耕地变化量较大，每一个乡镇都出现了耕地变化的现象，其中，树林召镇耕地变化的面积最大，为 $1661.36hm^2$，占全旗耕地变化总面积的 52.00%，其耕地主要转变为建制镇和公路用地；白泥井镇耕地变化的面积最小，为 $106.97hm^2$，占全旗耕地变化总面积的 3.32%，个别耕地有变成沟渠和设施农用地的现象。

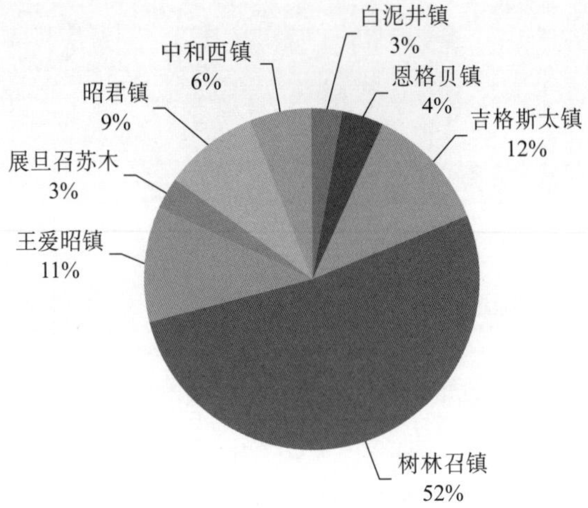

图 1－66　2009—2011 年达拉特旗各乡镇耕地变化面积比例图

如 2009—2011 年达拉特旗草地变化图 1－67 所示，达拉特旗的草地变化量较大，每一个乡镇都出现了草地变化的现象，其中，树林召镇草地变化的面积最大，为 $1804.49hm^2$，占全旗草地变化总面积的 25.00%，其草地主要转变为建制镇和公路用地；展旦召苏木草地变化的面积最小，为 $405.86hm^2$，占全旗草地变化总面积的 6.00%，个别草地有变成旱地和农村道路的现象。

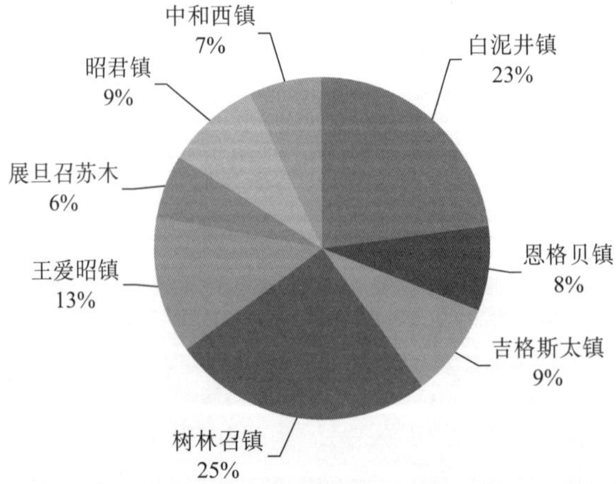

图 1－67　2009—2011 年达拉特旗各乡镇草地变化面积比例图

如 2009—2011 年达拉特旗林地变化图 1－68 所示，达拉特旗的林地变化量较大，每一个乡镇都出现了林地变化的现象，其中，白泥井镇林地变化的面积最大，为

1764.58hm²，占全旗林地变化总面积的27.71%，其林地主要转变为建制镇和公路用地；展旦召苏木林地变化的面积最小，为96.59hm²，占全旗草地变化总面积的1.52%，个别林地有变成裸地和设施农用地的现象。

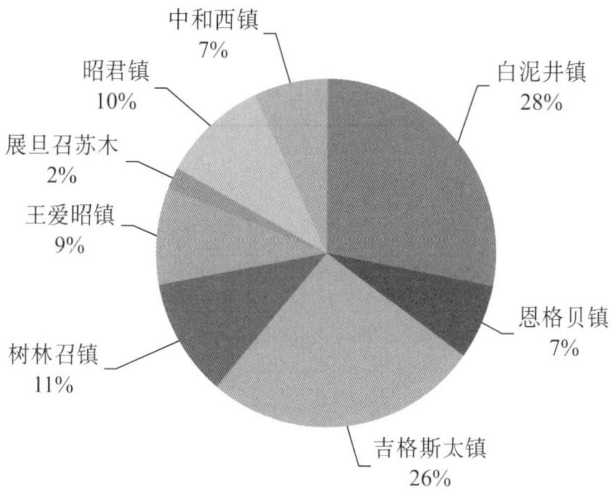

图1-68　2009—2011年达拉特旗各乡镇林地变化面积比例图

如2009—2011年达拉特旗水域及水利设施用地变化图1-69所示，达拉特旗的水域及水利设施用地变化量较小，只有个别乡镇出现了水域及水利设施用地变化的现象，其中，树林召镇水域及水利设施用地变化的面积最大，为8.32hm²，占全旗水域及水利设施用地变化总面积的27.11%，其水域及水利设施用地主要转变为建制镇和公路用地；中和西镇水域及水利设施用地变化的面积最小，为0.91hm²，占全旗水域及水利设施用地变化总面积的2.97%，个别水域及水利设施用地有变成天然牧草地和设施农用地的现象。

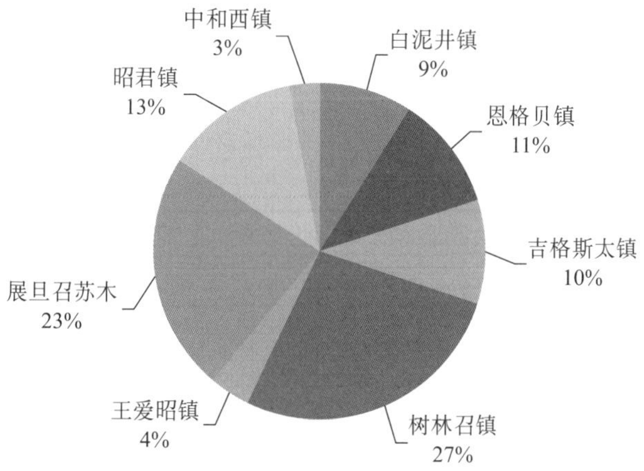

图1-69　2009—2011年达拉特旗各乡镇水域及水利设施用地变化面积比例图

如2009—2011年达拉特旗其他土地变化图1-70所示，达拉特旗的其他土地变化量较小，只有个别乡镇出现了其他土地变化的现象，其中，吉格斯太镇土地变化的面积最大，为191.14hm²，占全旗其他土地变化总面积的34.77%，其他土地主要转变为建制镇和公路用地；白泥井镇其他土地变化的面积最小，为8.07hm²，占全旗其他土地变化总面积的1.47%，个别其他土地有变成水工建筑用地的现象。

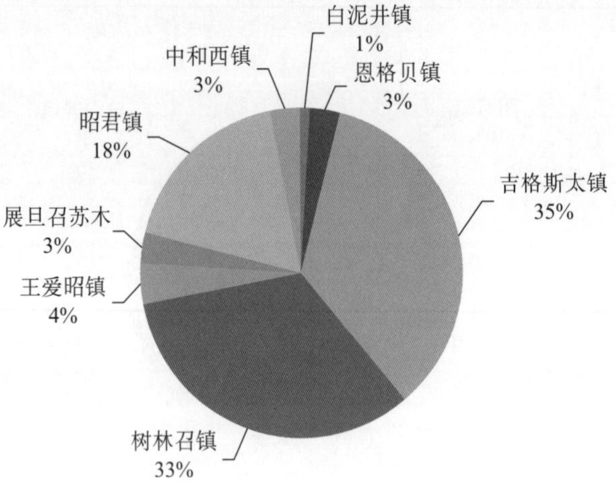

图1－70　2009—2011年达拉特旗各乡镇其他土地变化面积比例图

（四）土地利用变化与人口结构、经济的关系

1. 人口发展状况

在影响土地利用变化的诸多因素中，人口因素作为人类社会经济因素中最主要的因素，影响并驱动土地利用变化过程。人类通过改变土地利用结构，调整土地利用程度，增强对土地系统的干预，来满足最大程度的生活需求。

尽管科学技术的提高在很大程度上给人类的生产生活带来不少便利，实现了部分粮食的高产问题，提高了生产效率，避免了不必要的浪费，但仍不能满足人类在生产生活过程中对土地的需求。人口数量的增长及生活质量的提高必然会带来对各种类型土地的需求的同步增加，需要更多的土地为人类提供衣食住行等各个方面的需求。如需要大量农用地提供粮食及油料作物；需要更多的建设用地供给住房和活动的场所；也需要更多工矿用地、城市绿地满足人类生活的需要。

人口的迁移流动，城市化水平的提高也会影响土地利用变化。随着社会经济的发展，深山农村人口向行政村或城镇转移，必然会带来城镇建设用地的增加，还会侵占城镇周围的耕地和深山农村居民点的用地。旅游经济的发展，必然带来游客的迅猛增加，旅游基础设施建设用地必然会大量增加。

人口消费水平对土地利用变化也有着决定性的作用。社会经济的发展会带来消费水平和消费结构的变化，从而引起产业结构的变化，导致土地在各行业、各部门之间的比例关系发生变化。

人口的增加，必然导致对土地资源需求量的增加。而土地资源需求量的增加只有两条途径：一是调整、优化土地利用结构，提高农产品的产量；二是扩大土地利用面积，开发末利用的土地资源，提高土地资源的利用强度，由此会带来诸如环境质量退化、上地退化、水源污染等一系列环境问题。

表1－26和表1－27是研究区2004—2012年人口发展情况表。

表1－26　2004—2012年伊金霍洛旗人口发展情况表

项目	2004年	2005年	2006年	2007年	2008年	2009年	2010年	2011年	2012年
年末总户数/户	48695	49802	52329	57349	64090	67911	70093	72214	72066
总人口/人	143171	143718	147892	151603	155874	159752	164212	167004	167523
男性数量/人	76552	76266	78087	79333	80906	82765	84382	85311	85184
女性数量/人	66619	67452	69805	72270	74968	76987	79830	81693	82339
出生人口/人	1524	1948	2084	2335	2723	2429	3729	2292	2810
死亡人口/人	631	1590	511	1114	655	473	807	573	1420
出生率/‰	10.64	13.55	14.09	15.40	17.47	15.20	22.71	13.72	16.77
死亡率/‰	4.41	11.06	3.46	7.35	4.20	2.96	4.91	3.43	8.48
自然增长率/‰	6.24	2.49	10.64	8.05	13.27	12.24	17.79	10.29	8.30
迁入人口/人									
迁出人口/人									

表1－27　2004—2012年达拉特旗人口发展情况表

项目	2004年	2005年	2006年	2007年	2008年	2009年	2010年	2011年	2012年
年末总户数/户	108741	112310	116550	125000	134230	134011	148801	153445	152190
总人口/人	333135	336455	341467	348546	354274	359528	364161	368664	357563
男性数量/人	174121	176099	178152	181519	183494	185556	187114	188798	182790
女性数量/人	159014	160356	163315	167027	170780	173972	177047	179866	174773
出生人口/人	2622	3667	2592	4096	4778	4636	6505	4837	5774
死亡人口/人	1709	1738	884	852	2494	1190	2788	1606	6794
出生率/‰	7.87	10.90	7.59	11.75	13.49	12.89	17.86	13.12	16.15
死亡率/‰	5.13	5.17	2.59	2.44	7.04	3.31	7.66	4.36	19.00
自然增长率/‰	2.74	5.73	5.00	9.31	6.45	9.58	10.21	8.76	－2.85
迁入人口/人					5677	4330	2786	4121	
迁出人口/人					2249	1874	2054	2319	

2. 社会经济发展状况

经济增长对土地利用变化有着很大的影响。一方面，经济增长对土地需求的总量水平和结构水平都会产生重要影响；另一方面，经济增长又会对土地持续利用提供必要的技术和资金支持。一般来说，经济发展对土地利用变化的影响主要表现在需求总量水平的上升、影响土地利用结构形成及为可持续利用提供了先进的技术手段和财力支持等几个方面。首先，在经济增长过程中，经济产出的提高必然伴随对土地等投入性生产要素的生产和服务功能的大量需求，不同的经济发展阶段对土地的需求是不一样的，就数量来说，第一产业占最大比例的前工业化阶段，土地利用以农业用地为主，城镇和工矿交通用地占地比例很小，随着工业化的加速发展，农业用地和农业劳动力不断向第二、第三产业转移，对土地的需求越来越大，原有农地数量将会逐渐减少，而城镇、工业和交通用地将会不断扩大，直至后工业化社会，工业用地的增长会稳定下来，但交通和居住、旅游用地的比例还会继续增加。另外，经济增长也影响着区域土地利用结构的形成，产业结构是各产业生产能力配置的构成方式，产业结构与土地利用结构之间存在关联性，其演进引起土地资源在产业部门之间重新分配，导致土地利用结构发生变化，在可能的范围内，任何土地资源的配置形式均取决于当时的社会经济增长水平，一般来说，经济增长水平的变化要先于土地利用结构的变化，从这点意义上讲，土地利用方式和结构的形成与变化主要取决于社会经济增长水平，经济增长对土地利用的影响也是通过土地利用结构的调整来实现的。再者，经济增长通过提供先进的技术手段和财力支持实现土地资源可持续利用，其包含两方面的含义：一是人类经济增长未能达到一定程度时，人类不可能对生产和消费过程中出现的污染情况进行妥善的处理，这种情况只有在人类社会的经济增长达到一定程度后，才有可能得到根本性改变；二是先进的技术手段和财力支持是否能够应用于污染的防治和处理还取决于技术、资本和资源三者效用的相对大小，而只有在人类的经济增长达到一定程度后，资源提供给人类的效用才有可能上升，改变其与技术和资本相比时所处的相对弱小地位。

表1－28和表1－29是研究区2004—2012年经济发展指标分析表。

表1－28　2004—2012年伊金霍洛旗经济发展指标分析表

项目	2004年	2005年	2006年	2007年	2008年	2009年	2010年	2011年	2012年
生产总值/万元	683020	896781	1300031	2003806	2922400	3934876	4729668	5639536	6356128
第一产业增加值/万元	34482	37979	37418	44532	48500	52001	56511	66479	71441
第二产业增加值/万元	260876	364835	597260	1029329	1678300	2416407	3009551	3635195	3988164
工业产值/万元	215676	294007	469175	858464	1494200	2211001	2766761	3332606	3642305
第三产业增加值/万元	387662	493967	665353	929945	1195600	1466467	1663606	1937862	2296523
人均生产总值/元	47975	62518	85528	126224	181798	241034	212856	243083	268758
全社会固定资产投资额/万元	421261	691269	1095139	1505474	1720839	2199089	2600166	3097331	3405905

表1－29　2004—2012年达拉特旗经济发展指标分析表

项目	2004年	2005年	2006年	2007年	2008年	2009年	2010年	2011年	2012年
生产总值/万元	640351	894961	1170906	1599627	2206595	2800259	3386741	4035568	4514593
第一产业增加值/万元	131824	142988	148608	169019	204050	214821	229068	266432	287352
第二产业增加值/万元	280160	431847	623346	864757	1314371	1703709	2102707	2557958	2873902
工业产值/万元	249960	368669	520893	756362	1205321	1575029	1955189	2370931	2663122
第三产业增加值/万元	228367	320126	398952	565851	688174	881728	1054966	1211178	1353339
人均生产总值/元	19230	26600	33038	46364	73861	78462	93001	109465	137535
全社会固定资产投资额/万元	401389	658135	1104771	1178285		1520133	1600183	1716933	1902895

3. 土地类型变化驱动因素分析

利用2004—2012年共9年的数据，分别选取各项土地利用类型面积动态变化值 $X1$：地区国内生产总值（亿元），$X2$：全社会固定资产投资完成额（亿元），$X3$：总人口数（万人）作为数据分析样本。运用SPSS统计分析软件进行相关分析，得到土地利用变化与社会经济驱动因子之间的相关系数。根据相关分析结果可知，各类土地利用变化与社会经济驱动因子的关系如下：

（1）耕地变化驱动因素：耕地作为土地资源的精华部分，关系着全体人民的食物安全、社会的稳定和社会经济的可持续发展。实施可持续发展战略，是我国的基本国策。可持续发展的理念正在逐步成为人们思考和行动的指导思想。然而，在实际工作中，违背这一基本国策的现象仍屡见不鲜。人们往往片面追求经济增长，而忽视其他一些重要方面（如资源、环境等）。这是必须及早扭转的不良倾向，否则可持续发展的战略是无法顺利实施的（张贵军，2005）。耕地资源是一种数量有限、社会综合价值很高的重要土地资源。正确认识和处理耕地资源与人口增长、经济发展的关系，在追求经济利益最大化的同时实现耕地资源的可持续利用，将耕地保护与未来的经济运行相协调，已成为我国在实施持续发展战略过程中亟须解决的重大问题。

图1－71是2004—2012年伊金霍洛旗耕地面积与人口总量的变化情况，伴随着人口的增加，耕地面积呈现不断减少的趋势。以2009年之后的二调数据作为研究数据，耕地面积与人口总量拟合公式为：$y = -36.314x + 1.4E+6$。耕地面积与人口总数量呈现显著的负相关，其相关性达到0.9496。这是由于随着城市化进程的推进，居民生产生活各方面都要在相当程度上需要占用城镇周边的部分耕地进行各项建设。

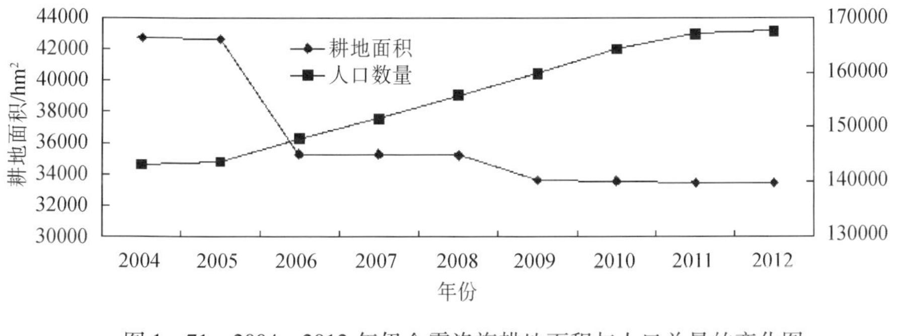

图1－71　2004—2012年伊金霍洛旗耕地面积与人口总量的变化图

图1－72是2004—2012年伊金霍洛旗耕地面积与GDP、全社会固定资产投资的变化情况。以2009年之后的二调数据作为研究数据，耕地面积随着GDP、社会固定资产投资的增加呈显著的递减趋势，相关性分别达到0.9233、0.9442，随着伊金霍洛旗经济的进一步发展，煤炭化工产业成为经济发展的主力军，产业不断升级转换，高新技术产业比例增加，科学技术贡献率不断增强，加之土地开发、复垦技术的进步促进土地利用效率的提高和耕地后备资源的开采，建设占用耕地现象有所缓和，耕地面积减少的速度逐渐慢于经济发展的速度（张正栋，2005）。不过，目前还处于工业化过程中，还没有达到经济集约型增长的水平，经济增长和大规模的固定资产投资仍然是耕地减少的两个重要驱动因素（白

丽月等，2005）。

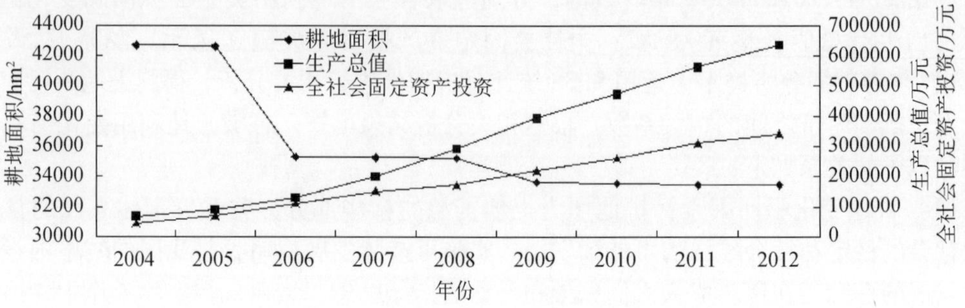

图1－72　2004—2012年伊金霍洛旗耕地面积与地区国内生产总值、全社会固定资产投资的变化图

图1－73是2004—2012年达拉特旗耕地面积与人口总量的变化情况。伴随着人口的增加，耕地面积呈现先减少后增加的趋势。以2009年之后的二调数据作为研究数据，耕地面积与人口总量拟合公式为：$y=29.709x-4.3E+6$。耕地面积与人口总数量呈现正相关，其相关性达到0.8804。这是由于达拉特旗是鄂尔多斯市的农业大旗，其农业一直占据地区国内生产总值的基础地位，在旗政府的带领下，全旗切实保护耕地，不断提高耕地质量，增加耕地面积，确保农业稳定发展，因此，随着人口增加，其耕地面积呈现相应增长。

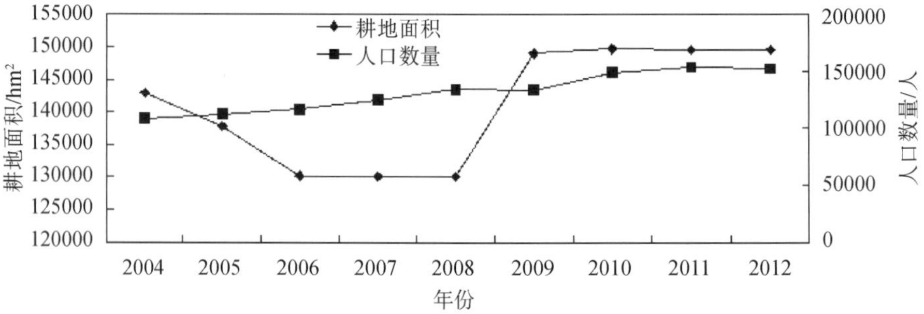

图1－73　2004—2012年达拉特旗耕地面积与人口总量的变化图

图1－74是2004—2012年达拉特旗耕地面积与GDP、全社会固定资产投资的变化情况。以2009年之后的二调数据作为研究数据，耕地面积随着GDP、社会固定资产投资的增加呈现不明显的增加趋势，相关性分别达到0.4961、0.3309，这是由于耕地面积的增长是达拉特旗在贯彻落实相关耕地保护政策下的结果，随着达拉特旗经济的进一步发展，实现以农业为基础产业，其他各产业蓬勃发展态势，其地区国内生产总值与全社会固定资产投资也倾向于第二、第三产业，因此，达拉特旗耕地面积与GDP、社会固定资产投资相关性不显著。

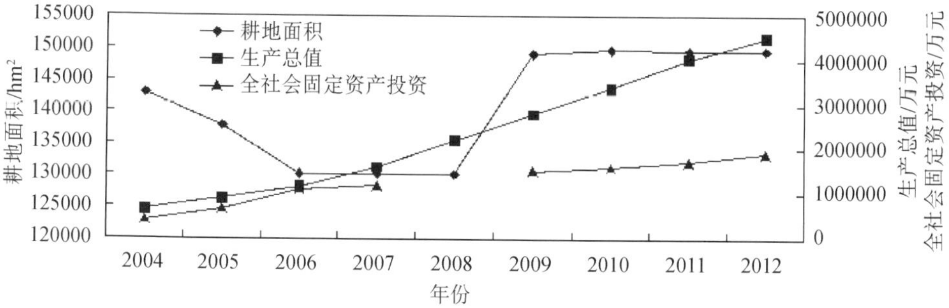

图 1－74　2004—2012 年达拉特旗耕地面积与地区国内生产总值、全社会固定资产投资的变化图

（2）林地变化的驱动因素：林业是关系国民经济和社会可持续发展的重要因素，保护林地是保障国土生态安全，建设生态文明的基本要求；也是提高节能减排，提高林业应对客观气候变化能力的客观要求；更是满足市场需求，增强木材及林产品供给能力的必然要求。努力做到林地面积有增无减，调整好林地面积与人口增长及经济发展的关系显得尤为重要。

图 1－75 是 2004—2012 年伊金霍洛旗林地面积与人口总量的变化情况，伴随着人口的增加，林地面积呈现先增加后减少的趋势。这是由于 2000 年以来鄂尔多斯市积极推进生态文明建设，抓住实施一批国家林业重点工程的契机，在内蒙古自治区率先推行了禁牧、休牧、划区轮牧等一系列护林措施。伊金霍洛旗积极响应这一政策，并在此基础上号召植树造林等活动，全旗范围内提高林地面积。以 2009 年之后的二调数据作为研究数据，林地面积与人口总量拟合公式为：$y = -7.9511x + 1.3E+6$。林地面积与人口总数量呈现显著的负相关，其相关性达到 0.9961。这是由于随着城市化进程的推进，居民生产生活各方面都要在相当程度上需要占用城镇周边的部分林地进行各项建设，另外，随着林业生产经营方式的进一步优化，从事林业生产经营方面的人口数量增多，这些都致使林地面积不断减少。

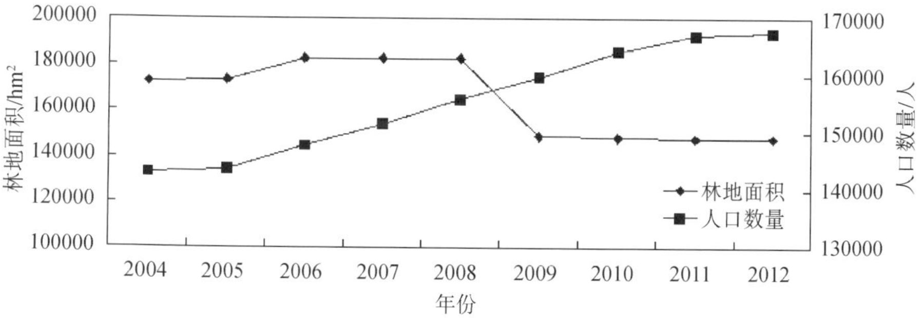

图 1－75　2004—2012 年伊金霍洛旗林地面积与人口总量的变化图

图 1－76 是 2004—2012 年伊金霍洛旗林地面积与 GDP、全社会固定资产投资的变化情况。以 2009 年之后的二调数据作为研究数据，林地面积随着 GDP、社会固定资产投资的增加呈现先增加后减少的趋势，相关性分别达到 0.8891、0.9078，其林地面积的增加一

部分源自鄂尔多斯市相关林业保护政策性文件的出台与实施，由于政府的重视，林业相关产业的不断优化使得其地区 GDP 与固定资产投资进一步提高，伴随而来的是林地面积加大，生产方式趋于合理。但是，人们过分依赖林业，不成熟产业结构仍然存在，肆意过度乱砍滥伐现象时有发生。随着伊金霍洛旗经济的进一步发展，经济增长和大规模的固定资产投资仍然会导致林地面积不定程度的减少。

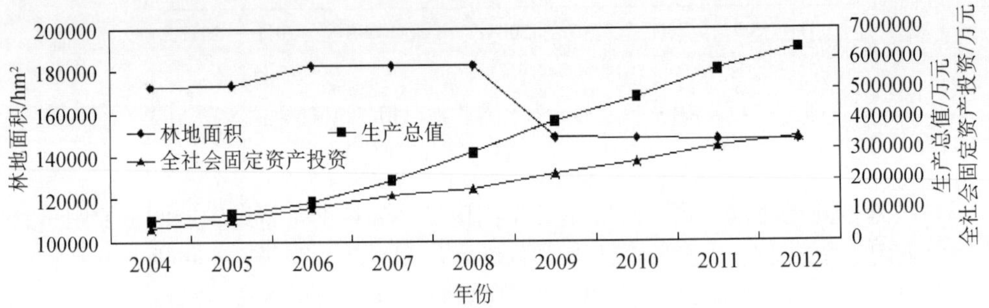

图 1－76　2004—2012 年伊金霍洛旗林地面积与地区国内生产总值、全社会固定资产投资的变化图

图 1－77 是 2004—2012 年达拉特旗林地面积与人口总量的变化情况，伴随着人口的增加，林地面积呈现先增加后减少的趋势。这是由于 2000 年以来鄂尔多斯市积极推进生态文明建设，抓住实施一批国家林业重点工程的契机，在内蒙古自治区率先推行了禁牧、休牧、划区轮牧等一系列护林措施。达拉特旗积极响应这一政策，并在此基础上号召植树造林等活动，全旗范围内林地面积得到提高。以 2009 年之后的二调数据作为研究数据，林地面积与人口总量拟合公式为：$y = -26.212x + 4.7E + 6$。林地面积与人口总数量呈现显著的负相关，其相关性达到 0.9922。这是由于随着城市化进程的推进，居民生产生活各方面都要在相当程度上需要占用城镇周边的部分林地进行各项建设，另外，林业生产经营方式的进一步优化，产业结构有待调整，从事林业生产经营方面的人口数量随之增多，这些都致使林地面积的不断减少。

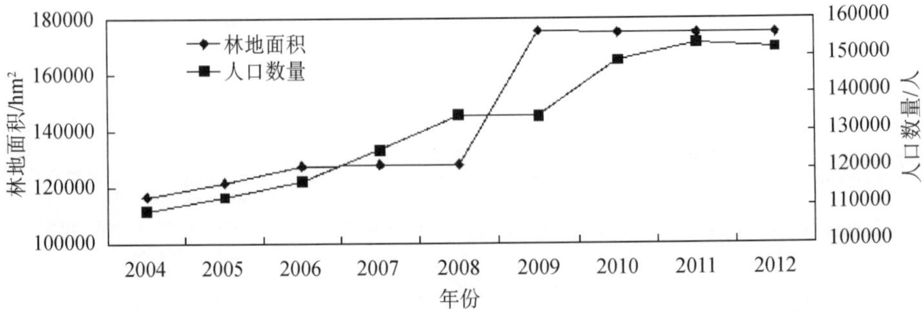

图 1－77　2004—2012 年达拉特旗林地面积与人口总量的变化图

图 1－78 是 2004—2012 年达拉特旗林地面积与 GDP、全社会固定资产投资的变化情况。以 2009 年之后的二调数据作为研究数据，林地面积随着 GDP、社会固定资产投资的增加呈现先增加后减少的趋势，相关性分别达到 0.7394、0.5491，其林地面积的增加一部

分源自鄂尔多斯市相关林业保护政策性文件的出台与实施，由于政府的重视，林业相关产业的不断优化使得其地区 GDP 与固定资产投资进一步提高，伴随而来的是林地面积加大，生产方式趋于合理。但是，人们过分依赖林业，不成熟产业结构仍然存在，肆意过度乱砍滥伐现象时有发生。随着达拉特旗经济的进一步发展，经济增长和大规模的固定资产投资仍然会导致林地面积不定程度的减少。

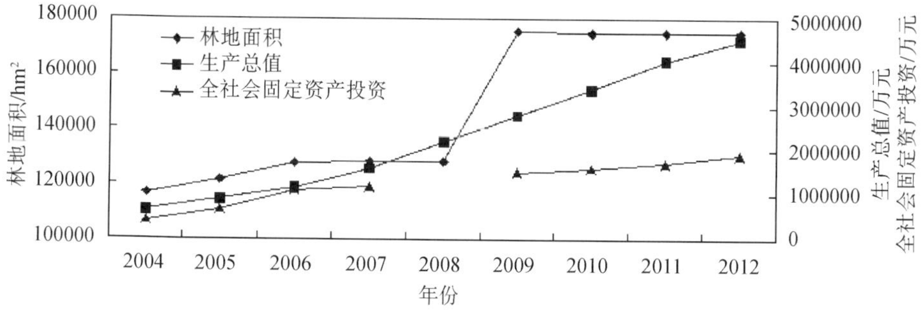

图 1-78　2004—2012 年达拉特旗林地面积与地区国内生产总值、全社会固定资产投资的变化图

（3）采矿用地变化驱动因素：近年来，鄂尔多斯依托其丰富的自然资源，打造了一条煤炭稀土产业工业链条，不仅为全国各地提供优质的物质能源，而且带动了其整体经济效益，推动经济稳健快步发展，带动相关产业可持续发展，进一步为提高居民生活质量，解决就业压力，加快城镇化速度提供条件。

图 1-79 是 2004—2012 年伊金霍洛旗采矿用地面积与人口总量的变化情况，伴随着人口的增加，采矿用地面积呈现不断增加的趋势。以 2009 年之后的二调数据作为研究数据，采矿用地面积与人口总量拟合公式为：$y = 74.864x - 1.5E + 5$。采矿用地面积与人口总数量呈现显著的正相关，其相关性达到 0.9616。这是由于随着伊金霍洛旗经济的稳步提高，一系列产业支持政策的出台，使得许多人投身工矿产业的热潮中，另外，伊金霍洛旗经济蓬勃发展吸引不少外地人员前来务工，为该旗工矿企业发展注入了新动力，也致使采矿用地面积相应增加。

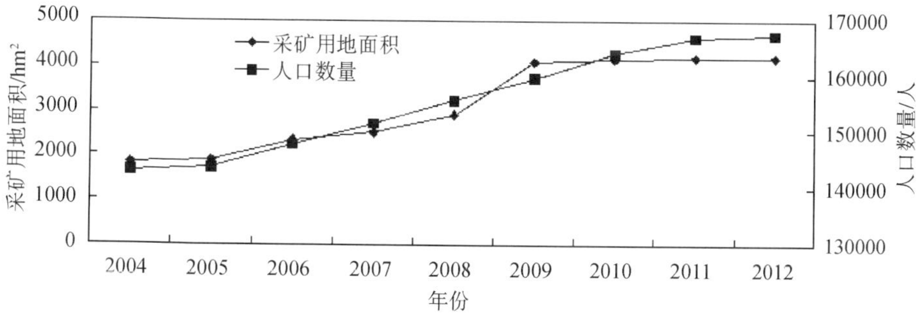

图 1-79　2004—2012 年伊金霍洛旗采矿用地面积与人口总量的变化图

图 1-80 是 2004—2012 年伊金霍洛旗采矿用地面积与 GDP、全社会固定资产投资的变化情况。随着地区国内生产总值与全社会固定资产投资的增加，采用地面积也出现相应

增加。以2009年之后的二调数据作为研究数据，采矿用地面积随着GDP、社会固定资产投资的增加呈现显著增加的趋势，相关性分别达到0.9147，0.9051，伊金霍洛旗境内储藏着丰富的煤炭资源，是神府-东胜煤田的主要产区，是全国的重要能源基地之一，煤炭产业在地区生产总值中占有举足轻重的地位，伊金霍洛旗依托本地资源优势，大力发展地方工业，兴办工矿企业，致使工矿用地面积增加，经济总量显著提高（高子龙，2011）。

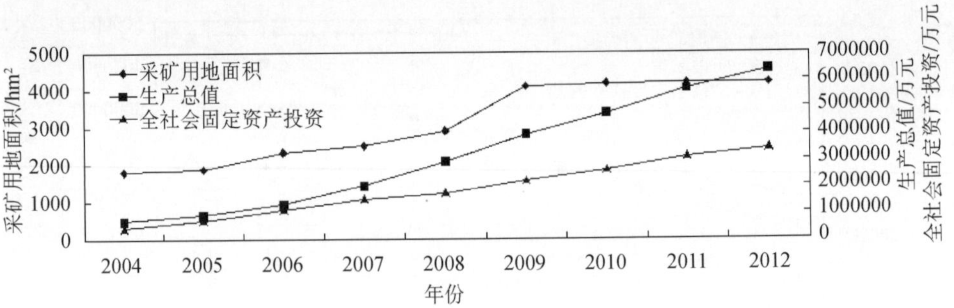

图1-80　2004—2012年伊金霍洛旗采矿用地面积与地区国内生产总值、全社会固定资产投资的变化图

图1-81是2004—2012年达拉特旗采矿用地面积与人口总量的变化情况，伴随着人口的增加，采矿用地面积呈现不断增加的趋势。以2009年之后的二调数据作为研究数据，采矿用地面积与人口总量拟合公式为：$y = -711.48x + 9.2E + 5$。采矿用地面积与人口总数量呈现显著的负相关，其相关性达到0.9308。这是由于达拉特旗以农业为主，农业人口较多，采矿产业较少，且分布偏远，投入采矿业的人力不足。随着人口的增多，农业比例日益增多，致使耕地面积进一步增加，采矿面积减少。

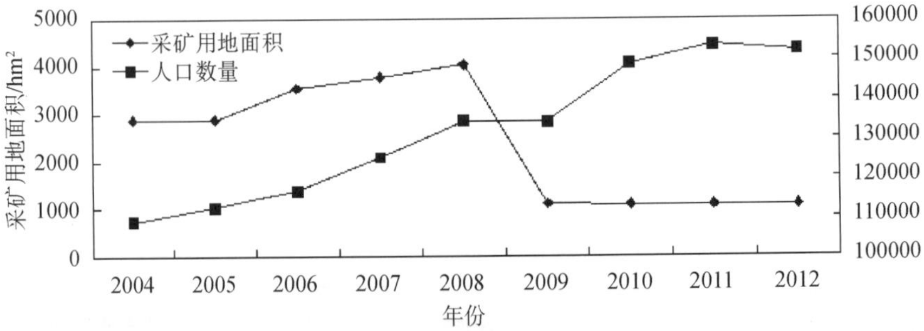

图1-81　2004—2012年达拉特旗采矿用地面积与人口总量的变化图

图1-82是2004—2012年达拉特旗采矿用地面积与GDP、全社会固定资产投资的变化情况。以2009年之后的二调数据作为研究数据，采矿用地面积随着GDP、社会固定资产投资的增加呈现不明显的减少趋势，相关性分别达到0.5776，0.4007，达拉特旗是鄂尔多斯市的农业大旗，其农业在经济发展中占据主导地位，工矿企业发展起步较晚，相对经济投入略显不足，GDP贡献量较小。

（4）城镇村居民点用地变化驱动因素：随着城镇化进程的加快，新农村建设的深入，城镇村居民点用地面积不断发生改变，其作为衡量地区城镇化速度的指标之一，越来越引起关注。

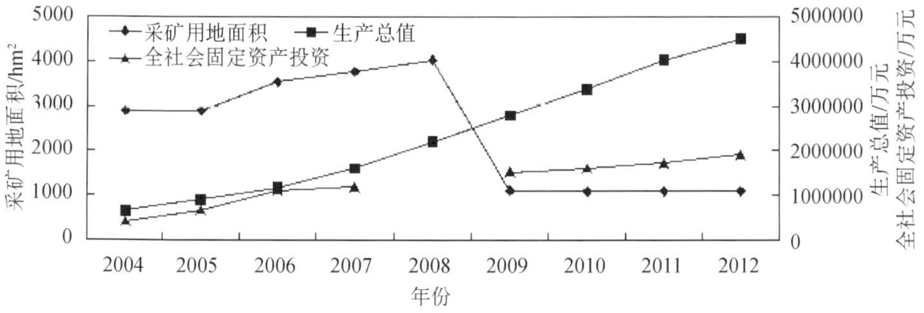

图 1-82　2004—2012 年达拉特旗采矿用地面积与地区国内生产总值、全社会固定资产投资的变化图

图 1-83 是 2004—2012 年伊金霍洛旗城镇村居民点用地面积与人口总量的变化情况，伴随着人口的增加，城镇村居民点用地面积呈现不断增加的趋势。以 2009 年之后的二调数据作为研究数据，城镇村居民点用地面积与人口总量拟合公式为：$y=6.2986x+98559$。城镇村居民点用地面积与人口总数量呈现显著的正相关，其相关性达到 0.9957。随着人口的不断增加，需要更多的宅基地、基础设施用地及其他建设用地来保证人们的生产生活。

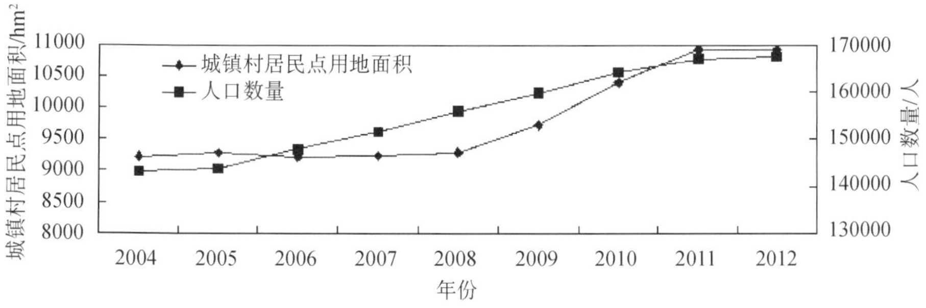

图 1-83　2004—2012 年伊金霍洛旗城镇村居民点用地面积与人口总量的变化图

图 1-84 是 2004—2012 年伊金霍洛旗城镇村居民点用地面积与 GDP、全社会固定资产投资的变化情况。以 2009 年之后的二调数据作为研究数据，城镇村居民点用地面积随着 GDP、社会固定资产投资的增加呈现显著增加趋势，相关性分别达到 0.8918，0.9106，这是由于人口聚集区第三产业发展繁荣，地区国内生产总值较多，其投入的社会固定资产也较多。

图 1-84　2004—2012 年伊金霍洛旗城镇村居民点用地面积与地区国内生产总值、全社会固定资产投资的变化图

图1-85是2004—2012年达拉特旗城镇村居民点用地面积与人口总量的变化情况，伴随着人口的增加，城镇村居民点用地面积呈现不断增加的趋势。以2009年之后的二调数据作为研究数据，城镇村居民点用地面积与人口总量拟合公式为：$y = 12.909x - 1.0E+5$。城镇村居民点用地面积与人口总数量呈现显著的正相关，其相关性达到0.9889。随着人口的不断增加，需要更多的宅基地、基础设施用地及其他建设用地来保证人们的生产生活。

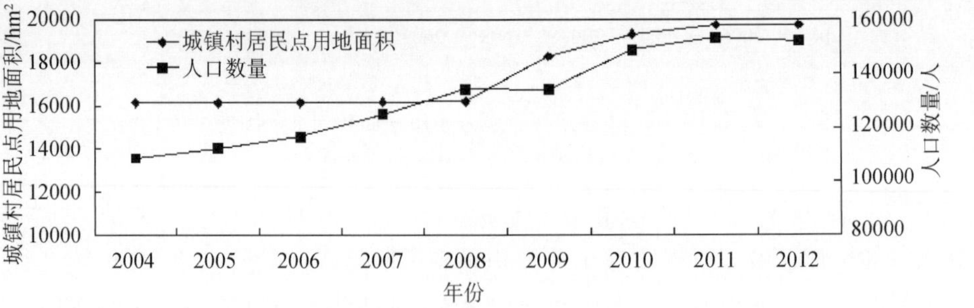

图1-85　2004—2012年达拉特旗城镇村居民点用地面积与人口总量的变化图

图1-86是2004—2012年达拉特旗城镇村居民点用地面积与GDP、全社会固定资产投资的变化情况。以2009年之后的二调数据作为研究数据，城镇村居民点用地面积随着GDP、社会固定资产投资的增加呈现显著增加趋势，相关性分别达到0.8421，0.6537，这是由于人口聚集区第三产业发展繁荣，地区国内生产总值较多，其投入的社会固定资产也较多。

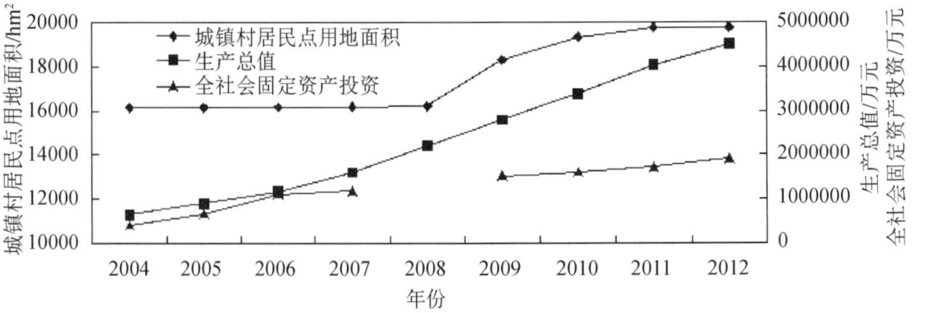

图1-86　2004—2012年达拉特旗城镇村居民点用地面积与地区国内生产总值、全社会固定资产投资的变化图

（5）牧草地变化驱动因素：牧草地作为伊金霍洛旗和达拉特旗的主要土地利用类型，在土地利用方式及变化上深受人口与经济的影响。

图1-87是2004—2012年伊金霍洛旗牧草地面积与人口总量的变化情况，伴随着人口的增加，城镇村居民点用地面积呈现不断减少的趋势。以2009年之后的二调数据作为研究数据，牧草地面积与人口总量拟合公式为：$y = -5.0009x + 1.8E+6$。牧草地面积与人口总数量呈现显著的负相关，其相关性达到0.9928。随着人口的不断增加，需要占据城镇周边的牧草地进行城镇化建设及生产生活。

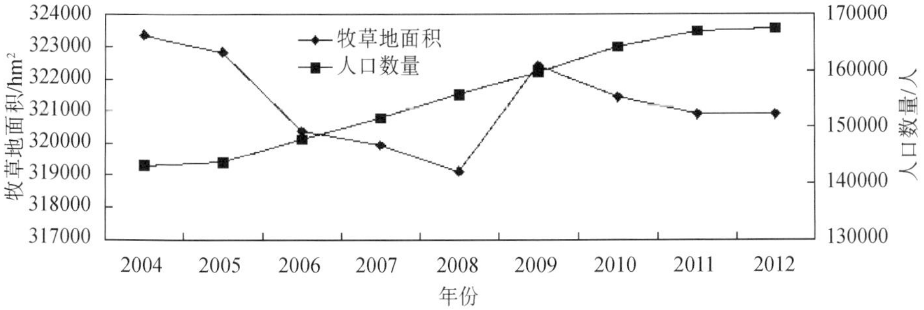

图 1－87　2004—2012 年伊金霍洛旗牧草地面积与人口总量的变化图

图 1－88 是 2004—2012 年伊金霍洛旗牧草地面积与 GDP、全社会固定资产投资的变化情况。以 2009 年之后的二调数据作为研究数据，牧草地面积随着 GDP、社会固定资产投资的增加呈现显著减少趋势，相关性分别达到 0.8560，0.8735，这是由于地区经济的发展需要占据更多的城市周边牧草地进行厂房、厂区建设。

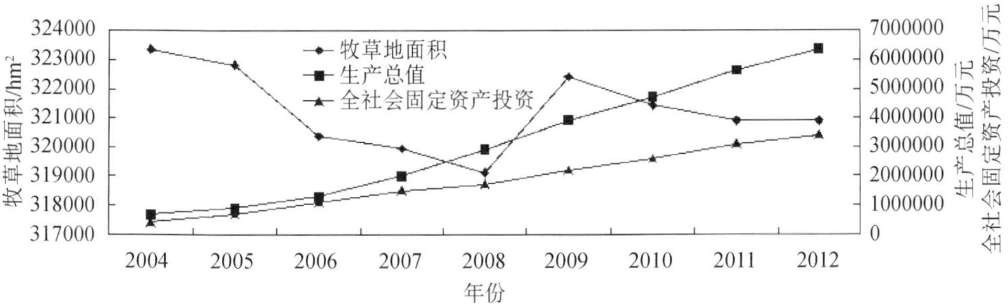

图 1－88　2004—2012 年伊金霍洛旗牧草地面积与地区国内生产总值、全社会固定资产投资的变化图

图 1－89 是 2004—2012 年达拉特旗牧草地面积与人口总量的变化情况，伴随着人口的增加，城镇村居民点用地面积呈现不断减少的趋势。以 2009 年之后的二调数据作为研究数据，牧草地面积与人口总量拟合公式为：$y = -8.4110x + 2.9E + 6$。牧草地面积与人口总数量呈现显著的负相关，其相关性达到 0.9943。随着人口的不断增加，需要占据城镇周边的牧草地进行城镇化建设及生产生活。

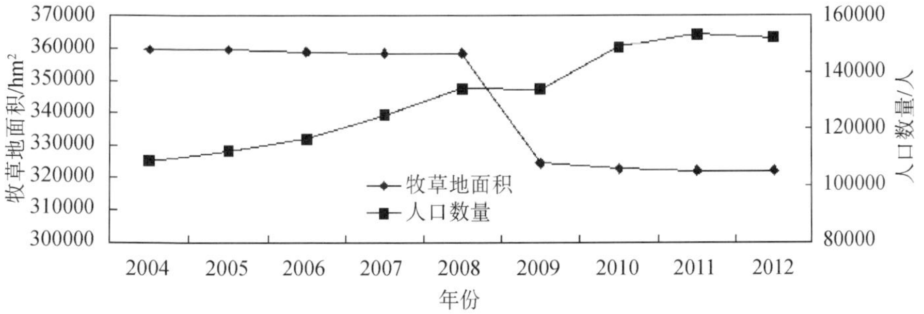

图 1－89　2004—2012 年达拉特旗牧草地面积与人口总量的变化图

图1-90是2004—2012年达拉特旗牧草地面积与GDP、全社会固定资产投资的变化情况。以2009年之后的二调数据作为研究数据，牧草地面积随着GDP、社会固定资产投资的增加呈现显著减少趋势，相关性分别达到0.8239，0.7678，这是由于地区经济的发展需要占据更多的城市周边牧草地进行厂房、厂区建设。

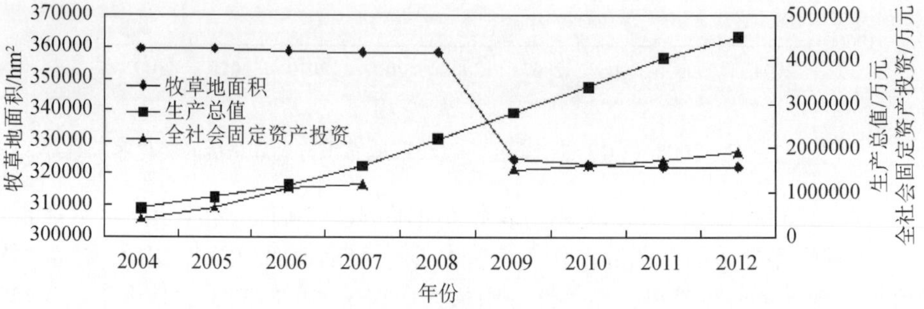

图1-90 2004—2012年达拉特旗牧草地面积与地区国内生产总值、全社会固定资产投资的变化图

（五）小结

1. 土地利用数量变化方面

伊金霍洛旗农牧业历史发展悠久，工矿企业繁荣发展，其中，耕地、草地、工矿用地是该旗土地利用的主要类型。达拉特旗农牧业发展稳健，基础牢固，第二、第三产业发展迅速，势头良好。耕地、草地、建设用地是该旗土地利用的主要类型。近些年，随着城市化进程的推进，经济快速发展，两个旗县的耕地面积有所减少，建设用地面积呈现增加的趋势。

1996—2012年的17年间，伊金霍洛旗的交通运输用地和城镇村及工矿用地均出现不同程度的增加趋势，其中，交通运输用地的土地利用年变化率较突出，达到了25.71%，共增加了6876.07hm^2，城镇村及工矿用地增加面积达到5200.55hm^2，年土地利用变化率为3.05%。其他用地类型均呈现减少的趋势，其中，草地的年变化率最低，为-0.26%，共减少了13730.22hm^2；林地、耕地、水域、其他用地、园地的变化率则介于其间，分别为-0.40%、-1.52%、-2.78%、-4.03%、-5.53%。近16年期间，伊金霍洛旗的综合土地利用类型动态度为0.38%，说明研究区的土地利用变化速度较缓。

1996—2012年的17年间，达拉特旗的林地、交通运输用地和城镇村及工矿用地均出现不同程度的增加趋势，其中，林地的土地利用年变化率较明显，为8.62%，林地面积增加量达101210.68hm^2；交通运输用地的土地利用年变化率达到了6.34%，共增加了4103.95hm^2；城镇村及工矿用地增加面积达到2226.66hm^2，年土地利用变化率为0.72%。其他用地类型均呈现减少的趋势，其中，耕地的年变化率最低，为-0.27%，其耕地面积减少6756.99hm^2，在其较大的基数下，年变化率最低；水域、草地、其他用地、园地的变化率则介于其间，分别为-0.56%、-1.04%、-1.52%、-5.91%。近17年期间，达拉特旗的综合土地利用类型动态度为0.82%，说明研究区的土地利用变化速度较快。

2. 土地利用空间结构变化特点

2009—2012 年，伊金霍洛旗的耕地主要转变为林地、草地、交通运输用地、城镇村及工矿用地和其他土地，其中，转变为城镇村及工矿用地的面积最大，为 319.51hm²，其次为交通运输用地，面积为 193.39hm²，没有发生变化的耕地面积为 34876.52hm²；园地主要转变为交通运输用地和城镇村及工矿用地，转换的面积分别为 0.14hm² 和 0.17hm²；林地主要转变为耕地、草地、交通运输用地、水域及水利设施用地、城镇村及工矿用地和其他土地，其中，转变为交通运输用地的面积最大，为 460.30hm²，其次为城镇村及工矿用地面积，为 440.49hm²，没有发生变化的林地面积为 148242.74hm²；草地主要转变为耕地、林地、交通运输用地、水域及水利设施用地、城镇村及工矿用地和其他土地，其中，转变为城镇村及工矿用地的面积最大，为 819.48hm²，其次为交通运输用地，面积为 799.87hm²，没有发生变化的草地面积为 323372.65hm²；其他土地主要转变为草地、交通运输用地、城镇村及工矿用地，其中，转变为城镇村及工矿用地的面积最大，为 72.85hm²，其次为交通运输用地，面积为 25.87hm²，没有发生变化的其他土地面积为 7254.67hm²。

2009—2012 年，达拉特旗的耕地主要转变为草地、交通运输用地、水域及水利设施用地、城镇村及工矿用地和其他土地，其中，转变为城镇村及工矿用地的面积最大，为 393.29hm²，其次为其他土地面积，为 144.03hm²，没有发生变化的耕地面积为 152111.74hm²；园地没有发生变化；林地主要转变为耕地、草地、交通运输用地、水域及水利设施用地、城镇村及工矿用地和其他土地，其中，转变为耕地的面积最大，为 327.13hm²，其次为交通运输用地，面积为 301.7hm²，没有发生变化的林地面积为 175126.54hm²；草地主要转变为耕地、交通运输用地、水域及水利设施用地、城镇村及工矿用地和其他土地，其中，转变为耕地的面积最大，为 1223.66hm²，其次为城镇村及工矿用地，面积为 1018.40hm²，没有发生变化的草地面积为 1223.66hm²；其他土地主要转变为耕地、林地、交通运输用地、水域及水利设施用地、城镇村及工矿用地，其中，转变为城镇村及工矿用地的面积最大，为 208.46hm²，其次是耕地面积，为 170.32hm²，没有发生变化的其他土地面积为 106387.35hm²。

3. 人口与经济增长速度及方式决定土地数量变化

就耕地而言：在城镇化进程中伊金霍洛旗耕地面积与人口总数量、GDP、社会固定资产投资均呈现显著的负相关，相关性达 0.9496、0.9233、0.9442。人口与经济发展对伊金霍洛旗耕地利用影响显著；达拉特旗耕地面积与人口总数量呈现正相关，相关性达 0.8804；耕地面积随着 GDP、社会固定资产投资的增加呈现不明显的增加趋势，相关性分别达到 0.4961、0.3309。达拉特旗的支柱产业为农业，其主要土地利用方式为耕地，人口与经济发展不同程度地促进了耕地的合理利用。

就林地而言：两个旗县的林地变化情况大致相同，林地面积与人口总数量均呈现显著的负相关，其相关性分别达到 0.9961、0.9922。主要原因是随着城市化进程的推进，居民生产生活各方面都要在相当程度上占用城镇周边的部分林地进行各项建设；林地面积随着 GDP、社会固定资产投资的增加呈现先增加后减少的趋势，均呈现显著相关性，其林地面积的增加一部分源自鄂尔多斯市相关林业保护政策性文件的出台与实施，林地面积加大，生产方式趋于合理。但是，人们过分依赖林业，不成熟的产业结构仍然存在，肆意过度乱砍滥伐现象时有发生。

就采矿用地而言：伊金霍洛旗采矿用地面积与人口总数量、GDP、社会固定资产投资呈现显著的正相关，其相关性达到0.9616、0.9147、0.9051。采矿业为伊金霍洛旗的重要经济产业，其受人口与经济发展的影响十分显著；达拉特旗采矿用地面积与人口总数量呈现显著的负相关，其相关性达到0.9308，采矿用地面积随着GDP、社会固定资产投资的增加呈现不明显的减少趋势，相关性分别达到0.5776，0.4007，达拉特旗是鄂尔多斯市的农业大旗，其农业在经济发展中占据主导地位，工矿企业发展起步较晚，相对经济投入略显不足，GDP贡献量较小。

就城镇村居民点用地而言：两个旗县的分析结果基本一致。城镇村居民点用地面积与人口总数量均呈现显著的正相关，其相关性分别达到0.9957、0.9889。城镇村居民点用地面积随着GDP、社会固定资产投资的增加呈现显著增加趋势，这是由于人口聚集区第三产业发展繁荣，地区国内生产总值较多，其投入的社会固定资产也较多。

三、土地资源质量分析

随着全球人口—资源—环境之间的矛盾日益尖锐，土壤质量问题正在不断得到世界范围内的共同关注。根据1992年美国召开的土壤质量会议可知，土壤质量是土壤在生态系统的范围内，维持生物的生产力、保护环境质量及促进动植物健康生长的能力。土壤具有不同等级的质量，这是与土壤的各种形成因素及土壤耕作引起的动态变化有关的一种固有的土壤属性。土壤质量的基本定量指标体系包括土壤物理指标、化学指标和生物学指标。土壤质量的变化一方面体现在土壤质量的时间动态变化，另一方面则体现在土壤质量的空间变异。

研究区人口的增加、经济的发展对区域土地资源的压力日益增大，本身十分脆弱的土壤环境，加上土地利用方式、耕作措施、管理水平等人类影响的较大改变，最终会导致区域土壤质量的变化，因此，本章通过野外调查、采样分析和资料收集，借鉴相关统计方法来讨论土壤质量的时空变化特征。

（一）土地利用质量变化

不同土地利用方式下土壤质量各指标存在明显的差异，其变化也不同。

1. 不同土地利用类型间土壤质量整体差异

2012—2014年伊金霍洛旗不同土地利用方式的土壤质量描述性统计见表1－30。

从表1－30可以看到，2012年伊金霍洛旗土壤有机质含量大小顺序为：水浇地＞其他草地＞天然牧草地＞旱地＞采矿用地＞灌木林地＞裸地，土壤全氮含量大小顺序为：水浇地＞旱地＞其他草地＞天然牧草地＞裸地＞灌木林地＝采矿用地，全磷含量大小顺序为：其他草地＞水浇地＞灌木林地＞采矿用地＞天然牧草地＞裸地＞旱地，全钾含量大小顺序为：其他草地＞采矿用地＞裸地＞天然牧草地＞灌木林地＞水浇地＞旱地，含盐量大小顺序为：天然牧草地＞旱地＞水浇地＞采矿用地＞裸地＞灌木林地＞其他草地。各土地利用

表 1 - 30　2012—2014 年伊金霍洛旗不同土地利用方式的土壤质量描述性统计

土地利用类型	年份	统计特征值	土壤有机质 (g·kg^{-1})	全氮量 (g·kg^{-1})	全磷量 (g·kg^{-1})	全钾量 (g·kg^{-1})	含盐量 %	pH 值
灌木林地	2012	平均值	4.70	0.08	0.57	22.04	0.11	
	2013	平均值	2.39	0.07	0.56	21.33	0.40	8.34
	2014	平均值	1.22	0.09	0.18	25.33	0.43	8.87
其他草地	2012	平均值	11.47	0.27	0.66	23.09	0.08	
	2013	平均值	8.78	0.33	0.75	21.57	0.35	8.54
	2014	平均值	3.39	0.23	0.53	24.53	0.60	8.80
采矿用地	2012	平均值	6.27	0.08	0.54	22.95	0.17	
		标准差	1.59	0.01	0.03	1.27	0.01	
		变异系数	0.25	0.12	0.06	0.06	0.08	
	2013	平均值	3.45	0.13	0.39	20.18	0.67	8.88
		标准差	2.02	0.08	0.10	2.82	0.35	0.46
		变异系数	0.59	0.63	0.26	0.14	0.52	0.05
	2014	平均值	4.67	0.13	0.52	24.69	0.67	9.27
		标准差	3.98	0.04	0.29	1.13	0.28	0.29
		变异系数	0.85	0.32	0.57	0.05	0.42	0.03
天然牧草地	2012	平均值	8.41	0.25	0.52	22.10	0.25	
		标准差	4.27	0.13	0.08	1.84	0.17	
		变异系数	0.68	0.69	0.20	0.12	0.92	
	2013	平均值	4.31	0.23	0.44	19.84	0.51	8.47
		标准差	2.30	0.17	0.11	2.54	0.12	0.13
		变异系数	0.53	0.74	0.24	0.13	0.22	0.02
	2014	平均值	4.58	0.19	0.33	25.91	0.34	8.59
		标准差	3.26	0.07	0.06	2.45	0.06	0.15
		变异系数	0.71	0.35	0.19	0.09	0.19	0.02
水浇地	2012	平均值	18.28	0.51	0.58	21.98	0.20	8.74
		标准差	2.08	0.01	0.04	1.88	0.05	
		变异系数	0.11	0.03	0.08	0.09	0.25	
	2013	平均值	10.41	0.41	0.52	19.30	0.66	8.45
		标准差	3.45	0.16	0.00	3.72	0.08	0.04
		变异系数	0.33	0.39	0.01	0.19	0.12	0.01
	2014	平均值	11.17	0.55	0.60	25.85	0.46	8.59
		标准差	0.49	0.32	0.20	4.08	0.01	0.19
		变异系数	0.04	0.59	0.33	0.16	0.03	0.02

续表

土地利用类型	年份	统计特征值	土壤有机质 (g·kg⁻¹)	全氮量 (g·kg⁻¹)	全磷量 (g·kg⁻¹)	全钾量 (g·kg⁻¹)	含盐量 %	pH 值
旱地	2012	平均值	7.12	0.37	0.40	21.58	0.21	8.66
		标准差	4.07	0.17	0.10	0.81	0.04	
		变异系数	0.57	0.46	0.24	0.04	0.17	
	2013	平均值	9.84	0.37	0.50	16.45	0.63	8.25
		标准差	2.80	0.19	0.14	1.57	0.19	0.26
		变异系数	0.28	0.51	0.27	0.10	0.29	0.03
	2014	平均值	5.90	0.32	0.33	25.52	0.36	8.49
		标准差	2.37	0.13	0.09	2.44	0.10	0.22
		变异系数	0.40	0.41	0.28	0.10	0.27	0.03
裸地	2012	平均值	3.01	0.13	0.47	22.48	0.15	8.92
		标准差	1.19	0.04	0.02	0.65	0.11	
		变异系数	0.40	0.31	0.05	0.03	0.68	
	2013	平均值	4.66	0.18	0.56	17.58	0.46	8.51
		标准差	1.24	0.02	0.25	0.16	0.13	0.40
		变异系数	0.27	0.13	0.44	0.01	0.28	0.05
	2014	平均值	5.52	0.22	0.41	26.68	0.54	8.47
		标准差	3.25	0.00	0.08	3.51	0.11	0.17
		变异系数	0.59	0.02	0.20	0.13	0.21	0.02

类型间，有机质和全氮量差异较大，其他指标差异较小，水浇地的全钾含量较低；旱地全磷、全钾含量都较小；采矿对土壤质量的影响较大，主要反映在对土壤有机质、全氮量的损害方面；综合反映区域2012年土壤质量主要受自然条件的影响，人类对土地的管理水平低，肥料投入低。

2012年不同土地利用类型中土壤质量各指标的变异系数较小，各利用方式中的差异也很小，有机质、全氮变异系数的大小顺序为：天然牧草地>旱地>裸地>采矿用地>水浇地；全磷变异系数的大小顺序为：旱地>天然牧草地>水浇地>采矿用地>裸地；全钾变异系数的大小顺序为：天然牧草地>水浇地>采矿用地>旱地>裸地；含盐量变异系数的大小顺序为：天然牧草地>裸地>水浇地>旱地>采矿用地。从中看到土壤有机质、全氮、全钾、含盐量指标的变异系数均在天然牧草地利用方式下最大，在水浇地、旱地利用方式下其变异系数较小，反映区域地质、地貌、土壤质地等自然因素对土壤有机质、全氮、全钾的影响比较大。

2013年伊金霍洛旗土壤有机质含量大小顺序为：水浇地>旱地>其他草地>裸地>天然牧草地>采矿用地>灌木林地，土壤全氮含量大小顺序为：水浇地>旱地>其他草地>天然牧草地>裸地>采矿用地>灌木林地，全磷含量大小顺序为：其他草地>灌木林地=裸地>水浇地>旱地>天然牧草地>采矿用地，全钾含量大小顺序为：其他草地>灌木林

地 > 采矿用地 > 天然牧草地 > 水浇地 > 裸地 > 旱地，含盐量大小顺序为：采矿用地 > 水浇地 > 旱地 > 天然牧草地 > 裸地 > 灌木林地 > 其他草地，pH 值大小顺序为：采矿用地 > 其他草地 > 裸地 > 天然牧草地 > 水浇地 > 灌木林地 > 旱地。

2014 年伊金霍洛旗土壤有机质含量大小顺序为：水浇地 > 旱地 > 裸地 > 采矿用地 > 天然牧草地 > 其他草地 > 灌木林地，土壤全氮含量大小顺序为：水浇地 > 旱地 > 裸地 > 其他草地 > 天然牧草地 > 采矿用地 > 灌木林地，全磷含量大小顺序为：水浇地 > 其他草地 > 采矿用地 > 裸地 > 旱地 = 天然牧草地 > 灌木林地，全钾含量大小顺序为：裸地 > 天然牧草地 > 水浇地 > 旱地 > 灌木林地 > 采矿用地 > 其他草地，含盐量大小顺序为：采矿用地 > 其他草地 > 裸地 > 水浇地 > 灌木林地 > 旱地 > 天然牧草地，pH 值大小顺序为：采矿用地 > 灌木林地 > 其他草地 > 天然牧草地 = 水浇地 > 旱地 > 裸地。由 2013 年、2014 年土壤指标值可以看出：水浇地和旱地的有机质、全效氮磷钾含量均有较大程度的提高，反映了人类活动对土壤产生有利影响，其他各种土地利用方式下土地质量指标含量的差距较小，采矿用地对土壤养分的破坏依然明显。

2014 年不同土地利用类型中土壤质量各指标的变异系数以土壤 pH 值的变异系数为最小，有机质变异系数大小顺序为：采矿用地 > 天然牧草地 > 裸地 > 旱地 > 水浇地，全氮变异系数的大小顺序为：水浇地 > 旱地 > 天然牧草地 > 采矿用地 > 裸地，全磷变异系数的变化顺序为：采矿用地 > 水浇地 > 旱地 > 裸地 > 天然牧草地，全钾变异系数的大小顺序为：水浇地 > 裸地 > 旱地 > 天然牧草地 > 采矿用地，土壤含盐量变异系数的大小顺序为：采矿用地 > 旱地 > 裸地 > 天然牧草地 > 水浇地，土壤 pH 值变异系数的大小顺序为：采矿用地 > 旱地 > 天然牧草地 = 水浇地 = 裸地。从中看到，土壤养分变异系数的规律明显，都表现为水浇地、旱地养分变异系数较高，说明人类施肥对土壤质量产生明显的影响；其他指标的变异系数较为复杂，说明流域自然条件和人类作用共同影响着这些指标。

2012—2014 年达拉特旗不同土地利用方式的土壤质量描述性统计结果如表 1 - 31 所示。

从表 1 - 31 可以看到，2012 年达拉特旗土壤有机质含量、全氮量、含盐量大小顺序为：水浇地 > 盐碱地 > 天然牧草地，全磷含量大小顺序为：盐碱地 > 水浇地 > 天然牧草地，全钾含量大小顺序为：盐碱地 > 天然牧草地 > 水浇地。三种土地利用类型间，有机质含量差异较大，其他指标差异较小，水浇地的全钾含量较低。水浇地的各项土壤质量指标的变异系数均大于天然牧草地。

2013 年达拉特旗土壤有机质含量、全氮量大小顺序为：盐碱地 > 水浇地 > 天然牧草地，全磷含量大小顺序为：水浇地 > 天然牧草地 > 盐碱地，全钾含量大小顺序为：天然牧草地 > 水浇地 > 盐碱地，含盐量、pH 值大小顺序为：水浇地 > 盐碱地 > 天然牧草地。

2014 年达拉特旗土壤有机质含量、全氮量大小顺序为：盐碱地 > 水浇地 > 天然牧草地，全磷含量大小顺序为：水浇地 > 盐碱地 > 天然牧草地，全钾含量大小顺序为：水浇地 > 天然牧草地 > 盐碱地，含盐量、pH 值大小顺序为：水浇地 > 盐碱地 > 天然牧草地。由 2013 年、2014 年土壤指标值可以看出：水浇地土壤养分含量有较大程度的提高，同时，数据中的盐碱地土壤有机质含量、全氮量含量最丰富可能是由于近年来盐碱地改良工作取得了较大的进展，也可能所选土地样点有限，数值存在一定的偶然性，仍需后续扩大监测

表 1-31　2012—2014 年达拉特旗不同土地利用方式的土壤质量描述性统计

土地利用类型	年份	统计特征值	有机质（g·kg⁻¹）	全氮量（g·kg⁻¹）	全磷量（g·kg⁻¹）	全钾量（g·kg⁻¹）	含盐量 %	pH 值
水浇地	2012	平均值	4.51	0.20	0.48	22.08	0.44	9.09
		标准差	2.37	0.10	0.11	1.69	0.34	
		变异系数	0.52	0.53	0.22	0.08	0.78	
	2013	平均值	3.58	0.18	0.53	18.29	0.94	9.08
		标准差	2.32	0.13	0.08	0.94	1.03	0.32
		变异系数	0.65	0.69	0.15	0.05	1.09	0.04
	2014	平均值	3.53	0.22	0.40	23.93	0.72	9.03
		标准差	1.72	0.12	0.08	5.15	0.68	0.40
		变异系数	0.49	0.56	0.19	0.22	0.95	0.04
天然牧草地	2012	平均值	2.88	0.14	0.40	22.14	0.24	
		标准差	0.82	0.03	0.06	1.65	0.09	
		变异系数	0.32	0.17	0.17	0.09	0.25	
	2013	平均值	3.05	0.15	0.50	18.65	0.37	8.88
		标准差	1.62	0.07	0.07	1.85	0.08	0.08
		变异系数	0.53	0.48	0.14	0.10	0.21	0.01
	2014	平均值	3.07	0.15	0.36	20.93	0.63	8.68
		标准差	1.27	0.06	0.06	1.92	0.36	0.34
		变异系数	0.42	0.43	0.17	0.09	0.57	0.04
盐碱地	2012	平均值	3.70	0.21	0.49	22.19	0.43	
	2013	平均值	3.94	0.29	0.44	18.10	0.65	9.01
	2014	平均值	8.25	0.36	0.42	19.90	0.67	8.82

点范围。对以上土地利用类型中土壤质量各指标的变异系数以土壤 pH 值的变异系数最小，水浇地的各项土壤质量指标的变异系数均大于天然牧草地。

2. 不同土地利用方式下的土壤质量

（1）水浇地利用方式下土壤质量的变化：2012—2014 年，伊金霍洛旗水浇地土壤的 pH 值从 8.74 下降到 8.59，降低了 0.15，变异系数保持不变；土壤有机质含量降低 7.11g/kg，变异系数从 11.37% 降低到 4.41%；全氮、全磷、全钾含量增加，变异系数增加；含盐量增加，变异系数降低。说明伊金霍洛旗区域内水浇地的施肥水平较高，特别是氮肥、磷肥、钾肥的施用量比较大，但存在施肥不均匀情况，但有机肥施用程度比较低，应予以补充。2012—2014 年，达拉特旗水浇地土壤的 pH 值从 9.09 下降到 9.03，降低了 0.06；土壤有机质含量降低 0.98g/kg，变异系数从 52.48% 降低到 48.65%；全氮、全钾、盐分含量增加，变异系数增加；全磷含量降低，变异系数降低。说明达拉特旗区域内水浇地中氮肥、钾肥的施用量比较大，但存在施肥不均匀情况，有机肥、磷肥施用程度比较低，应予以补充。

（2）天然牧草地利用方式下的土壤质量变化：2012—2014 年，伊金霍洛旗天然牧草地土壤有机质含量降低，变异系数增高；全氮、全磷含量降低，变异系数降低；全钾、盐分含量升高，变异系数降低；说明伊金霍洛旗区域内天然牧草地的土壤养分含量有所下降，土壤质量水平普遍下滑。2012—2014 年，达拉特旗天然牧草地土壤有机质、全氮、盐分含量升高，变异系数增高；全磷、全钾含量降低，变异系数保持不变；说明达拉特旗区域内天然牧草地的土壤养分含量稍有下降，总体而言，天然牧草地这种土地利用方式不利于土壤的质量提升，应予以合理开发和整理。

（3）采矿用地利用方式下的土壤质量变化：2012—2014 年，采矿用地土壤有机质含量降低，变异系数升高，下降幅度从 6.25g/kg 下降到 4.67g/kg；土壤全氮、全钾、盐分含量增加，变异系数升高，其中，土壤盐含量增加幅度较大，增加幅度从 0.17g/kg 增加到 0.67g/kg；全磷含量保持不变，变异系数增加；说明研究区域采矿用地的质量降低比较大。

（4）其他土地利用方式下的土壤质量变化：2012—2014 年，旱地 pH 值从 8.66 下降到 8.49，土壤有机质、全氮的含量都下降，变异系数降低，土壤全磷含量下降，变异系数升高；土壤全钾、盐分含量均升高，变异系数升高。2012—2014 年，裸地 pH 值从 8.92 下降到 8.47，土壤有机质、全钾含量升高，变异系数升高；土壤全氮、盐分含量升高，变异系数降低；土壤全磷含量下降，变异系数升高。2012—2014 年，灌木林地土壤有机质、全磷含量降低；土壤全氮、全钾、盐分含量升高。其他草地土壤有机质、全氮、全磷、盐分含量降低；土壤全钾含量升高。总之，旱地土壤质量应进一步提高，裸地和灌木林地的土壤需要合理开发与整理。

（二）土地质量变化与人口结构、经济的关系

（1）过度利用耕地，缺乏合理保护造成土地质量下降。近年来，随着人口增长和经济的快速平稳发展，对土地的需求量也越来越大。这不仅体现在工业用地需求量的增大，也体现在耕地的迫切需求下。一方面，经济的发展需要大量的土地作支撑，工业用地，建设用地大量占用优质的农用地，造成耕地面积的减少；另一方面，伴随着人口的不断增长，粮食供应远不能满足日益膨大的粮食需求，粮食需求的进一步加大同时造成对土壤的过度利用，在耕地面积的不断削减的情况下，为了保证粮食安全的大局，过度利用耕地的现象越来越严重。在不加任何合理保护的情况下，农民为了获取更多的产量，不惜采用加大生产力度，投入超标的化肥的方式严重破坏土壤系统的平衡自净功能，打破土壤团粒构造导致土壤质量下降。

（2）优质农用地不合理开采，土壤结构遭到破坏，造成土地质量下降。近几年，随着经济的持续发展，采矿业发展迅猛，采煤活动的加剧，使土地受到的破坏相当严重，在煤矿开采过程中会破坏生物多样性，影响土壤理化性质，使土壤变硬、板结、土壤养分与含水量下降，pH 值发生变化，甚至导致水资源枯竭，地表塌陷、裂缝，山体滑坡、泥石流，地面沉降等地质灾害（康文慧，2004）。

首先，采煤会使当地的地形地貌产生很大的变化。采煤引起的地表岩移动的一般规律主要有三点：其一，地处丘陵和山地之上的煤矿开采不会产生明显的塌陷盆地。在低山丘

陵区下部进行采矿后，会导致采空区上方地面下沉、水平移动或倾斜变形，但是不会产生明显的塌陷盆地，而平地塌陷区则相反。其二，采煤塌陷之后的地表破坏状况与地形地貌有着密切的关系，在低山丘陵区井下开采会导致地表沉陷区内以裂缝与滑坡现象为主。根据长期调查可知，在凸形地貌区会产生附加水平拉伸，而在凹形地貌区会产生附加水平压缩。因此，在山顶、山脊部位易产生较大的采动裂缝和塌陷，坡度大的山坡易引起滑坡，在山谷处形成的采动裂缝则较少。其三，采煤塌陷容易使水土流失程度加剧。低山丘陵区采矿塌陷后，地表遭到破坏严重。而降雨量小、蒸发量大、气候干燥，地表植被稀少、地表排水条件良好，使得北方丘陵区采煤塌陷区不会形成积水。由于采煤塌陷使地表破坏严重，因此，很容易使水土流失加剧（康文慧，2004）。

其次，采煤对土壤水环境有较大影响。主要表现在采煤使优质地下水成为矿坑水，地下水的循环规律被破坏。优质水汇入矿坑后，会受到有机物的污染，使水的硬度增加，当矿坑水被排入河道后，使河道水受到污染，水质逐渐减弱，对下游的动植物及人类的健康状况造成严重威胁。采煤活动易引起矿井排水、含水层疏干等现象，破坏了地下水的循环规律，使地下水循环系统紊乱（康文慧，2004）。

最后，矿区露天开采和井下开采均会造成土壤侵蚀力增大，土壤结构被破坏，使土壤理化性质及肥力发生变化，土地生产力逐渐降低。矿区土壤容重较大，总孔隙度较小，随复垦年限的增加，土壤容重逐渐降低，总孔隙度逐步增加，最后逐步接近原地貌土壤。井下开采使土壤水分、有机质、全磷、速效钾及碱解氮含量逐渐减少，土壤容重和酸碱度增大，由此可知，矿区土壤水分蒸发量和养分流失程度加剧，土壤通透性降低，碱性增强，从而使耕地生产力下降。

（3）土地整理，农业开发等提高土地质量。在土地的一系列开发和利用过程中，由于科学技术的局限性、环保意识的不到位使土地利用中均存在不合理利用和过度浪费等情况。人口和经济的快速增长需要更多的土地用于生产和生活，如何致力于开发未利用地及废弃地成为解决人地矛盾的重中之重。

资源开发占用土地规模较大，而大量采矿废弃地存在，造成土地资源浪费。建设用地和工矿废弃地严重影响土地的高效利用，在目前土地供需矛盾日趋突出的今天，加强采矿废弃地土地复垦整治，对增强耕地有效面积，转变土地利用方式，提高土地集约利用水平，改善生态环境，提高生态质量是缓解城市建设用地紧张、提高土地综合利用率的一种有效途径。

开发利用低丘缓坡裸地等未利用地，是落实十分珍惜、合理利用土地和切实保护耕地基本国策，加强土地资源节约和管理工作的重要举措；是新形势下统筹保障发展和保护资源，拓展建设用地空间，有效减少工业、城镇及新农村建设占用城市周边和平原地区优质耕地、切实保护耕地的重要手段；是优化城乡用地结构布局，增加建设用地有效供给，缓解用地供需矛盾，促进经济社会发展与土地资源利用相协调的重要保障，对实现土地资源的合理利用意义重大。

（三）小结

（1）2012 年，伊金霍洛旗各土地利用类型间，有机质和全氮量差异较大，其他指标差异较小，水浇地的全钾含量较低；旱地全磷、全钾含量都较小；采矿对土壤质量的影响较大，主要反映在对土壤有机质、全氮量的损害方面；综合反映区域 2012 年土壤质量主要受自然条件的影响，人类对土地的管理水平低，肥料投入低。土壤有机质、全氮、全钾、含盐量指标的变异系数均在天然牧草地利用方式下最大，在水浇地、旱地利用方式下其变异系数较小，反映区域地质、地貌、土壤质地等自然因素对土壤有机质、全氮、全钾的影响比较大。由 2013 年、2014 年土壤指标值可以看出：水浇地和旱地的有机质、全效氮磷钾含量均有较大程度的提高，这反映了人类活动对土壤产生的有利影响，其他各种土地利用方式下土地质量指标含量的差距较小，采矿用地对土壤养分的破坏依然明显。土壤养分变异系数的规律明显，都表现为水浇地、旱地养分变异系数较高，说明人类施肥对土壤质量产生明显的影响；其他指标的变异系数较为复杂，说明流域自然条件和人类作用共同影响着这些指标。

2012 年，达拉特旗土壤有机质含量、全氮量、含盐量大小顺序为：水浇地 > 盐碱地 > 天然牧草地，全磷含量大小顺序为：盐碱地 > 水浇地 > 天然牧草地，全钾含量大小顺序为：盐碱地 > 天然牧草地 > 水浇地。三种土地利用类型间，有机质含量差异较大，其他指标差异较小，水浇地的全钾含量较低。水浇地的各项土壤质量指标的变异系数均大于天然牧草地。由 2013 年、2014 年土壤指标值可以看出：水浇地土壤养分含量有较大程度的提高，同时，数据中的盐碱地土壤有机质含量、全氮量含量最丰富可能是由于近年来盐碱地改良工作取得了较大的进展，也可能所选土地样点有限，数值存在一定的偶然性，仍需后续扩大监测点范围。对以上土地利用类型中土壤质量各指标的变异系数以土壤 pH 值的变异系数最小，水浇地的各项土壤质量指标的变异系数均大于天然牧草地。

（2）过度利用耕地，缺乏合理保护造成土地质量下降；优质农用地不合理利用，变为采矿用地，破坏土壤结构，造成土地质量下降；土地整理，农业开发等提高土地质量。

四、土地资源生态状况分析

（一）土地利用生态安全分析

1. 水土流失

达拉特旗是黄河流域水土流失最严重的地区之一。由于其地表缺少植被覆盖，降水集中，水蚀作用极其强烈，水土流失面积达 6268.4km^2。年平均侵蚀模数 5965t/km^2，每年约向黄河输送泥沙 2420×10^4t。水土流失的危害不仅制约着经济的发展，而且给平原区带来灾害。据文献资料记载，全旗水土流失每年约有 1 ~ 2cm 表层土被暴雨冲走。按测定的每流失 1t 泥沙中含氮 1.2kg，含磷 1.5kg，含钾 20.0kg 计算，光梁外地区水土流失每年从每平方千米土地上带走 7.2 ~ 14.4t 氮，9.0 ~ 18.0t 磷，120.0 ~ 240.0t 钾。在不同地貌的地区水土流失方式不尽相同。达拉特旗水土流失主要受自然地理因素和人为因素影响。水土流失的发生发展受地形、土壤、气象及人为活动等方面因素的共同作用制约。长期以来，伊金霍洛旗土地过度垦殖、粗放耕种、草地超载放牧等人类活动是使其生态环境恶化、水土流失严重的重要原因。大面积土壤开垦后，在表面缺乏防护措施下，受到风蚀或沙埋，单产急剧下降，只好撂荒，撂荒地由于植被遭到破坏，在风力作用下很快发生沙化。据调查，新中国成立以来的过牧现象严重，超载50%～120%。牲畜的过度啃食，导致草场退化、质量下降、覆盖度降低，某些地段地表裸露，土地沙漠化加重，同时，牲畜的过度践踏，使地表结构受到破坏，也加重风蚀沙化。

2. 采煤塌陷

采矿用地对地表土地产生的影响具有复杂性。采矿用地对土地的使用不是为了建造建筑物或构筑物，而是通过一定的技术手段或措施获取地下的矿产资源，对地表土地不是直接使用而是产生直接或间接影响，如对表土层进行剥离或采矿后出现地表沉降、塌陷、开裂等现象。这些影响的程度主要由开采方式决定，采取露天开采的，主要对表层土造成破坏，开采结束后容易形成采空区，而采取地下开采的，则表现为对地表土地进行局部压占，采矿结束后造成地表的塌陷、沉降或开裂等（郑美珍，2011）。伊金霍洛旗工矿业的发展更是产生了许多不合理的工程建设，工矿用地建设强度加大，许多不合理的露天煤矿的开采造成地表剥离，土层破坏，地表塌陷等，不仅破坏了地面植被，更严重影响了区域生态功能。

3. 土壤污染

进入土壤并影响到土壤的理化性质和组成，从而导致土壤的自然功能失调、土壤质量恶化的过程，称为土壤污染现象。

（1）白色污染。农用地膜虽然可以提高作物产量，缩短作物生长周期，但从长远来看，土壤的活力将大大下降，不利于农业可持续发展。达拉特旗地膜覆盖面积 $517\times10^4hm^2$，大棚面积 $19\times10^4hm^2$。塑料薄膜使用量从1993年的32t增加到1998年的190t，增长到原来的6倍多。尤其是从1996年开始，增长幅度显著加大。这一趋势的发展主要是由于近年来农民只追求经济效益，忽视环境保护，使大量塑料薄膜滞留于土壤中（王秀娟，2010）。

（2）化肥农药污染。达拉特旗农药施用面积22436hm^2，从1991年起，农药使用量在不断增加，从48t增加到1999年的175t。尤其是1998—1999年增长幅度更大，但在1996年农药使用量比1995年有所下降。政府部门于1996年开始禁止此类农药在夏秋两季销售，所以1996年农药使用量有所下降，但总体来说，达拉特旗农药使用量保持增长趋势，这主要是因为新类型农药不断进入市场，不断替代以往的农药。主要使用的农药种类为对硫磷、敌敌畏、1605、乐果等。达拉特旗农用化肥使用量从1985年的7839t增加到1999年的16565t，增长了1倍多，到2004年增长到23538t，增长了2倍多。农药使用折纯量从1985年的7839t增长到2004年的23538t，增长了约2倍（王秀娟，2010）。

（3）工业污染。由于过去几年城市污水处理系统未建成，工矿企业产生的废水和污水或排入渗坑，或任意漫流，局部地区造成严重的地下水污染。例如，被列为全国三千家污染企业的达拉特旗造纸厂和化肥厂，其排放废水占地近267hm^2，长期漫流、渗漏，已使大约50000km^2的地域遭到污染。其中，造纸厂排放的主要污染物为蒸煮黑液和漂白废水，包括碱、木质素、悬浮物、硫化物砷，废水的BOD_5和CODCr值很高，有恶臭。另外，漂白过程中产生的有机卤素含量较高。工矿开发和城镇建设造成的土地退化，分布比较集中，且发展速度较快，对工矿开采过程中造成的土地破坏的复垦率极低，只重视了土地的开发而没有重视生态环境的改善，导致土地退化（王秀娟，2010）。

（二）土地生态变化与人口结构、经济的关系

1. 人口方面

土地的生态环境主要包括地表生态环境，土壤微生物，以及土壤重金属污染等多个方面。就土壤地表生态环境而言，土壤的白色污染较之前有所缓解，但现状依旧不容乐观，人们为了提高土壤温度，加快耕作时段，生产不同季节不同时期农作物蔬菜瓜果，大量使用地膜，塑料大棚等不易分解的化学原料，造成土壤的地表污染。目前，随着人口素质的提高，城镇化水平提升，科学技术得到发展，可持续利用意识得到提高，市面上出现一些生物地膜，不仅能够保温保湿，给农作物创造适宜的生长环境，而且均可以自行有效降解，其降解成分中不少含有土壤生产所需营养元素，有利于作物生长发育。然而，生物地膜普遍成本较高，农民仍将普通地膜作为生产首选，需要社会的进一步努力才能改善这一现象。就土壤重金属而言，人类的过度施肥和不合理使用农药都会造成土壤的重金属超标，严重地影响农作物的质量。化肥施用到土壤表面，随着降雨和土壤淋溶作用进入土壤内部，化肥中含有大量的化学重金属成分，施用到土壤中破坏土壤的微生物环境，造成土壤质量下降，影响土壤生产力。农药中同样含有大量的杀虫剂等成分，在杀死害虫的同时，大量残留到农作物表面，随着根系作用流入土壤内部，造成重金属超标的现象。

2. 经济结构方面

随着城镇化进程的推进，农业生产方式发生转变，原先以农牧业为主的地区，由于煤炭开采，生态破坏，大量劳动力外出务工，造成大面积的农田撂荒，使得土壤环境遭到破坏，丧失生产力。同时，地区产业结构发生变化，由原来的农牧业转变为了第二产业服务业，固定资产投资方向改变，大量优质农用地发生土地用途改变，转为建设用地，影响土壤的微环境。

（三）小结

1. 土地利用生态分析

达拉特旗是黄河流域水土流失最严重的地区之一。由于地表缺少植被覆盖，降水集中，水蚀作用极其强烈，水土流失面积达 6268.4km^2。年平均侵蚀模数 5965t/km^2，每年约向黄河输送泥沙 2420×10^4t。长期以来，伊金霍洛旗土地过度垦殖、粗放耕种、草地超载放牧等人类活动使其生态环境恶化、水土流失严重。达拉特旗地膜覆盖面积 $517\times10^4hm^2$，大棚面积 $19\times10^4hm^2$，大量塑料薄膜滞留于土壤中，严重影响土壤交换的微环境；达拉特旗农药使用量保持增长趋势，造成土壤重金属超标等污染情况；工矿开发、城镇建设形成的土地退化分布比较集中，并且发展速度较快，对工矿开采过程中造成的土地破坏的复垦率极低，只重视了土地的开发而没有重视生态环境的改善，导致土地退化。伊金霍洛旗工矿业发展中更是有许多不合理的工程建设，工矿用地建设强度的加大，产生许多不合理的露天煤矿的开采，造成地表剥离、土层破坏、地表塌陷等，不仅破坏了地面植被，更严重影响了区域生态功能。

2. 人口与经济增长速度及方式决定土地生态变化

人口数量、素质、科学技术等方面的提高影响土壤的生态环境。就土壤地表生态环境

而言，土壤的白色污染较之前有所缓解，但现状依旧不容乐观；土壤重金属方面，人类的过度施肥和不合理使用农药都会造成土壤的重金属超标，严重影响农作物的质量。经济结构对土壤生态环境影响显著，随着城镇化进程的推进，农业生产方式发生转变。地区产业结构也发生变化，由原来的农牧业转变为了第二产业或服务业，固定资产投资方向改变，大量优质农用地发生土地用途改变，转为建设用地，影响土壤的微环境。

第三节 内蒙古工矿用地大气降尘污染变化规律研究

一、大气降尘样品收集与处理

大气降尘是大气污染物监测的主要指标之一，是指在空气环境条件下，依靠重力自然沉降至地表的颗粒物。大气降尘广义上是大气气溶胶的组成成分，是地球表层地气系统物质交换的一种形式，该过程有重要的环境指征意义，并在现代地表土壤的演化方面扮演着重要的角色。一方面，长时期的大气降尘沉积可能是现存表土的重要来源，如我国的黄土高原就是二三百万年以来，源自我国西北部和中亚内陆的沙漠和戈壁的沙尘沉积的结果（唐杨等，2011）；另一方面，大量大气降尘物质的输入，会使当地已有的地表土壤无论在结构还是化学组成方面都发生变化，进而影响当地的生态系统（仲嘉亮等，2012）。

（一）大气降尘野外监测点收集方法

根据相关原则确定野外监测点，在确定地点放置集尘缸。由于人力物力所限，考虑到方便、易于操作等因素，监测区主要采用玻璃球法收集大气降尘，并设立 2 ~ 3 组兼有干法收集、湿法收集与玻璃球法收集降尘实验作为对照。

玻璃球法：该实验使用直径为 15cm、高度为 30cm 的向上开口的圆桶形积尘器，内衬一次性洁净塑料袋，袋内平铺一层直径为 1. 2cm 的玻璃球，罩上塑料袋，直到把缸放在采样点的固定架上再把塑料袋取下，开始收集样品。每个采样点放置 3 个积尘器，积尘器口距离取样平台约 160cm。

干法收集：该实验使用直径为 15cm、高度为 30cm 的向上开口的圆桶形积尘器，容器内不加任何介质，大气中的尘物质直接沉降在容器的器壁和底部。将罩有塑料袋的集尘器放在采样点的固定架上再把塑料袋取下，开始收集样品。在设有对照的采样点放置 3 个积尘器，积尘器口距离取样平台约 160cm。

湿法收集：该实验使用直径为 15cm、高度为 30cm 的向上开口的圆桶形积尘器，容器内加入一定量的液体，起到固定降尘的作用。我国国家标准规定使用乙二醇（$C_2H_6O_2$）水溶液进行湿法收集，乙二醇水溶液的容积为 60 ~ 80ml，根据不同季节的蒸发量与降水量，酌情加蒸馏水 50 ~ 200ml，一般情况下冬夏季节加蒸馏水约 50ml，春秋季节加蒸馏水 100 ~ 200ml。将加入溶液的集尘器罩上塑料袋，直到把缸放在采样点的固定架上再把塑料袋取下，开始收集样品。在设有对照的采样点放置 3 个积尘器，积尘器口距离取样平台约 160cm。

（二）大气降尘样品采集与测定

根据国家环境保护局编写的《空气和废气监测分析方法》对大气降尘样品进行如下测定。

1. 降尘总量测定

尘样按月收集，每月 25 日（±2）更换集尘缸，更换时对样品采集地点、编号和取样时间进行记录，并及时将取下的塑料袋或集尘缸送回实验室进行分析。分析时去除树叶、昆虫等异物，每次以 200ml 蒸馏水冲洗附着在塑料袋内壁上或集尘器内壁的尘于烧杯中，在 80℃恒温下烘干后用万分之一克精度天平称重，密封保存。如遇降雨，降水要用低温蒸发，并烘干以获取样品。

（1）瓷坩埚的准备：将 100ml 的瓷坩埚洗净、编号，置于电热干燥箱内在（105±5）℃下烘 3h，取出放入玻璃干燥器内，冷却 50min，再分析天平上称量；在同样温度下再烘 50min，冷却 50min，再称量，直至质量恒定（两次称量之差小于 0.4mg），此值为 W_0。然后，将瓷坩埚置于高温熔炉内在 600℃下灼烧 2h，待炉内温度降至 300℃以下时取出，放入干燥器中，冷却 50min，称量。再在 600℃下灼烧 1h，冷却 50min，再称量，直至质量恒定，此值为 W_b。

（2）降尘总量的测定：首先用尺子测量样品集尘缸的内径，方法是按不同方向测定三处，取其算术平均值。然后用光洁的镊子将落入缸内的树叶、昆虫等异物小心取出，并用水将附着在上面的细小尘粒冲洗下来后扔掉，用淀帚把缸壁擦洗干净，将缸内溶液和尘粒全部转入 500ml 烧杯中，在电热板上蒸发，使体积浓缩到 10～20ml，冷却后用水冲洗杯壁，并用淀帚把杯壁上的尘粒擦洗干净，将杯中溶液和尘粒全部转移入已质量恒定的 100ml 瓷坩埚中，放在搪瓷盘里，在电热板上小心蒸发至干后，放入干燥箱经（105±5）℃烘干，再按上述称量空瓷坩埚方法称量至质量恒定，此值为 W_1。

（3）降尘总量中可燃物的测定：将上述已测过降尘总量的瓷坩埚放入高温熔炉中，在 600℃下灼烧 2h，待炉内温度降至 300℃以下时取出，放入干燥器中，冷却 50min，称量。再在 600℃下灼烧 1h，冷却 50min，称量至质量恒定，此值为 W_2。

（4）试剂空白测定：在每批降尘总量样品测定的同时，取与采样操作等量的乙二醇水溶液，放入 500ml 烧杯中，在电热板上蒸发浓缩至 10～20ml，然后将其转移至已质量恒定的瓷坩埚内，将瓷坩埚放在搪瓷盘中，再放在电热板上蒸发至干，于（105±5）℃下烘干，再按上述瓷坩埚准备的相同操作步骤称量至质量恒定，减去瓷坩埚的质量 W_0，即为 W_c。然后放入高温熔炉中在 600℃下灼烧，再按瓷坩埚准备的相同操作步骤称量至质量恒定，减去瓷坩埚的质量 W_b，即为 W_d。测定 W_e、W_d时所用乙二醇水溶液与加入集尘缸的乙二醇水溶液应是同一种批号试剂溶液。

（5）结果计算。

$$M = \frac{W_1 - W_0 - W_e}{S \times n} \times 30 \times 10^4 \qquad (1-5)$$

式中：M 为降尘总量，单位为 t/（km^2·30d）；W_1为降尘、瓷坩埚、乙二醇水溶液蒸发至干并在（105±5）℃质量恒定后的质量，单位为 g；W_0为瓷坩埚于（105±5）℃质量恒定后的质量，单位为 g；W_e为与采样操作等量的乙二醇水溶液蒸发至干并在（105±5）℃质量恒定后的质量，单位为 g；S 为集尘缸缸口面积，单位为 cm^2；n 为采样天数，准确至0.1d。

$$M_1=\frac{(W_1-W_0-W_e)-(W_2-W_b-W_d)}{S\times n}\times 30\times 10^4 \qquad (1-6)$$

式中：M_1为降尘中可燃物量，单位为 t/（km^2·30d）；W_2为降尘、瓷坩埚、乙二醇水溶液蒸发残渣于600℃下灼烧后的质量，单位为 g；W_b为瓷坩埚于600℃下灼烧后的质量，单位为 g；W_d为与采样操作等量乙二醇水溶液蒸发残渣于600℃下灼烧后的质量，单位为 g。

2. 降尘成分测定

将集尘缸中的沉淀物移入1000ml 烧杯中，用淀帚擦下缸底黏着物质，并用少量水冲洗集尘缸壁至无尘为止。盖上表面皿，静置过夜，使不溶物沉淀后进行分析。如果集尘缸中样品仅残留极少量水时，在分析之前，应加水至液体体积为200ml，混匀后在室温下放置24h，使可溶性物质溶解后，再进行分析。

（1）非水溶性物质的测定：先将称量瓶和无灰滤纸称量至质量恒定，再将烧杯中的样品，用已质量恒定的无灰滤纸抽吸过滤，收集沉淀物，包好放入原称量瓶中，在105℃干燥箱中干燥2～3h，取出放入干燥器中，冷却50min，称量。再干燥1h，再称量，直至质量恒定为止（两次称量结果之差在±0.4mg 之间）。用式（1－7）计算非水溶性物质的含量：

$$M=\left(\frac{W_2-W_1}{S}\right)\times K \qquad (1-7)$$

式中：M 为非水溶性物质含量，单位为 g/（m^2·30d）；W_2为（称量瓶＋滤纸＋样品）质量，单位为 g；W_1为（称量瓶＋滤纸）的质量，单位为 g；S 为集尘缸缸口面积，单位为 m^2；K 为30d 与实际采样天数的比例系数。

此沉淀物可做苯溶性物质测定。滤液供做水溶性物质的测定。为便于分析和计算，可将滤液调至500ml；滤液多时，应加热浓缩至500ml。

（2）苯溶性物质的测定：将干燥的含有非水溶性沉淀物的滤纸，放入索氏脂肪提取器中，加入40ml 苯，在水浴上加热提取4h，取出经提取过的沉淀物，仍放回到原编号的称量瓶中，在空气中干燥至苯完全挥发，置于105℃干燥箱中干燥1h，取出，放于干燥器中，冷却50min，称量。再干燥1h，再称量，直至质量恒定为止。苯提取前后称量值之差即为苯溶性物质的质量。用式（1－8）计算苯溶性物质的含量：

$$D=\left(\frac{W_2-W_1}{S}\right)\times K \qquad (1-8)$$

式中：D 为苯溶性物质的含量，单位为 g/（m^2·30d）；W_2 为（苯提取前称量瓶＋样品＋滤纸）的质量，单位为 g；W_1 为（苯提取后称量瓶＋样品＋滤纸）的质量，单位为 g；S 为集尘缸缸口面积，单位为 m^2；k 为30d 与实际采样天数的比例系数。

经苯提取后的沉淀物可供非水溶性物质的灰分测定。

（3）非水溶性物质灰分的测定：将用苯提取过的沉淀物和滤纸，放入已质量恒定的坩埚中，置于高温炉内，在600℃下烧灼1h，取出，放入干燥器中，冷却50min，称量直至质量恒定。用式（1－9）计算非水溶性物质的灰分含量：

$$B_1=\left[\frac{(W_2-W_1)-P}{S}\right]\times K \tag{1－9}$$

式中：B_1为非水溶性物质灰分的含量，单位为g/(m^2·30d)；W_2为（非水溶性物质灰分＋坩埚）量，单位为g；W_1为坩埚的质量，单位为g；P为滤纸灰分质量，单位为g；S为集尘缸缸口面积，单位为m^2；K为30d与实际采样天数的比例系数。

（4）非水溶性可燃物质的测定。已知非水溶性物质和其灰分的含量，可用式（1－10）计算非水溶性可燃物质的含量：

$$C_1=M-B_1 \tag{1－10}$$

式中：C_1为非水溶性可燃物质的含量，单位为g/(m^2·30d)；M为非水溶性物质的含量，单位为g/(m^2·30d)；B_1为非水溶性物质灰分的含量，单位为g/(m^2·30d)。

（5）pH值测定：取10ml滤液，用pH计或精密石蕊试纸，测定样品氢离子浓度。

（6）硫酸盐的测定：取200.0ml滤液，加2ml饱和溴水、5ml浓盐酸，加热煮沸，直到溴完全驱除为止，趁热缓缓加入10ml 10%的氯化钡溶液，边加边用玻棒搅拌，静置过夜。用无灰滤纸过滤并洗涤，至无氯离子为止（用1%硝酸银溶液滴加到滤液中不产生混浊）将滤纸和沉淀移到已质量恒定的坩埚中烘干，然后放入高温炉内在600℃下烧灼1h，取出放入干燥器中，冷却50min，称量直至质量恒定。用式（1－11）计算硫酸盐含量：

$$E=\left[\frac{(W_2-W_1-P)\times 2.5\times 0.4115}{S}\right]\times K \tag{1－11}$$

式中：E为硫酸盐（SO42－）质量，单位为g/(m^2·30d)；W_2为硫酸钡和坩埚的质量，单位为g；W_1为坩埚质量，单位为g；P为滤纸灰分质量，单位为g；2.5为滤液总体积与测定液体积之比；0.4115为硫酸钡换算成硫酸盐的系数；S为集尘缸缸口面积，单位为m^2；K为30d与实际采样天数的比例系数。

（7）氯化物的测定：取50.0ml滤液，加入3滴酚酞指示剂，用0.05mol/L氢氧化钠溶液或用0.025mol/L硫酸溶液调节样品恰使酚酞指示剂从粉红到无色。加入0.5ml 10%的铬酸钾溶液，用硝酸银标准溶液滴定，终点为淡橘红色为止。记录所用硝酸银标准溶液的体积。用式（1－12）计算氯化物的含量：

$$G=\left(\frac{V\times 0.0005\times 10}{S}\right)\times K \tag{1－12}$$

式中：G为氯化物重量（Cl^-），单位为g/(m^2·30d)；V为所用硝酸银标准溶液的体积，单位为ml；0.0005为1ml硝酸银标准溶液相当于氯的质量；10为滤液总体积与测定液体积之比；S为集尘缸缸口面积，单位为m^2；K为30d与实际采样天数的比例系数。

（8）水溶性物质的测定：取200.0ml滤液，放在已质量恒定的磁蒸发皿中，在电热板上蒸干，于105℃干燥箱中干燥1h，放入干燥器中50min，称量直至恒量为止。用式（1－13）计算水溶性物质的含量：

$$A=\left[\frac{(W_2-W_1)\times 2.5}{S}\right]\times K \tag{1－13}$$

式中：A 为水溶性物质质量，单位为 $g/(m^2 \cdot 30d)$；W_2 为样品蒸干后的蒸发皿的质量，单位为 g；W_1 为蒸发皿质量，单位为 g；2.5 为滤液总体积与测定液体积之比；S 为集尘缸缸口面积，单位为 m^2；K 为 30d 与实际采样天数的比例系数。

（9）水溶性物质灰分的测定：将蒸发干燥的水溶性物质，在高温炉内 600℃下烧灼 30min，取出放入干燥器中，冷却 50min，称量直至质量恒定。用式（1－14）计算水溶性物质的灰分含量：

$$B_2 = \left[\frac{(W_2 - W_1) \times 2.5}{S}\right] \times K \tag{1-14}$$

式中：B_2 为水溶性物质灰分的含量，单位为 $g/(m^2 \cdot 30d)$；W_2 为蒸发皿质量＋灰分，单位为 g；W_1 为蒸发皿质量，单位为 g；2.5 为滤液总体积与测定液体积之比；S 为集尘缸缸口面积，单位为 m^2；K 为 30d 与实际采样天数的比例系数。

（10）水溶性可燃物质的测定：已知水溶性物质和其灰分的含量，用式（1－15）计算水溶性可燃物质的含量：

$$C_2 = A - B_2 \tag{1-15}$$

式中：C_2 为水溶性可燃物质的含量，单位为 $g/(m^2 \cdot 30d)$；A 为水溶性物质的含量，单位为 $g/(m^2 \cdot 30d)$；B_2 为水溶性物质灰分的含量，单位为 $g/(m^2 \cdot 30d)$。

（11）灰分总量：已知水溶性的物质灰分含量和非水溶性的物质灰分含量，用式（1－16）计算其总灰分量：

$$B = B_1 + B_2 \tag{1-16}$$

式中：B 为灰分总量，单位为 $g/(m^2 \cdot 30d)$；B_1 为非水溶性物质灰分的含量，单位为 $g/(m^2 \cdot 30d)$；B_2 为水溶性物质灰分的含量，单位为 $g/(m^2 \cdot 30d)$。

（12）可燃物质总量。已知水溶性可燃物质含量和非水溶性可燃物质含量，用式（1－17）计算可燃物质总量：

$$C = C_1 + C_2 \tag{1-17}$$

式中：C 为可燃性物质总量，单位为 $g/(m^2 \cdot 30d)$；C_1 为非水溶性可燃物质的质量，单位为 $g/(m^2 \cdot 30d)$；C_2 为水溶性可燃物质的质量，单位为 $g/(m^2 \cdot 30d)$。

（13）固体污染物总量的测定：已知水溶性物质含量和非水溶性物质含量，用式（1－18）计算固体污染物总量（降尘量）：

$$\text{固体污染物总量}\left[g/(m^2 \cdot 30d)\right] = A + M \tag{1-18}$$

式中：A 为水溶性物质的质量，单位为 $g/(m^2 \cdot 30d)$；M 为非水溶性物质的质量，单位为 $g/(m^2 \cdot 30d)$。

检验公式：

$$\text{固体污染物总量}\left[g/(m^2 \cdot 30d)\right] = B + C \tag{1-19}$$

式中：B 为灰分总量，单位为 $g/(m^2 \cdot 30d)$；C 为可燃性物质总量，单位为 $g/(m^2 \cdot 30d)$。

二、大气降尘数据分析

通过对伊金霍洛旗纳林陶亥镇 22 个大气降尘监测点位数据进行统计分析发现，2013

年8月至2014年7月共计一年的观察期间，该地大气降尘观测点的降尘量均维持在91.038t/（km^2·30d）左右（表1－32）。

表1－32　2013年8月—2014年7月纳林陶亥镇大气降尘观测点数据统计表

单位：t/（km^2·30d）

试样编号	2013年8月	2013年9月	2013年10月	2013年11月	2013年12月	2014年1月	2014年2月	2014年3月	2014年4月	2014年5月	2014年6月	2014年7月
对照1	49.645	64.444	102.222	98.611	85.944	102.778	119.722	54.278	11.278	19.667	44.333	44.833
对照2	39.716	98.889	66.667	84.722	127.667	91.667	115.833	22.611	25.722	18.000	45.444	53.444
2	8.511	41.667	56.667	38.611	17.056	92.222	68.611	60.389	52.944	63.556	27.667	31.778
3	37.943	135.000	109.444	183.611	82.167	144.444	131.389	60.111	51.278	10.778		
4	184.043	90.000	97.222	163.056	67.167	117.222	76.389	33.167	22.389	16.889	28.778	40.667
5	237.943	112.778	128.889	119.167	87.611	110.556	132.500	20.389	8.500	3.556	32.111	46.222
7	72.340	182.780	122.220	83.981	69.463	104.167	111.204	43.074	28.889	41.481	66.630	72.889
8	36.879	80.556	110.556	112.500	130.500	102.222	105.278	64.833	12.944	50.222	63.444	87.889
9	89.007	83.520	155.560	100.833	65.759	138.148	120.093	38.815	37.204	49.907	63.944	62.426
10	247.518	203.889	240.556	268.611	297.056	249.167	286.944	292.111	226.889	220.222	229.000	222.056
11	176.241	67.778	63.333	161.389	185.389	110.556	60.833	57.611	30.167	43.000	84.000	154.556
12	35.816	117.222	103.333	138.611	74.944	80.833	134.722	51.778	16.833	2.444	35.444	77.333
13	40.426	62.778	43.333	161.389	157.056	141.111	118.056	106.222	16.278	9.556	42.667	33.167
14	46.454	64.444	116.111	93.611	200.389	92.222	179.722	84.000	8.500	10.222	57.611	91.500
15	75.887	131.111	86.111	53.611	104.278	96.944	24.722	62.333	21.833	8.444	50.722	59.833
16	44.681	167.222	78.333	66.389	169.944	140.000	24.167	123.167			45.444	148.167
17	68.440	60.000	110.556	161.944	217.611	116.111	114.722	61.500	38.000	43.778	96.833	120.111
18	210.284	71.667	73.333	61.389	97.056	77.500	128.611	42.333	44.111	2.444	20.389	57.333
20	85.461	58.889	105.556	59.167	210.444	95.278	71.389		11.833	29.000	44.889	84.278
21	45.035	102.778	77.222	63.611	137.611	116.944	10.833	88.722	22.944	57.667	101.500	106.778
22	123.404	110.000	103.333	113.611	147.722	110.556	140.833	93.167			66.000	94.556
23	80.142	152.778	105.556	99.722	103.833	117.222	228.611	188.833	168.667	173.500	226.222	150.667
平均	92.537	102.736	102.551	113.098	128.939	115.812	113.872	78.545	42.860	43.717	70.146	87.642

注：表格空白格处为数据采集过程中的偶然损失。

（一）大气降尘月均分布规律

2013年8月期间，研究区月降尘量维持在8.51～247.52t/（km^2·30d）之间，月降尘量均值为92.537t/（km^2·30d）；2013年9月期间，研究区月降尘量维持在41.67～203.89t/（km^2·30d）之间，月降尘量均值为102.736t/（km^2·30d）；2013年10月期间，研究区月降尘量维持在56.67～240.56t/（km^2·30d）之间，月降尘量均值为102.551t/（km^2·30d）；2013年11月期间，研究区月降尘量维持在38.61～268.61t/

（km^2 · 30d）之间，月降尘量均值为 113.098t/（km^2 · 30d）；2014 年 12 月期间，研究区月降尘量维持在 17.06 ~ 297.06t/（km^2 · 30d）之间，月降尘量均值为 128.939t/（km^2 · 30d）；2014 年 1 月期间，研究区月降尘量维持在 68.61 ~ 144.44t/（km^2 · 30d）之间，月降尘量均值为 115.812t/（km^2 · 30d）；2014 年 2 月期间，研究区月降尘量维持在 10.83 ~ 286.94t/（km^2 · 30d）之间，月降尘量均值为 113.872t/（km^2 · 30d）；2014 年 3 月期间，研究区月降尘量维持在 20.389 ~ 292.111t/（km^2 · 30d）之间，月降尘量均值为 78.545t/（km^2 · 30d）；2014 年 4 月期间，研究区月降尘量维持在 8.50 ~ 226.89t/（km^2 · 30d）之间，月降尘量均值为 42.860t/（km^2 · 30d）；2014 年 5 月期间，研究区月降尘量维持在 2.44 ~ 220.22t/（km^2 · 30d）之间，月降尘量均值为 43.717t/（km^2 · 30d）；2014 年 6 月期间，研究区月降尘量维持在 20.39 ~ 229.00t/（km^2 · 30d）之间，月降尘量均值为 70.146t/（km^2 · 30d）；2014 年 7 月期间，研究区月降尘量维持在 31.78 ~ 222.06t/（km^2 · 30d）之间，月降尘量均值为 87.642t/（km^2 · 30d）；受不同月份的气象情况及不同季节的气候变化情况影响，大气降尘量差异明显（图 1 – 91）。

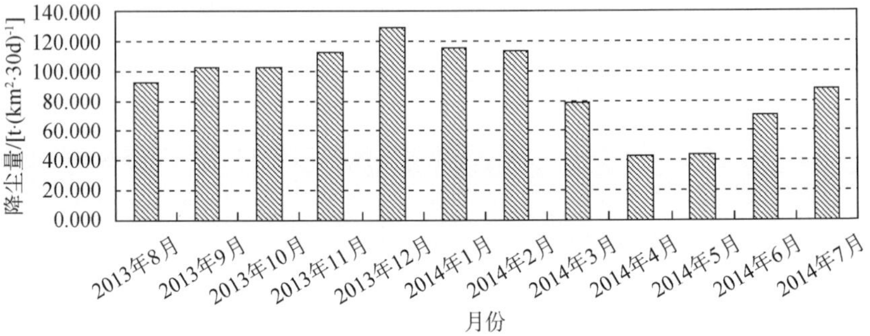

图 1 – 91　2013 年 8 月—2014 年 7 月研究区月均大气降尘量分布图

秋季季风速度较小，降水量较多，相对湿度大，低空为逐渐南侵的冷高压，高空为迟缓南退的暖高压，垂直结构特别稳定，外来悬浮颗粒物的影响极小，秋高气爽，空气清新，致使对照点降尘量较少；另外，秋季即将进入燃煤季，各煤矿区采矿量有所抬升，降尘中煤尘含量加剧，空气质量仍不乐观。所以 8 ~ 10 月大气降尘量维持在 100t/（km^2 · 30d）左右。

冬季自然污染源的影响减少，而人为污染源如取暖等影响增大。内蒙古地区冬季较寒冷，采暖期较长，大致从 10 月 15 日至第二年的 3 月 15 日左右，对煤炭产量的需求大大提升，从而导致煤炭矿的大量开采。伊金霍洛旗纳林陶亥镇是重要的煤炭产出基地，此次大气降尘采集点多集中在大型煤矿区附近，由月大气降尘量数据分析可知，12 月大气降尘量较高，这是由于在此期间煤矿的采煤量不断增大，飞扬的煤尘等进入大气，从而影响大气环境。

鄂尔多斯市高原春季普遍干旱少雨，多大风扬沙天气，受季风的影响，来自大气中风沙和降尘的含量有所增加，但整体降尘含量呈现降低的趋势，这是由于大气降尘的布设点多位于矿区内部，春季的到来使一定数量的小型煤矿关停，这就相当大程度地减少了煤尘等污染物的排放，因此，3 ~ 5 月期间大气降尘维持在较少的水平。

夏季降雨增多，一定程度上起到净化空气的作用，并且降雨能湿润地表，有效地减少地面尘土向大气的输送。

（二）大气降尘空间分布规律

大气降尘量因其观测点与矿区中心位置不同而呈显著差异，大体规律如图 1 –92 所示。

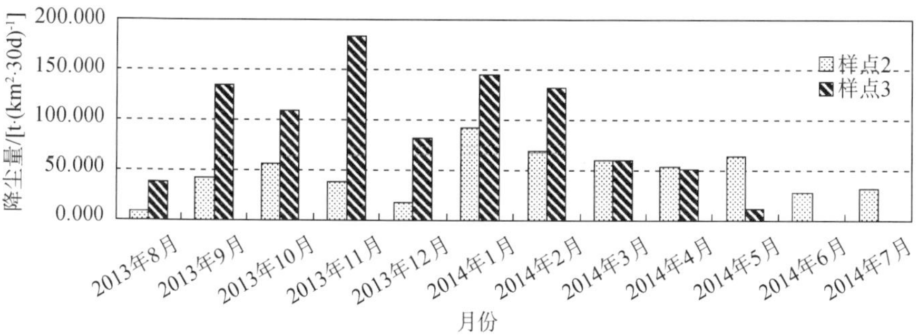

图 1 –92　2013 年 8 月—2014 年 7 月距矿区 0 ~ 1000m 大气降尘分布图

图 1 –92 为距离矿区 0 ~ 1000m 范围内大气降尘量分布图。样点 2 位于复垦区周边灌木林中，相对影响小，月均降尘量为 46. 64t/（km^2 · 30d）。样点 3 布设在近矿区周围，紧靠运煤线路，受道路扬尘的影响不可忽视，月均降尘量为 94. 617t/（km^2 · 30d）。总的来说，中心处降尘均量较小，原因可能是由于监测点布在复垦区周边，污染相对减少的缘故。

图 1 –93 为距离矿区 1000 ~ 3000m 范围内大气降尘量分布图。图中降尘量均较图 1 –92 呈明显增加，样点 4 月均降尘量为 78. 082t/（km^2 · 30d），样点 5 月均降尘量为 86. 685t/（km^2 · 30d），样点 8 月均降尘量为 79. 819t/（km^2 · 30d），样点 10 月均降尘量为 248. 668t/（km^2 · 30d），样点 11 月均降尘量为 99. 571t/（km^2 · 30d）。其中，样点 5 位于采煤场下风向，受煤矿降尘影响较大，样点 10 位于致富煤矿区内，降尘量较大。总的来说，距离中心点 1000 ~ 3000m 范围内，大气降尘均量明显升高，在此范围内大气降尘量到达顶点，此处设定为大气降尘的主要影响区。

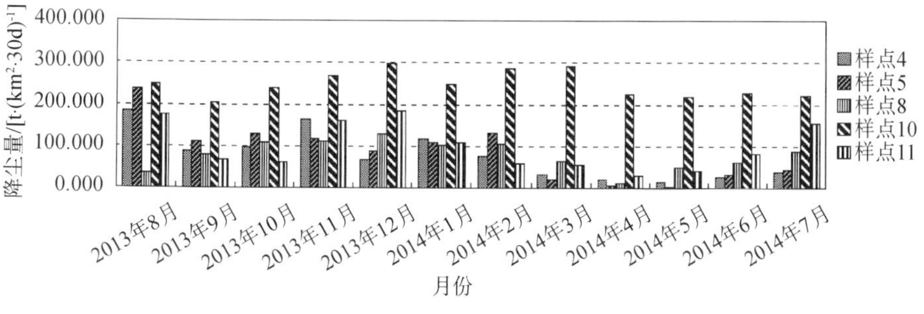

图 1 –93　2013 年 8 月—2014 年 7 月距矿区 1000 ~ 3000m 大气降尘量分布图

图 1 –94 为距离矿区 3000 ~ 5000m 范围内大气降尘量分布图。样点 7 月均降尘量为 83. 26t/（km^2 · 30d），样点 9 月均降尘量为 83. 768t/（km^2 · 30d），样点 12 月均降尘量为

72.443t/（km^2·30d），样点14月均降尘量为87.006t/（km^2·30d），样点16月均降尘量为100.751t/（km^2·30d），样点17月均降尘量为100.8t/（km^2·30d），样点18月均降尘量为73.871t/（km^2·30d）。3000～5000m范围内，大气降尘量逐渐降低，影响程度逐渐减弱。

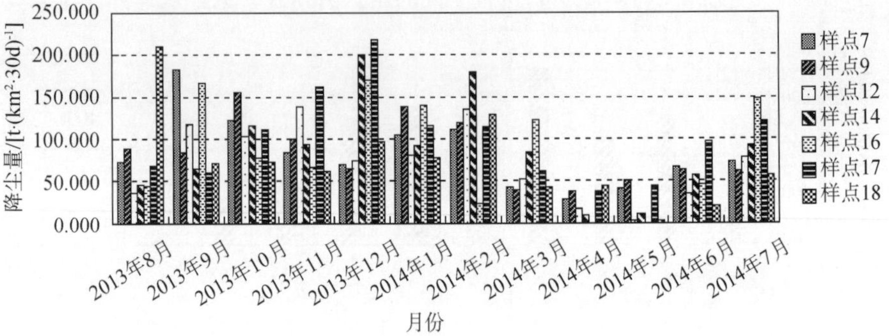

图1－94　2013年8月—2014年7月离矿区3000～5000m大气降尘量分布图

图1－95为距离矿区大于5000m范围内大气降尘量分布图。样点13月均降尘量为77.67t/（km^2·30d），样点15月均降尘量为64.654t/（km^2·30d），样点20月均降尘量为77.835t/（km^2·30d），样点21月均降尘量为77.637t/（km^2·30d），样点22月均降尘量为110.318t/（km^2·30d），样点23月均降尘量为149.646t/（km^2·30d）。距离5000m范围以外，大气降尘量继续降低，影响程度继续减弱。

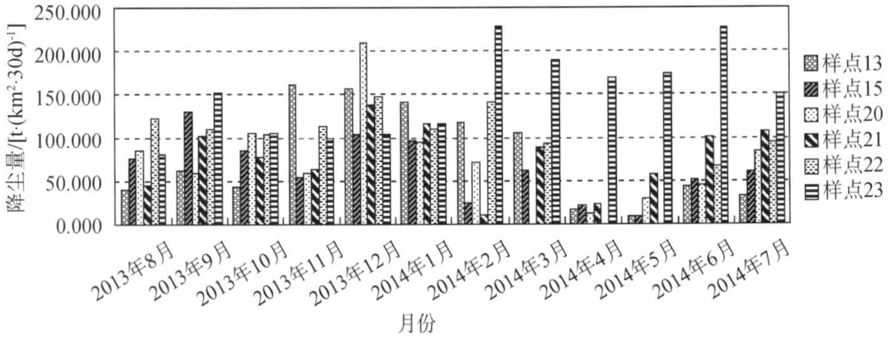

图1－95　2013年8月—2014年7月距矿区大于5000m大气降尘量分布图

观测点与对照点大气降尘量对比中发现：除中心点处复垦区周边的降尘均量与对照点降尘量相近外，其余监测点处的大气降尘均量均高于对照点处降尘量。由以上数据可知，研究区矿区对大气造成的影响不容忽视。

（三）大气降尘与风向相关性

根据样点布设位置与当地气象相关资料，尤其是风向，风速的相关分析可得，复垦区上风向周围的布点大气降尘量较少，下风向的大气降尘量远远大于上风向，由此可见，风向对大气降尘影响不容小觑（图1－96）。

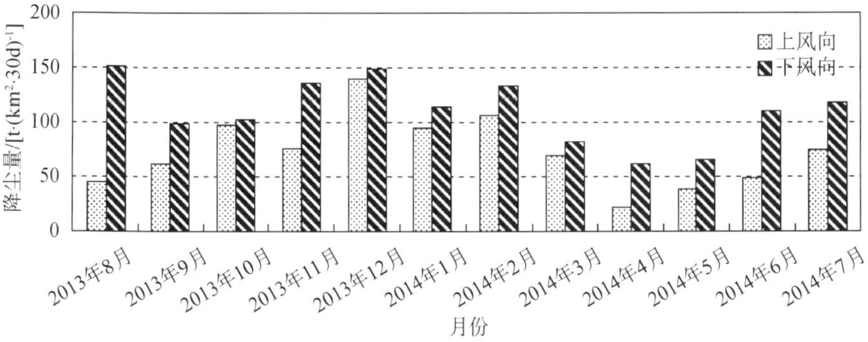

图 1－96　2013 年 8 月—2014 年 7 月大气降尘与风向相关性图

（四）大气降尘与采集方法的相关性

在大气降尘采集样点布设过程中，设立了两个采集方法对照组，以下对干法、湿法、自然法 3 种方法下，实验所得数据的统计比较。

对比分析样点 7 三种采集方法下的结果显示：干法收集下的月平均值为 82.623t/（km^2·30d）、湿法收集下的月平均值为 74.957t/（km^2·30d）、自然法收集下的月平均值为 49.679t/（km^2·30d）。结果对比显示在平均值中：干法收集 > 湿法收集 > 自然法收集（图 1－97）。

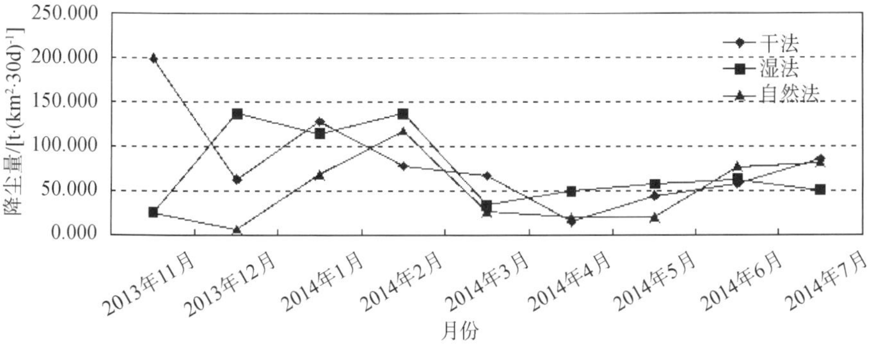

图 1－97　2013 年 11 月—2014 年 7 月样点 7 在三种采集方法下的数据对比图

对比分析样点 9 三种采集方法下的结果显示：干法收集下的月平均值为 73.556t/（km^2·30d）、湿法收集下的月平均值为 92.926t/（km^2·30d）、自然法收集下的月平均值为 59.228t/（km^2·30d）。结果对比显示在平均值中：湿法收集 > 干法收集 > 自然法收集（图 1－98）。

总之，实际实验结果大致为：干法收集结果与湿法收集结果保持一致，均大于自然条件下的收集结果。

在查阅和参考国内外近几年有关大气降尘采集方法的研究中，理论结果：

（1）湿法采集的结果普遍高于干法采集结果，且其相差结果具有明显的季节性，呈现随季节、风量等因素逐渐增加的趋势。

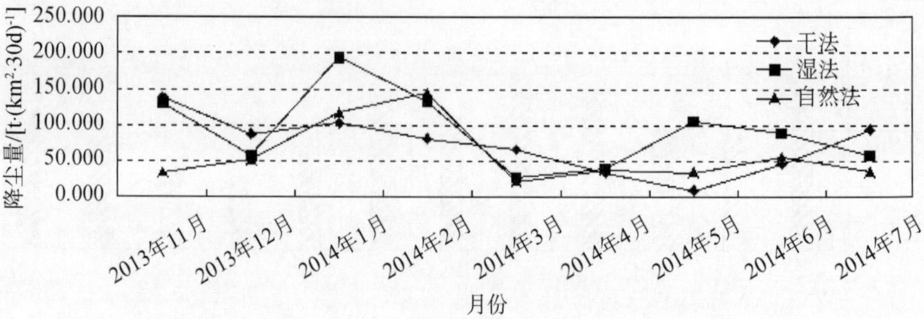

图1-98　2013年11月—2014年7月样点9在三种采集方法下的数据对比图

（2）湿法采集和干法采集均视为科学有效的采集方法，其采集结果均大于自然采集结果。

（3）由于研究区域地理位置和气候条件等方面的影响，实验的设备与条件有限，其试验数据与理论存在些许差异。

（4）鄂尔多斯高原春季普遍干旱多风，易造成湿法采集集尘缸出现风干现象，且湿法采集需要不定时观察，避免集尘缸风干等现象，使湿法收集过程存在一定程度的困难，造成湿法收集数据一定程度的失真。

（5）在样品野外采集、室内分析过程中，存在较大的实验误差，仍需不断改善。

三、大气降尘成分分析

（一）降尘中金属元素的含量分析

通过对伊金霍洛旗纳林陶亥镇矿区周围22个大气降尘监测点大气降尘中的砷（As）、镉（Cd）、汞（Hg）、铜（Cu）、铅（Pb）、锌（Zn）、铬（Cr）、铝（Al）等的分析测定，得到大气降尘中金属元素含量的分布状况及浓度范围，统计结果如表1-33所示。

表1-33　大气降尘中金属元素测定统计结果

分析项目		对照区	0~1000m	1000~3000m	3000~5000m	5000~8500m	>8500m	平均值
As	mg/kg	17.288	44.070	56.751	64.160	47.800	36.024	49.761
Cu		66.538	38.577	58.371	22.031	40.120	27.127	37.245
Pb		6.029	3.092	2.642	5.545	3.682	1.246	3.242
Cd		0.138	0.125	0.105	0.284	0.950	0.104	0.314
Cr		268.226	280.467	220.717	148.561	82.856	41.794	154.879
Hg		0.092	0.068	0.050	0.078	0.075	0.080	0.070
Zn		149.550	263.679	229.195	684.240	285.997	89.172	310.457
Al	g/kg	4.789	10.596	16.599	21.779	11.143	5.511	13.126

通过比较可以发现，矿区中心附近区域降尘中As、Cd、Zn、Al元素含量分别是对照区含量的2.88、2.28、2.08、2.74倍，Cu、Pb、Hg、Cr元素含量分别是对照区含量的

0.56、0.54、0.58、0.77 倍，其中，矿区中心附近区域降尘中有毒的重金属 As、Cd、Zn、Al 的含量远远高于对照区的含量，是其含量的 2 ~ 3 倍，其余重金属 Cu、Pb、Hg、Cr 的含量略低于对照区。

土壤是降尘最终污染对象之一，参考我国《土壤环境质量标准》（GB 15618—1995），也可以从一个侧面反映大气降尘中金属元素含量的水平，在所测 8 种金属元素中，As、Cu、Pb、Cd、Cr、Hg、Zn 等 7 种元素有标准限值，其中，降尘中 Pb、Hg 的含量符合一级标准，Cu、Cr 的含量符合二级标准，Cd 和 Zn 的含量符合三级标准，As 的含量超过三级标准。这意味着该区域大气降尘降落到地面后将对土壤产生一定的重金属污染。

该研究矿区主要为煤矿基地，其主要生产原料是煤炭，而燃煤是 Cd、Zn、As 等大气颗粒污染物的主要来源，煤矿区排放的煤尘、烟尘中含有的金属元素在大气颗粒物中大量富集，对矿区中心附近降尘中重金属的含量贡献较大。

（二）重金属在不同功能区降尘中的分布特征

根据所采集大气降尘点的位置所在区域，将其大致分为居民区、农业区、矿区、工业区、交通区等 5 类功能区，从而综合分析重金属在不同功能区降尘中的含量变化情况及其分布特征。

根据表 1 - 34 可知，研究区重金属含量按从大到小顺序排列依次是：Zn > Cr > As > Cu > Al > Pb > Cd > Hg。

表 1 - 34　大气降尘中金属元素分区统计结果

分析项目		居民区	农业区	矿区	交通区	工业区
As	mg/kg	14.565	49.947	68.066	38.228	31.708
Cu		65.911	31.694	26.983	57.822	29.143
Pb		1.334	4.461	5.747	3.556	2.573
Cd		0.065	0.121	0.289	0.084	1.865
Cr		266.929	92.446	150.277	232.468	112.021
Hg		0.073	0.071	0.077	0.071	0.061
Zn		70.781	284.652	688.359	247.486	202.766
Al	g/kg	3.892	12.658	24.495	9.168	8.559

Zn 含量最高，其值在 70.781 ~ 688.359mg/kg 范围内波动，除在居民区稍低于 Cr 外，在其余各功能区均处于最高值，在矿区达到最高值（688.359mg/kg）。说明矿区内降尘是造成 Zn 含量较高的主要原因，且其对研究区其他功能区均产生不同程度的影响，是最大、最严重的污染源。

其次是 Cr 和 As，Cr 在居民区处于最大值（266.926mg/kg），并且 Cr 在交通区和矿区也有较大值，这说明 Cr 的增加来自于土壤母质和自然沉积物，是自然源重金属。As 在矿区内处于最大值（68.066mg/kg），超出国家土壤质量标准，这说明矿区尘中含有过量 As 元素，应予以重视，加快治理。

Cu、Al 均为常量重金属，其中，Cu 含量在居民区和交通区出现最高值，这说明 Cu

元素的积累与人类活动有密切关系。Al 元素在矿区出现最大值（24.495mg/kg），说明矿区尘是 Al 积累的主要因素。

Pb 元素在矿区和交通区出现最大值，这说明矿区尘和交通尘是 Pb 的主要来源，与汽车尾气排放有一定关系。

Cd 在各区含量均较低，其中，工业区含量较多，这是由于 Cd 与工业生产有关，与其他降尘关系不大。

Hg 在各区含量无明显差异，且均处于国家环境质量标准之内。

四、小结

研究区大气降尘量随时间、气候、季节呈现一定的规律性。数据表明：秋季秋高气爽，空气清新，对照点降尘量较少；试验点布设在矿区内或采煤专线附近，由于秋季即将进入燃煤季，各煤矿区采矿量有所抬升，降尘中煤尘含量加剧，空气质量仍不乐观。所以，8 ~ 10 月大气降尘量维持在 100t/（km^2 · 30d）左右。冬季自然污染源的影响减少，而人为污染源如取暖等影响增大。内蒙古地区冬季较寒冷，采暖期较长，大大提高了对煤炭产量的需求，从而导致煤炭矿的大量开采。由月大气降尘量数据分析可知，12 月大气降尘量较高。春季鄂尔多斯高原普遍干旱少雨，多大风扬沙天气，对照点降尘含量有所增加。但整体降尘含量呈现降低的趋势，这是由于春季的到来使一定数量的小型煤矿关停，减少了煤尘等污染物的排放，因此，3 ~ 5 月期间大气降尘维持在较少的水平。

研究区大气降尘量随其与矿区中心距离呈现一定的规律性。中心处降尘均量较小，原因可能是监测点布在复垦区周边，污染相对减少的缘故；距离中心点 1000 ~ 3000m 范围内，大气降尘均量明显升高，在此范围内大气降尘量到达顶点，此处设定为大气降尘的主要影响区；3000 ~ 5000m 范围内，大气降尘量逐渐降低，影响程度逐渐减弱；距离 5000m 范围以外，大气降尘量继续降低，影响程度继续减弱。

研究区大气降尘量与风向具有一定的相关性。复垦区上风向周围的布点大气降尘量相对少，下风向的大气降尘量远远大于上风向，风向对大气降尘影响不容小觑。

大气降尘量与其降尘的采集方法也存在相关性，普遍存在湿法收集量 > 干法收集量 > 自然状态收集量，由于实际情况存在局限性，试验点实际数据分析不明显，需在以后的试验中进一步提高。

对大气降尘重金属含量的分析：矿区中心附近区域降尘中有毒的重金属 As、Cd、Zn、Al 的含量远远高于对照区的含量，是其含量的 2 ~ 3 倍，而重金属 Cu、Pb、Hg、Cr 的含量略低于对照区。其中，降尘中 Pb、Hg 的含量符合一级标准，Cu、Cr 的含量符合二级标准，Cd 和 Zn 的含量符合三级标准，As 的含量超过三级标准。这意味着该区域大气降尘降落到地面后将对土壤产生一定的重金属污染。

对不同功能区大气降尘分布的研究：研究区重金属含量按从大到小顺序排列依次是：Zn > Cr > As > Cu > Al > Pb > Cd > Hg。其中：Zn 含量最高，除在居民区稍低于 Cr 外，在其余各功能区均处于最高值，在矿区达到最高值。说明矿区内降尘是造成 Zn 含量较高的主要原因，且其对研究区其他功能区均产生不同程度的影响，是最大、最严重的污染源。Cr

在居民区处于最大值，并且 Cr 在交通区和矿区也有较大值，这说明 Cr 的增加来自于土壤母质和自然沉积物，是自然源重金属。As 在矿区内处于最大值，超出国家土壤质量标准，这说明矿区尘中含有过量 As 元素，应予以重视，加快治理。Cu 含量在居民区和交通区出现最高值，说明 Cu 元素的积累与人类活动有密切关系。Al 元素在矿区出现最大值，说明矿区尘是 Al 积累的主要因素。Pb 元素在矿区和交通区出现最大值，说明矿区尘和交通尘是 Pb 的主要来源，这也与汽车尾气排放有一定关系。Cd 在各区含量均较低，其中，工业区含量较多，这是由于 Cd 与工业生产有关，与其他降尘关系不大。Hg 在各区含量无明显差异，且均处于国家环境质量标准之内。

第四节　内蒙古能源开发区土地资源可持续利用对策研究

一、保护耕地，实现耕地总量动态平衡

根据对达拉特旗农业结构、社会经济情况的入户调查及 1996—2012 年 17 年间的土地利用变更数据的分析，达拉特旗作为传统的农业旗县，耕地、草地是该旗的主要用地类型。但是近年来，随着社会经济的迅猛发展，建设用地需求量不断加大，耕地数量受到了前所未有的挑战。耕地面积持续减少，而且减少速度迅猛，加之耕地的后备资源数量少，开发利用具有很大的限制性，耕地这种供需紧张的状况不仅为达拉特旗的土地管理发出预警，也为内蒙古自治区的土地管理发出预警。针对如何提高耕地的忧患意识，控制耕地数量的急速减少，实现耕地总量动态平衡，提出几点对策。

（一）科学合理地确定城市布局和规模，控制城市外延式发展

城市化和耕地保护在社会经济发展中都占有极其重要的地位，两者之间是相互制约又相互促进的。一方面，城市化发展占用大量耕地，影响耕地保护和农业生产，而耕地保护客观上又限制城市化占用过多的耕地，反过来对其产生影响。另一方面，通过城市化发展，使分散的人口和乡村工业聚集到一起，既提高了土地利用效益，又解决了农村大量剩余劳动力，缓解了人口对耕地资源的压力，提高了农业土地的规模经营和集聚经营，促进耕地保护的开展。耕地保护巩固了农业生产，又为城市化提供基础，促进其发展。同时，耕地保护又迫使城市化注重内涵发展，走土地集约利用道路，提高集聚效益与城市品位。因此，要正确处理耕地保护与城市化之间的关系，做到协调发展。

城市的发展，城区范围的扩大必然要占用耕地，是城市化进程中不得不面对的问题，而且非农建设占用的往往是城镇近郊质量较好的耕地，比例小但影响大。近年来，达拉特旗城市建设用地逐年增加，且与耕地减少呈互为消长之势。城镇及工矿用地近 17 年增加 2226.66hm^2，年土地利用变化率为 0.72%，耕地面积减少 6756.99hm^2。表明长期以来，达拉特旗城市外延发展明显，城市用地规模过度膨胀，侵占了大量的耕地。

尽管土地整理起到了保护耕地，保护生态的作用，但是，通过土地整理，增加有效耕地面积，获取建设用地折抵指标是有限的，不可能无限期地满足城市化对用地的需求。为此，必须以人多地少的基本情况出发，合理确定城市布局和控制城市用地规模。布局上要走“控制大城市和农村居民点发展中小城市，撤并农村零散居民点”的路子。在发展方式上抑制外延“摊煎饼”式发展，通过集约经营利用土地，内涵挖潜提高城市化水平。在控制城市用地规模上要根据城镇现状用地及人口规模进行城市定级，科学预测规划期人口规模及极限人口规模，按国家规定的人均建设用地指标核定规划期建设用地规模（刘雁，2005）。

（二）有效推进土地整治工作

土地开发、复垦和整理是补充耕地数量实现耕地总量动态平衡的基本途径，是耕地增加的主要来源。

2009 年以来，达拉特旗共进行土地整治 26535. 69hm^2，预算总投资 75471. 12 万元，新增耕地面积3318. 13hm^2，平均新增耕地率 12. 50%。其中，已建成项目 2738. 64hm^2，新增耕地面积 92. 37hm^2，在建项目 22577. 06hm^2，新增耕地面积 3075. 05hm^2，未建设项目 1219. 89hm^2，新增耕地面积 150. 71hm^2。

值得注意的是，达拉特旗耕地的供给能力相对不足，后备耕地资源有限，且有很大的区域性限制。旗县的经济将进入稳定发展时期，加之经营方式也将由粗放型转为集约型，基本建设规模将得到控制，达拉特旗经济增长对耕地的需求压力也随之减小。因此，耕地面积的增加应着眼于耕地的复垦和整理。通过提高废弃地的复垦率、中心村建设、迁村并镇、退宅还耕、整修渠道、去除田埂等土地整理措施，可以提高土地利用率，外延扩大耕地面积，在一定程度上可缓解耕地紧缺的矛盾。

（三）用地与养地相结合，保证耕地质量不再下降

应采取切实有效的措施，根据《基本农田保护条例》等法律法规，建立基本农田保护区，保护优质高产耕地，并采取土地整治综合措施，大力改造中低产田；加强以农田水利为重点的农田基本建设，改善农田生产条件，增强抗御自然灾害的能力，植树造林，提高森林覆盖率，建设农田防护林，改善农田小气候，改善耕地生态环境；合理灌溉，科学施肥，有机与无机相结合，依靠科技进步不断提高耕地生产能力，是实现耕地资源持续利用的关键（刘勇，2004）。

二、矿业用地协调与利用

根据监测数据显示，伊金霍洛旗自 20 世纪 90 年代煤炭行业兴起以来，1996—2012 年 17 年间城镇及工矿用地面积增加到 5200. 55hm^2，其中，工矿用地增加突出，旗境内其他用地类型均呈现减少的趋势。

矿业用地的土地复垦和矿山环境保护一直是一个薄弱环节，矿产资源开采一定程度上导致矿山生态环境破坏，矿山地质灾害频繁发生，造成了巨大的经济损失。目前，矿区循

环经济、生态伦理观、矿山尾矿库无土植被生态恢复技术、矿区生态评价理论、工业遗产旅游、矿业遗迹、生态矿业、废石或尾矿的综合利用、废弃地可持续利用、生态调控等研究成果和技术已经得到全面的应用和展开，针对伊金霍洛旗各矿区的发展和利用情况，采取合理的措施和技术方法，最大限度实现矿区废弃地的复垦与生态景观重建（张兰兰，2008）。

（一）矿产规划与土地利用总体规划相衔接

科学的矿产规划、土地利用总体规划为矿业用地空间结构的合理演变提供了强大的保障，土地利用总体规划、矿产规划方案调整等政府行为将直接影响矿业用地空间结构的变化。矿产资源规划、土地利用规划作为我国在矿业用地空间上设立的法定规划，是指导矿业用地利用的最重要的纲领性文件，是保障土地利用安全性、可持续发展的重要指导思想和依据。

（二）工矿废弃地复垦调整利用

根据对鄂尔多斯地区的调研发现，鄂尔多斯市工矿废弃地面积大，分布广泛，复垦潜力较大。经调查，截至 2011 年 12 月底，鄂尔多斯市工矿废弃地总规模为 5474. 40hm^2，占鄂尔多斯市采矿用地总面积的 20. 54%。工矿废弃地布局与资源分布和开采时间密切相关，鄂托克旗、鄂托克前旗、达拉特旗、乌审旗以采煤塌陷造成的工矿废弃地为主；准格尔旗和伊金霍洛旗以废弃居民点、工矿、交通水利为主。土地由于受采矿活动影响，早已不具备原有地类功能，如果不将这部分土地纳入复垦范围将会长期废弃，造成土地空间严重浪费。鉴于该土地具备工矿废弃地特征，应将其作为工矿废弃地纳入鄂尔多斯市工矿废弃地复垦利用远期目标。

通过工矿废弃地复垦利用，探索工矿废弃地利用模式，保障区域经济社会全面协调发展。通过鄂尔多斯市工矿废弃地复垦，可新增耕地 165. 60hm^2，林地 1639. 63hm^2，草地 488. 57hm^2，养殖水面 282. 64hm^2。

（三）矿区景观保护与利用

目前，矿区土地复垦与治理多注重的是土地资源数量，重视废弃地复垦及其质量、对塌陷区的治理、废弃石山的复垦、废弃地先锋物种的选育等。矿区土地资源综合利用应该更多地从区域整体发展出发，改善区域整体的生态环境、区域景观及重新利用破坏的土地，对矿区的生态、环境和景观进行全面的整治和重塑，寻求其同自然景观的融合，并从经济、生态和美学的角度，创建具有较高价值的景观。因此，对矿区内矿山景观的保护和利用就显得尤为重要。

三、土地资源质量与可持续利用管理

对野外科研基地 35 个监测点土壤养分数据的化验显示，伊金霍洛旗和达拉特旗两个旗县的土壤质量呈普遍下降趋势，尤其是耕地质量下降明显，土壤团粒结构破坏严重，有机质含量下降。造成这种现象的主要原因一方面是，农民耕作过程中盲目施用化肥而不重视农家肥的施用；另一方面，近年来，煤炭开采对耕地资源也造成了很大的影响，开采过程不仅破坏了耕地地下水分的传输通道，而且，在地表造成了大量重金属污染物的沉积，直接破坏了耕作层。

尽管将土壤质量作为可持续土地利用管理中的一个指标具有许多明显的优势，但因为受到许多方面因素的限制，该指标并没有被广泛采纳。希望通过更多研究团体的一致努力和基础水平研究过程中有意识的协作克服大部分限制因素的限制，设立、发展及应用土壤质量管理系统项目，使人们更多地认识土壤质量与可持续发展的关系，使土壤质量真正在持续土地利用管理过程中成为一项重要而不可或缺的指标，在持续土地利用管理中发挥重要作用。

四、土地资源生态安全对策

通过对鄂尔多斯市近年来环境保护公报、水文水资源数据及课题典型区域的长期观测研究发现，鄂尔多斯市土地资源生态环境呈现总体下降局部好转的态势。尤其是以矿业开发为支柱产业的伊金霍洛旗，土地生态环境下降严重。以农业为主导产业的达拉特旗土地生态环境较好。

根据课题组的实地调研样点数据分析发现，鄂尔多斯市土地资源生态状况趋于下降的原因不仅是土壤质量的下降。监测数据显示，土壤重金属含量上升，有机质含量下降，只是土地微环境改变所表现的一个方面。更重要的是由于煤矿的开采，包括露天开采和井采都不同程度地对原有的土地利用方式造成了破坏，使原有长期形成的土地利用方式包括耕地、草地、林地等逐渐支离破碎、斑块化。在打破土壤原有质地结构、地下水输送体系的同时，彻底改变了原有的种植结构。土地资源生态环境从土壤微环境到宏观利用方式都进入了一个恶性循环的圈子，针对这一情况应该做出应对。

（一）严格规划，管好水土资源是关键

对土地资源，首先应该加大保护与管理的力度，从土地生态保护的观点出发，确定土地资源的最佳利用方式，做到还林还草的不应开垦，宜耕的不应放牧，宜保护的不应利用。对水资源的利用，要以节约为本，合理规划。节约应从三点着手：一是提高全民节水意识，从群众自身节水做起；二是加强水资源的管理，制定相应的水资源利用规章制度；三是加大科研力度，推广节水灌溉，逐步取代传统浪费的灌溉方式。

（二）开发与保护“两手抓”

在社会经济不断发展的形势下，完全不允许利用区域内的土地等自然资源是不可能的，关键是在开发利用中采取保护措施，以不破坏土地生态功能为前提。坚持开发与保护并重，在开发中保护，在保护中开发，这不仅是加快地区发展的需要，也是全面促进生态安全的需要。中央特别强调要有计划有步骤地退耕还林还草。这一决策，抓住了土地生态建设的重点，是完全正确的。但是也必须看到，退耕还林还草，绝不是简单地植树种草，

植树种草必须与节约保护、综合治理、合理开发、有效利用水土资源相结合。植树种草必须首先解决好水的问题。因此，在植树种草的同时，绝不能忽视其他水土保持措施的采用，必须坚持生物措施与工程措施相结合。

（三）严格保护耕地，控制耕地减少

鄂尔多斯市要加强建设项目选址和用地的评价与论证，严格控制非农建设占用耕地。将用地指标重点用于“五大基地”、结构调整、科技创新、节能减排、基础设施建设等，对产能过剩、重复建设、效益低下的项目一律不予配置用地指标。并首次将节约集约用地工作纳入了旗区领导班子实绩考核。积极响应全国耕地后备资源的调查与评价，包括新增耕地调查、不稳定耕地调查、耕地后备资源调查，补充和储备耕地后备资源，建立补充耕地库项目区。

除此之外，对现有耕地的不合理利用还需推出相应的政策规定合理安排生态环境恶化区域和需治理区域的生态退耕；鼓励盘活存量用地，对低效粗放利用或废弃损毁等土地应促进再开发利用，同时，规定社会资金可以参与该类土地的开发利用；通过农田水利、防护林网、土壤培肥和盐渍化治理等工程与生物措施，加强耕地抗灾能力建设，加大灾毁耕地修复和补充力度，将灾毁耕地数量降到最低；合理引导农业结构调整向有利于增加耕地的方向进行，确保不因农业结构调整减少耕地保有量；积极开展农田水利建设，增加有效灌溉面积，加大中低产田改造力度，推广节水抗旱技术，提高耕地生产能力；大力实施农业综合开发等重大工程，加强耕地质量建设，全面提升耕地等级。

（四）运用生态产业技术，减少农药化肥使用量

一些地区农业大量施用化肥农药，不仅造成了耕地土壤板结、肥力下降等问题，也引起了水体污染等环境问题。应当重视和使用生态农业技术，从思想上扭转重施化肥、轻施或不施农家肥的倾向，发动农民大力积造农家肥，推广秸秆还田；在施肥技术上，应从单元素施肥向多元素的平衡施肥转变，从单一作物施肥向轮作体系内作物施肥转变，利用土地普查成果和土壤监测点的资料，逐步推行因土施肥、配方施肥，实行农家肥与化肥并用，加大有机肥的投入，减少化肥施用量，提高肥料利用率，在维持和提高耕地土壤肥力的同时，减少土壤污染。在耕作方式上，在实行不同农作物轮作的同时，要适当增加养地作物，如绿肥和豆科作物的比例，达到用养结合。在作物病虫草害防治方面，应开发利用低毒、高效、低残留农药、生物农药和农药降解剂，建立并推广病虫草害的综合防治技术体系，控制农药施用量，减少农药对土壤及生态环境的破坏（刘勇，2004）。

参考文献

白丽月，邱昌颖，黄曦，等. 2005. 福建省耕地变化与人口及经济增长的关系分析［J］. 中国农业资源与区划，34（4）：30－33.

丁雪梅. 2012. 不同氮磷钾组合对大丽花生长发育的影响［D］. 泰安：山东农业大学.

高子龙. 2011. 伊金霍洛旗土地利用变化规律与驱动机制研究［D］. 呼和浩特：内蒙古农业大学.

康文慧 . 2014. 内蒙古伊金霍洛旗纳林陶亥镇煤矿开采对土壤性质影响的研究［D］. 呼和浩特：内蒙古农业大学 .
刘春霞，李月臣，杨华，等 . 2011. 三峡库区重庆段生态与环境敏感性综合评价［J］. 地理学报，66（5）：57－68.
刘秀 . 2008. 几种半红树植物的生物学特性与育苗技术的研究［D］. 长沙：中南林业科技大学 .
刘雁 . 2005. 大连市土地资源可持续利用评价及耕地数量前景分析［D］. 大连：辽宁师范大学 .
刘勇 . 2004. 区域土地资源可持续利用的生态安全评价研究［D］. 南京：南京农业大学 .
唐杨，徐志方，韩贵琳，等 . 2011. 北京及其北部地区大气降尘时空分布特征［J］. 环境科学与技术，34（2）：122－126.
王秀娟 . 2010. 达拉特旗土地退化现状、原因及防治对策［J］. 内蒙古科技与经济，20：70－72.
张贵军 . 2005. 河北省土地利用变化及其驱动机制研究［D］. 保定：河北农业大学 .
张兰兰 . 2008. 武安市矿业用地协调与机制研究［D］. 北京：中国地质大学 .
张正栋 . 2005. 35a 来海南岛耕地变化与人口经济发展间的相关分析［J］. 中国沙漠，5：138－144.
赵锴 . 2008. 洋葱对氮磷钾吸收分配规律及优化施肥方案研究［D］. 泰安：山东农业大学 .
郑美珍 . 2011. 理顺机制灵活进退——采矿用地“两头难”问题及解决途径［J］. 中国土地（6）：34－36.
仲嘉亮，叶德斌 . 2012. “十一五”期间新疆大气降尘量时空分布特征及影响因素分析［J］. 干旱环境监测，26（2）：29－33.

第二章　江苏万顷良田区野外科研基地建设与土地资源可持续利用示范

第一节　江苏万顷良田区野外科研基地建设

一、野外科研基地概述

（一）科研基地基本情况与特征

江苏省着眼于开阔视野、创新思路，力求推进资源集聚、提高资源效率、协同城乡发展、促进经济发展方式转变，以“有效引导资源集聚、有序统筹城乡发展”为核心，开展了“万顷良田建设工程”的探索和实践，通过工程、生物等措施，营建集中连片、规模较大、质量较高的农田——“万顷良田”。万顷良田工程蕴含着“三化”融合的理念，为发展现代规模农业提供空间，同时为城镇、产业发展提供间接空间，实现了对第一产业的着力提升、对第二产业的有效支持，已逐渐成为经济发达地区开拓新的发展空间的重要举措。研究该类区域土地资源变化规律、摸清土地资源变化的作用机理，具有重要意义。

金坛市[1]地处长江三角洲的中心位置，自然条件与经济发展在苏南地区均具有代表性，不但具有悠久的农耕历史，也是典型的“人多地少”的区域，城市化率已超过55%，土地后备资源不足与强烈的用地需求矛盾已成为制约可持续发展的重要因素。2009 年 6 月 25 日，江苏省在金坛市举行了“万顷良田建设工程”启动仪式，正式拉开了全省“万顷良田建设工程”试点建设的序幕。金坛市是全省范围内最早启动“万顷良田建设工程”的县市。金坛市依托土地综合整治，大力发展现代农业、促进农民增收的做法在东部经济发达地区具有典型性和代表性。选择金坛市建立万顷良田区土地资源数量 - 质量 - 生态监测与持续利用野外科研基地，不仅具有区域代表性，而且对长期进行土地资源数量、质量和生态变化研究及完善土地资源综合监测体系具有重要意义。

（二）基地建设历程

2011 年，作为国土资源部第一批野外科学观测研究基地的“苏南土地整治——江苏

---

[1] 2015 年 4 月 28 日，国务院批复同意撤销县级金坛市，设立常州市金坛区。本书根据江苏省野外科研基地建设时的情况，仍沿用“金坛市”。

金坛野外基地”正式被批准命名和建设。该基地同时属于国土资源部土地利用重点实验室科研基地，由中国土地勘测规划院、金坛市国土资源局、江苏省土地勘测规划院、常州苏南土地整理示范中心、南京大学和南京农业大学联合建设。此后，陆续开展了野外基地办公场所、野外基地监测站点的建设工作，构建了野外基地运行管理机制，完成了野外前处理实验室的建设、4 个监测站标识牌的设置和 78 个监测样点界桩的埋设，并自 2012 年起连续进行了 4 次年度综合监测，形成了集样点采集、农户调查、面上数据收集三位一体的土地资源综合监测体系。野外基地通过四年的建设，目前运转良好。

（三）基地建设现状

野外基地总部设在金坛市国土资源局，基地办公场所设在金坛市指前镇国土资源所。依照共同管理的原则，构建一套软硬件合理化配置、数据共享、人员流动、科研合作方式灵活的运行机制。基地积极开展野外观测、科学研究、人才培养等工作，聘任金坛市国土资源局专家为野外科研观测基地建设研究中心主任，聘任江苏省土地勘测规划院专家为野外科研观测基地建设专家咨询委员会主任。设置了土地调查综合监测技术研究、土地精细化整治关键技术研究、土地利用生态安全监控预警研究、政策研究 4 个研究方向。

二、野外科研基地基础条件建设

（一）办公场所

基地配置了办公室、会议室、工作人员宿舍和食堂、体育活动室等。基地将金坛市作为整体观测区，同时设置了 4 个土地利用特色鲜明的行政村作为野外科研基地的观测站点，分别在 4 个行政村布设了监测点，形成了自上而下、由点及面的监测网络，并设置了标志牌和界桩。各观测点依托指前镇国土资源所，均设有值班室，值班室负责监测点监测覆盖范围内的监测网络维护等工作（图 2 -1，图 2 -2）。基地设施方面，在野外科研基地监测点原基础设施的基础上，进一步完善基地建设与运行所需的供电、给水、排水、交通和通信等基础设施建设。

（二）科研观测仪器设备

目前，基地配备了专业观测设备和办公设备。办公室设备有惠普服务器 1 台，便携式电脑 1 台，打印机 2 台。专业观测设备有世纪 -2 型多功能土壤养分测试仪 1 台，TRS -2 型便携式土壤张力计 1 台，ZN17 - JF3 型有机质浓度检测仪 1 台，便携式 TDR 2 台，氧化还原电位传感器 1 台，土壤水分传感器 1 台，流动分析仪 1 台，土壤呼吸仪 1 台，3D 扫描仪 1 台，TRIME TDR 系列土壤水分仪 1 台，EM50，EC -5 土壤水分自动监测仪 1 台（表 2 -1；图 2 -3）。

图2－1　基地办公与生活场所

图2－2　观测点界桩

表2－1　野外科研基地主要专业观测设备

序号	名　称	用　　途
1	便携式 TDR	TDR 100 是一款便携的土壤水分速测仪，可通过选配不同长度的测量探针来测量不同深度的土壤体积含水量，探针有 3.8 厘米、7.5 厘米、12 厘米和 20 厘米几种规格
2	世纪－2 型多功能土壤养分测试仪	用来测试土壤、肥料、植株中全量和速效的氮、磷、钾，有机质和酸碱度，可溶性盐及腐殖酸的含量
3	TRS－2 型便携式土壤张力计	测量土壤水势和土壤温度，可以在田间定位检测和观测土壤水势，从而可进一步获取土壤水分、导水率等土壤水利性质参数

续表

序号	名　称	用　　途
4	ZN17－JF3 型有机质浓度检测仪	测量土壤有机质的浓度，用定量的重铬酸钾－硫酸溶液，在控温油浴加热条件下，使样品中的有机碳氧化，剩余的重铬酸钾用硫酸亚铁标准溶液滴定，并以二氧化硅为添加物做试剂空白标定；根据氧化前后氧化剂重量差值，自动滴定装置自动处理，计算出有机碳的量，仪器自动乘以系数1.724，并在屏幕上显示样品中有机质的百分含量
5	TRIME－PICO TDR 便携式土壤水分测量仪	可方便、快速地测量土壤表层含水量，与延长杆联合使用，也可以测量深层土壤含水量；标定后可以同时测量土壤的含盐量
6	氧化还原电位传感器	可测量土壤及水中的氧化还原电位（EH）、pH 值、温度值，测量精度高、重复性好，自动温度补偿，操作简单
7	土壤水分传感器	可长期埋设于土壤和堤坝内使用，对表层和深层土壤进行墒情的定点监测和在线测量；与数据采集器配合使用，可作为水分定点监测或移动测量的工具（即农田墒情检测仪）
8	流动分析仪	用于水体、土壤、植物提取液及其他样品快速分析，可测800多个参数
9	土壤呼吸仪	可以测量土壤的呼吸作用，应用于农业生态科研；土壤呼吸室测量时直接放置在地表即可，或埋入土壤中（需要选购带盖土壤呼吸室）；呼吸室内的空气通过交流气泵传到红外二氧化碳分析仪进行分析；具有容易携带和使用方便等特点
10	EM50，EC－5 土壤水分自动监测	通过测量土壤的电介质常数，从而计算出土壤体积含水量；土壤含水量参数可以用来研究灌溉时间、灌溉量、水渗入的深度、根系吸收水的方式及土壤水分运动与时间的关系等；土壤水分决定了溶解的营养物质或污染物的运输与储存以及植物的水分利用率

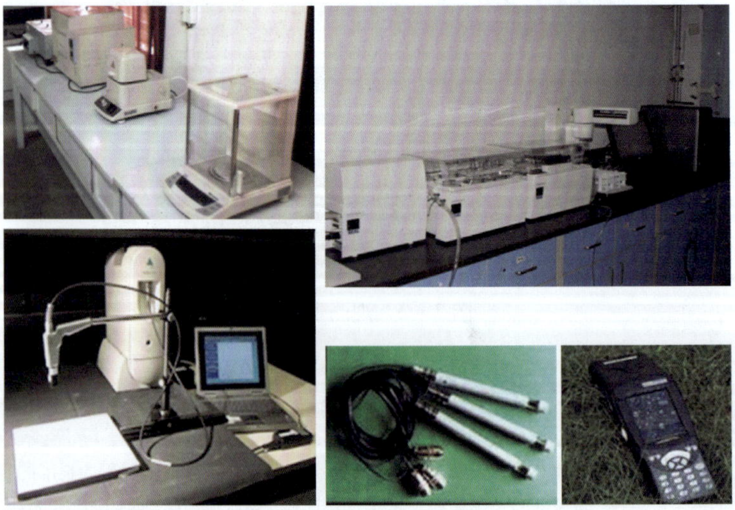

图2－3　基地的专业观测设备

同时，在野外基地办公室建设了基础实验室（图2－4），配备了实验台、常规玻璃仪器和化学试剂、土钻、塑料封压筛等设备，能够满足年度监测采样、土壤样品前处理和常规理化分析的需要。

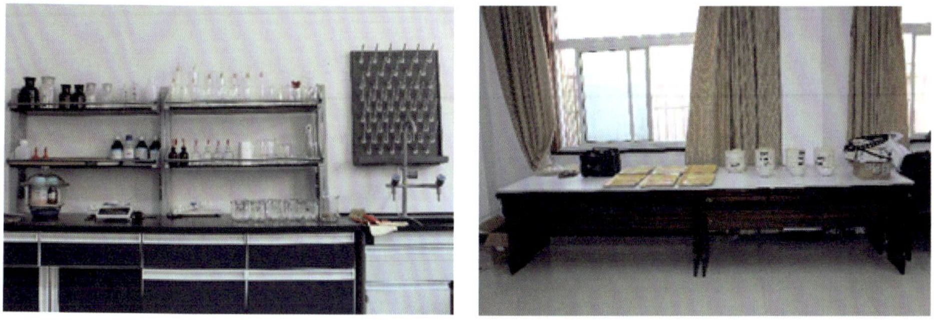

图2-4　基地的基础实验室

此外，依托南京大学的土壤生物地球化学实验室、土壤资源遥感与GIS应用实验室和农业环境保护与环境质量实验室（图2-5）等专业研究实验室，并将其作为基地建设的主要实验室平台，为基地观测数据获取、分析和积累提供保障。

图2-5　南京大学相关实验室

（三）科研队伍建设

1. 基地队伍建设情况

支撑野外基地的科研队伍由中国土地勘测规划院、江苏省土地勘测规划院、苏南土地整理示范中心、南京农业大学等科研单位的科研队伍共同组成，金坛市国土资源局负责野外基地的管理、科研成果的及时应用，形成支撑野外基地的“产学研用”队伍。目前，基地队伍包括管理人员和技术人员，其中，技术骨干9人，地方一般技术人员19人，基地所在国土资源局和技术研究单位派遣3~5名管理人员参与项目管理工作。基地土地调查综合监测技术研究、土地精细化整治关键技术研究、土地利用生态安全监控预警研究和政策研究4个研究方向均设有学术带头人。

2. 基地人才培养情况

基地每年安排5~10名科研人员、研究生定期参与野外实验观测，研究不同土地利用方式、不同整理工程设计的万顷良田区土地质量监测技术、土地现状调查技术等；安排10~15名本科生开展野外实践，每年定期对江苏省土地管理机构和技术人员开展万顷良田建设、土地综合监管、耕地质量监测、土地整理技术培训，引导科研人员加强野外科学研究工作，积极推动国土资源科技发展，充分发挥野外科学观测研究在国土资源科技创新体系与土地科学化管理中的重要基础作用。累计培养地方青年科技骨干30余人，培养地方土地管理人员50余人，培养土地资源管理硕士研究生20余名。

（四）科研基地制度和机制建设

1. 基地组织机制

基地运行实行中国土地勘测规划院、江苏省国土资源厅指导下的基地管理委员会主任负责制。基地管理办公室设于金坛市指前镇国土资源所，由金坛市国土资源局进行管理；基地管理办公室负责对基地的观测点进行监管和维护，保证能正常、持续地获取观测站点数据。由江苏省土地勘测规划院、南京农业大学、南京大学、苏南土地整理示范中心作为技术支持单位，为基地建设与运行提供技术支撑。由土壤学、生态学、环境学、GIS、RS等方向的专家组成专家咨询小组，定期为基地建设与运行提供技术指导（图2-6）。

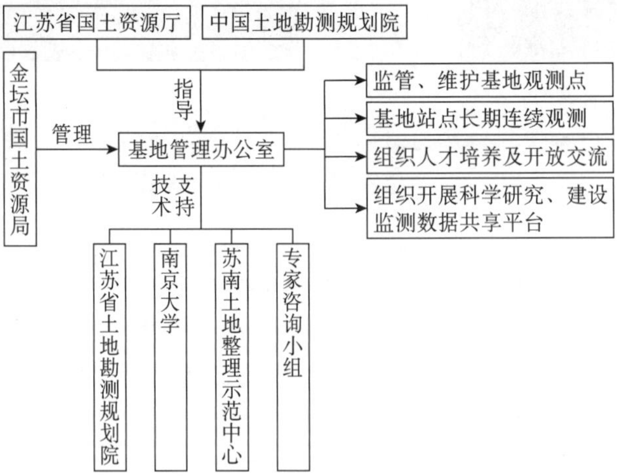

图2-6 野外科研基地管理体系

目前，设置基地管理委员会主任，在基地管理委员会主任负责下设置专门的野外监测负责人，由其负责观测并管理具体工作人员的工作，包括监测技术研究、调查问卷的发放、样地的管理和维护、采样和制备、实验室分析；设置专门的观测工作负责人，全面负责常规指标的数据监测工作，以及观测工作人员队伍建设和日常管理工作；设置专门的数据管理负责人，负责内业整理、数据管理、数据质量评估、数据挖掘和共享；设置样品收发、保管人员，技术档案人员，仪器监督、维护、维修人员；设置专门的技术负责人，全面负责观测中的技术工作，解决基地观测和分析过程中的技术问题；同时，在专家咨询小组和技术支持单位的指导下共同完成野外监测指标和规范的制定、野外监测全过程的质量管理、人员培训及服务于基地的其他技术工作。

2. 基地管理机制

（1）共同管理制度。在国土资源部科技与国际合作司的指导下，在中国土地勘测规划院和江苏省国土资源厅的管理下，基地共建单位共同组成野外基地管理委员会，负责聘任野外基地负责人进行日常管理工作，定期召开相关会议对有关事宜进行研究讨论，负责基地建设、保护和科学研究等具体工作。建立健全严格的内部规章制度，重视和加强管理，注重仪器设备和计算机网络的建设与使用效率，加强数据、资料、成果的科学性和真实性审核及保存工作。建立基本建设、设备采购招投标、项目审核、投资审计等相关制度，保证基地高标准建设及按期完成。固定与客座人员均纳入野外基地的建设与管理，增强规范性。

（2）定期例会制度。项目实施组根据不同的工作阶段和工作内容，定期召开碰头会，统一技术路线和技术方法，及时解决实施工作中遇到的技术问题；对实施工作中遇到的难以解决的问题，及时向基地领导小组汇报，研究形成统一意见后下达执行。

（3）“政－产－学－研”结合制度。实行科研课题、人才培养与野外观测基地建设相结合模式。以野外观测基地建设为依托，开展相关科研课题，培养一支知识和年龄结构合理、学术水平高的科研队伍。组织开展野外基地建设相关科学研究和业务交流及宣传等活动。

（4）数据保密和共享制度。设立基地数据保密和获取工作组，由负责数据获取、保密和防止泄密工作的代表成员组成，主要任务是在保护机密信息的前提下促进各个野外基地的统计信息交流。制定专门的数据信息保密规定。通过统一保密原则，协调保密规定，设立保护机密统计信息标准，规范基地内部及基地网络间数据信息共享。

（5）工具、设备、仪器管理制度。建立工具、设备、仪器管理制度，就工具、设备、仪器的使用与管理做出相应的规定，提高设备使用率，做好设备、仪器的维护及保养工作，加强工具的管理。

3. 建设质量控制机制

严格按照《国土资源部关于批准命名和建设第一批野外科学观测研究基地的通知》、《国土资源部土地利用重点实验室科研基地建设规定（试行）》等文件要求开展观测工作。为保证观测数据的科学性、准确性和可比性，参加观测的技术人员必须通过相关培训。主管部门定期对基地工作进行考核，督促基地各项工作顺利开展。落实野外观测、采样和实验室分析各环节的质量保证措施：建立野外观测数据的审核检查制度，定期组织野外实地资料审查；建立科学的野外采样实施方案，合理布设采样点，严把采样过程各个环节；建立严格的实验室与观测管理制度，对实验室和观测站配备的仪器、器械、设备进行定期维护和保养。

为保证野外监测数据的质量和公正性，应具有从事观测活动相适应的专业技术人员和管理人员，明确关键岗位人员及其职责。基地建立了质量体系文件，包括质量管理手册、程序文件、作业指导书和记录，健全岗位责任制，制定了质量控制和管理的方针及政策，从而保证质量体系运行的有效性。

4. 基地投入机制

基地建设资金主要来源于中国土地勘测规划院、江苏省国土资源厅及金坛市国土资源局的配套资金。截至目前，相关配套经费已基本投入完毕，基地建设已见雏形，为保障示范基地今后的常规化运行，从以下几个方面筹措资金：

（1）以科研基地作为依托，成功申请了国土资源公益性行业科研专项“江苏万顷良田区土地资源数量－质量－生态监测与持续利用野外科研基地建设”等，明确了基地的研究方向，完善了“政产学研用”相结合的科技创新体系，协同创新，在完成公益项目的同时，推动了基地的科研团队与软硬件建设。

（2）以基地作为依托，申报江苏省国土资源科技创新项目，为江苏省土地资源数量－质量－生态监测与持续利用进行积极探索研究，进一步强化基地建设，积极宣传与推广基地建设成果，充分发挥基地的示范作用。

三、科研基地野外观测站网布设

（一）监测技术体系设计

根据金坛市经济社会发展快速、城镇化进程加快、人类活动影响强烈的特点，结合当地的土地利用模式、生产生活方式及特色产业模式（会员制农业等），依据《国土资源部土地利用重点实验室科研基地建设规定（试行）》设计的共建指标，共计构建了45个指标（二三产业地均GDP为自行增加指标），明确了指标监测频次、尺度等要求（表2－2）。通过监测点设置、指标体系构建、数据库建设，形成信息提取、传输、处理、展示及成果应用的一体化监测体系（图2－7）。

表2－2 监测指标体系

监测类型	指标类型	指标数量
土地资源数量监测	土地利用类型转移	7
	土地利用集约度	7+1
	农用地流转状况	3
	农业经济效益	3
土地资源质量监测	土地基础背景调查	6
	作物长势监测	2
	土壤样点观测	5
土地资源生态监测	土地污染监测	1
	土地生态状况监测	10
合计		44+1

（二）布点原则、布点方法、站点布设图

1. 布点原则

（1）金坛市域。利用第二次全国土地利用调查数据、土地利用变更调查数据和高分辨率遥感影像，结合实地调查，以村为单元，开展全市域土地资源数量监测。

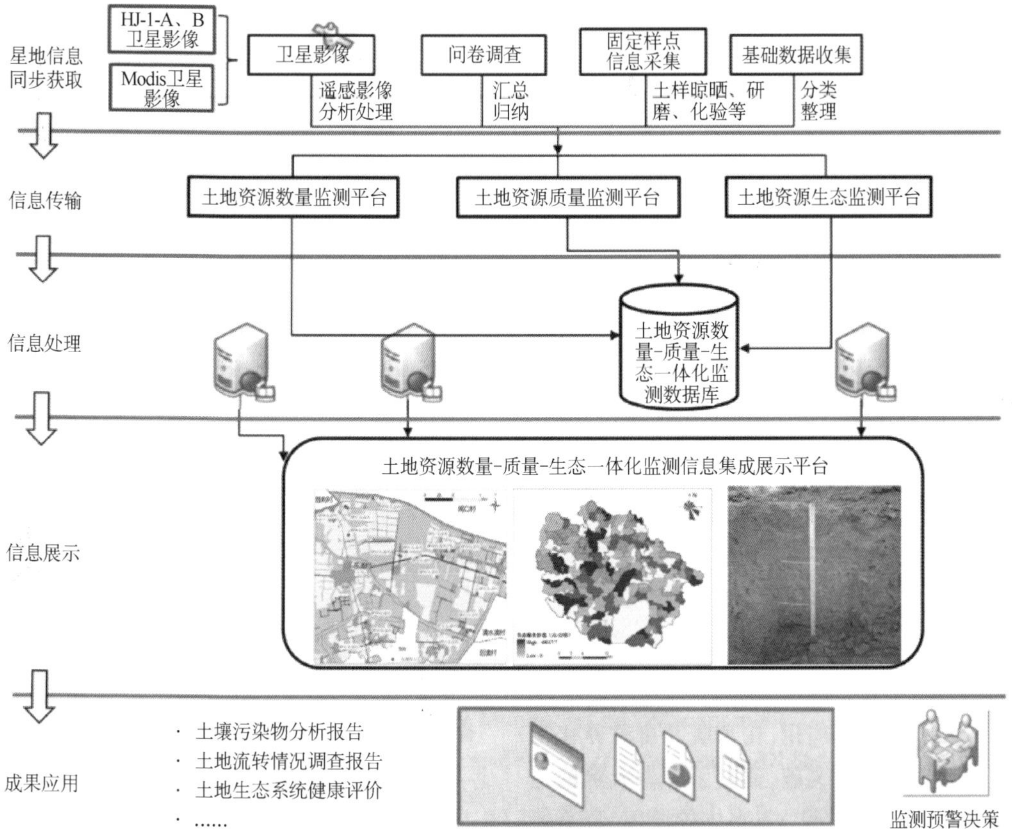

图 2 -7　监测技术体系

（2）监测站点。为实现长期观测，布设站点进行观测研究，深入掌握站点区内土地资源数量、质量、生态的变化，以及相应居民的生活方式等的变化。通过实地调查、访谈等方法，选择了 4 个土地利用特色明显的行政村作为野外科研基地的监测站点（图 2 -8）：

东浦村：位于金坛市指前镇，地势平坦，水网密布，属于万顷良田重点建设区。

上阮村：位于金坛市薛埠镇，冈丘地貌，为金坛市现代农业基地。

许巷村：位于金坛市金城镇，处于金坛市城郊，辖区内有部分已整治土地，可开展土地整治前后对比研究。

西溪村：位于金坛市直溪镇，地势平坦，水网密布，农业发达，辖区内建有化工厂，农业面源污染较重，可开展土壤重金属污染研究。

2. 布点方法

为避免周边环境的影响，监测样点具体选择在耕地连片，图斑面积大于 100 亩，距离道路沟渠 50m 以上且远离河流的位置。

（1）土地质量监测样点布局方案。根据野外科研基地的地形地貌、土壤类型、经济社会数据及土地利用类型确定土地资源数量 - 质量 - 生态监测样点布局（图 2 -9）。

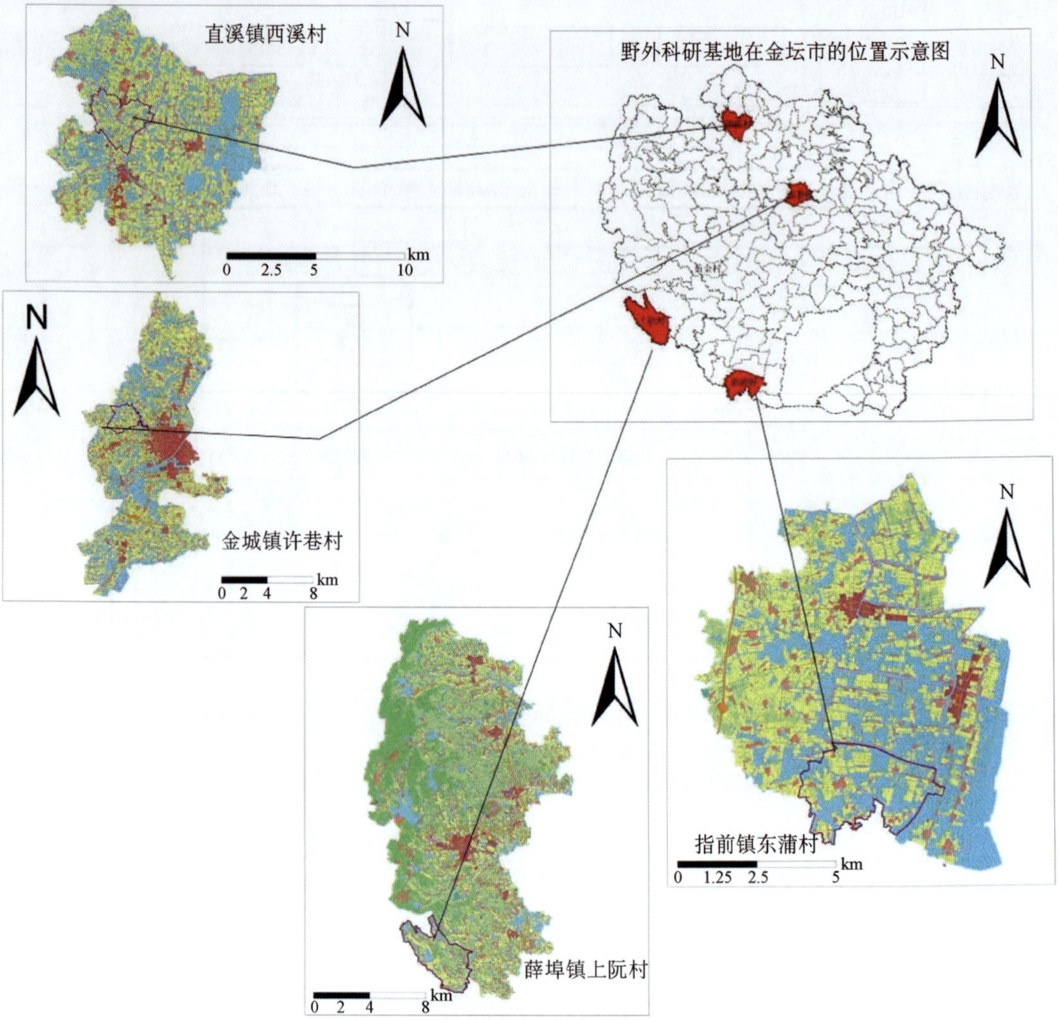

图 2－8　监测站点区位图

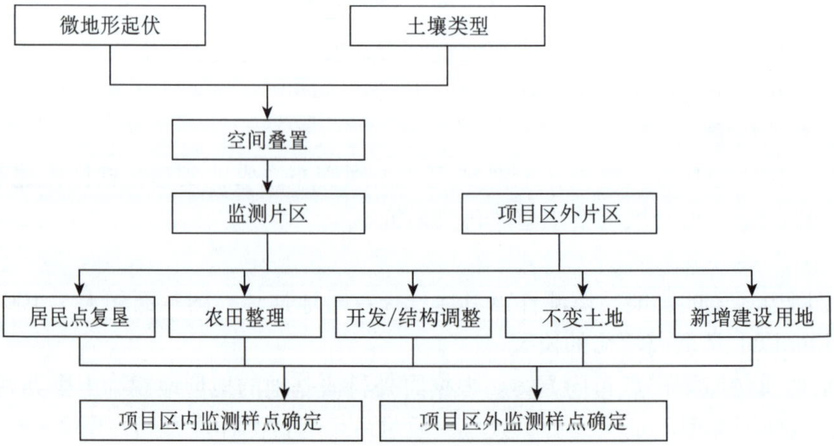

图 2－9　土地质量监测样点布设方案

（2）土地生态监测样点布局方案：

土壤污染监测样点布局：土壤污染一般与工业、居民生活和交通等因素有关。因此，从以上 3 个方面进行监测样点控制分区。监测样点布设方案如图 2－10 所示。

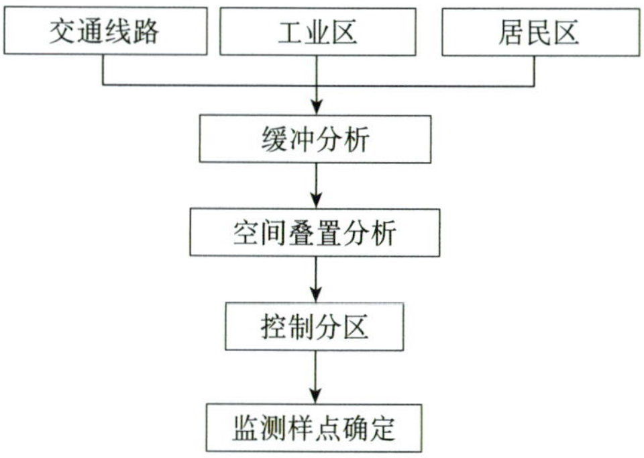

图 2－10　土地生态监测样点布局方案

水环境监测样点布局：根据项目区内各地块的灌溉水源划分监测控制区，并在控制区内根据实际情况选择若干采样点。

3. 站点布设图

2012 年，在东浦村、西溪村、许巷村和上阮村 4 个观测站点进行背景调查，共随机采集了 76 个土壤样品（东浦村 16 个、西溪村 29 个、上阮村 21 个、许巷村 10 个），测试了重金属、有机质、全 N、全 P、全 K、硝态氮、氨态氮、电导率、pH、土壤水分（雨季和旱季）等指标，调查结果为长期监测地块的确定提供了参考。在此基础上确定了 78 个长期监测地块（东浦村 17 个、西溪村 38 个、上阮村 16 个、许巷村 7 个）。

东浦村、上阮村和西溪村的监测类型为土地整治，固定监测样点选取了不同整治年限（整治日期为 2009—2012 年）的地块作为实验地块，并选取了一部分与实验地块相邻的未整治地块作为对比地块，具体布点如图 2－11、图 2－12 和图 2－13 所示。西溪村的监测类型为土地污染，以村庄为中心在东南、东北、西南和西北方向设置了四个监测样带，具体布点图如图 2－14 所示。

图 2－11　东浦村布点图

图 2－12　上阮村布点图

图 2 - 13　许巷村布点图

图 2 - 14　西溪村布点图

四、科研基地建设经验与发展设想

（一）建设经验

1. 多元投入，加强科研基地软硬件建设

充分利用国家经费、承担单位的资金投入，以及现有的办公条件，加强基地的基础设施和组织建设。现已完成苏南土地整治野外科研基地人员组织、总体设计及基础设施建设工作，组建了野外科研基地的组织机构，配备了调查监测仪器、办公设备，制定了组织管理模式、制度，构建了一套数据共享、人员流动、科研合作方式灵活的运行机制。

2. 因地制宜，构建具有地方特色的监测指标体系

根据国土资源部土地利用重点实验室关于土地资源综合监测指标体系与数据库和信息平台建设的要求，结合江苏万顷良田区土地资源数量 - 质量 - 生态监测与持续利用野外科研基地建设的需要及研究区的地方特色，制定了江苏万顷良田区土地资源数量 - 质量 - 生态综合监测指标体系。

3. 深入调研，科学确定观测站点、监测地块与样点

通过实地调查、访谈等方法，摸清苏南土地整治野外科研基地金坛市域内土地资源利用的现状及问题，选择了东浦、上阮、许巷、西溪 4 个土地利用特色明显的行政村作为野外科研基地的监测点。运用“3S”技术，根据野外科研基地的地形地貌、土壤类型、经济社会数据及土地利用类型等初步确定了监测地块与样点的位置，通过野外实地调研对其进行了修正，实现了监测地块与样点的代表性和科学性。

4. 整合资源，搭建“政 - 产 - 学 - 研”科技转化平台

基地建设在中国土地勘测规划院、江苏省国土资源厅指导下进行，江苏省土地勘测规划院、金坛市国土资源局、苏南土地整理示范中心为野外科研观测基地的依托单位，南京

农业大学和南京大学是野外科研观测基地的技术支撑单位。通过整合人才资源，在地方土地管理部门、土地使用者、科研单位间搭建起合作平台。利用科技转化平台，可以为地方发展与土地资源管理服务，筹划项目技术推广的组织与发动、加强项目研究成果与实践应用的衔接，通力合作，在合作中实现结合。同时，可提高土地管理工作者、基层单位及相关部门对土地精细化管理关键技术的理解和掌握能力，加强对广大用地单位和利益群体的土地资源管理理念教育，普及和提高土地持续利用意识。

5. 强化制度创新，规范基地建设

健全保障科研基地建设与运行的绩效考核机制、共享监管机制和人才评价机制，形成科学的组织管理模式和有效的运行机制，营造科研基地建设健康发展、有效运营的环境，使科研基地的发展与投入、机构与队伍、科技人员地位与作用等得到合理的保护和支持。建立和完善科研基地建设的相关制度、办法，促进科研基地建设和运行的规范化、制度化。

6. 创新投资渠道，保障资金投入

完善多渠道投入机制，通过多种方式为基地建设筹措资金，设立江苏省国土科研基地建设专项资金，统筹安排科研基地建设和运行经费。

7. 加强队伍建设，提高人员素质

高度重视科技人才在科研基地建设工作中的突出作用。建立合理的人才评价与激励机制，健全有利于正确导向的人才评价方法，吸引和稳定一支专业化人才队伍。加大人才的交流与培养力度，提高队伍素质。

8. 积极开展合作与交流

依托国土资源部土地利用重点实验室，学习和引进先进的管理模式和先进技术，加强合作研究与学术交流，提高江苏省国土系统科研基地管理水平和科研水平。

9. 营造共建共享的科研氛围

采取多种形式，加大科研基地共建共享理念的宣传，提高社会公共资源的共享意识。创造开放条件，使越来越多的社会成员享有使用科研基础资源和参与科技创新的机会，展示科研基地在科技、经济、社会发展中的重要支撑作用，增强社会各界重视和弘扬社会公共资源共建共享的社会风气。

（二）存在的问题

1. 资金配套与保障问题

基地建设过程中，需要大量的资金投入，目前，主要依靠科研项目和共建单位投入支撑基地建设和运行。但共建单位资金投入比较有限，依靠单一资金来源满足不了基地建设中需要的基础设施投资、人员投资及相应的设备投资等。要把基地建设好，还需要国家、省市、地方的多元投入。

2. 基地野外监测的网络平台构建问题

需研究如何实现土地资源信息采集、传输、处理的自动化及建立完善的土地综合监测数据库，从而实现土地资源信息的互惠共享。实现土地资源信息采集、传输、处理的自动化，既可节约物力财力，提高运作效率，也能实现精细化数据库建设，考虑到智能采集比较困难，开发自动化传输处理系统是现实且需要考虑的。此外，土地资源数据库的建设中，将各类数据进行归纳整理，去除相互交叉的数据指标，增加更为典型的指标，是需要解决的问题。

（三）发展设想

基地发展目标旨在通过持续对苏南万顷良田区土地利用与土地覆盖信息、土壤信息、环境信息、作物信息和社会经济信息等信息的观测，建立自上而下的三级综合观测体系和数据共享平台，逐步实现通过在线工具免费获取，构建一套科研合作方式灵活的数据共享机制；同时，针对没有技术背景的决策者，将数据以容易解释的形式呈现，构建土地可持续利用监控和预警系统，辐射带动土地管理相关学科发展，同步培养一批高级管理人员、研究人员和技术人员，加强国土资源科技创新能力，提高国土资源管理水平，在全国同类基地中发挥引领和示范作用。

第二节　江苏万顷良田区土地资源综合监测数据分析

根据国土资源部土地利用重点实验室土地资源数量－质量－生态综合监测指标体系与数据库和信息平台建设的要求，严格按照指标体系规定的各监测指标的数据调查方法和监测频率开展监测工作。基地每年安排研究与技术人员进行土地资源数量、质量、生态综合监测，自 2012 年起连续开展了 4 次年度综合监测，每次年度综合监测累计耗时 3 个月，采集和分析所有监测点的土壤样品、进行相应的问卷调查、收集 2011—2014 年金坛市土地利用变更数据，2011—2014 年金坛市统计年鉴、金坛市农用地分等资料、金坛基础地理信息数据、金坛多目标地球化学数据和 2014 年江浙沪气象资料，处理分析金坛市高分辨率遥感影像，建设土地资源综合监测数据库。

一、监测信息采集

（一）土地资源监测信息问卷调查

农用地土地利用集约度、流转状况和农业经济效益监测以监测站点所在的村为单位，发放调查表格，全面详细调查监测站点所在的村农用地的复种指数、化肥使用量、农药使用量、除草剂用量、机械总动力、农用地租赁价格、劳动力价格、撂荒土地面积、二三产业地均 GDP、农业人口比例、农民人均纯收入和单位面积粮食产量。

1. 调查精度

空间上，以监测站点所在的行政村为单位；时间上，为避免某一年的数据因气候、人为等因素发生突变，需 2012—2014 年 3 年的数据。

2. 调查方式

对监测站点所在的行政村调查人员集中进行资料调查培训，发放调查表格，由各监测站点所在的行政村调查人员负责本监测站内数据调查。

3. 数据审核

资料调查收集完毕后，对调查资料进行校核，包括以下方面：资料收集的完整性审核、表格填写的完整性审核、表格填写的规范性审核、计量单位错误审核、表格填写误差审核、数据的合理性与可比性审核以及其他审核。

（1）资料收集的完整性审核：包括是否按照要求的资料收集清单收集资料，对于不能收集到的资料，是否给予说明。

（2）表格填写的完整性审核：包括各表格上必填的项目是否填写完整，如指定作物最高单产调查表中，每个样点的水稻和小麦单产都必须填写等；所有调查单位是否都完整提交表格。

（3）表格填写的规范性审核：包括调查表格是否按照项目组规定的要求规范填写。

（4）表格填写误差审核：包括填写的数值有无位数上的错误，如500写成5000。

（5）数据的合理性和可比性审核：结合金坛市统计年鉴、农用地分等定级成果、多目标地球化学调查数据等资料，核查各样点的数据是否具有横向可比性，即各站点数据的对比是否符合实际。对于明显异常数据监测站点必须给出书面说明，否则重新填报数据。

（6）其他审核：包括调查表格日期是否准确填写，相关资料有无签名、盖章。

针对以上核查中发现的问题，在金坛市国土资源局的配合下，对各监测站点所在的行政村填写的表格做进一步确认或补充调查，直至调查数据无误。

4. 调查结果

所有调查数据经审核无误后，根据调查数据补充完善监测指标。

（二）监测样点土壤样品采集与分析

每年10月初到11月底，在水稻收割完毕、冬小麦种植之前，在选定的78个长期监测地块开展采样工作。

1. 土壤剖面挖掘

挖掘长、宽各80cm的剖面，剖面深度根据当地地形地貌等实际情况而定，岗丘区剖面深度一般在50cm左右即到母质层，平原区剖面深度一般在80cm以上到母质层或地下水。观察面选择侧向太阳面，避免因背光或阳光直射造成不利于观察和剖面照片拍摄。剖面整体用平头铲修理平整，垂直于地表，再用小型铲子进行剖面修正，一边修成光面，一边挑成粗糙毛面；为防止剖面修正时上层土壤落下污染下部土壤，“自上而下”修正剖面。剖面修正好后，根据土壤发生发育特征，划分剖面层次并做标记，用标尺垂直量算。土壤剖面如图2－15所示。

图2－15　土壤剖面

对于已经挖好修正的土壤剖面，用观察方法、触摸方法，判定其质地和土壤层次划分，并借助米尺，读取土壤有效土层厚度和各土层厚度；根据土壤颜色、土壤质地、土壤结构及松紧度等，判定土壤中的砾石含量、障碍层次有无和深度等。同时，拍摄土壤剖面和周围景观照片，以借助照片直观获取耕地等级的差异信息（图2-16）。

图2-16 采样点景观照片

2. 土壤样品采集

使用土钻对土壤样品进行采集，采样深度为0~20cm，采样时应沿着一定的线路，按照“随机”、“等量”和“多点混合”的原则进行采样。一般采用“S”形布点采样，在地形变化小、地力较均匀、采样单元面积较小的情况下，也可采用梅花形布点取样。另外，由于土壤是不均匀的基质，受自然条件（高程、坡度、母质）和人为因素双重影响。其中，种植方式、轮作方式、肥料使用方法、免耕或深耕等措施都会造成局部土壤性质分布不均，从而影响样品分析的结果。采样时，遵循以下原则：注意根际和行间；注意土层一致；注意枯枝落叶及施肥位置；尽量采用“S”形采样法；尽量远离房屋和公路采样；采样要避开极端气候，如降雨、高温等。

每个监测点取15~20个样点，取样样品量为1kg左右，用四分法将多余的土壤弃去。方法是将采集的土壤样品放在盘子里或塑料布上，将样品捏碎并混匀，铺成正方形或圆形，画对角线将土样分成4份，把对角的两份分别合并成一份，保留一份，弃去一份。如果所得的样品依然很多，可再用四分法处理，直至所需数量为止。

采样时均用GPS记录每个采样点的经纬度，并详细记录样点周围的环境信息。将所采集的剖面样品分别放入样品袋，在样品袋内外各贴一张标签，写明采集地点、剖面号、土层深度、采样日期和采样人等。核对无误后分类装箱，并运回实验室。运输过程中严防样品的损失、混淆和玷污。

表2-3 采样设备

采样设备	设备内容
采样工具	铁锹、铁铲、圆状取土钻、螺旋取土钻、剖面刀、适合特殊采样要求的采样工具
采样器材	GPS、照相机、卷尺、样品袋、样品箱
土壤剖面调查工具	特殊器材；土壤剖面盒、土壤比色卡、10%的HCl、pH试纸等
采样车辆	考察车、运输车
文具	背包、资料夹、铅笔、样品标签、采样记录表

3. 土壤样品测试分析

将采集回来的土壤样品，放在塑料盘里摊开，置于通风处自然风干。风干后的样品采用木棒或研钵压碎、研细，分别过20目、60目、100日尼龙筛，分别装入密封塑料袋中供理化分析使用。

测定每批样品每个项目分析时均做20%平行样品，当5个样品以下时，平行样不少于5个。由分析者自行编入明码平行样，或由质控员在采样现场或实验室编入密码平行样。平行双样测定结果的误差在允许误差范围内者为合格，当平行双样测定合格率低于95%时，除对当批样品重新测定外，再增加样品数10% ~20%的平行样，直至平行双样测定合格率大于95%。

二、土地资源监测数据

（一）土地资源数量监测数据

1. 土地利用类型转移数据

金坛市2012年度、2013年度和2014年度土地利用类型转移监测指标监测数据有相同的特征。耕地和水域变化最大，其中水域净减少，林地变化集中分布在薛埠镇，3年间面积分别净减少316.9亩、58.1亩和134.0亩，未利用地和湿地略有减少，草地无变化。

金坛市耕地和水域变化情况如图2－17、图2－18所示。金坛市耕地2012年净增加2419.7亩，2013年净增加1220.6亩，2014年净减少2652.1亩，耕地净变化占当年耕地总面积的比例分别为0.46%、0.23%、0.51%，耕地土地利用动态度较高，耕地变化（耕地转出与耕地转入之和）占当年耕地总面积的比例分别为1.30%、1.08%、2.08%，表明人类活动较大影响区域耕地变化，2014年耕地净变化和变化最大，2012—2014年间耕地净变化和变化先减少再增加。分乡镇来看，2012年除了开发区耕地面积净减少外，其他乡镇耕地面积均净增加，朱林镇和直溪镇的耕地净增加面积最大，分别为689.8亩和680.8亩。2013年开发区、尧塘镇和儒林镇耕地面积净减少，其中开发区耕地面积净减少最大，为490.7亩；直溪镇、薛埠镇、朱林镇、指前镇和金城镇耕地面积净增加，耕地面积分别增加683.7亩、478.2亩、416.7亩、380.1亩和144.7亩。2014年，除薛埠镇、直溪镇和指前镇耕地面积净增加外，其他乡镇耕地面积净减少；其中，开发区和金城镇耕地面积净减少最大，分别为2218.5亩和1337.6亩。耕地变化（耕地转出与耕地转入之和）方面，2012年开发区和金城镇的耕地变化最大，二者之和占金坛市耕地总变化的41.15%，其中金城镇耕地面积净增加仅为151.7亩，但耕地变化1184.5亩；2013年金城镇、直溪镇和开发区耕地面积变化最大，分别为1182.1亩、853.9亩和785.5亩；2014年薛埠镇、开发区和金城镇耕地面积变化最大，分别为2615.6亩、2241.8亩和1914亩。

2012年、2013年2014年间金坛市水域面积均净减少，分别净减少3587.1亩、3954.7亩和3976.3亩，金坛市水域转入极少，水域变化（水域转出与水域转入）以水域转出为主。分乡镇来看，2012年、2013年2014年间金坛市各乡镇水域面积均净减少，金城镇2012年和2013水域面积净减少最大，分别为833.5亩和724.0亩；2014年开发区、直溪镇和金城镇水域面积净减少最大，分别为898.2亩、875.8亩和711.3亩。

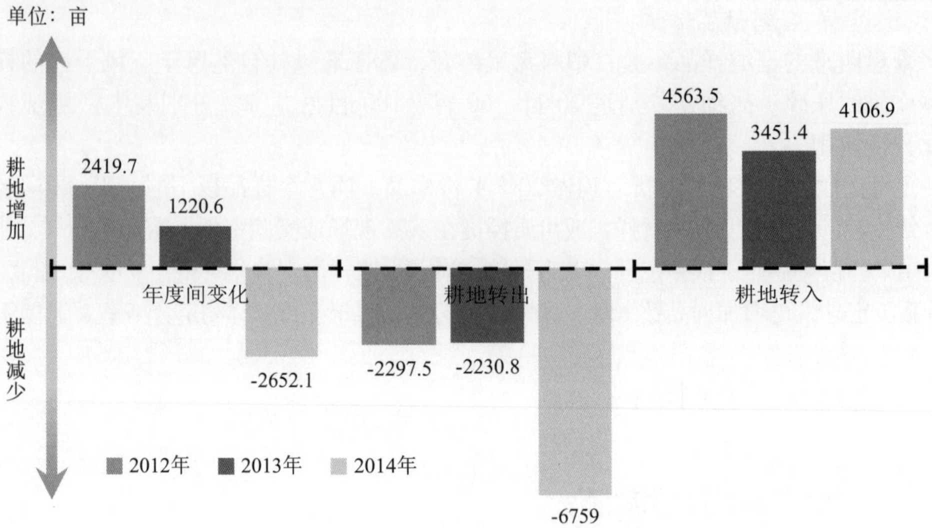

图 2－17　2012—2014 年金坛市耕地面积变化

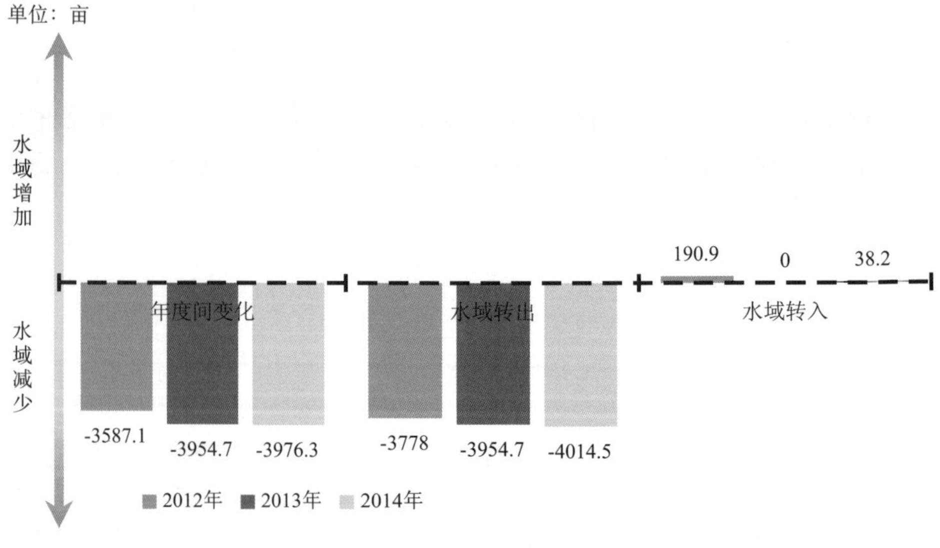

图 2－18　2012—2014 年金坛市水域变化

2. 土地利用集约度监测数据

金坛市土地利用集约度监测指标包括复种指数、化肥使用量、农药使用量、除草剂用量、机械总动力、容积率、建筑密度和二三产业地均 GDP 等 8 个监测指标。2012—2014 年，金坛市农用机械总动力不断增加，年均增加率为 2.6%；复种指数、化肥使用量、农药使用量不断减少，年均减少率分别为 0.41%、1.75% 和 1.4%；除草剂用量变化不大；容积率、建筑密度和二三产业地均 GDP 不断增加，土地利用集约度不断增加（图 2－19，图 2－20；表 2－4，表 2－5）。

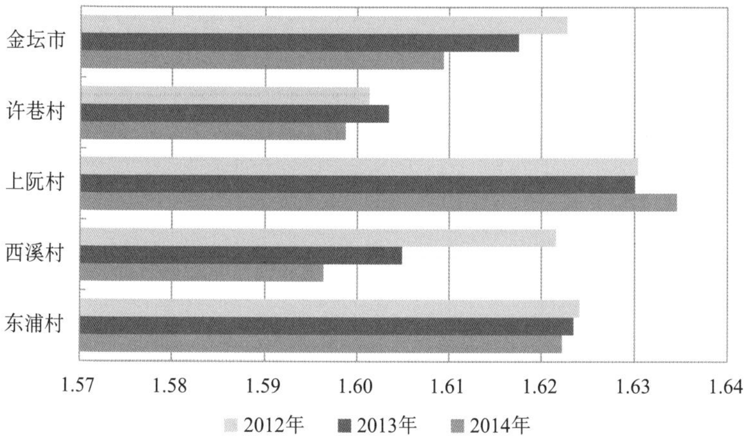

图 2－19　2012—2014 年各监测点复种指数变化

表 2－4　2012—2014 年金坛市土地利用集约度分镇农用地监测数据

镇、街道	农业机械总动力/kW			化肥使用量/t		
	2012 年	2013 年	2014 年	2012 年	2013 年	2014 年
金城镇	99142	101856	104587	5186	4801	4402
直溪镇	43439	45851	48359	3072	3085	3098
朱林镇	31547	31628	31712	2335	2455	2579
薛埠镇	85750	86327	86924	4670	4675	4680
指前镇	36032	36392	36767	2178	2197	2216
儒林镇	41486	42500	43523	1133	1138	1143
尧塘镇	51100	55000	59056	2458	2469	2480
开发区	12912	12266	11595	1866	1687	1504
金坛市	401408	411820	422523	22898	22507	22102
镇、街道	农药使用量/t			除草剂使用量/t		
	2012 年	2013 年	2014 年	2012 年	2013 年	2014 年
金城镇	195	181	167	50	47	44
直溪镇	116	117	118	30	30	30
朱林镇	88	93	98	22	24	26
薛埠镇	176	177	178	45	46	47
指前镇	82	83	84	21	22	23
儒林镇	43	43	43	11	11	11
尧塘镇	93	93	93	24	24	24
开发区	70	64	58	18	17	16
金坛市	863	851	839	221	221	221

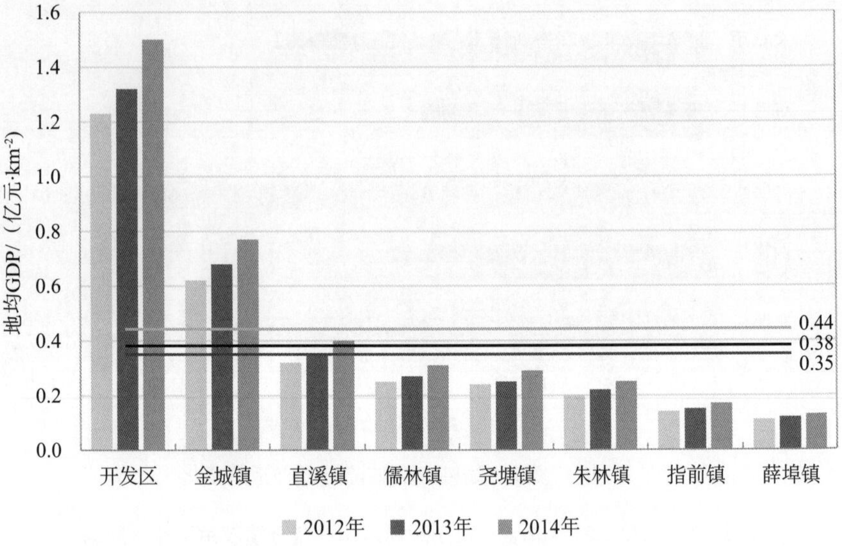

图 2－20　2012—2014 年金坛市各乡镇二三产业地均 GDP 变化

表 2－5　2012—2014 年金坛市建制镇建筑密度和容积率

乡镇	建筑密度			容积率		
	2012 年	2013 年	2014 年	2012 年	2013 年	2014 年
薛埠镇	0. 096	0. 097	0. 100	0. 192	0. 193	0. 199
直溪镇	0. 183	0. 185	0. 187	0. 381	0. 383	0. 384
朱林镇	0. 082	0. 084	0. 084	0. 163	0. 166	0. 170
指前镇	0. 158	0. 159	0. 161	0. 327	0. 330	0. 334
尧塘镇	0. 118	0. 118	0. 119	0. 243	0. 244	0. 247
儒林镇	0. 117	0. 117	0. 117	0. 239	0. 242	0. 242

3. 农用地流转状况监测数据

在指前镇东浦村、薛埠镇上阮村、金城镇许巷村和直溪镇西溪村 4 个观测站点开展农用地流转状况监测。4 个观测站点的监测数据相同，农用地租赁价格都为 500 斤稻/亩，劳动力价格都为平时男 100 元/天、女 70 元/天，农忙时男 150 元/天、女 120 元/天，均无土地撂荒现象。2012 年度、2013 年度和 2014 年度 4 个观测站点的农用地流状况监测指标数据无变化。

以乡镇为单位开展了金坛市土地经济效益监测，监测数据如表 2－6 所示。2012—2014 年，金坛市各镇农业人口比例随时间均呈现下降趋势，农民人均纯收入和单位面积粮食产量随时间均呈现增加趋势。其中，经济最发达的金城镇与开发区农业人口比例最小。金坛市各镇的农民人均纯收入差别不大，2012—2014 年的变异系数分别为 6. 90%、6. 76% 和 6. 46%；各镇的单位面积粮食产量差别不大，2012—2014 年的变异系数分别为 4. 84%、4. 56% 和 4. 55%。

表 2 –6　金坛市土地经济效益监测数据

乡镇	农业人口比例/%			农民人均纯收入/元			单位面积粮食产量/kg		
	2012 年	2013 年	2014 年	2012 年	2013 年	2014 年	2012 年	2013 年	2014 年
开发区	49. 95	47. 65	45. 54	14386	16545	18201	437	456	474
金城镇	44. 93	42. 86	40. 96	16628	19928	21063	488	494	513
薛埠镇	83. 37	79. 53	76. 02	15200	18240	19297	434	438	455
尧塘镇	90. 26	86. 11	82. 30	15287	17595	18483	480	480	499
直溪镇	76. 57	73. 05	69. 82	14738	18508	19514	480	484	503
朱林镇	83. 86	80. 00	76. 47	13856	16644	17545	483	486	505
指前镇	73. 30	69. 93	66. 84	13577	16529	17440	486	495	514
儒林镇	84. 36	80. 47	76. 92	13806	17204	18072	490	503	523

（二）土地资源质量监测数据

1. 土壤数据

针对不易变化的土地质量指标，在 4 个观测站点开展了土地基础背景调查。结果如表 2 –7 所示，4 个观测站点的耕作层平均深度都在 15cm 左右；东浦村和西溪村的障碍层平均厚度在 88cm 左右，大于 60cm，可视为无障碍层；许巷村的障碍层平均厚度为 57. 32cm；上阮村的障碍层平均厚度最小，仅为 25. 88cm。土体构型方面，东浦村、许巷村和西溪村的土壤类型为黄泥土，土体构型为耕作层—犁底层—渗育层—潴育层（A – P – W – Bg），上阮村的土壤类型为黄砂土，土体构型为表土层—心土层—底土层（A – B – C）。土壤质地方面，东浦村和西溪村的土壤重壤含量都达到 73% 以上，质地较粗；上阮村和许巷村的土壤重壤含量在 45% 左右，中壤含量在 55% 左右，质地较细。

表 2 –7　土壤基础背景调查数据

观测站点	耕作层深度/cm	障碍层厚度/cm	土壤质地/%			
			黏土	轻壤	中壤	重壤
东浦村	14. 86 ±1. 05	88. 29 ±26. 24	11. 8	0. 0	14. 8	73. 4
上阮村	15. 77 ±0. 64	25. 88 ±13. 80	0. 0	0. 0	55. 2	44. 8
许巷村	15. 00	57. 32	0. 0	0. 0	54. 1	46. 0
西溪村	14. 85 ±0. 72	87. 85 ±26. 54	5. 5	2. 5	19. 0	73. 0

观测站点	土壤	土地构型
东浦村	黄泥土	A – P – W – Bg
上阮村	黄砂土	A – B – C
许巷村	黄泥土	A – P – W – Bg
西溪村	黄泥土	A – P – W – Bg

注：A – P – W – Bg 表示耕作层 – 犁底层 – 渗育层 – 潴育层；A – B – C 表示表土层 – 心土层 – 底土层。

2. 地形数据

金坛市的立地条件主要指坡地和高程情况。从图2－21中可以看出，金坛市的坡度是自西向东逐步递减的，坡度最高地区是西区的薛埠镇，较低的是东部的尧塘镇和儒林镇。与此同时，薛埠镇高程远高于其他城镇，最高处达355m。

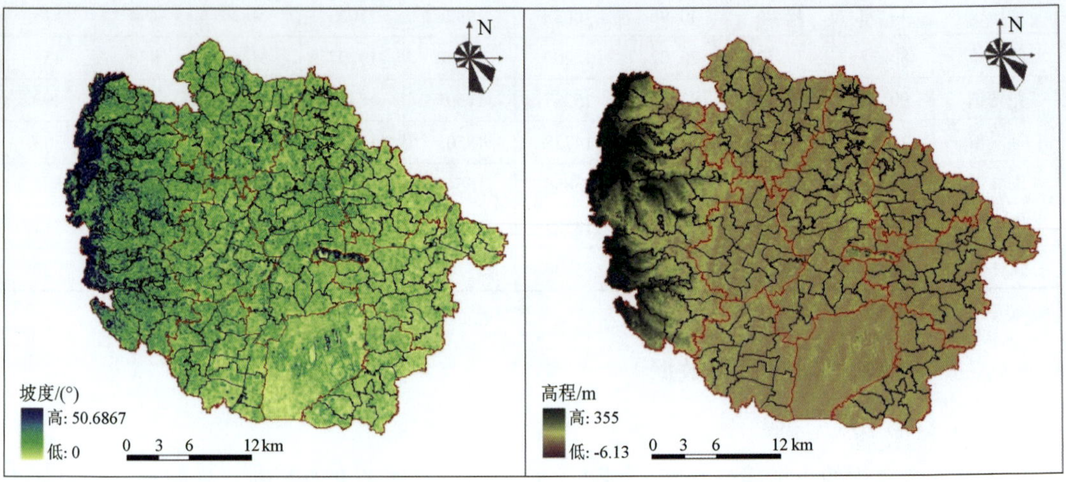

图2－21　金坛市立地条件

3. 作物长势监测数据

在4个观测站点分别监测水稻和小麦的千粒重，结果如表2－8所示。4个观测站点水稻的千粒重在26～28g之间，小麦的千粒重在38～41g之间。4个观测站点水稻和小麦的千粒重在2012—2014年间都呈现出不断增加的趋势。

表2－8　作物长势监测指标数据

观测站点	千粒重/g		
	2012年	2013年	2014年
东浦村	稻（26.19） 麦（40.13）	稻（27.32） 麦（40.18）	稻（27.44） 麦（40.74）
上阮村	稻（26.49） 麦（38.58）	稻（26.59） 麦（39.21）	稻（27.58） 麦（39.86）
许巷村	稻（26.49） 麦（38.47）	稻（26.64） 麦（39.17）	稻（27.23） 麦（40.22）
西溪村	稻（26.14） 麦（38.1）	稻（27.31） 麦（39.16）	稻（27.28） 麦（39.92）

2012—2014年金坛市NDVI空间分布如图2－22所示。2012—2014年，金坛市NDVI呈现相同的空间分布规律，除了尧塘镇的植被覆盖率高以外，整个金坛市的NDVI呈现自西向东逐步递减的规律。金坛市西部为山地丘陵区，人类活动较少，植被保存较完好，NDVI较大；中部以及东部地区为平原区，故人类活动密集，植被破坏较多，NDVI较小。而尧塘镇是“全国花木之乡”、江苏省“花木生产基地”，故NDVI也较高。分别统计金坛市各乡镇的平均NDVI，2012—2014年间金坛市总体NDVI指数分别为0.4593、0.4731和

0.4599，呈先上升后下降的趋势。分镇统计结果体现了空间分布规律，以 2014 年为例，位于金坛市西部的薛埠镇的平均 NDVI 最大，为 0.5127；位于金坛市东南部的儒林镇以及属于金坛市城区的金城镇和开发区最小，分别为 0.3554、0.4018 和 0.4244。各个乡镇的 NDVI 指数随时间变化趋势则各不相同。其中，薛埠镇、金城镇、开发区、尧塘镇及儒林镇的 NDVI 指数变化趋势与总体变化趋势相似，均为先上升后下降；朱林镇和直溪镇的 NDVI 指数则呈现先下降后上升的趋势；指前镇的 NDVI 指数持续上升。

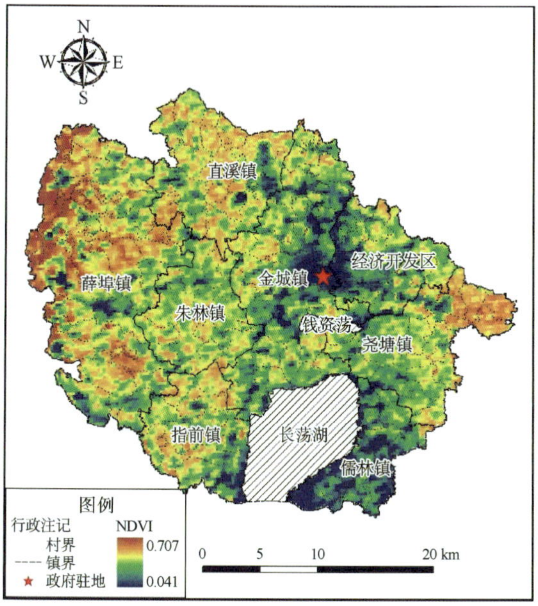

(2012年)

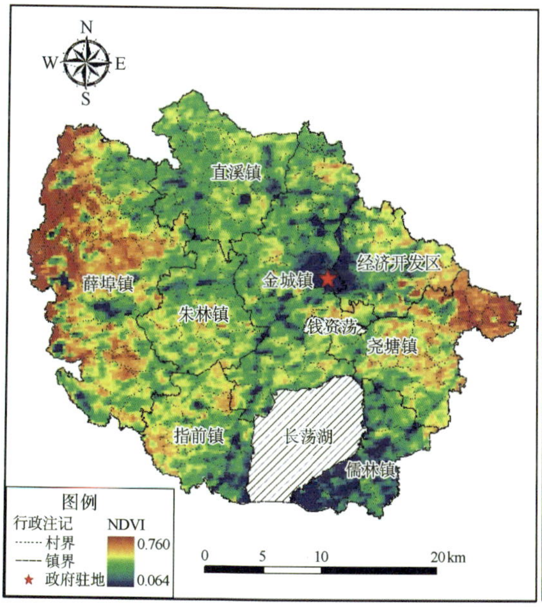

(2013年)

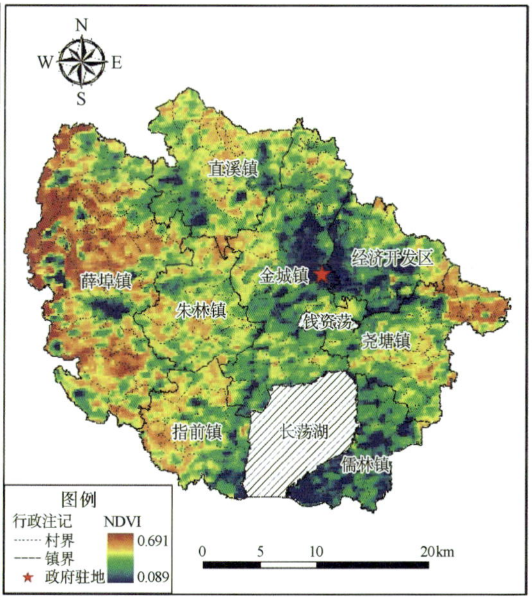

(2014年)

图 2-22　2012—2014 年金坛市 NDVI 空间分布图

4. 土壤样点观测数据

土壤质量样点观测指标有全量 N、全量 P、全量 K、有机质、硝态氮、氨态氮和土壤含水量（雨季和旱季）等 7 个指标。2012 年对 4 个监测站点进行背景调查，共随机采集了 76 个土壤样品，2013—2014 年的监测基于确定的长期监测地块共采集了 78 个土壤样品（东浦村 17 个、西溪村 38 个、上阮村 16 个、许巷村 7 个）。

以 2014 年监测为例，监测结果显示，4 个监测站点的全量 N、全量 P、全量 K、有机质、硝态氮、氨态氮和土壤含水量（雨季和旱季）等 7 个指标监测数据较 2013 年均有不同程度的变化。

表 2－9　2014 年土壤质量样点观测数据描述性统计

指标（单位）	站点	统计量	均值	标准差	变异系数	相对 2013 年变化
有机质/%	东浦村	17	1.76	0.65	37.02%	－13.30%
	上阮村	16	1.25	0.58	46.10%	14.68%
	许巷村	7	1.78	0.7	39.27%	10.56%
	西溪村	38	2.48	1.09	44.15%	21.57%
全量 N/%	东浦村	17	0.15	0.05	30.84%	7.14%
	上阮村	16	0.1	0.04	42.59%	11.11%
	许巷村	7	0.11	0.03	29.45%	－8.33%
	西溪村	38	0.17	0.04	23.49%	13.33%
全量 P/($mg \cdot kg^{-1}$)	东浦村	17	758	122	16.14%	7.61%
	上阮村	16	806	728	90.33%	1.55%
	许巷村	7	604	178	29.50%	6.56%
	西溪村	38	718	189	26.39%	6.18%
硝态氮/($mg \cdot kg^{-1}$)	东浦村	17	60	21	34.37%	4.17%
	上阮村	16	41	19	46.05%	9.92%
	许巷村	7	43	12	27.47%	－4.02%
	西溪村	38	69	15	21.88%	15.77%
氨态氮/($mg \cdot kg^{-1}$)	东浦村	17	6.17	1.96	31.78%	9.40%
	上阮村	16	4.05	1.97	48.61%	9.46%
	许巷村	7	4.28	1.27	29.78%	－10.83%
	西溪村	38	7.01	1.65	23.60%	18.21%
全量 K/%	东浦村	17	1.72	0.13	7.40%	4.88%
	上阮村	16	1.46	0.12	8.46%	7.74%
	许巷村	7	1.66	0.14	8.68%	4.48%
	西溪村	38	1.76	0.1	5.67%	6.56%
sP/($mg \cdot kg^{-1}$)	东浦村	17	31.22	16.77	53.71%	6.37%
	上阮村	16	30.16	16.95	56.19%	3.61%
	许巷村	7	35.68	29.34	82.25%	7.96%
	西溪村	38	33.92	16.12	47.52%	6.37%

续表

指标（单位）	站点	统计量	均值	标准差	变异系数	相对 2013 年变化
sK (mg·kg⁻¹)	东浦村	17	134	72	53.88%	-7.90%
	上阮村	16	143	301	210.09%	1.35%
	许巷村	7	239	124	51.93%	5.28%
	西溪村	38	133	54	41.02%	-14.91%
旱季	东浦村	17	0.21	0.05	22.33%	1.27%
	上阮村	16	0.24	0.06	23.65%	5.39%
	许巷村	7	0.21	0.05	22.90%	1.44%
	西溪村	38	0.23	0.08	32.83%	3.76%
雨季	东浦村	17	0.47	0.07	15.67%	3.29%
	上阮村	16	0.43	0.09	20.95%	4.57%
	许巷村	7	0.47	0.11	23.73%	3.68%
	西溪村	38	0.46	0.09	19.96%	1.17%

（三）土地资源生态监测数据

1. 基于样点的土地污染监测数据

在 4 个监测站点开展基于样点的土地污染监测，样品为土壤质量监测样点采集的，监测项目为土壤监测样点的重金属（Cr、Ni、Cu、Zn、Pb、Cd、As、Hg）含量，采用地累积指数法，通过取平均值计算区域总体污染程度，再按照各个样点的污染程度等级进行简单统计，得到各级别污染区域的面积占比。

以 2014 年监测结果为例，2014 年各监测站点的土地重金属污染地累积指数法分析结果如表 2-10 和图 2-24 所示：①2014 年，各监测站点的土地重金属总体污染程度基本上为清洁，只有上阮村的 As 总体污染程度为轻度污染。②相对于 2013 年而言，4 个监测站点的 Cr、Cu、Pb、Cd 平均含量均呈现不同程度的下降；Ni 和 As 方面，只有上阮村的 Ni 和 As 平均含量增加，其中上阮村 As 的增长率高达 153.84%，说明上阮村在现代农业产业园建设的过程中受到了 As 污染，但上阮村 As 平均地累积指数为 0.13，污染程度较轻；Zn 平均含量除许巷村降低了 6.43% 外，其他 3 个监测站点均略有增加；4 个监测站点的平均 Hg 含量相对于 2013 年均有所增加，其中东浦村和西溪村增加率在 50% 以上，不过 2014 年 4 个监测站点的土壤平均 Hg 含量仍低于背景值，不存在 Hg 污染。

表 2-10　2014 年土壤污染监测指标统计

指标（单位）	站点	均值 (mg·kg⁻¹)	变异系数	背景值 (mg·kg⁻¹)	地累积指数平均值	总体污染程度	相对 2013 年变化
Cr (mg·kg⁻¹)	东浦村	72.1 ±2.8	15.92%	77.8	-0.71	清洁	-20.12%
	上阮村	59.6 ±2.4	16.08%		-0.99	清洁	-12.21%
	许巷村	71.8 ±3.1	12.08%		-0.71	清洁	-10.31%
	西溪村	68.4 ±1.6	14.07%		-0.79	清洁	-8.27%

续表

指标（单位）	站点	均值（mg·kg⁻¹）	变异系数	背景值（mg·kg⁻¹）	地累积指数平均值	总体污染程度	相对2013年变化
Ni（mg·kg⁻¹）	东浦村	36.4±1.8	20.02%	26.7	-0.16	清洁	-6.63%
	上阮村	25.4±1.4	22.55%		-0.69	清洁	3.39%
	许巷村	30.4±1.3	12.26%		-0.41	清洁	-4.66%
	西溪村	29.7±0.8	16.48%		-0.45	清洁	-4.44%
Cu（mg·kg⁻¹）	东浦村	27.5±1.5	22.51%	22.3	-0.32	清洁	-14.18%
	上阮村	16.6±0.7	17.28%		-1.03	清洁	-14.69%
	许巷村	27.9±3.8	38.24%		-0.33	清洁	-14.73%
	西溪村	19.3±0.6	18.45%		-0.81	清洁	-27.27%
Zn（mg·kg⁻¹）	东浦村	79.7±3.5	18.32%	62.6	-0.26	清洁	2.16%
	上阮村	49.3±2.3	18.90%		-0.95	清洁	7.01%
	许巷村	58.4±2.2	10.74%		-0.69	清洁	-6.43%
	西溪村	72.5±1.9	15.80%		-0.39	清洁	5.43%
Cd（mg·kg⁻¹）	东浦村	0.12±0.01	51.01%	0.126	-0.86	清洁	-43.72%
	上阮村	0.11±0.02	65.79%		-0.92	清洁	-17.38%
	许巷村	0.10±0.01	23.75%		-0.90	清洁	-19.54%
	西溪村	0.14±0.02	76.93%		-0.55	清洁	-19.49%
Pb（mg·kg⁻¹）	东浦村	19.7±0.8	16.69%	26.2	-1.02	清洁	-29.76%
	上阮村	19.4±0.6	11.67%		-1.03	清洁	-21.51%
	许巷村	22.0±0.6	7.57%		-0.84	清洁	-20.67%
	西溪村	21.5±0.4	11.54%		-0.88	清洁	-16.96%
As（mg·kg⁻¹）	东浦村	6.63±0.28	17.30%	10	-1.20	清洁	-10.72%
	上阮村	22.98±5.11	89.03%		0.13	轻度污染	153.84%
	许巷村	6.85±0.38	15.64%		-1.15	清洁	-21.94%
	西溪村	6.96±0.19	17.12%		-1.13	清洁	-10.54%
Hg（mg·kg⁻¹）	东浦村	0.12±0.02	62.44%	0.289	-2.10	清洁	53.34%
	上阮村	0.04±0.004	47.31%		-3.92	清洁	19.23%
	许巷村	0.07±0.01	52.76%		-2.74	清洁	28.79%
	西溪村	0.13±0.02	79.89%		-2.01	清洁	71.75%

注：均值表示方式为“平均值±标准误差”。

2. 土地生态状况监测数据

利用遥感技术，开展针对表征土地生态状况指标的监测。土地生态状况监测指标有生物量、指示种、植被覆盖度、林网密度、渠网密度、叶面积指数、光合有效辐射分量、城市绿地、城市水面和城市非渗透性地表，金坛市各乡镇2012年、2013年、2014年三年的指示种均为水稻-小麦。其他指标监测结果如图2-25和图2-26所示。

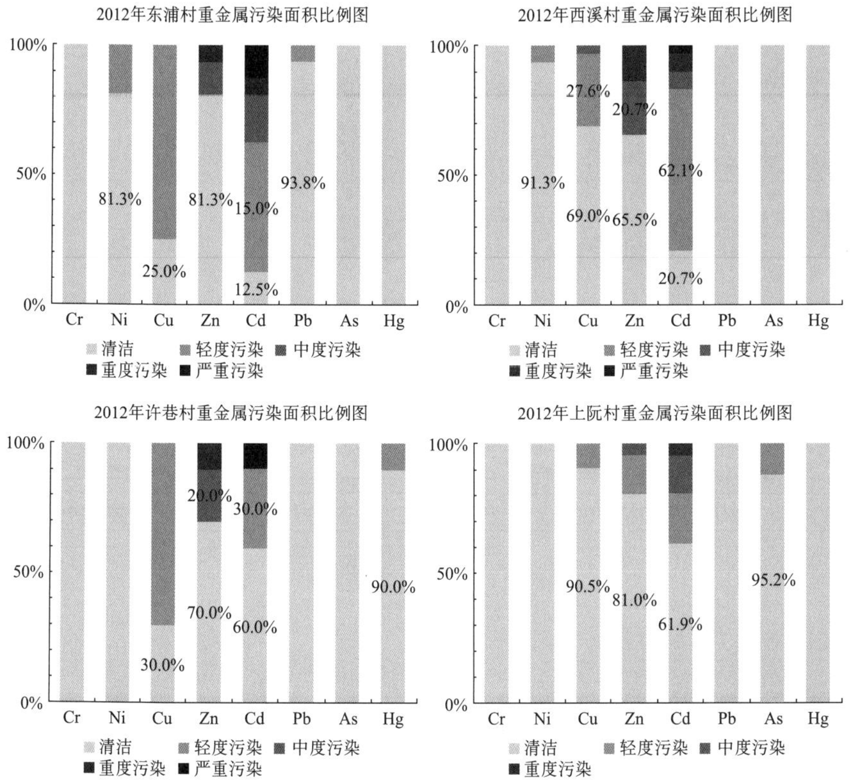

图 2－23　2012 年基于地累积指数法各监测站点污染面积比例图

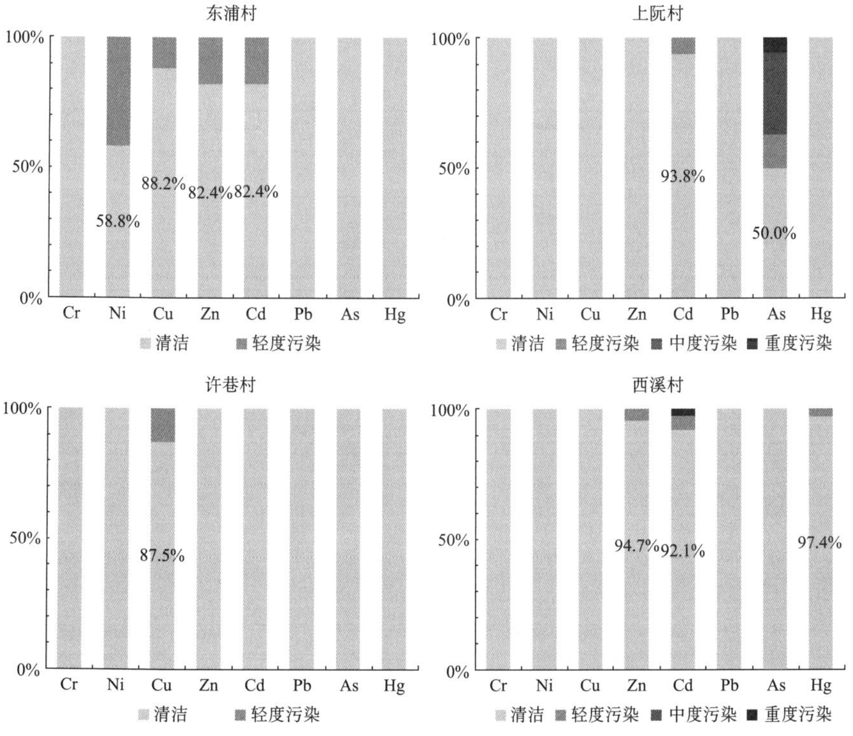

图 2－24　2014 年基于地累积指数法各监测站点重金属污染面积比例

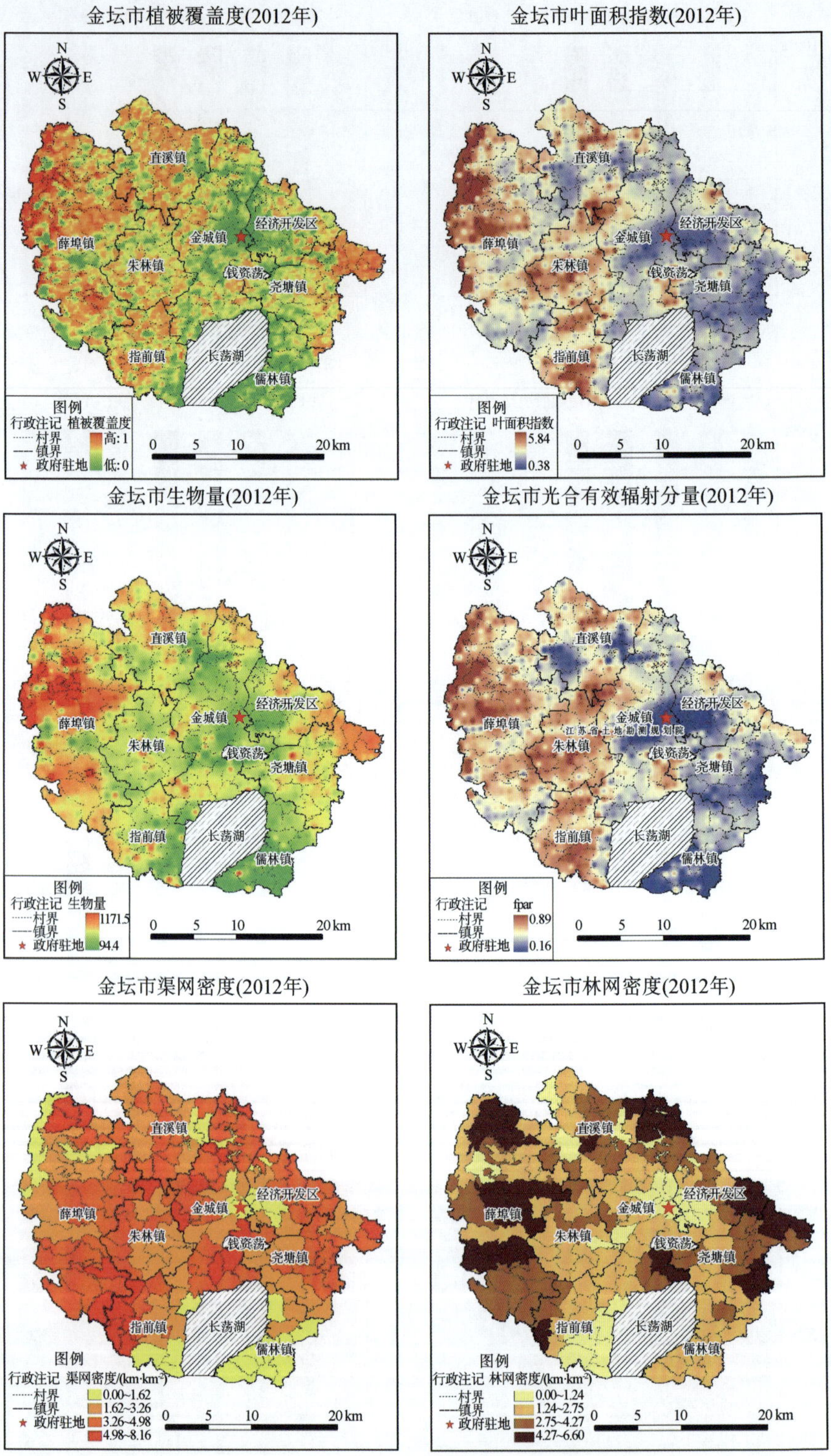

图2－25　2012年金坛市土地生态状况监测空间分布图

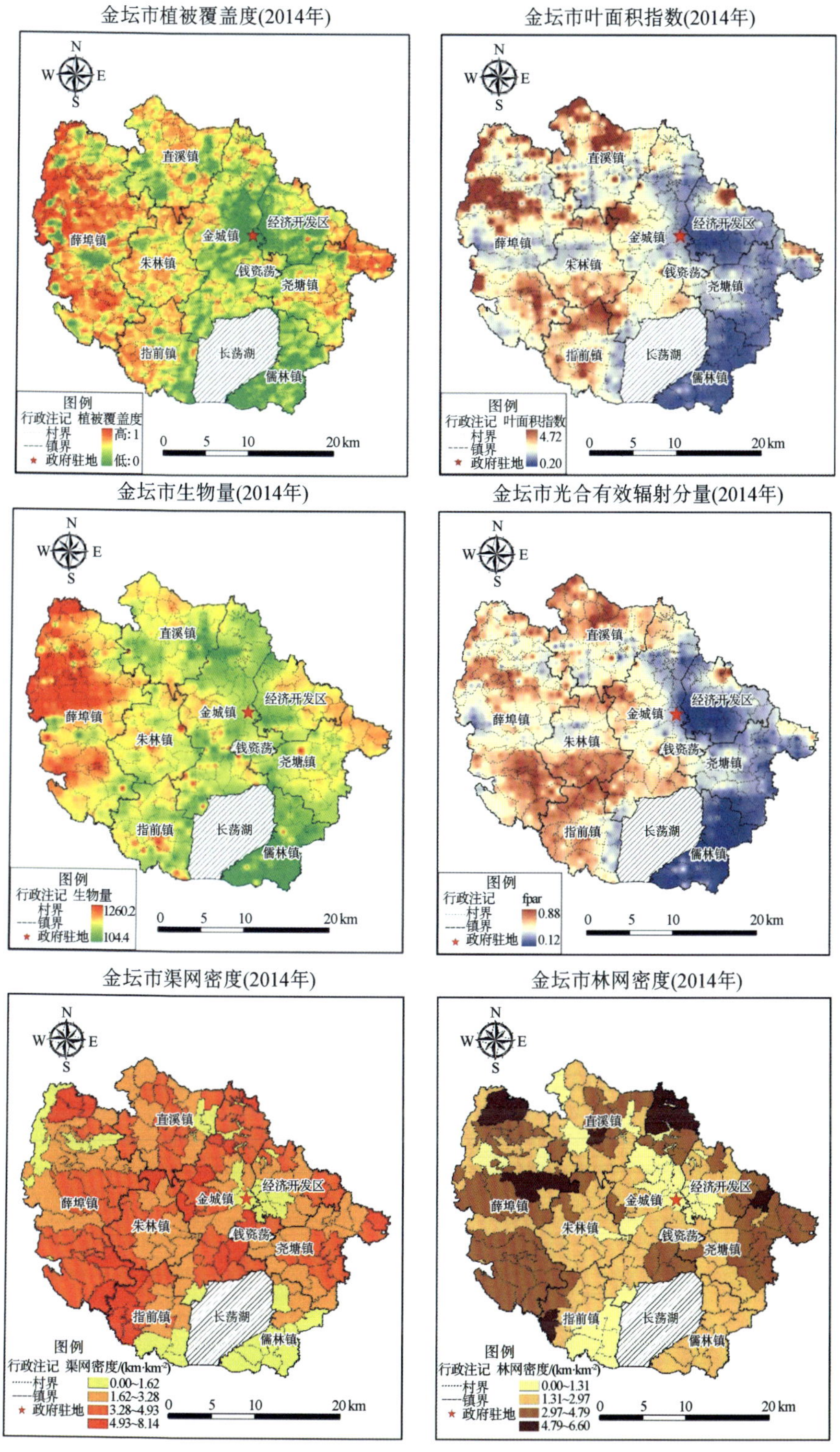

图 2－26　金坛市土地生态状况监测空间分布图

金坛市生物量、植被覆盖度、叶面积指数和光合有效辐射分量2012—2014年的年际变化均呈现先减小后增加的规律，空间分布规律相似，大致呈现自西向东逐步递减的规律。西部较高的区域主要集中在薛埠镇的低山丘陵区和黄土缓岗区，东部较高的区域主要集中在尧塘镇东北角，主要原因是这些地区都是以养殖业和种植业为主，故生物量、植被覆盖度、叶面积指数和光合有效辐射分量比较大；城区所在的金城镇和经济开发区，由于地表不透水面面积比例很大，人类活动密集，植被破坏较多，因而生物量、植被覆盖度、叶面积指数和光合有效辐射分量较小（图2－27～图2－30）。

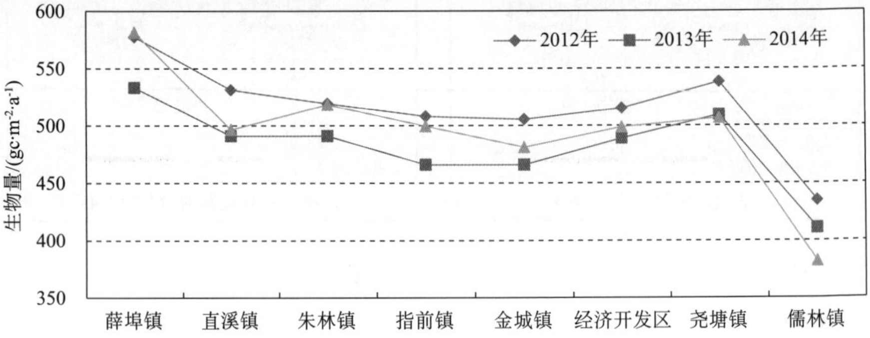

图2－27　2012—2014年金坛市各乡镇平均生物量对比

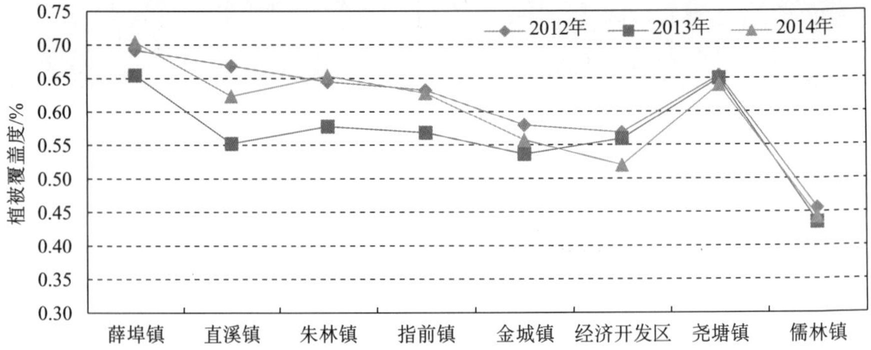

图2－28　2012—2014年金坛市各乡镇平均植被覆盖度对比

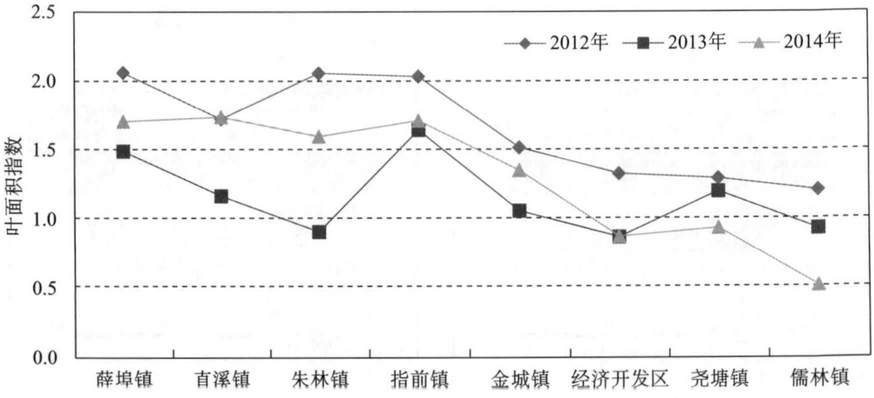

图2－29　2012—2014年金坛市各乡镇平均叶面积指数对比

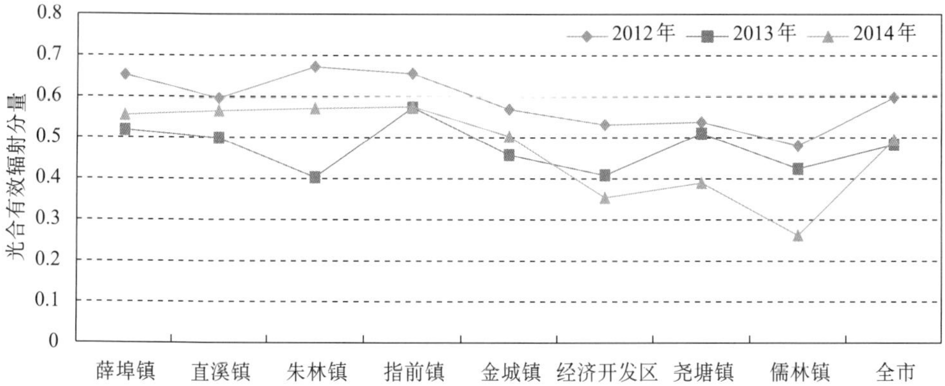

图 2-30 2012—2014 年金坛市各乡镇平均光和有效辐射分量对比

对 2012—2014 年间金坛市渠网和林网密度进行统计，金坛市 2012—2014 年平均渠网密度分别为 3.379km/km²、3.360km/km²、3.318km/km²；金坛市 2012—2014 年平均林网密度分别为 2.687km/km²、2.671km/km²、2.646km/km²。金坛市渠网密度和林网密度各年份之间变化不明显，呈现缓慢减少的变化规律（图 2-31，图 2-32）。

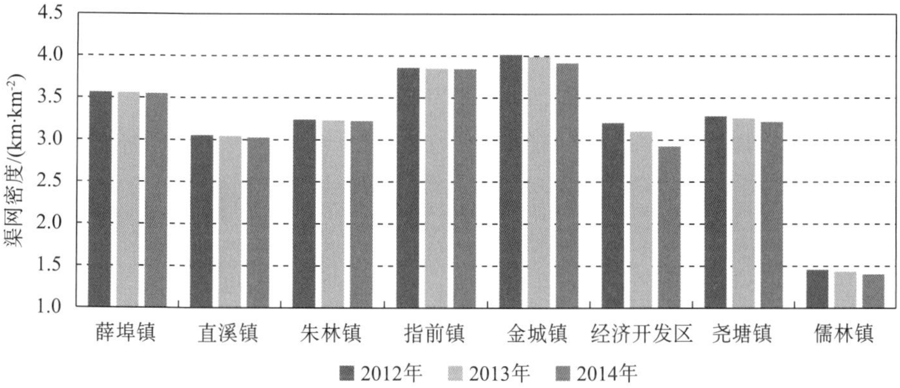

图 2-31 2012—2014 年金坛市各乡镇平均渠网密度对比

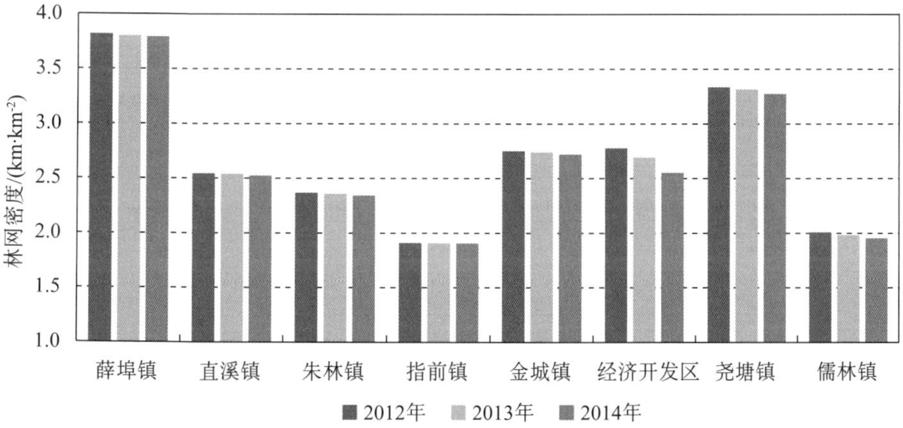

图 2-32 2012—2014 年金坛市各乡镇平均林网密度对比

金坛市城市区域由金城镇和经济开发区两个乡镇组成，城市非渗透地表比例、城市绿地比例和城市水面比例是衡量城市不同地表覆盖类型的指标，统计结果如图 2－33 所示。2012—2014 年，金坛市城市非渗透地表比例不断增加，分别为 32.05%、32.82% 和 34.59%，整体上经济开发区非渗透地表比例高于金城镇。2012—2014 年，金坛市城市水面比例分别为 21.21%、20.94% 和 20.27%，呈现不断减少的变化规律，整体上经济开发区城市水面比例低于金城镇。2012—2014 年，金坛市城市绿地比例不断降低，分别为 0.108%、0.107%、0.095%，整体上经济开发区城市绿地比例略高于金城镇。

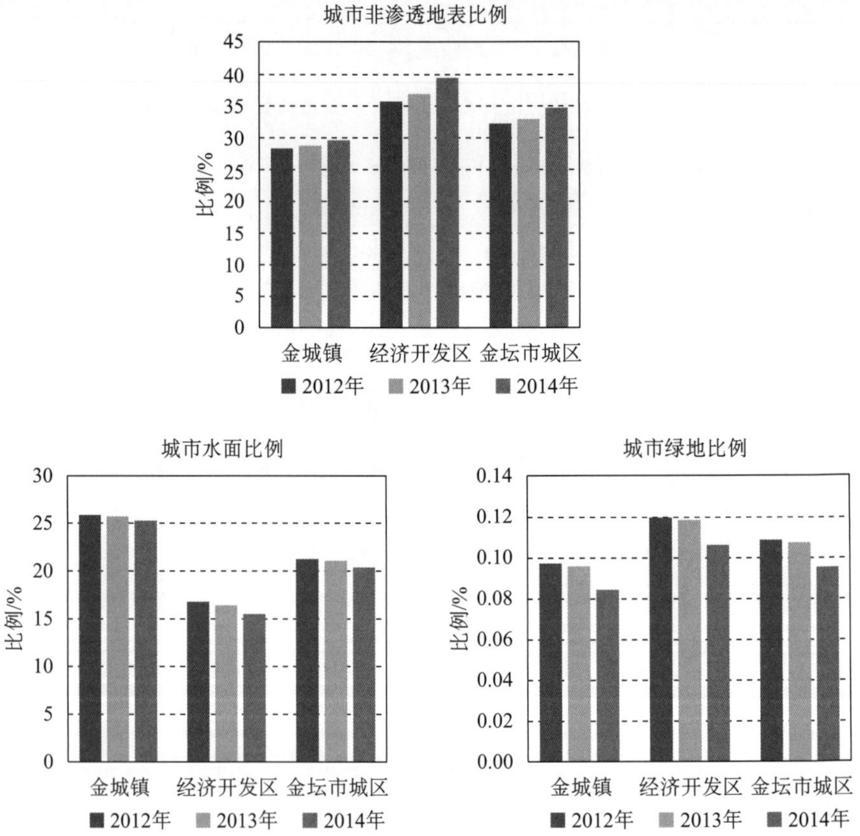

图 2－33　金坛市城市地表覆被比例统计图

第三节　江苏万顷良田区耕地保护与耕地质量建设机制

土地是人类生存与发展所必需的物质，是社会和农业生产的基本劳动资料，是数量有限的自然资源，“十分珍惜、合理利用土地和切实保护耕地”是我国必须长期坚持的一项基本国策。能否合理利用土地资源，在很大程度上决定着一个地区社会和经济是否可以持续健康地发展。随着我国社会经济和科学技术的飞速发展，城市化水平逐渐提高，人们对土地资源的需求也日益增多。因为土地资源本身的数量有限性和不可再生性，使得人地之间的矛盾日益突出。如何科学合理地利用土地，持续高效地发挥出土地资源的生产潜力，成为人们关注的焦点。为了促进土地资源的合理利用，必须对土地进行精确、合理的评价。我国是人口大国，农业是国民经济的基础，当前我国正处于经济转轨的攻坚阶段，农业、农村、农民问题成为社会关注的“三农”问题。而耕地作为农业生产最重要的生产资料，其质量的好坏直接决定了耕地生产力的高低及其利用效益，是关乎“三农”问题的大事。

研究耕地质量，首先要建立质量的度量指标体系。科学地界定耕地质量的概念，建立科学合理的衡量耕地质量现状的指标体系，来评价耕地质量现状，并用于指导耕地高效和持续利用，已成为当前上地科学研究领域的前沿与热点。

DPSIR 模型（Driving Force - Pressure - State - Impact - Response Framework，驱动力 - 压力 - 状态 - 影响 - 响应框架）是由 PSR 概念模型补充完善而来，由 OECD 于 1993 年提出，并被欧洲环境局所运用。利用 DPSIR 模型可以理清影响耕地质量的诸多因素之间的复杂关系，从而为筛选恰当的指标提供依据。耕地是自然、环境和社会经济相互耦合的复杂系统。耕地质量监测涉及资源利用、环境保护、经济发展等方面，把土地科学、土壤科学、环境科学和社会经济科学等相关学科有效地综合在一起，需要一个能够把复杂问题分解、简化，又能够把分解的各个部分有效综合的指导方法。而 DPSIR 模型通过全面分析造成耕地质量变化的“驱动力”、“压力”、“状态”、“影响” 和 “响应”，来帮助理解影响耕地质量的各种因素的作用过程以及彼此之间的因果关系，从而分析出耕地质量变化的主要原因。

基于 DPSIR 概念模型，建立一个由 5 个分指标群（驱动力指标、压力指标、状态指标、影响指标和响应指标）构成的耕地质量指标体系，以行政村为评价单元，对金坛市进行耕地质量综合评价，综合反映万顷良田区耕地质量的空间差异，并提出相应的利用对策。

表 2-11　金坛市耕地质量评价指标权重

指标组	指标	权重
驱动力	建设用地均 GDP	0.42
	农民人均收入	0.58
压力	耕地污染面积	0.74
	撂荒耕地面积	0.26
状态	坡度	0.21
	pH	0.19
	有机质含量	0.38
	障碍层深度	0.22
影响	人均粮食产量	0.57
	耕地退化面积	0.43
响应	灌溉保证率	0.56
	损毁地再用率	0.44

一、耕地质量驱动力分析评价

计算出研究区各个评价单元耕地质量变化的驱动力指数，利用 ArcGIS 软件的自然间断点分级法统计分值频率，然后按照分值相对离散与集聚的分布状态将耕地质量划分等级（表 2－12），最终得到耕地质量驱动力指数的空间分布图（图 2－34）。

表 2－12　金坛市耕地质量驱动力等级面积情况

等别	分值区间	面积/hm^2	面积比例/%
五等	[0.38，0.53)	8867.356538	9.91
四等	[0.53，0.64)	24311.612750	27.17
三等	[0.64，0.72)	24036.963530	26.86
二等	[0.72，0.81)	18563.035360	20.75
一等	[0.81，0.99]	13702.997980	15.31

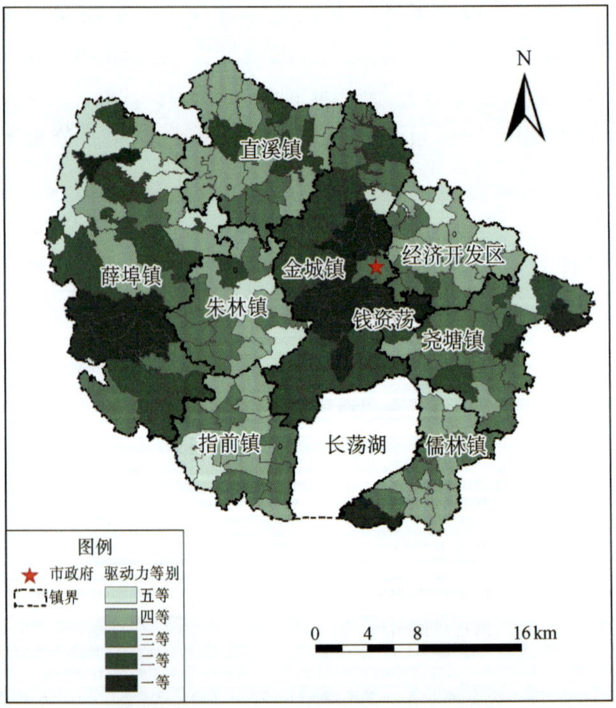

图 2－34　金坛市耕地质量驱动力等别空间分布图

由表 2－12 可以看出，金坛市耕地质量的驱动力等别集中在二等、三等、四等，整体驱动力强度中等偏上，驱动力等别中五等地的面积最小，仅占全市面积的 9.91%；经济开发区、儒林镇、指前镇、朱林镇等的大部分村是金坛市主要工业企业的集中地，也是金坛市工业化快速发展的地区，故金坛市驱动力较强的区域集中在这些地方。

二、耕地质量压力分析评价

计算出研究区各个评价单元的耕地质量压力指数，并利用 ArcGIS 软件的自然间断点分级法统计分值频率，然后按照分值相对离散与集聚的分布状态将耕地质量划分等级（表2－13），最终得到耕地质量压力大小的空间分布图（图2－35）。

表2－13　金坛市耕地质量压力等级面积情况

等别	分值区间	面积/hm^2	面积比例/%
五等	[0.00，0.24)	466.556236	0.52
四等	[0.24，0.84)	3555.172138	3.97
三等	[0.84，0.93)	10565.101840	11.81
二等	[0.93，0.97)	27097.240840	30.28
一等	[0.97，1.00]	47797.895100	53.42

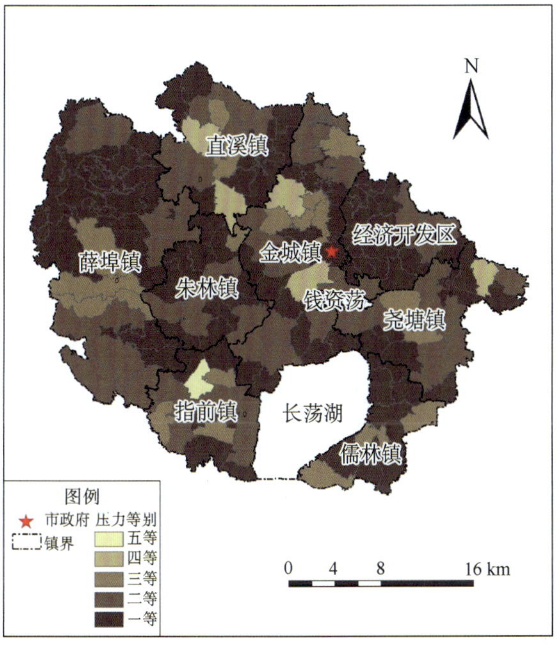

图2－35　金坛市耕地质量压力等别空间分布

由表2－13可以看出，金坛市耕地质量压力等别主要集中在一等、二等，合计面积占总面积的83.70%；五等地面积最小，仅占总面积的0.52%。而从图2－35来看，金坛市耕地质量压力指数较低的地区，即压力较大的地区，主要分布在指前镇的社头村、金城镇的城南村和沈渎村，以及直溪镇的坞家村。其中，社头村耕地污染面积最大，达到138.47hm^2；城南村的撂荒面积最大，达到63.98hm^2，均远超金坛市各村的平均水平。

三、耕地质量状态分析评价

耕地质量状态也叫做自然质量或本底质量，直接决定着农作物的生长发育，即土地的产出能力，对农用地的生产力和农业经济发展有着重要意义。

根据上文描述的算法，计算出研究区各个评价单元的耕地质量状态指数，并利用ArcGIS软件的自然间断点分级法统计分值频率，然后按照分值相对离散与集聚的分布状态将耕地质量划分等级（表2－14），最终得到耕地质量状态指数的空间分布图（图2－36）。

表2－14　金坛市耕地质量状态等级面积情况

等别	分值区间	面积/hm²	面积比例/%
五等	[0.00，0.62)	895.235925	1.00
四等	[0.62，0.66)	677.254608	0.76
三等	[0.66，0.72)	44706.089810	49.96
二等	[0.72，0.74)	10612.294110	11.86
一等	[0.74，0.80]	32591.091710	36.42

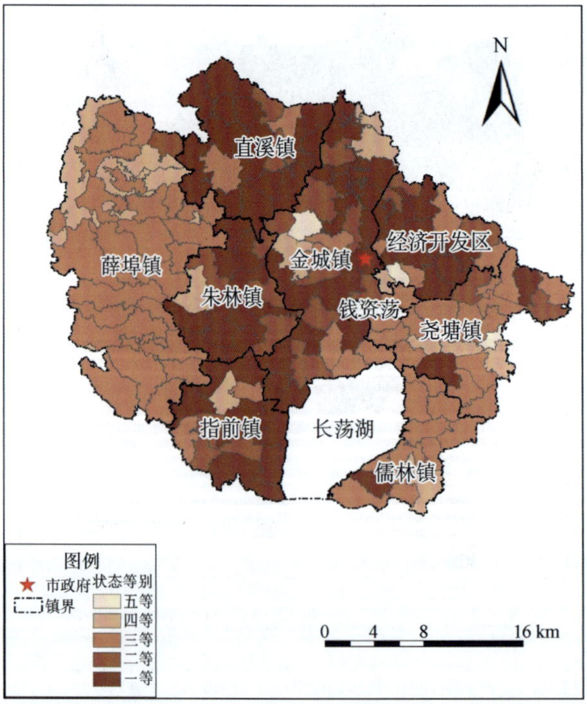

图2－36　金坛市耕地质量状态等别空间分布图

由表2－14可以看出，金坛市耕地质量状态等别以一等地和三等地为主，分别占总面积的36.42%和49.96%；四等地和五等地最少，分别仅占总面积的0.76%和1.00%。而从图2－36来看，耕地质量状态等别较高的地区主要分布在直溪镇、朱林镇、金城镇、指前镇和经济开发区的大部分村，这是因为这些地方多处于平原或低丘，且土壤肥沃，土壤有机质含量较高。金坛市的耕地质量状态指数以直溪镇、朱林镇、金城镇、指前镇和经济开发区为轴，呈现由中心轴向两边递减的趋势。

四、耕地质量影响分析评价

根据上文描述的算法，计算出研究区各个评价单元的耕地质量影响指数，并利用 ArcGIS 软件的自然间断点分级法统计分值频率，然后按照分值相对离散与集聚的分布状态将耕地质量划分等级（表 2－15），最终得到耕地质量影响大小的空间分布图（图 2－37）。

表 2－15　金坛市耕地质量影响等级面积情况

等别	分值区间	面积/hm^2	面积比例/%
五等	[0.00，0.18)	20319.235290	22.71
四等	[0.18，0.34)	21516.626700	24.05
三等	[0.34，0.49)	27496.397080	30.73
二等	[0.49，0.60)	16820.044110	18.80
一等	[0.60，0.86]	3329.662976	3.72

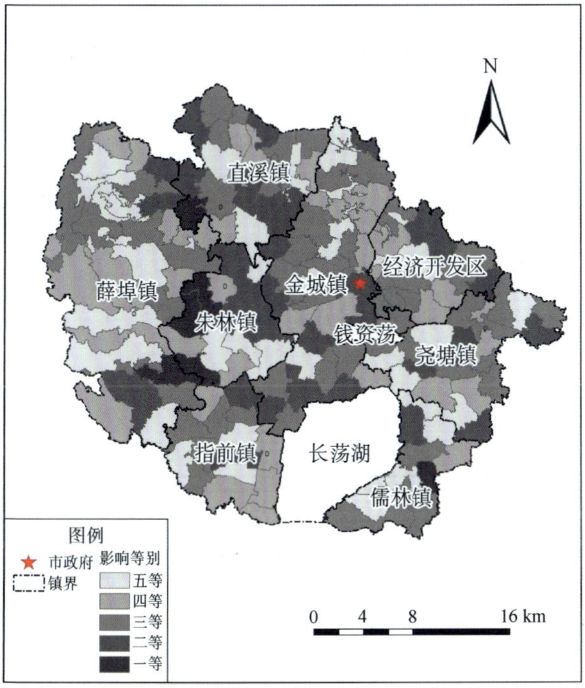

图 2－37　金坛市耕地影响质量空间分布图

从表 2－15 可以看出，金坛市耕地质量变化的影响等别主要集中在三等地、四等地和五等地，共占总面积的 77.49%；一等地较少，仅占总面积的 3.72%。而从图 2－37 来看，总体而言，金坛市的中部地区耕地质量影响指数最高，东部地区高于西部地区，即经济发展水平较高的中东部地区更容易受到耕地质量变化的影响。其中，邓慕村、唐王村、长山村、咀头村、五联村和新华村的耕地质量影响指数都高于 0.6，是耕地质量变化的敏感区。

五、耕地质量响应分析评价

根据上文描述的算法，计算出研究区各个评价单元的耕地质量响应指数，并利用 ArcGIS 软件的自然间断点分级法统计分值频率，然后按照分值相对离散与集聚的分布状态将耕地质量划分等级（表2－16），最终得到耕地质量响应大小的空间分布图（图2－38）。

表2－16 金坛市耕地质量响应等级面积情况

等别	分值区间	面积/hm^2	面积比例/%
五等	[0.28，0.30)	27070.139910	30.25
四等	[0.30，0.56)	4540.923023	5.07
三等	[0.56，0.68)	45802.85436	51.19
二等	[0.68，0.77)	7519.775538	8.40
一等	[0.77，0.92]	4548.273324	5.08

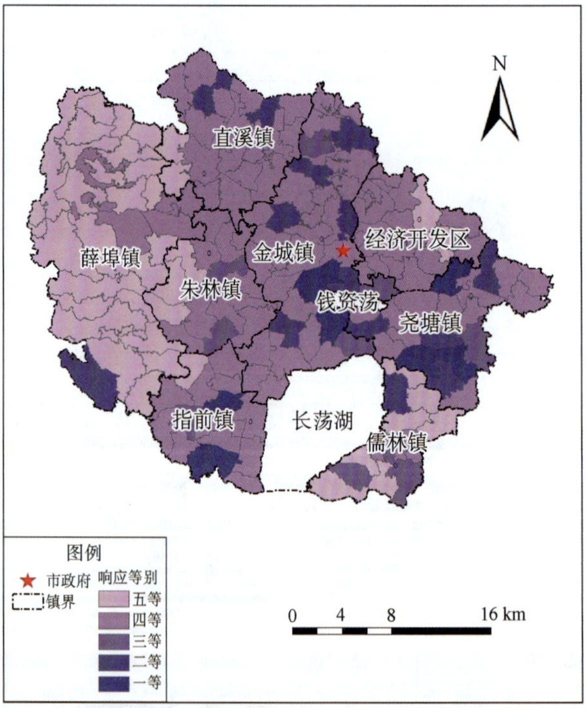

图2－38 金坛市耕地质量响应等别空间分布图

从表2－16可以看出，金坛市耕地质量响应等别主要集中在三等地和五等地，各占总面积的51.19%和30.25%；一等地和四等地较少，分别仅占5.08%和5.07%。而从图2－38来看，金坛市耕地质量响应大小的空间分布规律与质量影响相似，响应较高的地区主要集中在金城镇的城南村、指前镇的东浦村以及尧塘镇的水东村、水北村等中东部经济发展水平较高的地区。

六、耕地质量综合分析评价

将（D）、（P）、（S）、（I）和（R）5个指数加权求和，得到耕地质量综合评价指数，同样利用ArcGIS软件的自然间断点分级法统计分值频率，然后按照分值相对离散与集聚的分布状态将耕地质量划分等级（表2－17），最终得到耕地质量综合评价指数的空间分布图（图2－39）。

表2－17 金坛市耕地质量综合评价指数面积情况

分值区间	面积/hm²	面积比例/%
[0.49，0.58)	13775.90082	15.40
[0.58，0.63)	19915.93610	22.26
[0.63，0.67)	21337.41646	23.85
[0.67，0.70)	19193.37835	21.45
[0.70，0.78]	15259.33443	17.05

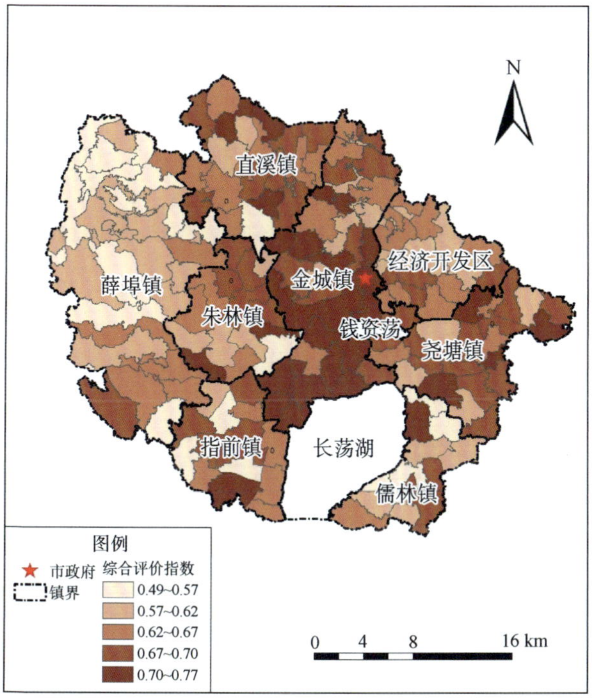

图2－39 金坛市耕地质量综合评价指数空间分布图

从表2－17可以看出，金坛市耕地质量综合指数分布比较均匀，但是从图2－39来看，金坛市耕地质量综合评价指数呈现中部高、四周低的现象，形成中部高值区，其中东部地区的综合指数又高于西部。对比金坛市各乡镇各村的城市化和经济发展特点，耕地质量好的区域往往是城市化和经济发展水平高的地区，理由有两点：一是因为城市化和经济发展水平通常与农业发展的技术水平有关，城市化和经济发展水平高的地区往往更重视耕地的质量保护及改善的问题；二是由于一个地区城市化和经济能否发展得好，区位因素占据了很大比例，而区位因素就包括了耕地质量中很重要的地形、水利等因子。因此，金坛市的耕地质量综合指数的高值区分布在城市化和经济发展水平比较高的地区。

七、主要结论

通过对耕地质量驱动力、压力、状态、影响、响应及综合指数的分析，可以得出如下结论：

（1）耕地质量状态分析结果表明，研究区的耕地质量与地形条件和城市化水平相关，其中一、二等地多分布于直溪镇、朱林镇、金城镇、指前镇和经济开发区等乡镇，它们多处于平原或低丘区，土壤有机质含量较高，城市化水平也较高。

（2）耕地质量变化的驱动力、压力分析结果表明，研究区耕地质量深受城市化、工业化的影响，城市化、工业化水平高的地区（如直溪镇的坞家村和西溪村、金城镇的城南村和沈渎村等）耕地质量下降明显快于城市化、工业化水平低的地区（如朱林镇的三星村和薛埠镇的泉江村等）。土地污染高的地区（如指前镇的社头村、直溪镇的坞家村等）和耕地数量减少的地区（如金城镇的城南村等）耕地质量下降的压力较大。因此，今后在发展经济的同时，还应注意对耕地质量的保护。

（3）耕地质量变化的影响、响应分析结果表明，研究区经济发展水平较高的中东部地区耕地质量变化后造成的影响要大于经济发展水平较低的西部地区，但人类社会对耕地质量变化影响的响应强度较大的地区也集中在中东部地区。这是由于经济发展水平越高的地区，其土地利用的集约度越大，故耕地质量变化造成的影响也就越大，而这些经济发达地区所采取的响应措施强度往往也较大。

（4）耕地质量综合评价结果表明，耕地质量综合指数的高值区分布在城市化和经济发展水平比较高的地区，如金城镇的南戴村和黄庄村等，耕地质量的空间分布规律与地区的经济发展水平相关。

第四节　江苏万顷良田区土地生态评价及空间分异研究

近几十年来，人们盲目地向土地索取经济利益而忽视了保护，使生态环境遭到严重的影响和破坏，土地生态问题日益凸显。例如，大量农药和化肥的使用，使得土壤肥力下降，土质退化，并造成地下水污染；过度伐木开荒导致水土流失和土壤沙化；工业废水、废气、废渣的肆意排放导致土壤重金属累积，威胁食品安全和人类健康等。土地生态问题引起了全球的普遍关注，也会引起局部气候的变化，进而导致自然灾害频繁发生和农作物的减产，甚至引起全球性生态危机。国务院、有关部门和各级政府均对土地可持续利用和环境保护工作特别重视。“十二五”规划明确指出，要把建设资源节约型和环境友好型社会作为转变经济发展方式的重要着力点。对于国土资源部门而言，首先就是要查清土地生态状况，促进土地管理模式向“质量—生态”管护转变。为全面保障我国国土资源安全和生态文明建设，国土资源管理逐渐从单纯的土地“数量管理”走向“数量管控、质量管理、生态管护”三位一体管理。管理方式的转变要求对土地资源“整体”变化展开跟踪和调查，不仅要调查土地“数量”，还要调查土地“质量”和土地“生态状况”，并对其进行评估，从而为土地资源可持续利用与发展提供合理有效的政策建议。

土地生态评价能够系统衡量并综合评价人类活动对土地资源及其生态效应的影响，从而为土地资源可持续利用提供科学工具和重要途径。基于土地生态评价，改变土地利用方式、调整土地资源内部结构和采取相关的生物物理等保护措施，防治土地退化和环境污染，促进土地生态系统健康发展。

一、万顷良田区土地生态评价

本书从土地生态学和管理学角度出发，基于“方法—现象—机制—应用”的思路，融合微观、中观、宏观多源数据，构建土地生态基础、胁迫、结构、效益 4 个准则层 15 个指标的评价体系（表 2－18）。土地生态基础准则层反映区域地形地貌、土壤条件、水文气候和植被状况等土地自然生态背景。胁迫准则层和结构准则层反映城镇化、工业化进程中，人类活动对土地利用格局和土壤理化性质的双重影响。前者表征土地生态系统的污染和退化状况，后者反映土地生态系统斑块、廊道和景观层面的格局特征。效益准则层反映土地的经济效益，衡量土地生态系统的生产功能与社会价值。

表 2－18　土地生态评价指标

目标层	准则层	元指标层	综合权重
土地生态指数	基础因子 0.29	地形位指数	0.092
		表土质地	0.025
		土层厚度	0.021
		土壤有机质含量	0.018
		年均降水量	0.107
		水源保证率	0.018
		植被覆盖度	0.037
	胁迫因子 0.30	湿地年均减少率	0.060
		建设占用耕地率	0.144
		土壤综合污染指数	0.051
		土壤 pH 值	0.036
	结构因子 0.26	生态用地优势度	0.121
		生态连通性	0.048
		景观多样性指数	0.074
	效益因子 0.15	生态服务价值	0.151

采用主观赋权较为典型的方法层次分析法和客观赋权较为典型的方法熵权法计算两种权重，而最终评价指标的权重为两种权重的平均值。研制出从指标获取到综合评估的一套完整评价方法，进而以金坛市165个行政村为评价单元，根据综合指数法，将15个指标进行因子加权求和，进行系统的土地生态评价。

在综合指数法计算出土地生态指数的基础上，进一步对土地生态指数进行标准化，并进行等间距（Natural break－JENK断裂点）划分，以行政村为单位，形成五大土地生态类型区（图2－40；表2－19）。

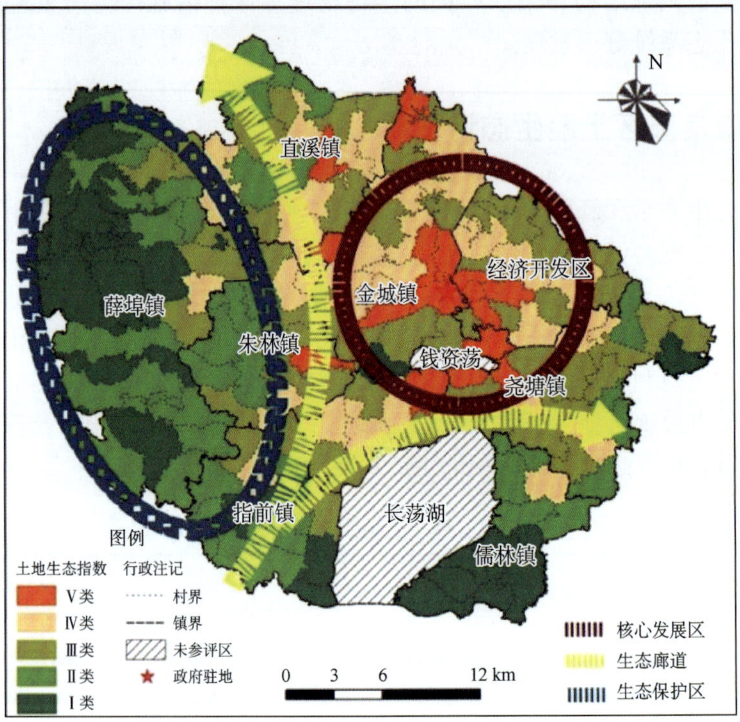

图2－40 土地生态类型区与生态规划区

表2－19 土地生态类型区相关特征统计表

土地生态类别	区间值	平均值	行政村个数	比例/%
Ⅴ类	0.399～0.534	0.502	16	9.70
Ⅳ类	0.534～0.602	0.572	33	20.00
Ⅲ类	0.602～0.666	0.637	67	40.61
Ⅱ类	0.666～0.723	0.696	35	21.21
Ⅰ类	0.723～0.813	0.765	14	8.48

据表2－19所示，Ⅰ类土地生态类型区的土地生态指数平均值为0.765，包括14个行政村，占整个金坛市面积的8.48%；Ⅱ类土地生态类型区内有35个行政村，面积比例为21.21%。Ⅰ类和Ⅱ类土地生态类型区均具有土地生态基础好、土地结构合理、生态压力小、生态效益较好的特点。Ⅲ类土地生态类型区所包含的行政村最多，且面积比例最大，

为40.61%，其土地生态指数均值为0.637。该区域土地结构较合理，自然背景质量较好，生态压力不大，生态效益好。Ⅳ类土地生态类型区的土地生态指数在0.534~0.602之间，区内包含33个行政村，面积比例为20.00%。而Ⅴ类土地生态类型区上地生态指数均值为0.502，包含16个行政村。Ⅳ类和Ⅴ类的土地生态本底相对较差，而人为活动强度高，土地利用结构较单一，不够合理，导致生态压力大，生态建设的人为响应也较弱。

根据金坛市2000—2020年生态规划，金城镇、经济开发区被规划为核心开发区圈层，薛埠镇和竹林镇西部属于生态保护区圈层，两圈层之间的直溪镇、竹林镇东部、指前镇和环长荡湖四周均为生态缓冲廊道。从图2－40显示的生态规划中生态保护、核心发展和生态廊道区域看，西部丘陵山地区土地生态基本呈现Ⅰ类和Ⅱ类；而以金城镇为中心的核心发展区呈现土地生态风险向外扩散，在Ⅳ类和Ⅴ类分级区间；生态廊道以Ⅲ类为主，夹杂Ⅳ类，成为土地利用的生态缓冲区。

二、万顷良田区土地生态质量的城乡梯度规律

金坛市的土地生态质量空间分异特征符合城乡梯度规律，以CBD重心为中心，每2400m为增量半径，向外做12个圈层，以进行环形梯度分析（图2－41）。

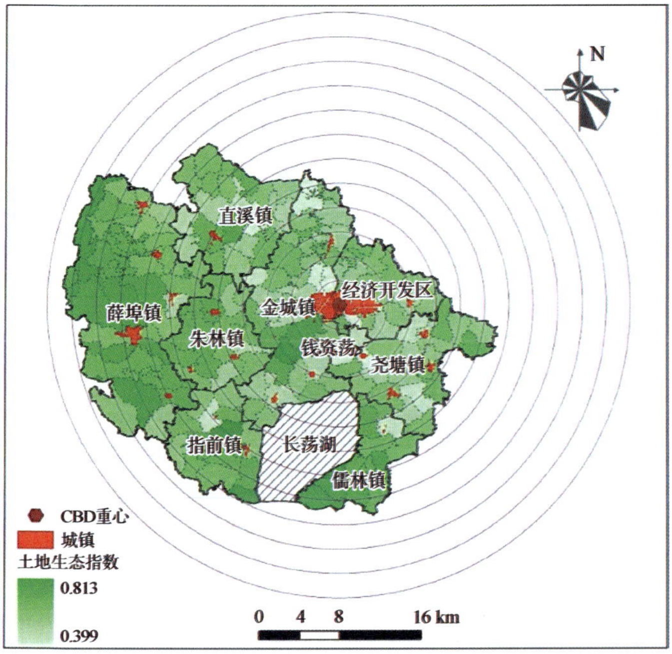

图2－41　金坛市环形梯度分析示意图

对这12个从CBD中心向外拓展的各圈层所包含的行政区域的土地生态基础分值、土地生态结构分值、土地生态胁迫分值、土地生态效益分值和土地生态指数5个值进行面积加权，以得到各圈层可比的5个指标值，如图2－42所示。

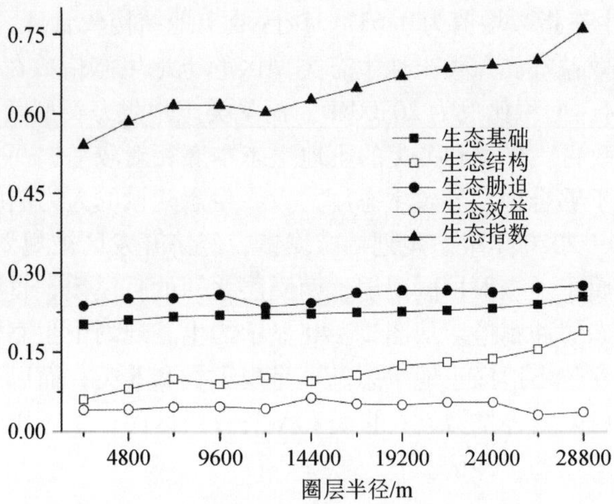

图 2-42　各圈层土地生态状况分值对比

研究发现，沿着金坛市“城镇—城乡接合部—近郊—远郊”梯度变化，从 CBD 中心向外，总体上区域土地生态指数不断升高；各圈层土地生态基础相差不大，由内向外呈逐步升高趋势，即就区域生态本底而言，外围地区略优于核心地区；金坛市外圈层比内圈层土地生态结构优良，城镇远郊地带较近郊地区明显要好；各区域由于直接人为驱动的生态胁迫程度不具备明显的梯度特征，而具有显著的局域特性；中远郊地带土地利用的生态效益优于近郊地带，但差别不大。

进一步对土地生态指数与各圈层半径做回归分析，结果如图 2-43 所示。方程拟合显著，城乡空间梯度变化能解释 92.3% 的区域土地生态指数差异。结果表明，沿地区 CBD 中心向外围地带的梯度来看，区域土地生态质量的改善非常显著，每 2400m 向外总土地生态指数提高 1.6 个百分点，金坛市最边缘地带土地生态指数比其最核心圈层要高 17.6 个百分点。

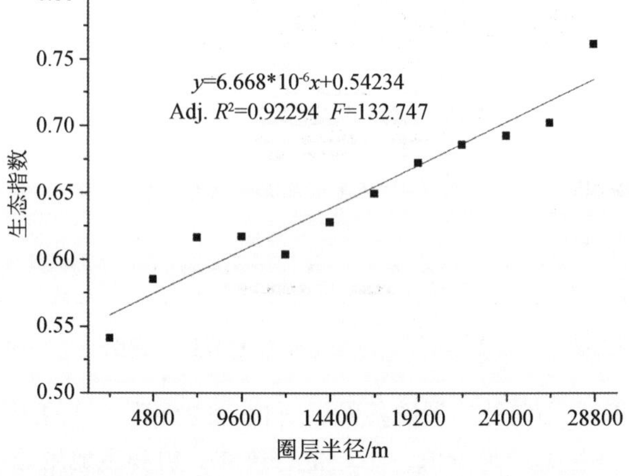

图 2-43　土地生态指数的城乡梯度拟合分析

为更好地研究金坛市土地生态指数城乡梯度细节，建立如图 2 – 44 所示的 8 方向 4 条带分析梯度，并以金坛市 CBD 中心为零点，对每个样方编号。其中，东 – 西样带有 17 个样方，西 11 个东 5 个；南 – 北样带有 14 个样方，南 8 个北 5 个，但由于南半样带跨非评价区的钱资荡和长荡湖地区，导致样方南 –4 数据失真、样方南 –5 数据缺失；西北 – 东南样带有 11 个样方，西北 6 个东南 4 个；东北 – 西南样带有 10 个样方，东北 2 个西南 7 个。

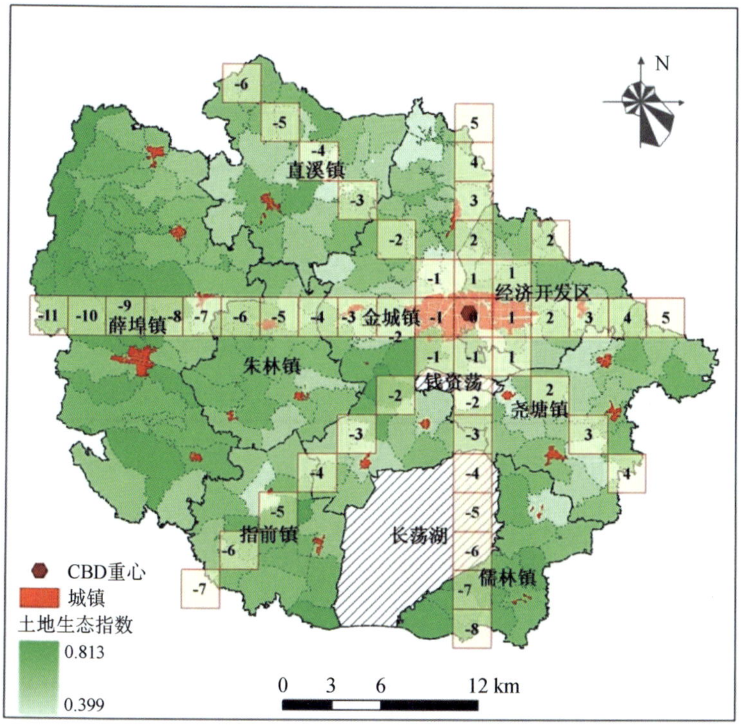

图 2 – 44　金坛市条带梯度分析示意图

同样利用面积加权求和法，计算每个样方的土地生态基础分值、土地生态结构分值、土地生态胁迫分值、土地生态效益分值和土地生态指数 5 个指数值进行比较，各样带统计曲线对比如图 2 – 45 所示。

观察 4 条土地综合分值曲线是否大致呈倒 U 形曲线，以及横坐标 0 值处曲线是否位于最低点，可见无论从哪个方向取条带梯度样方，从边缘地区向核心地区过渡，局地土地生态分值将显著下降，其原因在于生态结构的差异。图 2 – 45 表明，东 – 西向、南 – 北向两条样带的综合分值曲线呈明显倒 U 形，西北 – 东南向和东北 – 西南向两样带的综合分值曲线也近 0 值范围内呈倒 U 形。与生态结构曲线的对比观察发现，综合分值曲线的整体走势主要取决于生态结构曲线。另外，注意到西 – 11 样方、东 5 样方、南 – 8 样方、西北 – 6 样方以及东北 – 6 样方等边缘的不完整样方其综合分值曲线出现反规律现象，这可能是由于边缘效应导致的。

另一方面，观察 4 条土地综合分值曲线的反常值所属样方，对应图 2 – 44 找到其空间

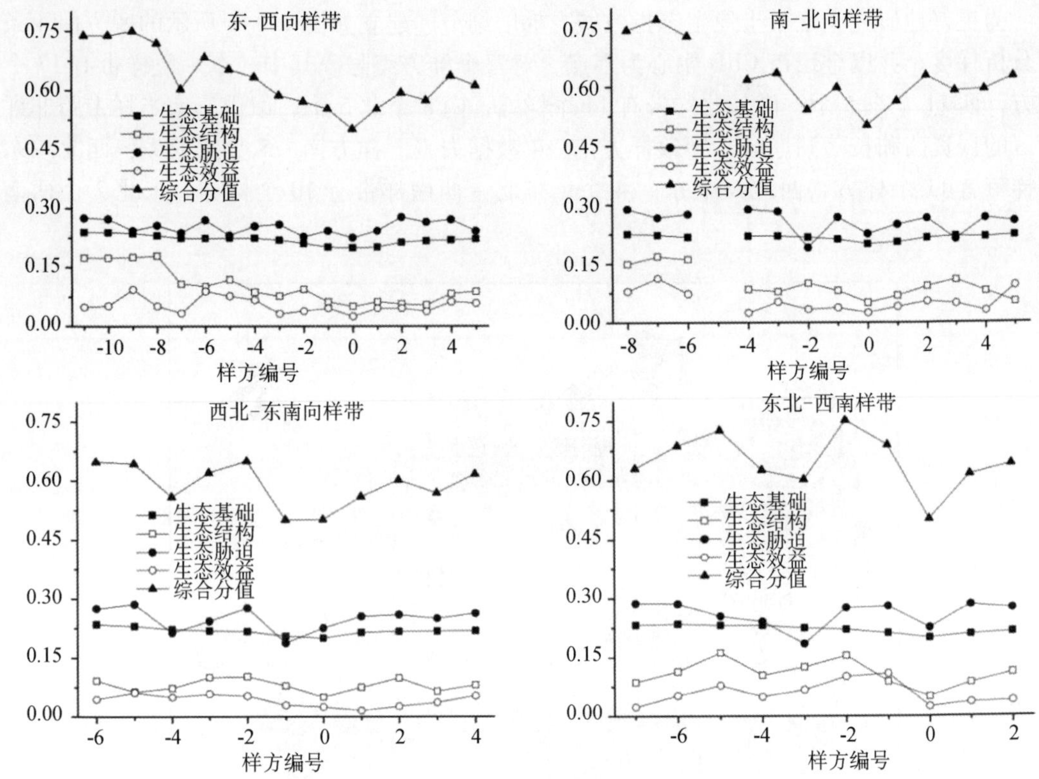

图 2－45　各样带土地生态状况分值对比

位置，根据其是否包含城镇建成区以及包含面积或与建成区邻近程度，可以发现包含建制镇的样方区域，其局地土地生态质量出现异常波动，比正常状态要差。图中有东－7 样方、西 3 样方、南－2 样方、南－4 样方、北 3 样方、北 4 样方、西南－3 样方、西南－4 样方、西北－2 样方、西北－4 样方和东南 3 样方等计 11 个样方出现逆城乡梯度规律现象。通过分析可知，北 4 样方受边缘效应影响，南－2 样方和南－4 样方由于包含钱资荡水域或长荡湖局域而造成指数信息失真，其他逆城乡梯度样方除西北－4 样方和西南－4 样方外，都主要受到城镇建成区的影响，这两个样方的反常可能是由于区域土壤酸化较严重导致的，需要后续研究进一步探究。

为定量揭示区域土地生态指数与各准则层分值的相关关系，以 4 条带 51 个样方为样本，通过逐步回归，建立了如下作用方程：

$$y = 1.4788x_1 + 1.2134x_2 + 0.1701 \quad (\text{Adj. } R^2 = 90.77 \quad F = 246.7349) \qquad (4-1)$$

式中：y 表示各样方土地生态指数；x_1 表示生态结构分值；x_2 表示生态胁迫分值。

方程通过显著性检验，拟合精度超过 90%，表明生态结构与生态胁迫是影响区域土地生态指数的主要因素，且由回归系数可知，区域土地生态质量对土地生态结构的敏感性比对土地生态胁迫的敏感性更强。进一步对方程的回归残差进行分析，如图 2－46 所示，可知区域土地生态结构与生态胁迫具有较为显著的阈值突变特征，不同层级土地生态结构与生态胁迫程度的区域呈现一定的空间自相关效应。

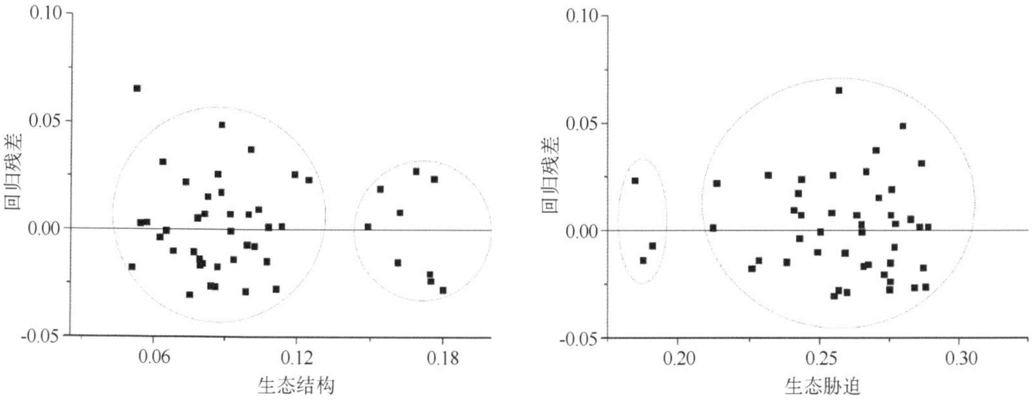

图 2 - 46　残差图分析

结合区域土地生态指数计算指标体系中生态基础、生态结构、生态胁迫和生态效益四方面的权重（0.29、0.26、0.30、0.15），可以得出结论：从区域经济社会发展的核心地区向边缘地区过渡，局地土地生态质量具有显著改善的城乡梯度响应规律，其改善主要源于边缘地区的土地生态结构优于核心地区，而不同地区土地利用生态胁迫程度的不同，则是导致局地土地生态质量异常波动的主要原因。

三、土地生态主控因子识别与管护分区

（一）土地生态主控因子识别

1. 城镇化因子驱动力分析

由前文的分析可知，城镇化是导致金坛市现有土地生态质量空间格局的主要外在因素。土地利用方式、不透水面丰度、人口、地区生态总值等是常用的表征城镇化的方式，受限于村级数据的可获取性。本书通过农民人均纯收入、工农业生产总值、不透水面丰度（Impervious Surface，IS）、建设用地集聚度（Aggregation Index，AI）来衡量各评价单元的城镇化程度，以此量化分析其对金坛土地生态质量空间分异的影响。

其中，建设用地集聚度是反映建设用地中不同斑块类型的非随机性或聚集程度的重要指标，它等于相应类型的相似邻接数量除以当前类型最大程度上丛生为一个斑块时的最大值，然后乘以 100 转化为百分比。计算公式为

$$AI = \left[\frac{g_{ij}}{\max \rightarrow g_{ij}} \right] \times 100 \qquad (4-2)$$

式中：AI 为建设用地集聚度；g_{ij} 为与第 i 种建设用地相似的第 j 种建设用地的邻接数量；$\max \rightarrow g_{ij}$ 为第 i 种建设用地最大程度上丛生为一个斑块时的最大值。$0 < AI < 100$。

每个行政村的 AI 可以通过 Fragstats 中的 aggregation index 计算得到。

对各梯度圈层内的土地生态指数和城镇化四项指标进行统计（表 2 - 20），土地生态指数随着距离的递增而不断增加，相关系数高达 0.965，而与农民人均纯收入、工农业生产总值、不透水面丰度、建设用地集聚度均成负相关。

表 2－20　环形梯度各圈层城镇化指标均值统计

圈层	距离	土地生态指数	农民人均纯收入（元·人$^{-1}$）	工农业生产总值/万元	不透水面丰度	建设用地集聚度
1	2400	0.542	12790	73932	0.420	99.62
2	4800	0.585	13668	76581	0.279	99.44
3	7200	0.618	13145	35106	0.160	99.01
4	9600	0.616	13182	31430	0.153	98.66
5	12000	0.604	12861	23980	0.158	98.54
6	14400	0.629	12457	19486	0.152	98.42
7	16800	0.649	12225	18006	0.153	98.65
8	19200	0.675	11994	17061	0.161	98.77
9	21600	0.686	12184	13560	0.172	98.68
10	24000	0.693	11631	12960	0.198	98.56
11	26400	0.706	11296	13016	0.223	98.72
12	28800	0.762	10762	13009	0.189	98.87
相关系数	0.965	1.000	－0.883	－0.795	－0.482	－0.509

其中，土地生态指数与农民人均纯收入相关性最高，为－0.883；与工农业生产总值的负相关亦显著，为－0.795。平均区域农民纯收入大约每增加1659元，或工农业生产总值大约每增加49760万元，土地生态指数降低0.1（图2－47）。可见，城市化、工业化过程中，对土地的不合理利用现象突出，土地生态没有得到很好的保护。土地生态指数与不透水面丰度成负相关，但与建设用地集聚度负相关更大，表明硬质地面越集聚的区域，对土地生态压力越大。通过线性方程拟合分析，发现不透水面和建设用地集聚度对土地生态指数的直接影响不明显，拟合度仅为0.232和0.259。将4个指数同时作为自变量输入多元线性回归方程，土地生态指数为因变量，发现拟合度可达0.936（$F=25.55$，Sig. = 0.000）。通过逐步回归设定95%的显著性发现，农民人均纯收入和不透水面丰度可以进入，说明当4个变量同时输入时，农民人均纯收入和不透水面丰度协同影响占主导。

进一步对4个指标的空间分布进行热点分析，发现农民纯收入在金城镇形成高值区，而在薛埠镇中部为低值区，故东西走向的条带可以命名为收入梯度［图2－48（a）］。工农业生产总值明显呈现圈层状，由内向外呈热点到低点的趋势，8个方向上均是一致的由城镇中心向边缘衰减的梯度，即在任何方向上都满足经济梯度［图2－48（b）］。不透水面的冷点区域在金坛市中部的直溪镇、朱林镇和指前镇，热点区在市区，完整的由中心向边缘衰减的不透水面梯度主要覆盖在西北－东南条带和西南－东北条带［图2－48（c）］。而如图2－48（d）可以看出，建设用地集聚度的完整梯度在西南－东北条带，故命名为集聚效应梯度，则西北－东南条带和南北条带依次命名为不透水面梯度和经济梯度。

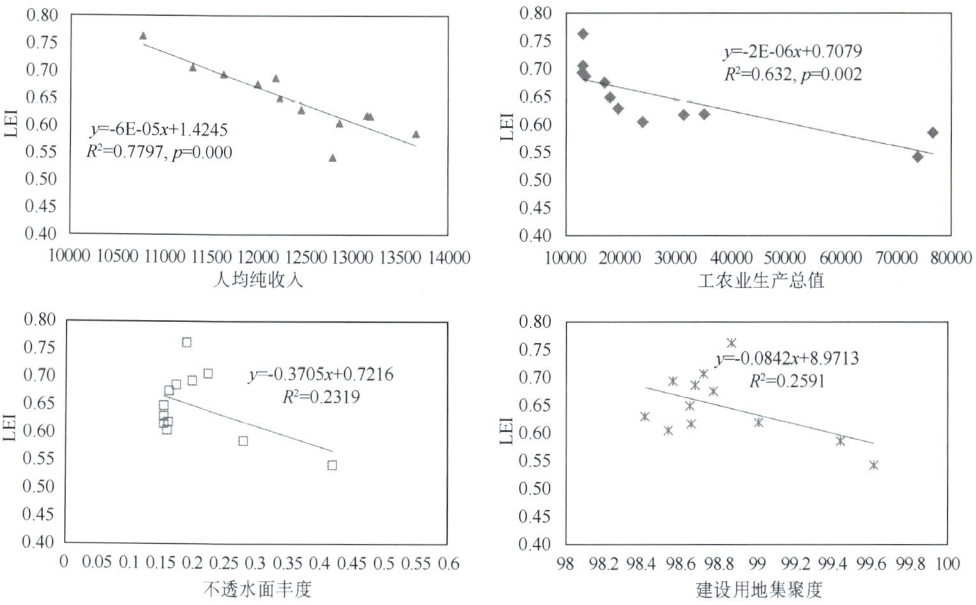

图 2－47　土地生态指数与城镇化指标间的关系

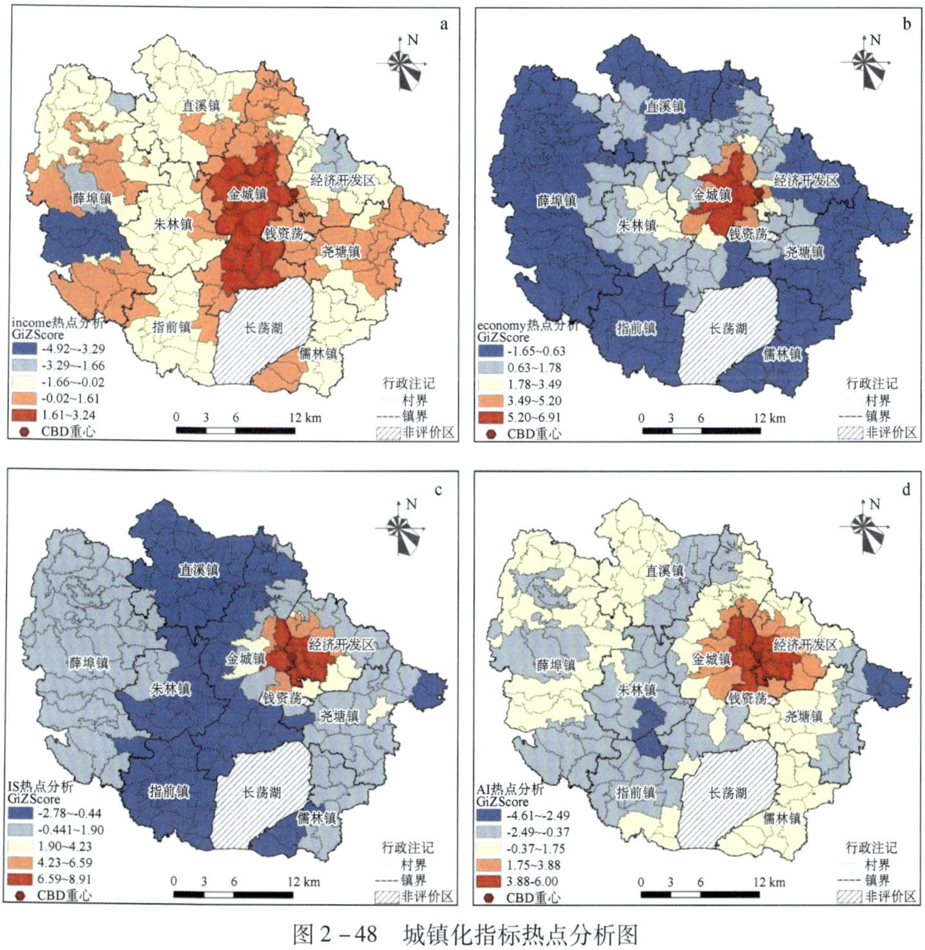

图 2－48　城镇化指标热点分析图

2. 全局土地生态因子贡献度分析

测算指标贡献度的方法有很多，如控制变量法、局部变化率与全部变化率比较法、变量分离法、决策树法等。但前三种方法都只能对数值型变量进行计算和解释，而对类型变量无法衡量，且变化比率法需要两期数据进行比较计算才可。决策树可以评价各数值变量或者类型变量对土地生态指数分级结果的相对重要性，但是不能给出绝对贡献率的定量评价。本书旨在考量金坛市内 15 个生态因子对土地生态指数分级结果的贡献度，故可选用决策树法。CART（Classification And Regression Tree）提出于 1984 年，是一种较广泛应用的决策树构建算法。CART 内部是个分层的二叉树结构，在每个节点处利用最优的变量将数据划分为两个相互独立的子集，并通过其余样本数据测试，记录下该种分配的精度。依此类推，进行不断的迭代分类，直至不能再生成分支为止。即对样本的分类结果，通过所有输入变量修剪产生决策法则和分类精度，最终形成一棵最大的决策树。由此可见，通过控制变量法，每次剔除不同的变量，可以得到不同的决策法则和训练精度，而通过训练精度的大小比较，可以实现每个变量贡献度大小的排序。

以此原理为基础，在 Clementine 12.0 中，将土地生态指数分类结果作为决策结果层，15 个指标变量作为分类判别变量层输入。通过控制变量法和 CART 中的训练精度比对分析，实现各生态因子对土地生态指数分级结果的贡献率评价，结果见表 2－21。从树的结构看，各棵树包含的节点和树深相差不多，节点在 40～54 之间，树深在 10～14 之间，表明各个分类模拟规则的复杂程度相差不多。当分别剔除自变量土层厚度、水源保证率、湿地年均减少率、土壤综合污染指数、土壤 pH 值、景观多样性时，训练精度均为 94%。与所有变量参与分类模拟的训练精度相比，降低 0.7 个百分点，降幅较小，说明这 6 个变量对金坛市整个区域土地生态质量空间分异的贡献不大。当剔除自变量建设占用耕地率时，训练精度降低 5.3%，表明区域建设用地占用耕地情况是影响土地生态质量的主要原因。该因子的主控性，也正是城镇化过程中的典型问题——建设用地扩张侵占耕地现象的表现。

表 2－21　控制变量下的 CART 模拟精度

变量	CART 训练精度/%	节点数	树深	交叉验证	
				均值	标准差
全部	94.7	44	11	64.0	4.1
地形位指数	92.0	40	11	62.0	3.4
表土质地	93.3	40	11	66.0	4.5
土层厚度	94.0	48	11	62.0	5.3
土壤有机质含量	93.3	46	12	64.7	5.5
年均降水量	90.0	46	12	60.7	4.6
水源保证率	94.0	44	11	66.0	3.9
植被覆盖度	92.0	40	10	63.3	2.3
湿地年均减少率	94.0	44	11	64.7	4.3
建设占用耕地率	88.0	52	11	55.3	3.4
土壤综合污染指数	94.0	46	11	57.3	6.5
土壤 pH 值	94.0	44	11	71.3	3.6
生态用地优势度	90.7	40	12	59.3	4.5
生态连通性	93.3	44	12	69.3	4.5
景观多样性指数	94.0	44	11	62.7	4.6
生态服务价值	90.0	54	14	54.7	2.8

3. 各生态类型区主控因子分析

用 SPSS18.0 软件，将各级生态区内的各评价单元土地生态指数作为因变量，除表土质地以外的 14 个指标作为自变量，进一步对各等级的重要限制性因素进行逐步回归分析，通过 95% 的置信度双尾检验精度筛选得到各土地生态类型区的主控因子（表 2－22）。

表 2－22　各生态类型区主控因子

区划	主　控　因　子
Ⅰ类生态区	地形位指数**、生态用地优势度*、年均降水量*、植被覆盖度*
Ⅱ类生态区	年均降水量**、湿地年均减少率**、植被覆盖度*
Ⅲ类生态区	生态服务价值**、生态连通性**、景观多样性**、湿地年均减少率*、地形位指数*、建设占用耕地率*
Ⅳ类生态区	土壤综合污染指数**、地形位指数**、建设占用耕地率**、生态服务价值**
Ⅴ类生态区	土壤 pH 值**、建设占用耕地率**、土壤有机质含量*

注：* 表示在 1% 的水平上显著，** 表示在 5% 的水平上显著。

Ⅰ类土地生态区主控因子为地形位指数、生态用地优势度、年均降水量、植被覆盖度，该区内城镇化水平不高，林地、草地等具有生态功能的土地利用类型面积比例较大，从而提升了整个地区的生态水平。Ⅱ类土地生态区主要受年均降雨量、植被覆盖度和湿地年均减少率影响。Ⅰ类和Ⅱ类土地生态区以山地丘陵为主，大部分面积处于生态保护区范围内，林地面积大，年均降雨量、水热状况较适宜农业生产，但土壤肥力有限，为确保粮食产量，化肥、农药等使用量较大，导致该区土壤综合污染指数较高。区内不易受工业化、城镇化影响，生态环境保护较好，人均林草地面积很大。Ⅲ类土地生态区主控因子最多，包括生态服务价值、生态连通性、景观多样性、湿地年均减少率、地形位指数、建设占用耕地率，影响机理复杂，受自然条件和人为活动双重影响突出。Ⅳ类土地生态区主控因子为土壤综合污染指数、地形位指数、建设占用耕地率、生态服务价值。Ⅴ类土地生态区内土壤 pH 值、建设占用耕地率、土壤有机质含量控制明显。Ⅳ类和Ⅴ类土地生态区域处于城市扩张与主要发展区，已基本实现城市化，区内人类活动多样复杂，土地利用结构不够合理，导致生态用地减少、地表硬质、土壤肥力下降、土壤盐碱化、酸化等问题。

（二）基于土地生态管护的综合区划

土地生态空间综合管护分区应遵循以下原则：根据土地生态指数空间分布特征；保证经济发展和环境保护相协调；满足居民的生产和生活需求；遵循区域与类型相结合的原则；坚持科学性，并不失灵活性；主导功能与其他功能相结合。

将土地生态类型分区图、金坛市地形地貌图与土地生态主控因子识别结果相结合，归并细碎化的评价单元后，可将土地生态管护空间分为三大类（图 2－49），分别命名为西部丘陵山地生态控制区、中部平原城乡生态优化区和东部平原农业生态协调区。

西部丘陵山地生态控制区包括薛埠镇全部、朱林镇大部分地区，指前镇、直溪镇部分地区，占全市总面积的 46.21%。该区处于经济梯度、不透水面梯度和集聚效应梯度带的低值区域内，土地生态指数高。区内以山地丘陵为主，林地面积大，年均降雨量及降雨季

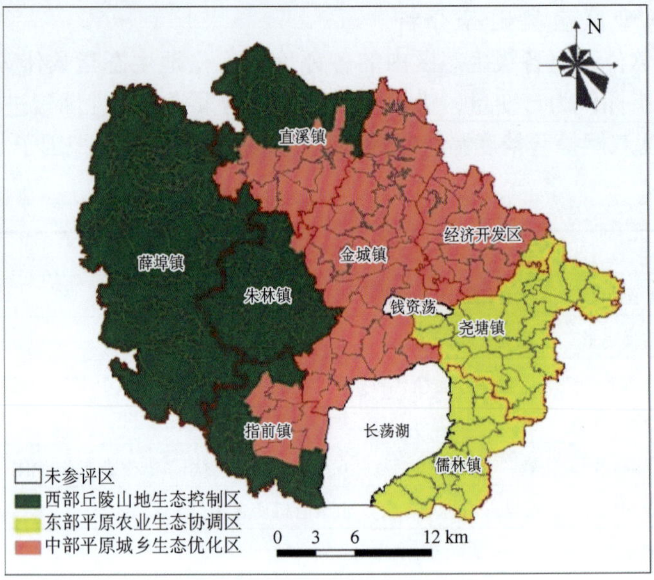

图 2-49 金坛市土地生态空间区划

节分配都非常适宜农业生产。因此，该地区是全市农业发展重点地区，粮食产量居全市前列。受地形影响，该地区土地类型丰富，但土壤有机质含量较低；由于不易受工业化、城镇化影响，生态环境保护较好，林木蓄积量很大，土壤碳积蓄水平都很高；山地丘陵区土地较为破碎，土地景观多样性指数较高，但宜耕农地较少，林地比例较大，耕地、林地退化情况较为明显。山地土壤多较为贫瘠，为了确保粮食产量，化肥、农药等使用量较高，导致该地区土壤面积比例及土壤综合污染指数都较高，是区内需改善的主要土地生态问题。结合土地利用总体规划及城市总体规划，该区域在今后发展过程中承担着生态保护及生态农业发展的重要任务，因此，在土地生态建设及管控过程中，应以培育林地、发展山地生态农业、逐渐降低人为影响为主要目标；特别是做好灾害易发地段的监控及保护建设，确保该地区宜耕农地及农业发展的土地安全；同时，应该结合生态农业建设，逐步降低化肥、农药使用量，积极推行土地流转，并在此基础上大力开展生态农产品深加工产业；加大土地整理及万顷良田工程建设力度，逐渐实现散居村落的集中、宜耕农地集中及生态农业园集中。

中部平原城乡生态优化区包括金城镇、经济开发区全部及直溪镇、指前镇大部分地区，占全市总面积的35.40%。该区基本上处于城镇化四个梯度的高值热点区，土地生态指数低。区内以市政府所在地金城镇为中心，形成了类似“T”形土地生态格局，这与金坛市城市总体规划中生态系统的划定结果相一致，说明近年来土地利用格局较好地实现了规划所制定的发展目标。由于该区域地势平坦，土地肥沃，是金坛市城市化最为快速的地区，所以建设用地比例较高，密度较大；加之人类活动多样复杂，导致占压土地比例、废弃撂荒土地现象、湿地水域减少率都较突出；特别是金坛市城镇建设导致以金城镇为中心的周边乡镇土地生态格局呈现较大压力局面。因此，在今后土地利用中，要充分考虑该区域特点，协调城乡发展，优化土地生态格局。针对该区域快速城镇化及土地利用变化较快的特点，土地生态格局应充分与其协调，以环钱资荡及长荡湖东岸生态绿岛建设为重点，提升城市绿地比例，增强该地区碳汇总量及生态承载能力，通过万顷良田工程对散落的乡村聚落进行整合，促进城镇化发展，提高耕地质量；提高建设用地节约集约利用水平，提升建设用地单位 GDP 产出，将低碳环保的土地利用方式作为该地区土地生态建设的重点，培育具有金坛特色的生态城镇发展模式。

东部平原农业生态协调区包括尧塘、儒林两镇，占全市总面积的 18.38%。该区域为经济梯度热点、不透水面梯度冷点与收入、集聚效应梯度适中值区。区内地势平坦，土地肥沃，土地类型多样，且景观斑块较为整合，耕地比例较高，未利用地开发率较高，土地污染较轻，因此适宜发展现代化生态农业。但由于该地区传统农业比例较大，加之城镇化水平不高，导致该地区农民人均纯收入、农业发展受到影响，耕地退化、撂荒现象较为严重。因此，在今后土地利用中，结合金坛市发展目标，该区域应以发展生态高效、高值农业为主要目标，努力打造生态农业、有机农业及农业产业化。针对本地区耕地撂荒、退化严重问题，地方政府及国土管理部门应该采取有效措施，鼓励该地区进行万顷良田工程建设并实行土地流转；针对水网密度较低的现状，积极开展土地整治工程，以改善沟渠，提高灌溉利用水平为主要目标；同时，为协调市区土地生态功能，依托邻近金城镇及长荡湖的优势，培植城市生态旅游功能土地利用模式，通过土地生态价值的实现，承接城市地区对生态功能的需求，并吸引物力、财力、人力等资源进入该区域，实现区域生态可持续发展。

四、主要结论

本书开展了金坛市土地生态评价，分析了土地生态质量空间分异特征、城乡梯度规律，识别出土地生态质量空间分异的主控因子，划分了土地生态管护区，提出相关政策建议，以期为政府决策和土地生态管护提供科学依据和政策支持。研究主要得到四点结论：

（1）根据构建的评价指标体系与综合评价方法，以行政村为评价单元，对金坛市进行系统的土地生态评价，结果比较符合金坛市实际，方法较为可行。金坛市土地生态质量西部丘陵山区好于中东部平原区，同时呈现以主城区为中心向四周土地生态指数上升的趋势。土地生态指数最高的是西部的山蓬村，为 0.813；最低的是分值为 0.399 的电胜村。

（2）金坛市的土地生态质量空间分异特征符合城乡梯度规律，城镇化是导致该现象的重要原因。通过环形梯度分析，发现沿城镇中心向外每增加 2400m，土地生态指数提高 1.6%；通过条带梯度分析，发现城镇化导致区域土地生态指数下降，主要影响途径是通过对区域土地生态结构的影响，以及经济社会发展过程中对土地利用的人文胁迫作用。

（3）就区域整体而言，经济发展和建设占用耕地率是影响土地生态质量的主要因素；就不同土地生态类型区而言，由于城镇化程度的不同而显化为区内主控因子各异。平均区域农民纯收入每增加 1659 元，或工农业生产总值每增加 49760 万元，土地生态指数降低 0.1。当剔除自变量建设占用耕地率时，拟合训练精度降低最大，为 5.3%，其余均低于 0.7%。土地生态质量较好的Ⅰ类和Ⅱ类生态区主控因子以自然本底因子为主；土地生态质量中等的Ⅲ类生态区，面积最大，受自然和人文因子双重影响较明显；土地生态质量较差的Ⅳ类和Ⅴ类生态区，主控因子多是土壤污染和土地利用结构不合理。

（4）对金坛进行土地生态管护综合区划，可分为西部丘陵山地生态控制区、中部平原城乡生态优化区和东部平原农业生态协调区。西部丘陵山地生态控制区宜加大土地整理，促使居民点集聚，逐步降低化肥、农药使用，培育园地、林地，以发展山地生态农业为主。中部平原城乡生态优化区需依托一荡一湖加强生态绿岛建设，提升区域土地生态承载力，改善土地污染状况，提高土地节约集约化水平，将低碳环保的土地利用方式作为土地生态建设的重点。东部平原农业生态协调区应积极开展土地整治工程，提高水源保证率和土壤肥力，依托优势的地理位置和地形条件发展生态高值农业。

第五节　江苏万顷良田区土地资源可持续利用对策研究

一、土地资源可持续利用研究的必要性

改革开放以来，我国社会经济高速发展，城市化与工业化进程不断加快。同时，我国城乡居民的收入差距不断被拉大。2013 年，全国城镇居民人均可支配收入为 26955 元，农村居民人均纯收入 8896 元，城乡居民收入比为 3.03∶1。由于我国城乡二元结构突出，日益严重的城乡差距和“三农”问题制约了统筹城乡发展和全面建设小康社会的进程。因此，解决好城乡发展不平衡和“三农”问题，缩小城乡差距，对于当前我国社会经济可持续发展来说显得尤为重要。

针对上述问题，2004—2010 年连续 7 年出台了以“三农”为主题的中央一号文件，2010 年首次突出了“城乡统筹发展”概念，强调了以统筹城乡发展解决“三农”问题的思路。在此之前的 2007 年，国务院先后批准成都市和重庆市作为全国统筹城乡综合配套改革试验区，探索改变城乡二元结构体制和实现城乡统筹发展的模式。当前，随着第二产业经济份额与非农人口比例的不断增加，我国经济发展已处于工业化中期阶段，已经具备了“以工促农、以城带乡”的基础与条件。统筹城乡发展是工业化进程中的必然要求，也是我国社会主义现代化建设的必由之路。

位于长江三角洲的江苏省金坛市，近年来城乡社会经济发展迅速，但目前仍然呈现出“城强郊弱”，“大城市、大农村”的特点。2013 年，金坛市城市居民人均可支配收入为 34722 元，农民人均纯收入 17371 元，城乡居民收入比为 2.00∶1，城乡二元结构制约了金坛市的发展。

“万顷良田建设工程”是统筹城乡发展的基础性系统工程，通过提升第一产业、支撑第二产业、繁荣第三产业，推动一、二、三产协调发展，促进城乡资源配置渐趋合理，破解二元结构矛盾，推进农业现代化，提高农民收入，加速推进工业化、城市化进程。工程从集聚耕地资源、建设规模良田入手，带动各类相关生产要素在一定区域内流动集聚、集中配置，最终产生巨大的聚合效应。其设计理念是：从合理配置土地资源入手，调整优化

生产力布局，实现经济发展方式基础性转变，推动农业集约化、农村城镇化、农民市民化。基本做法是：将项目区内的村庄整体搬迁；除永久保留少数具有政治、经济、人文特色的村庄外，一般纯农业性的村庄将逐渐集中到城镇去；每个县（市）以规划建设3～5个重点中心镇为最佳，实现工业向园区集中、居住向城镇集中、耕地向集体组织集中。

二、土地可持续利用要素调控分析

（一）城乡统筹界面的概念

1. 城乡系统分析

由于自然地理条件、社会经济发展状况及城乡二元体制等原因，区域系统被分为城市系统和乡村系统两个子系统。同时，由于城乡两个子系统之间相互作用、相互联系，各种物质流、能量流、信息流交织在一起，在城市与乡村系统之间又衍生出一个新型过渡区域，即城乡交错系统。由此形成了以村镇空间体系—城乡空间体系—城市空间体系为格局的区域空间体系，其中村镇空间体系由村庄、中心村、小集镇、中心镇组成；城乡空间体系包括农村、城镇、城市；城市空间体系主要包括小城市、中等城市、大城市（图2－50）。作为整个区域系统来说，当社会经济发展进入工业化中期阶段后，城乡发展不平衡问题将成为阻碍城乡区域发展的主要影响因素，要实现区域社会经济又好又快发展，必须依靠城乡统筹发展来实现。具体而言，乡村系统需要依靠农村城镇化，加快农村剩余劳动力向非农产业的快速转移，实行土地规模化经营，实现农业的专业化和产业化；城市系统则需要通过区域的城市化，优化产业结构与布局，加快新型工业化进程，提升区域经济的综合实力，吸纳更多的农村剩余劳动力，实现以工业反哺农业、以城市带动农村的城乡统筹发展目标。

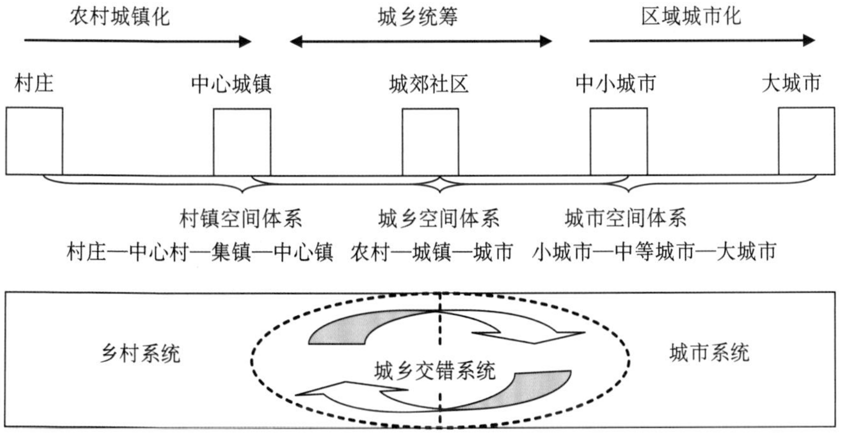

图2－50　区域城乡系统分析

2. 城乡统筹界面的定义

从上述分析来看，通过城乡统筹发展解决城乡发展不平衡问题，要处理好和协调好特定城乡地域系统内城市与乡村之间的关系。但是由于社会经济发展差距和城乡二元结构，城市与乡村之间实际上存在着一个界面，边界内外（城市与农村）的社会经济发展程度存在明显差距，城市内的社会经济发展状况优于农村内的社会经济发展状况。这个边界可能是有形的，如行政区划、地域景观等；也可能是无形的，如户籍制度、二元观念等。边界的位置与影响城乡社会经济发展水平的诸多因素有关，这些因素有些是有形的、可以直接度量的，有些则是无形的，它们共同组成了一个因素集 F。因此，定义由一系列城乡社会、经济、环境要素组成的因素集 F 所决定的城市与乡村两个系统的边界称为城乡统筹界面。城乡统筹发展的目的就是要通过一系列调控措施与政策，优化集合 F 中各元素的取值范围，打破割裂城市与乡村的壁垒，促进各种要素在城乡之间双向流动，缩小城乡差距，最终达到城乡和谐共生，实现城乡一体化的目的。

3. 城乡统筹界面的类型

从上面的定义和分析可以看出，城乡统筹界面又可分为以下三种类型：

（1）城市与乡村之间的界面：如图 2－51（a）所示，城市系统与乡村系统之间存在着一个明显的界面。

（2）城乡统筹前后的界面：从图 2－51（b）中可以看出，当把城乡看做一个整体，城乡统筹前是一个系统，城乡统筹后是一个系统，两个系统之间存在着一个界面。

（3）城乡内外的界面：城乡作为一个整体，城乡内部与城乡外部之间也存在着一个界面，见图 2－51（c）。

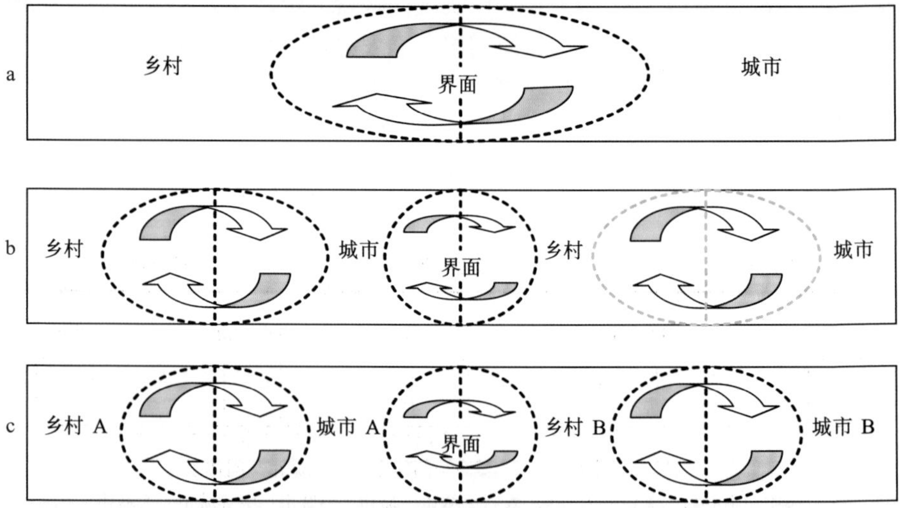

图 2－51　城乡统筹界面类型

4. 城乡统筹界面的性质

总体而言，城乡统筹界面具有以下性质：

（1）界面要素的复杂性。影响城乡统筹界面的要素众多，不仅包括城乡资源环境方面的因素，还包括城乡社会经济方面的因素。这些要素有些是无形的，有些是有形的，而且它们之间相互作用，相互影响，共同组成城乡统筹界面要素集 F。

（2）界面范围的有限性。虽然影响城乡统筹界面的要素众多，而且相互作用复杂，但是各个要素的取值有一定范围，即各个要素的影响范围有限，因而在各种因素共同作用下的城乡统筹界面的范围也是有限的。

（3）界面系统的动态性。由于影响城乡统筹界面的要素处于动态变化之中，各种物质流、能量流、信息流在城乡两个系统之间相互流动，因而决定了城乡统筹界面的动态性。

（4）界面系统的突变性。城乡界面要素集 F 中的各个因素总是处于不断变化之中，并处于一种稳定状态。当在内外因相互作用下不超出城乡地域系统保持稳定的允许范围时，其仍将处于稳定状态；一旦超出了稳定的许可范围时，城乡系统将会从稳定状态演变为不稳定状态。这种演变过程是一种由渐变到突变，或由量变到质变的过程。城乡统筹发展的目的就是要通过各种要素取值范围的改变来缩小城乡差距，实现城乡协调发展。

（二）城乡统筹界面的影响要素

城乡统筹发展所要关注的实际上是一个由城市与乡村各种因素相互作用的复杂社会经济地域系统。城乡之间各种物质流、能量流、信息流相互交织在一起，共同作用于这一城乡地域系统。城乡统筹发展的目的，就是要破解当前由于我国城乡二元结构造成的城乡差距现实问题。其中影响城乡统筹发展，阻碍城乡统筹界面过程的主要因素，不仅有城乡发展现实的客观因素，还有农户城乡统筹发展的主观因素，也有人为政府政策的体制因素。三种城乡统筹界面要素相互之间的内在联系，如图 2－52 所示。造成城乡差距过大的各种资源环境、社会经济等城乡现实和农户对于城乡统筹的意愿提供给政府必要的信息，它们是政府制定相关城乡统筹政策的依据，政府政策反过来又会影响城乡现实与农户意愿，政府制定政策的主要目的，是促进城乡社会经济发展，提高农民收入，缩小城乡差距，最终实现城乡统筹发展。农户意愿是农民对于城乡社会经济发展现实的具体反映，而城乡现实反过来又会影响农户的意愿；农民对城乡现实的满意度越低，他们城乡统筹的意愿越强烈。三者共同作用于城乡统筹发展这一目标，即通过农户意愿的提高、城乡现实的改变和政府政策的调整，最终实现城乡统筹发展。

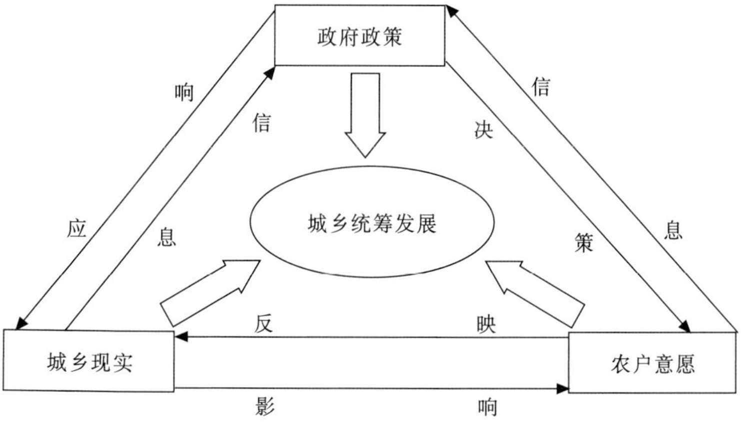

图 2－52　城乡统筹界面要素相互作用关系

城乡统筹发展，总体来说可以通过两种途径来实现，第一种途径是通过政府“自上而下”采取一系列政策，制定城乡统筹的相关措施来消除城乡二元结构，最终实现城乡统筹发展；第二种途径是农户自发地通过农业承包经营、自办企业等“自下而上”的方式实现城乡统筹发展，此类方式以“温州模式”、“苏南模式”较为典型。温州模式主要通过家庭企业发家致富，而苏南人主要依靠乡镇企业走上脱贫致富的道路。

1. 城乡现实——城乡统筹发展的基础平台

影响城乡统筹发展的客观因素主要涵盖了资源禀赋、基础设施、社会经济发展等方面内容。这些影响因素是实现城乡统筹发展的基础平台，也是实现城乡统筹发展的着力点。只有搭建好城乡统筹发展的基础平台，完善城乡统筹发展的各项配套设施，才能切实缩小城乡差距，实现城乡统筹发展的目的。我国人多地少，2009 年我国人均耕地面积为 1.38 亩，仅为世界平均水平的40%。紧张的人地关系严重制约着我国城乡统筹发展，一方面，耕地面积偏小，限制了农业发展空间，增加了农地规模化经营的难度；另一方面，在城乡统筹发展过程中，如何将大量的农业人口转移成城镇人口，这些农民失去土地后，他们的生活保障、社会保障等问题都将影响到城乡统筹发展的实现。邮电通信、交通运输等城乡基础设施也是影响城乡统筹发展的重要因素，它们是城乡要素双向流动的通道。完善的城乡基础设施将会促进区域社会经济的可持续发展，并为城乡统筹发展提供基础支撑与保障。城市化水平、城乡工农业关联度、城镇人口比例、非农从业人员比例等社会经济因素在一定程度上也将影响到城乡统筹发展进程。自改革开放以来，我国城市化水平不断提高，但与发达国家相比，我国城市化水平仍然偏低。没有城市化水平的不断提高，农村人口的转移就将失去载体与平台。长期以来，我国“重工轻农”，一直把工业放到主导地位，把农业放到次要地位，造成了城市工业与乡村农业关联度偏低，没有形成互补机制，农业的产业化过程也受到很大阻碍；同时，由于我国在推进工业化进程中走的是新型工业化道路，新型工业的发展以及原有产业的更新换代，需要的是文化水平较高的技术工人，劳动生产率的提高又不断释放大量的剩余劳动力，然而农业规模化、产业化将会转移出大量的富余劳动力，而且农村劳动力素质不高，这种现实矛盾将长期存在并严重影响着农村人口的转移与消化。

2. 农户意愿——城乡统筹发展自下而上的内在动力

评价城乡统筹优劣的关键，在于城乡统筹发展是否增加了农民收入，是否改善了农民的福利，是否增强了农民的幸福感，因而在城乡统筹发展过程中要坚持“以人为本”，尊重农民的意愿。农户对当前生活、生产、社会福利、生态环境的现状感受，他们对城乡差距的认识，对城乡生活的喜好等，都将影响着城乡统筹发展的进程与实施难度；同时，农民作为城乡统筹实施载体，他们对城乡统筹政策与措施的认知程度、支持程度也将影响着城乡统筹发展。农户意愿对城乡统筹发展的实施及其模式的选择将产生根本性的影响，它是城乡统筹发展自下而上的内在动力。由于农户意愿受不同资源禀赋、区位条件、社会经济发展水平的影响，因而在城乡统筹发展过程中针对不同类型农村的统筹模式与政策也应该有所区别。城乡统筹发展只有在农户意愿的内在驱动下才能有效实施，并最终缩小城乡差距，实现城乡协调发展。

3. 政府政策——城乡统筹发展自上而下的外部引力

我国长期以来追求经济的高速增长，以政府为主导，集中优势资源，以重工业为重心，加速工业化进程，由此形成了与之相适应的城乡二元经济体制，“重城轻农”，城市成为经济发展的重心，农村则是经济发展的配角，各种资金、技术、劳动力都流向了城市。

在传统计划经济时代，这种体制在一定程度上促进了经济发展和社会进步。但自改革开放以来，我国市场化进程不断加快，原有城乡二元经济结构已不能满足当前我国社会经济的快速发展，并成为造成城乡差距过大的根本原因。农民在户籍、就业、社会保障等方面不能与城市居民享受相同的国民待遇，由于户籍身份的限制，农民在农村享受不到改革开放的成果，农村教育、养老、医疗等社会福利水平仍然较低。农民工进城也面临着就业困难、享受不到基本社会保障等方面的问题。在城乡统筹发展过程中，政府所要扮演的角色，一方面是要通过制定和采取一系列富民惠民的政策与措施，逐步引导农民致富，改善他们的生活条件，提高他们的福利水平，增强他们的幸福感；另一方面，要通过政策引导城乡社会经济发展，提高城市化水平，优化产业结构，为城乡统筹发展搭建好平台。因而，政府是城乡统筹发展自上而下的外部引力。

（三）城乡统筹的目标

城乡统筹发展以改变城乡二元结构为目的，通过政府政策引导城乡两个系统之间的要素优化配置，消除城乡两个系统之间的明显界限，促进城乡良性互动，实现城乡资源环境的有效配置与社会经济的协调发展。总体而言，城乡统筹发展最终要实现包括“生活殷实、生产繁荣、福利共享、生态优美”在内的四大目标。

1. 生活殷实

城乡统筹发展的关键在农村，衡量城乡统筹发展好坏的关键在于农民的生活质量是否得到了提高与改善。只有农民收入提高，生活得到改善，农民的幸福感才会增强。城乡统筹发展就是要改变城乡差距过大的局面，通过农村产业发展，加快农村剩余劳动力向非农产业转移，壮大农村实体经济实力，促进农村增收，改善农村生活水平，最终达到农民生活殷实的目的。

2. 生产繁荣

农村经济的发展壮大是实现城乡统筹发展的根本保障。只有农村经济的持续繁荣，农民收入才能得到提高，农村各项社会事业的发展才能得到保障。农村经济的发展不仅需要持续不断地“输血”，更需要通过农村非农产业的快速发展实现其“造血”功能，实现真正意义上的城乡统筹发展。通过土地流转，大力调整农业种植结构，实行农地规模化经营，发展现代农业，促进农业专业化与产业化发展，活跃农村经济，实现生产繁荣。

3. 福利共享

当前城乡差距在很大程度上不仅仅体现在城乡居民收入差距上，更大程度上体现在城乡社会保障的差异上。城乡居民在教育、卫生、文化、就业等方面还存在较大差距，农村居民不能像城市居民一样享受发展成果。因而，在城乡统筹发展过程中，应彻底打破城乡壁垒，积极引导政府投入、鼓励多渠道投资，加大农村基础设施建设力度，大力发展农村社会保障事业，提高农民社会福利待遇，实现城乡社会福利共享。

4. 生态优美

由于城乡二元经济体制，农村经济发展滞后，农村的面貌普遍脏、乱、差。城乡统筹发展的目的就是要通过旧村改造，新居建设、农村基础设施和公共服务配套设施一起规划、一起建设、一起更新，建设现代新农村，改善农民的居住环境和村落面貌，提高农民的生活质量，加快农村现代化建设的步伐，达到农村生态环境优美的目的。

（四）城乡统筹界面的调控工具

当前，我国城乡社会经济发展存在明显的二元性，城乡统筹发展的目的是要消除割裂城乡两个系统的明显界限，这也是城乡统筹界面调控的基本思想，即通过一系列政策、措施的调控，消除城乡两个系统之间的明显界限，从而达到城乡协调发展的目的。

1. 城市精明增长理论

精明增长理论起源于美国城市增长管理研究。它是针对城市蔓延问题，在提高土地利用效率基础上，通过城市管理措施，实现经济、社会、环境协调发展的一种紧凑、集约、高效的城市增长模式。由城市精明增长调控机理（图2－53）可以看出，精明增长主要是针对20世纪中后期美国出现的“郊区化”和“城市蔓延”等现象而提出的一种城市发展模式。它通过采取多种手段和措施对城市增长进行约束或引导，来抑制城市蔓延，达到城市空间紧凑、经济健康发展、资源有效保护、城市生活宜居等城市发展目标，最终实现城市的可持续发展。精明增长理论主要采取划定城市增长边界、公共交通引导、实行区域差别化政策、发挥经济杠杆调节作用、废弃地再开发与再利用等调控工具。

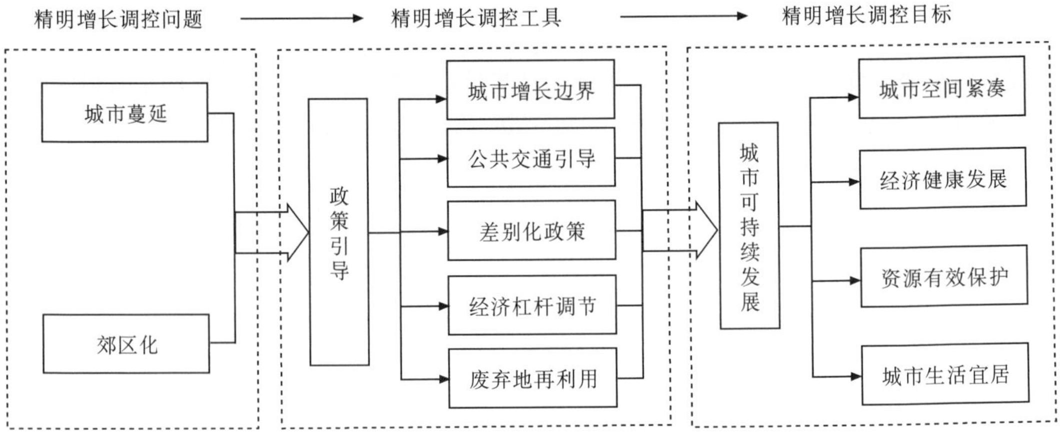

图2－53　城市精明增长调控机理

2. 基于土地精明可持续利用的城乡统筹界面调控

从上述分析中可以看出，城乡统筹的内涵与精明增长的思想是类似的，即通过政策引导各要素配置，最终实现资源环境的有效配置与社会经济的协调发展。二者的区别在于城乡统筹是以农村为中心的城与乡之间的互动，精明增长是城市内部各要素的流动；城乡统筹是精明增长的外延，是精明增长在中国的发展，精明增长是城乡统筹的内涵。

要实现城乡统筹发展，就必须打破割裂城乡的主观、客观、体制方面的限制，促进城乡之间各种要素的双向流动，消除城乡之间明显的差距。由于土地既是农业生产的基本资料，又是城市建设的空间场所，因而土地能够架起城乡之间的桥梁，以土地为纽带能够实现城乡之间各种要素的有效配置，并促进城乡经济协调发展，在城乡统筹发展中扮演着不可替代的作用。同时，城乡统筹发展的关键和重点在农村，而土地作为农民赖以生存的重要的生产生活资料，土地利用方式与结构的调整与优化是实现城乡统筹发展重要的调控方法与手段。因而，借鉴城市精明增长理论，将其应用于城乡统筹中，提出城乡统筹背景下区域土地精明可持续利用的核心思想，即在城乡区域土地内，通过城乡土地利用数量、结构、利用方式的调整与优化，消除城乡之间各种要素流动的障碍，最终实现区域城乡统筹发展的一种简便高效的土地利用方式。

在城乡统筹界面系统中，影响城乡统筹发展的主要因素包括城乡现实、农户意愿、政府政策3个方面，城乡统筹界面调控的目的就是要实现包括生活殷实、生产繁荣、福利共享、生态优美在内的4个方面的城乡统筹目标。为调控城乡统筹界面要素，并最终实现城乡统筹界面调控目标，以区域土地精明可持续利用为核心思想，提出包括农地整治、村镇改造、要素配置在内的3个土地精明可持续利用调控工具。即通过土地精明可持续利用的3个调控工具，优化城乡统筹界面要素的取值范围，消除城乡两个系统之间的明显界限，最终实现城乡统筹发展目标。基于土地精明可持续利用的城乡统筹界面调控机理，如图2－54所示。

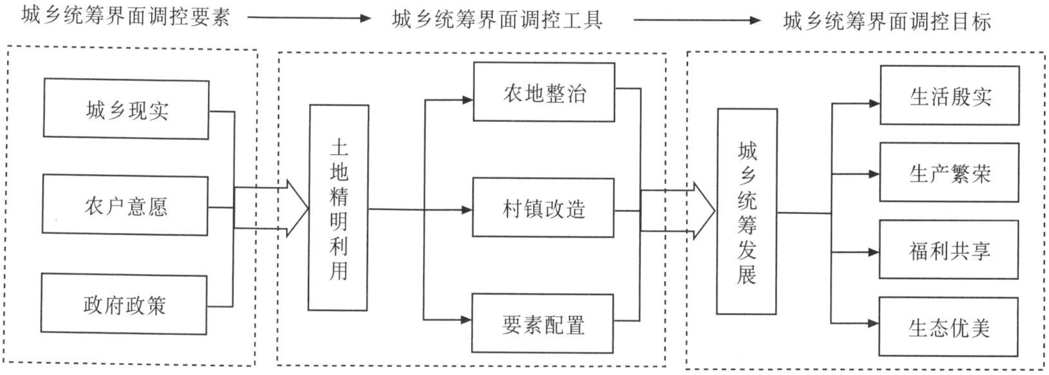

图2－54 基于土地精明可持续利用的城乡统筹界面调控机理

3. 土地精明可持续利用的实现工具

通过“农地整治、村镇改造、要素配置”3个实现工具调控城乡统筹界面要素流动，消除城乡之间的明显界限，可最终实现城乡统筹发展。3个土地精明可持续利用实现工具相互作用、相互联系，三者的相互作用关系如图2－55所示。农地整治的大力推进，城乡建设用地增减挂钩的实行，对农村零乱的建设用地和宅基地进行整理复垦，一方面将有利于村镇改造的顺利进行，推动中心村建设和新居建设；另一方面，农地综合整治需要对分散农户的农地进行流转，土地规模化经营也将解放农村人口，加快农村剩余劳动力的快速转移，这都将会促进土地、劳动力等要素的合理配置。而村镇改造的顺利进行，将会有助于农地的规模集中，进而促进土地的规模化经营，进一步推动农地整治的实施；村镇改造后整理的剩余农村建设用地可通过空间置换、城乡建设用地增减挂钩等方式来满足城市发展的需求，促进土地要素的合理配置。此外，农地流转、劳动力转移、空间置换等农村要素有效配置后，农地经整理后实行规模化经营，促进农业的专业化和产业化；大规模农业人口向非农产业转移，也将有利于村镇改造的实施；通过空间置换，实施城乡建设用地增减挂钩，农村在提供给城市足够的发展空间的同时，各种资金、技术、信息将流向农村，进一步促进农地整治和村镇改造的实施。3个实现工具相辅相成，以土地为纽带，通过城乡之间的双向流动，打破城乡二元结构，在促进农村城镇化和工业化的同时，保障城市的快速发展，最终实现城乡统筹发展。

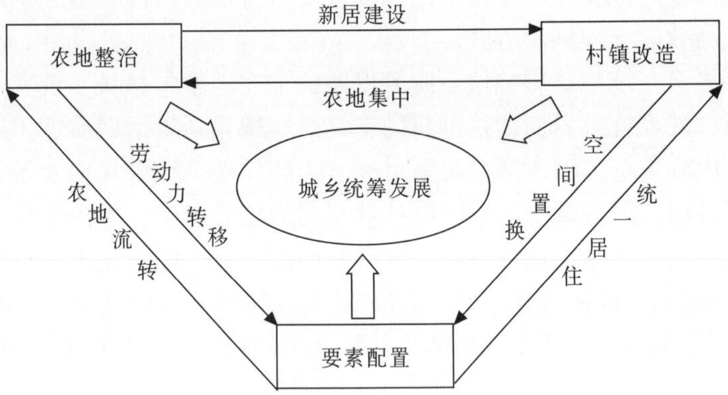

图2－55　三大土地精明可持续利用实现工具相互作用关系

1）农地整治

农村土地整治，就是以土地整治和城乡建设用地增减挂钩为平台，通过开展农田整治、发展非农产业、促进城乡互补等措施，推进田、水、路、林、村、房的综合整治，真正实现“耕地占补平衡有良方，土地节约集约有增量，农民安居乐业有保障，城乡统筹发展有希望”的目标。通过对农村零乱、废弃、闲置的建设用地进行整理复垦，在新增耕地的基础上对大面积的农地进行平整，兴修沟、路、渠，做到田成方、树成行、路相通、渠相连、旱能浇、涝能排，建成高标准农田。农地整治在增加耕地面积的同时，将会提高耕地的质量，耕地大规模的集中为发展现代农业、生态农业、高效农业创造了条件。积极引导和鼓励整理后的土地通过租赁、入股、联营等方式向农业种植大户或农村专业技术组织（农村专业技术协会、农村合作社）流转，结合本地优势农产品资源，大力调整农业种植结构，发展现代农业。与此同时，积极通过优惠政策吸引农副产品加工企业入驻，构筑现代化的农产品加工基地，建立健全农产品产业链，提高农产品科技含量，发展农产品深加工工业，实现农业的产业化。在发展现代农业的基础上，通过农业种植结构的调整，积极培育乡村旅游、生态旅游资源，大力发展农业观光旅游、休闲体验旅游。开展农地整治，实现了土地的规模化经营和现代农业的快速发展，带动和促进农村三大产业的发展，将会进一步提高农民收入，促进农村生产的高效发展。农地整治推动城乡统筹发展过程如图2－56所示。

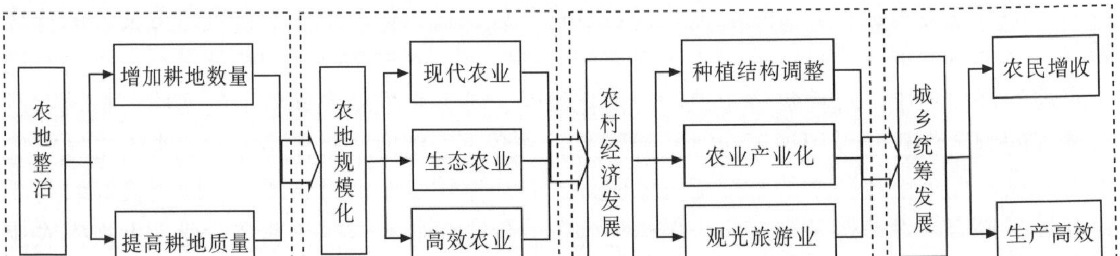

图2－56　农地整治推动城乡统筹发展示意图

2）村镇改造

村镇改造是指对农村旧房改造、新居建设、农村基础设施和公共服务配套设施一起规划、一起建设、一起更新，建设现代新农村。村镇改造通过对农村居民点（宅基地）进行整理，解决农村建设用地粗放利用的现状，通过整村搬迁、村庄缩并、多层建筑等农村居民点整理方式，盘活农村建设用地，整理出来的土地一部分可进行复垦整理，补充耕地，满足农业生产的需要；另一部分可用来发展非农产业，促进农村二、三产业的发展，进而加快农村工业化进程，提高农民收入；同时对农村建设用地空间的有效集聚，农民集中统一居住，将会加快农村现代化建设步伐。村镇改造通过对农村建设用地（宅基地）的整理，实现了土地资源的节约集约利用，同时改变了农村原有脏、乱、差的面貌。盘活的建设用地在为农村非农产业的发展提供广阔空间的同时，为农村工业化的实现创造条件。村镇改造将最终提高农民的生活质量，改善农村的生态环境。村镇改造推动城乡统筹发展过程如图 2－57 所示。

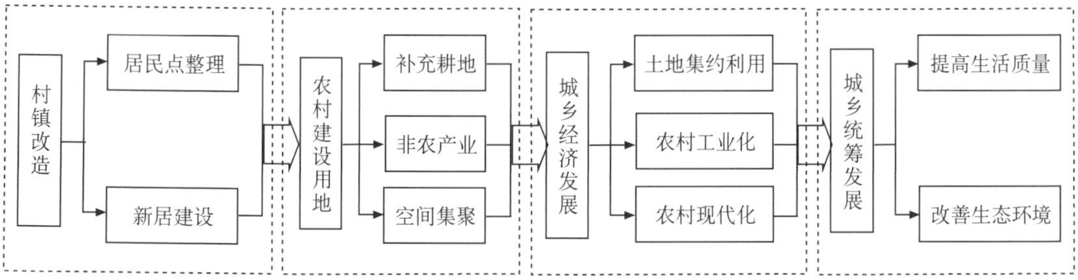

图 2－57　村镇改造推动城乡统筹发展示意图

3）要素配置

实现以土地为主的生产要素的市场化，并对这些要素进行重组与整合，是新农村建设和城乡统筹发展的关键。对以土地为主的生产要素进行有效配置，加大土地流转的实施力度，将会促进农村土地分散经营向规模化经营转变，农户通过入股的方式加入土地合作社，调整农业种植结构，农地开展规模化经营，进而促进农业的专业化和产业化。同时，规模化经营将会加强农户抵御自然灾害、市场风险的能力，促进农村土地资源向土地资本的转化，带动农村非农产业的快速发展。农村剩余劳动力的有效转移，将减小农村发展的人口束缚，为土地的规模化经营、农村的产业化和工业化创造条件，从而增强农村经济活力，提高农民收入。此外，村镇改造和农地整治出来的剩余农村建设用地可以通过土地的空间置换作为城镇发展所需建设用地的后备资源，这样可以减少城镇建设对农用地尤其是耕地的占用，既保证了耕地数量，又解决了城镇发展对于建设用地的需求，促进城市的快速发展；而农村在为城市发展提供保障的同时，各种资金、技术、信息将从城市流向农村，促进农村社会经济的快速发展。通过以土地为主的农村生产要素的优化配置，能够达到提高农民收入、提高农村劳动生产率的目的，并最终实现城乡统筹发展。要素配置推动城乡统筹发展过程如图 2－58 所示。

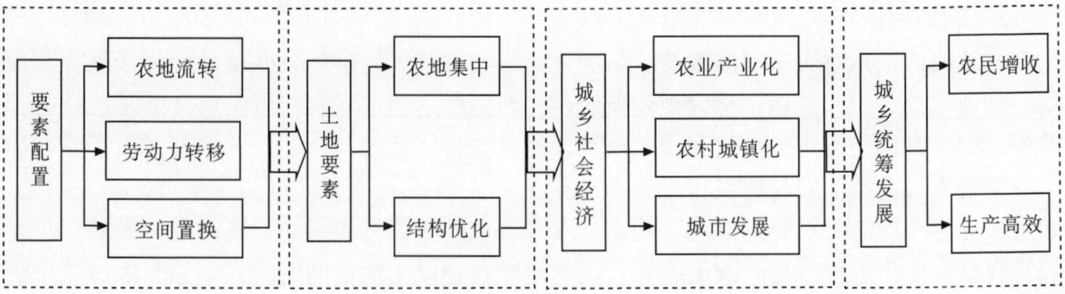

图 2-58 要素配置推动城乡统筹发展示意图

三、土地精明可持续利用运作体系构成

（一）区域土地精明可持续利用的体系

基于城乡统筹基础现实分析与城乡统筹内在驱动意愿调查与分析，利用“农地整治、村镇改造、要素配置”3个工具，提出基于“现实+意愿+政策”的土地精明可持续利用运作体系，通过“分区引导—意愿驱动—模式选择—差别化工具”，推动区域城乡统筹发展（图2-59）。该体系主要由四大部分构成。

1. 分区引导

一个地区要实现城乡统筹发展，首先应根据城乡社会经济发展现实和土地利用现实，划分土地利用功能分区，加强区域间的分工与协作，突出不同区域的功能性及区域间的协调性，在不同分区功能的指导下，引导产业布局与结构优化，通过分区引导加快区域城市化与农村工业化，促进城乡社会经济发展，从而为城乡统筹发展搭建良好的基础平台。基于研究区分区现状，优化整合区应重点整合区内资源，推动产业升级，发展高新技术产业，承担区域创新角色；重点拓展区应提升产业规模，承接产业转移，建立成为先进制造业基地；都市农业区应严格保护耕地，因地制宜发展特色农业，促进农业的规模化、产业化、集约化发展；生态旅游区应以国家森林公园为依托，建设国家级旅游度假区，发挥其生态调节功能。

2. 意愿驱动

同时，城乡统筹发展需要坚持“以人为本”，尊重农民的意愿，“自下而上”发挥农民在城乡统筹发展过程中的主观能动性，通过了解不同区域农民城乡统筹发展意愿和分析农户意愿对城乡统筹实现的影响，从而为政府“自上而下”通过土地精明可持续利用引导城乡统筹发展提供依据。基于研究区农民意愿调查与分析，优化整合区应重点维护搬迁农户的利益，统筹考虑搬迁安置及安置后的生活保障问题；重点拓展区应考虑土地规模经营、农村建设用地空间置换、农民统一居住后的生产生活及社会保障问题；都市农业区、生态旅游区应重点考虑农户的恋土情节、土地综合整治对农户的影响，以及农户的搬迁安置问题，以此增强农户的农地整治意愿、村镇改造意愿和要素配置意愿。

3. 模式选择

针对不同区域农户城乡统筹意愿，结合典型农村地域优势与产业特色，不同功能区应

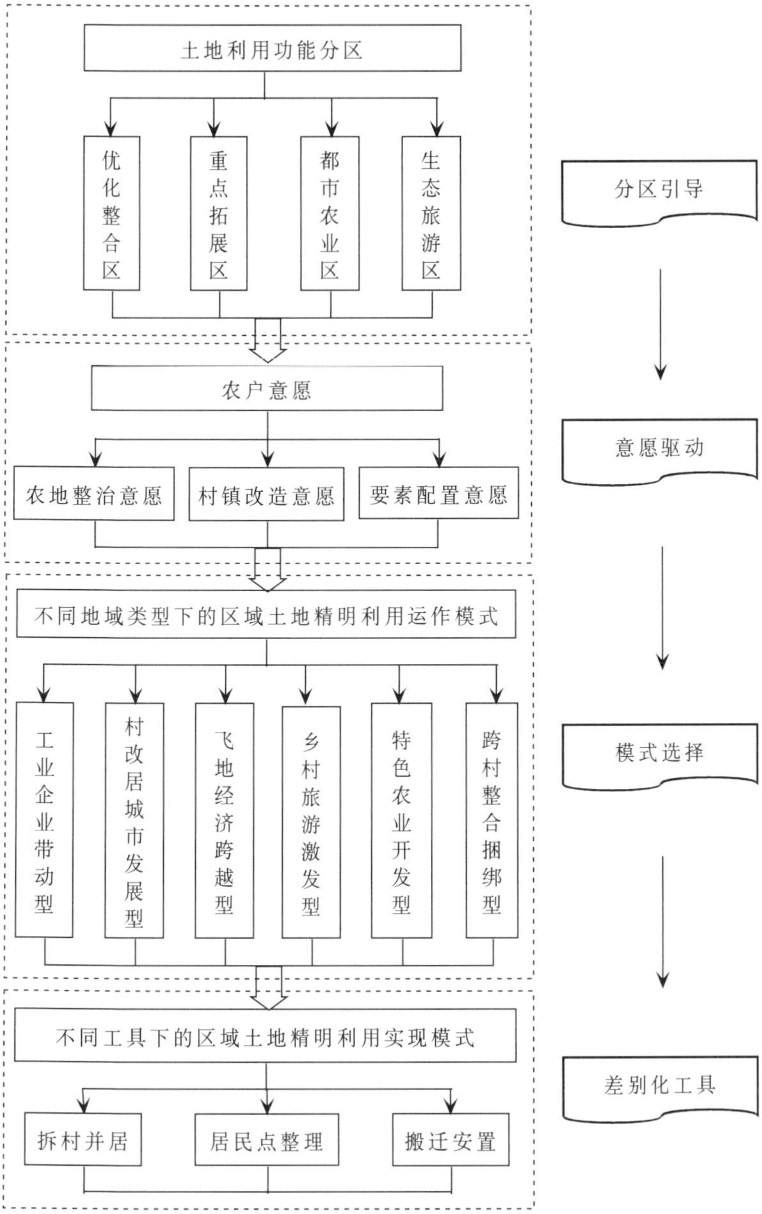

图 2－59　基于“现实＋意愿＋政策”的土地精明可持续利用运作体系

该选择不同地域类型土地精明可持续利用运作模式，因地制宜，通过不同类型地域土地数量、结构和利用方式的调整与优化，突出不同地域优势，发挥不同地域产业特色，从而为城乡统筹发展提供动力与支撑。基于研究区代表村典型地域特色，分别构建工业企业带动型、“村改居”城市发展型、“飞地”经济跨越型、乡村旅游激发型、特色农业开发型、跨村整合捆绑型等 6 种土地精明可持续利用的地域类型与运作模式，不同功能区应结合区域功能特点，选择不同地域类型土地精明可持续利用运作模式。

4. 差别化工具

在此基础上，针对不同地域特征，重点通过“农地整治、村镇改造、要素配置”3个工具在城乡统筹发展过程中的具体实现方式与形式，实施差别化的土地精明可持续利用，优化城乡土地资源配置，合理有序地引导土地、劳动力等要素流动，最终实现城乡统筹发展。根据研究区城乡地域特征及“农地整治、村镇改造、要素配置”3个工具的实现差异，分别对“拆村并居、居民点整理、搬迁安置”等3种模式进行设计，探讨不同工具下区域土地精明可持续利用的实现模式。

（二）区域土地精明可持续利用的实现工具

针对不同区域特征，实行差别化的土地精明可持续利用方式，有步骤、分时序地实现城乡统筹发展，是城乡统筹发展下区域土地精明可持续利用的必然要求。同时，采用的不同土地精明可持续利用工具，其实现方式也会有所差异，“农地整治、村镇改造、要素配置”3个土地精明可持续利用工具在城乡统筹发展过程中的具体实现方式如下。

1. 拆村并居模式

“拆村并居”模式主要通过农村居民点拆迁、集中安置的方式，改变土地利用权属，将农村建设用地转为国有建设用地，剩余建设用地可直接供城市发展使用，村委会改为社区，改变传统的农业生产生活方式，实现农民城镇就业，逐步剥离土地的社会保障功能，农村居民逐渐融入城镇社区中，享受城镇良好的社会福利，成为新型城镇居民，从而打破城乡二元体制，最终实现城乡统筹发展。

2. 居民点整理模式

农村建设用地整理，特别是农村居民点整理，能够盘活农村建设用地，达到农用地（耕地）和建设用地在空间上集中集聚、合理布局的目的。农村建设用地整理应以城乡建设用地增减挂钩为主，中心村建设为辅，集中安置农户，空间置换出来的建设用地可供城镇发展使用，保障城镇的快速发展。农村建设用地整理复垦为耕地，增加耕地面积，逐步减少零散的建设用地，同时通过农村居民统一居住，采取多元化的安置补偿方式，引导农村剩余劳动力的快速转移，进而逐步促进城乡之间各种要素（土地、劳动力）重组，加快城乡统筹发展进程。

3. 搬迁安置模式

在利用土地精明可持续利用工具促进城乡统筹发展的过程中，农地整治、居民点整理、城乡建设用地增减挂钩、中心村建设等都将涉及农村居民的搬迁安置问题。统筹解决好农村居民的搬迁安置，一方面，将会促进农村建设用地的节约集约利用，搬迁安置后，通过对剩余农村建设用地的整理，将农村建设用地置换出来，保障城镇的用地需求，促进建设用地的规模集聚；另一方面，搬迁安置将逐步引导农民向城镇或中心村集中，从而促进城乡一体化进程。

四、不同地域类型下区域土地精明可持续利用运作模式的构建

（一）工业企业带动型运作模式

工业企业带动型农村的主要特点是工业基础雄厚，工业经济发达。这种类型农村实现

城乡统筹发展的重点在于以工业企业为依托，整合土地、劳动力、资金、技术等要素，通过工业企业的发展壮大带动农村社会经济的全面发展，促进农民增收，改善生活居住环境，提高福利水平，最终实现城乡统筹发展。工业企业带动型土地精明可持续利用运作模式如图2－60所示：农村整治的重点，在于工业企业发展过程中的低效用地、废弃用地、污染用地，盘活存量建设用地；通过村镇改造，引导农民统一居住，改善农民居住环境，促进第三产业发展，促进土地的节约集约利用，为农村工业化的发展提供土地、劳动力等基础支撑，重点承接产业的转移，吸引外出打工者回乡创业，进一步招商引资，做强做大优势产业，鼓励能人自主创业，优化工业产业结构，提升产业层次，加大剩余劳动力就地转移力度，促进农民增收，壮大村集体经济实力，提高农村福利水平。工业经济的发展壮大将为农业的发展提供基础支撑，为“以工哺农”创造条件，将会促进农业的规模化经营、农业专业化和产业化的发展，带动农业旅游的健康发展，通过“以工带农”、“以工促农”的方式实现城乡统筹发展目标。

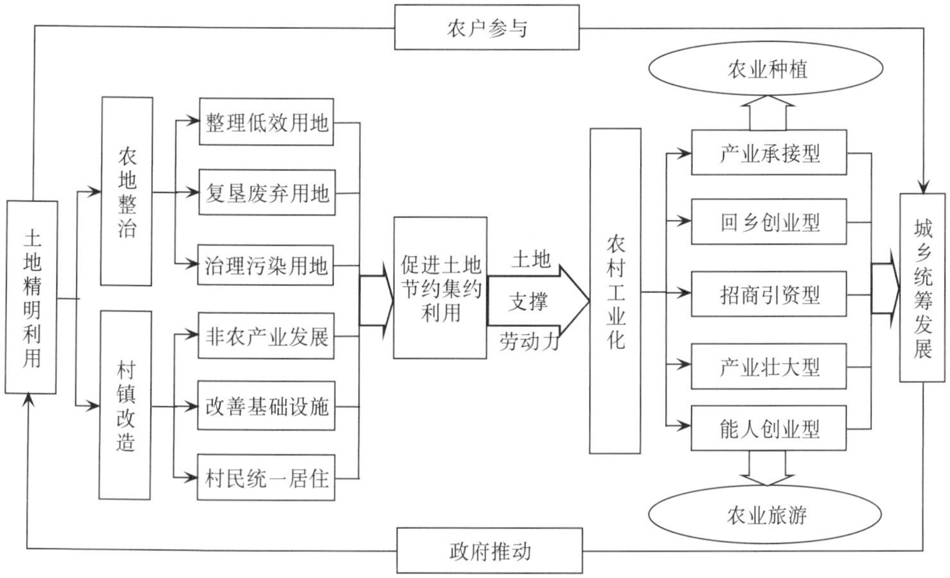

图2－60　工业企业带动型土地精明可持续利用运作模式

（二）“村改居”城市发展型运作模式

城乡统筹发展的关键在于农村的城镇化，以及农村剩余劳动力向非农产业的转移。在城市化进程中，各地都在大力推进“村改居”工程，将村委会改制为居委会，将农民改为居民。“村改居”是农村社区向城市社区转变的过渡阶段。由于村庄的位置不同，“村改居”又可分为两种类型：一类是位于城市建成区内的“城中村”，此类村庄已被城市各类建筑所包围或部分已被城市开发；另一类是位于城市建成区外、城市边缘的村庄，该类村庄农业人口比例仍较大，农村社区依然存在，传统的农业生产方式正在逐步消失。由于我国目前还没有制定统一的“村改居”的具体条件和标准，因而在“村改居”的实践中出现了一系列问题，诸如农民户口虽改为城镇户口，但仍然没有享受到城镇的社会福利待遇，农民土地被征收后的生活保障问题等。因此，要实现该类型农村的城乡统筹发展，其重点在于进行开发式改造，使村庄融入城市，使农民变为真正意义上的市民，建设新型社区。“村改居”城市发展型土地精明可持续利用运作模式如图2－61所示：在政府指导及农户的积极参与下，加大土地流转力度，开展土地综合整治，引导土地规模经营，促进农业的产业化，增加耕地数量，提高耕地质量，为城市化建设提供基础保障；控制村庄扩展边界，整治农村居民点用地，逐步引导农民统一居住，促进土地的节约集约利用，为城镇建设提供发展空间，并减轻城镇扩张对农用地的胁迫；在城镇化的辐射带动下，加快农村剩余劳动力向非农产业转移的步伐，使农民逐步摆脱对土地的依靠，改变传统的农业生产方式，完善土地征收制度，保障失地农民权益，推动农民非农就业，使农民逐步融入到城市发展中，引导产业聚集发展，推动农村产业升级，加快城市化进程，增强集体经济实力，实现农村用地向城市用地、农民向城市居民、农村向社区的转变，最终实现城乡的全面融合。

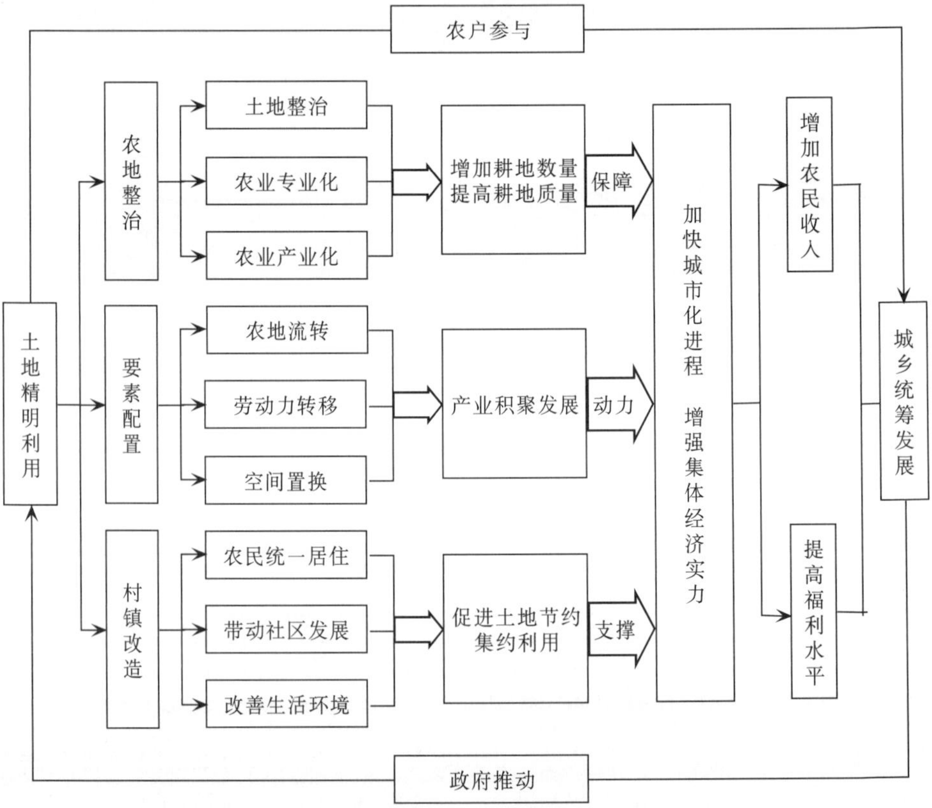

图2－61 “村改居”城市发展型土地精明可持续利用运作模式

（三）“飞地”经济跨越型运作模式

“飞地”经济是指发达地区与欠发达地区双方政府打破行政区划限制，把“飞出地”的资金和项目迁到行政上互不隶属的“飞入地”的工业基地，通过共同合作，实现两地互惠共赢的合作发展模式。通过“飞地”经济合作，打破行政地域界限，充分利用和整合区域比较优势，实现区域间的协调发展，这对于促进区域间的统筹发展有着极强的借鉴意义。因而针对部分农村经济基础薄弱、农村产业特色不鲜明的现状，通过政府引导，积极采用“飞地”经济模式承接发达地区产业转移，接受发达地区的经济辐射，推进新农村建设，实现城乡统筹发展。“飞地”经济跨越型土地精明可持续利用运作模式如图2－62所示：整合已有土地股份合作社，通过转包、出租、转让、互换等多种形式，加大土地流转力度，实施城乡建设用地增减挂钩，引导农民统一居住，改善基础设施，建设新型社区，提高土地的集约化利用水平，促进土地的规模集中，在政府的积极运作下，承接发达地区产业转移，积极引进符合产业政策的企业进入乡镇工业集中区，由村土地股份合作社统一运作，将结余下来的建设用地指标提供给“飞入”企业，合作社对符合招工条件的农村剩余劳动力进行集中教育与培训，节约“飞入”企业的土地、劳动力成本，一部分企业收益留给土地合作社，壮大集体经济，原土地上的农民通过股份分享一部分企业收益，解决他们的生活后顾之忧。土地合作社对集中起来的耕地进行综合整治，根据土地适宜性，调整农业种植结构，规模化经营，建设农业种植基地，发展现代农业、设施农业、高效农业，并开展农业旅游，提高农地效益，为农村生活保障提供有力支撑，进而促进城乡协调发展。

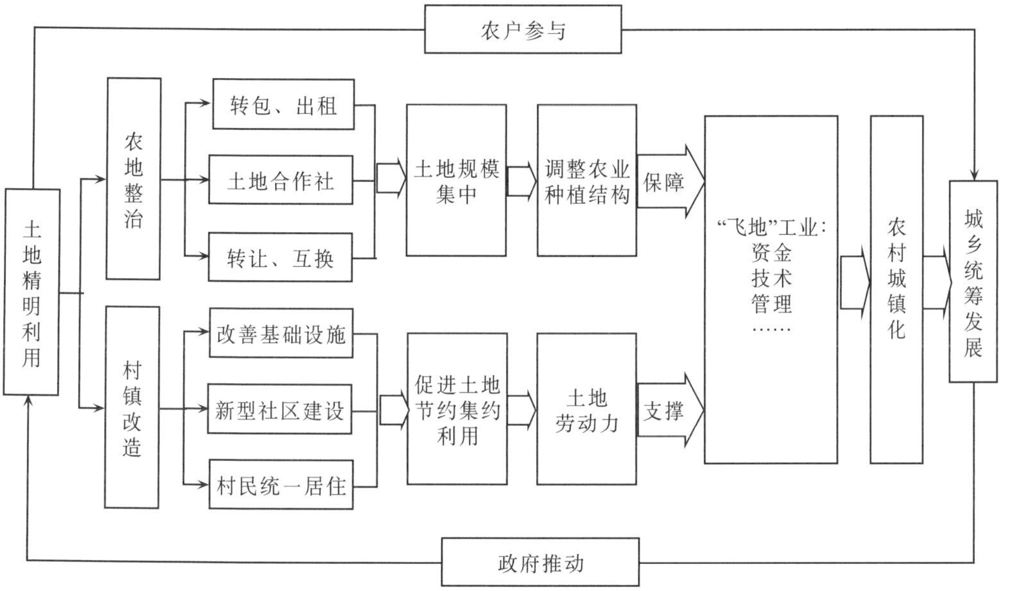

图2－62 “飞地”经济跨越型土地精明可持续利用运作模式

（四）乡村旅游激发型运作模式

乡村旅游是一种重要的旅游类型，也是促进城乡协调发展的主要动力之一。在乡村旅游资源丰富的地区，应通过调整农业种植结构，发展生态农业、规模农业、高效农业，培育乡村旅游资源，大力发展农家乐、观光园等形式的乡村旅游，推动第一、第三产业的结合，改善农村生态环境，提高农民收入，达到城乡统筹发展的目的。总体而言，乡村旅游激发型土地精明可持续利用运作模式如图 2－63 所示：通过租赁经营、股份合作、承包经营等方式，加大土地流转力度，促进土地的规模集中，土地合作社对土地进行统一规划与管理，因地制宜，调整农业种植结构，培育丰富的乡村旅游资源；通过城乡建设用地增减挂钩等方式，推动村镇改造，引导农民统一集中居住，改善农村基础设施，建设新型社区，并为旅游设施用地提供足够的发展空间，提高土地集约利用程度与水平，为乡村旅游的发展提供保障；鼓励经济条件较好的农户自发开展农家乐旅游，通过土地合作社建立旅游开发公司，积极引进资金与技术，以农业种植园为依托，通过土地合作社提供劳动力、土地等资本，外商提供资金、技术等资本，合作开发多种形式的乡村旅游；以周围城市人群和区域内自然人文旅游资源的游客为主要目标人群，开展观光观赏型、参与体验型、休闲度假型、民俗文化型等多种形式的乡村旅游，提高农民收入，最终实现城乡统筹发展。

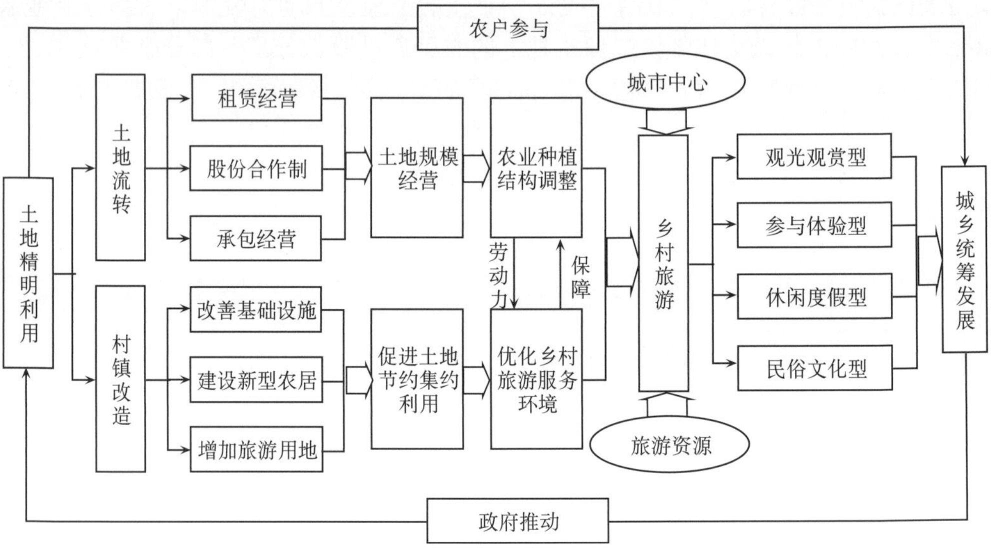

图 2－63　乡村旅游激发型土地精明可持续利用运作模式

（五）特色农业开发型运作模式

特色农业开发型农村有着传统的农业基础并形成了一些特色农业产品，因而该类型农村实现城乡统筹发展的关键在于依托区域内农业特色优势，围绕一个特色农产品，实行农业规模化、专业化经营，并逐步延伸产业链条，实现农业产业化生产，提高农民收入，最终实现城乡统筹协调发展。具体而言，特色农业开发型土地精明可持续利用运作模式如图 2－64 所示：通过转包、出租、转让、互换，土地合作社，土地换社保，土地托管等多种形式，促进农用地的规模集中，大力推进土地综合整治，依据当地种植传统和农业种植特色，因地制宜地进行规模化经营，大力发展现代农业，培育品牌农产品，走农业专业化、产业化道路；通过城乡建设用地增减挂钩、建立农村建设用地交易市场等形式，促进建设用地的集中集聚，引导农民统一居住，增强人口的集聚效应，通过村镇改造改善农民居住环境，带动新型农村社区发展，促进非农产业发展，促进土地的节约集约利用，建立农业生产服务中心，逐步引导剩余劳动力的快速转移，为现代农业的发展提供更好的服务与保障；在大力发展现代农业的同时，积极拓展产业链条，以高效农业、设施农业为依托，积极培育乡村生态旅游资源，重点发展都市休闲型、农庄经济型、农业科技园型、生态体验型、特色产业型等多种形式的乡村旅游产业，在农户的积极参与和政府的引导下，走出一条以“特色农业＋乡村旅游业”发展农村经济的城乡统筹发展之路。

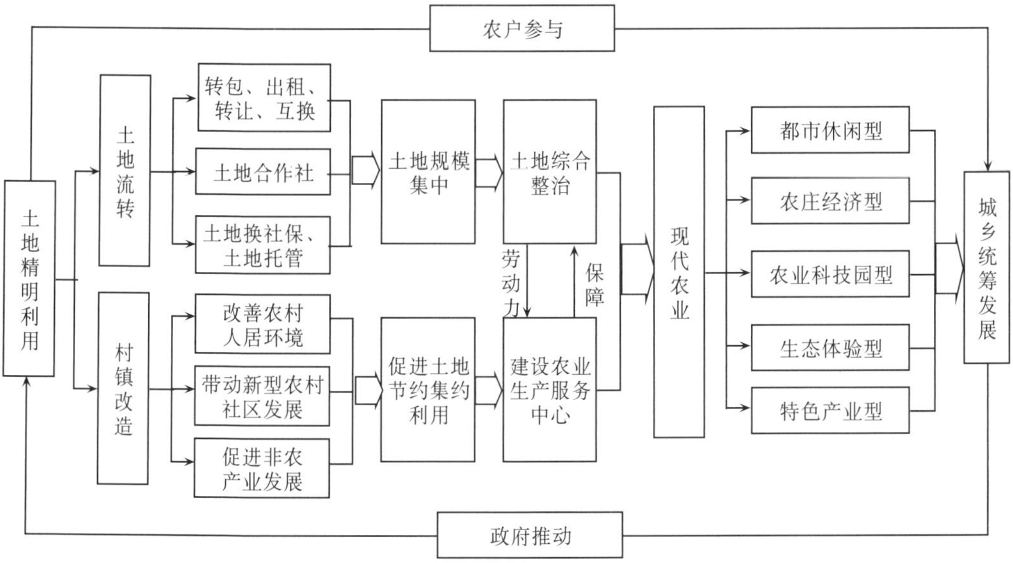

图 2－64　特色农业开发型土地精明可持续利用运作模式

（六）跨村整合捆绑型运作模式

在城乡统筹发展过程中，部分农村由于区位条件的限制或受自然灾害的影响，发展基础薄弱，没有形成特色与优势，因而这部分农村要实现城乡统筹发展，除依靠自身的经济实力外，更多地需要政府推动经济落后的村庄与经济实力较强的村庄实施捆绑，跨村整合两村的土地资源，优势互补，共同实现城乡协调发展。图 2－65 显示了跨村整合捆绑型土地精明可持续利用运作模式的原理：在政府的推动与帮助下，选择经济发展较好而且土地需求压力较大的村庄与经济发展较落后的村庄实施捆绑，在尊重农民意愿的基础上，实施落后村庄整村搬迁，跨村和经济发达村庄的居民在区位条件较好的地点统一居住，建设新型社区。经济落后村庄的农民自愿将土地承包经营权、宅基地使用权统一流转给土地合作社，经济发达村庄提供资金与技术，帮助经济落后村庄进行土地整治，因地制宜，实行土地规模化经营，发展生态农业、现代农业，开展农业旅游，实现农业的专业化与产业化。经济落后村庄通过对宅基地复垦，挂钩指标提供给经济发达村庄使用，发展壮大集体经济，落后村庄通过统一组织就业培训，向发达村庄提供丰富的劳动力资源，发达村庄承担一定的农村剩余劳动力的转移任务。农民作为土地合作社的股民，将享有土地股份的分红和土地增值收益，生活得到保障，收入得到提高，最终实现农村现代化，达到城乡统筹发展的目的。

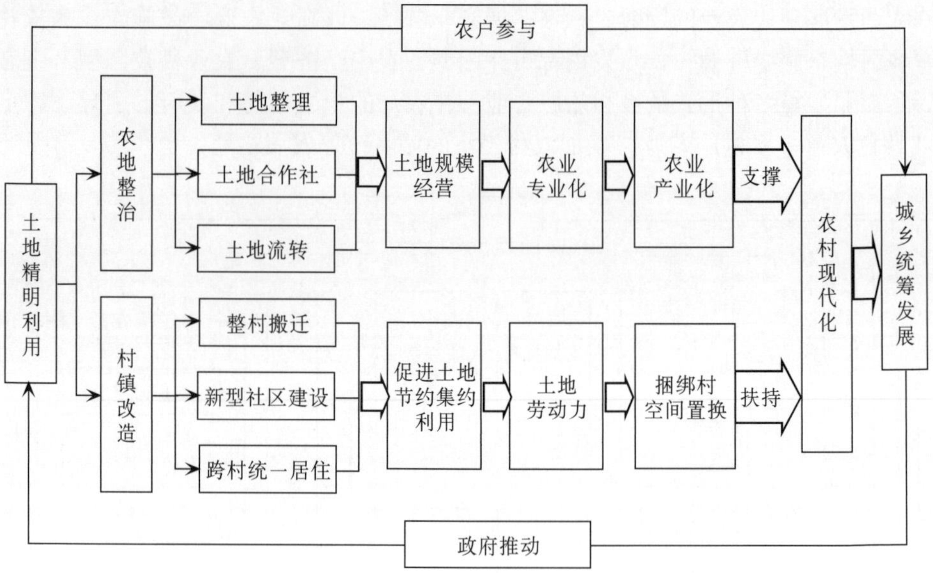

图 4-63　跨村整合捆绑型土地精明可持续利用运作模式

参考文献

陈建勇，张江山，郑育毅．2011．基于熵权的物元分析法在土壤重金属污染评价中的应用［J］．安全与环境工程，18（5）：57-60.

陈书广．2009．河南省土地生态安全评价研究［D］．开封：河南大学．

戴靓，吴绍华．2010．基于 TOPSIS 的城市生态评价——以江苏省为例［J］．国土资源科技管理，27（5）：108-114.

戴靓，姚新春，周生路，等．2013．长三角经济发达区金坛市土地生态状况评价［J］．农业工程学报，29（8）：249-257.

傅伯杰，刘宇．2014．国际生态系统观测研究计划及启示［J］．地理科学进展（7）：893-902.

郭旭东．2014．土地资源数量质量生态监测指标体系研究［J］．国土资源情报（10）：32-38.

黄辉玲，罗文斌，吴次芳，等．2010．基于物元分析的土地生态安全评价［J］．农业工程学报，26（3）：316-322.

黄铁青，牛栋．2005．中国生态系统研究网络（CERN）：概况、成就和展望［J］．地球科学进展（8）：895-902.

黄勇，杨忠芳．2009．土壤质量评价国外研究进展［J］．地质通报，28（1）：130-136.

李晓倩，刘学录．2012．土地评价指标权重赋值方法的比较分析［J］．甘肃农业大学学报，27（5）：129-133.

刘孝富，舒俭民，张林波．2010．最小累积阻力模型在城市土地生态适宜性评价中的应用——以厦门为例［J］．生态学报，32（2）：421-428.

刘彦随．2006．保障我国土地资源安全的若干战略思考［J］．中国科学院院刊，21（5）：379-384.

刘彦随，陆大道．2003．中国农业结构调整基本态势与区域效应［J］．地理学报，58（3）．

孙洪波，杨桂山，苏伟忠，等．2010．沿江地区土地利用生态风险评价——以长江三角洲南京地区为例［J］．生态学报，30（20）：2253-2260.

许妍，吴克宁．2011. 欧盟土壤环境评价监测项目及其对我国农用地质量监测的启示［J］．生态环境学报，20（11）：1777－1782.
于伯华，吕昌河．2004. 基于 DPSIR 概念模型的农业可持续发展宏观分析［J］．中国人口·资源与环境，14（5）：68－72.
于伯华，吕昌河．2008. 基于 DPSIR 模型的农业土地资源持续利用评价［J］．农业工程学报，24（9）：53－58.
张庆利，史学正，潘贤章，等．2004. 江苏省金坛市土壤肥力的时空变化特征［J］．土壤学报，41（2）：315－319.
张汪寿，李晓秀，黄文江，等．2011. 不同土地利用条件下土壤质量综合评价方法［J］．农业工程学报（12）：311－318.
赵得军，薛红琳，曹春艳，等．2011. 万顷良田建设工程系统分析［J］．安徽农业科学，39（15）：9382－9383.
赵方杰．2012. 洛桑试验站的长期定位试验：简介及体会［J］．南京农业大学学报（5）：147－153.
周文能，彭以祺，王静．2001. 加强野外台站建设 促进我国野外科学研究工作［J］．中国基础科学（10）：37－40.
诸培新，刘玥汐．2012. 江苏省“万顷良田建设工程”中集体建设用地流转增值收益分配与机制创新［J］．中国土地科学（10）：4－8.
A F. 1998. Principles and methods in landscape ecology［M］. Landon：Chapman&Hall.
Ander Ploeg J D. 2009. The new peasantries：struggles for autonomy and sustainability in an era of empire and globalization［M］. Routledge.
Ariyo J A, Mortimore M. 2012. Youth Farming and Nigeria's Development Dilemma：The Shonga Experiment［J］. IDS Bulletin, 43（6）：58－66.
Armstrong M P, Xiao N, Bennett D A. 2003. Using genetic algorithms to create multicriteria class intervals for choropleth maps［J］. Annals of the Association of American Geographer, 93（3）：595－623.
Atkinson P M, Tatnall. A R L. 1997. Introduction neural networks in remote sensing［J］. International Journal of remote sensing, 18（4）：699－709.
Botequilha Leitão, Ahern J. 2002. Applying landscape ecological concepts and metrics in sustainable landscape planning［J］. Landscape and Urban Planning, 59（2）：65－93.
Brundtland. 1987. World Commission on Enviroment and Development（WCED）. Our common future［M］. New York：Oxford University Press.
Carvalho, De L M, Clevers J G, et al. 2004. Selection of imagery data and classifiers for mapping Brazilian semideciduous Atlantic forests［J］. International Journal of Applied Earth Observation and Geoinformation, 5（3）：173－186.
Champion T, Hugo G. 2004. New forms of urbanization：beyond the urban－rural dichotomy［M］. Ashgate Publishing Ltd.
Cousins S A. 2009. Landscape history and soil properties affect grassland decline and plant species richness in rural landscapes［J］. Biological Conservation, 142（11）：2752－2758.
Doran J W, Parkin T B. 1994. Defining and assessing soil quality［J］. SSSA special publication, 35.
Dumanski J, Pieri C. 2000. Land quality indicators：research plan［J］. Agriculture, Ecosystems & Environment, 81（2）：93－102.
FAO. 1976. A framework for land evaluation［M］. Rome：Soils bulletin.
Frenkel A. 2004. The potential effect of national growth－management policy on urban sprawl and the depletion of

open spaces and farmland [J]. Land Use Policy, 21 (4): 357-369.
Fujita M, Krugman P, Venables A J. 1999. The Spatial Economy: Cities, Regions and International Trade [M]. MITPress.
Hamblin A. 2009. Policy directions for agricultural land use in Australia and other post-industrial economies [J]. Land Use Policy, 26 (4): 1195-1204.
Hara Y, Thaitakoo D, Takeuchi K. 2008. Landform transformation on the urban fringe of Bangkok: The need to review land-use planning processes with consideration of the flow of fill materials to developing areas [J]. Landscape and Urban Planning, 84 (1): 74-91.
Heerink N, QU F, KUIPER M, et al. 2007. Policy reforms, rice production and sustainable land use in China: A macro-micro analysis [J]. Agricultural Systems, 94 (3): 784-800.
Hoggart K, Paniagua A. 2001. The restructuring of rural Spain? [J]. Journal of Rural Studies, 17 (1): 63-80.
Huber S, Prokop G, Arrouays D, et al. 2008. Environmental Assessment of Soil for Monitoring: Volume I, Indicators & Criteria [J]. Office for the Official Publications of the European Communities, Luxembourg.
Ispikoudis I, Lyrintzis G, Kyriakakis S. 1993. Impact of human activities on Mediterranean landscapes in western Crete [J]. Landscape and Urban Planning, 24 (1-4): 259-271.
Jones M. 2007. The European Landscape Convention and the question of public participation [J]. Landscape Research, 32 (5): 613-633.
Kampe T U, Johnson B R, Kuester M, et al. 2010. NEON: the first continental-scale ecological observatory with airborne remote sensing of vegetation canopy biochemistry and structure [J]. Journal of Applied Remote Sensing, 4 (1): 043510-043510-24.
Keller M, Schimel D S, Hargrove W W, et al. 2008. A continental strategy for the National Ecological Observatory Network [J]. Frontiers in Ecology and the Environment, 6 (5): 282-284.
Lacour C, Puissant S. 2007. Re-urbanity: urbanizing the rural and ruralizing the urban [J]. Environment and Planning A, 39 (3): 728.
Lu X-N, Meng C-F, Ma W-Z. 2004. Soil quality and its development [J]. ACTA AGRICULTURAE ZHEJIANGENSIS, 16 (2): 105-109.
Malczewski J. 2006. Ordered weighted averaging with fuzzy quantifiers: GIS-based multicriteria evaluation for land-use suitability analysis [J]. International Journal of Applied Earth Observation and Geoinformation, 8 (4): 270-277.
Paracchini M L, Pacini C, Jones M L M, et al. 2011. An aggregation framework to link indicators associated with multifunctional land use to the stakeholder evaluation of policy options [J]. Ecological Indicators, 11 (1): 71-80.
Seybold C, Mausbach M, Karlen D, et al. 1997. Quantification of soil quality [J]. Soil processes and the carbon cycle CRC Press, Boca Raton, FL Quantification of soil quality, 387-404.
Shi Y, Wang H, Yin C. 2013. Evaluation method of urban land population carrying capacity based on GIS—A case of Shanghai, China [J]. Computers, Environment and Urban Systems, 39 (0): 27-38.
Smith J L, Halvorson J J, Papendick R I. 1993. Using multiple-variable indicator kriging for evaluating soil quality [J]. Soil Science Society of America Journal, 57 (3): 743-749.
Sofer M, Applebaum L. 2006. The rural space in Israel in search of renewed identity: The case of the moshav [J]. Journal of Rural Studies, 22 (3): 323-336.
Warkentin B P. 1995. The changing concept of soil quality [J]. Journal of Soil and Water Conservation, 50 (3): 226-228.
Woods M. 2004. Rural geography: Processes, responses and experiences in rural restructuring [M]. Sage.

第三章　中部粮食主产区野外科研基地建设与土地资源可持续利用示范

第一节　中部粮食主产区野外科研基地建设

一、野外科研基地概述

为提高土地资源管护手段的信息化和科学化水平，满足实现土地资源数量－质量－生态并重管理的迫切需要，同时为土地科技创新创造基础条件，提高土地资源管理的科技支撑能力，国土资源部启动了公益性行业科研专项“典型区域土地资源数量－质量－生态监测及持续利用应用示范”（编号：201211050），其中，“中部粮食主产区土地资源数量－质量－生态监测与持续利用野外科技基地建设”课题是研究内容之一。

在国土资源部科技与国际合作司指导下，在中国土地勘测规划院、河南省国土资源厅、河南省国土资源调查规划院、河南理工大学及新郑市国土资源局共同努力下，多方筹措资金，于河南省新郑市建设土地综合监测与持续利用野外科学观测研究基地。

新郑市位于河南省中部，地处北纬34°16′～34°39′，东经113°30′～113°54′之间，地势西高东低，中部高，南北低，山、丘、岗和平原兼有。境内地貌多样，分为平原水肥区、丘陵旱作区和沙岗间洼区三个不同生态类型区，素有“河南缩影”之称。因此，新郑市土地资源利用问题在河南省具有典型性。

（一）自然条件

新郑市地处豫西山区向豫东平原的过渡地带，其西部、西南部为浅山丘陵区；中部、西北部为黄土低丘岗地区，区内沟壑纵横；东部主要为岗丘风沙区，风沙地貌发育；南部为冲积平原区。全市山区面积4400.11hm^2，占土地总面积的4.96%；丘陵面积29520.20hm^2，占33.29%；沙岗洼地面积41930.00hm^2，占47.29%；平原面积12822.15hm^2，占14.46%。气候类型上，新郑市属暖温带大陆性季风气候，多年平均降水量699.8mm。境内水资源可利用总量$1.96\times10^8m^3$，其中地表水$1.63\times10^8m^3$，地下水$0.78\times10^8m^3$。

（二）区域地质及构造

新郑市在全国自然地理分布中处于二阶台地前沿，秦岭纬向构造东端，在河南省地质构造单元划分中，跨两个地质构造基本单元。西部属于嵩箕台隆二级构造单元，基岩裸露，构成西部山地、丘陵的地质基础；东部属于华北拗陷的通许凸起，第四系松散堆积物覆盖于基岩之上，构成东部平原的地质基础。

（三）经济社会状况

新郑市人口62.66万人，其中农业人口46.59万人，占总人口的74.3%；非农业人口16.07万人，占总人口的25.7%。2013年，全市完成地区生产总值525.3亿元，同比增长9.8%。其中，第一、二、三产业增加值占地区生产总值的比例分别为4.9%、69.3%和25.8%。全社会固定资产投资完成360.8亿元，增长26%。社会消费品零售额实现165.6亿元，增长14.3%。农民人均纯收入达14510元，城镇居民人均可支配收入达22916元，同比增长分别为12.5%和12%。

根据新郑市土壤类型、地貌特征及经济社会状况，按照典型性、代表性原则，在新郑市建立了全平原水肥区（设在梨河镇学田村）、沙岗尖凹区（设在龙王乡小左村）、新型农村社区（设在薛店镇常刘社区）共3个类型的土地资源野外观测区域。主要利用第二次全国土地调查数据、土地利用变更调查数据和高分辨率遥感影像，结合实地调查，开展土地资源综合监测工作。

二、野外科研基地基础条件建设

按照《国土资源部野外科学观测研究基地命名和建设暂行办法》、《国土资源部土地利用重点实验室野外科研基地建设规定（试行）》等相关要求，落实了相应的办公场所，购置和完善了科研观测仪器设备，组建了科研队伍，制定了科研基地制度和机制。

（一）建设周期与时序

中部粮食主产区野外科技基地采取共建模式，从前期论证到有序建设，耗时4年。具体建设历程如下：

（1）基地建设论证阶段（2011年）。进行基地建设规划编制，样点布设、实验场地选取，落实办公场所，配备相关观测仪器，研究人员到位工作。

（2）基地建设启动阶段（2012年）。主要进行野外土地数据观测实验平台建设，进行实质性数据观测工作。

（3）基地建设推进阶段（2013年）。进一步完善观测站点的布设及监测工作，继续开展完善土地资源数量－质量－生态监测技术研究，形成相对完善的支撑技术。

（4）基地建设完善阶段（2014年）。以国家级土地资源数量－质量－生态监测与持续利用野外科研基地为中心，建立新郑市土地资源数量－质量－生态监测与管护服务平台，形成土地资源产学研用相结合的示范样板。

（二）科研平台建设

按照国土资源部土地利用重点实验室《土地资源数量、质量、生态综合监测指标体系与数据库和信息平台建设方案》的要求，已初步建成了三大运行平台：中部粮食主产区土地资源野外观测实验平台（设在新郑市），中部粮食主产区土地资源数据分析与信息处理平台（设在河南省国土资源调查规划院和河南理工大学）和中部粮食主产区土地资源信息服务与数据共享平台（设在河南省国土资源调查规划院）。

1. 中部粮食主产区土地资源野外观测实验平台建设现状

在中国土地勘测规划院、河南省国土资源厅、河南省国土资源调查规划院、河南理工大学及新郑市国土资源局共同努力下，多方筹措资金，在新郑市专门建立了集人员办公、测试化验、资料存储于一体的野外基地办公室，同时整合已有仪器及装备基础，新补充购置了野外基地调查和数据分析所必需的调查监测仪器及软硬件设备，为获取土地基础数据及相关技术研究与集成提供了数据和信息支撑。选择新郑市梨河镇的学田村、龙王乡小左村和薛店镇的常刘社区共 3 个土地资源监测区域，构建土地资源数量 - 质量 - 生态监测指标体系，开展相关资料收集和问卷调查等工作。在已有仪器条件基础上，为实现点位监测数据的长期性周期采集、实时记录和综合分析，确保数据长期获取和客观性，三年内已经购置便携式 TDR 2 台，用于基地耕地表层土壤水分测定；便携式气象仪 1 套，用于基地气象数据观测与采集；自动气象站 1 台，用于定点气象数据采集与存储；便携式水质微生物测定仪 1 台，用于河流水水质监测与分析；多功能土壤养分测试仪 1 台，用于土壤、植物样品养分含量测定；便携式重金属测量仪 1 台，用于测定土壤主要重金属含量。

2. 中部粮食主产区土地资源数据分析与信息处理平台建设现状

整合河南省国土资源调查规划院设备、数据等相关资源，建设了数据分析与信息服务平台，负责数据的收集与相关处理，并与河南理工大学进行数据交换。河南理工大学数据分析与信息处理平台依托国土资源部野外科研观测基地，整合测绘与国土信息工程学院遥感信息实验室、土地调查实验室，土地生态与土壤测试实验室、土地规划利用研究所等相关资源建立平台，顺利完成了野外现场数据的分析与测试，同时进行数据分析处理与信息共享。

3. 中部粮食主产区土地资源数据科学数据共享服务平台建设现状

该平台设置在河南省国土资源调查规划院，按照科学数据共享服务要求与标准，由土地利用所负责建设并完成。以数据数字化建库为途径，建立数据分级分类共享服务体系，可与中国土地勘测规划院及相关单位的耕地基础数据进行链接和数据交换。

（三）科研设备情况

在新郑市专门建立了集人员办公、测试化验、资料存储于一体的面积 200m^2 野外基地办公室，同时整合已有仪器及装备基础，新补充购置了野外基地调查和数据分析所必需的调查监测仪器及软硬件设备。其中，笔记本电脑 2 台、绘图仪 1 台、摄像机 1 台、照相机 1 台、投影仪 1 台、大型彩色复印扫描一体机（A3）1 台、高配置计算机 6 台、服务器 2 台、绘图软件 1 套、打印机 2 台、便携式 GPS 定位仪 5 套、便携式 TDR 2 台（用于基地表层土壤水分测定）、便携式气象仪 1 套（用于基地气象数据观测与采集）、多功能土壤养分测试仪 2 台（用于土壤、植物样品养分含量测定）等调查监测仪器和软硬件设备（图 3 - 1 ~ 图3 - 3）。

图 3－1　土地资源数量监测仪器

图 3－2　土地资源质量监测仪器

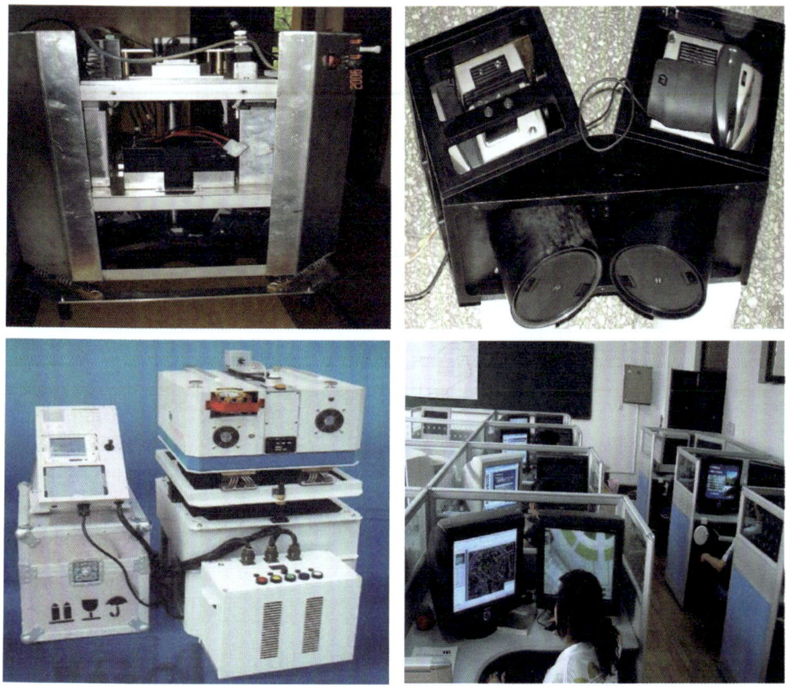

图 3－3　土地资源生态监测仪器

（四）科研队伍建设

1. 队伍规模和结构

新郑野外基地创建初期共有固定科研人员 26 人，其中正高级职称 2 人、副高级职称 10 人，具有博士学位 14 人，博士生导师 1 人、硕士生导师 11 人。年龄构成较为合理，40 岁以下人员约占 66%。

2. 研究生培养情况

野外基地坚持“厚基础、宽口径、高素质、强能力、重创新”的人才培养观，高度重视研究生培养和学术科技创新。一是结合研究生特点，以培养高素质创新型拔尖人才为目标，按照打造高素质创新性人才的要求，制定详尽的研究生培养方案；二是实施“大学生野外科研训练计划”、“研究生学位论文创新基金”计划，并通过学习交流会、学术长廊、学术沙龙和社会实践等活动，激发学生的学习兴趣，鼓励学生科研立项；三是每年从研究生中选拔一批优秀学生到实验室参与科学研究；四是与国内高水平的科研机构和开发生产实体联合，建立了研究生实验、科研和教学基地；五是依靠社会力量，成立了多种奖励基金，充分调动了研究生的学习及参与科学研究的积极性；六是把好学生的开题、研究、论文撰写与答辩关，确保研究生的论文质量。通过上述措施，研究生的创新能力和学术素养全面提升。三年来，服务于野外科研基地锻炼培养博士研究生 2 人、硕士研究生 3 人，研究生依托该基地发表论文 6 篇。

（五）制度和机制建设

针对野外科研基地的运行特点，成立新郑市野外基地管理委员会。在野外基地管理委员会指导下，由基地负责人全面负责基地的建设与组织管理，建立基地建设实施协调机制。搭建政产学研用合作平台，确保基地建设顺利实施。

1. 建立分工合理、运行高效的基地组织管理体系

（1）成立基地建设管理委员会，加强组织领导。依据《国土资源部野外科学观测研究基地命名和建设暂行办法》，成立了野外基地建设管理委员会，负责基地建设与发展规划、运行管理制度、重大事项的决策和建设的管理与监督。

（2）成立专家顾问组，负责基地的学术指导与技术咨询把关。聘请中国矿业大学、中国地质大学、河南省科学院地理所、河南大学等单位土地、农业、粮食、生态环境等领域专家组成了专家顾问组，负责指导基地建设发展规划制定、指导基地确定研究方向、审定开放课题基金指南和审批开放课题基金申请、评议基地的研究成果、听取和审议基地主任的工作报告、审查和建议基地有关学术活动等事宜。

（3）根据研究任务建立科研团队。以研究任务为载体，组建科研团队。科研团队根据建设内容实行分工合作，并建立团队内部交流制度和科研团队交流制度，课题及时掌握各项研究总体研究进展动态，确保课题任务顺利开展。

2. 建立了野外基地建设运行机制

具体包括三个方面：

（1）联合实施项目的工作机制。由河南省国土资源调查规划院、新郑市国土资源局具体负责基地组织实施工作，河南理工大学提供技术和人员支持。

（2）定期汇报制度。基地建设组成单位要定期向基地负责人和基地办公室汇报基地工作进展、存在问题及解决方案，并征求基地办公室意见。

（3）定期检查制度。基地办公室将定期监督、检查项目组成单位各项任务进展情况，确保各阶段计划得到执行。

三、野外科研基地观测站点布设

土地资源数量－质量－生态三位一体的监测技术体系的建立是最为重要的一个环节。观测站点的布设要科学合理，观测站点如果覆盖率低、数据代表性差，就无法准确反映土地资源数量－质量－生态状况变化特征；站点布设过密，又会造成资源低效。本节按照国土资源部野外科学观测研究基地建设的相关要求，探索了中部粮食主产区土地资源综合监测站点布设方案。

（一）监测技术体系设计

围绕中部粮食主产区典型区域中观和微观尺度土地资源数量－质量－生态状况监测指标体系，集成融合卫星遥感、布点采样、实验测定、农户/野外调查、空间采样统计分析、定点观测等方法与技术手段，优化集成了中部粮食主产区土地资源数量－质量－生态监测技术体系（图3－4）。

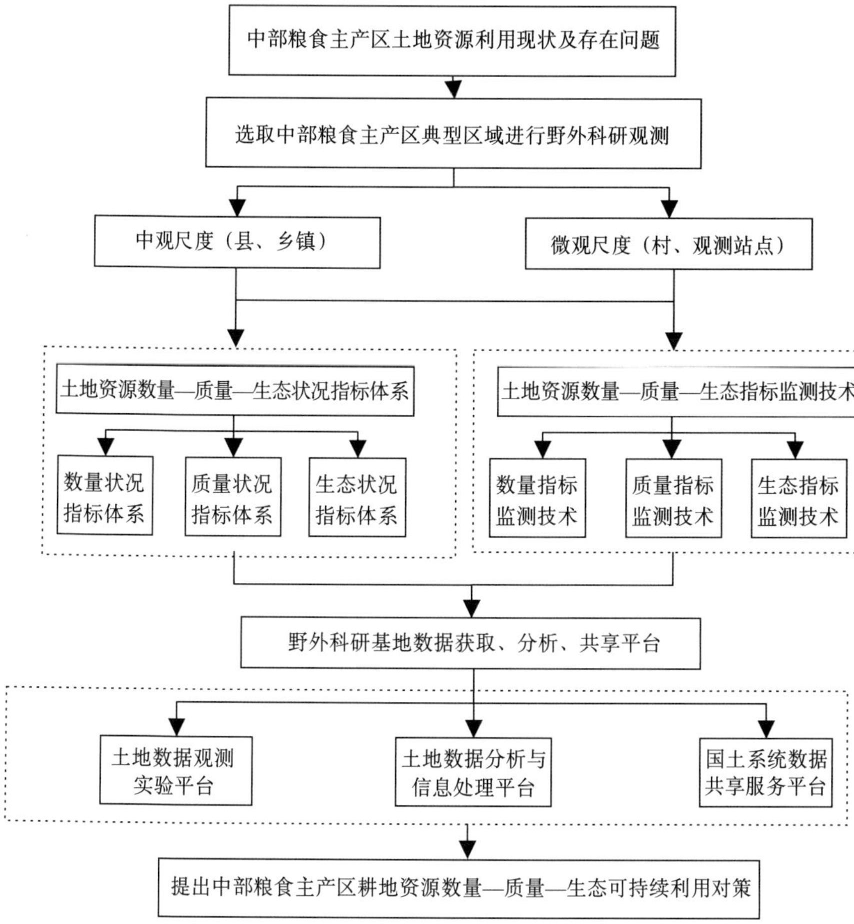

图 3－4　中部粮食主产区土地资源监测技术体系流程

（二）布点原则、布点方法、站点布设图

1. 布点原则

（1）土壤类型代表该地区土地利用方式和植被覆盖下发育的典型类型，与所在地区的生物气候带特征一致。

（2）内部状况均一，不跨越土系及不同的群落类型；空间上不跨越道路、沟谷和山脊。

（3）四周设置缓冲区。

（4）具有长期观测的可操作性，便于及时获取数据，交通应满足野外观测的基本需求。

2. 布点方法

基于新郑市土壤类型及地貌特点，结合多目标区域地球化学调查、农业部测土配方施肥工程，兼顾行政单元（以乡镇或村为单元）的完整性，采取网格法布设采样点（每 $1km^2$ 布一个样点），点位分布在网格中间部位。采样深度：土壤表层 0～20cm；在江河水系发育地区，采集河漫滩与岸边土壤样品；在水网、池塘发育地区，当小格中水域面积比例超过2/3时，应采集水底沉积物样品；滩涂（含潮间带）按大格（$4km^2$）布点，点位尽量布置在网格中间部位。

3. 站点布设图

（1）构建三个典型观测区。根据新郑市土壤类型和地貌特征，按照典型性、代表性原则，在新郑市建立了全平原水肥区、沙岗尖凹区、新型农村社区共3个类型土地资源野外观测区域（图3-5）。

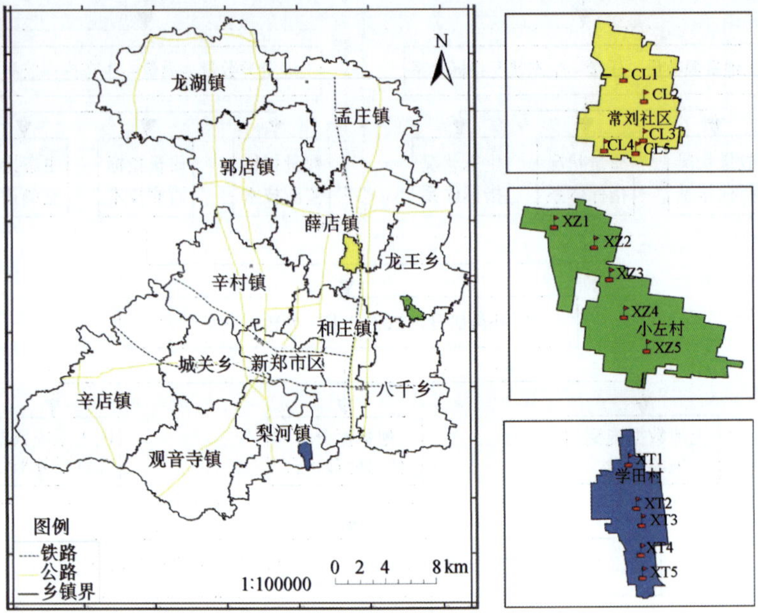

图3-5 新郑市野外观测基地样点分布图

（2）完成了观测区的站点布设工作。按照《自然生态系统土壤长期定位监测指南》技术规范，按照土壤类型代表性、均一性和具有长期观测的可操作性等原则，结合多目标区域地球化学调查、农业部测土配方施肥工程，基于GPS定位和网格法（表3-1），分别在梨河镇学田村（平原水肥区）、龙王乡小左村、薛店镇常刘社区均布设了5个观测站点（图3-6，野外基地定位观测点分布图：a—梨河镇；b—小左村；c—常刘社区）。

梨河镇学田村土壤类型为褐土，耕层质地多为壤质，质地良好，耕层养分含量较高，耕地等级为一等和二等。该观测点主要用于土地资源质量监测。

龙王乡小左村多处冲积平原低洼地带，土壤质地多为砂壤土，灌排条件较差，耕地为三等或四等。该观测点主要用于土地资源生态监测。

薛店镇常刘社区属于新型农村社区，土壤养分含量较高，耕层多为砂壤，耕性良好，灌溉设施比较健全，耕地多为三等或四等。该观测点主要用于土地资源数量监测。

（3）野外定位观测点标识设置。分别在梨河镇学田村、龙王乡小左村、薛店镇常刘社区的野外观测站点设了站点标识（图3-7）。

表 3－1 观测点所在村、乡（镇）及经纬度坐标

观测点编号	所在村	所在乡（镇）	经度__度__分	纬度__度__分
CL1	常刘村	薛店镇	113°47′44.669″E	34°28′46.849″N
CL2	常刘村	薛店镇	113°47′58.580″E	34°28′31.378″N
CL3	常刘村	薛店镇	113°47′57.882″E	34°28′3.414″N
CL4	常刘村	薛店镇	113°47′31.120″E	34°27′56.277″N
CL5	常刘村	薛店镇	113°47′52.625″E	34°27′54.280″N
XZ1	小左村	龙王乡	113°50′33.430″E	34°26′32.871″N
XZ2	小左村	龙王乡	113°50′47.529″E	34°26′25.217″N
XZ3	小左村	龙王乡	113°50′52.845″E	34°26′13.401″N
XZ4	小左村	龙王乡	113°50′57.930″E	34°25′59.237″N
XZ5	小左村	龙王乡	113°51′5.880″E	34°25′46.727″N
XT1	学田村	梨河镇	113°45′23.874″E	34°20′7.710″N
XT2	学田村	梨河镇	113°45′28.100″E	34°19′42.500″N
XT3	学田村	梨河镇	113°45′30.849″E	34°19′32.368″N
XT4	学田村	梨河镇	113°45′30.309″E	34°19′15.259″N
XT5	学田村	梨河镇	113°45′31.132″E	34°19′2.063″N

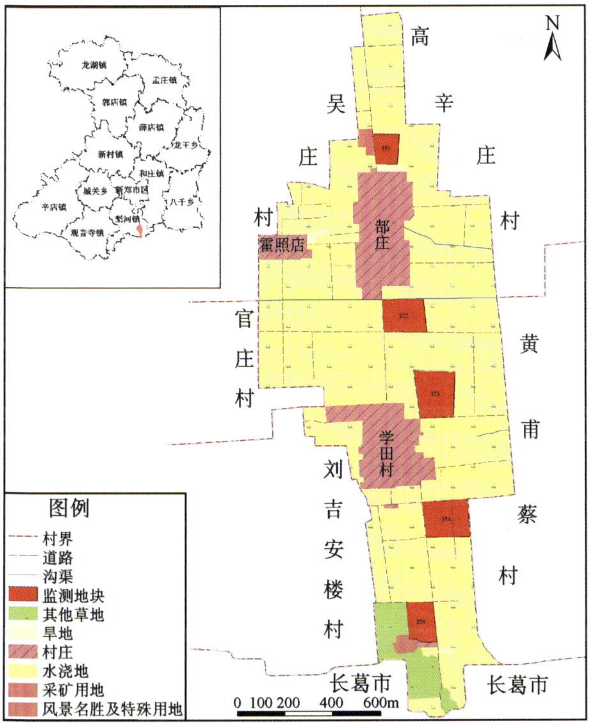

图 3－6a 野外基地定位观测点分布图（梨河镇）

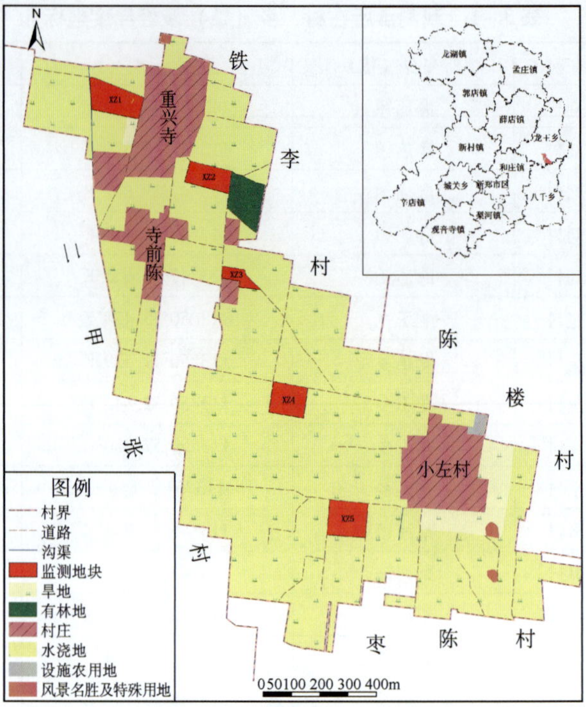

图 3-6b 野外基地定位观测点分布图（小左村）

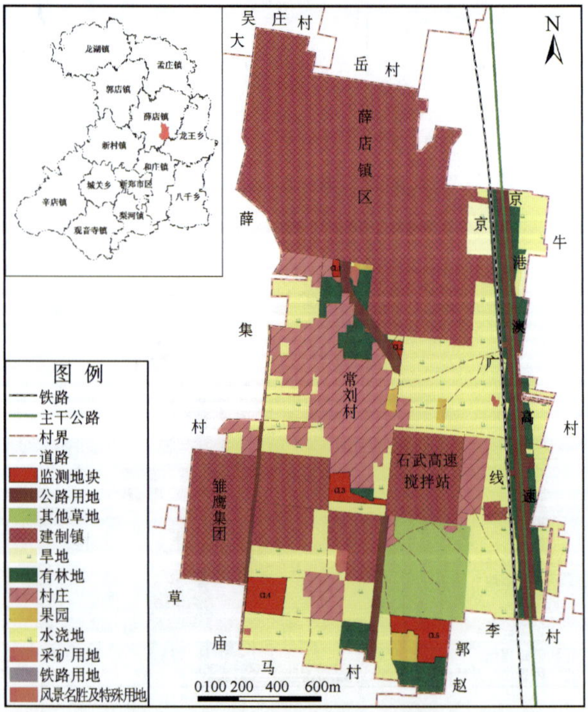

图 3-6c 野外基地定位观测点分布图（常刘社区）

图3－7　野外观测站点标识

四、野外科研基地发展设想

野外科研基地将围绕建设"河南省重要的技术创新基地、人才培养基地和土地技术创新与服务平台"目标，坚持"强化特色、重点突破、协调发展"战略，主动适应经济发展新常态下国土资源领域的阶段性特征，以国土信息连续观测、土地资源持续利用与节约集约利用理论方法为研究特色，紧盯"土地信息获取、资源评价与持续利用、节约集约利用"面临的新问题、新需求，强化"理论研究、技术试验、示范应用、产学研结合"间的协同，通过典型区域土地利用长期、稳定、直接、连续数据和信息获取，重点开展"土地信息获取方法与技术"、"土地资源评价与持续利用"、"土地时空演变与生态安全"和"土地综合整治理论与技术"攻关研究，为河南省推进"粮食核心区、中原经济区、航空港区"三大国家发展战略实施，提升国土资源保障和约束双重作用，加快"三化"协调、"四化"同步，科学发展提供重要技术支持。按照《国土资源部野外科学观测研究基地命名和建设暂行办法》、国土资源部土地利用重点实验室和野外科学观测研究基地建设有关要求，针对野外基地建设存在问题，结合省外野外基地建设经验做法，今后将重点做好以下工作：

（1）围绕野外基地建设规划和研究方向，加强协同攻关，全面提升科技创新能力与服务水平。以实现野外基地"长期、稳定、直接、连续数据和信息获取"为目标，突破多源、多类型、多尺度土地信息融合获取技术难题，建立天－空－地一体化信息获取技术体系，建立土地基础信息观测、数据分析与共享为一体的信息服务平台，为国土资源管理提供信息支持；构建土地数量、质量、生态时空变化响应模型并探究其耦合关系，揭示土地利用变化动态规律和演变机理；加强土地利用规划理论方法、土地整治技术、建设用地节约集约利用技术的研究，突破数据基准、目标、空间布局协调的"多规"合一技术、高标准基本农田建设区域遴选、障碍因子诊断与典型区整治模式等农田建设技术，多尺度、多目标建设用地节约集约利用评价模型与方法等技术难题，为土地资源持续高效利用提供技术支撑。

（2）优化基地野外观测站点布局，改善野外基地研究条件。以资源整合为主线，在现有实验观测平台、应用示范基地、数据分析与信息服务平台基础上，补充完善野外观测试验示范点，新增高效农业种植区、赵家寨煤矿区、孟庄乡枣园、龙湖镇葡萄园4个观测试验区，完善野外基地观测程序与数据库标准及规范，充实观测、监测与分析设备，新购置多组分温室气体分析仪、液态水同位素分析仪等设备，改善野外基地基础设施与保障条件，增强现有基地观测示范点的示范效应，加强基地研发技术的示范应用和推广工作，形成基础数据长期观测、协同研究、示范推广、技术培训于一体的发展平台。

（3）优化队伍结构，加强野外基地团队与人才建设及培育，为河南国土资源管理提供人才支撑。以野外基地建设为依托，以重大项目攻关为纽带，整合研究方向、人才队伍与科研项目资源，注重营造团队合作意识，培养和凝聚高层次优秀人才，进一步加快团队建设步伐，加快推进“土地资源综合监测与持续利用”、“土地信息快速获取与处理”、土地利用规划方法与应用、土地复垦与生态重建等团队组建步伐，力争获得国土资源部创新团队、教育部科技创新型团队资助，力争国土资源部科技创新人才、河南省高校创新人才、河南省杰出人才取得新突破，进一步增强团队和人才的引领导向作用；优化研究队伍结构，高级职称比例达到70%以上，具有博士学位比例达到50%以上，构筑一支高水平的学科科研队伍；通过研讨会、学术交流会、报告会、示范现场会、技术培训会等方式多形式、多渠道为地方、基层培养一批能够承担土地评价与监测、整治与开发等重大任务的地方科技骨干，计划每年培养地方青年科技骨干5～10人，培养基层国土资源科技人才10～20人。

（4）紧盯国家、国土行业及区域发展需求，进一步提升野外基地的科技协同创新与成果产出能力。按照“增强科技协同创新能力，提升持续产出能力，产学研用结合”思路，以野外基地平台、人才团队建设为载体，以高水平项目为纽带，推进科研与地方、行业发展融合协同创新，提升重大科研项目的承担能力和高水平成果的产出能力，在土地资源信息持续观测技术、“多规”合一编制协同技术、高标准基本农田建设整治技术、国土资源集约利用等方面取得突破，野外基地建设期满，力争获国家级项目3项以上，省部级奖励2项以上，发表SCI/EI、专业一级期刊论文数15篇以上，出版专著2部以上。

（5）多渠道争取野外基地建设经费，进一步加大基地投入，加快基地建设步伐。在已有经费投入基础上，依托野外基地，积极争取科研项目，拓展经费来源，力争年度科研、建设经费100万元以上，确保基地持续发展。

（6）完善组织运行管理机制，强化领导组织指导。进一步明确野外基地建设管理委员会、野外基地建设办公室、野外基地建设专家顾问组的职责，定期举行会议，研究基地建设发展中的问题，加强对基地的指导和帮助。同时，加强基地建设单位间的协调与沟通，确保基地高效运行。

第二节　中部粮食主产区土地资源综合监测数据分析

一、中部粮食主产区土地资源综合监测指标体系构建

按照国土资源部《土地资源数量、质量、生态综合监测指标体系与数据库和信息平台

建设方案》要求，本节对中部粮食主产区土地资源综合监测分别从中观尺度（县、乡镇）及微观尺度（村及观测点）构建监测指标体系。

（一）中观尺度

表3－2为中观尺度的中部粮食主产区土地资源数量－质量－生态状况监测指标体系，主要包括：

（1）土地资源数量监测指标体系。建立了土地利用类型转移、土地利用集约度等方面的土地资源数量监测指标体系，并实现该系列数据的年度更新。

（2）土地质量监测指标体系。主要从市域农作物生长状况角度，监测区域土地质量的变化情况及发展趋势，并实现了基地示范点土地质量的实时监测和数据年度更新。

（3）土地生态状况监测指标体系。主要从生物量、指示种、植被覆盖度、非渗透性表面密度、渠网密度、叶面积指数、光合有效辐射、城市绿地、城市水面、林网化比例等方面构建了土地生态状况监测指标。

表3－2　中部粮食主产区土地资源数量－质量－生态综合监测指标体系（中观尺度）

指标类型	指标层	元指标层	数据来源	频次	尺度
土地资源数量	耕地变化	耕地→建设用地	二次调查与变更调查数据	1次/a	乡
	建设用地	容积率	遥感与固定样点监测	1次/a	乡
		建筑密度	遥感与固定样点监测	1次/a	
土地资源质量	作物长势	NDVI	遥感监测	1次/a	市
土地资源生态	生物量		遥感与固定样点监测相结合	1次/a	乡
	指示种		遥感与固定样点监测相结合	1次/a	
	植被覆盖度		遥感与固定样点监测相结合	1次/a	
	林网密度		遥感监测与地面调查	1次/a	
	渠网密度		遥感监测与地面调查	1次/a	
	叶面积指数		遥感与固定样点监测相结合	1次/a	
	光合有效辐射		遥感与固定样点监测相结合	1次/a	
	城市绿地		遥感	1次/a	市
	城市水面		遥感	1次/a	
	非渗透性表面		遥感	1次/a	

（二）微观尺度

表3－3为微观尺度的中部粮食主产区土地资源数量－质量－生态状况监测指标体系，主要包括：

（1）土地资源数量监测指标体系。建立了包括土地利用类型转移、土地利用集约度、农用地流转状况等在内的土地资源数量监测指标体系，并实现该系列数据的年度更新。

（2）土地质量监测指标体系。采取定位观测和入户调查等方式，构建了土地基础背景、作物长势、土壤状况、秸秆还田率和作物年产量等监测区域土地质量的变化情况及发展趋势，并实现了基地示范点土地质量的实时监测和数据年度更新。

（3）土地生态状况监测指标体系。采取定位观测和入户调查等方式，构建了土壤污染（有机污染和重金属污染）指标，监测区域生态状况的变化情况及发展趋势，并实现了基地示范点土地质量的实时监测和数据年度更新。

表 3－3　中部粮食主产区土地资源数量－质量－生态综合监测指标体系（微观尺度）

指标类型	准则层	指标层	元指标层	数据来源	频次	尺度
土地资源数量	土地利用类型转移	耕地变化	耕地→建设用地	二次调查与变更调查数据	1 次/a	村
	土地利用集约度	农用地	复种指数	固定样点与问卷调查	1 次/a	村
			化肥使用量	固定样点与问卷调查	1 次/a	
			农药使用量	固定样点与问卷调查	1 次/a	
			除草剂用量	固定样点与问卷调查	1 次/a	
			机械总动力	固定样点与问卷调查	1 次/a	
	农用地流转状况		农用地租赁价格	固定样点监测与问卷调查	1 次/a	
			劳动力价格	固定样点监测与问卷调查	1 次/a	
			撂荒土地面积	固定样点监测与问卷调查	1 次/a	
土地资源质量	土地基础背景	土壤	耕作层厚度	固定样点监测	5 年	样点
			障碍层厚度	固定样点监测	5 年	
			土地构型	固定样点监测	5 年	
			土壤质地	固定样点监测	5 年	
		地形	坡　度	固定样点监测	5 年	
			高　程	固定样点监测	5 年	
	作物长势		千粒重	固定样点监测	1 次/a	村
	土壤		全量氮磷钾	固定样点监测	1 次/a	样点
			有机质	固定样点监测	1 次/a	
			土壤水分(雨季和旱季)	固定样点监测	2 次/a	
			土壤铵态氮	固定样点监测	1 次/a	
			土壤氨态氮	固定样点监测	1 次/a	
			土壤含盐量	固定样点监测	1 次/a	
	秸秆还田率			固定样点监测	1 次/a	村
	作物年产量			固定样点监测	1 次/a	
土地资源生态	土壤污染		有机污染	固定样点监测	1 次/a	样点
			重金属污染	固定样点监测	1 次/a	

二、中部粮食主产区典型区域土地利用现状分析

（一）土地利用结构分析

2010 年，新郑市土地总面积为 88459.15hm^2，其中农用地面积 65053.88hm^2，建设用

地面积 21183.68hm^2，其他土地面积 2221.59hm^2，分别占全市土地总面积的 73.54%、23.95% 和 2.51%（表 3－4）。

表 3－4　2010 年新郑市土地利用现状表

一级类	二级类	三级类	面积/hm^2		比例/%
农用地	耕地	水田	251.36		0.28
		水浇地	48030.27		54.30
		旱地	5372.94		6.07
		小计	53654.57		60.65
	园地		1741.11		1.97
	林地		6288.57		7.11
	牧草地		0		0.00
	其他农用地	设施农用地	780.5		0.88
		农村道路	1309.44		1.48
		坑塘水面	110.48		0.12
		农田水利用地	193.81		0.22
		田坎	975.4		1.10
		小计	3369.63		3.81
	合计		65053.88		73.54
建设用地	城乡建设用地	城市	1783.1		2.02
		建制镇	4550.43		5.14
		农村居民点用地	11388.15		12.87
		采矿用地	302.64		0.34
		其他独立建设用地			0.00
		小计	18024.32		20.38
	交通水利用地	铁路用地	265.34		0.30
		公路用地	1520.65		1.72
		机场用地	612.78		0.69
		管道运输用地	1.96		0.00
		水库水面	363.61		0.41
		水工建筑用地	30.03		0.03
		小计	2794.37		3.16
	其他建设用地	风景名胜及特殊用地	364.99		0.41
		盐田			0.00
		小计	364.99		0.41
	合计		21183.68		23.95
其他土地	水域	河流水面	1539.41		1.74
		湖泊水面	0		0.00
		滩涂	0		0.00
		小计	1539.41		1.74
	自然保留地	其他草地	587.5		0.66
		其他自然保留地	94.68		0.11
		小计	682.18		0.77
	合计		2221.59		2.51
土地总面积			88459.15		100.00

1. 农用地

耕地面积53654.57hm^2，园地面积1741.11hm^2，林地面积6288.57hm^2，其他农用地面积3369.63hm^2，分别占全市土地总面积的60.65%、1.97%、7.11%和3.81%。

2. 建设用地

城乡建设用地面积18024.32hm^2，占全市土地总面积的20.38%。其中城市面积1783.10hm^2，占土地总面积的2.02%；建制镇面积4550.43hm^2，占5.14%；村庄面积11388.15hm^2，占12.87%；采矿用地面积302.64hm^2，占0.34%。交通水利用地面积2794.37hm^2，占全市土地总面积的3.16%。其中铁路用地面积265.34hm^2，占土地总面积的0.30%；公路用地面积1520.65hm^2，占1.72%；水工建筑用地面积30.03hm^2，占0.03%。其他建设用地364.99hm^2，占全市土地总面积的0.41%。

3. 其他土地

水域（河流水面）面积1539.41hm^2，占全市土地总面积的1.74%；自然保留地面积682.18hm^2，占全市土地总面积的0.77%。

（二）土地利用特点分析

1. 地貌类型多样，区域差异较大

新郑市地处豫西山区向豫东平原的过渡地带，其西部、西南部为浅山丘陵区；中部、西北部为黄土低丘岗地区，区内沟壑纵横；东部主要为岗丘风沙区，风沙地貌发育；南部为冲积平原区。地貌类型复杂多样，素有“河南缩影”之称。

2. 土地自然环境条件欠佳

具体表现在两个方面：一是浅山丘陵区面积较大，水土流失较严重，全市浅山丘陵区和沙岗洼地面积占全市土地总面积的85.54%，由于浅山丘陵区植被覆盖差，加之沙岗地风沙土面积大，土质疏松，全市水土流失和风蚀较为严重。

二是全市水资源总体较为缺乏，对农业生产影响较大。据测算，市域水资源总量为$1.96\times10^8m^3$，其中地表水$1.18\times10^8m^3$，地下水$0.78\times10^8m^3$。人均水资源占有量336m^3，低于全省平均水平，与全国平均水平相距更远。从分布情况看，平原区地表水、地下水均较为丰富，浅山丘陵区地表水、地下水均明显不足。其中，浅层地下水极贫水区分布在浅山区和部分丘陵区，面积占全市土地总面积的6.3%；贫水区主要分布在岗丘区，面积占44.3%。

3. 土地利用受区位条件的影响较大

新郑市区位条件比较优越，处于中原城市群的核心圈层内，是郑州市通往南部的门户，交通四通八达，是国家交通建设和郑州市区产业扩散的重点地区。受郑州市区的辐射带动，加之本身的发展基础，新郑市工业化、城镇化发展迅速。全市城镇用地以及以国道、机场为主的基础设施建设用地增长迅速。

4. 土地利用率高，适宜开发的土地极其有限

新郑市地处豫西山区向豫东平原的过渡地带，土地利用率高达97.49%，比全省95.8%的土地利用率高1.69个百分点，比郑州市89.31%的土地利用率高8.18个百分点。其他土地中的自然保留地面积682.18hm^2，仅占全市土地总面积的0.77%。从生态保护和生态建设角度出发，县域的其他土地主要用于生态环境系统建设，以保护为主，土地开发潜力极小。

5. 耕地比例大，耕地质量有一定的提升空间

新郑市土地垦殖率高达 60.65%，比郑州市 44.62% 的土地垦殖率高 16.03 个百分点，比全省 49.36% 的土地垦殖率高 11.29 个百分点。全市耕地中高产田面积 15690.24hm^2，占耕地总面积的 29.24%；中产田面积 37964.33hm^2，占 70.76%。通过高标准基本农田建设和中产田改造，不断加大物质投入和科技投入，耕地质量可进一步提高。

6. 农村建设用地比例大，整治潜力巨大

新郑市农村建设用地面积 11388.15hm^2，占土地总面积的 12.87%，比郑州市 14.36% 的平均比例略低，比全省 9.35% 的平均比例高出 3.52 个百分点。2010 年，全市农村人口 37.37 万人，人均农村建设用地 304.77m^2/人，远高于国家 140m^2/人的人均最高用地标准，农村建设用地集约水平低。若通过农村建设用地整治，将人均建设用地降低至 200m^2/人，可腾退出 3914.83hm^2 农村建设用地；若人均建设用地降低至 140m^2/人，则可腾退出 6156.83hm^2 的农村建设用地。农村建设用地整治潜力巨大。

三、中观尺度（县域及乡镇）土地资源综合监测分析

基于中部粮食主产区土地资源数量 - 质量 - 生态状况监测指标体系及监测技术，从中观尺度，以新郑市域及新郑市所辖乡（镇）为尺度对新郑市 12 个乡镇的土地资源数量 - 质量 - 生态变化状况进行了监测分析，监测频次为每年一次，共监测了 3 个周期。

中观尺度主要从新郑市市域及新郑市所辖乡镇、行政村等层面对相关监测指标的数据进行分析。

（一）土地资源数量变化监测分析

1. 耕地利用变化

监测发现，2010—2013 年新郑市耕地总体呈减少态势，从 2010 年的 53654.57hm^2 减少到 2013 年的 51824.93hm^2，累计净减少 1829.64hm^2。其中，孟庄镇减少最多，达 417.12hm^2；其他依次为薛店镇减少 344.82hm^2，龙湖镇减少 286.98hm^2，而新郑市区所辖乡镇（办事处）由于自身发展及功能定位、原有耕地面积较小等原因，研究时段内耕地面积减少相对较少。从区域上看，耕地面积减少地区主要位于郑州航空港经济综合实验区，随着港区的飞速发展，孟庄镇、郭店镇、龙湖镇等为其发展提供了土地支撑。同时，耕地减少的数量中以水浇地为主，占耕地减少总量的 87%，这与新郑市耕地类型以水浇地为主的特点相一致。

2. 土地利用集约度

2010 年，新郑市耕地面积为 53654.57hm^2，当年农作物总播种面积为 80670hm^2，据测算，2010 年新郑市复种指数为 150.4%。

（二）土地资源质量变化监测分析

1. 土壤基础背景数值

根据新郑市第二次土壤普查的情况可知，全市土壤有机质含量偏低，平均为 0.85%，

变化幅度介于0.63%～0.95%之间，其中有大部分介于0.4%～0.8%之间。各类土壤中以立黄土、赤金土和少量砂姜立黄土有机质含量最高，含量平均为0.95%；其次是黄土和黄善土，含量平均为0.92%；含量最低的是砂土和复砂立黄土，平均为0.63%。各土壤中有机质的含量差异不大。新郑市土壤pH值在6.7～8.5之间，属中性和微碱性。各类土壤耕层中的pH值差异不大。

新郑市属豫西山区向豫东平原过渡地带，市域西部和中部浅山连绵，丘陵起伏，沟壑纵横，海拔多在200m以上，属豫西山区范畴；东部为黄河古阶地，岗洼相间，地势较平缓，海拔一般为100～150m，属黄淮海平原一隅。全市总的地势是西高东低，中部高、南北低，呈倒“T”形。自然坡降为1/1600～1/200。

2. 土壤有机质

土壤有机质是土壤的重要组成成分，与土壤的发生、演变，土壤肥力水平和土壤的许多其他属性有密切的关系。土壤有机质含有作物生长所需的多种营养元素，分解后可直接为作物生长提供营养；有机质具有改善土壤理化性状，影响和制约土壤结构形成及通气性、渗透性、缓冲性、交换性能和保水保肥性能，是评价耕地地力的重要指标。

（1）耕层土壤有机质含量及面积分布。本次耕地地力调查共化验分析耕层土样6350个，土样分析后，剔除异常值，保留6300个土样数据。有机质平均含量为15.58g/kg，变化范围4.5～29.2g/kg，标准差3.1，变异系数0.2（表3－5）。较全国第二次土壤普查（8.5g/kg）增加了7.08g/kg。

表3－5　土壤有机质含量统计表　　单位：g/kg

项目	最小值	最大值	平均值	标准差	变异系数
指标	4.5	29.2	15.58	3.1	0.2

土壤有机质的积累与矿化是土壤与生态环境之间物质和能量循环的一个重要环节。从行政区域看，观音寺镇、辛店镇、梨河镇、城关乡等有机质含量较高，平均值大于17.40g/kg，最低是孟庄镇，有机质平均值为10.88g/kg。其他乡（镇）有机质平均值在13.54～15.93g/kg之间。根据河南省土壤有机质的分级标准，新郑市耕层土壤有机质含量分5级，本次调查有机质含量＞20.00g/kg的占6.35%，17.01～20.00g/kg的占26.94%，14.01～17.00g/kg的占36.10%，10.01～14.00g/kg的占25.51%，≤10.00g/kg的占5.10%。与全国二次土壤普查相比，全市土壤有机质含量有所提高，全国二次土壤普查结果是面积占49.60%的地区土壤有机质含量低于8.00g/kg，而此次调查数据显示，面积比例5.10%的地区土壤有机质含量低于10.00g/kg。全国二次土壤普查显示，49.33%地区土壤有机质含量在8.00～15.00g/kg之间，此次调查数据显示，61.61%地区土壤有机质含量在10.00～17.00g/kg之间，其余26.94%地区土壤有机质含量在17.00～20.00g/kg之间，更有6.35%地区土壤有机质含量高于20.00g/kg。与全国二次土壤普查相比，有机质含量有了大幅度提高。详见表3－6和图3－8。

（2）不同土种类型土壤有机质含量。不同利用类型土壤有机质含量的差异是人们社会活动对土壤影响的集中体现。不同土壤类型，有机质含量有一定差异。黄潮土有机质含量

表 3－6　新郑市各乡（镇）耕层土壤有机质分析统计表　　单位：g/kg

乡镇	平均值	最大值	最小值	面积分级统计/%				
				一级	二级	三级	四级	五级
				>20.00	17.01～20.00	14.01～17.00	10.01～14.00	≤10.0
城关乡	17.43	25.9	11.1		0.06	2.70	2.21	0.55
观音寺镇	19.37	26.2	8		0.36	0.68	3.09	3.99
郭店镇	15.4	27.9	5.3	0.04	2.12	5.50	1.84	0.07
和庄镇	15.93	25.3	6.8	0.08	1.98	2.37	2.55	0.18
梨河镇	17.39	22.5	11.6		0.09	1.64	3.22	0.15
龙湖镇	15.84	23.2	8.9	0.04	1.04	6.25	1.98	0.12
八千乡	14.89	19.7	10.4		3.16	4.61	0.64	
龙王乡	13.76	19.6	8	0.02	5.40	2.83	0.07	
孟庄镇	10.96	18.3	5		3.53	5.32	0.60	
辛店镇	18.22	29.2	10.6		0.10	2.97	8.94	1.27
新村镇	15.53	21.2	4.5	0.46	1.08	3.94	2.02	0.01
薛店镇	13.53	22.6	6.6	0.91	4.81	2.03	0.38	
全市	15.59	29.2	4.5	6.35	26.94	36.10	25.51	5.10

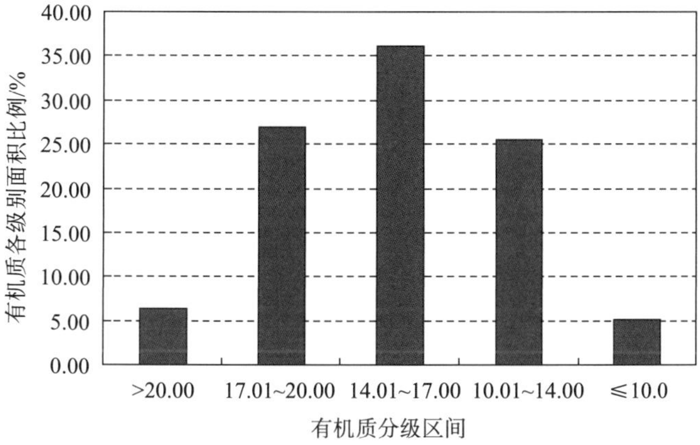

图 3－8　新郑市土壤有机质分级面积比例

普遍较高，平均含量为 15.68g/kg；其次是褐土，平均含量为 15.33g/kg。褐潮土由于受水流冲积的影响，有机质含量较低，平均含量为 14.46g/kg。从土种类型看，红黏土和浅位少量砂姜黄土质褐土有机质含量最高，平均值分别为 21.48g/kg 和 18.56g/kg；半固定草甸风砂土最低，有机质含量为 13.43g/kg。详见表 3－7。

表 3－7　不同土种土壤有机质含量统计表　　单位：g/kg

土壤名称	平均值	最小值	最大值	标准差	变异系数
半固定草甸风砂土	13.43	7.50	20.90	2.99	0.22
底壤砂壤质砂质脱潮土	15.31	13.20	20.50	2.06	0.13
固定草甸风砂土	13.00	7.10	18.90	2.62	0.20

续表

土壤名称	平均值	最小值	最大值	标准差	变异系数
红黄土质褐土性土	18.19	14.60	20.60	1.65	0.09
红黏土	21.48	17.80	27.50	4.21	0.20
黄土质褐土	17.45	5.30	29.20	2.62	0.15
浅位壤砂壤质砂质脱潮土	14.27	13.00	16.30	1.35	0.09
浅位少量砂姜黄土质褐土	18.56	11.90	25.80	3.30	0.18
轻壤黄土质褐土性土	18.00	8.80	22.90	2.88	0.16
轻壤质洪积褐土	12.15	5.60	19.40	3.15	0.26
轻壤质黄土质石灰性褐土	15.66	8.30	22.60	2.41	0.15
壤质潮褐土	17.30	17.30	17.30	0.00	0.00
砂壤质砂质脱潮土	14.26	7.40	22.10	2.24	0.16
砂质潮褐土	13.95	4.50	26.40	3.25	0.23
脱潮小两合土	16.64	11.20	20.30	2.23	0.13
中层钙质石灰性褐土	15.97	9.60	19.30	2.08	0.13
中层硅质褐土性土	18.44	13.60	23.70	1.60	0.09
中层泥质淋溶褐土	18.55	15.90	19.70	1.78	0.10
中壤质黄土质石灰性褐土	17.16	8.00	25.30	2.12	0.12

（3）耕层有机质含量与土壤质地的关系。土壤质地与耕层有机质含量有较密切的关系。据化验结果分析，各质地耕层有机质含量排列顺序为：中壤土＞重壤土＞轻壤土＞砂壤土＞紧砂土，其含量分别为18.76g/kg、18.63g/kg、17.30g/kg、14.42g/kg和13.62g/kg。详见表3－8。

表3－8　不同土壤质地类型土壤有机质含量统计表　　单位：g/kg

质地	平均值	最大值	最小值	标准差	变异系数
紧砂土	13.62	20.90	5.60	2.62	0.19
轻壤土	17.30	29.20	5.30	2.53	0.15
砂壤土	14.42	26.40	4.50	2.90	0.20
中壤土	18.76	27.50	14.60	1.74	0.09
重壤土	18.63	18.80	18.40	0.21	0.01

（4）不同质地构型土壤有机质含量。根据实地调查分析化验数据，不同质地构型的土壤有机质含量：夹砂中壤有机质含量最高，为20.60g/kg，而壤底砂土土壤有机质含量最低，平均值为12.27g/kg。从行政区划上来看，辛店镇质地构型为夹砂中壤，土壤有机质含量最高，为20.6g/kg；孟庄镇、新村镇和薛店镇土壤有机质含量较低，含量在10.00g/kg左右，这些乡镇土壤质地构型多为壤底砂土和均质砂土。详见表3－9。

表 3-9　不同土壤质地构型土壤有机质含量统计表　单位：g/kg

质地构型	平均值	最小值	最大值	标准差	变异系数
夹壤砂土	14.31	9.70	19.20	1.69	0.12
夹壤黏土	18.63	18.40	18.80	0.21	0.01
夹砂中壤	20.60	19.70	21.90	0.87	0.04
均质轻壤	15.88	7.50	23.70	2.85	0.18
均质砂壤	14.86	4.50	26.40	2.96	0.20
均质砂土	13.14	7.10	20.90	2.92	0.22
均质中壤	14.16	5.00	27.50	2.77	0.19
壤底砂土	12.27	5.60	19.40	3.15	0.26
黏底轻壤	17.31	5.30	29.20	2.53	0.16
黏底中壤	18.11	14.60	21.60	1.65	0.09

（5）不同地形部位土壤有机质含量。从表 3-10 可以看出，人工水平梯田土壤有机质含量最高，为 20.60g/kg；冲积平原低洼地土壤有机质含量最低，为 14.67g/kg；低山丘陵坡地有机质平均含量为 17.75g/kg；岗地有机质平均含量为 15.82g/kg；丘陵缓坡地平均含量为 14.86g/kg。

表 3-10　不同地形部位土壤有机质含量统计表　单位：g/kg

地形部位	平均值	最小值	最大值	标准差	变异系数
冲积平原低洼地	14.67	6.10	21.40	3.62	0.17
低山丘陵坡地	17.75	14.60	27.50	2.24	0.08
岗地	15.82	5.30	29.20	3.03	0.10
丘陵缓坡地	14.86	4.50	25.80	3.32	0.13
人工水平梯田	20.60	19.70	21.90	0.87	0.04

（6）不同地貌类型土壤有机质含量。新郑市共有三大地貌类型：平原、丘陵和山地。其中，平原地区共有 9726.87hm^2，占农用地总面积的 18.80%；丘陵地区共 40497.21hm^2，占农用地面积的 78.29%；山地总面积为 1503.85hm^2，占农用地总面积的 2.91%。全市不同地貌类型土壤有机质含量也存在一定差异，山地地区有机质含量平均值最大，为 18.87g/kg；其次是平原地区，为 18.32g/kg；丘陵地区有机质含量平均值最小，为 15.01g/kg（表 3-11）。

表 3-11　不同地貌类型土壤有机质含量统计表　单位：g/kg

地貌类型	平均值	最小值	最大值	标准差	变异系数
平原	18.32	8.00	29.20	2.42	0.13
丘陵	15.01	4.50	27.70	2.96	0.20
山地	18.87	14.60	27.50	2.00	0.11

3. 土壤全氮

土壤中氮素是提高粮食产量的重要因素，土壤全氮是土壤供氮能力的重要指标，在生产实际中有着重要意义。

（1）耕层土壤全氮含量及面积分布。新郑市耕层土壤全氮含量平均值为0.79g/kg，变化范围为0.61～0.91g/kg，标准差为0.13，变异系数为0.16，较全国二次土壤普查提高了0.5g/kg。详见表3－12。

表3－12　土壤全氮含量统计表　　单位：g/kg

项目	样点数量	平均值	最小值	最大值	标准差	变异系数
指标	5730	0.79	0.25	1.40	0.13	0.16

从行政区域看，观音寺镇、梨河镇土壤全氮含量最高，全氮含量平均值为0.89g/kg；孟庄镇、薛店镇全氮含量较低，全氮含量小于0.67g/kg；全市全氮含量主要集中在0.75～1.00g/kg之间，按面积分级统计计算占62.90%。根据河南省土壤全氮的分级标准，新郑市耕层土壤全氮含量分5级，本次调查全氮含量＞1.00g/kg的占2.17%，0.75～1.00g/kg的占62.9%，0.60～0.75g/kg的占25.58%，0.50～0.60g/kg的占6.79%，≤0.50g/kg的占2.56%。其中，观音寺镇、辛店镇大部分地区全氮含量在0.75～1.00g/kg之间，分别占各乡镇面积的98.81%和85.28%（详见表3－13；图3－9）。

表3－13　各乡（镇）耕层土壤全氮分析统计表　　单位：g/kg

乡镇	平均值	最大值	最小值	面积分级统计/%				
				一级	二级	三级	四级	五级
				＞1.00	0.75～1.00	0.60～0.75	0.50～0.60	≤0.50
八千乡	0.80	1.03	0.44	0.20	67.32	30.50	1.97	0.01
城关乡	0.82	1.09	0.51	0.45	81.61	17.74	0.20	
观音寺镇	0.89	1.22	0.61	1.10	98.81	0.09		
郭店镇	0.76	1.04	0.38	0.04	67.72	26.15	5.68	0.42
和庄镇	0.79	1.25	0.25	2.14	50.90	41.78	4.37	0.81
梨河镇	0.89	1.05	0.51	11.64	82.73	5.60	0.03	
龙湖镇	0.79	1.05	0.43	0.18	70.71	28.11	0.69	0.30
龙王乡	0.76	1.26	0.28	0.10	51.99	44.93	2.95	0.03
孟庄镇	0.61	0.93	0.32		9.53	39.18	34.89	16.40
辛店镇	0.87	1.40	0.49	7.80	85.28	6.51	0.06	0.35
新村镇	0.85	1.15	0.43	3.02	79.49	11.79	5.55	0.15
薛店镇	0.67	1.07	0.29	0.04	14.42	54.22	21.14	10.18
全市	0.79	1.40	0.25	2.17	62.90	25.58	6.79	2.56

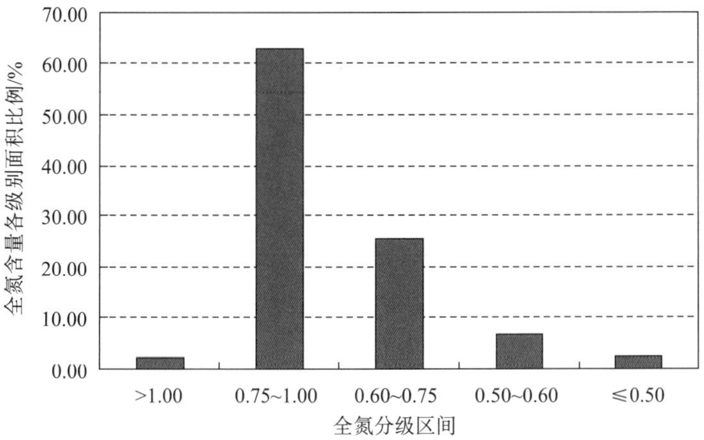

图 3－9 新郑市土壤全氮分级面积比例图

（2）不同土种类型全氮含量。按照省土壤分类，将新郑市土壤分为 19 个土种。其中，红黏土由于质地构型为黏底轻壤，土壤养分含量高，保水保肥能力强，土壤全氮含量平均值为 1.08g/kg。而轻壤质洪积褐土全氮含量最低，仅为 0.66g/kg。详见表 3－14。

（3）耕层全氮含量与土壤质地的关系。土壤质地与耕层有机质含量有较密切的关系。据化验结果分析，各质地耕层有机质含量排列顺序为：中壤土 > 重壤土 > 轻壤土 > 砂壤土 > 紧砂土，其含量分别为 0.93g/kg、0.91g/kg、0.85g/kg、0.74g/kg 和 0.72g/kg。详见表 3－15。

表 3－14 不同土种类型全氮含量统计表

单位：g/kg

土壤名称	平均值	最小值	最大值	标准差	变异系数
半固定草甸风砂土	0.72	0.44	0.98	0.13	0.18
底壤砂壤质砂质脱潮土	0.76	0.55	1.07	0.12	0.16
固定草甸风砂土	0.70	0.44	0.90	0.10	0.14
红黄土质褐土性土	0.93	0.61	1.10	0.11	0.12
红黏土	1.08	0.88	1.40	0.23	0.21
黄土质褐土	0.85	0.38	1.22	0.10	0.12
浅位壤砂壤质砂质脱潮土	0.72	0.69	0.77	0.03	0.04
浅位少量砂姜黄土质褐土	0.88	0.49	0.99	0.10	0.11
轻壤黄土质褐土性土	0.84	0.52	1.05	0.12	0.14
轻壤质洪积褐土	0.66	0.37	0.93	0.13	0.20
轻壤质黄土质石灰性褐土	0.78	0.43	1.07	0.12	0.16
壤质潮褐土	0.89	0.89	0.89	0.00	0.00
砂壤质砂质脱潮土	0.76	0.28	1.26	0.12	0.16
砂质潮褐土	0.72	0.25	1.05	0.13	0.18
脱潮小两合土	0.86	0.60	1.03	0.10	0.12
中层钙质石灰性褐土	0.77	0.52	0.95	0.11	0.14
中层硅质褐土性土	0.92	0.77	1.18	0.08	0.08
中层泥质淋溶褐土	0.98	0.87	1.03	0.07	0.07
中壤质黄土质石灰性褐土	0.86	0.52	1.16	0.09	0.10

表 3－15　不同土壤质地类型土壤全氮含量统计表　　单位：g/kg

质地	平均值	最小值	最大值	标准差	变异系数
紧砂土	0.72	0.37	1.26	0.13	0.18
轻壤土	0.85	0.38	1.22	0.10	0.12
砂壤土	0.74	0.25	1.25	0.12	0.17
中壤土	0.93	0.61	1.40	0.11	0.11
重壤土	0.91	0.90	0.91	0.01	0.01

（4）不同土壤质地构型全氮含量。总体来看，新郑市各质地构型土壤全氮含量差别不太大，其中夹砂中壤全氮含量最高，达到了1.08g/kg，而均质砂壤、均质中壤全氮含量较低，在0.75g/kg左右。从行政区划上看，孟庄镇、和庄镇、薛店镇土壤全氮含量较低，质地构型多为均质砂土和壤底砂土；梨河镇和辛店镇土壤全氮含量较高，质地构型为夹砂中壤和黏底中壤，质地良好，氮肥含量从全市来讲较高。详见表3－16。

表 3－16　不同土壤质地构型全氮含量统计表　　单位：g/kg

质地构型	平均值	最小值	最大值	标准差	变异系数
夹壤砂土	0.76	0.44	1.26	0.10	0.14
夹壤黏土	0.91	0.90	0.91	0.01	0.01
夹砂中壤	1.08	0.97	1.17	0.07	0.07
均质轻壤	0.82	0.40	1.18	0.14	0.17
均质砂壤	0.75	0.25	1.06	0.12	0.17
均质砂土	0.70	0.42	0.98	0.13	0.18
均质中壤	0.74	0.28	1.40	0.13	0.18
壤底砂土	0.66	0.37	0.93	0.13	0.20
黏底轻壤	0.85	0.38	1.22	0.10	0.11
黏底中壤	0.89	0.61	1.10	0.10	0.11

（5）不同土壤地形部位全氮含量。根据分析化验数据可以看出，人工梯田地区全氮含量最高，为1.08g/kg；丘陵缓坡地由于地势、灌溉、排水等水利设施不完善，全氮含量最低，为0.75g/kg；低山丘陵坡地全氮平均含量为0.89g/kg；岗地和冲积平原低洼地全氮平均含量分别为0.80g/kg和0.77g/kg。详见表3－17。

表 3－17　不同土壤质地构型全氮含量统计表　　单位：g/kg

地形部位	平均值	最小值	最大值	标准差	变异系数
冲积平原低洼地	0.77	0.34	1.06	0.16	0.20
低山丘陵坡地	0.89	0.61	1.40	0.13	0.15
岗地	0.80	0.25	1.26	0.12	0.16
丘陵缓坡地	0.75	0.32	1.18	0.14	0.18
人工水平梯田	1.08	0.97	1.17	0.07	0.07

（6）不同地貌类型土壤全氮含量。根据分析化验数据可以看出，不同地貌类型土壤全氮含量排序为：山地 > 平原 > 丘陵，全氮含量分别为 0.94g/kg、0.87g/kg、0.77g/kg。详见表 3－18。

表 3－18　不同地貌类型土壤全氮含量统计表　　单位：g/kg

地貌类型	平均值	最小值	最大值	标准差	变异系数
平原	0.87	0.51	1.22	0.09	0.10
丘陵	0.77	0.25	1.26	0.13	0.17
山地	0.94	0.61	1.40	0.11	0.12

（7）影响土壤全氮含量的因素。土壤中的氮素主要以有机态存在，约占土壤全氮量的 90%。有机态氮素主要以大分子化合物的形式存在于土壤中，作物难以吸收利用，属迟效性氮；其余部分则以小分子有机态或铵态、硝态和亚硝态等形式存在，占土壤全氮的 10%。土壤全氮含量主要受有机质含量及人为活动的影响，不同质地、土壤类型之间有较大差异。

4. NDVI

由图 3－10 可知，新郑市 NDVI（归一化植被指数）呈现南高北低的特点，其中最高值为 1，最低值为 －0.497897。新店镇最高，达到 0.42；其次为观音寺镇 0.40；最低的为新郑市区，仅为 0.10。这主要是由于新郑市北部建设用地较多，南部以农业为主。

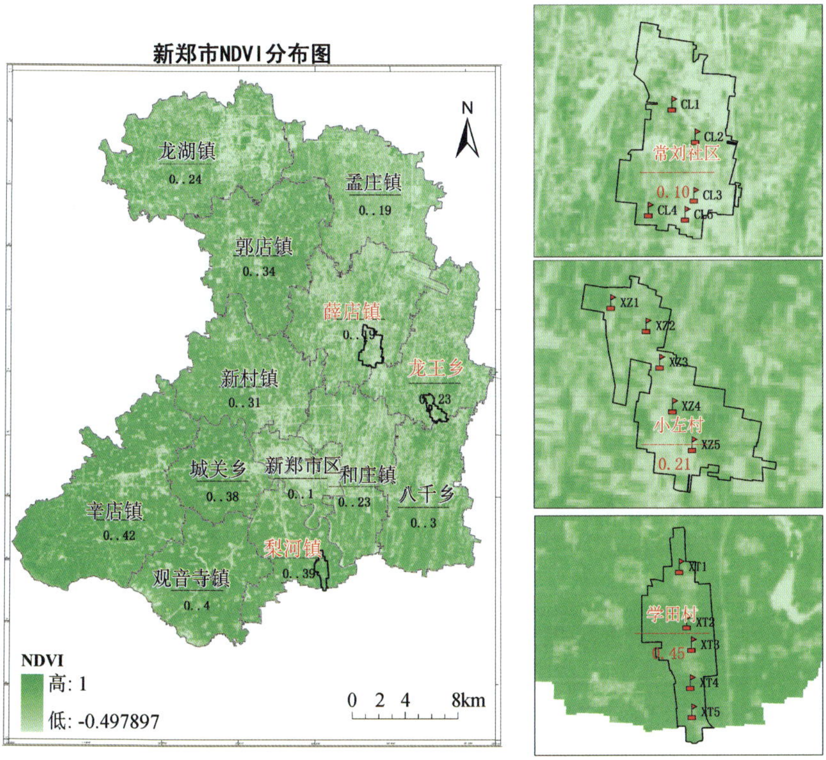

图 3－10　新郑市及野外观测站点的 NDVI 分布图

（三）土地资源生态变化监测分析

1. 耕地、林地生物量

图3－11表明，新郑市及定位观测站点的耕地、林地生物量总体表现为自北向南、自西向东逐渐递减，新郑市耕地、林地生物量平均为316.6t/hm^2。其中，龙湖镇耕地、林地生物量最大（620.41t/hm^2），新郑市区最小。

2. 耕地、林地单位面积林网化长度

图3－12表明，新郑市及定位观测站点的耕地、林地单位面积林网化长度表现为龙湖镇和薛店镇最长（超过200m/hm^2），八千乡、新郑市区、薛店镇次之（160～200m/hm^2），城关乡和观音寺镇最小（低于200m/hm^2）。

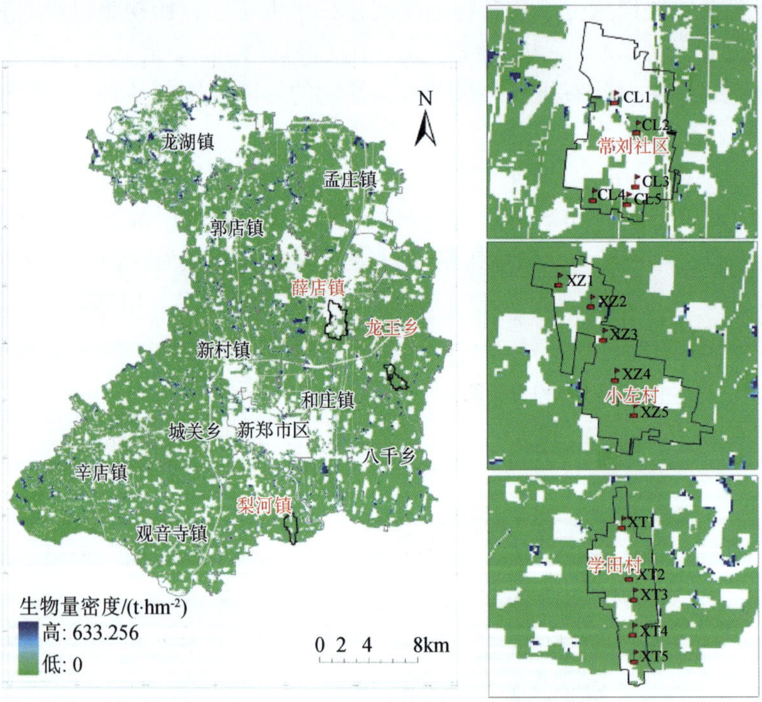

图3－11　新郑市及定位观测站点的耕地、林地生物量分级图

3. 耕地、林地沟渠密度

图3－13表明，新郑市及定位观测站点的耕地、林地沟渠密度表现为八千乡、龙王乡和辛店镇最大（超过8m/hm^2）；新村镇、郭店镇和观音寺镇次之（4～8m/hm^2）；龙湖镇最小（0～2m/hm^2）。

4. 耕地、林地叶面积指数（LAI）

图3－14表明，新郑市及定位观测站点的耕地、林地叶面积指数（LAI）表现为自西向东、自南向北逐渐降低趋势。其中，辛店镇的耕地、林地叶面积指数（LAI）最高（7.28），其次为观音寺镇、梨河镇、城关乡（5.32～7.14），新郑市区和和庄镇最小（0～1.66）。

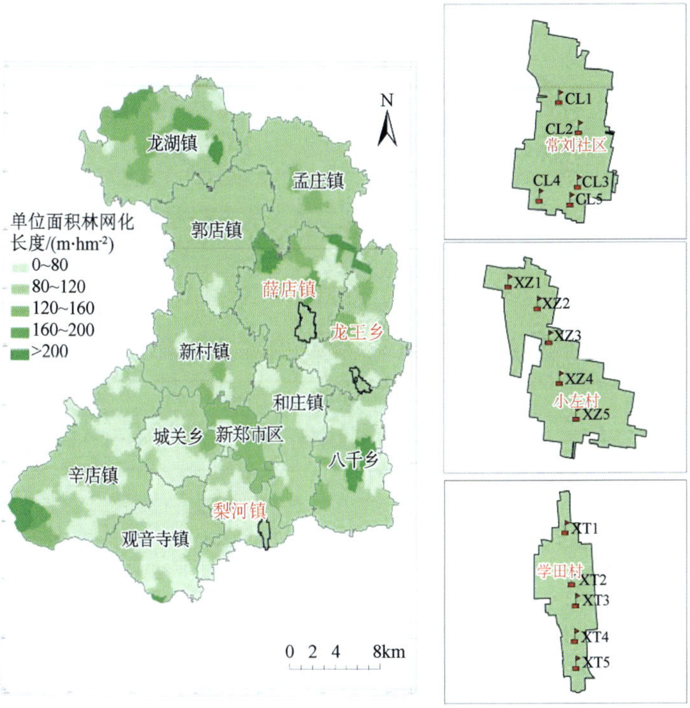

图 3－12　新郑市及定位观测站点的耕地、林地单位面积林网化长度分级图

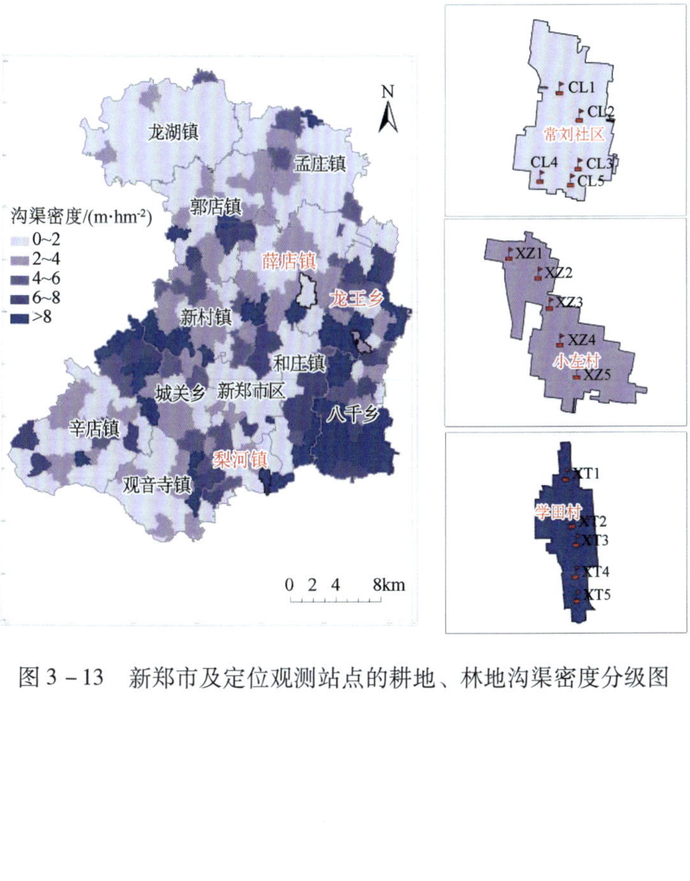

图 3－13　新郑市及定位观测站点的耕地、林地沟渠密度分级图

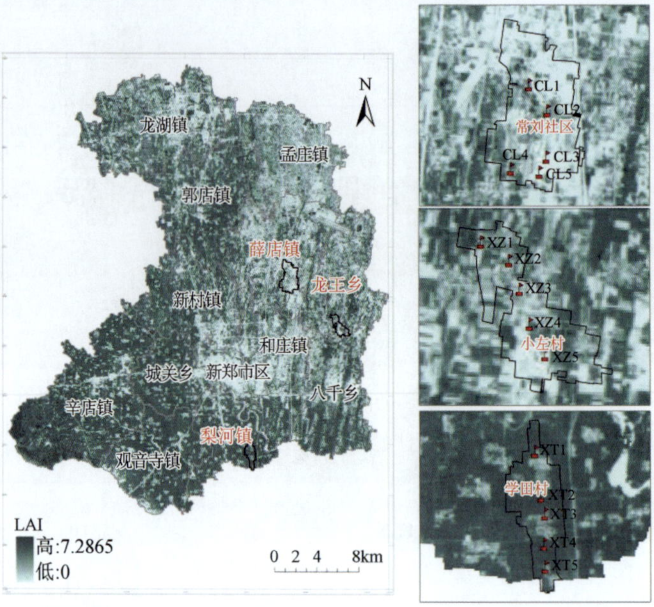

图 3-14 新郑市及定位观测站点的耕地、林地叶面积指数（LAI）分级图

5. 耕地、林地光合有效辐射（FDAR）

图 3-15 表明，新郑市及定位观测站点的耕地、林地光合有效辐射表现为自西向东、自南向北逐渐降低趋势。其中，辛店镇的耕地、林地光合有效辐射最高（0.8~1.0），其次为观音寺镇、梨河镇、城关乡和新村镇（0.6~0.7），新郑市区和薛店镇最小（0~0.3）。

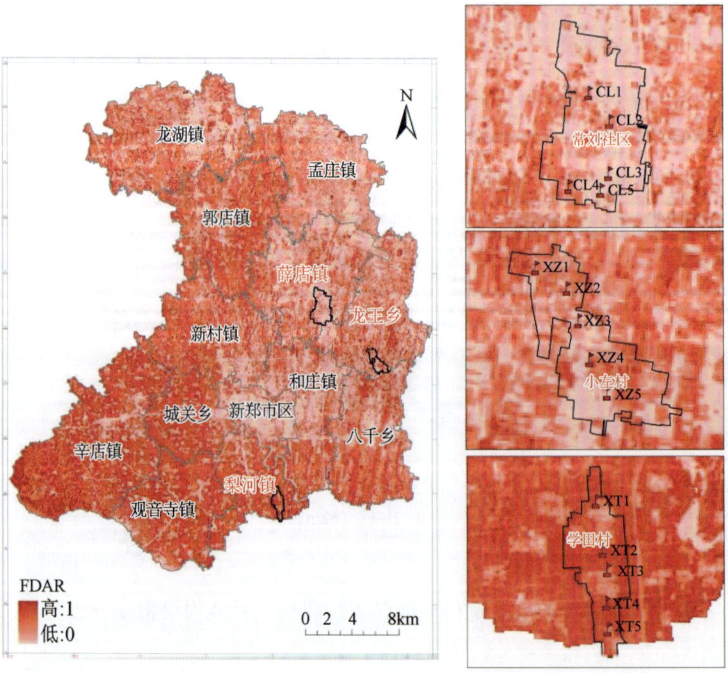

图 3-15 新郑市及定位观测站点的耕地、林地光合有效辐射（FDAR）分级图

6. 绿地面积

图3－16表明，新郑市及定位观测站点的绿地面积表现为新郑市区和龙湖镇最大（45～60hm²），其次为新村镇、观音寺镇和郭店镇（15～45hm²），梨河镇和八千乡最小（0～15hm²）。

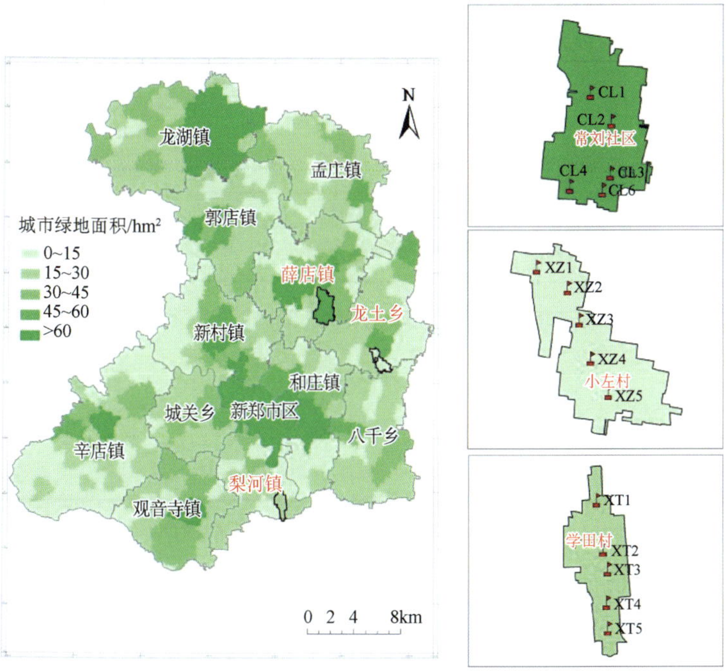

图3－16　新郑市及定位观测站点的绿地面积分级图

7. 非渗透地表面积

图3－17表明，新郑市的非渗透地表面积表现为新郑市区和龙湖镇最大（大于80hm²），其次为新村镇、辛店镇和薛店镇（40～70hm²），梨河镇、八千乡、龙王乡和孟庄镇最小（0～15hm²）。

8. 城市水面面积

图3－18表明，新郑市及定位观测站点的城市水面面积表现为新郑市区和龙湖镇最大（大于2hm²），其次为新村镇和城关乡（1.0～2.0hm²），郭店镇、孟庄镇、龙王乡观音寺镇基本无城市水面面积。

四、微观尺度（村及样点）土地资源综合监测分析

中部粮食主产区典型区域土地资源监测从微观尺度选取了具有代表性的梨河镇学田村、龙王乡小左村、薛店镇常刘社区3个典型区域。其中，以梨河镇学田村的5个观测点为基础，对0～60cm土层土壤的理化性状进行了监测分析；龙王乡小左村5个观测点，重点进行了土壤重金属和有机污染监测分析；薛店镇常刘社区5个观测站点，重点进行了土

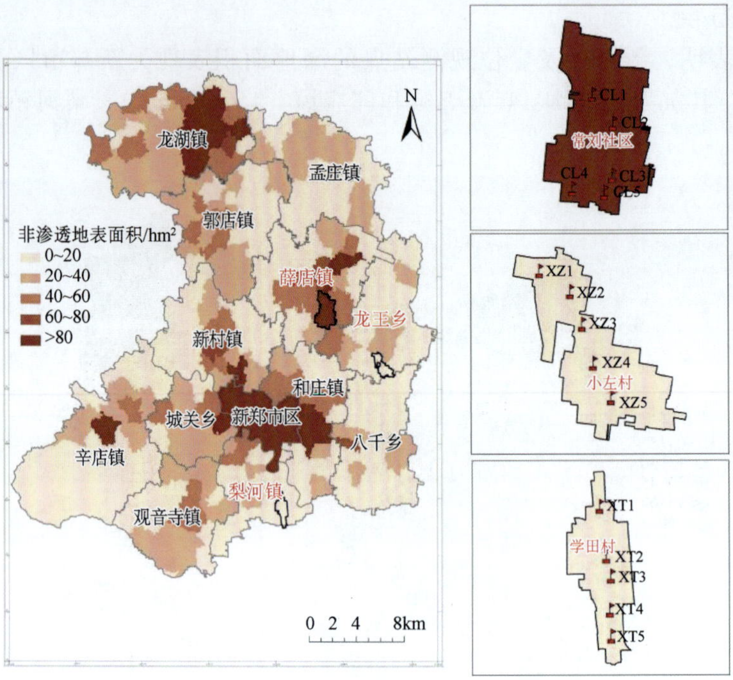

图 3－17　新郑市及定位观测站点的非渗透地表面积分级图

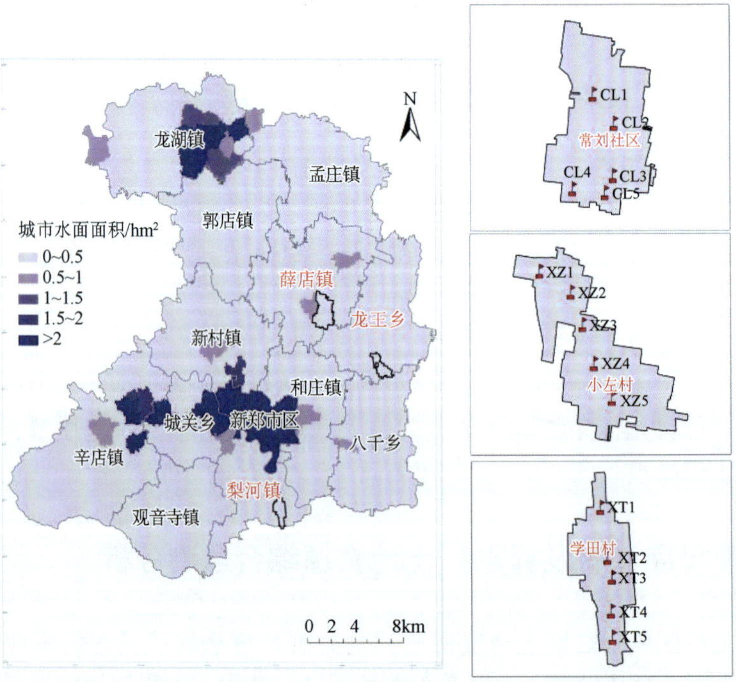

图 3－18　新郑市及定位观测站点的城市水面面积分级图

地资源数量流转的监测分析。

调查问卷数据采用整群抽样方式进行入户调查，具体选取了新郑市龙王乡小左村作为土地资源生态变化典型代表，重点进行了土壤重金属和有机污染监测分析；梨河镇学田村作为土地资源质量变化的典型代表，薛店镇常刘社区作为新型农村社区的土地资源数量变化典型代表。调查问卷共进行 3 个周期，每次发放调查问卷 500 份，调查问卷回收率在 90.0% ~95.0% 之间。

（一）土地资源数量变化监测分析

1. 耕地利用变化分析

图 3 – 19 表明，定位观测点耕地转换为建设用地面积的变化规律为：常刘社区（10hm²）>学田村（5hm²）>小左村（0hm²）。其中，常刘社区 5 个观测点表现为自北向南逐渐减少趋势，学田村 5 个观测点表现为自北向南逐渐增加趋势，小左村 5 个观测点基本无变化。

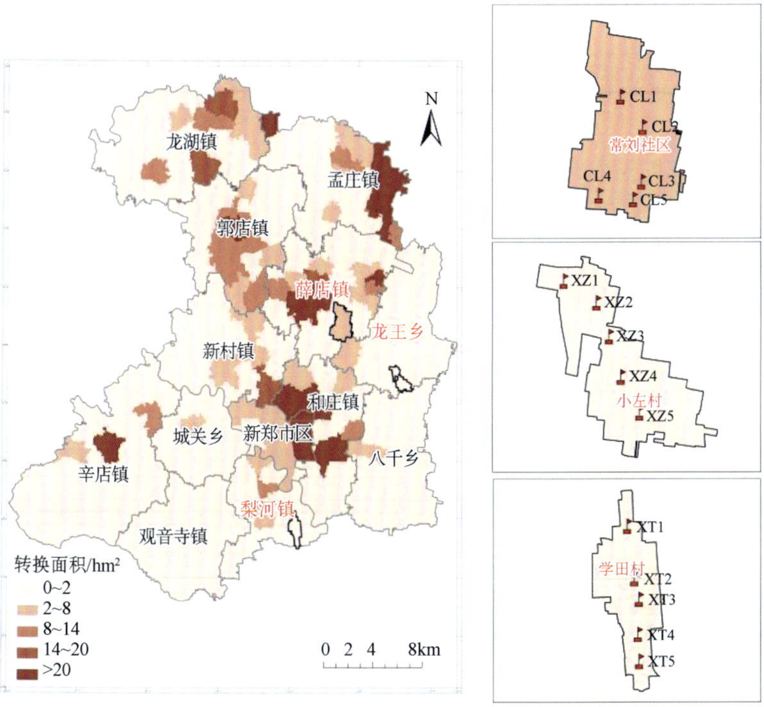

图 3 – 19 新郑市及野外观测站点的耕地转换为建设用地的面积分级图

2. 农用地流转情况分析

2013 年度调查采用整群抽样方式进行入户调查，龙王乡小左村作为传统农业区典型代表，梨河镇学田村作为基本农田集中区的典型代表，薛店镇常刘社区作为新型农村社区的典型代表。在调查中共发放调查问卷 500 份，共回收 463 份，回收率为 92.6%（表 3 – 19）。

表 3-19　调查问卷分布表

样本点	龙王乡小左村	梨河镇学田村	薛店镇常刘社区	合计
问卷调查份数	252	200	48	500
有效调查问卷份数	237	187	39	463

此次调查 500 位样本户涉及的总人口为 2453 人，其中劳动力为 1473 人，总耕地面积 27.77hm^2（416.5 亩），人均耕地 0.081hm^2（1.21 亩），户均宅基地 0.024hm^2（0.36 亩）。

（1）土地利用信息分析。调查显示，调查区域地处平原，地势平坦，户均耕地 5.05 亩，人均耕地 1.21 亩。近年来国家加大了对该区域的土地综合整治及农田水利建设的投资，完善了农田基础设施，灌溉十分方便。田块经过调整，距离农户宅基地距离在 0.3～1.5km 之间，便于农户从事耕作。由于所处纬度，该区域为一年两季轮作，轮作作物为小麦－玉米、小麦－花生、蔬菜等，其中蔬菜仅占 16.87%，其余为小麦－玉米、小麦－花生轮作。从投入来看，与种植作物密切相关，小麦、玉米、花生的机械投入较多，每户年均支出 205.2 元；化肥投入差异不大，每户平均每年亩均化肥投入为 61.4 元/亩；农药的投入因农户精耕细作程度而存在较大差异，每户年均支出 81.1 元。从产出来看，玉米产量最高，达 1019.7 斤/亩；小麦 852.8 斤/亩，花生 646.3 斤/亩。同时，产出与投入之间存在高度相关，投入越高产量越大，由此可见，当前调查区域的农作物的高产出是以高投入为基础。

（2）农户信息分析。农户信息表中，81.9% 的户主年龄大于 50 岁，并且文化程度偏低，其中初中及以下文化程度占 50.6%。经过多年计划生育政策的执行，户均人口 4.9 人，青壮年劳动力基本常年外出打工，占调查总人口的 31.8%。农业兼业现象严重，农地耕地基本是留守妇女和老人依靠传统经验进行耕作，而对于农业科技知识掌握不足，从而影响耕地产能的提升。

（3）农户生产经营分析。在农户生产经营方面，农户现经营耕地面积户均 5.0 亩，其中 44.6% 的被调查农户经营面积在 5 亩以上，28.9% 的农户经营耕地不多于 1 亩，被调查农户的耕地面积存在较大差异。相对而言，经济发展越好的区域，户均耕地越少。农户承包耕地情况，35.2% 的农户额外承包耕地进行耕种，但是承包耕地的规模普遍不大，户均 2.5 亩，最多的农户仅为 11.5 亩。从种植收入来看，种植花生的收益较高，达 12732 元/年；其次为种植玉米，为 1945 元/年；小麦的收益最低，仅为 1937 元/年。农户的外出打工收入占其总收入的 78.3%，因此农户兼业现象较为普遍。在生产支出上，农户的支出主要包括化肥、农药、灌溉、种子等。其中，化肥支出占 20.2%；其次为种子，占 18.3%；由于国家对农田基础设施的投资建设，节省了农户的灌溉成本，每户年均灌溉支出仅占生产支出的 7.0%。被调查农户的年生活支出远远大于生产支出，为生产支出的 3.7 倍。农户的年生活支出为 20306 元/户，主要包括医疗、教育、交际、日常和其他支出，分别为 3742 元/户、6120 元/户、3673 元/户、13745 元/户和 1026 元/户。由此可见，日常支出为农户生活的主要支出，占到 66%；同时，农户普遍重视教育，在子女教育上的支出占生活支出的 13.2%，医疗支出占 21.6%，日常交际支出占 12.9%。

（4）土地质量调查分析。在调查中得知，被调查区域近 10 年内基本没有调整农户的承包地，与国家实施农村耕地承包经营权保持30年不变的大政方针政策一致。通过土地质量调查表可知，农户有种植何种农作物的决策权，由于农业机械化的发展，种植小麦－玉米更为省心，并且便于农户从事非农产业，因而在调查中95%以上的农户的种植作物以小麦－玉米轮作为主，耕地的耕作普遍采用机械翻耕。化肥主要施用复合肥，平均每亩198斤。粪肥较少，并且施用不便，在调查中仅有7.2%的农户施用了粪肥。同时，肥料施用量与产量成正比，施用复合肥和粪肥越多，产量相对越高。对于残茬的处理，全部采用简单的还田方式，并且经营方式近三年没有发生变化，残茬还田改善了农田土壤的结构性质，故农作物长势较好、生长茁壮，产量较高。调查区域土壤类型以沙土和黏土为主，其中黄黏土、黏土的肥力较高，沙土地的肥力一般。土壤的有机质含量上下层区别明显，土层普遍松软，耕地容易。同时，土壤吸收水分很快，无流水，分布均匀。由于采取水平种植、保护性耕地等方式，沙土地无沙化现象，并且农户愿意采取相应措施改善耕地质量。耕地基础地力较好，75.9%的被调查地块作物生长茁长，77.1%的被调查地块作物叶片呈现黑绿色。在调查还发现，受耕作距离的影响，距离农户家庭距离越近，往年产量相对而言越高，并且作物长势较好。

3. 土地利用集约度变化

对新郑市及15个定位观测站点的建设用地容积率和建筑密度进行了调查，其变化规律如图3－20所示。

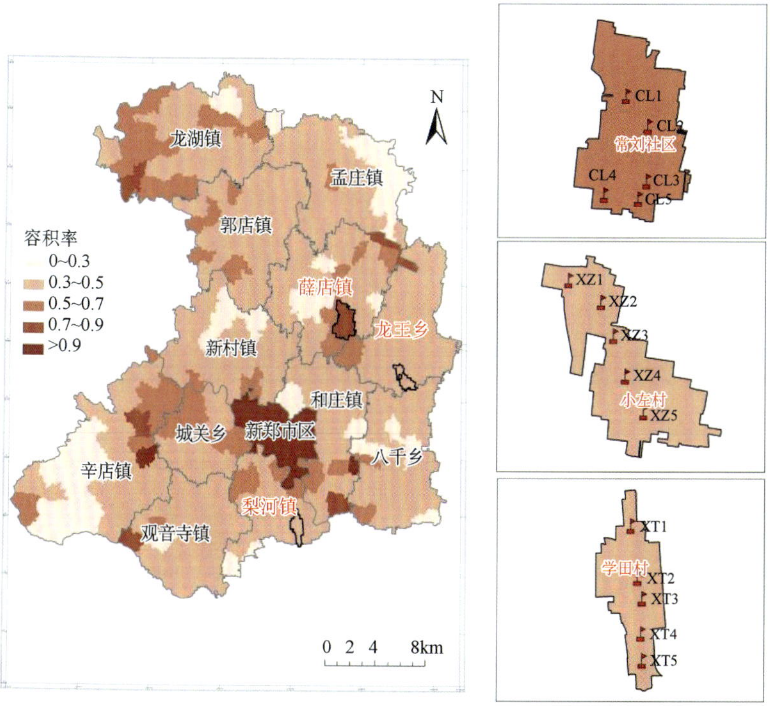

图3－20　新郑市及野外观测站点的建设用地容积率分级图

图 3－21 表明，定位观测点建设用地容积率的变化规律为：常刘社区（0.8）＞学田村（0.3）＞小左村（0 公顷）。其中，常刘社区 5 个观测点和学田村 5 个观测点建设用地容积率表现为自北向南逐渐减少趋势，小左村 5 个观测点建设用地容积率基本无变化。

定位观测点建筑密度的变化规律为：常刘社区（35%）＞学田村（10%）＞小左村（5%）。其中，常刘社区 5 个观测点建筑密度表现为自北向南逐渐减少趋势，学田村 5 个观测点和小左村 5 个观测点建筑密度基本无变化。

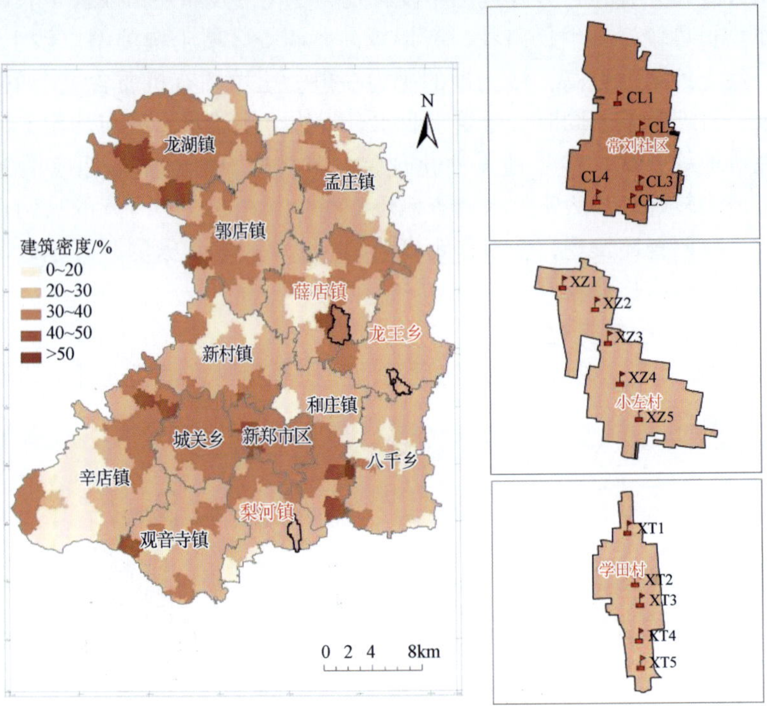

图 3－21　新郑市及野外观测站点的建筑密度分级图

（二）土地资源质量变化监测分析

1. 土壤类型分析

图 3－22 表明，新郑市主要有三种土壤类型，自西向东依次为褐土、潮土和沙土。定位观测点：常刘社区 5 个观测点均为潮土中的脱潮土类型，学田村 5 个观测点均为潮土中的潮褐土类型，小左村 5 个观测点中 XZ1、XZ2 和 XZ3 均为沙土中的草甸风沙土类型，而 XZ4 和 XZ5 均为典型的沙土类型。

2. 高程和坡度

如图 3－23 和图 3－24 所示，该市西南和西北为低山丘陵地带，高程和坡度相对都较大。其中，西南山区的海拔最高，约 780m，坡度值高于 11°；西北丘陵区次之，其海拔在 500m 左右，坡度值则相对较小，约为 5°；中部和东部地势较低缓，海拔平均在 85～150m 间，坡度低于 2°。

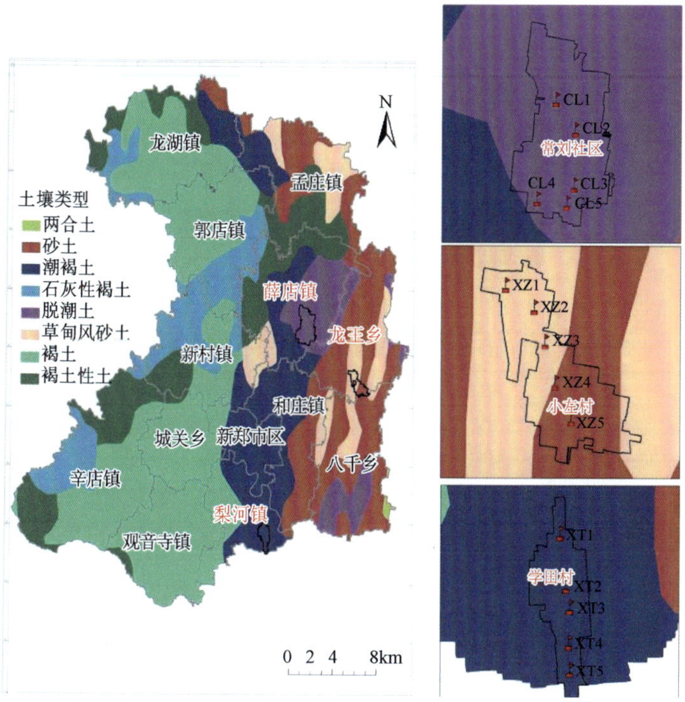

图 3－22　新郑市及野外观测站点的土壤类型图

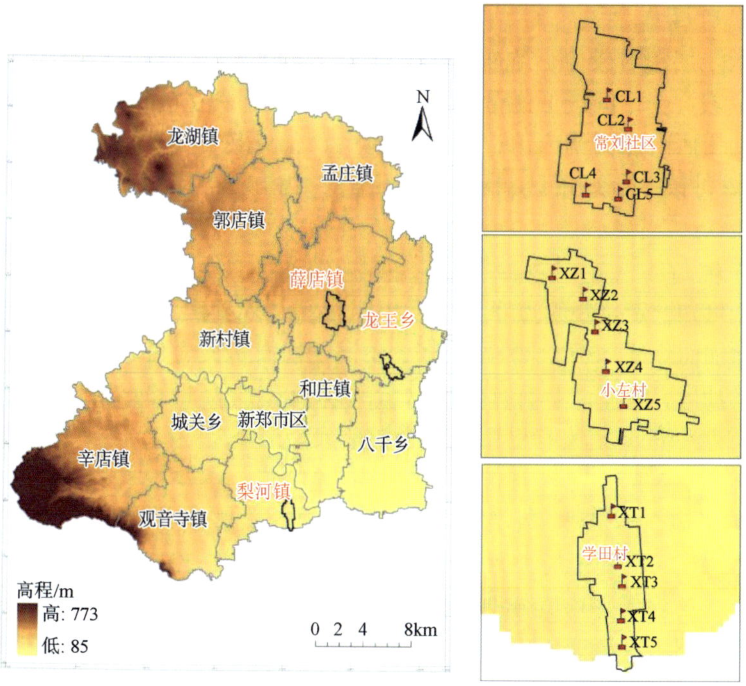

图 3－23　新郑市高程分布图

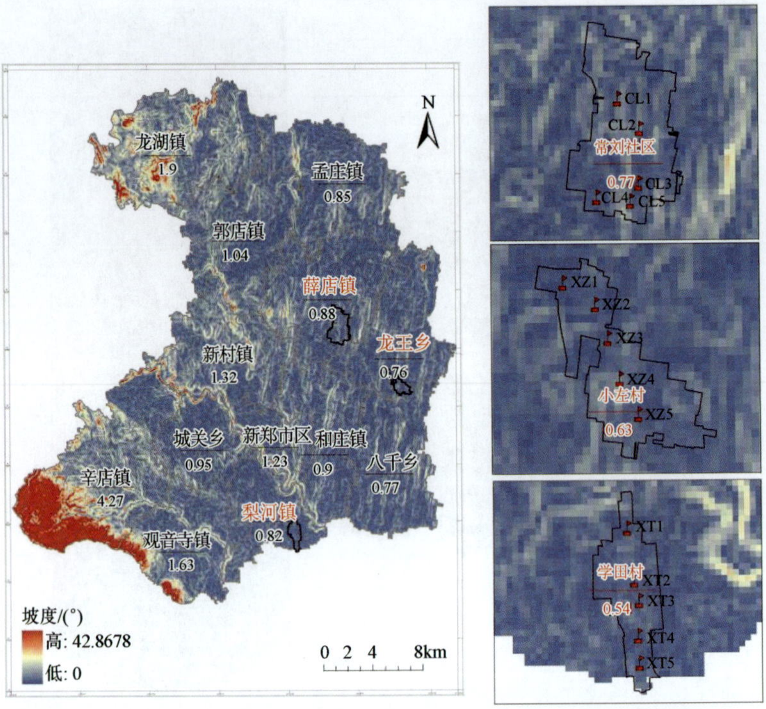

图 3－24 新郑市坡度分布图

3. 有效土层厚度

新郑市有效土层相对较厚，绝大部分区域在 80cm 以上，但也存在较大的空间差异，总体呈现为四周较高、中间较低的分布特征。其中，孟庄镇、龙湖镇和郭店镇有效土层最厚，超过 100cm；西南部（辛店镇、观音寺镇）和东南部（八千乡）次之，为 80～90cm；中部薛店镇、辛村镇、新郑市区、和庄镇及梨河镇相对较薄，平均值在 60～70cm 之间（图 3－25）。

4. 土壤有机质

由图 3－26 可知，定位观测点学田村、小左村和常刘社区 1m 土壤有机质含量的变化，均随土壤深度增加而降低。3 个观测站点间，不同土层有机质含量呈以下规律变化：学田村＞小左村＞常刘社区，其 1m 土壤有机质含量平均值分别为 13.0g/kg、7.41g/kg 和 3.87g/kg，其中小左村 0～40cm 土壤有机质含量变幅最大。

5. 全氮

由图 3－27 可知，学田村、小左村和常刘社区 1m 土壤全 N 含量均随土壤深度增加而降低。3 个观测站点间不同土层全 N 含量整体呈以下规律变化：学田村＞小左村＞常刘社区，其 1m 土壤全 N 含量平均值分别为 0.61g/kg、0.431g/kg 和 0.439g/kg，其中常刘社区土壤全 N 含量不同土层间变幅最大。

6. 全 P

由图 3－28 可知，学田村、小左村和常刘社区 1m 土壤全 P 含量均随土壤深度增加而降低。3 个观测站点间不同土层全 P 含量整体呈以下规律变化：常刘社区＞学田村＞小

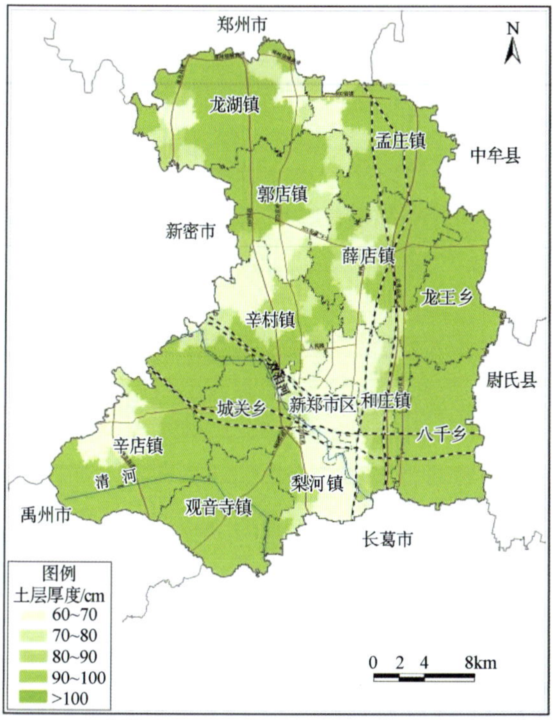

图 3－25　新郑市及野外观测站点的土层厚度分布图

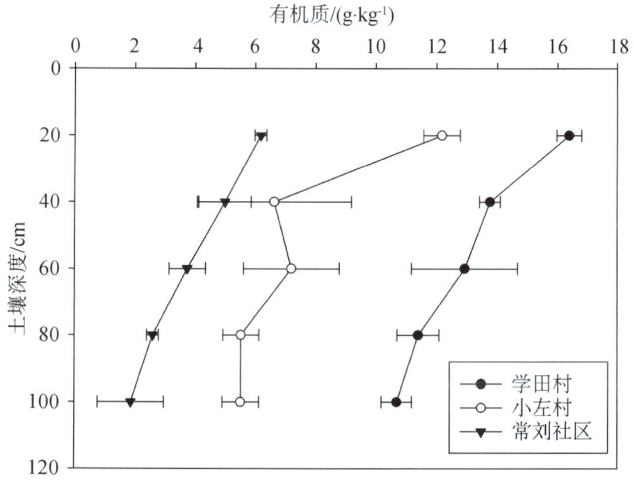

图 3－26　定位观测点 1m 土壤有机质含量分布图

左村，其 1m 土壤全 P 含量平均值分别为 0.84g/kg、0.78g/kg、0.66g/kg。

7. 速效 K

由图 3－29 可知，学田村和小左村 1m 土壤速效 K 含量均随土壤深度增加而减小，但常刘社区土壤速效 K 含量 1m 土壤变化幅度较小。3 个观测站点间不同土层土壤速效 K 含量整体呈以下规律变化：学田村 > 小左村 > 常刘社区，其 1m 土壤速效 K 含量平均值分别为 100.02mg/kg、82.30mg/kg 和 71.14mg/kg。

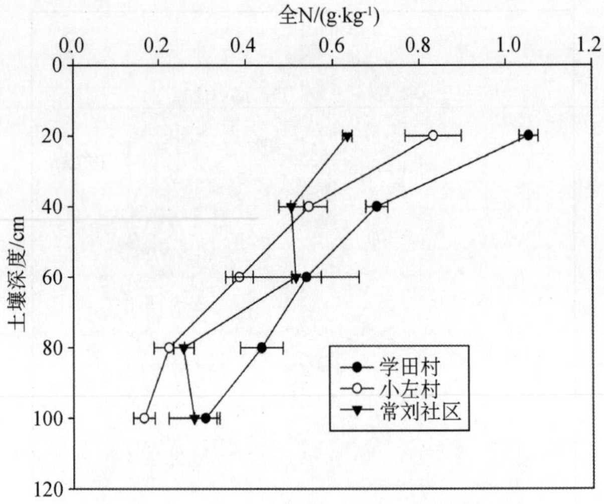

图 3-27 定位观测点 1m 土壤全 N 含量分布图

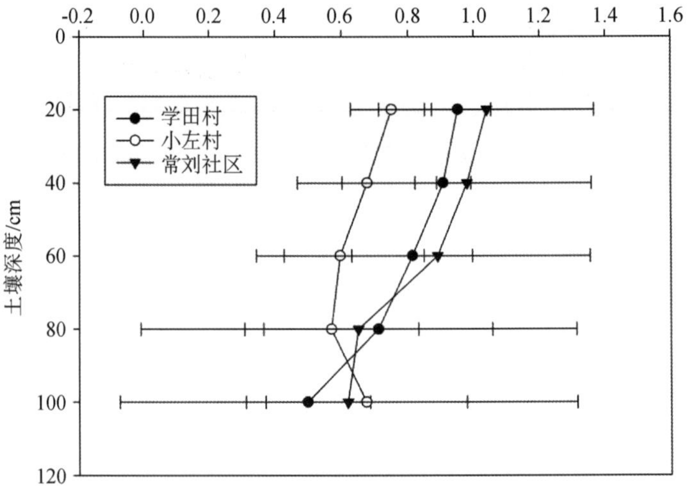

图 3-28 定位观测点 1m 土壤全 P 含量分布图

8. 铵态氮

由图 3-30 可知，新郑市土壤铵态氮含量空间分布不均，但是差异不大，集中在 11.8~13.4mg/kg 之间。其中，新郑市区与和庄镇中部相邻地区土壤铵态氮含量最高，大于 13.3mg/kg，其余乡镇也有零星地区土壤铵态氮含量大于 13.3mg/kg，但总体土地面积所占比例很小；龙湖镇中部、郭店镇西南、薛店镇东部、龙王乡西部、辛店镇西部及城关乡等地区土壤铵态氮含量次之，多在 12.8~13.3mg/kg 之间，辛村镇东部和观音寺镇中部土壤铵态氮含量最低，在 11.8~12.0mg/kg 之间，其余地区大多在 12.0~12.3mg/kg 之间。

9. 硝态氮

由图 3-31 可知，新郑市土壤硝态氮含量分布空间差异不大，主要在 17.0~19.7mg/kg

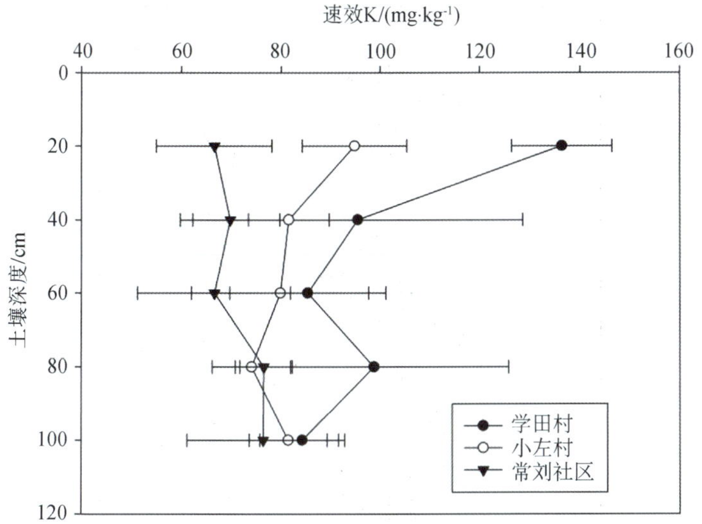

图 3－29　定位观测点 1m 土壤速效 K 含量分布图

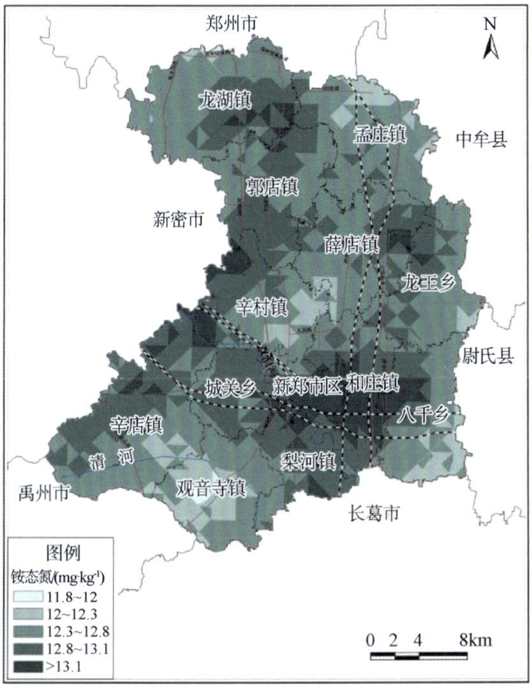

图 3－30　新郑市 1m 土壤铵态氮含量分布图

之间。其中，龙湖镇土壤铵态氮含量最高，大于 18.6mg/kg；观音寺镇南部、薛店镇中部含量次之，在 18.3～18.6mg/kg 之间；其余地区大多在 17.0～18.0mg/kg 之间。

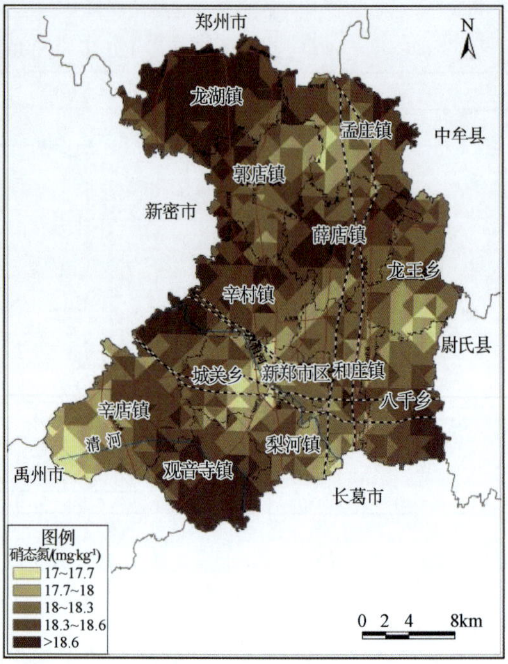

图 3-31 新郑市 1m 土壤硝态氮含量分布图

第三节 中部粮食主产区典型区域耕地地力评价

一、耕地地力评价基本原理与原则

（一）基本原理

耕地地力是指耕地自然属性要素相互作用所表现出来的潜在生产能力。根据农业部《测土配方施肥技术规范》和《耕地地力评价指南》确定评价方法，本次耕地地力评价是以一个县域范围为对象展开的。因此，选择以土壤要素为主要评价指标进行潜力评价，以耕地自然要素评价综合指数反映耕地潜在生产能力的高低。其关系式为

$$IFI = b_1x_1 + b_2x_2 + \cdots + b_nx_n \tag{3-1}$$

式中：*IFI* 为耕地地力综合指数；b_i为耕地自然属性分值，选取的参评因素；x_i为该属性对耕地地力的贡献率（即权重，用层次分析法求得）。

用各评价单元的耕地地力综合指数制作累积频率曲线图，根据单元综合指数的分布频率特征，采用耕地地力指数累积曲线法划分耕地地力等级，在频率曲线图的突变处划分级别。根据 *IFI* 的大小，可以了解耕地地力的高低；根据 *IFI* 的组成，可以分析揭示出影响耕地地力的障碍因素及其影响程度。

（二）耕地地力评价基本原则

本次耕地地力评价所采用的耕地地力概念是指耕地的基础地力，即由耕地土壤所处的地形、地貌条件、成土母质特征、农田基础设施及培肥水平、土壤理化性状等综合构成的耕地生产力。此类评价揭示是处于特定范围内（一个完整的县域）、特定气候（一般来说，一个县域内的气候特征是基本相似的）条件下，各类立地条件、剖面性状、土壤理化性状、障碍因素与土壤管理等因素组合下的耕地综合特征和生物生产力的高低，即潜在生产力。通过深入分析，找出影响耕地地力的主导因素，为耕地改良和管理利用提供依据。基于此，耕地地力评价所遵循的基本原则如下。

1. 综合因素与主导因素相结合的原则

耕地是一个自然经济综合体，耕地地力也是各类要素的综合体现。所谓综合因素研究，是指对地形地貌、土壤理化性状、相关社会经济因素之总体进行全面的研究、分析与评价，以全面了解耕地地力状况。所谓主导因素，是指对耕地地力起决定作用的、相对稳定的因子，在评价中要着重对其进行研究分析。因此，把综合因素与主导因素结合起来进行评价，既着眼于全县域范围内的所有耕地类型，也关注对耕地地力影响大的关键指标。以期达到评价结果反映出县域内耕地地力的全貌，也能分析特殊耕地地力等级和特定区域内耕地地力的主导因素，可为全县域耕地资源的利用提供决策依据，又可为低等级耕地的改良提供方向。

2. 共性评价的原则

本次评价的主要目的是对耕地的生物生产潜力进行综合鉴定，而不针对某一具体作物（如小麦生产适宜性评价）。因此，选用对作物生产有共同影响的评价指标和标准进行耕地地力评价。

3. 潜在生产力与现实生产力相结合的原则

耕地地力评价是通过多因素分析方法，对耕地潜在生产能力的评价，区别于现实的生产力。虽然现实生产力不等同于潜在生产力，但可以作为评价的重要参考。

4. 定量和定性相结合的原则

影响耕地地力的土壤自然属性和人为因素（如灌溉保证率、排涝能力等）中，既有数值型的指标，也有概念型的指标。两类指标都根据其对全县域内的耕地地力影响程度决定取舍。对数据标准化时采用相应的方法。原因是可以全面分析耕地地力的主导因素，为合理利用耕地资源提供决策依据。

二、耕地地力评价流程

结合测土配方施肥项目开展县域耕地地力评价，有6个主要技术环节。

（一）建立县域耕地资源基础数据库

利用“3S”技术，收集整理相关历史数据（特别是第二次土壤普查数据）和测土配方施肥数据（从农业部统一开发的“测土配方施肥数据管理系统”中获取），按照国家制订的“县域耕地资源管理信息系统”的数据规范，建立以县为单位的耕地资源基础数据库，包括属性数据库和空间数据库两类。

（二）建立耕地地力评价指标体系

所谓建立耕地地力评价指标体系，包括三部分内容：一是选择评价指标，即从国家选定的耕地地力评价指标库中选取用于新郑市的评价指标；二是确定评价指标的权重；三是建立单指标的隶属函数，进而计算每一指标不同表现状态下的分值。单指标权重的确定采用层次分析法，概念型指标采用特尔斐法和模糊评价法建立隶属函数，数值型的指标用非线性回归法建立隶属函数。

本研究构建的评价指标体系有 9 个指标作为新郑市耕地地力评价指标：有机质、全氮、质地、质地构型、地貌类型、速效钾、有效磷、NDVI 指数、作物产量。

（三）确定评价单元

用土壤图（土种）和土地利用现状图（含有行政界线）叠加产生的图斑作为耕地地力评价的基本单元，使评价单元空间界线及行政隶属关系明确，同时同一单元的地貌类型及土壤类型一致，利用方式及耕作方法基本相同。

（四）建立县域耕地资源管理数据库

将第一步建立的各类属性数据和空间数据按照农业部统一提供的“县域耕地资源管理信息系统 3.0 版”的要求，导入该系统内，并建立空间数据库和属性数据库连接，建成新郑市县域耕地资源信息管理系统。依据第二步建立的指标体系，在“县域耕地资源管理信息系统 3.0 版”内，分别建立层次分析权属模型和单因素隶属函数建成的县域耕地资源管理信息系统，作为耕地地力评价的软件平台。

（五）评价单元属性提取

根据空间位置关系，将单因素图中的评价指标，提取并赋值给评价单元。

（六）综合评价

采用隶属函数法对所有评价指标数据进行隶属度计算，利用权重加权求和，计算出每一单元的耕地地力指数，采用耕地地力指数累积曲线法划分耕地地力等级，并纳入国家耕地地力等级体系中。

详细的技术路线见图 3－32。

三、耕地地力等级结果及分析

（一）耕地地力等级面积统计

本次耕地地力调查，结合新郑市实际情况，选取了 9 个对耕地地力影响比较大、区域

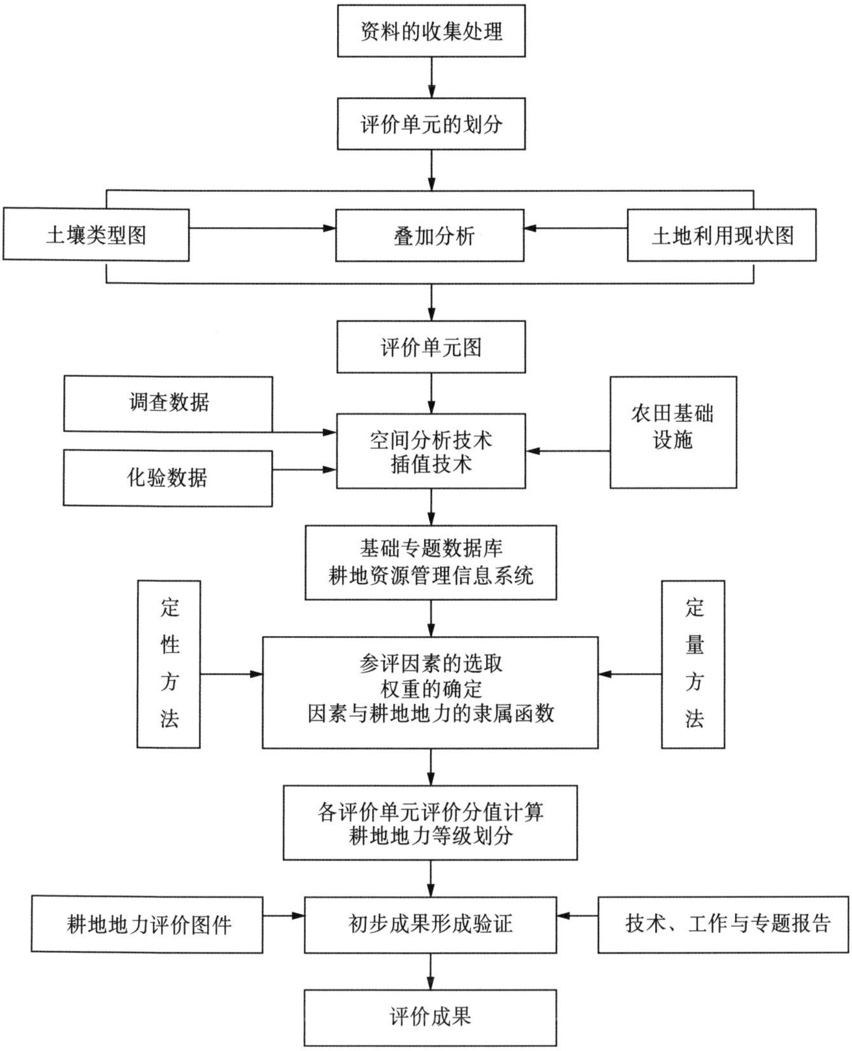

图 3－32 耕地地力评价技术路线

内的变异明显、在时间序列上具有相对稳定性、与农业生产有密切关系的因素，建立了评价指标体系。采取累积曲线分级法划分耕地地力等级，将新郑市耕地地力划分为五等。新郑市耕地总面积为 51727.93hm^2，其中一等地面积共 8223.14hm^2，占耕地总面积的 15.89%；二等地面积为 18128.67hm^2，占耕地总面积的 35.04%；三等地面积为 12261.51hm^2，占耕地总面积的 23.7%；四等地面积为 11447.12hm^2，占耕地总面积的 22.12%；五等地面积为 1667.49hm^2，占耕地总面积的 3.22%。详见表 3－20 和图 3－33。

表 3－20 新郑市各级耕地面积比例表

项目	一等地	二等地	三等地	四等地	五等地	总计
耕地面积/hm^2	8223.14	18128.67	12261.51	11447.12	1667.49	51727.93
比例/%	16	35	24	22	3	100

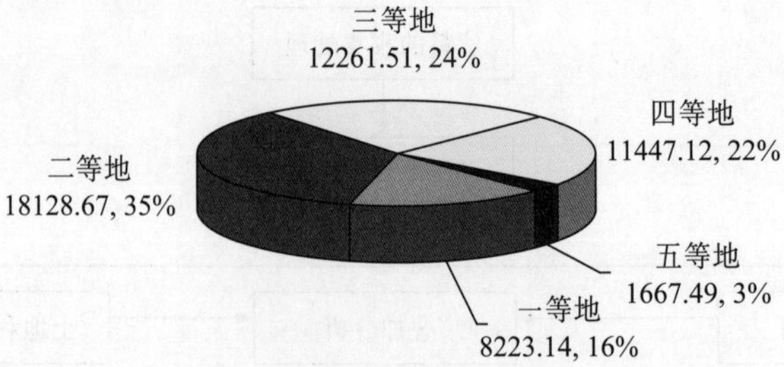

图 3－33　新郑市耕地地力等级面积及比例示意图

（二）耕地地力空间分布分析

1. 耕地地力行政区划分布情况

新郑市一等地和二等地占耕地总面积的 50.93%，主要分布在观音寺镇、城关乡和八千乡。这些地区多处在丘陵缓坡地带，地势平坦，灌溉条件好，排水系统完善。其中，观音寺镇土壤类型为褐土，城关乡和八千乡以潮土和褐土土类为主，耕层质地多为壤质，质地良好，耕层养分含量较高。三等地占耕地总面积的 23.7%，主要分布在郭店镇、辛店镇、薛店镇、龙湖镇，排水、灌溉设施比较健全，土壤养分含量较高，耕层多为砂壤，耕性良好。四等地主要分布在孟庄镇、龙王镇、龙湖镇和薛店镇，这些地区土壤质地多为砂壤土，灌排条件较差，多处冲积平原低洼地带。五等地主要分布在孟庄镇和薛店镇，地形部位多处在岗地，土壤养分含量较低，土壤质地多为砂质，耕性差，灌溉条件差。总体上来看，新郑市南部大部分地区耕地地力较好，东部地区耕地地力较差（表 3－21）。

表 3－21　各乡镇耕地地力等级分布表　　单位：hm^2

乡名称	总计	一等地	二等地	三等地	四等地	五等地
八千乡	4537.40	1111.40	1424.79	868.73	1101.71	30.77
城关乡	2971.87	1690.13	1238.84	42.90		
观音寺镇	4381.98	1900.62	2420.12	60.06	1.18	
郭店镇	4858.25	45.12	2183.98	1861.30	762.75	5.10
和庄镇	3865.02	730.26	1307.87	791.89	910.11	124.89
梨河镇	2742.88	964.44	1730.36	48.08		
龙湖镇	3907.18	109.40	598.28	1681.16	1470.2	48.14
龙王乡	4372.49	296.30	1425.88	888.68	1651.66	109.97
孟庄镇	4831.19	41.43	95.58	1314.41	2495.84	883.93
辛店镇	7156.34	578.27	3492.04	1775.77	1310.26	
新村镇	3763.16	528.79	1592.97	1130.82	447.65	62.93
薛店镇	4340.17	226.98	617.96	1797.71	1295.76	401.76
总计	51727.93	8223.14	18128.67	12261.51	11447.12	1667.49

2. 耕地地力在不同土种上的分布

不同的土壤有不同的土壤结构，土壤结构的好坏，对土壤肥力因素、微生物的活动、耕性等都有很大的影响。因此，人们常常把土壤种类和土壤质地构型作为评价耕地地力等级的重要指标。新郑市共有土种19种，不同土种的地力等级分布情况如下：一等地面积最大的是黄土质褐土，面积为2762.01hm^2，占全市一等地面积的18.59%，轻壤质洪积褐土、壤质潮褐土、中层钙质石灰性褐土三种土壤没有一级地；二等地在各个土种几乎都有分布，除了轻壤质洪积褐土，面积最大的是黄土质褐土7296.75hm^2，占二等地总面积的21%，最小的是中层泥质淋溶褐土，0.36hm^2；三等地面积最大的是砂质潮褐土，4252.05hm^2，占三等地总面积的43.53%，最小的是轻壤质洪积褐土，0.77hm^2；四等地面积最大的是砂壤质砂质脱潮土，3430.02hm^2，占四等地总面积的31.61%，最小的是浅位少量砂姜黄土质褐土，1.77hm^2；五等地面积最大的是轻壤质洪积褐土909.22hm^2，占五等地总面积的55.43%，最小的是砂质潮褐土，2.42hm^2。

全市的土种分类中红黏土面积最小，为1.94hm^2；其次是中层泥质淋溶褐土，11.24hm^2。分布面积最大的是黄土质褐土，14854.58hm^2，占全市总面积的28.72%；其次是砂壤质砂质脱潮土，10852.67hm^2，占全市耕地总面积的20.98%（表3－22）。

表3－22　各地力等级土种分布表

单位：hm^2

土壤名称	一等地	二等地	三等地	四等地	五等地	总计
半固定草甸风砂土	4.66	14.39	44.56	558.19	176.09	797.89
	0.58%	1.80%	5.58%	69.96%	22.07%	1.54%
底壤砂壤质砂质脱潮土	89.12	76.92				166.04
	53.67%	46.33%				0.32%
固定草甸风砂土	51.84	81.80	262.05	830.94	61.71	1288.34
	4.02%	6.35%	20.34%	64.50%	4.79%	2.49%
红黄土质褐土性土	190.80	284.15	33.95	3.58		512.48
	37.23%	55.45%	6.62%	0.70%		0.99%
红黏土	1.38	0.56				1.94
	71.13%	28.87%				0.00%
黄土质褐土	2762.01	7296.75	3119.72	1649.17	26.93	14854.58
	18.59%	49.12%	21.00%	11.10%	0.18%	28.72%
浅位壤砂壤质砂质脱潮土	2.31	23.29				25.6
	9.02%	90.98%				0.05%
浅位少量砂姜黄土质褐土	226.45	250.08	139.42	1.77		617.72
	36.66%	40.48%	22.57%	0.29%		1.19%
轻壤黄土质褐土性土	239.42	224.37		28.63		492.42
	48.62%	45.56%		5.81%		0.95%
轻壤质洪积褐土			0.77	730.43	909.22	1640.42
			0.05%	44.53%	55.43%	3.17%
轻壤质黄土质石灰性褐土	163.27	1125.64	1202.46	559.76	10.03	3061.16
	5.33%	36.77%	39.28%	18.29%	0.33%	5.92%

续表

土壤名称	一等地	二等地	三等地	四等地	五等地	总计
壤质潮褐土		17.87				17.87
		1.00%				0.03%
砂壤质砂质脱潮土	1968.94	3051.52	1932.28	3430.02	469.91	10852.67
	18.14%	28.12%	17.80%	31.61%	4.33%	20.98%
砂质潮褐土	321.52	2487.27	4252.05	2705.08	2.42	9768.34
	3.29%	25.46%	43.53%	27.69%	0.02%	18.88%
脱潮小两合土	211.22	63.46	42.61	25.24		342.53
	61.66%	18.53%	12.44%	7.37%		0.66%
中层钙质石灰性褐土		17.28	441.45	689.82	11.18	1159.73
		1.49%	38.06%	59.48%	0.96%	2.24%
中层硅质褐土性土	65.95	58.10	260.89	127.30		512.24
	12.87%	11.34%	50.93%	24.85%		0.99%
中层泥质淋溶褐土	7.98	0.36	2.90			11.24
	71.00%	3.20%	25.80%			0.02%
中壤质黄土质石灰性褐土	1916.27	3054.86	526.40	107.19		5604.72
	34.19%	54.51%	9.39%	1.91%		10.83%
总计	8223.14	18128.67	12261.51	11447.12	1667.49	51727.93

3. 耕地地力在不同质地上的分布情况

新郑市土壤表层普遍偏粗，尤以砂性土壤所占面积最多。根据河南省土壤质地划分标准，将新郑市土壤质地类型划分以下五种：紧砂土、轻壤土、砂壤土、中壤土和重壤土。其中，轻壤土和砂壤土所占面积最大，分别为22095.95hm^2 和20598.18hm^2，分别占耕地总面积的42.71%和39.82%；重壤土面积最小，仅为12.97hm^2。纵向来看，一等地土壤质地多为轻壤土和砂壤土，面积分别为5184.56hm^2 和2717.94hm^2；二等地土壤质地包括紧砂土、轻壤土、砂壤土和中壤土，其中轻壤土面积最大，为10854.67hm^2；三等地土壤质地以轻壤土和砂壤土居多，其中砂壤土面积为7198.96hm^2，中壤土面积最小，为194.32hm^2；四等地土壤质地类型全面，多为紧砂土和砂壤土；五等地土壤质地包括紧砂土、轻壤土和砂壤土，面积分别为1616.93hm^2、26.93hm^2 和23.63hm^2（表3－23）。

表3－23　耕地地力在不同质地上的分布统计表　　单位：hm^2

质地	一等地	二等地	三等地	四等地	五等地	总计
紧砂土	81.85	135.3	910.68	5473.62	1616.93	8218.38
轻壤土	5184.56	10854.67	3957.55	2072.24	26.93	22095.95
砂壤土	2717.94	6798.19	7198.96	3859.46	23.63	20598.18
中壤土	238.79	340.51	194.32	28.83		802.45
重壤土				12.97		12.97

4. 耕地地力在不同质地构型上的分布情况

各种土壤类型是在不同的成土条件下形成的，并且在不断发展和变化着，质地构型不同，也影响当地的耕地地力等级。新郑市质地构型多样，共有 10 种质地构型，分别为夹壤砂土、夹壤黏土、夹砂中壤、均质轻壤、均质砂壤、均质砂土、均质中壤、壤底砂土、壤底轻壤、黏底中壤。其中，一等地中质地构型包括夹壤砂土、均质轻壤、均质砂壤、均质砂土、均质中壤、黏底轻壤和黏底中壤，分布面积最大的是黏底轻壤，为 4963.12hm^2；夹壤砂土分布面积最小，为 25.35hm^2。二等地质地构型分布类型和一等地相同，面积分布最大的是黏底轻壤，为 10652.14hm^2；面积最小的是夹壤砂土，为 36.97hm^2。三等地中没有夹壤黏土这种质地构型，分布面积最大的是均质砂壤，面积为 4313.70hm^2；壤底砂土分布面积最小，仅为 0.77hm^2。四等地中包括各种质地构型，其中均质砂壤分布面积最大，为 3361.34hm^2；黏底中壤面积最小，仅为 3.58hm^2。五等地中质地构型种类较少，有夹壤砂土、均质砂壤、均质砂土、壤底砂土和黏底轻壤，土壤呈砂性较多，其中壤底砂土分布面积最大，为 909.22hm^2；均质砂壤面积最小，为 23.63hm^2。详见表 3－24。

表 3－24 耕地地力在不同质地构型上的分布统计表　　单位：hm^2

质地构型	一等地	二等地	三等地	四等地	五等地	总计
夹壤砂土	25.35	36.97	481.33	3034.34	79.46	3657.45
夹壤黏土				12.97		12.97
夹砂中壤			2.33	25.25		27.58
均质轻壤	221.44	204.67	163.95	213.42		803.48
均质砂壤	400.96	3003.79	4313.70	3361.34	23.63	11103.42
均质砂土	56.50	96.19	428.58	1708.85	628.25	2918.37
均质中壤	2364.82	3797.34	2923.32	498.12		9583.60
壤底砂土			0.77	730.43	909.22	1640.42
黏底轻壤	4963.12	10652.14	3793.60	1858.82	26.93	21294.61
黏底中壤	190.95	337.57	153.93	3.58		686.03
总计	8223.14	18128.67	12261.51	11447.12	1667.49	51727.93

5. 耕地地力在不同地形部位上的分布情况

新郑市地形部位多样，地形复杂，地形部位分为冲积平原低洼地、低山丘陵缓坡地、岗地、丘陵缓坡地和人工水平梯田。其中，岗地分布面积最大，为 39630.96hm^2，占全市耕地总面积的 76.61%；其次是丘陵缓坡地，为 8133.10hm^2，占耕地总面积的 15.72%；分布面积最小的是人工水平梯田，为 27.58hm^2，占耕地总面积的 0.05%。一等地中岗地分布面积最大，为 7016.64hm^2；二等地中岗地面积 15143.83hm^2，所占比例最大；三等地和四等地中各种地形部位均有分布；五等地中地形部位仅有岗地和丘陵缓坡地，面积分别为 1653.89hm^2 和 13.60hm^2（表 3－25）。

表 3-25　耕地地力在不同地形部位上的分布统计表　　单位：hm^2

地形部位	一等地	二等地	三等地	四等地	五等地	总计
冲积平原低洼地	454.10	425.54	1269.15	1062.54		3211.33
低山丘陵缓坡地	212.74	365.09	56.73	90.40		724.96
岗地	7016.64	15143.83	7824.90	7991.70	1653.89	39630.96
丘陵缓坡地	539.66	2194.21	3108.40	2277.23	13.60	8133.10
人工水平梯田			2.33	25.25		27.58
总计	8223.14	18128.67	12261.51	11447.12	1667.49	51727.93

6. 耕地地力在不同地貌类型上的分布情况

新郑市地貌类型多样，涵盖了丘陵、平原和山地等地貌类型，其中丘陵分布面积最大，为 40497.21hm^2，占耕地总面积的 78.29%；山地面积较小，为 1503.85hm^2，占耕地总面积的 2.91%。纵向来看，一等地地貌类型包括平原、丘陵和山地，其中平原分布面积最大，为 4283.46hm^2，占一等地耕地总面积的 52.09%；山地面积最小，为 129.16hm^2，占一等地耕地总面积的 1.57%。二等地也分布有各种地貌类型，其中丘陵面积最大，为 12392.06hm^2，占二等地耕地总面积的 68.36%；山地面积最小，为 370.65hm^2，占二等地耕地总面积的 2.04%。三等地也包括了平原、丘陵和山地三种地貌类型，其中丘陵面积最大，为 11667.96hm^2，占三等地耕地总面积的 95.16%；平原面积最小，为 77.45hm^2，占三等地耕地总面积的 0.63%。四等地只有丘陵和山地两种地貌类型，95.74% 是丘陵地区，山地面积仅为 487.94hm^2，占四等地耕地总面积的 4.26%。五等地只有丘陵一个地貌类型，面积较小，为 1667.49hm^2，占全市耕地总面积的 3.22%。详见表 3-26。

表 3-26　耕地地力在不同地貌类型上的分布统计表　　单位：hm^2

地貌类型	一等地	二等地	三等地	四等地	五等地	总计
平原	4283.46	5365.96	77.45			9726.87
丘陵	3810.52	12392.06	11667.96	10959.18	1667.49	40497.21
山地	129.16	370.65	516.10	487.94		1503.85
总计	8223.14	18128.67	12261.51	11447.12	1667.49	51727.93

7. 不同耕地地力等级养分含量情况

新郑市土壤养分含量较全国二次土壤普查时有较大的提高，有机质、速效钾、有效磷、有效锌、全氮、缓效钾和 pH 平均值分别为 15.63g/kg、81.45mg/kg、12.80mg/kg、0.98mg/kg、0.79g/kg、380.36mg/kg、8.14。总体来看，土壤呈弱碱性，按照河南省土壤养分分级标准，新郑市土壤有机质含量处于第四级，养分含量较低；速效钾含量处于第四级，有效磷含量处于第三级，有效锌含量处于第三级，全氮含量处于第四级。总体来讲，土壤养分含量处于中下等，仍然有待进一步提高。一等地有机质、速效钾、有效磷、有效锌、全氮、缓效钾和 pH 平均值分别为 17.97g/kg、101.12mg/kg、17.56mg/kg、0.98mg/kg、0.88g/kg、464.49mg/kg、8.22。详见表 3-27。

表 3-27 不同耕地地力等级养分含量情况统计表

县地力等级	有机质 $(g \cdot kg^{-1})$	速效钾 $(mg \cdot kg^{-1})$	有效磷 $(mg \cdot kg^{-1})$	有效锌 $(mg \cdot kg^{-1})$	全氮 $(g \cdot kg^{-1})$	缓效钾 $(mg \cdot kg^{-1})$	pH
一等地	17.97	101.12	17.56	0.98	0.88	464.49	8.22
二等地	16.95	84.73	12.24	1.01	0.83	434.35	8.23
三等地	14.49	75.29	11.56	0.98	0.76	330.74	8.08
四等地	13.45	69.00	11.34	0.95	0.72	294.64	8.02
五等地	9.76	58.11	9.71	0.92	0.56	210.52	7.91
平均值	15.63	81.45	12.80	0.98	0.79	380.36	8.14

第四节 中部粮食主产区土地资源可持续利用对策研究

综上可知，以新郑市为典型代表的中部粮食主产区目前存在着人口耕地逆向发展、人地矛盾突出，农用地利用结构不合理、资源优势没有得到充分发挥，农村居民点用地严重超标，耕地后备资源不足、开发难度大等现实问题。针对经济社会快速发展背景下耕地质量提高和耕地可持续利用面临的严峻形势与存在的突出问题，以统筹提高耕地综合生产能力与保障发展为动因，以稳定农业基础、确保粮食安全为宗旨，以提高耕地农业综合生产能力为根本，提出中部粮食主产区土地资源可持续利用的对策措施。

一、坚持最严格的耕地保护制度

（一）严格落实耕地保护目标责任制

将耕地保护目标纳入政府领导任期目标考核的内容，签订责任书。按照省级规划要求，把省级土地利用总体规划确定的耕地保有量目标下达到各县、乡（镇），各乡（镇）要建立乡、村、组、户四级耕保责任体系，层层分解保护责任，明确乡（镇）政府行政一把手为耕地保护工作的第一责任人，把年终耕地面积作为考核的重要依据。

（二）严格控制非农业建设占用耕地

按照不占或少占耕地、促进节约集约用地的原则，强化对城乡各类建设占用耕地的控制和引导，通过严格供地政策，制定项目用地控制指标、严格市场准入条件等措施，从源头上减少非农业建设对耕地的占用。加强建设项目选址和用地合理性评价与论证，把减少耕地占用作为选址方案评选的重要因素，确需占用耕地的应尽量占用等级较低的耕地。提高占用耕地的经济成本，逐步减少单位投资和单位产出占用耕地量。

（三）多源头控制耕地流失

按照国家要求，规划期内不再安排生态退耕，禁止各乡（镇）擅自实施生态退耕；通过经济补偿机制和市场手段引导农业结构调整向有利于增加耕地的方向进行；加强耕地抗灾能力建设，减少自然灾害损毁耕地数量。

（四）切实落实补充耕地任务

通过积极推进农用地和农村居民点整理、开展工矿废弃地复垦、适度开发宜耕后备土地资源等途径，加大耕地的补充力度，切实落实补充耕地任务。执行对项目建设占用和补充耕地的质量评价制度，确保不因建设占用造成耕地质量下降。

二、强化基本农田保护和建设

（一）落实基本农田保护目标

按照《河南省土地利用总体规划（2006—2020 年）》下达的基本农田保护指标，基本农田保护率在 87.99% 以上。把此目标根据各乡（镇）经济社会发展对耕地的需求和耕地质量状况，按照“保优不保劣”的原则分配落实基本农田保护任务，确保基本农田总量不减少、质量有提高。

（二）加大基本农田质量监测及建设力度

定期开展基本农田质量普查与分等定级成果更新工作，及时对基本农田土壤地力和环境质量变化状况、发展趋势进行动态监测和评价。继续大力开展基本农田综合整治工作，加大中低产田改造力度，完善农田基础设施，开展测土配方施肥，提升基本农田地力等级和综合生产能力。

（三）严格落实基本农田保护制度

加强涉及占用基本农田的建设用地审查，严禁城镇村建设占用基本农田。符合法定单独选址条件的国家和省重点建设项目因选址特殊，无法避让基本农田的，在用地预审和审查报批前，必须对选址方案、基本农田调整及补划方案等进行论证和听证。禁止占用基本农田进行绿色通道、绿化隔离带和防护林建设；禁止以农业结构调整为名在基本农田内进行挖塘养鱼、畜禽养殖及其他破坏耕作层的生产经营活动；禁止临时工程用地和其他各种活动对基本农田耕作层造成永久性破坏。

三、分区治理不同类型耕地资源

根据新郑市为典型代表的耕地资源类型划分，中部粮食主产区耕地资源类型主要分为：岗丘风沙土防风固沙区、丘陵防旱保肥区、平原粮油高产培肥区和低山丘岭区 4 种类型。针对4种类型，应结合其各自特点，采取针对性的治理措施。

（一）岗丘风沙土防风固沙区治理

1. 因地制宜、全面规划、创新模式、整体推进

继续贯彻“因地制宜、全面规划、综合治理、因害设防”的原则，采取“四结合”的运作模式，即除害与兴利相结合，改造与利用相结合，生物工程与工程措施相结合；造林种草与保护巩固现有植被相结合的治沙模式进行运作。

2. 进一步完善水利设施，提高抗旱抗涝能力

该区地势较低平，排涝不畅，土壤呈沙性，不易保水保肥。针对此障碍，充分利用现有水源，推广农田喷灌，强化水利设施，完善灌排系统，提高水利化程度和田园化水平，因地制宜搞好土地平整，建立沙区灌溉制度，及时整治各级排涝系统，彻底根除内涝问题。

3. 科学利用沙岗、沙丘资源，植树造林，发展林果树种

砂地植树造林、种植果树是防风固沙、培肥地力、提高土地回报率的根本措施。根据该区内沙丘、沙岗分为两种类型的情况，分别种植不同树种：一种是土体下部有硬质岗的有底固定沙丘风沙土，以栽植本地名产“灰枣”树种为主，培育皮薄、肉厚、含糖量高的果品。另一种土壤类型为通体泡沙的沙岗、沙丘，以植树造林为主，发展生态林、用材林、种牧草，封播并进。也可以因地制宜发展桃、梨、杏、苹果、葡萄等名、特、优、新果树，培育沙区林果经济。

4. 调整优化作物布局，推广适用技术，提高单位面积产量，开发高技术含量和高附加值农产品

该区沙丘有花生和大枣间作、花生和泡桐间作的传统生产模式，为了进一步提高单位面积作物产量，要大力推广优良品种和先进农业种植技术，以及改土深耕、增施农家肥、磷钾肥，改善土地的养分状况，保证花生稳产高产，增加农民收入和经济生态效益。

5. 大力发展养殖业

充分利用自然资源，大力发展养殖业，广开肥源，增加有机肥料。该区林木果树较多，花生种植面积较大，增施有机肥是改造沙丘土地不良物理性的有效措施，可以将树叶和花生的茎叶等农作物直接还田、过腹还田，增加土壤有机质，改善土壤结构和提高蓄水保水能力。沙土地通气好，土温升高快，养分分解也较快，但保肥能力差，后期容易脱肥，因此应注意追加肥，分期追肥。

（二）丘陵防旱保肥区治理

1. 搞好水土保持，山、坡、沟、滩等综合治理

该区地形为岗坡地，对于坡度大于25°的耕地要退耕还林，栽种果树，增加地面植被，减轻雨水冲刷，缓坡地修建梯田，坡耕地要整修地边，遏制水土流失。

2. 增施有机肥料，加深土壤耕层

该区土质松散，水土容易流失，对此拟采取增施有机肥、加深耕层、横坡耕作、优化作物配置和种植方法，及推广对坡耕地的有效改土措施，以提高耕地肥力和透水蓄水

能力。

3. 加强水库和其相关水利设施的管理

进一步加强灌排设施建设，打井配套，扩大灌溉面积，建设旱涝保收稳产高产田。水源缺乏的岗坡地，要实行喷灌、滴灌。对于旱岗薄地，要精耕细作。保蓄雨水并适当预留晒旱地，推广一肥一麦耕作制，培肥地力。扩大谷子、豆类、春薯等耐旱作物种植面积，做到秋雨春用保大秋、伏雨秋用保小麦，立足当地实际，走旱作农业可持续道路。

4. 规模发展林牧业，开辟肥源，提高土壤肥力

进一步扩大植树造林面积，见缝插针间套绿肥，广开饲源，助推畜牧业发展，广积农家肥，创新施用技术，提高肥料质量。化肥施用要注意氮磷肥合理配比，优化土壤养分结构。

5. 发挥土地资源优势，发展区域果品产业

该区土壤虽瘠薄，但土壤含速效钾较丰富，达106.37mg/kg左右。钾肥对提高水果质量有很好的作用，尤其是龙湖镇西部地区，可适度规模地发展大粒樱桃等果树，形成优势产业，增加农民经济收入。

（三）平原粮油高产培肥区治理

1. 开展多种经营，调整农业内部结构

在抓好粮食生产的同时，要积极开展多种经营，调整农业内部结构，转变经济增长方式，变单一经营为粮、油、菜、瓜、药等“五业”多元经济布局。

2. 进一步完善水利设施建设

进一步搞好水利配套设施建设，依靠科技进步和技术创新，提高农田灌溉质量及园田化水平，在地少人多的乡（镇）要推广粮菜、粮油间作套种模式，并因地制宜搞好农田林网化的合理布局与高品位的建设。

3. 进一步推广秸秆还田，增施有机肥

搞好原秸秆还田和过腹还田，提高肥料质量，增施有机肥料，这是夺取高产的基础；提高土壤有机质的含量，调整氮肥用量，科学使用磷肥。

（四）低山丘岭区治理

针对该生态类型区地表植被破坏严重，生态环境恶化、砂石裸露、植被稀疏、水土流失、土壤肥力下降、农业效益低下的突出矛盾，实施四项技术工程。

1. 水土保持工程

根据水土流失严重的实际，坚持把控制水土流失作为生态经济工程的主旋律，以治沟治坡为主攻主向，设立“三道防线”，层层拦蓄，控制水土流失。第一道防线为坡面防护工程，即山顶栽生态林戴帽，林缘与耕地接壤处开挖截流沟，控制坡水下山；第二道防线为田间工程，即按等距营造农田防护林，等高垄作修梯田，蓄水保墒；第三道防线为沟道工程，即沟头修水，沟底修谷坊，沟侧削坡插杨、柳、育林封沟，顺水修土，创新生态农业建设坡水田林路综合治理模式。

2. 植树造林工程

经资源调查和科学论证，拟大力营造以农防林为主的多林种、多树种、网带化、乔灌

草相结合的人工调控体系。重点开发生物能源树种，以根深叶茂、高度耐瘠、抗逆力强、适应性广、含油率高的黄连木、中华文冠军两种能源树为主，使之成为林业生物能源生产加工基地，制造高技术含量和附加值的新兴产业，创造良好的经济社会效益。

3. 肥源增效工程，提高土壤养分还原率

充分发挥和利用山地空气清新、无污染源、土壤质地特殊等资源优势，采取生物工程、设施工程和农艺相结合的集成措施，利用荒坡、荒沟大力种植绿肥，实行异地掩青或间作饲草，发展肉牛、养鸭及特殊动物山野猪、山野兔、梅花鹿等养殖业，开发无公害绿色食品，广集肥源，提高土壤肥力，形成新的产业链，广开农民增收致富财源。

4. 山地蓄水保水工程

山区缺水是制约农业和农村经济发展的突出瓶颈，为从根本上解决缺水问题，经省、市水利部门实地勘测，查明该区具有充足的水利资源有待开发，并制定出具体实施方案，拟重点实施包括现有水库提灌，山泉水资源开发，集雨水窖建设，移水管道、高压线路建设。水利工程建设项目将逐步有计划地付诸实施，水利工程设施建设将大幅度增加农田灌溉面积，提高农业经济运行质量和效益，促进山区思想根本性地转变。

参考文献

曹卫彬，杨邦杰，宋金鹏．2004. 基于 Landsat TM 图像棉花面积提取中线状地物的扣除方法［J］．农业工程学报，20（2）：164－167.

陈基伟，韩雪培．2005. 高分辨率遥感影像建筑容积率提取方法研究［J］．武汉大学学报：信息科学版，30（7）：580－582.

陈良富，高彦华，李丽，等．2007. 基于 MODIS 晴空数据的森林日净第一性生产力估算［J］．中国科学 D 辑：地球科学，37（11）：1515－1521.

崔伟宏，史文中，李小娟．2004. 基于特征的时空数据模型研究及在土地利用变化动态监测中的应用［J］．测绘学报（2）：138－145.

戴建旺，徐建新，何禾．2002. 县（市）级土地利用数据库建设技术方法及成果应用［J］．中国土地科学（3）：46－48.

韩雪培，徐建刚，付小毛．2005. 基于高分辨率遥感影像的城市建筑容积率估算方法研究：以上海市中心城区为例［J］．遥感信息（2）：24－28.

何春阳，史培军，陈晋，等．2001. 北京地区土地利用/覆盖变化研究［J］．地理研究（6）：36－44.

胡娟，熊康宁，谢湛明．2009. 基于 GIS 技术的县级土地利用数据库建库及应用初探——以黄平县为例［J］．贵州师范大学学报（自然科学版）（2）：30－33.

胡翔云，张祖勋，张剑清．2002. 航空影像上线状地物的半自动提取［J］．中国图像图形学报：A 辑，7（2）：137－140.

江东，王乃斌，杨小唤，等．2002. NDVI 曲线与农作物长势的时序互动规律［J］．生态学报，22（2）：247－252.

李锦业，张磊，吴炳芳，等．2007. 基于高分辨率遥感影像的城市建筑密度和容积率提取方法研究［J］．遥感技术与应用，22（3）：309－313.

李晓峰．1990. 遥感图像中线状地物的多级识别方法［J］．解放军测绘学院学报，7（1）：69－74.

李晓琴，孙丹峰，张凤荣．2003. 基于遥感的北京山区植被覆盖景观格局动态分析［J］．山地学报，21

（3）：272－280.
李燕，余旭初．2002. 基于启发式图搜索的遥感影响道路半自动提取［J］．测绘学院学报，19（4）：268－271.
李永香，李洪玉．2004. 从高精度卫星影像中道路的半自动提取［J］．湘南学院学报，25（5）：75－77.
李志刚，胡圣武．2005. 关于角平分线法建立线状缓冲区算法的改进［J］．测绘信息与工程，30（5）：35－36.
廖明生，江利明，林珲，等．2007. 基于CART集成学习的城市不透水层百分比遥感估算［J］．武汉大学学报：信息科学版，32（12）：1099－1106.
刘高荣，刘纪远，庄大方．2004. 基于MODIS数据估算晴空陆地光合有效辐射［J］．地理学报，59（1）：64－73.
刘静玉，钱乐祥，苗长虹，等．2005. 基于RS与G1S技术的豫西山地典型区域LCCC动态监测研究［J］．河南人学学报：自然科学版，35（2）：46－51.
刘秀珍．1993. 土地资源详查中面积量测精度与线状地物扣除的探讨［J］．山西农业大学学报，13（2）：174－176.
娄雪婷，曾源，吴炳方．2011. 森林地上生物量遥感估测研究进展［J］．国土资源遥感（1）：1－8.
罗亚，徐建华，岳文泽．2005. 基于遥感影像的植被指数研究方法述评［J］．生态科学，24（1）：75－79.
马超飞，马建文，布和敖斯尔．2001. USLE模型中植被覆盖因子的遥感数据定量估算［J］．水土保持通报，21（4）：6－9.
马秀梅，雷秀丽，李希峰，等．2007. 基于数据挖掘技术的流域不透水面及变化信息提取［J］．测绘通报，（12）：34－37.
蒙继华，吴炳方，李强子，等．2006. 全球农作物长势遥感监测系统的设计和实现［J］．世界科技研究与发展，28（3）：41－44.
潘瑜春，钟耳顺，刘巧芹．2002. 土地资源数据库中线状地物面积扣除技术研究［J］．资源科学，24（6）：31－33.
秦永，宋伟东．2006. 利用地物相关性对线状地物自动连线方法的探讨［J］．测绘通报（1）：51－53.
术洪磊，毛赞酞．1997. G1S辅助下的基于知识的遥感影像分类方法研究——以土地覆盖/土地利用类型为例［J］．测绘学报（4）：328－336.
孙志英，赵彦锋，陈杰，等．2007. 面向对象分类在城市地表不可透水度提取中的应用［J］．地理科学，27（6）：837－842.
王立海，邢艳秋．2008. 基于人工神经网络的天然林生物量遥感估测［J］．应用生态学报，19（2）：261－266.
吴炳方．2004. 中国农情遥感速报系统［J］．遥感学报，8（6）：481－497.
吴信才．2009. 空间数据库［M］．北京：科学出版社．
徐涵秋．2008. 一种快速提取不透水面的遥感新型指数［J］．武汉大学学报：信息科学版，33（11）：150－1154.
徐涵秋．2009. 城市不透水面与相关城市生态要素关系的定量分析［J］．生态学报，29（5）：2456－2462.
徐天蜀，张王菲，岳彩荣．2007. 基于PCA的森林生物量遥感信息模型研究［J］．生态环境，16（6）：1759－1762.
袁钱梅，李战军．2009. 贵阳市白云区第二次土地调查数据库建设［J］．城市勘测（6）：24－28.
张超超．2011. 县级土地利用规划数据库设计与实现［D］．西安：西北大学．
赵建林，陈龙乾，李龙，等．2011. 基于MapGIS的县乡土地利用总体规划数据库研究［J］．中国农学通报，27（17）：142－146.

朱华忠．2006．基于生态过程参数的中国森林遥感分类及碳密度变化格局［D］．北京：中国科学院研究生院．

Antwi E K, Krawczynski R, Wiegleb G. 2008. Detecting the effect of disturbance on habitat diversity and land cover change in a post – mining area using GIS ［J］. Landscape and Urban Planning, 87 （1）: 22 –32.

Asrar G, Fuchs M, Kanemas E T, et al. 1984. Estimating absorbedphotosynthetic radiation and leaf area index from spectral reflectance in wheat ［J］. Agronomic Journal, 76: 300 –306.

Boyd D S, Foody G M, Ripple W J. 2002. Evaluation of Approaches far Forest Cover Estimation in the Pacific Northwest, USA , Using Ranote sensing ［J］. Applied Geography 22: 375, 392.

Calson T N, Arthur S T. 2000. The impact of land use land cover changes due to urbanization on surface microclimate and hydrology: a satellite perspective ［J］. Global and Planetary Change, 25 （1 –2）: 49 –65.

Chen J M, Brown L, Cihlar J, et al. 1999. Validation of Canada – wide LAI/FPAR maps from satellite imagery. Presented at the Fourth International Airborne Remote Sensing Conference and Exhibition/21st Canadian Symposium on Remote Sensing ［C］. Ottawa, Ontario, Canada, 6, 21 –24.

Chen J M, Cihlar J. 1996. Retrieving leaf area index of boreal conifer forests using landsat TM images ［J］. Remote Sensing of Environment, 55: 153 –162.

Chen J M, Rich P M, Gower S T, et al. 1997. Leaf area index of boreal forest: Theory, techniques and measurements ［J］. Journal of Geophysical Research, 102 （D24）: 29429 –29443.

Chen L, Gao Y, Yang L, et al. 2008. MODIS – derived daily PAR simulation from cloud – free images and its validation. Solar Energy, 82 （6）: 528 –534.

Chen X Y, Mend J H, Wu B F, et al. 2010. Monitoring corn FPAR based on HJ –1 CCD ［J］. Transactions of the Chinese Society of Agricultural Engineering, 26 （13）: 241 –245.

Cheng F, Thiel K H. 1995. Delimiting the building height in a city from the shadow in panchromatic SPOT – Image – Part – Test of Forty Two Buildings ［J］. Int. J. Remote Sensing, 16 （3）: 409 –415.

Franco, A, Carnline C. 2005. The Italian Cadastral Information System: A Real – Life Spatio – TemoraJ DBMS ［J］. Computer Science, 9: 287 –301.

Goward S N, Huemmrich K F. 1992. Vegetation canopy PAR absorbance and the normalized difference vegetation index: an assessment using the SA1L model ［J］. Remote Sensing of Environment, 39 （2）: 119 –140.

Gower S T, Kucharik C J, Norman J M, et al. 1999. Direct and indirect estimation of Leaf Area Index, FAPAR and Net Primary Production of terrestrial ecosystems ［J］. Remote Sensing of Environment, 70: 29 –51.

Hansen M C, DeFries R S, Tavnshend J R C, et al. 2002. Towards an Operational MODIS Continuous Field of Percent Tree Cover A algorithm: Examples Using AVHRR and MODIS Data ［J］. Remote Sensing of Environment, 83: 303 –319.

Hartl P H, Cheng F. 1995. Delimiting the buildings height is in a city from the shadow in panchromatic SPOT – Image – Part – Test of a Complete City ［J］. Int. J. Remote Sensing, 16 （15）: 2829 –2842.

Irvin R B, Mckeown D M, Jr. 1989. Methods for exploiting the relationship between buildings and their shadows in aerial imagery. IEEE ［J］. Transactions on Systems, Man, and Cybernetics, 19 （6）: 1564 –1575.

Ji M, Jensen J R. 1999. Effectiveness of sub pixel analysis in detecting and quantifying urban imperviousness from Landsat Thematic Mapperimagery ［J］. Geocarto International, 14 （4）: 31 –39.

Joon, H, Jeong, H K. 2006. Tenlporal Land Information System （TLIS） for Dynamically Changing CadastraI Data ［J］. Computer Science, 6: 1066 –1073.

Laake P E V, Sanchez – Azofeifa G A. 2004. Simplified atmospheric radiative transfer modeling for estimating incident PAR using MODIS atmosphere products ［J］. Remote Sensing of Environment, 91 （1）: 98 –113.

Lamb A D. 2000. Earth observation technology applied to mining – related environmental issues [J]. Bulletin and Transactions of the Institution of Mining and Metallurgy (Sect. A), 109 (3): 153 – 157.

Mvneni R B, Ramakrishna R, Nemani R, Running S W. 1997. Estimation of global leaf area index and absorbed par using radiative transfer models [J]. IEEE Transactions on Geoscience and Remote Sensing, 35 (6): 1380 – 1393.

Myneni R B, Hoffman S, Knyazikhin Y, et al. 2002. Global products of vegetation leaf area and fraction absorbed PAR from year one of MODIS data [J]. Remote Sensing of Environment 83 (1/2): 214 – 231.

Myneni R B, Nemani R R, Running S W. 1997. Estimation of global leaf area index and absorbed PAR using radiative transfer models [J]. IEEE Transactions on Geoscience and Remote Sensing, 35: 1380 – 1393.

Myneni R B, Williams D L. 1994. On the Relationship between FAPAR and NDV1 [J]. Remote Sensing of Environment, 49 (3): 200 – 211.

Pinker R T, Laszlo I. 1992. Global distribution of photosynthetically active radiation as observed from satellites [J]. Journalof Climate, 5 (1): 56 – 65.

Prakash A, Gupta R P. 1998. Land – use mapping and change detection in a coal mining area – a case study in the Jharia coalfield, India [J]. International Journal of Remote Sensing, 19 (3): 391 – 410.

Privette J L, Myneni R B, Knyazikhin Y, et al. 2002. Early spatial and temporal validation of MODIS LAI product in the Southern Africa Kalahari [J]. Remote Sensing of Environment, 83: 232 – 243.

Pu R L, Gong P, Michishita R, et al. 2008. Spectral mixture analysis for mapping abundance of urban surface components from the Terra/ASTER data [J]. Remote Sensing of Environment, 112 (3): 939 – 954.

Purevdopj T, Tateishi R Ishiyana T, et al. 1998. Relationships between Percent Vegetation Cover and Vegetation Indices [J]. Intemational Journal of Ranote Sensing, 19 (18): 3519 – 3535.

Sarker L R, Nichol J E. 2011. Improved forest biomass estimates using ALOS AVNIR – 2 texture indices [J]. Remote Sensing Environment, 115: 968 – 977.

Sellers P J, Los S O, Tucker C J, et al. 1994. A global 1°x 1°NDVI data set for climate studies. Part2: The generation of global fields of terrestrial biophysical parameters from the NDVI [J]. InternationalJournal of Remote Sensing, 15 (17): 3519 – 3545.

Sharma T, Kiran P V S, Singh T P, et al. 2001. Hydrologic response of a watershed to land use changes: a remote sensing and GIS approach [J]. International Journal of Remote Sensing, 22 (11): 2095 – 2108.

Singh S, Raman K, Dwivedi R M, et al. 2008. An approach to compute Photosynthetically Active Radiation using IRS P4 OCM [J]. International Journal of Remote Sensing, 29 (1 – 2): 211 – 220.

Tan K, Piao S L, Peng C H, Fang J Y. 2007. Satellite – based estimation of biomass carbon storages for northeast China's forests between 1982 and 1999 [J]. Forest Ecology Management, 240: 114 – 121.

Tian X, Su Z, Chen E, et al. 2012. Estimation of forest above – ground biomass using multi – parameter remote sensing data over a cold and arid area [J]. International Journal of Applied Earth OBS, 14: 160 – 168.

Tian Y H, Zhang Y, Knyazikhin Y, et al. 2000. Running S W. Prototyping of MODIS LAI and FPAR algorithm with LASUR and LANDSAT data [J]. IEEE Transactions on Geoscience and Remote Sensing, 38 (5): 2387 – 2401.

Turner David P, Cohen Warren B, Kennedy Robert E, et al. 1999. Relationship between leaf area index and Landsat TM spectral vegetation indices across three temperate zone sites [J]. Remote Sensing of Environment, 70: 52 – 68.

Van Laake P E, Sanchez – Azofeifa G A. 2005. Mapping PAR using MODIS atmosphere products [J]. Remote Sensing of Environment, 94 (1): 554 – 563.

Wiegand C L, Ricbardson A J, Escobar D E, Gerbermann A H. 1991. Vegetation indices in crop assessments ［J］. Remote Sensing of Environment, 35 (2/3): 105 - 119.

Wu C S. 2004. Normalized spectral mixture analysis for monitoring urban composition using ETM^+ imagery ［J］. Remote Sensing of Environment, 93 (4): 480 - 492.

第四章　成都统筹城乡试验区野外科研基地建设与土地资源可持续利用示范

第一节　成都统筹城乡试验区野外科研基地建设

一、野外科研基地概述

（一）野外科研基地情况与特征

1. 野外科研基地基本情况

成都统筹城乡试验区土地数量－质量－生态监测与持续利用野外科研基地设于四川省成都市都江堰市，是2012年国土资源公益性行业科研专项“典型区域土地资源数量－质量－生态监测及持续利用应用示范”建立的6个土地资源数量－质量－生态监测与持续利用野外科研基地之一。

基地以四川省国土勘测规划研究院为依托，以成都市国土规划地籍事务中心为共建单位，通过在科研基地建设的实施地——都江堰市选取典型样点，建立监测指标体系，结合卫星遥感、地面调查技术手段，开展土地资源数量、质量、生态、产业、功能用地等土地变化的长期观测与监测，以获得长时序的监测数据和信息，提高土地资源管护手段的信息化和科学化水平，满足实现土地资源数量－质量－生态并重管理的迫切需要；同时，促进土地资源领域产、学、研、用的结合，培养基层土地科技队伍，推进土地科技基础能力建设。

2. 野外科研基地特征与任务

基地以“城乡统筹背景下村镇土地利用监测”为特色，通过深入开展土地资源数量、质量、生态、产业、功能用地等土地变化的观测与监测，以及对相关土地制度变革的研究，建立长时序观测平台，为实现土地利用“数量－质量－生态”并重管理提供依据。

（1）成都统筹城乡试验区长时序土地利用数据监测。运用现有土地利用监测技术，对基础地理信息数据，土地资源数据，社会经济数据，林业、水利、气象等其他部门相关数据以及站点观测与监测数据进行长期的观测与监测，建立年度数据库，及时跟踪反映村镇土地利用变化及特点，为土地宏观管理提供依据。

（2）城乡统筹背景下村镇土地利用地理信息持续获取。在城乡统筹的实践中，成都平原土地利用变化很快，村镇建设地理信息更新频繁，再加上城乡建设用地增减挂钩工作的创造性开展，土地产权交易平台的搭建，挂钩项目与旨在实现耕地占补平衡的土地整理项目有机整合的国土综合整治项目的深入推进，耕地保护机制的建立，迫切需要开展长期的城镇乡村建设用地时空信息快速获取与土地利用动态变化监测技术研究，为相关研究及政策实施提供支撑。基地基于城乡统筹背景下村镇土地利用的变化信息的跟踪、获取，运用土地利用监测技术，及时实现了成都平原小尺度、多指标地理信息获取。

（3）成都统筹城乡试验区耕地保护机制研究。基地以成都平原耕地持续可利用为目标，以农用地地力评价方法为支撑，集成现场调研、“3S”技术、景观生态评价技术，开展成都平原耕地“数量－质量－生态”监测，进行耕地数量变化与生态环境评价，提出耕地持续利用技术模式与措施，开展耕地保护机制研究，以耕地保护影响因素、当前成都统筹城乡试验区耕地保护制度现状及现有耕地保护机制为基础，开展耕地保护机制实施效果评价指标体系研究和实施效果评价，总结和提炼成都市在耕地保护机制方面的经验。明确优质耕地监测体系未来几年的研究指标框架，探讨耕地“数量－质量－生态”的影响因素，形成优质耕地识别和划定技术标准，开发了优质耕地识别和划定系统。

（二）基地建设历程

成都统筹城乡试验区土地数量－质量－生态监测与可持续利用野外科研基地，于2011年10月在成都市揭牌，并于2011年11月获得国土资源部第一批野外科学观测研究基地命名。基地指导单位为国土资源部科技与国际合作司，牵头单位为中国土地勘测规划院，领导单位为四川省国土资源厅与成都市国土资源局，依托单位为四川省国土勘测规划研究院，共建单位为成都市国土规划地籍事务中心，保障单位是都江堰市国土资源局，野外观测站及实验场所设在都江堰市崇义镇大桥村与都江堰市向峨乡石花村。

基地建设经历了以下三个阶段：

1. 2012年：规划建设

按照基地建设方案，选定研究区域，完成样点布设，落实办公场所，基地管理人员与科研人员配置到位，明确监测指标和监测体系，完成对选定区域土地数量的监测；同时，结合多种方式所获取的影像资料、地籍调查资料等，通过必要的外业调查及农户调查，完成对选定区域土地质量和土地生态的监测，初步建立土地数量－质量－生态监测与持续利用管护平台。

2. 2013年：数据监测

在2012年开展工作的基础上，组织进行第二次野外调查采样工作，对样点进行定点采样和数据监测工作。对采样结果进行实验分析和统计，对监测结果进行研究分析，并对比分析选定区域的土地数量－质量－生态变化。对土地资源数量－质量－生态信息进行第二次更新，建设土地数量－质量－生态监测与持续利用数据库，完善土地数量－质量－生态监测与持续利用管护平台。

3. 2014年：专题研究

持续开展相关监测及研究，对采样结果进行实验分析和统计，对监测结果进行研究分析，实现土地资源数量－质量－生态信息的第三次更新，完成土地资源数量－质量－生态信息数据库。按照基地建设任务书，开展专题研究，对依托基地开展的课题进行总结和提炼。

（三）基地建设概述

通过三年建设，基地已成为观测设备、软硬件较为齐全，具备野外观测、调查、资料收集、室内分析、测算等科研条件的基础平台，具备开展土地基础科研数据的采集、传输、应用、共享等工作能力，并形成了强有力的管理运行机制，建设了管理运行体系。建立了一支固定人员与流动人员相结合的科研队伍，并依托基地，积极申请了省级科研项目，持续开展相关研究。

二、野外科研基地基础条件建设

（一）办公场所

经过三年的建设，基地完成了办公场所和实验场所的建设，保障了野外基地站点、办公室、机房等功能用地，面积共计 100m^2（图 4－1，图 4－2）。

图 4－1　基地办公室

图 4－2　基地室内实验室

（二）科研观测仪器设备

按照科研基地发展规划，有计划、有步骤地添置科研基地所需的野外观测仪器和室内分析设备（表 4－1）。

（三）科研队伍建设

1. 队伍建设

目前，基地科研队伍中长期工作的研究人员和技术人员有 29 名，正高级职称人员 1 人，副高级职称人员 9 人，具有博士学位 3 人，多为 45 岁以下的中青年科研人员，专业

表 4-1　基地科学观测仪器设备表

设备名称	型号	生产厂家	使用频率	折旧情况
ArcGIS	10.3	ERSI	经常	全新
工作站	P900	Lenovo	经常	九成新
服务器	x3650 M47915I51	IBM	经常	九成新
高性能计算机	Zbook 17	Dell	经常	九成新
打印机	5070	富士施乐	经常	九成新
幅图扫描仪	6030	Cannon	经常	九成新
绘图仪	T520	HP	经常	九成新
DPS 接收机	450JB	Delta	经常	九成新
全站仪	TC905	Leica	经常	九成新
水准仪	DSZ2	Suyi	经常	九成新
全谱直读 ICP 光谱仪	ICP-OES	Prodigy	经常	九成新
气质连用仪	5975C	Agilent	经常	九成新
原子吸收光谱仪	ICE 3000	Thermo	经常	九成新
总有机分谱分析仪	9100	Elab	经常	九成新

方向多集中在土地资源管理、土壤学、GIS、测绘、环境等专业。

2. 引进人才情况

基地通过项目合作的方式引进人才，以与高校、科研院所进行科研项目合作为契机，通过项目临时引进高校、科研院所里的技术人才，依托于项目，在基地进行短期的技术合作，以期充实基地的研究力量，提升研究水平，扩展研究思路。

3. 培养研究生

基地通过与四川大学、成都理工大学、四川师范大学、四川农业大学等相关高校合作，依托基地项目，积极探索行政部门、科研事业单位、高校联合培养高素质创新性人才的新机制，建设土地类高层次科技人才培养的基地。培养各类研究生，目前已完成了 8 名硕士研究生的培养工作。

（四）科研基地制度和机制建设

1. 管理制度

为有效发挥基地的科研支撑作用，加强科研基地建设，基地完成了制度建设，制定了相应的制度规范，对明确各岗位职责，规范基地管理人员、科研人员科研行为提出了具体的要求，使基地建设和管理有章可循，保障了基地的有效运行。具体制度如下：

（1）制定科研基地建设与管理办法，对基地的总体定位、发展规划、年度工作计划、规章制度、学术交流等基础性制度进行了明确的安排。

（2）制定科研基地仪器设备管理制度，为规范基地仪器设备的使用、管理与维护，提高利用效率而制定相关管理办法。

（3）制定科研基地项目经费管理办法，针对基地承担的项目经费进行统筹管理的制度化规定。

（4）制定固定研究人员管理办法，保障和促进基地固定人员的科研水平不断提升，保障固定人员队伍结构进一步优化。

（5）制定流动研究人员管理办法，为满足科研基地学科发展需要，对流动研究人员做好管理。

（6）制定公共开放活动管理办法，对科研基地的公共开放活动在时间、规模、内容、保障等方面进行详细安排。

（7）制定访问学者管理办法，对科研基地接收的进修人员及邀请人员在访问期间的权利与义务进行详细规定。

2. 管理运行机制

经过三年建设，建立了与基地发展要求相适应的建设管理运行体系，形成了部－省－市－县－镇－村六级一体的工作体系，使各个部门的职能都得以充分发挥。该建设管理运行体系强调地方主导，并获得国家层面的支持，保障了相当数量的科研人员参与，保障了野外科学观测、技术试验示范的办公场所和实验场所，以及相关数据、资料的及时收集与获取，具备强有力的技术支撑，为基地长期正常运行和管理奠定了坚实的基础（图4－3）。

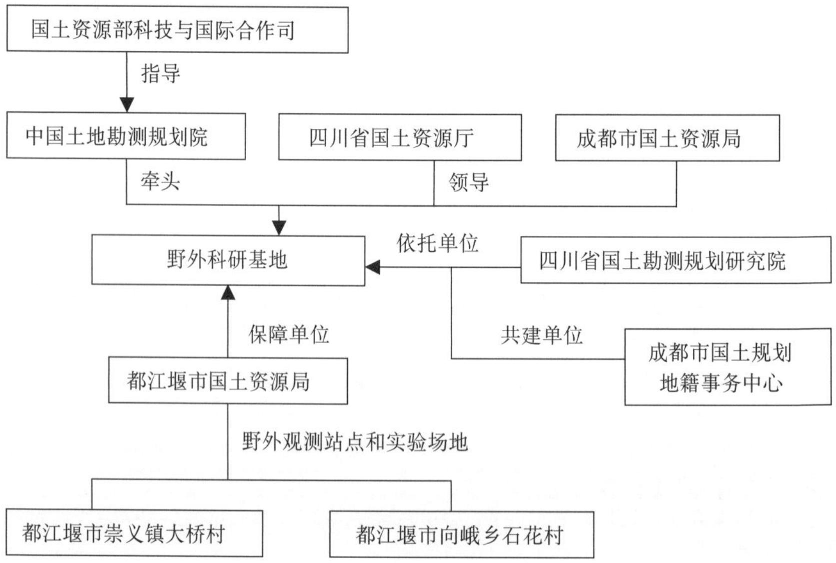

图4－3　基地管理机制运行图

三、科研基地野外观测站网布设

（一）监测内容

科研基地作为长期野外观测、科学研究与示范基地，依据成都统筹城乡试验区不同的土地利用模式，分类别地在深入分析研究城乡现实和农户调查的基础上，围绕“客观因素—主观因素—政策因素”这条主线，利用“农地整治、村镇改造、要素配置”三个工具，建立反映土地数量、土地质量、土地生态环境、产业、功能用地等土地变化的指标体系。主要进行下列监测研究：

1. 开展城乡统筹区土地数量－质量－生态监测与可持续利用研究

该研究首先建立评价指标体系，在典型区域设置长期观测点，根据评价指标，对农户、村庄和乡镇的社会经济与农业生产等社会因子进行调查，监测和反映土地利用变化状况。

2. 开展灾后重建产业、功能用地变化研究

在用城乡统筹发展观指导灾后重建的过程中，监测区——都江堰市推行“三个集中”，即通过工业向集中发展区集中，发挥产业的集聚效应，促使产业集群的产生；通过农民向城镇和新型社区集中，实现农村建设用地的集约利用；通过土地向适度规模经营集中，推动现代农业的发展。在该过程中，“三个集中”的程度如何确定，由此引发的产业用地和功能用地的变化是否达到城乡土地资源在空间上的优化配置，也亟待进行深入研究。对城乡空间土地资源结构、产业用地、公共服务设施等功能用地进行分析研究。

3. 开展农村土地综合整治与可持续利用研究

在城乡统筹的背景下，土地整治的内容已从农用地整理发展到建设用地整理。土地整治的内涵也不断扩展与延伸，已经从对未利用的、低效利用的、不合理利用的土地的开发、复垦和整理逐渐拓展到优化土地资源配置、挖掘土地潜力，寻找土地利用空间，改善生产、生活条件，提高土地资产价值和维护生态环境的整体性、综合性的土地利用调整和综合整治。对农村土地整合整治模式进行研究，开展乡村建设用地集约利用研究。

4. 开展城乡统筹制度跟踪评价研究

通过采用问卷调查、个人访谈、小型座谈会相结合的方式，开展农户调查，深入了解农户对于城乡统筹发展的真实意愿。

（二）布点原则、布点方法、站点布设图

1. 布设原则

基地的野外观测站点的布设主要遵循以下原则：

（1）代表性原则。布设的野外观测点能够反映监测区域的土地资源数量－质量－生态现状及变化情况，要求能够开展监测地块、样点布设与农户调查等工作。

（2）数据有效获取原则。布设的野外观测点要能够反映出土地利用的变化，要在农村土地综合整治和农业投入正在开展的村中进行选取，且观测点数据要能有效获取。

（3）全面性原则。都江堰市地处成都平原向川西高原的过渡地带，跨成都平原和龙门山地区两个不同自然地理区，所选样点要能反映都江堰的地形地貌特征。

2. 布设方法

根据布点的目的与依托项目的不同，野外观测站点分为成都平原优质耕地数量－质量－生态监测站点与成都统筹城乡试验区土地数量－质量－生态监测站点。监测站点布置主要采取网格布点法。

（1）网格法。成都统筹城乡试验区土地数量－质量－生态监测站点采用网格法布设采样点。每个监测站点的监测区域内，等距离划分方格，布设10个左右的采样点，田间采样间距为30m，共布点39个，其中崇义镇大桥村布点30个，向峨乡石花村布点9个。

（2）棋盘法。成都平原优质耕地数量－质量－生态监测站点是结合监测区农业生产特点和耕地土壤种类、分布、面积情况，避开田边、沟边、路边或肥堆旁等特殊位置，通过棋盘法选择的有代表性的耕地地力试验长期定位监测点典型样点，涉及崇义镇大桥村、向峨乡石花村、青城山镇赤城村共73个样点。其中，崇义镇大桥村布点30个，向峨乡石花村布点15个，青城山镇赤城村布点28个。崇义镇大桥村布点与成都统筹城乡试验区土地数量－质量－生态监测站点完全重合，向峨乡石花村布点除包含成都统筹城乡试验区土地数量－质量－生态监测站点外，还增加了6个样点。

3. 站点布设图

（1）成都统筹城乡试验区土地数量－质量－生态站点（图4－4，图4－5）：

图4－4　崇义镇大桥村采样点分布图

图4－5　向峨乡石花村采样点分布图

（2）成都平原优质耕地数量－质量－生态监测站点布点图（图4－6）：

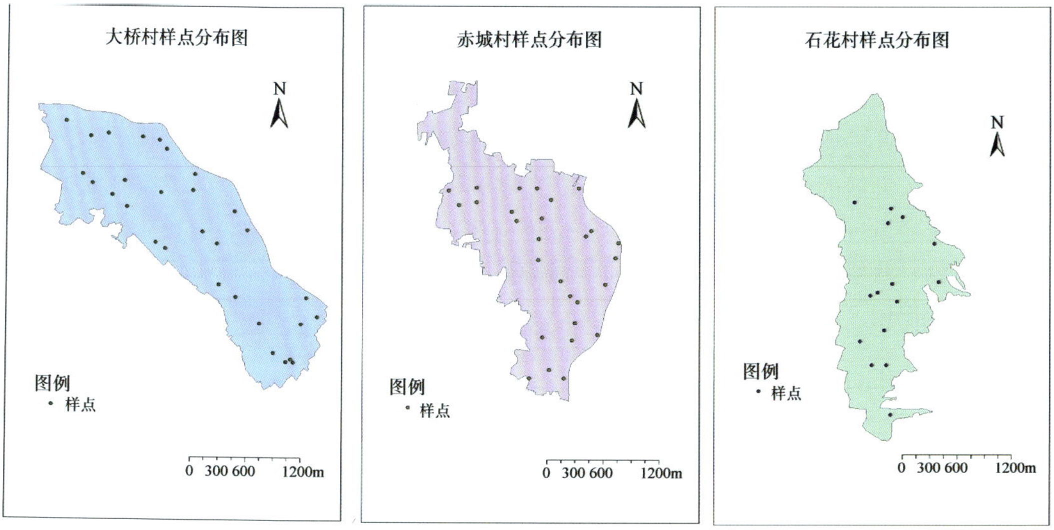

图4－6 成都平原优质耕地数量－质量－生态监测站点分布图

（三）科研基地数据库

在开展长期、连续的相关数据和资料的收集、采集和观测工作后，收集了14套基础地理信息数据、11套土地资源数据、统计年鉴数据、建设部门和四川省地质调查队等部门资料，并进行了崇义镇大桥村、向峨乡石花村的三轮问卷调查，并对崇义镇大桥村、向峨乡石花村39个采样点所对应的农户进行了入户调查，调查内容包括农户基本信息、土地利用信息、生产经营状况等。在对基地观测数据收集、整理并分析测算相关数据后，建立了科研基地数据库与综合信息平台。

四、科研基地建设经验与发展设想

（一）建设经验

1. 清晰的认识与合理的定位是基地建设的先决条件

只有对基地有清晰的认识与合理的定位才能有效指导基地建设，进而确定基地的建设任务、研究方向、运行机制及管理制度等。四川·成都野外科研基地的定位是以全面提升四川省国土系统科技创新能力、实现四川省国土科技跨越式发展而搭建的具有公益性、基础性、战略性的科研基地。基于该定位，基地所开展的研究任务都是与国土资源管理密切相关的、能够提升国土系统科技创新能力的研究任务。

2. 基地建设应与地方特色相结合

具有地方特色是基地建设区别于其他基地的重要依据，是基地建设发展的根基与立足点，也是体现基地建设价值与意义的重要一环。四川·成都野外科研基地便植根于成都统筹城乡试验区，重点监测成都统筹城乡试验区土地数量－质量－生态监测与持续利用，同时突出了对于城市建设用地、工业园区产业用地、农村宅基地等非农用地的监测。

3. 基地监测数据应用是基地长久发展的根本

基地获得的监测数据是否能够得到应用、应用的领域与方向、如何实现应用，都是决定基地能否长久发展的根本。监测数据不能得到应用，则基地的价值不能得到彰显，基地便缺乏了长久发展的生命力。四川·成都野外科研基地在建设之前便考虑了监测数据的应用前景，在建设过程中，基地监测数据被广泛应用在“空心村”整治、农村居民点土地集约利用评价、开发区土地集约利用评价、城市建设用地集约利用评价等工作之中，起到了数据支撑的作用。

（二）存在的问题及相关建议

1. 课题研究相对薄弱，建议强化对科研项目申报的指导

基地建设一直在摸索中发展，在前期开展的工作中，深感课题研究相对薄弱，需要进一步深入拓展研究内容。基地应重点开展两类课题：一是使用本基地设备完成，且符合本基地研究方向的科研课题；二是符合本基地研究方向，在近期需开展的探索性课题。这两类课题都需要在基地建设中加强顶层设计，统筹规划，使基地自身逐步拥有“造血”功能，提升科研基地的原始创新能力，进一步凝练重大专项。建议主管部门强化对科研项目申报的指导，引导基地开展以国土资源事业发展需求为导向的相关课题，增强课题的针对性和实际应用性。

2. 开放、交流与共享力度还有待进一步加强

基地在建设伊始便重视开放、交流与共享，在建设过程中相继制定了关于开放、交流与共享的制度，也做了大量的开放、交流与共享工作，取得了一定成绩。但在交流的深度和广度方面还有待加强，尤其要逐步推进国际合作与交流。

3. 监测数据应用领域与方向有待进一步商榷

基地基于成都统筹城乡试验区进行土地数量－质量－生态持续利用监测，获得了大量有关成都统筹城乡试验区土地利用的观测数据，建立并进一步丰富充实了基地数据库。但目前对于基地监测数据的挖掘和应用还有待加强，监测数据的价值未能得到全面显现。

（三）发展设想

1. 基地学科和团队建设

目前，基地建设中的学科建设、团队建设、学术带头人建设仍然具有一定局限性。未来基地将在学科建设、团队建设、学术带头人建设等方面进一步夯实基础。选聘基地负责人/基地主任和学科带头人，制定好发展规划，明确各阶段任务与目标。成立基地学术委员会，作为基地独立的学术评议与审核机构，审议基地科学研究远景规划和计划草案，对较大型学术活动提出建议，并促进学术交流及科技合作。完善科研团队建设，明确对固定科研人员的考核机制，凝聚科研团队，提高研究水平。

2. 基地管理发展

为了保障基地的长远、可持续发展，在以下方面进行提高：

（1）深化公共开放与科普。将基地目前承担的基层国土资源系统人员培训、国土科技骨干技术力量培训、基层农民的普法宣传活动进行统一融合，形成以公共开放周活动为基础，配合不定期知识讲座的公共开放机制，发挥基地的科普宣传作用。

（2）强化学术交流活动。基地将坚持“走出去，引进来”的学术交流思路，一方面鼓励科研人员积极参加国内外学术交流活动，提高基地的学术影响力；另一方面将邀请知名学者到基地进行学术交流，形成良性互动。

（3）设立开放基金课题。基地通过多方筹措资金，设立开放课题基金，鼓励科研人员开展与基地研究内容相关的课题研究，并提供一定经费支持；鼓励科技人员前往基地进行短期的学术访问。

（4）强化数据共享平台建设。基地将通过“国家农业科学技术共享网”、“中国科技资源共享网”、“地球系统科学数据共享平台”等国家科技基础条件平台及其他交流平台，实现数据使用的开放与共享机制。

第二节　成都统筹城乡试验区土地资源综合监测数据分析

一、土地资源综合监测指标体系构建

（一）构建目标

在土地及相关学科的理论指导下，采用多数据融合技术，针对区域土地利用变化及效应，并充分利用各部门已有数据成果，建立符合成都统筹城乡试验区实际的土地数量－质量－生态监测指标体系，能够在监测区域内实施全方位跟踪和监测，从而快速、准确、客观地掌握土地利用变化的信息和发展趋势。

（二）构建原则

成都统筹城乡试验区土地数量－质量－生态监测指标体系构建原则为：科学性和实用性原则、全面性和独立性原则、定性和定量相结合原则、可操作性原则。

（三）构建思路

（1）指标体系中的数据要能长期、有效获取，数据来源真实可靠，并具有可对比性。

（2）监测指标的获取方法科学、规范，保证监测指标的质量。

（3）能实现对土地资源变化的全方位跟踪和立体监测，反映监测区域内土地数量－质量－生态各方面的特征和状况。

（4）土地数量监测指标不仅要从面上反映变化趋势，还要能反映土地利用类型之间的变化、土地利用集约度、产业用地结构等。

（5）土地质量监测指标要从投入－产出角度监测投入对不同质量耕地产量及经济效益的影响。

（6）土地生态监测指标基于城乡统筹的实际，反映城市生态用地的情况。

（四）监测指标体系

成都统筹城乡试验区土地数量－质量－生态监测指标体系如图4－7所示。

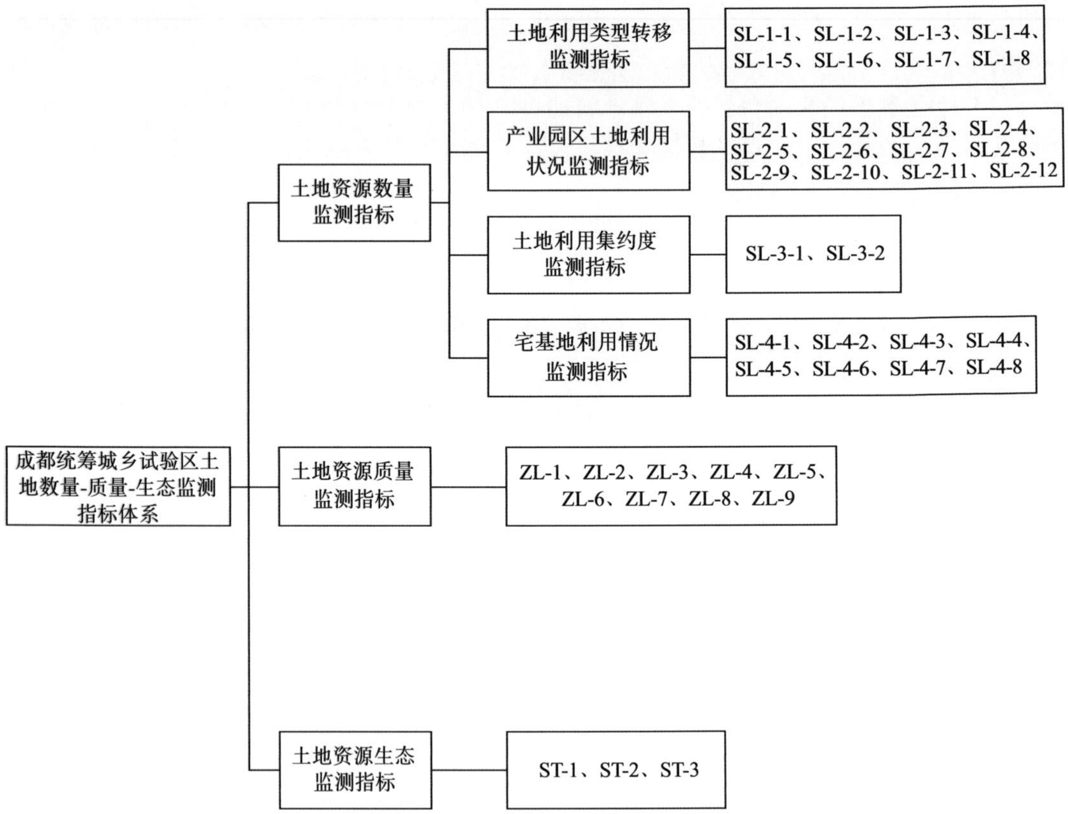

图4－7　成都统筹城乡试验区土地数量－质量－生态监测指标体系

1. 土地资源数量监测指标

土地资源数量监测指标中，按照监测指标体系的构建原则与思路，结合成都统筹城乡试验区城乡统筹的显著特征，在土地利用类型转移监测指标的基础上，增设产业园区土地利用状况监测指标、土地利用集约度监测指标和宅基地利用状况监测指标。

2. 产业园区土地利用状况监测指标

表 4－2　产业园区土地利用状况监测指标

监测类型	监测指标	编号	监测区域
已建成城镇建设用地	工矿仓储用地	SL－2－1	四川都江堰经济开发区
	交通运输用地	SL－2－2	
	公共管理与公共服务用地	SL－2－3	
	其他城镇建设用地	SL－2－4	
未建成城镇建设用地	已建成农村建设用地	SL－2－5	
	其他未建成城镇建设用地	SL－2－6	
尚可供应土地	—	SL－2－7	
闲置土地	—	SL－2－8	
产业用地投入产出效益	产业用地固定资产投入强度	SL－2－9	
	产业用地产出强度	SL－2－10	
容积率	—	SL－2－11	
建筑密度	—	SL－2－12	

3. 土地利用集约度监测指标

表 4－3　土地利用集约度监测指标

监测类型	监测指标	编号	监测区域
建设用地	容积率	SL－3－1	崇义镇大桥村、向峨乡石花村
	建筑密度	SL－3－2	

4. 宅基地利用情况监测指标

表 4－4　宅基地利用情况监测指标

监测类型	监测指标	编号	监测区域
人口	常住人口	SL－4－1	崇义镇大桥村、向峨乡石花村
	长期外出打工人数	SL－4－2	
宅基地	宅基地数量	SL－4－3	
	宅基地面积	SL－4－4	
	晒坝面积	SL－4－5	
建筑结构	建筑总面积	SL－4－6	
	建筑户型	SL－4－7	
	房屋层数	SL－4－8	

二、土地资源数量监测数据分析

（一）土地利用数量的总体分析

监测年度内，都江堰市的耕地、林地、水域及水利设施用地、其他土地的数量均有明显下降，其中耕地减少201.22hm^2，下降幅度最大；草地面积略有下降，减少了0.65hm^2；园地范围有所扩大，其面积增加了51.99hm^2；城镇村及工矿用地、交通运输用地分别增加了235.75hm^2和25.36hm^2，城市建设用地增长明显。

3个监测样区（崇义镇大桥村、青城镇赤城村、向峨乡石花村）总面积为969.65hm^2，农用地面积为792.2hm^2，总耕地面积为495.3hm^2，占农用地总面积的62.53%。

监测年度内，3个监测样区的农用地总面积共减少了16.45hm^2，农用地占土地面积比例由69.58%下降到67.98%。耕地面积减少21.32hm^2，减少幅度为3.5%。其中，旱地面积增加11.04hm^2，增加率为27.96%；水田面积减少最多，其次为水浇地，减少比例分别为6.43%、4.07%。

土地利用类型转移方面，以都江堰市、崇义镇大桥村、向峨乡石花村土地利用现状图为基础数据，运用ArcGIS的数据融合、叠加分析、面积计算等功能，得到都江堰市、崇义镇大桥村、向峨乡石花村土地利用转移矩阵。

表4-5　都江堰市监测年度土地利用转移矩阵　　单位：hm^2

土地利用	耕地	园地	林地	草地	城镇村及工矿用地	交通运输用地	水域及水利设施用地	其他土地	2010年总面积
耕地	26535.37	26.56	0.00	0.00	348.81	27.40	0.96	2.78	26941.88
园地	0.00	4040.51	0.00	0.00	25.36	0.34	0.08	1.22	4067.51
林地	4.40	49.46	57907.42	0.00	81.58	2.07	0.03	0.82	58045.78
草地	0.00	0.00	0.00	72.07	0.65	0.00	0.00	0.00	72.72
城镇村及工矿用地	198.75	2.16	54.52	0.00	15814.85	4.59	0.10	14.15	16089.12
交通运输用地	0.40	0.01	0.05	0.00	11.41	2270.14	0.01	0.03	2282.05
水域及水利设施用地	0.74	0.00	0.02	0.00	17.89	2.08	4804.30	0.07	4825.10
其他土地	1.00	0.80	0.25	0.00	24.32	0.79	0.15	8492.29	8519.60
2012年总面积	26740.66	4119.50	57962.26	72.07	16324.87	2307.41	4805.63	8511.36	120843.80

由表4-5可得，监测年度内，都江堰市耕地、林地、草地、水域及水利设施用地、其他土地面积有不同程度的减少，其中，耕地面积减少得最多，由2010年的26941.88hm^2减少至26740.66hm^2，流失量为201.22hm^2，减少的耕地主要转化为城镇村及工矿用地。流失的林地主要转变成城镇村及工矿用地和园地。水域及水利设施用地、其他土地的流失

方向也主要为城镇村及工矿用地。草地的总量也有所减少，但变化率很小。

园地、城镇村及工矿用地、交通运输用地面积增加。城镇村及工矿用地面积增加 235.75hm²，是面积变化幅度最大的土地利用类型。由土地利用转移矩阵可以看出，增加的城镇村及工矿用地主要来自于耕地，其次是林地。园地面积变化较小，增加 0.2%。交通运输用地面积也变化较小，增加 1.11%。

表 4－6　都江堰市崇义镇大桥村监测年度土地利用转移矩阵　　单位：hm^2

土地利用	耕地	园地	林地	草地	城镇村及工矿用地	交通运输用地	水域及水利设施用地	其他土地	2010 年总面积
耕地	233.73	0	0	0	0	0	0	0	233.73
园地	0	0.75	0	0	0	0	0	0	0.75
林地	0	0	0.00	0	0	0	0	0	0.00
草地	0	0	0	0.00	0	0	0	0	0.00
城镇村及工矿用地	0.05	0	0	0	70.09	0	0	0	70.14
交通运输用地	0	0	0	0	0	29.30	0	0	29.30
水域及水利设施用地	0	0	0	0	0	0	21.84	0	21.84
其他土地	0	0	0	0	0	0	0	10.57	10.57
2012 年总面积	233.78	0.75	0	0	70.09	29.3	21.84	10.57	366.33

监测年度内，崇义镇大桥村各地类间变化不大。只有耕地从 233.73hm² 增长到 233.78hm²，这是因为有 0.05hm² 的城镇村及工矿用地转变为耕地，其他地类基本没发生土地利用类型转移。

表 4－7　都江堰市向峨乡石花村监测年度土地利用转移矩阵　　单位：hm^2

监测年度	耕地	园地	林地	草地	城镇村及工矿用地	交通运输用地	水域及水利设施用地	其他土地	2010 年总面积
耕地	100.49	0	0	0	0	0	0	0	100.49
园地	0	52.98	0	0	0	0	0	0	52.98
林地	0	0	97.79	0	0	0	0	0	97.79
草地	0	0		0	0	0	0	0	0.00
城镇村及工矿用地	2.83	0	0	0	13.16	0	0	0.47	16.46
交通运输用地	0	0	0	0	0	6.55	0	0	6.55
水域及水利设施用地	0	0	0	0	0	0	3.28	0	3.28
其他土地	0	0	0	0	0	0	0	19.42	19.42
2012 年总面积	103.32	52.98	97.79	0	13.16	6.55	3.28	19.89	296.97

监测年度内，向峨乡石花村各地类间的变化也不大。耕地从 100.49hm² 增长到 103.32hm²，这是因为有 2.83hm² 的城镇村及工矿用地转变为耕地。另外，有 0.47hm² 的

城镇村及工矿用地转变为其他土地。

综上所述，都江堰市土地利用类型转移具有以下特点：

（1）耕地是建设用地增长的重要来源。城市建设用地增长占用了大量耕地，监测年度内，都江堰市建设用地增加139.75hm^2。当城镇村及工矿用地增加时，耕地→城镇村及工矿用地具有转换优势；当交通运输用地增加时，耕地→交通运输用地具有转换优势。也就是说，当建设用地增加时，耕地→建设用地具有转换优势。因此，耕地是建设用地增长的重要来源。

（2）土地复垦有所成效。监测年度内，有198.75hm^2的城镇村及工矿用地转为耕地，土地复垦取得了不错的成绩，在一定程度上缓解了耕地逐年减少的压力。

（3）园地面积有所增加，有较大面积林地、耕地转变为园地。监测年度内，园地面积从4067.51hm^2增加至4119.50hm^2。其中，有49.46hm^2林地和26.56hm^2耕地转为园地。

（二）产业园区土地利用现状分析

以地处监测区范围内的四川都江堰经济开发区作为监测对象，进行了产业园区土地利用分析。产业园区土地利用主要按照已建成城镇建设用地、未建成城镇建设用地、尚可供应土地、闲置土地、产业用地投入产出效益、容积率和建筑密度等六部分进行分析。

1. 已建成城镇建设用地分析

已建成城镇建设用地包括工矿仓储用地、交通运输用地、公共管理与公共服务用地、其他城镇建设用地。监测年度内，四川都江堰经济开发区已建成城镇建设用地面积较2009年减少，由507.12hm^2减少为414.93hm^2，减少了92.19hm^2，占开发区土地总面积的百分比也由71.87%下降至58.80%，降幅为13.07个百分点。

工矿仓储用地由245.83hm^2减少为107.72hm^2，一方面是因为汶川地震后，都江堰市城市总体规划进行了调整，四川都江堰经济开发区功能定位发生了变化，从原来的经济开发区调整为都江堰市综合交通枢纽所在地、以居住功能为主的城市综合新区和工业限制区。工业企业将分批搬迁出去或改变土地用途进行重新开发。在此背景下，开发区内的工业企业逐渐外迁。另一方面，由于开发区所处的特殊地理位置、成都市饮用水资源生态环境保护的要求和都江堰市城区扩展的需要，根据成都市规划管理局的要求，四川都江堰经济开发区不再供应工矿仓储用地。因此，造成了四川都江堰经济开发区中工矿仓储用地面积逐渐减少。

交通运输用地由110.24hm^2减少为100.27hm^2，占开发区土地总面积的百分比也由15.62%下降至14.21%，降幅为1.41个百分点。

公共管理与公共服务用地由19.89hm^2增加至50.53hm^2，占开发区土地总面积的百分比增加了4.34个百分点。这是因为汶川地震后，根据都江堰市城市总体规划要求的改变和开发区新的功能定位，四川都江堰经济开发区将逐步增加公共管理与公共服务用地，布局市政公园和绿地，打造成以居住功能为主、市政配套齐全的城市综合新区。

其他城镇建设用地由0.8hm^2减少为0hm^2，这是因为开发区土地利用结构的调整使其他城镇建设用地转变为住宅用地、交通运输用地、公共管理与公共服务用地和商服用地等，该变化情况符合开发区调整后的发展方向。

2. 未建成城镇建设用地分析

未建成城镇建设用地包括已建成农村建设用地和其他未建成城镇建设用地。监测年度内，已建成农村建设用地面积与2009年保持一致，均为0hm^2。这是因为四川都江堰经济开发区开发程度较高，且城乡一体化水平较高，开发区内无用于农村建设的土地。

其他未建成城镇建设用地由186.07hm^{2}增加至278.26hm^2，占开发区土地总面积的比例增加了13.07个百分点。这是由于开发区功能定位改变，开发区内原有工业企业相继外迁，搬迁后留下的土地经整理后转变为其他未建成城镇建设用地，从而使得面积有所增加。

3. 尚可供应土地

尚可供应土地是指在已供应国有建设用地以外，按照规划要求可以供应用于开发建设的土地。监测年度内，尚可供应土地由2009年的170.17hm^{2}增加至278.26hm^2，占开发区土地总面积的比例由24.12%增加至39.44%。这是因为工业企业外迁整理后的土地使得其他尚可有偿使用土地的面积大量增加，从而带动尚可供应土地面积的增加。

4. 闲置土地

闲置土地是指土地使用者依法取得土地使用权后，未经原批准用地的人民政府同意，超过规定的期限未动工开发建设的建设用地。四川都江堰经济开发区内无闲置土地，这是由于开发区采取了有效的管理措施，加强对土地利用的监管。目前，开发区内无应回收闲置土地和未达到收回条件的闲置土地。

5. 产业用地投入产出效益

产业用地投入产出效益分别用产业用地固定资产投入强度和产业用地产出强度来衡量。监测年度内，产业用地固定资产投入强度有所降低，由2009年的1951.91万元/hm^{2}降至1667.36万元/hm^2，而产业用地产出强度则由1936.11万元/hm^{2}升至2778.94万元/hm^2，投入产出比由0.99提高至1.67。这是因为，开发区内的企业在灾后重建过程中加强了产业的投入，获得了较高的经济效益。

6. 容积率和建筑密度

监测年度内，四川都江堰经济开发区容积率由2009年的0.34提高至0.98，建筑密度由2009年的17.83%提高至27.09%。这一方面是因为都江堰市加强了对土地的利用，另一方面是由外来投产企业的投资强度增加带来的。但与其他园区相比，四川都江堰经济开发区土地利用强度不高。一方面是因为开发区位于地震带附近，不适宜建设高层建筑和高密度建筑；另一方面，随着开发区定位的改变，开发区内的工业企业都将逐步搬出，近期企业都没有在原地进行投资和建设。

（三）土地利用集约度现状分析

土地利用集约水平在很大程度上取决于土地利用的强度，土地利用强度越大，土地集约利用水平则越高。提高土地利用强度就是要多维地利用农村居民点土地，即利用地面、地上和地下进行各种建设，提高建筑容积率，增加土地容量。因此，建筑密度和建筑容积率是反映土地集约利用水平的两个主要指标。

对崇义镇大桥村和向峨乡石花村的总建筑面积、房屋占地面积及宅基地面积进行统计，计算得出容积率和建筑密度。在对崇义镇大桥村、向峨乡石花村的评价中，建筑密度等于全村农村居民点房屋占地面积除以宅基地总面积，建筑容积率等于全村农村居民点的总建筑面积除以宅基地总面积，以反映大桥村和石花村总体情况。

表 4-8　崇义镇大桥村与向峨乡石花村土地集约利用现状

监测点	总建筑面积/m^2	房屋占地面积/m^2	宅基地面积/m^2	容积率	建筑密度/%
崇义镇大桥村	81782	52350	96214	0.85	60.68
向峨乡石花村	54521	35741	65688	0.83	54.41

大桥村和石花村容积率较低，建筑密度不大。这是因为地震以后，虽然都江堰市把农村住房灾后重建作为新农村建设的重要组成部分统一规划，采取集中连片安置和分散建设相结合、以集中安置为主的办法，着力建设基础设施和公共服务设施配套完善、居住与产业发展相适应、人与自然和谐相融、地方风貌鲜明的新农村，大多数农村居民点改变了原有的传统民居型建筑方式，变为了现代套房型，不再倾向于“一层的房屋”，但是还有部分村组没有完成住房的灾后重建。因此，建筑容积率相对较低，建筑密度一般。

（四）宅基地利用现状分析

川西林盘是都江堰市农村居住形态的基本元素，宅、林、水、田是川西林盘的主要构成要素。居住是林盘最基本的功能，承载这项基本功能的林盘宅院包括林盘建筑及其围合而成的院坝空间。本次研究通过对大桥村、石花村的林盘宅院及相关信息进行问卷调查，分析宅基地的利用情况。

本次对大桥村、石花村进行了全样本调查，共发放问卷 1812 份，收回问卷 1724 份，其中有效问卷 572 份。从调查问卷汇总情况来看，被访者男女比例为 5.5∶1；年龄最小 21 岁，最大 82 岁，年龄段主要集中在 30～60 岁，被访者有 91.93% 的人学历在高中以下，家庭常住人口 3 人的占 43.33%、4 人的占 23.52%、2 人的占 20.13%。长期外出打工的人不多，存在少数一户多宅的现象。

大桥村、石花村的人均宅基地面积达 105.28m^2。人均宅基地面积为 50～100m^2的户数最多，有 227 户，占 48.09%；其次是人均面积 100～150m^2的有 129 户的，占 27.33%；人均宅基地面积在 30m^2及以下的仅有 10 户，占 1.75%；有 24 户人均住宅面积在 300m^2以上，占 5.09%。

三、土地资源质量监测数据分析

（一）监测样点的监测分析

监测样点中，种植水稻－小麦、水稻－油菜、水稻－玉米的耕地亩产量较高，种植猕猴桃的亩产量最低；化肥投入量则相反，种植猕猴桃的化肥投入量最高；种植水稻、玉米、小麦等则在耕地、收割等环节需要有机械设备的投入；种植季节蔬菜使用农药最多，种植水稻、玉米、小麦所需农药较少，从费用上来看，农药使用费用远低于化肥和机械投入所需费用；监测样点所在地处于都江堰灌区，水资源丰富，无须灌溉投入；种植水稻－玉米的农户年收入最高，种植季节蔬菜的农户年收入最低。

（二）农田投入与不同自然质量耕地的关系分析

耕地上农田投入水平较低时，随着农田投入的增加，产量呈增加趋势，但产量增长的速率随投入的增加而减小，当投入增加到一定量时，产量趋于平稳。根据回归公式 $y = -0.002x^2 + 5.157x - 1306$，可以得出，当投入增加到 1289.25 元时，产量达到最大值 2018.33 元。也就是说，当投入超过 1289.25 元时，产量将反而下降。

四、土地资源生态监测数据分析

（一）生态系统分类

根据监测区内生态组成成分的差别及主导控制环境因子的不同，可将监测区分为森林、湿地、农田、河流湖泊、城市五大主要的生态系统类型。

（二）城市绿地现状

都江堰市人均公园绿地面积较大，城市绿地总面积为 565.8hm²，人均绿地面积为 18.86m²；现存绿地品质不高，普遍容量有限、设施不足；绿地分布不均，部分公园绿地服务功能不强；直接经济效益较小，维护费较高。

（三）城市水面现状

城市水面面积率不高，城市水面总面积为 2927.33hm²，其中河流 1960.84hm²，湖泊 43.84hm²，水库 760.77hm²，湿地 161.88hm²。城市水面占辖区总面积的比例为 2.42%，符合国家要求，但作为水资源较为丰富的城市之一，仍具有较大的提升空间。

（四）非渗透性表面现状

1. 非渗透性表面逐渐增多

随着都江堰城市化进程加快，城市中一些自然景观逐渐被非渗透性表面所取代，导致非渗透性表面面积不断增加而自然景观面积减少，使得城市生态环境和人居环境质量有所下降。2011 年，都江堰市非渗透性表面总面积为 8288.26hm²，不透水面百分比为 6.86%。

2. 屋顶是非渗透性表面的核心要素

2011 年，都江堰市屋顶面积为 7756.16hm²，占非渗透性表面的比例为 93.58%，而道路和停车场面积分别为 443.9hm² 和 45hm²。

3. 人均广场面积还有较大提升空间

都江堰市广场面积为 43.2hm²，人均广场面积为 0.66m²，离 2020 年城市规划人均广场 1m² 的指标还有一定差距。

五、成都统筹城乡试验区土地资源可持续利用对策研究

（一）监测结论

都江堰市作为成都市统筹城乡试验区代表，通过对其城乡统筹土地数量 - 质量 - 生态进行监测和分析，得出以下结论：

（1）在土地利用数量方面，近几年建设用地面积、城镇村及工矿用地面积、园地面积均有所增加，耕地面积减少得最多，监测年度内流失量为 201.22hm^2，耕地是建设用地增长的重要来源。分析其地类转换规律得知，耕地→城镇村及工矿用地的转换规则是对称的，当城镇村及工矿用地流失时，城镇村及工矿用地→耕地具有转换优势，也仅有这一个转换优势。这表明了如果城镇村及工矿用地发生流失，其主要转换为耕地，证实了都江堰市土地复垦成果显著。由于都江堰经济开发区的功能由工业主导转变为以居住功能为主，其工矿仓储用地、交通运输用地和其他城镇建设用地均有大幅减少，而公共管理与公共服务用地以及尚可供应土地面积大幅增加，虽然 2009 年以后建筑密度和容积率都有所增加，但是其土地利用强度并不高。由于农村的住宅分布较为分散，没有更有效、更集约地利用土地，所以农村容积率依然较低，建筑密度不大，土地利用强度不高。

（2）从土地利用质量上分析，通过量化地分析耕地投入与收益的关系，发现对于同一因素组合类型的耕地，在投入较低时，可以通过增加投入来提高产量，但并非可以无限提高产量，在投入达到一定量后，继续增加投入，产量将反而减少。而经具体的数据分析，可以根据耕地类型准确地确定获得最大收益所需的投入量。

（3）通过对都江堰市的土地生态监测发现，公园绿地面积和水域环境都还有较大提升空间。目前，都江堰市的人均公园绿地面积较大，达到 18.86m^2/人，但品质不高，整体形势较单一，而且分布不均，服务功能不强。虽然水域面积较大，占辖区总面积的比例为 2.42%，但同样品质不高，观赏性、服务性较低。因此，都江堰市的绿地和水域环境在品质和公共服务方面均仍具有较大的提升空间。同时要控制城市屋顶面积，减缓非渗透性表面的增加。

（二）土地资源可持续利用对策研究

通过开展对都江堰城乡统筹土地数量 - 质量 - 生态监测，结合监测结果分析可知，探讨如何处理好城乡统筹土地利用与社会效益、经济效益的关系，如何处理好城市化进程与集约用地的关系，如何处理好协调总体规划与城乡统筹土地利用的关系，如何处理好土地利用与科学管理的关系，是研究城乡统筹土地持续利用的关键。

（1）力保耕地总量的动态平衡。耕地是农业乃至整个国民经济发展的基础。都江堰市应当从自身定位出发，做到增加有效耕地面积、提高耕地质量、保护生态环境、确保耕地占补平衡、实现耕地保护目标。在此过程中，一是加强耕地面积保护，防止耕地被非农产业占用；二是加强耕地质量保护，主要是提高耕地肥力，保护其环境质量。

（2）多渠道实现土地资源可持续利用。通过土地整治作为统筹城乡的重要平台，探索

社会经济发展的土地整治新模式、新机制，在优化结构、盘活存量、释放空间、提高效率方面取得显著成效，实现城乡土地资源可持续利用。规范推进增减挂钩试点，优化城乡土地利用结构和布局；积极推进城镇低效用地再开发试点，控制总量，盘活存量，节地增效；积极开展低丘缓坡荒滩等未利用地开发利用试点，为城市建设拓展后备资源空间；积极探索实施城市更新，完善城市功能，提高城市土地利用效率。

（3）加大挖掘都江堰城市土地潜力，加大对开发区和建设用地、居民用地等立体空间的开发、利用。土地立体空间的开发分为地上开发和地下开发两种形式。地上开发的原则是充分利用现有设施，降低密度，扩大容积以提高利用率。例如，增加高层建筑楼层、高架道路和高架人行道、城市公共设施立体化；地下开发可以通过地下停车场、地铁、地下商业集散中心等形式来实现。在土地立体空间开发过程中要注重绿化，提高绿化道路、广场的比例等。

（4）建立实施土地节约集约动态监测和效益评估体系。建立实施土地利用动态监测和效益评估体系的主要措施包括：土地利用和管理部门的主要责任、基本农田的保护、土地出让金的收缴、土地出让方式的规范、农地转用计划的使用、土地利用规划的实施以及用地项目的投资强度、产出率等。既要通过土地利用的数量和土地利用的产出率加以评价，又要从土地保持的质量等方面加以考评。

第三节　成都平原耕地保护机制研究

一、耕地保护影响因素及目前耕地保护制度现状分析评价

（一）耕地保护影响因素分析

耕地保护实质上是一项具有较强目的性的人类活动，这一活动是由耕地保护的主体参与实施和执行的。因此，耕地保护主体的意愿会直接影响各主体保护耕地的主观能动性，从而影响各主体对耕地保护的相关决策。由此来看，耕地保护实践中存在如下关系：首先，耕地保护的效益、保护主体的知识文化水平等要素影响到耕地保护主体的意愿，在不同的耕地保护意愿的作用下，保护主体会做出耕地保护决策，并采取相应措施作用于耕地本身，对耕地的数量－质量－生态各方面产生深入影响，最终影响到耕地保护工作结果的好坏。其次，在耕地保护实践中，外部的其他要素也对耕地保护效果产生作用，例如科学技术的发展水平、农村产权制度、社会经济发展水平、农村社会化服务保障体系等。当然，影响耕地保护的内部因素和外部因素不是孤立存在的，他们互相交叉，共同对耕地保护产生作用和影响。通过分析研究，认为如下要素均能不同程度地影响耕地保护的实践工作。

1. 农产品价格

价格是市场机制配置资源的有效杠杆。农产品价格是指农产品与货币交换比例指数，是农产品价值的货币表现。农产品价格的高低水平直接关系到农户从事农业生产的经济效益，

而农业生产的经济效益是农户保护耕地的最核心的动力。因此，农产品价格直接影响农户保护耕地的积极性。由于历史原因，我国工农产品的剪刀差较大，农业相对于工业和服务业的比较利益低，造成农户的农业生产投资积极性下降，资金投入以短期行为为主。在这种情况下，农村劳动力、土地等资源流向更具比较优势的工业和服务业等领域，不利于耕地保护。

2. 土地规模化经营程度

土地规模化经营是农业机械化、降低农业生产成本的前提条件，影响到我国农业现代化、产业化宏伟目标的实现。我国是一个农业大国，特点是人多地少，农村人均耕地约 0.13hm^2，在不少地方人均占有耕地的数量更少。改革开放后，我国实行家庭联产承包责任制，原来的集体土地被分到农户，这一制度适应了当时农业生产的发展，极大地推动了农村经济的发展。但是，随着国民经济持续稳定发展，耕地分割破碎已经不太适应农业现代化发展需要，农业已经表现出经营规模小、劳动力和劳动工具的利用率低、农产品成本较高缺乏市场竞争力、土地的生产效率不高的特点，农业难以产生规模效益，从而影响和制约了农户对土地投资的积极性，不利于耕地保护。

3. 农村产权制度

明晰高效的土地产权制度是吸引农户向土地投入的可靠保证，产权制度越明晰，越有利于减少农民对土地经营的不确定性，降低土地投入风险。同时，高效的土地产权运作制度有利于以市场机制配置耕地，保护所需的各项资源。党的十一届三中全会以来，我国农村实行家庭联产承包责任制，农村土地实行集体所有，分户包干使用，农民享有土地的占有权、经营权和收益权。土地已成为农民的生存资料和发展资料，农民可以依靠土地实现自身就业、家庭成员的社会保障，并创造经济效益。虽然我国农户家庭土地联产承包责任制的制度变革曾给农业带来较大的增长幅度，但这项制度还不尽完善，如农地产权主体不清、农地产权权能不完整、农村土地的流转困难等问题，严重影响着对耕地的保护。

4. 社会保障体系

所谓社会保障，是指社会成员在暂时或永久丧失工作能力、失去工作机会，或收入不能维持必要生活水平等状况时，获得由国家或社会提供的保障基金。长期以来，耕地既是农民获取经济收入的重要来源，也是农民唯一的社会保障，当农民外出务工和经营不景气的时候，可以返回农村进行农业生产，获取最基本的社会保障。因此，在没有其他社会保障的情况下，农民虽然已经长期在城市中经商或打工，已无暇从事农业生产，但也不愿意放弃自己所承包的耕地，造成耕地撂荒或由他人短时间代耕，严重影响了耕地的利用效率，也阻滞了耕地资源适度集中进行规模经营。

5. 农村土地市场

土地市场是指土地及其地上建筑物和其他附着物作为商品进行交换的总和，土地市场是优化配置土地资源、优化生产力布局和实现生产要素的最佳组合的有效手段。《中华人民共和国土地管理法》规定，农村土地集体所有者不能买卖土地产权，也不能随意改变所属耕地用途。在改革开放的前期，我国主要注重国有土地市场的发展，农村集体土地市场培育方面基本为空白，耕地资源基本以固化的方式存在，没能借助市场机制的作用实现优化配置，制约了耕地向农业公司、种田能手合理集中。由此，培育农村土地市场，特别是实现集体农地的使用权畅通流转，对于提高耕地使用效率、促进耕地保护有着重要作用。

6. 土地利用总体规划的编制和实施

土地利用总体规划是在一定区域内，根据国家社会可持续发展的要求和当地自然、经济、社会条件，对土地的开发、利用、治理、保护在空间上、时间上所做的总体安排和布局，是国家实行土地用途管制的基础。编制土地利用总体规划的一个重要目的就是通过规划的实施严格来控制农用地非农化，有效保护耕地数量。土地利用总体规划一经批准，就是涉及行政区域内进行土地管理的重要法律文件。因此，土地利用总体规划是进行耕地数量保护的有效手段。当然，保护效果的优劣一方面取决于土地利用总体规划本身的科学性和合理性，另外更重要的一方面取决于规划能否严格实施。上一级政府应加强对下级政府土地利用总体规划实施情况的监管，注重规划的严肃性，严格履行规划的调整修改程序，从而促进耕地保护。

7. 保护主体的知识文化水平

我国耕地保护的主体有中央政府、地方政府及农户。中央政府和地方政府决策者的知识文化水平、价值观在一定程度上影响耕地保护机制、措施的出台和政策的执行；农民的知识文化水平高低影响到农民采用的农业生产方式、先进生产技术，对于耕地使用效率和耕地质量保护有较大的影响；同时，农民的知识文化水平越高，越容易理解耕地保护政策，例如，耕地保护对粮食安全和社会稳定的作用，从而会对耕地保护的非经济效益有所理解，对耕地进行更好的保护。

8. 科学技术的发展

科学技术的发展在耕地保护的过程中也有重要作用。从耕地数量保护来看，随着我国卫星遥感技术的快速发展，“卫片执法”已经成为政府进行土地利用监管的重要手段，相对于传统的执法方式，“卫片执法”具有效率高、位置准的特点，从而通过有效监管和处理，有效防止违法占用耕地，对耕地数量进行保护；另一方面，随着耕地质量生态监测技术和生态修复技术等的不断进步，会将我国耕地质量、生态保护提高到一个新的水平。

（二）耕地保护制度现状分析评价

总体来看，我国现行耕地保护制度以行政控制为主，计划体制色彩较浓，中央政府对耕地实施全面严格的计划管制，各级政府、审批在耕地保护中的作用日益得到强化，而财税等经济手段的作用没有得到充分发挥。

1. 实施全面严格的计划管制

国家主要通过编制土地利用总体规划与发布并实施《土地利用年度计划管理办法》来控制耕地转用。首先，编制土地利用总体规划，实施总量控制。《全国土地利用总体规划纲要（2006—2020 年）》确定耕地保护目标，并进一步提出四项约束性指标，即基本农田保护面积、耕地保有量、新增建设占用耕地规模及整理复垦开发补充耕地义务量。其次，国家通过发布《土地利用年度计划管理办法》，对计划年度内新增建设用地指标（包括新增建设用地总量和新增建设占用农用地和耕地指标）、耕地保有量、土地开发整理复垦补充耕地指标做出具体安排。尤其是对新增建设用地计划指标实行指令性管理，不允许突破。对非法批准用地行为要追究法律责任，包括没有新增建设用地计划指标擅自批准用地的，没有新增建设占用农用地计划指标擅自批准农用地转用的；并对土地利用年度计划的执行情况的评估和考核做出规定。为了督促各地区土地利用年度计划的执行与落实，国土资源部于2008年5月颁布了《土地利用年度计划执行情况考核办法》，制订了考核依据、办法及奖罚措施。

2. 日益强化地方政府的作用

国务院办公厅于2005年印发《省级政府耕地保护责任目标考核办法》，要求各省（自治区、直辖市）人民政府应负责规划确定的本行政区域内的耕地保有量和基本农田保护面积，第一责任人为省长（主席、市长）。2006年开始全面实施国家土地督察制度，督促地方政府耕地保护目标责任制度的落实。经国务院同意，2008年，国土资源部与农业部、国家统计局一起组织开展了2007年度省级政府耕地保护责任目标履行情况大检查；2008年6月1日起施行监察部、人力资源和社会保障部以及国土资源部联合修订的《违反土地管理规定行为处分办法》。2009年依规进行问责，形成耕地保护的共同责任机制，多部门共同监督。

3. 审批成为重要调节手段

自2003年土地政策参与宏观调控以来，土地审批成为宏观调控的重要手段之一。因此，审批也就成为保护耕地的重要调控手段。土地管理的主要方向是保持从严从紧的土地供应政策，严把土地“闸门”，收紧“地根”；冻结农用地转用审批，《国务院办公厅关于深入开展土地市场治理整顿严格土地管理的紧急通知》（2004年）规定在全国范围内集中开展土地市场治理整顿，时间为半年左右，要求“治理整顿期间，全国暂停审批农用地转非农建设用地；治理整顿结束后，对因检查和整改不力，经验收不合格的地方，报经国务院同意后，继续暂停审批农用地转非农建设用地，直至达到规定的整改要求。”

4. 耕地保护资金来源单一

新增建设用地土地补偿使用费是耕地保护资金的主要来源。2005年以来，我国已经实行了财政补贴、税收减免等政策，财税政策是工业反哺农业的重要手段。在市场经济条件下，税收应该是有效调节杠杆，引导、鼓励社会其他方面资金进入农业，但是当前的财税政策仍以财政投入为主，其引导作用并没有很好地发挥出来，社会其他方面投资农业较少，尤其是在促进粮食安全的长效机制方面，农业税收政策缺位。仅仅依靠财政加大对农业和耕地保护的投入，很难满足资金需求，也不符合建立和完善市场经济体制的要求。

5. 耕地占用税与实际脱节

税收是一种较为灵活的政策手段，如果与法律法规或土地利用规划相比，保护耕地是设置耕地占用税的目的。耕地占用税是在短期内对耕地保护行为进行干涉的有效手段，因为其更易于对耕地面积变化、经济社会形势变化做出迅速的反应。同时，税收具有导向作用。但目前的耕地占用税征税标准设置不尽科学，表现在：第一，耕地占用税额轻。每平方米最高不超过50元人民币，几乎等于没有征税；第二，既没有考虑所占用耕地的质量等级，又没有考虑耕地的价值（耕地转为建设用地后的增值价格），只是按照人均耕地面积的不同设置差别税率；第三，疏于调整，与土地管理形势与物价变动水平相比严重滞后。

二、成都市耕地保护机制研究

成都平原气候适宜，水系发达，优质耕地分布较多，为我国的粮食主要产区之一，加强耕地保护的意义重大。近年来，成都市抓住城乡统筹发展试点和西部大开发等重要机遇，不断探索促进耕地保护的办法，形成了一些适合成都市实际情况的耕地保护机制，特别是创新性地提出和建立了耕地保护基金，迈出了采用经济手段进行耕地保护的第一步，打破了原来单纯依靠行政手段进行耕地保护的单一局面。通过探索和实施一系列的耕地保护机制，促进了全市耕地的有效保护。

（一）耕地保护创新机制的构成分析

1. 土地利用规划对耕地保护的管控机制

土地利用总体规划侧重从资源和环境入手，贯彻可持续科学发展战略，突出生产力的空间布置和区域的合理分工，重视生态环境建设和综合整治，是一个地区高层次的综合性规划，是国民经济和社会发展计划体系的重要组成部分，也是参与国民经济和社会发展宏观调控的重要手段。成都市着力体现土地利用在城乡之间的统筹安排，按照“三个集中”的要求，优化城乡用地结构与布局，立足于在坚守耕地保护目标前提下，重点对城镇、农村建设用地和农用地的布局进行结构性调整，使之与城乡共同协调发展的大思路相一致，通过建设用地优化布局和调整，促进建设用地节约集约利用，实现以城带乡、以工促农。

（1）确立了以促进耕地保护为规划编制的前提和目标。成都市在编制市、县、乡级土地利用总体规划的过程中，把促进耕地和基本农田保护放在了最为重要的位置。规划编制前期，加强了对全市土地资源分布情况的研究。全市耕地主要分布在市域的中部平原区，特别是都江堰自流灌区内的优质耕地尤为集中。以此为依据，确立规划期内成都市中心城区向东、南丘陵区发展的方向，控制城市进一步向都江堰自流灌区扩展。同时，在土地综合分区中将耕地较为集中的都江堰自流灌区划入西北部土地利用区，并确定了管制规则，明确该区域土地利用向集约内涵发展方式转变，土地利用首先强调保护优质耕地和基本农田；严格控制建设用地总量，严控城镇规模外延式扩张，防止城镇无序地连片发展、扩张（图4－8）。

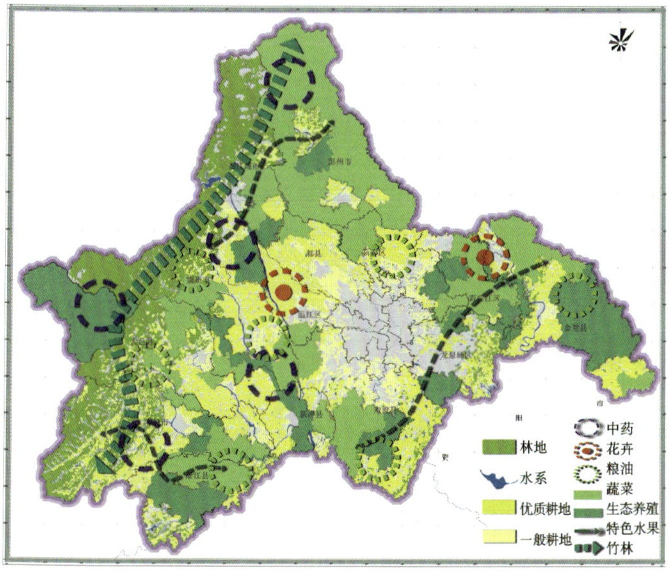

图4－8　成都市农业用地空间组织图

（2）加强规划之间的衔接，避免城市和产业发展占用基本农田。近年来，为加强土地利用规划与城乡规划、产业规划等规划之间的衔接，保持各规划间的高度一致，提高土地规划的操作性和实施性，成都市进行了乡级综合规划编制相关技术性问题的研究，就“统一用地分类和制图标准、统一空间管制分区”等方面形成了《成都市乡（镇）综合规划编制技术导则（试行）》，并开展了试点乡（镇）综合规划的编制，为全面铺开乡级综合规划编制打下了良好基础。编制完成的乡级综合规划具有统领性，相应的土地利用总体规划、城乡规划、产业规划等必须符合，从而保证各规划一致。以此确保规划的城市建设和产业发展用地位于土地利用总体规划划定的允许和有条件建设区内，防止占用基本农田，有利于耕地和基本农田保护。土地利用总体规划、城市总体规划和产业发展规划统一编制的模式具有一定的创新性，可操作性较强。规划衔接成果如图4－9。

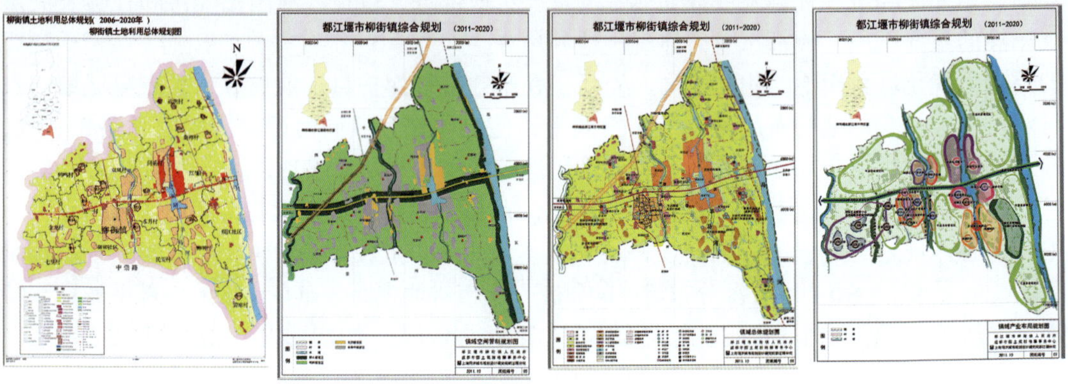

图4－9　规划衔接成果图

（3）以规划统筹城乡土地布局。按照“以科学规划为龙头和基础，加快推进城乡一体化”的要求，在进行城乡土地利用现状分析、土地利用战略研究和建设用地需求分析的基础上，结合城市总体规划和工业发展布局规划，确定了建设用地指标安排、土地利用结构和总体布局。以“全域成都”理念为指导，统筹规划中心城区、中小城市、城镇和农村新型社区合理分布的城镇体系，同步推进城市和农村的现代化，并逐步建立完善了覆盖城乡、多规协调，编制、审批、监督“三分离”的新型规划管理体制。打破城乡规划分割格局，改变了“规划不下乡”的传统，在全国率先将规划延伸至乡、村一级，变单纯的城市规划为城乡规划，约束了农村发展建设的无序状态。

（4）创新规划实施机制。根据发展趋势和资源潜力，在县城、重点镇和一般集镇，规划了有条件建设区，采取调整建设用地布局的办法，减少农村建设用地，增加城镇建设用地，将农村建设用地整理复垦节约出的建设用地指标放在城镇建设规划预留区使用，有效缓解城市规划建设用地指标的不足。为发挥区位优势，提高资源配置效率，利用级差地租杠杆，促进城乡统筹发展，开展土地综合整治和新农村建设奠定了基础。按照“全域成都”的理念和“三个集中”的原则，在确保耕地总量不减少、质量不降低的前提下，根据全国主体功能区规划定位，确定全市优先开发区、重点开发区、限制开发区、禁止开发区，科学布局农业用地区、城镇建设用地区和生态环境保护区，优化完善全市土地利用总体规划。强化对土地利用总体规划的管理，建立规划的实施机制。

（5）强化对耕地保护的总体控制约束作用。规划编制以耕地保护为核心目标和编制好规划的前提，围绕节约集约用地做文章，调整土地利用结构，优化布局各类用地，把严格保护耕地的指导思想和目标贯彻落实到规划之中，在确保耕地总量不减少、质量不降低的前提下，根据主题功能区规划定位，科学布局农业用地区；严格控制非农建设占用耕地，切实把耕地保护目标落到实处，修订并提高各行业用地定额标准和准入门槛，尽量压缩建设用地规模；明确成都市中长期非农建设用地指标、耕地保护指标及实施“占一还一”的土地开发复垦指标等。

（6）工业集中、集约发展，减少对耕地的占用。在新一轮规划修编前，成都市有工业开发区116个，具有规模小、布局散、资源配置粗放、发展不平衡的特点。按照成都市委、市政府强力推进工业集中集约发展，进一步优化工业布局规划，加强工业集中发展区建设的要求，根据新一轮土地利用总体规划大纲和工业发展布局规划大纲，将原有工业开发区归并为21个主导产业突出的工业集中发展区，着力发展产业集群，实现工业用地向集约、节约方面发展，减少对耕地的占用。

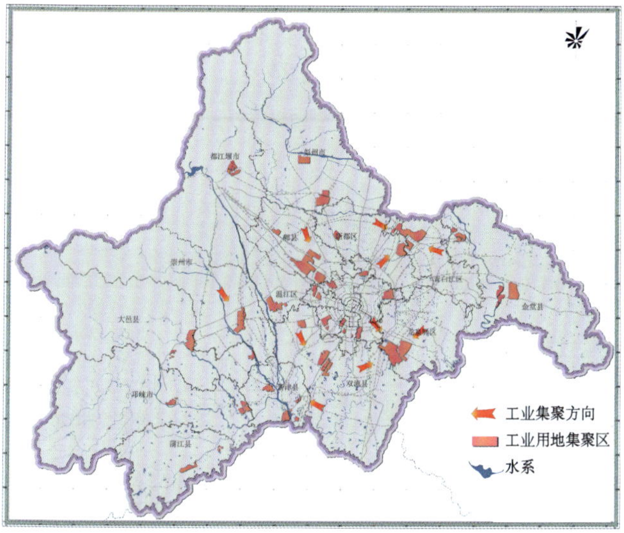

图4－10　成都市工业用地空间组织图

2. 耕地保护基金对耕地保护的补偿机制

在学习和借鉴国内外耕地保护补偿机制研究理论成果的基础上，成都市借助城乡统筹的大好机遇，积极开展了耕地保护补偿机制的探索和实践。成都市耕地保护补偿机制采用的是发放耕地保护基金的方式。基金由成都市政府设立，主要用于耕地流转担保、农业保险补贴、承担耕地保护责任农户养老保险补贴，它由基金筹集、基金发放、基金使用和基金管理四大板块构成。这四大部分的内容与目前耕地保护补偿机制理论研究的重点正好吻合，因此，成都市耕地保护补偿机制实践一定程度上也是对理论研究的一个论证过程。

2008年1月，成都市委、市政府下发《关于加强耕地保护进一步改革完善农村土地和房屋产权制度的意见（试行）》（成委发〔2008〕1号），明确提出设立耕地保护基金，建立耕地保护补偿机制，并对耕保基金的来源和用途进行了规定，初步勾绘出了耕地保护基金的整体框架。之后，成都市又相应出台了《成都市耕地保护基金使用管理办法（试行)》(成府发〔2008〕8 号)、《成都市耕地保护基金筹集与使用管理实施细则（试行)》(成国土资发〔2008〕343 号)、《成都市耕地保护基金发放办法（试行)》（成国土资发〔2009〕429 号)、《成都市耕地保护基金发放监督管理办法（试行)》等文件，进一步明确了耕地保护基金发放的方式方法。2010 年底，成都市完成了耕地保护基金的首次发放，拨付耕保基金共计 21.41 亿元，涉及 3 万多个村民小组、176 余万农户、1010 余万个耕保地块。

1）耕地保护基金的筹集

耕地保护基金按照“统一政策，分级筹集”的原则，由市、区（市）县共同筹集，而非由耕地所在区域的区（市）县政府或乡镇政府承担。其主要来源包括：新增建设用地土地有偿使用费、耕地占用税的 50%、土地出让收入的 4% ~6% 资金以及其他财政资金（包括集体建设用地流转（出让、租赁、作价入股等）成交价的 2%），所筹资金全部纳入耕地保护基金专户，由市国土资源局统一管理，根据各区（市）县的耕地面积和类别进行统筹安排。市财政局负责耕地保护基金的筹集与使用的监督管理。根据成都市财政部门的测算，成都市每年的耕地保护基金规模大约在 26 亿元，其中，市级财政筹集 13 亿元、区（市）县财政筹集 13 亿元。

2）耕地保护基金的发放过程

耕地保护基金的发放对象的确定：

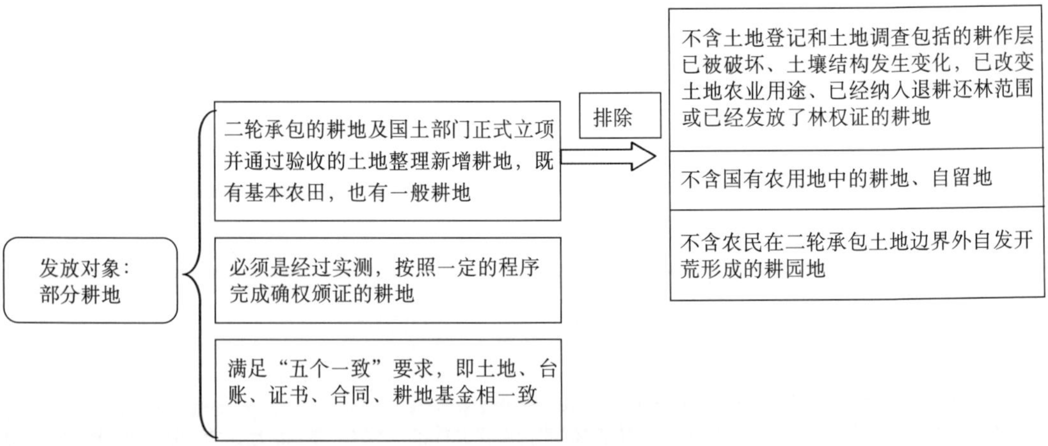

图 4－11　成都市耕地保护基金发放对象

耕地保护基金的发放：

（1）承包地确权颁证到户。承包地确权颁证工作是建立地块与农户之间的人地对应关系，并确权颁证，这是耕地保护基金发放的一个基本条件。并以工作底图为基础，将确权颁证结果落实到工作底图，形成符合技术标准要求的基础数据（图 4－12，图 4－13）。

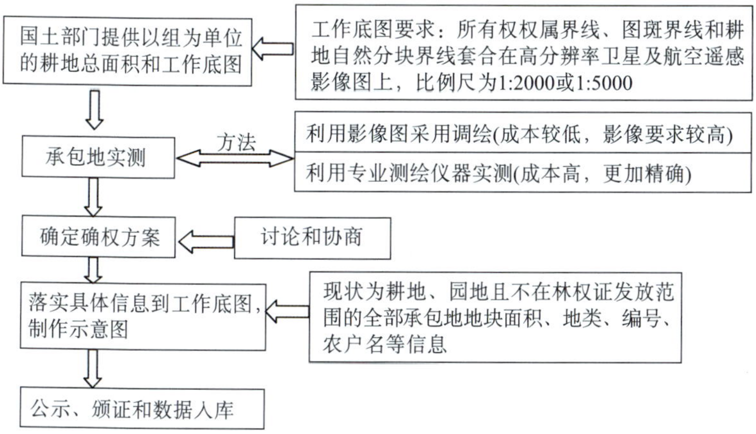

图 4－12　成都市确权颁证流程

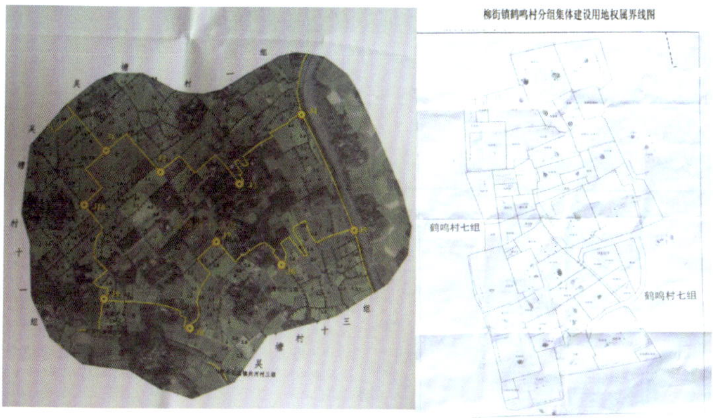

图 4－13　确权颁证工作底图及权属界线

（2）耕地保护基金数据生成。耕地保护基金数据生成环节主要是对已经完成确权颁证的地块，在土地用途属性上进行审核，判断其是否为耕地保护基金发放对象范围之内，为耕地保护台账的形成提供数据（图 4－14～图 4－16）。

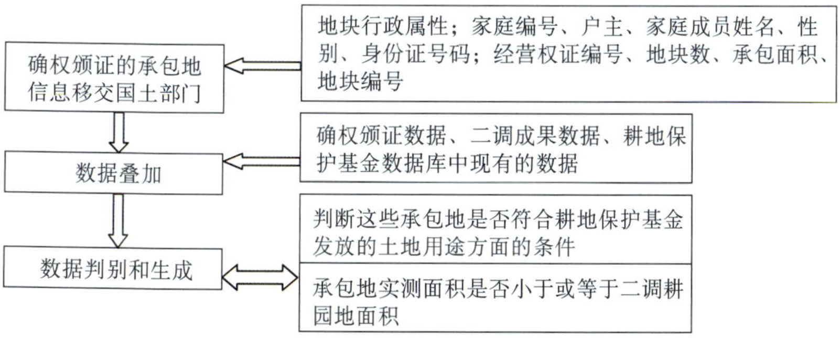

图 4－14　成都市耕地保护基金数据生成流程

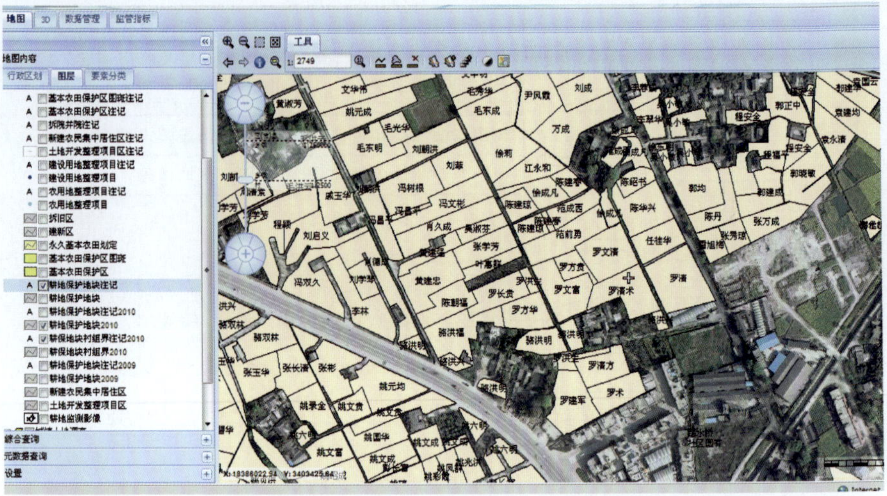

图 4－15　确权颁证数据与影像数据叠加图

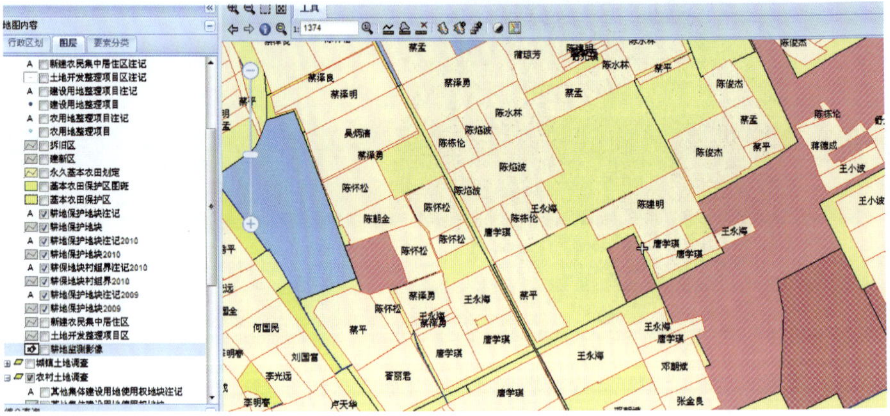

图 4－16　确权颁证数据与现状数据叠加图

（3）耕地保护台账生成。计算以组为单位的耕地保护基金总金额：根据成都市耕地质量和综合生产能力，对耕地实行类别保护与补贴，基本农田每亩每年补贴 400 元，一般耕地每亩每年补贴 300 元。提取 10% 的耕地流转担保资金和农业保险补贴后分别为每亩每年 360 元和 270 元。为了避免基本农田和一般耕地补贴差异引起的矛盾，成都市耕地保护基金按组计算总的发放金额。见公式（4－1）：

$$F=(A_1\times 270+A_2\times 360)/(A_1+A_2) \qquad (4-1)$$

式中：F 为本组耕保基金金额；A_1、A_2 分别为本组内符合耕地保护基金发放条件的一般耕地和基本农田面积。

计算农户及每个家庭成员的耕保基金金额：

$$F_f=F/A\cdot A_f \qquad (4-2)$$

式中：F_f 为每户农户的耕保基金金额；F 为本组耕保基金金额；A 为本组符合耕地保护基金发放条件的一般耕地和基本农田面积总面积；A_f 为每户农户符合耕地保护基金发放

条件的耕地面积。计算出每户农户的耕保基金金额后，再按家庭成员人数平均分摊，如有尾数进入该农户的户主账上。

耕地保护台账生成：在完成每户农户的家庭成员的耕保基金金额计算后，生成耕地保护台账并进行公示，台账的主要信息包括耕地保护责任人、保护耕地面积、地块数量、地块编号、耕地保护基金金额等。待公示无异议后，将数据上传到成都市耕地保护基金管理系统（图4－17），完成耕保合同编号分配，生成年度台账，完成耕地保护合同签批。

图4－17　成都市耕地保护基金管理系统

（4）审核耕地保护基金台账数据，核查完成后，将数据移交成都农商银行发放耕保基金。

3）基金用途

成都市耕地保护基金有两个用途：资金总量的10%用于耕地流转担保资金和农业保险补贴，剩余部分用于耕地保护责任农户的养老保险补贴。用于耕地保护责任农户的养老保险补贴方式如下：每户养老保险补贴由符合参保条件的家庭成员平均分享（含人数出现增减的情况）；另外家庭参保成员有符合养老金领取条件并已开始领取的，其原养老保险补贴由其他家庭参保成员平均分享；购买养老保险的不足部分，由农民个人承担。

4）基金管理和运行

成都市耕地保护基金是由成都市人民政府设立，主要目的是促进全市的耕地保护，鉴于基金管理的复杂性，由市级各部门统筹协调进行管理。成都市国土资源局依据土地利用总体规划和土地利用现状，负责耕地保护基金运作管理和制定年度分配方案，并会同市农委划定耕地保护的类别和对耕地保护责任落实情况进行监督检查；市财政局负责耕地保护基金的筹集和使用的监督管理；市农委负责耕地保护基金用于耕地流转担保和农业保险的运作管理；市劳动保障局负责对承担耕地保护责任的农民养老保险的运作管理。

3. 土地整治对耕地保护的补充机制

土地整治是通过对土地利用生产环境的改善及生态景观建设，消除土地利用中对社会经济发展起制约或限制作用的因素，促进土地利用的有序化和集约化，从而提高土地利用效率的工程手段及相应的政策措施。成都市委、市政府对土地整理高度重视，在系统总结评估的基础上将其整合提升为土地综合整治，并列入成都市农村工作“四大基础工程”。

成都市在推进农村土地综合整治的过程中，逐渐把土地综合整治和农村产权制度改革、新型基层治理机制、村级公共服务和社会管理改革这三项农村工作紧密结合起来，探索形成了一整套系统集成推进农村土地综合整治的办法，深化完善了农村土地综合整治机制。

2004 年以来，成都市先后在蒲江县复兴乡、邛崃市卧龙镇、金堂县栖贤乡开展试点的基础上，全面启动实施四川省专项土地整理——“金土地工程”，大力推进农用地整理，履行耕地占补平衡法定义务，促进农村面貌的根本性转变，推动成都经济社会和谐发展。

成都市的耕地主要存在田块过小过多、田块不规整、田埂和田间道路占地较多和中低产田（土）比例大等问题。依据成都市 2003 年土地利用现状统计，成都市有耕地面积 645.89 万亩，根据对平原地区土地整理进行的典型测算，成都市的农地整理的新增耕地率可达 15% 以上。由此可见，成都市实施“金土地工程”潜力巨大，通过实施“金土地工程”新增耕地，是今后相当长时间内实施耕地动态平衡的重要途径，对实施耕地保护起到了补充作用。

（1）做好基础数据库的建设。为了加快实施农地整理，促进耕地保护，做好基础性工作，2005 年以来，成都市国土资源局进行了土地开发整理后备资源调查工作，并逐步建立起耕地后备资源库、备选项目库、补充耕地储备库。耕地后备资源库是提前把那些适宜做农用地整理项目、新增耕地潜力大的地区标记入库，以备及时选择。备选项目库是从耕地后备资源库中选择具体地块，设计工程实施项目图、经评估审定后确定为补充耕地整理的项目组建库存。这样做可以保证项目在启动后很快实施。补充耕地储备库是为了鼓励实施农地整理项目。提前实施的土地开发整理项目可由实施主体（指地方政府）将来使用，也可卖给没有条件开垦耕地或开垦耕地不符合要求的建设单位。

（2）建立起土地综合整治的管理体制，制定了比较完善的规章制度。成都市为实现土地综合整治的长远目标，成立了成都市土地综合整治工作领导小组，将国土、统筹委、建设、规划、农业、财政、水利、交通监察、林业、环保、审计、项目督办等相关部门纳入其中，并且制定了《成都市推进农村土地全域整治工作方案》，明确各部门工作职责和分工。各区（市）县也相应成立了土地综合整治的统一领导小组和工作机构，为全面推动土地综合整治建立了管理体制结构。为规范和高效推进土地综合整治工作，成都市从进入 21 世纪以来就先后探索制定了一系列关于土地综合整治的相关政策文件和规范。这里大致罗列如下：①从 2005 年开始，成都市制定了实施“金土地”工程的系列文件及各种纪要等 28 项；②从 2008 年开始，成都市制定了《集体土地所有权和集体建设用地使用权确权登记有关问题实施意见》、《成都市集体建设用地使用权流转管理暂行办法》，建立起了农村耕地保护基金制度等一系列规定；③从 2010 年开始，成都市制定了一系列关于土地综合整治的相关文件和规定，包括《成都市人民政府办公厅转发市国土局等部门关于完善土地交易制度促进土地综合整治和农房建设工作实施意见》等 10 个相关文件；④2011 年，成都市国土资源局以国土资发〔2011〕80 号文下发了《关于完善建设用地指标交易制度促进土地综合整治的实施意见》等多项文件。成都市建立的上述土地综合整治的管理体制和机制证明，成都市在土地综合整治方面已经积累了大量的经验，且在许多方面推出了实质性的创新举措。

（3）进行了土地综合整治的大量实践。2000 年以来，全市共实施完成土地整理项目

424个，投入资金73.60亿元，整理面积达397.24万亩，新增耕地44.42万亩，建成农民集中居住区和聚居点329个，集中农民9.61万人。土地平整工程中坡改梯22.96万亩，改造下湿田1.71万亩；农田水利工程中浆砌排灌渠383.43×10^4m，斗渠32.60×10^4m，U形渠443.59×10^4m，蓄水池、山坪塘5863个；同时，修建农村道路564.24×10^4m。基本实现了坡地梯田化、水田格网化、田土平整化、灌排设施化，农业综合生产能力大幅度提高，超额完成了上轮土地开发整理专项规划的目标。这些规模庞大的实践为成都市进一步开展土地综合整治提供了经验和借鉴（图4－18）。

图4－18 土地整治后效果图

（4）创新土地整治办法，提高耕地补充质量。在认真调查分析的基础上，成都市研究了坚决贯彻占补平衡的要求，结合新农村建设大规模开展土地整理的办法和措施，提高耕地质量和农业生产能力，集中农民居住，改善农民居住条件。先后制定了《成都市土地整理项目管理办法》和《成都市土地开发整理操作程序和工作规范》、《关于促进农民向城镇和农村新型社区集中具体操作办法的意见》等文件。成都市国土资源局印发的《土地整理项目中实施耕作层土壤剥离暂行办法》，创新性地提出在土地整理工作中探索耕地保护新机制，开展耕地按等级补充、耕地表土剥离工作，以确保新增耕地质量。其具体做法是把新占用耕地的耕作层土壤移植到整理后的新增耕地上，使新增耕地土壤的肥力快速恢复、增加；同时，将耕作层土壤剥离所需资金列入土地整理项目预算，对耕作层土壤剥离的责任主体、实施主体、监督检查主体均作了明确规定，使得耕作层土壤剥离工作能够有条不紊地进行。

（5）确立农民在土地综合整治中的主体地位。进一步发挥农民在土地综合整治中的主体作用，显化农民土地资产的价值和权益，实现“还权赋能”。农村土地综合整治项目立项，可由农民集体和农户以村为单位或者多村联合申报，也可由农民集体和农户委托投资者、政府土地整治专业机构等申报立项，但须出具授权委托书。农村土地综合整治项目立项批准后，农民集体和农户可以自行筹资实施，也可寻找投资者。农村土地综合整治项目实施过程中，农民集中居住区点位选址、建房方式、房屋户型、收益分配、权属调整等重大事项由农民集体和农户自主决定。农民集体和农户自行实施农村土地综合整治项目，节余建设用地指标全部归农民集体和农户所有；农民集体和农户委托投资者、政府土地整治专业机构实施农村土地综合整治项目的，节余建设用地指标归属由双方合同约定。

（6）积极转变政府职能，系统集成推进项目建设。改变过去由政府部门大包大揽的做法。政府及相关部门主要做好政策制定以及土地利用总体规划、城乡建设规划和产业规划的编制，做好技术服务、项目审核、纠纷调处等服务工作，同时加强项目审批和实施监管及市场的监测、调控与管理。政府最终通过典型示范，引导农村土地综合整治有序推进。在农村土地综合整治项目实施过程中，融合乡村规划、农村产权制度改革、农村基层治理机制建设、村级公共服务和社会管理改革、现代农业发展等，整体推进新农村建设。以土地综合整治专项资金投入为主，农业、水利、交通、建设等部门的涉农资金为辅，整合部门资金，集成投入，打捆使用，综合发挥各项资金的叠加效益（即“1 + N”的资金整合模式）。利用土地整治创造的良好农业生产条件和基础设施，鼓励耕地规模化经营，培育和发展现代农业，推进农业产业化发展。要利用自然地形地貌和民风民俗，在建筑形态、环境、材质、色彩等方面塑造各自特色。把保护自然资源、发展乡村旅游和农村新型社区建设相结合，实现建筑与环境协调、自然与人文和谐相融。要统一规划修建水、电、气、道路、通信、文化休闲等配套基础设施，以及社区服务中心、医疗室、治安室、商店、广场等公共设施，推进城乡基础设施和公共服务均衡化。

（7）多渠道筹集资金，更好地调动社会资金参与。在整治项目投资主体的选择等重要环节引入市场竞争机制，鼓励和吸引农民集体、农户和各类社会资金投资实施农村土地综合整治。投资者可在成都市范围内投资农村土地综合整治项目，与农民集体和农户就整治规模、资金投入、补助金额、农房建设标准、指标归属等相关事项进行商谈。各区（市）县政府及相关部门应按照各自职责，进一步做好项目规划、立项、推介、验收及法律等服务和监管工作，引导投资者与农民集体和农户直接签订投资协议。同时，实行建设用地指标交易制度和国有土地使用权交易“持证”准用制度。

4. 土地执法监察对耕地保护的监督机制

依法严格土地管理，是成都市统筹城乡试验区建设的基本前提。2008 年，国土资源部、四川省人民政府、成都市人民政府签订的《共同推进国土资源管理工作促进成都统筹城乡综合配套改革试验区建设的合作协议》明确提出“探索建立国土资源执法监察新机制”。近年来，成都市积极探索建立国土资源执法监管长效机制，建立和完善执法监管工作新制度，运用现代科技手段加大执法监管力度，以及开展耕地保护动态遥感监测等做法，不断提高成都市国土资源执法监管力度，切实阻止了违法建设占用耕地行为的发生。

1）构建国土资源管理共同责任机制

成都市以促进土地资源依法、合理利用，实现国土资源由“一家管、大家用”到“大家管、科学用”的转变；强化政府主导下，各部门协调共管意识，将土地执法上升到政府主导的全局性行动为目的。2009 年 1 月 21 日，成都市人民政府出台了《成都市预防和查处土地违法行为责任追究暂行办法》（成府发〔2009〕7 号），将土地执法上升为政府行动，明确了预防和查处土地违法行为工作的责任划分，落实了各责任人的具体责任，巩固了刚性执法。形成了党委政府领导、国土部门牵头、其他相关部门配合的土地执法的共同责任监管体系，对加强耕地保护起到了很好的监督作用。

2）建立和完善执法监管工作新制度

通过建立联合监管、动态巡查、违法违规报告、监察问责等制度，基本形成了土地违法的巡查、发现、报告、查处、问责制度体系。

（1）建立联合监管机制。成都市国土资源局与纪检监察部门一起建立起了土地违法行为的联合监管机制，通过制定“十要十不准”加强了对违法建设占用耕地的监管。一要增强土地法规意识，严格执行土地管理政策，不准买卖或者以其他形式非法转让集体土地。二要认真落实土地利用总体规划及产业布局规划，明确耕地和基本农田保护责任，不准任何单位、任何个人擅自改变和占用基本农田。三要加强集体建设用地管理，规范农村建设用地流转，不准在没有办理农业用地转用审批手续的情况下，擅自将农用地转为建设用地。四要完善土地整理项目管理，有序实施土地开发整理，不准擅自改变批准用途使用集体建设用地。五要严格农村集体土地用地管理，不准擅自通过“以租代征”、转租、“以租代售”等方式占用农民集体土地从事各类非农业建设。六要规范基层招商引资行为，严格执行项目审查制度，不准镇、村、社擅自改变农用地性质，与企业和个人签订土地使用合同。七要推进农民集中居住区的规划和建设，不准农村村民未经批准或者采取欺骗手段骗取批准，非法占用集体土地修建私人住宅。八要优化新农村环境建设，开展村容村貌整治，不准擅自在耕地上从事挖砂、采石、采矿、取土以及其他破坏种植条件等行为。九要维护被征地农民合法权益，不准拖欠、克扣、截留和挪用农民征地补偿费、安置补助费以及地上附着物和青苗补偿费。十要加强农村基层党风廉政建设，不准基层党员干部以招商引资为名，违规收取企业、单位和个人的治安管理费、建设配套费等其他费用。

（2）建立动态巡查责任制。划分巡查区域等级，明确巡查范围和职责。将城乡规划区、基本农田保护区、城乡接合部、辖区内公路两侧、村庄周围以及砂石场、建材矿区、黏土矿区等重点地区作为一级巡查区，实行重点巡查。基层国土所主要是对所辖区域行政村和基本农田保护区、集体矿山和个体采矿区进行巡查，也可以按照统一划定的巡查区域进行巡查。执法监察科（队）进行重点巡查，并对基层国土所巡查情况和效果进行监督、检查。市国土资源执法监察支队每季度对全市动态巡查情况进行督察，并将结果报市国土资源局执法监察处，执法监察处每半年组织一次检查并将情况报局领导。二是实行分片包干、动态巡查。基层国土所对承担巡查任务的人员，明确划分责任区和巡查路线，实行分片包干、责任到人。三是建立考核指标体系，落实奖惩。四是加强基层国土所建设，为实行动态巡查提供保障。

（3）完善土地违法违规行为发现机制。成都市为建立高效、灵敏、科学、完备的案件反应系统，切实加强耕地和基本农田保护，达到预防与及时制止土地违法违规行为的执法目标，不断完善土地违法行为发现机制。第一，明确责任范围，区（市）县国土资源局（分局）负责发现本辖区内发生的违法违规行为。第二，以动态巡查为核心，综合运用其他发现手段，严格限定发现时效，自违法违规行为发生之日起，一级重点区域不得超过 4 个工作日，其他一般巡查区域不得超过 7 个工作日；建立案件公开举报电话、举报信箱，接受群众举报和新闻媒体监督。第三，发现土地违法违规行为后，按照“防治结合，突出预防，处罚与教育相结合”的原则，及早制止纠正，消除和减轻危害后果。

（4）建立违法违规用地报告制度。成都市通过建立违法违规用地报告制度，及时了解全市违法违规用地的基本情况，使违法违规用地行为得到及时纠正和处理，保护耕地与保障发展更好地得到贯彻执行。定期报告包括：①月报。区（市）县局对本行政区域内上月 25 日至当月 24 日新发现或新发生的违法违规用地的位置、用地、面积、用途、动工时间、是否已制止、是否已立案等情况，填报“违法违规用地情况月报表”上报。②季（年）

报。在月报基础上，区（市）县局于每年的3月、6月、9月、12月25日前，填报“违法违规用地情况季（半年、年）累计报表”。不定期报告包括：重大和应急案件即时上报。非法占用基本农田、其他耕地、其他土地分别达到5亩、10亩、20亩以上的土地违法违规行为，应于3个工作日内即时上报；达到预警线即时报告。对一年度本行政区域内违法占用耕地面积占新增建设用地占用耕地总面积的比例超过或即将超过10%、15%的，区（市）县局应立即向本级人民政府和市国土资源局发出预警报告。

3）运用科技手段，提高执法监察力度

成都市通过建设和应用执法监管“一张图”平台，运用科技手段对国土资源执法工作进行监管。执法监管“一张图”是以成都市区（市）县最新一轮土地利用总体规划为底图，通过手持式GPS接收机和配套的无线通信模块，对违法地块坐标信息实现快速、高精度定位，对属性信息和照片等实现信息采集，并通过无线网络将相关数据发送到成都市国土资源局数据（监测）中心，并自动写入系统数据库。通过“一张图”系统，土地执法监察部门可及时收到巡查信息，随时了解和监控GPS的使用及国土所的动态巡查工作情况，实现规范、高效地进行土地违法案件办理。依托于“一张图”系统，形成以督察、执法业务为导向，以预防为主和动态巡查为主，以强力打击为手段的国土资源管理新模式，从而全面有效地遏制土地违法案件的发生。

5. 耕地保护目标考核机制

成都市充分认识到保护耕地的重要性和紧迫性，严格落实耕地和基本农田保护责任，确保土地利用总体规划确定的耕地和基本农田总量不减少，建立并完善了成都市耕地保护目标责任制。

（1）实行耕地保护行政首长负责制。2005年8月，成都市人民政府印发《关于进一步加强土地管理的意见》（成府发〔2005〕42号），明确提出了耕地保护的行政首长负责制，规定：“各区（市）县政府要对行政区域内确定的耕地保有量和基本农田保护面积负责，政府主要领导是第一责任人。”“各区（市）县政府每年要向市政府报告耕地保护特别是基本农田保护责任目标履行情况，市国土资源主管部门要会同有关部门定期检查并向市政府报告。未达责任目标的，要在全市通报并责令限期补充耕地和补划基本农田。”明确将耕地保护纳入政府的目标管理，作为考核领导班子和主要行政首长政绩的重要内容。

（2）层层落实耕地保护责任。按照逐层分级的方式，成都市将耕地保护尤其是基本农田保护的数量、空间布局等目标、指标及责任，层层落实到县、乡、村、组、地块和农户，形成“自上而下、层层负责、逐级落实、耕保重担众人扛”的耕地保护责任体系。耕地保护不再只是某一级政府和国土、农委等职能部门的事情。

（3）严格实行耕地占补平衡。成都市委、市政府及国土部门多次出台文件，明确规定：建设占用耕地必须按照“占一补一”的原则，开垦同等数量、质量的耕地，实行占补平衡。中心城区的耕地占补平衡由市统一实施，其余区（市）县必须自求平衡。不能开垦耕地的，按占用耕地的等级不同，分等级收取耕地开垦费。收取的耕地开垦费纳入财政专户管理，新增建设用地土地有偿使用费缴入市级的部分和耕地开垦费专项用于土地开发整理，以保证建设占用耕地“占一还一”规定和占补平衡的实行。

（4）实行耕地分级保护。结合第二次全国土地调查，对全市耕地进行数量、质量普查，建立耕地保护档案（图、表、册），在实现国土、农业、林业、统计等相关部门数据与管理协调一致的基础上，由国土部门会同农业部门制定办法，按土地质量和综合生产能力对耕地进行等级划分，实行耕地的分级保护。

（二）分析与评价

成都市在耕地保护机制创新上做出的探索，体现了城乡和区域之间的统筹，并率先在实践中探索了具体的操作方式，为其他地区建立耕地保护补偿机制提供了经验与借鉴。

1. 耕地保护的补偿机制是耕地保护制度的重大创新

在以农业生产为主，工业化、城镇化水平比较低下的时代，耕地是人们生产生活的唯一依赖，农民把耕地看作自己的命根子，保护耕地的自觉性很高。随着生产力的不断提高，特别是在工业化、城镇化飞速发展的今天，耕地的产出效益太低，已经不再是农民生产生活的唯一依赖，农民对耕地的珍惜程度大大降低。由于传统农业经济效益不高，农民收入增长缓慢，农民从事农业种植的积极性不高，农村闲置、抛荒耕地现象时有发生。另外，由于建设用地产出的效益远远高于农用地，一些农民和村集体经济组织受利益的驱使，改变耕地用途用于非农建设的冲动比较强烈。对于地方政府而言，在目前我国的政策条件下，如果保持土地的农用地状态，既没有税收收入，也没有土地出让收入，导致地方政府耕地保护的机会成本过高。由此可见，耕地保护具有很强的外溢效应，农民和基层政府在耕地保护方面经种种努力所产生的粮食安全和生态安全效果被全社会所共享，而其本身并不能获得全部的利益。

《中华人民共和国土地管理法》修订实施以来，中央政府出于粮食安全等战略考量，通过强制性政策法规，借助各级土地利用规划，逐级分解耕地保护任务，设定土地的用途属性，严格限制农用地转为建设用地，将政府批准占用耕地以外的行为视为违法占用耕地并进行严厉处罚，希望通过这种方式达到严格保护耕地的目的。毫无疑问，土地用途管制及分区规划的耕地保护会导致不同利用分区利益群体间福利的非均衡，给保有耕地数量较多地区的相关群体带来利益损失。但是，在《土地管理法》、《基本农田保护条例》等一系列法律法规政策中，都有详尽的篇幅规定保护耕地的责任和违反上述规定的处罚办法，却没有与保护耕地直接联系的经济激励。《土地管理法》仅在第七条规定，在保护和开发土地资源、合理利用土地以及进行有关的科学研究等方面成绩显著的单位和个人，由人民政府给予奖励。《基本农田保护条例》也仅规定，国家对在基本农田保护工作中取得显著成绩的单位和个人，给予奖励。但如何奖励、奖励多少却付之阙如。尽管近年来国家出台了大量的支持农村和农业的政策，如粮食直补、取消农业税等，但这些政策并未直接与是否维持耕地状态联系在一起，属于间接的补偿政策。因此，在土地具有非农利用条件下，如果土地继续维持耕地状态而没有得到直接的相应补偿，会激发土地拥有者转变土地用途的动机产生，且对土地拥有者也不公平。现行以行政和法律手段为主的耕地保护机制，保护的手段和方式比较单一，亟待综合运用行政、法律、经济等各种手段，进一步明确和调整政府与农民之间的责、权、利关系，调动广大群众保护耕地的积极性和主动性，构建耕地保护共同责任机制。

成都市耕地保护基金第一次尝试了以补贴的形式直接对保持耕地状态的农民进行补

偿，把耕地保护与经济激励紧密联系起来，跨出了对耕地保护进行直接的经济补贴的第一步。经过3年的基础工作，成都市在2011年底已经基本完成了耕地保护基金的两次发放，每次发放耕保金20余亿元。这意味着耕地保护的经济激励机制不仅只是停留在文件中，而且已经付之于实际工作之中。毫无疑问，这是耕地保护制度的重大创新，也是成都市耕地保护基金所做出的最重要贡献。2008年10月，党的十七届三中全会通过的《关于推进农村改革发展若干重大问题的决定》中指出，划定永久基本农田，建立保护补偿机制，确保基本农田总量不减少、用途不改变、质量有提高。这充分说明成都市建立耕地保护基金制度的探索方向正确，做法可取，意义重大。

当然，我们也注意到，现有的耕地保护补贴的金额远不足以与土地进行非农用途的收益相当，基层政府在耕地保护方面的努力尚未得到相应的经济激励，因此，对现阶段耕地保护补贴所产生的作用必须恰如其分地进行估计。因此，成都市耕地保护基金制度的建立和运行，是耕地保护制度的重大创新，开辟了耕地保护与经济激励直接联系的方式，其标志性的意义不可低估。

2. 体现了城乡和区域之间的统筹发展

（1）土地规划的编制和实施体现了保护优先，引导了城乡和区域统筹发展。规划编制前期，加强了对全市土地资源分布情况的研究，土地利用首先强调保护优质耕地和基本农田，优质耕地分布较为集中的区域严格控制建设用地总量，严控城镇规模外延式扩张，防止城镇无序地连片发展、扩张。并在土地规划、城市规划、产业规划多规合一方面进行了探索，避免城市和产业发展占用优质耕地。加强了规划实施措施的研究，强化对土地利用总体规划的管理。这些措施均是在全市土地资源的分布现状基础上进行的，强调了耕地保护优先，城镇和产业布局注重区域统筹，对土地资源合理利用和耕地保护具有较强的引导作用。

（2）耕地保护基金的发放是城市反哺农村的重要举措。成都市耕地保护基金并非对发展权补偿，而是表现为非农领域向农业领域的转移支付。由于这种补偿机制的存在，继续保有耕地状态的农民才可能依托耕地保护基金分享城市化、工业化发展的收益。

由于现有的耕地保护基金制度本质上是一种特殊转移支付，所以，筹集耕地保护基金的财政级别的不同，对转移支付作用的影响很大。资金筹集的级别越高，所发挥的作用越大。成都市耕地保护基金作为成都市地方政府推出的一项政策，已经在其行政管辖权范围内实现了最高级别的资金筹集。耕地保护基金按照“统一政策，分级筹集”的原则，由市、区（市）县共同筹集。根据成都市财政部门的测算，成都市每年的耕地保护基金规模大约在26亿元，其中，市级财政筹集13亿元、区（市）县财政筹集13亿元。由此可见，市级财政在耕地保护基金的筹集中承担了50%左右的资金。通过与土地收入相联系、市与区（市）县共同筹集资金的方式，耕地保护基金制度使资金从城市向农村、非农产业向农业、经济发达区域向经济欠发达区域流动，以财政转移支付方式使农民分享工业化和城市化的收益，明显优于许多地方采取的由区、县甚至镇独自筹集的方式。例如，佛山市的基本农田保护补贴资金由基本农田所在的区、镇两级为主筹集，佛山市财政每年仅对高明、三水两区给予各1500万元的定额补助；广州市的基本农田补贴资金由取得土地出让金收入的区、县级各自负责辖区内基本农田补贴资金的筹措，没有土地出让金收入的区才由广州市级财政统筹解决。这种做法虽然有当地财政未全市统筹、各区县财政独立性较强的原因，但其客观的效果却使那些经济本身欠发达的区域不仅要承担更多的基本农田保护的任务，还要筹集更多的基本农田保护资金（按筹集资金占财政收入的比例看），从而在相当程度削弱了通过建立基本农田保护补贴来推动区域统筹发展的意义。因此，成都市耕地保护基金的资金筹集方式是它的一大亮点。

需要说明的是，成都市耕地保护基金的筹集与土地出让收入相联系的办法并不存在是否稳定持续的问题。因为当土地出让收入不足以支持时，耕地保护基金所需的资金将由财政解决。成都市这种筹集方式的本质是以土地出让收入衡量一个地区的经济发展程度，并以此实现资金从经济发达地区向经济欠发达地区的流动。当然，如果直接以市和区（市）县的一般财政收入为依据，从长远看效果将更好。

3. 探索土地整治的具体实施措施，促进了耕地质量和数量同时保护

成都市开展的土地综合整治是城乡统筹的重要抓手，在切合成都市实际情况的前提下，首先建立起耕地后备资源库、备选项目库、补充耕地储备库。耕地后备资源库是提前把那些适宜做农用地整理项目、新增耕地潜力大的地区标记入库，以备及时选择。同时，成都市国土资源局印发的《土地整理项目中实施耕作层土壤剥离暂行办法》，创新性地提出在土地整理工作中探索耕地保护新机制，开展耕地按等级补充、耕地表土剥离工作，以确保新增耕地质量。确立农民在土地综合整治中的主体地位，积极转变政府在土地整治中的职能，系统集成推进项目建设。这一些具体举措丰富了土地整治的实施办法，提高了土地整理补充耕地的效率，促进了耕地质量和数量同时保护。

4. 提高了耕地保护意识，促进了耕地保护

对耕地保护提供经济补偿源于耕地所产生的正外部效应不能得到体现，导致相关权利人的利益丧失。在我国，相关权利人不仅包括耕地产权的所有者农村集体及农户，还包括耕地所在区域的地方政府。地方政府虽然不是耕地产权的主体，但在现有财政体制下，地方政府是独立的经济主体。一个地方政府在耕地保护方面经种种努力所产生的粮食安全和生态安全效果被全社会所共享，而其本身并不能获得全部的利益。因此，地方政府也应该是耕地保护的补偿对象之一。但现有的耕地保护补偿机制仅考虑了对农村集体及农户的补偿，未实现通过财政转移支付的手段对承担耕地保护任务较多的地方政府进行补偿。

另一方面，耕地保护补偿机制所产生的保护土地的力度取决于耕地保护补贴的单位金额（标准），虽然各地的补贴标准均高于粮食直补的数额，但各地发放的耕地保护补贴的单位金额每年仅有数百元。这一数额对于土地非农用途所产生的效益而言实在太低，远不能抵御来自土地非农用途所产生效益的诱惑。以佛山市为例，其集体建设用地年租金目前高的可达上万元，低的也有数千元，而从事农业的纯收入不到千元，即使加上基本农田补贴的每亩500元或200元，也远低于土地非农用途的收益。

正是由于上述两个条件的限制，现阶段还不能做到主要依靠经济手段来保护耕地，经济手段是法律手段和行政手段的补充而不是替代。因此，成都市耕地保护基金对耕地保护所起的作用主要表现在抬高了占用耕地的成本。在耕地保护基金实施以后，耕地如果不能继续保持耕地状态，土地拥有者除将受到已有的法律、行政手段的处罚之外，还将失去每年发放的耕地保护基金，这使有关人员不得不考虑由此支付的经济成本。耕地保护基金补

贴的数额越大，违规违法占用耕地支付的成本就越高。另一方面，耕地保护补贴的发放也向各方面显示了成都市政府保护耕地的态度和决心，发放耕地保护基金的大量工作形成的广泛宣传告知效果，提高了农民与社会各界耕地保护的意识，从而促进了耕地保护。

5. 探索了把耕地保护责任按地块落实到农户的方式及可行性

成都市耕地保护基金的建立与其他地区不同，并非独立进行，而是与同时开展的农村产权制度改革紧密结合在一起。成都市的这种选择，有其特殊原因。始于2008年的农村产权制度改革要求承包地在实测的基础上确权到户并“固化”（即严格实行生“不增死不减”）。实测后确权颁证不仅工作量大、成本高、面临的复杂问题和矛盾多，而且短期并无由此带来的收益增加，农民、村组和基层政府缺乏积极性。耕地保护基金是看得见的利益，而且耕地保护基金按面积发放的机制正好为土地面积实测提供了动力，于是耕地保护基金就适时地充当了引导农民参与确权到户工作的重要因素。《成都市耕地保护基金发放办法（试行）》第二章（耕地保护基金发放的基本条件）一开始就强调：“耕地保护基金的发放要按照承包地确权颁证在先，发放耕地保护基金在后的工作程序积极稳妥地推进，未经实测确权颁证的承包地，不得发放耕地保护基金。”后来更进一步要求在土地、台账、证书、合同、耕保基金之间相一致的要求，即“五个一致”，并将其作为非常重要的规定。按照这些条件和规定，要对一块土地发放耕地保护基金，不仅要是耕地，也要是经过实测、按照规定的程序完成确权颁证的承包地。

另一方面，成都市在土地管理过程中也有精细化管理的思路与想法，试图将耕地保护的责任落实到图斑，建立耕保地块图形数据，利用成都市国土资源“一张图”综合监管平台，将耕保地块图形数据和土地利用现状年度变更图形数据进行叠加分析，与土地利用现状变更、卫片监测图斑、例行督察图斑、动态巡查地块等图形数据进行叠加比对，建立耕地保护动态监测体系，实现“早发现、早预防、早查处”。于是，将耕地保护的责任落实到图斑就演变为不仅落实到地块，还要落实到农户，最终成为“五个一致”。这样，耕地保护基金就不仅承担了耕地保护的功能，还承担了促进承包地确权和巩固确权成果的功能，把相对单纯的耕地保护与复杂的农村承包关系紧密结合。这是成都市在建立耕地保护基金的过程中的重要尝试，与其他地区的做法不同。

把耕地保护责任按地块落实到农户且与承包关系紧密结合，远比佛山等地按组发放的方式复杂，在操作中面临诸多难题。例如，承包地按产量面积计算而耕地保护基金发放按实际面积，原来相同产量的耕地就出现耕地保护基金的补贴不一样；由于诸多原因形成的家庭之间承包地人均面积不等，不同农民领取耕地保护基金的差额较大；由于家庭人口的变化和土地的征占用等导致承包关系变化后，再按照“五个一致”的要求发放耕地保护基金必然面临流程复杂、工作量大等困难。成都市在建立耕地保护基金的过程中，对出现的这些难题进行了探索，有的找到了解决的办法，有的正在探索之中。无论未来探索的结果如何，可以肯定的是，成都市对这些难题在实际工作中进行了首次探索，并显示了探索的勇气和努力。

6. 为其他地区提供了借鉴

成都市从实践层面出发，在土地规划、耕地保护补偿机制、土地整治以及土地保护的监督和责任机制上进行了创新性的探索，提出了许多能够付之于实践的具体办法，为其他地区进行耕地保护的实践提供了借鉴。

以耕地保护基金补贴的范围为例，是对全部耕地进行补贴还是仅对基本农田进行补贴？如果对全部耕地进行补贴，那么，如何界定耕地？按照《土地利用现状分类》，耕地的种类较多，既包括种植农作物的土地，也包括平均每年能保证收获一季的已垦滩地和海涂，还包括南方宽度 <1.0m、北方宽度 <2.0m 固定的沟、渠、路和地坎（埂）以及临时种植药材、草皮、花卉、苗木等的耕地，这与人们通常对耕地的概念或感觉差异较大，在工作中认定的标准不易掌握。基本农田虽然有明确的空间界线，判定比较容易，但如果仅对基本农田发放补贴，那些承包地为一般耕地的农民是否认同，会不会在农民之间引发矛盾？从另一个方面看，是对超出地域平均分摊比例的基本农田进行补贴还是对全部基本农田进行补贴？由此可见，耕地保护补偿机制在对耕地保护进行补贴的同时，也带来了如何公平合理分配利益的问题，处理不当则可能引发农民的不满和新的矛盾。

再以补贴的对象为例，以组为单位发放补贴后组内再分配，还是直接按地块以农户为单位发放补贴？有观点主张以组集体为单位发放补贴，以降低实施成本，并让组内农民自己去平衡各自的利益。其理由是从一般意义上看，耕地保护补贴应针对土地所有者进行。由于农村土地的集体所有制，集体成员可凭借其成员的身份分享集体所得到的补贴。但是，也有观点认为，农村集体土地产权模糊、所有权主体虚位，担心补贴通过集体再向农民分配可能被村组干部私分滥用，也担心耕地保护补贴如果不与承包地直接联系，农民保护耕地的积极性和主动性将大大减弱，因而主张补贴直接与承包地联系，以农民家庭为单位发放。

参考文献

蔡运龙. 2001. 中国农村转型与耕地保护机制［J］. 地理科学（1）：1－6.
郭旭东. 2014. 土地资源数量质量生态监测指标体系研究［J］. 国土资源情报（10）：32－38.
贾改凤. 2010. 新疆耕地保护政策绩效评价研究［D］. 乌鲁木齐：新疆农业大学.
李锋，王如松，赵丹. 2014. 基于生态系统服务的城市生态基础设施：现状、问题与展望［J］. 生态学报（1）：190－200.
林坚，张沛，刘诗毅. 2009. 论建设用地节约集约利用评价的技术体系与思路［J］. 中国土地科学（4）：4－10.
刘瑞，朱道林. 2010. 基于转移矩阵的土地利用变化信息挖掘方法探讨［J］. 资源科学（8）：1544－1550.
刘彦随，乔陆印. 2014. 中国新型城镇化背景下耕地保护制度与政策创新［J］. 经济地理（4）：1－6.
牛海鹏，张杰，张安录. 2014. 耕地保护经济补偿的基本问题分析及其政策路径［J］. 资源科学（3）：427－437.
乔伟峰，盛业华，方斌，等. 2013. 基于转移矩阵的高度城市化区域土地利用演变信息挖掘——以江苏省苏州市为例［J］. 地理研究（8）：1497－1507.
曲福田，田光明. 2011. 城乡统筹与农村集体土地产权制度改革［J］. 管理世界（6）：34－46.
邵晓梅，刘庆，张衍毓. 2006. 土地集约利用的研究进展及展望［J］. 地理科学进展（2）：85－95.
沈子华. 2012. 政府实施耕地保护经济补偿的方法创新——以成都建立耕地保护基金制度为例［J］. 西北工业大学学报（社会科学版）（3）：50－57.

谭术魁，张红霞 . 2010. 基于数量视角的耕地保护政策绩效评价［J］. 中国人口资源与环境，20（4）：153 – 158.

唐根年 . 2002. 区域土地利用/土地覆被变化动态监测与生态影响评价研究［D］. 杭州：浙江大学 .

王静，邵晓梅 . 2008. 土地节约集约利用技术方法研究：现状、问题与趋势［J］. 地理科学进展（3）：68 – 74.

吴俊安，杨敏，陈于林，等 . 2014. 省级经济开发区土地集约利用问题和对策——以四川省为例［J］. 国土资源科技管理（4）：132 – 138.

吴俊安，杨敏，陈于林，等 . 2015. 土地数量 – 质量 – 生态监测指标体系与方法研究——以成都统筹城乡试验区为例［J］. 西华师范大学学报（自然科学版）（3）：299 – 306.

吴丽娟，刘玉亭，程慧 . 2012. 城乡统筹发展的动力机制和关键内容研究述评［J］. 经济地理（4）：113 – 118.

吴群，等 . 2011. 中国耕地保护的体制与政策研究［M］. 北京：科学出版社 .

伍育鹏，郧文聚，李武艳 . 2006. 用标准样地进行耕地质量动态监测与预警探讨［J］. 中国土地科学（4）：40 – 45.

夏春云 . 2011. 土地利用规划实施评价与实施保障研究［D］. 南京：南京农业大学 .

严金明，王晨 . 2011. 基于城乡统筹发展的土地管理制度改革创新模式评析与政策选择——以成都统筹城乡综合配套改革试验区为例［J］. 中国软科学（7）：1 – 8.

杨文白，陈秀万 . 2007. 开发区土地利用评价指标体系研究［J］. 地球信息科学（3）：21 – 24.

朱会义，李秀彬 . 2003. 关于区域土地利用变化指数模型方法的讨论［J］. 地理学报（5）：643 – 650.

第五章　西部生态脆弱区野外科研基地建设与土地资源可持续利用示范

第一节　西部生态脆弱区野外科研基地建设

一、野外科研基地概述

（一）基地基本情况与特征

1. 建设目标

国土资源部《关于组织开展国土资源部野外科学观测研究基地命名和建设的通知》（国土资发〔2010〕213号）明确指出，为加强野外科学技术研究，进一步夯实省级国土资源科技基础，促进土地科技成果应用转化，壮大省级土地科研队伍，支撑区域差别化土地利用政策制定，需在全国开展野外科学观测基地建设工作。

为长期监测西部生态脆弱区土地资源状况，为国土资源管理及土地科学研究提供服务，甘肃省国土资源规划研究院在中国土地勘测规划院、国土资源部土地利用重点实验室及甘肃省国土资源厅的指导和帮助下，组织筹建了国土资源部土地利用重点实验室甘肃榆中野外科研基地，基地建设的主要任务是建成土地资源数量－质量－生态监测榆中野外科研基地实体，研究西部生态脆弱区土地资源可持续利用理论与方法。

2. 建设任务

为响应国土资源部科技与国际合作司土地科技创新的号召，在中国土地勘测规划院及国土资源部土地利用重点实验室的指导下，甘肃省国土资源规划研究院承担了西部生态脆弱区土地资源数量－质量－生态监测与持续利用野外科研基地的建设工作，主要工作任务有以下几个方面：

（1）土地资源综合监测平台与数据库建设。以榆中县为示范区，围绕土地资源数量、质量和生态监测，开展土地资源及相关数据信息的收集、采集和监测。按照相关标准，建设土地基础业务数据、站点观测数据、基础地理信息和社会经济相关数据于一体的土地资源综合监测数据库。

（2）西部生态脆弱区土地资源可持续利用理论方法研究。在榆中县土地资源数量调查、质量评估及土地资源生态环境监测的基础上，研究榆中县土地资源的可持续利用，为西部生态脆弱区土地资源可持续利用提供理论依据和前期示范。

(3) 人才交流与培养平台建设。把基地建设作为人才培养的重要平台，开展多种形式、多层次的人员交流与培训，探索人才培养和提升的新机制、新方法。

(4) 野外基地运作机制探索。坚持地方主导、国家支持、多方联合、共享互惠的基地运作机制，探索野外科研基地持续、长久、健康运行和发展模式。

3. 建设条件

2010 年 12 月，国土资源部土地利用重点实验室榆中野外科研基地正式挂牌成立。榆中基地依托甘肃省国土资源规划研究院（以下简称“甘肃省院”）建立，甘肃省院最早成立于 1989 年，县级建制，2002 年在原省土地管理局直属的土地规划研究室基础上发展而来，属于甘肃省国土资源厅直属的基础性、公益性事业单位，主要承担全省国土资源调查、规划管理及科研服务工作。榆中基地依托甘肃省院，在甘肃省院现有基础条件上，联合中科院寒区与旱区研究所、兰州大学、西北师范大学和甘肃农业大学等省内知名科研单位以及榆中县国土资源局等地方国土部门共同建设，形成“省院牵头、省内科研单位技术支撑、地方国土部门参与”的多部门合作建设机制。

甘肃省国土资源规划研究院负责科研基地的具体筹建工作及土地问题的研究；兰州大学、中科院寒旱所等科研单位作为科技支撑单位，主要负责对科研基地的科技工作提供技术指导，并开展西部地区土地资源数量 - 质量 - 生态综合监测及持续利用与重点区域土地生态状况调查的研究，提出创新成果，培养专业技术人才等；榆中县国土资源局是野外科学观测研究基地的管理主体，主要负责基地基础设施维护和数据收集工作。

（二）基地建设历程

榆中野外科研基地在国土资源部科技与国际合作司、中国土地勘测规划院及国土资源部土地利用重点实验室的支持和指导下，依托甘肃省院，联合中科院寒区与旱区研究所、兰州大学资源环境学院、西北师范大学地理与环境科学学院和甘肃农业大学资源与环境学院、榆中县国土资源局等单位建立，于 2010 年底挂牌成立。

2011 年基地建设之初，根据基地建设要求选取场地，配备基地办公场所、基础办公设备，完成人员配置，建立基地管理制度，探索基地运行机制。

2012 年，根据西部生态脆弱区土地利用和土地管理特点，确定 4 个监测站点位置，初步构建土地资源数量 - 质量 - 生态监测平台，配备 GPS、土壤监测仪等监测仪器，完善基地管理机制，逐步建立科技人员培养制度。

2013 年至今，在完善基地硬件设施的基础上，重点进行土地资源数量 - 质量 - 生态监测技术研究和科技人员培养机制探索，提升基地科研技术水平及野外调研能力。

（三）建设现状概述

国土资源部土地利用重点实验室甘肃榆中野外科研基地（以下简称“榆中基地”）位于甘肃省榆中县，建设任务为在充分利用省内已有故土资源调查、规划及科技工作成果的技术上，探索我国西部生态脆弱区的土地利用、土地资源管理及土地政策等国土资源问题。榆中基地目前已建成 4 个土地生态与土地利用监测台站，覆盖榆中县所有典型土地利用区，重点进行数据观测、数据平台搭建工作。

目前，榆中基地已初具规模并投入使用。首先，在甘肃省国土资源厅的支持和指导下及甘肃省院协调下，在省国土规划大厦和榆中县国土资源局办公大楼内设置了科研基地管理办公室和基地监测办公室，各办公室都配置了计算机、打印机等基础办公设备；其次，除充分利用甘肃省院和榆中县土地勘测规划室现有仪器设备（如 GPS 等）外，另根据相关研究需要配置了土壤采样设备土钻、土壤样品分析测试设备（土壤养分测试仪、土壤水分测试仪等）；在配备基础硬件设施的基础上，围绕土地资源数量、质量和生态监测，建立了土地资源数量、质量、生态监测站，开展土地资源数据和相关信息的收集、采集和监测；同时，按照相关标准形成了集土地基础业务数据、站点观测数据、基础地理信息和社会经济相关数据于一体的土地资源综合监测数据库，并进行西部生态脆弱区土地资源可持续利用的理论方法研究，开展了“西部生态脆弱区土地生态状况调查与评估”、“兰州市土地综合承载力研究”及“西部生态脆弱区土地资源数量－质量－生态监测及可持续利用野外科研基地建设”等科研项目的研究工作；人才交流与培养平台建设方面，主要是人才引进和培养，目前已有博士 3 名，硕士 21 名，涉及生态学、土地资源管理、自然地理等专业，培养博士 2 名，硕士若干名；此外，根据野外基地运行实际情况，制定人员、财务等管理制度，探索野外科研基地持续、长久、健康运行的发展模式。

二、野外科研基地基础条件建设

（一）办公场所

榆中基地现设综合办公室和基地管理办公室，均已初步配备办公桌、电脑、打印机等基础工作设备（图 5－1，图 5－2）。

图 5－1 基地办公室示意图（一）

图 5－2 基地办公室示意图（二）

（二）科研观测仪器设备

目前，基地已配备 GPS（mobile Mapper）、手持测距仪器（DISTO）、全站仪（启天6200）、经纬仪（DJD2A），台式和便携式计算机（HP），同时配置计算机图像处理、机助制图、测绘、土地调查等专业软件，土壤采样设备（土钻）、土壤样品分析测试设备（土壤养分测试仪、土壤水分测试仪）等（图5-3）。

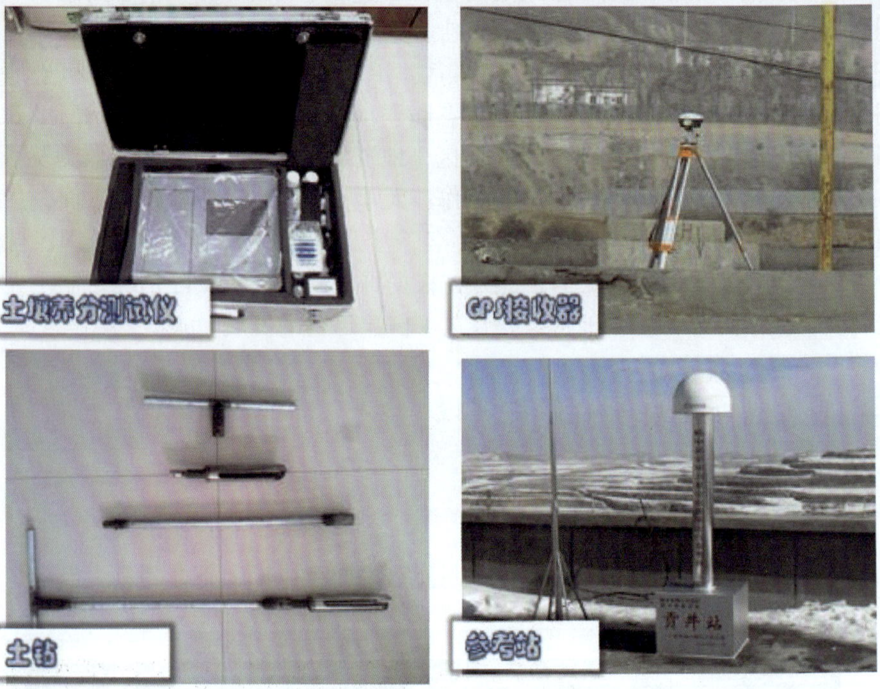

图5-3　部分仪器和设备示意图

（三）科研队伍建设

科研基地队伍由基地建设领导小组、专家指导队伍、技术骨干力量及基地的数据监测和基地运行维护队伍等组成。

1. 基地建设领导小组

负责组织人员、制定基地建设规划、基地建设各单位的关系协调、建设人员的组织协调及建设经费的筹集。领导小组成员由甘肃省国土资源厅、甘肃省院及基地建设单位相关领导组成。

2. 专家队伍

专家队伍由中国土地勘测规划院、中科院寒区与旱区研究所、兰州大学资源环境学院、西北师范大学地理与环境科学学院和甘肃农业大学资源与环境学院等单位的专家学者组成。

3. 技术骨干

主要技术骨干由甘肃省院的技术力量组成。甘肃省院为支持甘肃榆中野外基地建设和发展，设专职研究人员十余人，其中博士 2 人（1 人在读）、硕士 7 人、在读硕士 3 人，涉及专业包括土地资源管理、生态学、水土保持、土壤学、地理信息系统等多个方面。

4. 基地数据监测维护队伍

基地数据监测和维护队伍由榆中县土地勘测规划室的骨干力量组成，有专职人员 5 人，主要负责基地数据采集、发放问卷及基地运行维护等工作。

（四）科研基地制度和机制建设

甘肃榆中基地设综合办公室和基地管理办公室。由甘肃省院牵头，联合中科院寒旱所、兰州大学等省内知名科研单位共同组成综合办公室，主要任务为科研项目管理及研究；基地管理办公室设在榆中县国土资源局，主要负责基地日常运行维护及数据监测。

甘肃榆中基地实行在上级主管部门的指导下，由甘肃省院直接管理的管理体制。具体运行机制如图 5－4 所示。

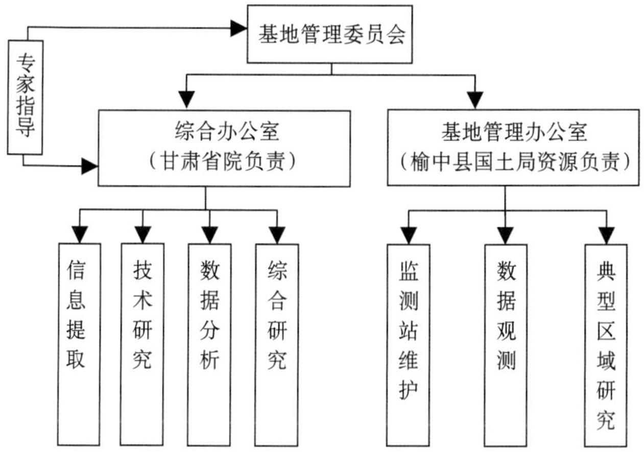

图 5－4　基地运行管理机制

三、科研基地野外观测站点布设

（一）布点原则

2012 年，在国土资源部土地利用重点实验室的指导下，经过多次野外实地考察，最终确定了西部生态脆弱区土地资源数量－质量－生态野外监测站。从土地资源数量调查、质量及生态监测三个方面构建土地资源数量、质量及生态监测平台。

首先以典型示范区榆中县为监测对象，以县为单位监测各类土地资源数量的变化；在榆中县分为 4 个典型地貌单元（北部低山丘陵区、中部川区、南部山区、北部黄河谷地）选取典型地带，以行政村为单位，布设监测站进行土地资源质量和生态监测。

根据以上布点原则，最终选择 3 个典型监测村和 1 个对比监测点：①城河村：位于榆中县北部山区黄河谷地，年降雨 300mm，使用黄河水进行灌溉，多为水浇地；②上花岔村：位于北部低山丘陵区，年降雨 250mm，无可利用地表和地下水源，全部为旱地；③胡家营村：位于榆中县中部宛川河谷流域内，年降雨量 450mm，由于宛川河基本无水，胡家营主要使用地下水和黄河提灌工程灌溉；④马衔山：位于南部石质山区，年降雨量 550mm，由于受人类活动影响较小，可反映当地自然条件下地表过程，作为本次调查研究的对比监测区。

（二）布点方法

由于榆中县主要的土地利用类型为草地、耕地和林地，三者总面积可占土地总面积的 90.6%。耕地保障国家粮食安全，林地具有明显的生态效应，因此对示范区的土地质量监测以耕地和林地为主，依托野外监测站点布点采样，对城河村、上花岔村、胡家营村和马衔山进行土壤样品采集、测试，获取土壤肥力及土壤重金属污染数据；同时通过发放问卷调查表，对城河村、上花岔村、胡家营村 60 块耕地对应的农户进行了人口结构、耕地管理措施及土地流转情况的调查。监测网点布设如表 5－1 所示。

表 5－1　监测网点

典型区域	监测点位置	监测内容
榆中县	全县	所有土地利用类型
北部低山丘陵区	上花岔村	耕地
中部川区	胡家营村	耕地
南部山区	马衔山	土地生态
北部黄河谷地	城河村	耕地

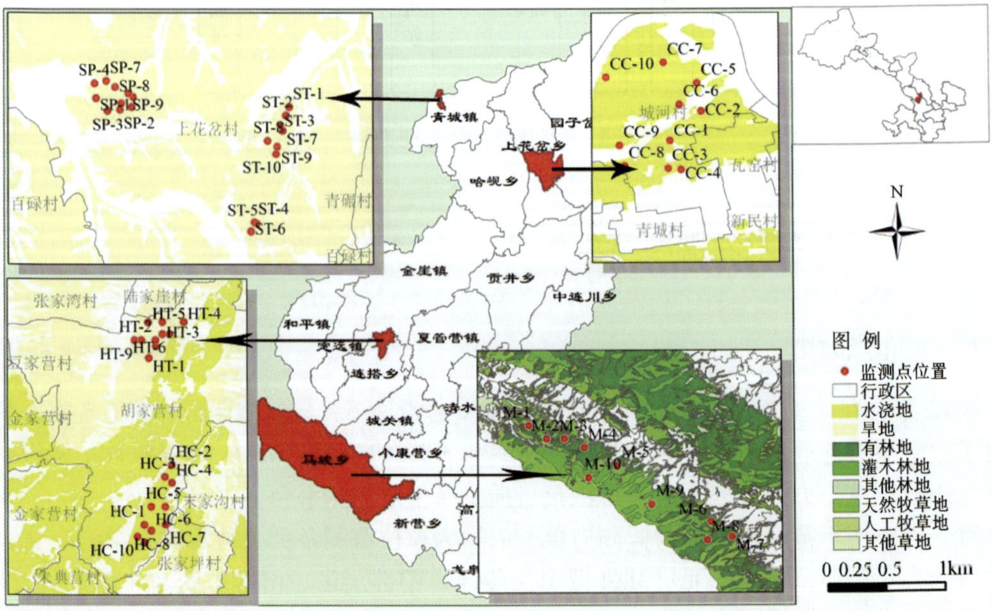

图 5－5　西部生态脆弱区土地利用监测站点

（三）监测内容

1. 土地利用类型转移

首先进行县级尺度的土地资源数量调查，采用《土地利用现状分类》（GB/T 21010 - 2007）一级分类标准，进行各种土地利用类型转移监测。以村为单元，在现状调查基础上，开展土地利用类型转移监测，监测指标如表 5 - 2 所示。

表 5 - 2　土地利用类型转移监测指标

监测类型	变化类型
耕地变化	耕地→沙地，耕地→盐碱地，耕地→荒草地，耕地→裸土地，耕地→建设用地
林地变化	林地→沙地，林地→盐碱地，林地→荒草地，林地→裸土地，林地→建设用地
草地变化	草地→沙地，草地→盐碱地，草地→荒草地，草地→裸土地，草地→建设用地
湿地变化	沼泽地→其他用地，滩涂→其他用地等，湿地→建设用地
水域变化	河流→其他用地，湖泊→其他用地，滩涂→其他用地，水域→建设用地
未利用土地开发利用	裸地→耕地、林地和草地，建设用地；盐碱地→耕地、林地和草地，建设用地；沙地→耕地、林地和草地；建设用地；荒草地→耕地、林地、草地和建设用地等

采用 2008 年二调数据和 2010 年变更调查数据，分析榆中县 2008—2010 年土地利用变化情况，针对耕地、林地、草地、湿地、未利用土地等土地利用/覆被类型变化反映的土地退化、湿地减少、生态建设、耕地后备资源变化，研究榆中县土地生态基础状况。

2. 土地利用集约度监测

在土地利用类型转移监测的基础上，对监测点（城河村、上花岔村、胡家营村）进行村级尺度土地利用集约度的监测。根据监测点耕地特点，在《土地利用现状分类》二级分类的基础上，进一步细化耕地利用类型（表 5 - 3）。其中，城河村耕地全部为水浇地，根据所处地貌位置可分为梯田和川地；上花岔村耕地全部为旱地，根据耕地坡度可分为坡地和梯田；胡家营与城河村相似，耕地全部为水浇地，可分为川地和梯田。每种耕地类型选取 10 个典型地块，共选取 60 个地块，采用对耕种地块的农户进行问卷调查的方式，进行农用地土地利用集约度监测，监测指标如表 5 - 4 所示。

表 5 - 3　研究区耕地土地利用类型

监测村	土地利用类型	细分类型
城河村	水浇地	梯田
		川地
上花岔村	旱地	坡地
		梯田
胡家营村	水浇地	川地
		梯田

表 5－4　土地利用集约度监测指标

监测类型	监测指标	数据来源
农用地	复种指数	问卷调查
	化肥使用量	问卷调查
	农药使用量	问卷调查
	除草剂用量	问卷调查
	机械总动力	问卷调查

3. 农用地流转状况监测

为了解农用地流转和规模经营情况，在监测村开展农用地流转状况监测，监测指标如表 5－5 所示。农用地流转监测采用地块对应农户问卷调查的方式进行。

表 5－5　农用地流转状况监测

监测指标	数据来源
农用地租赁价格	问卷调查
劳动力价格	问卷调查
撂荒土地面积	问卷调查

4. 土地基础背景调查

根据农用地分等定级数据，结合野外调查进行榆中县土地基础背景调查，主要进行土壤类型、土层厚度、土壤结构、土壤质地、pH、坡度、高程等方面的调查，调查指标如表 5－6 所示。

表 5－6　土地基础背景调查指标

数据类型	调查指标	数据获取方式
土壤	土层厚度	农用地分等定级结合野外调查
	土壤结构	农用地分等定级结合野外调查
	土壤质地	农用地分等定级结合野外调查
地形	坡度	农用地分等定级结合野外调查
	高程	农用地分等定级结合野外调查

5. 作物长势监测

在县域尺度的耕地植被覆盖度调查的基础上，使用高分辨率遥感影像及固定样点监测的方法进行典型村作物长势监测（表 5－7）。

表 5－7　作物长势监测指标

监测指标	区域	监测方法
NDVI	县（区、市）	遥感

6. 土壤养分及重金属监测

在对榆中县土壤、地形地貌等土地基础背景调查的基础上，在各个监测站进行耕地土壤养分及土壤重金属污染等方面的监测。主要监测土壤全量氮磷钾、有机质、土壤硝态氮、土壤氨态氮等土壤养分及土壤重金属污染状况，监测指标如表5－8所示。

表5－8 土壤样点观测指标

数据类型	监测指标	数据格式
土壤养分	全量氮磷钾	固定样点监测
	有机质	固定样点监测
	土壤硝态氮	固定样点监测
	土壤氨态氮	固定样点监测
土壤重金属	Cr、Cu、Zn、Cd、Pb、As、Hg	固定样点监测

第二节 西部生态脆弱区土地资源综合监测数据分析

土地资源数量监测主要包括土地利用类型转移、土地利用集约程度、农用地流转程度监测；土地资源质量监测主要包括土地基础背景调查、作物长势、土壤养分及重金属监测；从土地生态基底状况、生态用地结构和土地生态环境三方面开展土地生态监测与评价。

一、土地资源综合监测结果

（一）榆中县土地利用类型转移特征

根据榆中县土地利用类型转移监测指标体系（表5－9），使用ArcGIS平台研究榆中县土地利用类型变化特征。由于时间间隔较短，土地利用类型变化较小，主要变化类型为耕地转化为建制镇、村庄采矿用地等。

表5－9 榆中县土地利用转移表

单位：m^2

	2010年							
	土地利用类型	水浇地	建制镇	村庄	采矿用地	风景名胜及特殊用地	铁路用地	减少
2008年	水浇地	0	1183204	347708	48665	0	0	1579577
	旱地	0	16689	139954	0	2266	0	158908
	内陆滩涂	0	10718	8711	12823	0	57654	89906
	坑塘水面	0	0	0	0	0	1225	1225
	荒草地	885017	205575	36336	0	60843	0	1187772
	新增	885017	1416186	532709	61488	63109	58878	—

使用2008年二次调查数据与2010年变更调查数据进行榆中县土地类型转移调查，调查结果显示，土地利用类型主要从耕地、内陆滩涂及荒草地向建制镇、村庄等建设用地转变，同时部分荒草地被开垦成耕地。其中，耕地、内陆滩涂、坑塘水面、荒草地等生态用地向建制镇、村庄、采矿用地等建设用地转移213.24hm^2，而荒草地开发耕地88.5hm^2。结果表明，2008年榆中县土地利用以开发建设为主，土地生态保护与恢复方面涉及较少，需进一步加强。

（二）土地利用集约度

1. 调查监测地块与土地利用基本信息

从监测地块面积、离家距离、主要种植作物、产量、肥料投入、机械投入等方面对监测地块进行了基本情况调查（表5-10）。调查结果显示，监测区的川地利用率较高，使用成本较低，离家距离最短，节约了农户时间成本，且收入较高；从有无灌溉来说，水浇地的开发利用程度远高于旱地，无水灌溉的旱地，如上花岔村耕地主要是粗放式的利用方式，仍采用广种薄收的落后方式进行耕作。

2. 农户生产经营情况

农户信息调查结果显示，监测区耕地主要使用者是45岁以上的中老年人群，其文化程度都在高中以下，农户家庭成员一般在4人左右，大部分年轻劳动力外出兰州、白银等附近较大城市打工，但年打工时间较短，普遍为3月/年左右。

表5-10 监测地块土地利用基本信息表

监测村	耕地类型	地块面积 亩	离家距离 m	主要种植作物	产量 斤	肥料投入 斤	机械投入 元
城河村	梯田	1.32	510	未种植	—	—	—
	川地	1.36	380	西瓜	4000	314	242
				茄子	4000	350	450
				玉米	3000	250	150
上花岔村	梯田	4.40	1900	小麦	150	61	—
	坡旱地	4.90	1600	小麦	203	58	—
胡家营村	梯田	2.00	1260	未种植	—	—	—
	川地	1.30	856	蔬菜	10000	226	50

调查结果显示（表5-11），在3个监测区中，以农业为主要收入来源的只有胡家营村1个村，梯田种植户和川地种植户农业收入分别占总收入的83.7%和88.2%；城河村农户收入大部分来自打工收入，种植收入分别只占11.1%和15.4%；上花岔村农户收入基本靠打工获得，种植及养殖收入分别只占总收入的3.2%和3.6%。

监测村年收入最高的为胡家营村，梯田种植户年均收入为92000元，川地种植户年均收入为94444元，主要支出为生产性支出，分别占13.67%和14.33%，生活性支出分别占总收入的10.47%和6.94%，年结余可达总收入的74.80%和78.16%，说明农户收入水平较高，生活较为节俭。相比而言，城河村和上花岔村收入较低，上花岔村农户收入处于城

表 5-11 监测区农户收支情况

单位:%

监测村	地类	种植	养殖	打工	收入合计	生产性支出	生活性支出	其他支出	年结余
城河村	梯田	11.11	0.00	88.89	100	0	8.60	5.53	85.86
	川地	15.35	0.00	84.65	100	3.6	13.54	3.76	79.09
上花岔村	梯田	3.22	0.32	96.46	100	4.01	19.22	15.69	61.08
	坡旱地	3.66	0.37	95.97	100	4.09	17.78	8.09	70.04
胡家营村	梯田	83.70	0.00	16.30	100	13.67	10.47	1.05	74.80
	川地	88.24	0.00	11.76	100	14.33	6.94	0.56	78.16

河村和胡家营村之间，但收入以打工为主。其中，以种植业为主要经济来源的城河村川地农户收入最低，一方面是因为每户耕地所有量较少，平均仅为 2.31 亩，而收入较高的胡家营村梯田和川地每户所有面积分别为 16.5 亩和 19.11 亩，是城河村的 7～8 倍之多。

对各监测区生产性支出（图 5-6）和生活性支出（图 5-7）的详细情况进行进一步调查，调查结果显示：监测区生产性支出主要是化肥，其中胡家营村化肥支出比例较大，梯田化肥支出比例占总支出的 70.7%，川地化肥支出占总支出的 68.97%；上花岔村和城河村支出较少，上花岔村梯田化肥支出占 38.79%，坡旱地化肥支出占 40.45%；城河村川地化肥支出占 30.59%，而梯田由于是荒地，未种植。另外，对监测村农户的生活性支出也进行了调查。其中，所有监测村日常支出占比最高，其中上花岔村日常支出占比分为 81.55% 和 79.86%，城河村日常支出占比分别为 40.75% 和 62.50%，胡家营村日常支出占比分别为 45.57% 和 59.74%。交际及医疗支出也占一定比例，教育支出所占比例较少。

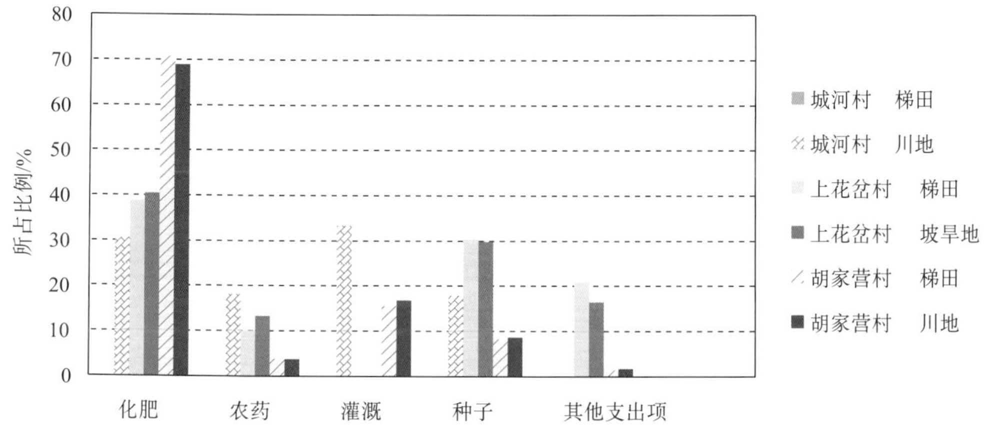

图 5-6 监测区农户生产性年支出情况

（三）农用地流转状况监测

为了解农用地流转和规模经营情况，采用地块对应农户问卷调查的方式在监测村开展撂荒率、农用地租赁价格、劳动力价格的监测，监测结果如表 5-12 所示。

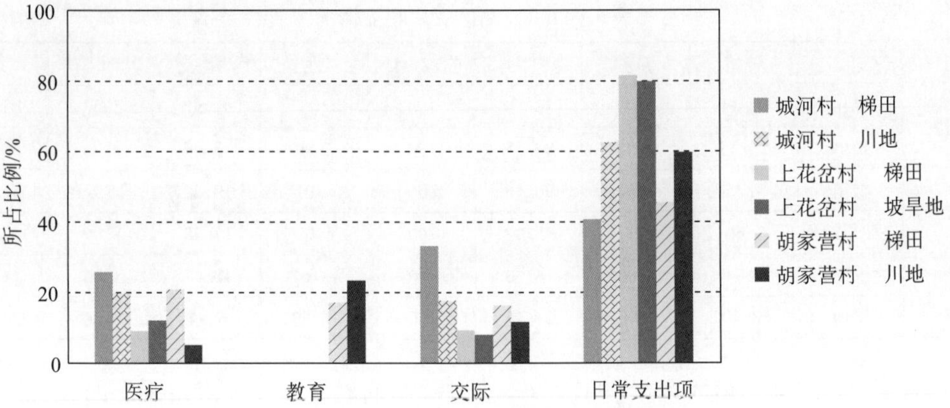

图 5－7 监测区农户生活性年支出情况

表 5－12 农用地流转状况表

监测村	地类	承包地面积/亩	现经营面积/亩	撂荒率/%	农用地租赁价格/元	劳动力价格（元·天$^{-1}$）
城河村	梯田	3.12	1.63	47.92	1500	100
	川地	2.31	1.00	56.69	2000	100
上花岔村	梯田	25.90	12.10	53.28	1000	100
	坡旱地	24.73	10.18	58.82	600	100
胡家营村	梯田	16.50	8.43	48.91	1500	100
	川地	19.11	9.44	50.58	2000	100

由表 5－12 可知，榆中县耕地撂荒严重。其中，上花岔村的撂荒率最高，坡旱地和梯田分别达到 58.82% 和 53.28%；胡家营村川地和梯田撂荒率分别达到 50.58% 和 48.91%；城河村的川地和梯田的撂荒率分别为 56.69% 和 47.92%。由此可见，耕地撂荒在西部生态脆弱区是个很严重的问题，种植收入最低的上花岔村撂荒率最高，说明仅靠种植无法满足基本生活的情况下，大部分农民选择外出打工维持生活；而胡家营村年种植收入可达七八万元之多，与榆中县城镇居民平均工资水平相当，耕地撂荒率也很高，农民选择主要依靠农业、兼职打工的生活模式，说明在我国由于农业机械化水平低，收入稳定性差，体力劳动量大，相比打工而言更辛苦，且收入无法保证，因此导致耕地撂荒问题十分严重。

（四）土地基础背景情况

基于《多目标区域地球化学调查和土地质量地球化学评估成果》及农用地分等定级等相关成果，结合野外调查进行榆中县土地基础背景调查，主要进行了高程、土壤类型、土层厚度等方面的调查。

1. 地形

榆中县地形起伏不大，属黄土高原丘陵区，坡度和高程具有相似性分布特征，其中中部川区和北部黄河谷地地势平坦，海拔在 1400～2000m 之间，大部分区域坡度小于 2°，部分地区在 2°～6°之间；北部干旱山区海拔在 2000～2500m 之间，大部分地区坡度在 6°～15°之间，偏北部地区大于 25°的区域较多；南部石质山区地形起伏较大，海拔在 2500m

以上，部分地区在3000m以上，最高可达3600m以上，以坡度大于25°的地形为主。

2. 土层厚度

榆中县土层较厚，厚度在30～180cm之间，平均厚度为128cm，大部分地区土层厚度在120～140cm之间。其中，南部山区部分土层较薄，厚度在30cm以下，土层较厚的区域主要集中在除山区以外的南部地区，厚度在170～180cm之间，中北部地区除灌区土层较厚能达到180cm之外，其他地区厚度集中在120～130cm之间。

3. 土壤类型

榆中县主要土壤类型为灰钙土和黑垆土，二者覆盖面积占全县总面积的83.47%；南部山区分布有高山草甸土，约为2%，中部川区灌区及北部黄河灌区分布有灌淤土，面积为1%左右。受降雨及温度的影响，具有明显的地带性特征。榆中县自南向北土壤类型呈现由高山草甸土—灰褐土—红土—黄绵土—灰钙土过渡的规律性特征；自东向西呈现黑垆土、灰钙土及黄绵土交错分布的特征。土壤质地以壤土为主，大部分地区为中壤土，灌区为重壤土，轻壤土主要集中在中部地区。

（五）监测区土壤状况

城河村的耕地以水浇地为主，主要类型可分为梯田和川地，川地开垦历史久远，梯田为近几年土地开发整理项目推动下开垦的荒草地，土壤肥力较弱。上花岔村降雨稀少，且无地表径流，是旱作农业区，耕地有坡地和梯田两种。坡地采取原始耕作方式，随着坡耕地不断向坡度较大区域推进，水土流失严重，同时产生严重的沙尘，造成土地生态问题。近年来，由于现代农业的发展，坡耕地逐渐被梯田代替。梯田保水保肥效果明显，一定程度上改善了当地生态环境。胡家营村位于黄河支流宛川河流域境内，全部为水浇地，河谷地带分布川地，河流阶地上分布梯田。

1. 土壤养分

根据土壤观测指标体系，首先对典型地块进行了土壤养分监测，主要监测土壤总氮、磷、钾、磷、有机质及硝态氮、铵态氮等，监测结果如表5－13所示。由表5－13可知，与几乎无人类污染的马衔山监测点相比，榆中县耕地土壤肥力较弱，马衔山总氮含量为4777.20 mg/kg，而城河村和上花岔村仅为马衔山的20%左右，胡家营村总氮含量只占马衔山的13.45%；而磷和钾含量也较低，有机质含量最低，上花岔村有机质含量仅为马衔山有机质含量的6.72%；硝态氮含量差别不大，耕地铵态氮的含量较高，说明榆中县耕地以氨肥为主，造成了耕地的化肥污染。

表5－13　监测地块土壤养分状况

监测村	总N（mg·kg^{-1}）	K（g·kg^{-1}）	P（mg·kg^{-1}）	有机质（g·kg^{-1}）	NO_3-N（mg·kg^{-1}）	NH_4^+-N（mg·kg^{-1}）
城河村	988.10	18.86	27.02	4.52	20.07	1356.16
上花岔村	936.11	10.93	26.75	2.64	19.45	876.84
胡家营村	642.30	9.11	44.27	6.81	19.21	1118.92
马衔山	4777.20	87.61	60.26	39.26	20.32	772.35

2. 土壤重金属污染

表 5－14　监测地块土壤重金属含量

	Cr (mg·kg⁻¹)	Cu (mg·kg⁻¹)	Zn (mg·kg⁻¹)	Cd (mg·kg⁻¹)	Pb (mg·kg⁻¹)	As (mg·kg⁻¹)	Hg (mg·kg⁻¹)
城河村	56.10	33.52	104.36	0.63	33.00	12.57	0.12
上花岔村	53.46	33.61	79.02	0.90	23.89	11.92	0.03
胡家营村	53.47	27.42	79.67	0.29	24.32	11.81	0.05
马衔山	72.32	27.04	110.44	0.43	32.10	16.77	0.07

对监测地块土壤重金属含量进行监测后发现，相比马衔山土壤重金属含量而言，榆中县耕地重金属含量不是太高，其中城河村铜、镉、铅及汞含量稍高，上花岔村铜、镉含量稍高，胡家营村重金属含量都低于马衔山。表明土壤重金属污染不是榆中县土壤污染的主要问题。

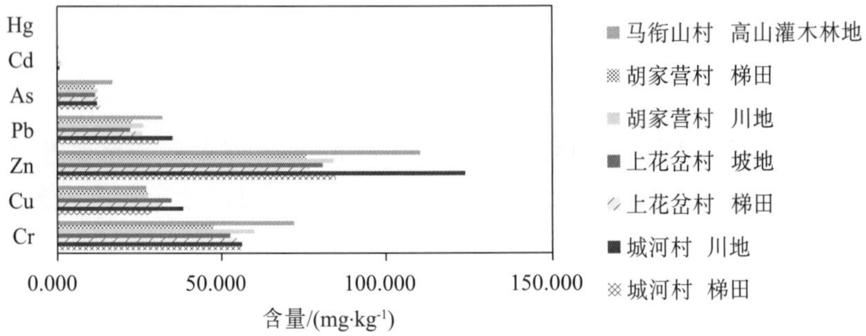

图 5－8　不同耕地类型土壤重金属含量图

对不同类型耕地重金属含量进行分析后发现，城河村与胡家营村川地重金属含量高于梯田；而对于上花岔村而言，梯田重金属含量高于坡地，说明土地开发利用集约度较高的耕地重金属含量较高，一方面是因为化肥的使用，另一方面则是由于开发利用度较高的耕地一般位于坡度较小的谷地与川地，由于降雨的搬运作用，或者地下水的污染也可能造成土壤重金属含量偏高。

二、示范区土地资源数量变化及驱动因素研究

20 世纪 90 年代以来，土地利用/覆被变化问题引起国际组织及世界各国政府的普遍关注。土地利用/覆被变化（LUCC）是“全球环境变化的人文因素计划（IHDP）”的核心科学计划，LUCC 的过程和趋势、驱动力研究及生态环境综合评价是 LUCC 的研究重点。其中，对土地利用/土地覆盖变化过程的测量一直作为土地利用/土地覆盖研究的重要基础，受到 IHDP 组织者的高度重视。土地利用变化的驱动力主要取决于经济、技术、社会及政治的变化，因而受到研究者的高度重视。中小尺度上的 LUCC 变化将对大尺度区域产生积累放大效应，从而对全球变化产生重要影响。因此，在中小尺度上 LUCC 引起的环境

效应不仅是区域性的，也是全球性的。但从 LUCC 的研究现状来看，全球和大尺度的研究居多，中小尺度的 LUCCF 研究相对薄弱，究其原因主要是信息源获取的难易程度所致。一般 LUCC 研究的主要信息源自遥感数据，相对来讲，用于全球和大尺度 LUCC 研究的遥感数据多为易于获取的、空间分辨率较低、时间分辨率较高的气象卫星数据（AVHRR/NOAA 数据），而中小尺度的 LUCC 研究的信息源多为空间分辨率高、时间分辨率较低、成本较高的资源卫星遥感数据或航空遥感数据，且由于其时间分辨率较低，有时很难获取系统的动态数据。因此，本书通过利用二次调查和年度变更调查矢量数据，揭示示范区土地利用/覆被时间和空间变化规律，分析引起变化的驱动因子。

（一）土地利用分类

根据示范区土地利用特点，基于各类用地的主要生态功能，参照全国二次调查《土地利用现状分类》（GB/T 21010－2007）和《中国资源环境遥感宏观调查与动态研究》（刘纪元，1996），重点强调示范区具有重要生态功能的林地和草地，将示范区土地利用类型进行归并，共分为耕地、林地、灌木林地、其他林地、天然牧草地、人工牧草地、其他草地、建筑用地、水域、滩涂沼泽、裸地、其他用地等 12 类。其中农田包括水田、水浇地、旱地；建设用地包括城镇用地、居民地、交通运输用地、水工建筑用地、风景名胜用地及特殊用地，分类系统如表 5－15 所示。

（二）土地资源数量变化及规律

土地利用/覆被变化可以通过土地利用面积数量变化及变化速度等数量特征来表达，因此，本书首先根据上述分类结果统计分析示范区的土地利用数量特征，数据采用 2008 年二次调查数据和 2013 年变更调查数据，对示范区 2008 年和 2013 年两期土地利用矢量数据进行分类计算，各类土地利用面积及变化量如表 5－16 所示。

表 5－15　示范区土地利用分类

代码	地类	含义
1	耕地	指种植农作物的土地，包括熟地，新开发、复垦、整理地，休闲地（含轮歇地、轮作地），以种植农作物为主
2	林地	指树木郁闭度≥0.2 的乔木地及种植果树的土地
3	灌木林地	指灌木覆盖度≥40% 的林地
4	其他林地	包括疏林地（树木郁闭度≥0.1、<0.2 的林地）、未成林地、苗圃等林地
5	天然牧草地	指以天然草本植物为主，用于放牧或割草的草地
6	人工牧草地	指人工种植牧草的草地
7	其他草地	指树木郁闭度<0.1，表层为土质，生长草本植物为主，不用于畜牧业的草地
8	建筑用地	包括铁路用地、公路用地、街巷用地、农村道路、机场用地、管道运输用地等交通运输用地、水工建筑用地及建制镇、村庄、风景名胜及特殊用地中的建筑用地
9	水域	包括河流水面、湖泊水面、水库水面、坑塘水面等

续表

代码	地类	含义
10	滩涂沼泽	包括河流、湖泊水位至洪水位间的滩地；时令湖、河洪水位以下的滩地；水库、坑塘的正常蓄水位与洪水位间的滩地及经常积水或渍水，一般生长沼生、湿生植物的土地
11	裸地	表层为土质，基本无植被覆盖的土地，或表层为岩石、石砾，其覆盖面积≥70%的土地
12	其他用地	除上述地类以外的其他类型的土地，在本区域中仅指二次调查中的设施农用地

注：由于设施农用地指直接用于经营性养殖的畜禽舍、工厂化作物栽培或水产养殖设施用地及相应的附属用地，农村宅基地以外的晾晒场等农业设施用地，本次研究中没有更为详细的数据将以上设施农用地中的地类加以区分，因此仅放在其他用地中研究。

表 5-16　2008 年、2013 年土地利用数量

代码	地类	2008 年/hm^2	百分比/%	2013 年/hm^2	百分比/%	变化量/hm^2
1	耕地	126957.64	38.53	126726.87	38.46	-231
2	林地	14368.34	4.36	14366.53	4.36	-2
3	灌木林地	8287.24	2.52	8287.24	2.52	0
4	其他林地	13713.06	4.16	13712.74	4.16	0
5	天然牧草地	10731.67	3.26	10730.57	3.26	-1
6	人工牧草地	1.53	0.00	1.53	0.00	0
7	其他草地	124494.80	37.78	124479.23	37.78	-16
8	建筑用地	14610.87	4.43	14854.83	4.51	244
9	水域	627.24	0.19	627.22	0.19	0
10	滩涂沼泽	2283.14	0.69	2273.03	0.69	-10
11	裸地	12909.67	3.92	12909.67	3.92	0
12	其他用地	525.56	0.16	541.28	0.16	16
合计		329510.77	100	329510.77	100	0

示范区土地利用类型较为多样化，但以耕地、其他草地为主。以 2008 年二次调查为例，示范区总面积 $32.95\times10^4hm^2$，其中耕地 $12.70\times10^4hm^2$，占总面积的 38.53%；其他草地 $12.45\times10^4hm^2$，占总面积的 37.78%；其他土地利用类型包括建筑用地 $1.46\times10^4hm^2$，林地 $1.43\times10^4hm^2$，其他林地 $1.37\times10^4hm^2$，裸地 $1.29\times10^4hm^2$，天然牧草地 $1.07\times10^4hm^2$ 等。2013 年总面积不变，土地利用变化不大，耕地和其他草地依然占土地总面积的近 80%。

土地资源变化度可定量描述 LUCC 的速度，对比较 LUCC 的区域差异和预测未来 LUCC 变化趋势都具有积极的意义。土地资源变化度可划分为两类：单一土地利用类型动态度和综合土地利用动态度。单一类型动态度用于表达区域一定时间内某一土地利用/土地覆被类型的数量的变化速度，其模型表达式为

$$K_1=\frac{U_b-U_a}{U_a}\cdot\frac{1}{T}\times100\% \tag{5-1}$$

式中：K_1为研究时段内某一种土地利用类型的动态度；U_a为研究期初某一种土地利用类型

的数量；U_b为研究期末某一种土地利用类型的数量；T 为研究时段长度。

综合土地利用动态度可描述区域全部土地利用类型总的变化的速度，其表达式为

$$C_L = \frac{\sum_{i=1}^{n} \Delta UL_{i-j}}{2\sum_{i=1}^{n} UL_i} \cdot \frac{1}{T} \times 100\% \qquad (5-2)$$

式中：C_L为研究时段内某一评价单元的综合土地利用动态度；UL_i为研究初期第 i 类土地利用类型的面积；ΔUL_{i-j}为研究时段内第 i 类土地利用类型转为第 j 类土地利用类型面积的绝对值；T 为研究时段长度，设为年。

采用 2008 年和 2013 年分别作为研究期初和研究期末，计算得出不同土地利用类型变化量（图 5－9）、动态度（表 5－17）与示范区综合土地利用动态度。

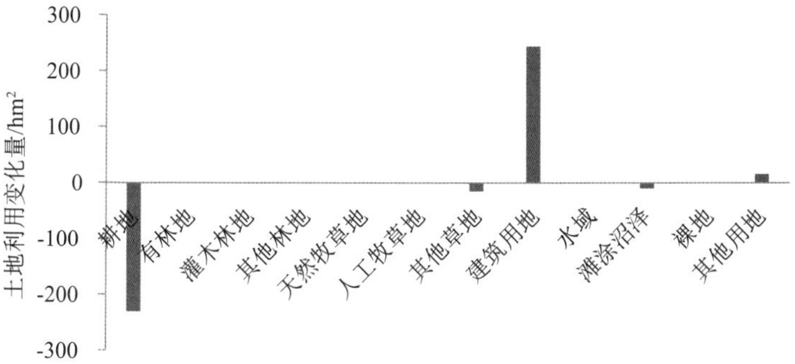

图 5－9　土地利用变化量

表 5－17　单一土地利用动态度

地类	土地利用年动态度/%
耕地	－0.036
林地	－0.003
灌木林地	0.000
其他林地	0.000
天然牧草地	－0.002
人工牧草地	0.000
其他草地	－0.003
建筑用地	0.334
水域	0.000
滩涂沼泽	－0.089
裸地	0.000
其他用地	0.598

近 5 年来，示范区各土地利用类型变化速度不快，以建筑用地、其他用地的增加和耕地、林地、草地及滩涂沼泽的减少为主要特征，其中耕地及有林地、灌木林地、其他林地、天然牧草地、其他草地、滩涂沼泽等生态用地均有减少。示范区综合土地利用动态度为 0.016%，而建筑用地的年动态度达到 0.334%，其他用地的年动态度更高达 0.598%，

前面已经说明设施农用地的具体类型涉及建设用地、裸地等多种类型，由于没有具体详细的数据支持，所以将土地利用分类中的设施农用地划分到其他用地类型，说明示范区近5年来土地利用以城镇开发建设及农村的设施用地开发为重点；进一步分析面积减少的各土地利用类型的土地利用动态度，其中滩涂沼泽为-0.089%、耕地为-0.036%，林地和其他草地均为-0.003%，天然牧草地为-0.002%，相比而言，滩涂沼泽减少率最高，其次是耕地、林地、其他草地及天然牧草地。

土地利用动态度只能表达各类土地利用类型面积的增减速度，并不能表示各类土地利用类型面积上的变化，因此，采用土地利用转移矩阵进一步研究各种土地利用类型的流转方向。示范区的土地利用转移过程就是其他各类土地转为建设用地和其他用地的过程，前面已经说明其他用地为设施农用地，因此，可以认为示范区的土地利用转移过程就是城镇建设用地和设施农用地增加的过程。城镇建设用地增加243.97hm²，其中耕地贡献211.42hm²，贡献率高达86.7%，其他依次为其他草地14.22hm²，滩涂沼泽9.57hm²，设施农用地6.13hm²，林地1.81hm²，天然草地0.49hm²，其他林地0.31hm²，水域0.02hm²；设施农用地增加了21.84hm²（其中6.13hm²又转为建设用地），耕地贡献19.35hm²，贡献率高达为88.6%，其他依次为其他草地1.35hm²，天然牧草地0.6hm²，滩涂沼泽0.54hm²。说明近5年来，示范区的建设用地主要由耕地、其他草地、滩涂等生态用地转移而来，城镇开发建设的土地主要集中在耕地利用方面。由此可知，在西部生态脆弱区，城镇化过程中的开发建设与耕地管护、生态保护的矛盾十分突出。

（三）土地资源空间分布及其变化规律

1. 土地资源空间分布及变化

从空间分布来看，示范区土地资源利用具有明显的区域分布特点，南部山区由于降雨量大，植被覆盖度较高，且有兴隆山省级自然保护区在此，主要土地利用类型是林地和草地；中部川区为宛川河的河谷地带，研究区县城位于该区，人口密度较大，建设用地多分布于此；北部山区降雨量较少，且无地上水源，以旱作耕地和其他草地为主；最北端的黄河谷地为青城古镇，现代农业较为发达，土地利用以建设用地和耕地为主（图5-10）。进一步分析示范区近5年土地利用空间变化情况，如图5-11所示，示范区土地利用变化较大的区域主要集中在和平镇、定远镇、连搭乡、城关镇及金崖镇、夏管营镇等兰州市和县城附近的乡镇，说明示范区城镇化建设主要受兰州市辐射影响，其次受县城的辐射影响。

2. 景观格局变化分析

以景观生态学的理论和方法为依据，运用分析软件Fragstats，以示范区2008年和2013年土地利用矢量图为基础，选用多样性指数、均匀度指数、丰富度、破碎度指数等指标，对示范区土地利用空间特征进行分析。主要指标计算公式如下：

（1）shannon多样性指数（SHDI）。多样性指数主要反映景观要素的多少和各景观要素所占比例的变化。研究区域土地利用类型越复杂，多样性指数就越大。其公式为

$$SHDI = -\sum_{k=1}^{m}(P_k \times \log_2 P_k) \qquad (5-3)$$

式中：P_k为第k种要素类型面积占景观面积的比例；m为研究区内景观类型的总数。

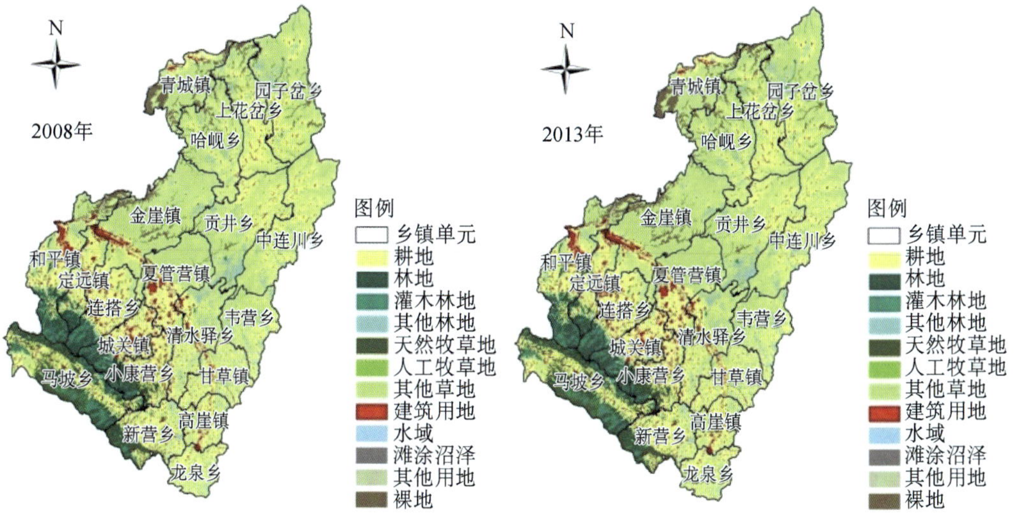

图 5－10　2008 年、2013 年研究区土地利用图

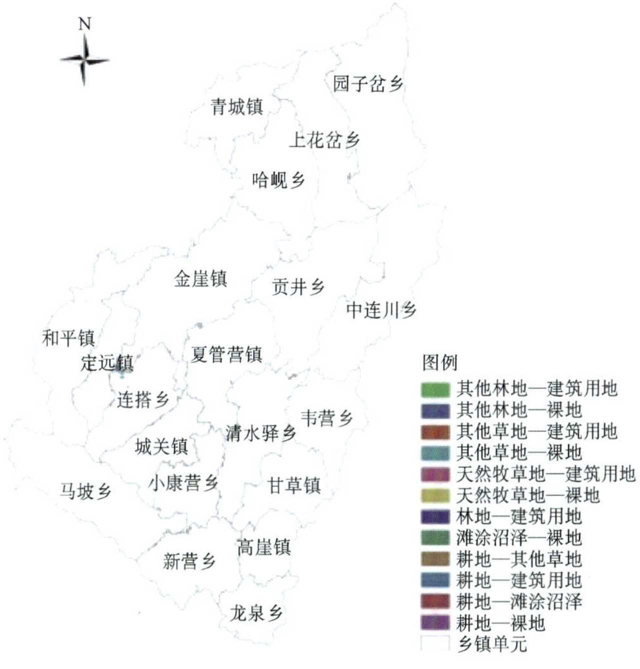

图 5－11　2008－2013 年土地利用变化

（2）均匀度指数（E）。均匀度指数反映景观中各斑块在面积上分布的不均匀程度，当 E 趋于 1 时，景观斑块分布的均匀程度趋于最大。其公式为

$$E = \frac{H}{H_{\max}} = \frac{-\sum_{k=1}^{m} P_k \ln(P_k)}{\ln(m)} \tag{5-4}$$

（3）丰富度（R）。景观丰富度指数 R 是指景观中斑块类型的总数，在比较不同景观

时，丰富度密度更为适宜。

$$R_d = \frac{m}{A} \tag{5-5}$$

式中：m 为景观中斑块类型的数目；A 为景观面积。

（4）破碎度指数（F）。破碎度指数是用来描述景观破碎化程度的指数，可以分为整个景观破碎度指数和景观要素破碎度指数两类，这里选取整个景观破碎度指数。其公式为

$$F = [(N-1)/C] \times 100\% \tag{5-6}$$

式中：N 为景观中各类斑块体总数；C 为研究区内景观的总面积与最小的斑块体面积的比值。

多样性指数是土地利用类型的多样性和复杂性的度量，多样性指数的高低反映了土地利用类型的多少及各类型所占比例的变化。丰富度体现了斑块类型的数量，间接反映土地利用类型的多样性。破碎度指数反映了土地利用分割的破碎程度，它与土地资源保护密切相关。均匀度指数描述不同的土地利用类型分配的均匀程度。因此，选择土地利用多样性指数、丰富度指数、均匀度指数及破碎度对示范区 2008—2013 年 5 年的土地利用空间格局变化进行分析（表 5-18）。

表 5-18　示范区土地利用格局指数表

年份	SHDI（多样性）	SHEI（均匀度）	PRD（丰富度）	破碎度
2008	1.298	0.624	0.0024	0.01905
2013	1.300	0.625	0.0024	0.01910

由表 5-18 可知，自 2008 年至 2013 年以来，示范区土地利用多样性指数由 1.298 增加到 1.300，均匀度由 0.624 增加到 0.625，破碎度由 0.01905 增加到 0.01910，说明人类活动不断增强，人类对自然景观的影响逐渐增大。示范区多样性指数增大，说明随着示范区经济发展，原来较为单一的土地利用模式被打破，土地利用破碎度指数增大，随着示范区经济的发展、人口的增加，原来较大的土地类型被改造成为许多较小的斑块。

2008 年，全区土地利用具有明显的规律性，土地利用多样性指数、均匀度指数的高值区主要集中在靠近兰州市和县城的西南地区，包括和平镇、定远镇、连搭乡、城关镇、小康营乡和马坡乡，低值区域主要集中在西北部的园子岔乡、金崖镇、中连川乡、上花岔乡及贡井乡等；土地利用丰富度指数较高的区域仍然在中南部地区，包括定远镇、高崖镇、龙泉乡等；破碎度较高的区域集中在东部地区，包括龙泉乡、高崖镇等。而 2013 年各乡镇土地利用景观格局变化较大，多样性指数高值区集中在 2008 年的低值区及甘草镇、金崖镇、哈岘乡等。

2008 年，土地利用丰富度较高的乡镇集中在南部的定远镇、高崖镇、龙泉乡、城关镇、小康营乡等乡镇，而 2013 年丰富度较高的乡镇集中在金崖镇、园子岔乡等北部乡镇；2008 年破碎度较高的乡镇集中在龙泉乡、高崖镇、甘草镇等东南部乡镇，而 2013 年则北移到青城镇、园子岔乡和中连川乡等北部乡镇。说明近 5 年来示范区土地利用从景观格局的角度来看，变化相对较大。究其原因，一方面是人类活动加剧，另一方面也说明示范区

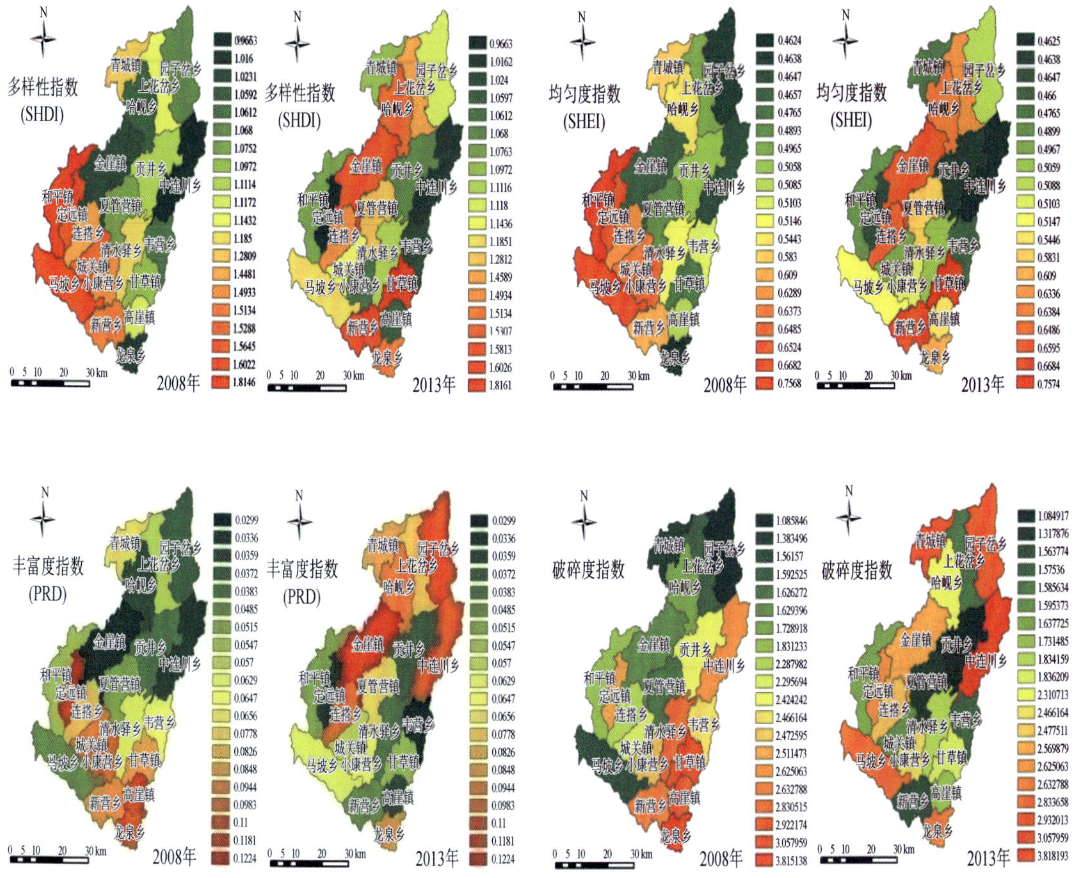

图 5－12　各乡镇土地利用多样性指数、均匀度指数、丰富度指数和破碎度指数

土地利用相对单一，稍有改变，各个指数变化就比较明显。进一步对比示范区各乡镇的土地利用格局指数发现，和平镇、城关镇、小康营乡、清水驿乡等距离兰州市及县城较近的乡镇多样性指数、均匀性指数、丰富度指数及破碎度指数土地利用格局指数都降低，而哈岘乡、金崖镇、园子岔乡、连搭乡 4 个乡镇各项指数都增加。

（四）土地资源数量变化驱动因素分析

土地资源利用是指人类为获取一定的经济、环境和政治福利（利益），而对土地进行保护、改造并凭借土地的某些属性进行生产性或非生产性活动的方式、过程及结果。土地利用变化驱动力是指导致土地利用方式和目的发生变化的主要生物物理因素和社会经济因素。驱动力一般分为自然驱动力和社会经济驱动力；按照作用方式差异，也可分为内部驱动力和外部驱动力。外部驱动力是指引发或促进土地发生转变的外部动因，具有动态性，主要包括人口变动、经济发展、政策法规的发布实施等；内部驱动力则是指决定土地利用发生变化的内部属性，一般具有静态特征，如气候、地形、海拔、区位条件等。外部驱动力是土地利用发生变化的诱因，它的改变是引发城镇建设用地扩张的原动力，而城镇建设用地发生扩张与否以及扩张的方向，则在此基础上取决于城市建设用地扩张的内部限制因子。正确区分和把握外部和内部驱动力以及他们之间的相互作用，成为驱动力问题分析的关键所在。

当前面对驱动力的定量研究，较为成熟的方法有相关关系分析、多因素分析及计量经济学模型等统计分析方法，主要采用纵向的基于时间序列的社会经济数据与土地利用变化进行相关分析。本书综合外部驱动力和内部驱动力，采用主成分分析法对示范区土地利用驱动力进行分析。

1. 主成分分析

影响土地资源变化的因素很多，选择驱动力影响因素指标时要尽可能全面。主成分分析法具有比较好的分析结果。主成分分析（Principal Component Analysis）是设法将原来众多具有一定相关性（比如P个指标）的指标重新组合成一组新的互相无关的综合指标来代替原来的指标。通常数学上的处理就是将原来 P 个指标作线性组合，作为新的综合指标。最经典的做法就是用 F_1（选取的第一个线性组合，即第一个综合指标）的方差来表达，即 Var（F_1）越大，表示 F_1 包含的信息越多。因此，在所有的线性组合中选取的 F_1 应该是方差最大的，故称 F_1 为第一主成分。如果第一主成分不足以代表原来 P 个指标的信息，再考虑选取 F_2 即选第二个线性组合。为了有效地反映原来信息，F_1 已有的信息就不需要再出现在 F_2 中，用数学语言表达就是要求 $Cov(F_1, F_2)=0$，则称 F_2 为第二主成分。依此类推可以构造出第三、第四，…，第 P 个主成分。其公式为

$$X_p = ap_1F_1 + ap_2F_2 + ap_3F_3 + \cdots + ap_mF_m + ap\varepsilon p \tag{5-7}$$

式中：$p=1, 2\cdots$；$x_1, x_2, \cdots, x_p$ 表示 p 个原变量（均值为0，方差为1）；$F_1, F_2, \cdots, F_m$ 表示 m 个公共因子变量，m 小于 p；ap_m 表示因子载荷，是第 p 个原始变量在第 m 个公共因子变量上的载荷；ε 表示特殊因子。

影响土地资源利用的因素涉及气候、人口、经济、环境等方面。根据专家经验，遵循数据可获取性、可行性和科学性原则，本书以土地利用变化图斑为研究单元，选取高程、坡度、降水、植被覆盖度4个自然因素，变化图斑距水系距离、距公路距离、距铁路距离、距县城距离和距乡镇距离5个距离指标及人口密度共10个指标因子，进行主成分分析。运用SPSS 18.0统计软件计算出相关系数矩阵、特征值和贡献率，其中 X_1 = 降水；X_2 = 高程；X_3 = 坡度；X_4 = 植被覆盖度；X_5 = 距铁路距离；X_6 = 距水系距离；X_7 = 距县城距离；X_8 = 距乡镇距离距铁路距离；X_9 = 距铁路距离；X_{10} = 人口密度。

表5-19 各因子相关矩阵

成分	X_1	X_2	X_3	X_4	X_5	X_6	X_7	X_8	X_9	X_{10}
X_1	1.000	0.299	-0.284	0.381	-0.779	-0.562	-0.868	-0.521	-0.421	0.441
X_2	0.299	1.000	0.259	0.478	0.157	0.132	-0.169	0.318	-0.080	-0.063
X_3	-0.284	0.259	1.000	0.235	0.404	0.097	0.330	0.245	0.319	-0.187
X_4	0.381	0.478	0.235	1.000	-0.157	-0.396	-0.472	-0.290	-0.197	0.458
X_5	-0.779	0.157	0.404	-0.157	1.000	0.603	0.853	0.764	0.476	-0.428
X_6	-0.562	0.132	0.097	-0.396	0.603	1.000	0.616	0.854	0.313	-0.515

续表

成分	X_1	X_2	X_3	X_4	X_5	X_6	X_7	X_8	X_9	X_{10}
X_7	-0.868	-0.169	0.330	-0.472	0.853	0.616	1.000	0.685	0.491	-0.604
X_8	-0.521	0.318	0.245	-0.290	0.764	0.854	0.685	1.000	0.462	-0.590
X_9	-0.421	-0.080	0.319	-0.197	0.476	0.313	0.491	0.462	1.000	-0.290
X_{10}	0.441	-0.063	-0.187	0.458	-0.428	-0.515	-0.604	-0.590	-0.290	1.000

表 5-20　解释的总方差

成分	初始特征值			提取平方和载入		
	合计	方差的%	累积%	合计	方差的%	累积%
X_1	4.862	48.623	48.623	4.862	48.623	48.623
X_2	1.800	18.004	66.626	1.800	18.004	66.626
X_3	1.158	11.577	78.204	1.158	11.577	78.204
X_4	0.683	6.834	85.038			
X_5	0.644	6.442	91.479			
X_6	0.360	3.602	95.082			
X_7	0.261	2.613	97.695			
X_8	0.126	1.264	98.958			
X_9	0.062	0.623	99.581			
X_{10}	0.042	0.419	100.000			

从表中可以看出，10 个指标之间存在不同程度的相关性。主成分的提取原则是提取主成分特征值大于1，且累计贡献率是≥75%的前 m 个主成分。根据表 5-21，前两个主成分的累计贡献为78.204，特征值大于1，因此取3个主成分。

表 5-21　成分矩阵

影响因子	成分 1	成分 2	成分 3
X_1	-0.833	0.202	-0.308
X_2	-0.007	0.865	-0.416
X_3	0.360	0.575	0.521
X_4	-0.468	0.732	0.230
X_5	0.873	0.239	0.143
X_6	0.793	0.031	-0.419
X_7	0.930	-0.127	0.168
X_8	0.859	0.250	-0.343
X_9	0.589	0.051	0.365
X_{10}	-0.691	0.072	0.302

从表 5-21 可知，主成分 1 与 X_5、X_6、X_7、X_8、X_9 存在较强的正相关，与 X_1、X_{10} 存在较强的负相关，这些因子主要是外部驱动力，与区位关系密切；第二主成分与 X_2、X_4 相

关性较大，这些因子主要是内部驱动力如植被高度、高程等；第三主成分与坡度关系相对较密切，仍然是内部驱动力作用。

2. 结论与分析

由以上分析可知，示范区土地资源利用变化主要驱动力还是经济、人口、国家政策等外部驱动力，此外由于自然因素的差异，内部驱动力的影响力也较大，但是自然因素的驱动作用在5年这样一个较短时间段内的影响不会很大。因此，对示范区的土地利用的外部驱动因素进行进一步分析。

（1）经济发展。经济发展是影响土地利用变化的另一重要驱动力。农用地面积变化与非农业人口、GDP、农民人均纯收入关系密切。2008—2012年，榆中县工农业总产值增加5.34倍，其中工业总产值增加11倍，农业总产值增加74%，经济快速发展的表现就是非农人口数量的增加和建设用地需求增加，同时拉动了城镇化进程。榆中县非农业人口从2008年的4.5万人增加到2012年的4.9万人。大量的农业人口转化为非农业人口，为了加快城镇化建设，满足多样的建设需求，以耕地为主的用地类型必然会减少，最终导致土地利用结构发生变化。随着西部大开发战略的实施和兰州市的辐射效应，榆中县的城镇化规模会随之加大，土地利用方式也会发生更大的变化。

（2）政策措施。我国自2003年开始实施退耕还林政策，2004年国务院颁布《关于深化改革严格土地管理的决定》（国发〔2004〕28号）、国土资源部发布《关于完善农用地转用和土地征收审查报批工作的意见》，2005年国土资源部下发《关于规划城镇建设用地增加与农村建设用地减少相挂钩试点工作的意见》的通知，引导城乡用地布局、结构调整；2008年，国务院下发的《关于促进节约集约用地的通知》强化了土地利用总体规划的控制性，在加强基础设施建设的同时，积极使用未利用地和废弃地。这些政策积极引导着榆中县土地利用的变化趋势。榆中县认真贯彻国家方针政策，推行基本农田保护政策，颁布了很多相关的农田保护法律法规，在一定程度上减缓了耕地的减少速度，提高了土地的利用率。

（3）人口变化。人口变化是影响土地利用最主要的社会经济因素，也是最具有活力的驱动力之一。2008—2012年，榆中县总人口从42.9万人增加到43.8万人。人口的增长会造成居民用地、交通用地等建设用地的增加。同时，为了满足人口增长的需要，农产品需求量及输出量也会相应增加，从而促进土地利用结构的变化。

（五）小结

本节在示范区土地资源数量监测的基础上，对示范区土地资源数量现状、变化趋势及驱动因子进行分析。主要得出以下结果：

（1）示范区土地利用类型较为多样化，但以耕地、其他草地为主；2008—2013年，示范区各土地利用类型变化速度不快，以建筑用地、其他用地的增加和耕地、林地、草地及滩涂沼泽的减少为主要特征；示范区的建设用地主要由耕地、其他草地、滩涂等生态用地转移而来，城镇开发建设的土地主要集中在耕地利用方面。

（2）从空间分布来看，示范区土地资源利用具有明显的区域分布特点，南部山区由于降雨量大，植被覆盖度较高，且有兴隆山省级自然保护区在此，主要土地利用类型是林地和草地；中部川区为宛川河的河谷地带，研究区县城位于该区，人口密度较大，建设用地多分布于此；北部山区降雨量较少，且无地上水源，以旱作耕地和其他草地为主；最北端的黄河谷地为青城古镇，现代农业较为发达，土地利用以建设用地和耕地为主。示范区土地利用变化较大的区域主要集中在和平镇、定远镇、连搭乡、城关镇及金崖镇、夏管营镇等距离兰州市和县城附近的乡镇，说明示范区城镇化建设主要受兰州市辐射影响，其次是受县城的辐射影响。

（3）从景观生态学的角度来看，2008—2013 年示范区土地利用多样性指数、均匀度指数的高值区主要集中在靠近兰州市和县城的西南地区，低值区域主要集中在西北部乡镇；土地利用丰富度指数较高的区域仍然在中南部地区；破碎度较高的区域集中在东部地区。近 5 年来，示范区土地利用格局变化相对较大，究其原因，一方面是人类活动加剧，另一方面也说明示范区土地利用相对单一，稍有改变，各个指数变化比较明显。

（4）由于自然因素的差异，内部驱动力的影响力也较大，但是自然因素的驱动作用在 5 年这样一个较短时间段内的影响不会很大。因此，示范区土地资源数量变化主要驱动力还是经济、人口、国家政策等外部驱动力。

三、基于重金属污染的耕地质量调查与评价

随着工业化、城镇化高速发展和人口持续增长，我国人均耕地占有量不断减少，且总体水平趋于退化，部分区域土壤污染、土地退化等耕地质量问题逐年加重，实现耕地保护由数量管控向质量管理和生态管护转变是耕地保护思路的创新和发展，对保障国家粮食安全和生态文明建设具有重要意义。由于各国经济发展状况及耕地保护压力不同，国内外关于耕地质量研究的侧重点各有不同，国外研究者主要进行农用地生态功能保护方面的研究，如农用地生物多样性保护、耕地生态保护的措施、保护措施对农业经营活动的影响及农户对生态保护的态度等，而国内在耕地质量保护和经济发展的双重压力下，主要进行耕地保护、耕地质量评价及农用地的集约利用等研究，并逐步涉及耕地生态功能的研究，如蔡运龙等（2006）从耕地的经济产出功能、生态服务功能及社会保障功能等方面研究了中国耕地价值的重建方法；陈百明等（2013）提出了耕地质量建设的生态与环境理念等。

综合国内研究现状，目前耕地质量研究逐步向综合质量方向发展，即综合考虑耕地的自然属性和社会属性两方面的因素，主要进行了评价方法、评价指标体系、评价区域尺度的探究及评价结果的应用等方面的研究。这些研究中，耕地自然属性方面较多考虑立地条件、土壤肥力条件等，忽略土壤污染方面的因素，对评价结果造成一定影响。因此，本节试图在考虑土壤污染因素的基础上，以兰州市榆中县为例，对西部生态脆弱区耕地质量进行评价，探讨具有区域特点的耕地质量评价的标准方案，以期为西部生态脆弱区农用地质量管理、分等定级及基本农田划定提供科学依据。

（一）评价方法

1. 评价因子及权重确定

耕地质量由土地自然条件和社会经济条件共同决定，反映了土地自然属性和社会经济

属性的综合效应。土地作为自然资源的一种，它的自然属性对耕地质量起决定性作用。因此，以综合性、主导性、评价因子相对独立性及资料可获取性为原则，结合榆中县实际情况，考虑土壤污染、立地条件及肥力条件等因素，选取重金属、年均降雨量、地形坡度、有效土层厚度、剖面构型、土壤质地、pH、有机质、全氮、有效磷、速效钾、碱解氮等12个因子构建评价指标体系（表5－22），对榆中县耕地自然质量进行评价。采用德尔菲法获得各个评价指标因子权重，通过加权平均的方法获得每个层级的质量评价分值，以准确反映耕地自然质量。

表5－22　耕地自然质量综合评价指标体系及权重

准则层	权重	评价指标	测量值范围	指标标准化	权重
立地条件	0.25	年均降雨量	237.6～453.3mm	正	0.61
		地形坡度	0°～48°	负	0.39
土壤物理性状	0.18	耕作层厚度	15～28cm	正	0.28
		剖面构型	－	正	0.32
		土壤质地	－	正	0.40
土壤肥力	0.22	pH	7.5～8.8	负	0.09
		有机质	3.6～33.91g/kg	正	0.42
		全氮	0.06～1.86mg/kg	正	0.15
		有效磷	0.5～269.1 mg/kg	正	0.08
		速效钾	36～782 mg/kg	正	0.11
		碱解氮	0.5～362 mg/kg	正	0.15
重金属污染	0.35	As	8.2～26.4 mg/kg	负	1
		Cd	0.15～1.02 mg/kg		
		Cr	54.7～174.4 mg/kg		
		Cu	21.1～52.8 mg/kg		
		Hg	0.012～1.011 mg/kg		
		Pb	16.8～46.5 mg/kg		
		Zn	58.6～119.2 mg/kg		

2. 评价方法

年均降雨量、地形坡度、耕作层厚度及pH、有机质、全氮、有效磷、速效钾、碱解氮等采用原始测量值，剖面构型和土壤质地采用不同类型打分的方式进行量化，其中剖面构型分通体壤（100分）、壤黏壤（80分）、壤黏黏（75分）、壤砂砂（70分）、通体黏（60分），土壤质地分中壤（100分）、轻壤（80分）、重壤（75分）；土壤重金属污染采用内梅罗指数法计算。

$$Y_i = (X_{ij} - \min x_j) / (\max x_j - \min x_j) \tag{5-8}$$

$$Y_i = (\max x_j - X_{ij}) / (\max x_j - \min x_j) \tag{5-9}$$

为消除各个指标间不同量纲的影响，采用上式对各指标进行标准化处理，获取标准化值。各个指标因子可分为正向指标和负向指标。其中，正向指标为指标数值越大越好的指标，选用公式（5-8）；负向指标为指标值越小越好的指标，选用公式（5-9）。式中，Y_i为指标标准化后值，X_{ij}为评价指标原始值，$\min x_j$为最小值，$\max x_j$为最大值。对评价指标标准化后，采用下式计算耕地自然质量综合评价分值：

$$S = \sum_{k=1}^{n} \langle w_k \times \{[\sum_{i=1}^{m}(w_i \times Y_i)]\}\rangle \tag{5-10}$$

式中：S为耕地质量综合分值；n为准则层数量；w_k为准则层指标权重；m为评价指标数量；w_k为评价指标的权重；Y_i为评价指标标准化值。

（二）数据来源及处理

1. 数据来源

本研究基础数据为榆中县第二次土地调查数据、农用地分等定级、基础地力调查、多目标地球化学、降雨量、10m×10m分辨率DEM及监测站的土壤数据等。其中，耕地信息从二次调查数据获取，有效土层厚度、土壤pH、有机质、全氮、有效磷、速效钾、碱解氮等由基础地力调查数据及监测站数据获取；耕地土壤重金属含量由多目标地球化学数据和监测站监测数据获取；坡面构型、土壤质地等由农用地分等定级数据获取。

2. 数据处理

首先使用ArcGIS获取研究区2008年耕地分布图，然后综合运用Erdas、SPSS等软件，形成研究区耕地质量各个因子数据库，并将所有空间因子栅格化，栅格大小为50m×50m。之后使用ArcGIS空间叠加分析功能，进行耕地自然质量综合评价。

（三）耕地自然质量综合评价

1. 耕地立地条件、土壤物理性状及土壤肥力分析

榆中县地处青藏高原、黄土高原与内蒙古高原交错带，植被分类上属于林草过渡带，南部山区为针阔混交林，中部为粮食主产区，北部为干旱草原。降雨量自南向北逐渐降低，2000—2012年的监测结果显示，研究区年平均降雨量自南向北依次为453.3mm（南部山区）、356.1mm（中部川区）、237.6mm（北部干旱山区）。降雨量为该区域植被状况限制性因素，而坡度为耕地质量评价的主要因素之一，因此选取年均降雨量和坡度作为耕地立地条件评价因子；土壤物理性状考虑土层厚度、坡面构型及土壤质地三方面的因素，该区除南部石质山区外，土壤类型与黄土高原接近，土层厚度较大，在30~180cm之间，而耕作层厚度为15~28cm，说明土层厚度不是影响耕地质量的主要原因，而由于耕作手段、深度及有机质等其他因素造成的耕作层深度可反映耕地质量，因此选取耕作层厚度作为土层质量的评价因子；土壤肥力评价选取pH、有机质、全氮、有效磷、速效钾、碱解氮等6个因素作为评价因子。将各指标测量值标准化后，采用加权平均法进行分值评价，立地条件、土壤物理性状、土壤肥力评价分值分别介于0.06~0.99、0.05~0.99、0.19~0.71之间，其中分值较高的区域评价结果好，分值低的区域评价结果较差。将各个准则层评价结果由高到低划分为5级，小于0.2为1级，0.2~0.4为2级，0.4~0.6为3级，0.6~0.8为4级，大于0.8为5级。具体评价结果见表5-23。

表 5－23　耕地立地条件、土壤物理性状及土壤肥力评价结果

准则层	评价分值范围	分级	耕地面积/hm^2	所占比例/%
立地条件	0.06～0.99	<0.2	837.04	0.66
		0.2～0.4	21101.16	16.65
		0.4～0.6	28702.38	22.65
		0.6～0.8	53296.44	42.04
		>0.8	22809.53	18.00
合计		–	126746.54	100.00
土壤物理性状	0.05～0.99	<0.2	214.04	0.17
		0.2～0.4	1493.23	1.18
		0.4～0.6	38188.44	30.13
		0.6～0.8	79711.62	62.89
		>0.8	7139.21	5.63
合计		–	126746.54	100.00
土壤肥力	0.19～0.71	<0.2	9.03	0.01
		0.2～0.4	78642.26	62.05
		0.4～0.6	47636.81	37.58
		0.6～0.8	458.43	0.36
合计		–	126746.54	100.00

评价结果显示，研究区耕地立地条件相比土壤物理性状和土壤肥力状况比较分散，各个等级耕地面积比例分别为0.66%、16.65%、22.65%、42.04%和18.00%。其中，立地条件较好的4级耕地最多，占耕地总面积的42.04%；立地条件较差的1级耕地最少，仅占总面积的0.66%。说明研究区内的耕地主要分布在降雨量较大、坡度较小的区域，整体立地条件较好。耕地土壤物理性状评价结果相对比较集中，评分结果在0.6～0.8之间的4级耕地最多，占耕地总面积的62.89%；其次是评分结果在0.4～0.6之间的3级耕地，占耕地总面积的30.13%，3、4级耕地总和占比高达93.02%，说明研究区耕地土壤的物理性状相对均一，区域差别不大。土壤肥力因素评价结果显示，研究区耕地土壤肥力相对较差，最高评价分值为0.71，还达不到5级的最低水平，主要集中在0.2～0.6之间的2、3级水平，2、3级耕地占耕地总面积的99.63%，其中2级耕地占比高达62.05%。

从空间分布来看（图5－13），立地条件自南向北逐渐变差，西南山区及中部川区的部分地区最好，其次是东南部及川地附近坡度相对较大、降雨较多的区域，北部干旱山区立地条件最差，最北部黄河谷地的立地条件较北部干旱山区相对较好；土壤物理性状的低值区域主要集中在中部川区水浇地和最北部黄河谷地水浇地和水田区域，说明开发利用度高、土地集约度高的区域土壤物理性状相对较差；土壤肥力则呈现明显的规律性特点，南部山区的旱地及中部川区的水浇地肥力明显好于北部干旱山区的旱地，其中南部山区的旱地土壤肥力较好，是因为南部山区降雨量较大，土壤自然肥力较好，而中部川区一方面是由于自然原因，更重要是由于人工施肥的作用造成的。

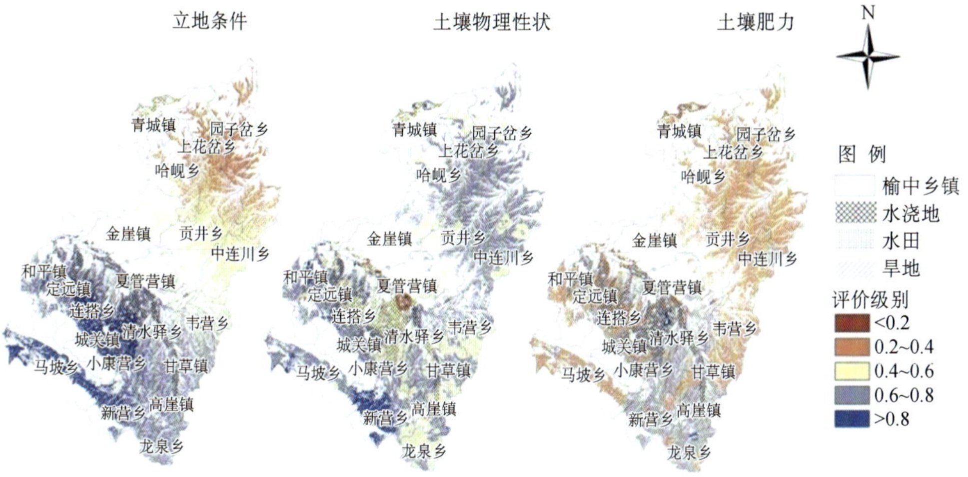

图 5－13 研究区耕地立地条件、土壤物理性状及土壤肥力评价结果图

2. 耕地重金属污染分析

（1）研究区耕地重金属含量情况。本节土壤重金属研究采用 2008 年多目标地球化学数据。该数据采用网格法均匀布点，采样密度为 $4km^2$，榆中县共采集样本 494 个。主要测定 As、Cd、Cr、Cu、Hg、Pb、Zn 等 7 个重金属元素，测定统计结果如表 5－24 所示。

表 5－24 耕地土壤重金属统计特征分析

重金属元素	平均值（$mg \cdot kg^{-1}$）	最大值（$mg \cdot kg^{-1}$）	最小值（$mg \cdot kg^{-1}$）	偏度	峰度	标准差（$mg \cdot kg^{-1}$）	变异系数
As	12. 75	26. 40	8. 20	2. 22	14. 96	1. 49	0. 12
Cd	0. 25	1. 02	0. 15	3. 24	21. 50	0. 08	0. 31
Cr	73. 12	174. 40	54. 70	4. 20	29. 98	10. 41	0. 14
Cu	26. 77	52. 80	21. 10	1. 73	4. 01	4. 36	0. 16
Hg	0. 04	0. 24	0. 01	4. 10	23. 43	0. 02	0. 65
Pb	24. 21	46. 50	16. 80	1. 22	4. 34	3. 34	0. 14
Zn	76. 43	119. 20	58. 60	1. 14	2. 02	8. 98	0. 12

调查结果显示，研究区 As、Cd、Cr、Cu、Hg、Pb、Zn 元素的平均含量分为 12. 75mg/kg、0. 25mg/kg、73. 12mg/kg、26. 77mg/kg、0. 04mg/kg、24. 21mg/kg、76. 43mg/kg，均高于地区土壤微量金属元素背景值，差值由高到低依次为 Cd > Hg > Pb > Zn > Cu > Cr > As，其中 As 和 Cr 的平均值与背景值相差不大，分别为背景值的 1. 01 倍和 1. 04 倍，而 Cd 和 Hg 的平均值分别达到地区背景值的 2. 16 倍和 2 倍。最大值与背景值差值由高到低依次为 Hg > Cd > Cr > Pb > Cu > As > Zn，相差最大的为 Hg，最大值与背景值相差 12 倍，其次为 Cd，相差 8 倍；而 Cd 的最小值也超过了背景值，是背景值的 1. 29 倍。对研究区各个重金属元素的变异系数进行分析发现，土壤中不同金属元素变异系数差异较大。其中，Hg 和 Cd 变异系数较大，分别为 0. 65 和 0. 31，说明研究区各个调查点 Hg 和 Cd 含量变化较大，Hg 含量最大值为 0. 24 mg/kg，最小值为 0. 01 mg/kg，相差 24 倍；Cd 含量最大值为 1. 02mg/kg，最小值为 0. 15 mg/kg，相差 6. 38 倍，说明研究区 Hg 和 Cd 受外界人为干扰

因素影响，土壤含量变化较大。

（2）重金属空间分布及综合污染分析。采用 Krging 插值法对研究区 As、Cd、Cr、Cu、Hg、Pb、Zn 等 7 种重金属含量进行空间插值，采用研究区地区土壤微量金属元素背景值和土壤环境质量评价标准值（表 5－25）将插值结果分为 3 级，研究各个重金属元素空间分布情况（图 5－14）。

表 5－25　空间插值结果分级标准

重金属元素	地区土壤微量金属元素背景值（mg·kg⁻¹）	土壤环境质量评价标准值（PB＞7.5）（mg·kg⁻¹）	
As	12.6	旱地	25
		水田	20
Cd	0.116		0.6
Cr	70	旱地	250
		水田	350
Cu	24.1		100
Hg	0.02		1
Pb	18.8		80
Zn	68.5		300

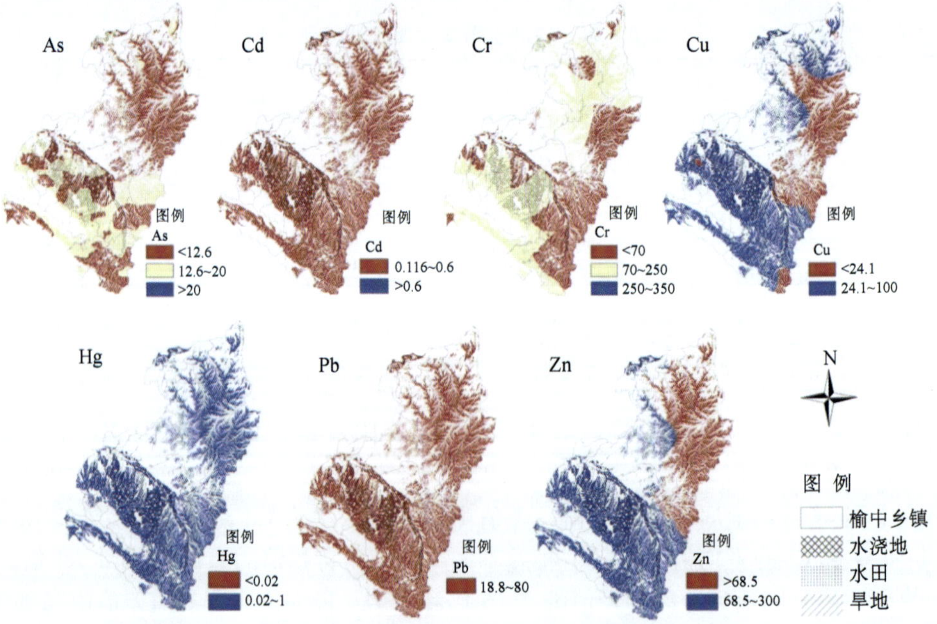

图 5－14　各个重金属元素空间分布图

插值结果显示，研究区内 Cd、Pb 含量高于地区背景值，其中 Pb 含量在地区背景值与土壤环境质量评价标准值之间，而 Cd 在北部黄河谷地青城镇约 70.18hm² 的区域已超过土壤环境质量评价标准值 0.6 mg/kg，超标区域大约占耕地总面积的 0.05%；Hg 除中部夏管营镇极小部分的区域低于背景值外，其他区域均高于背景值。其他超出背景值的元素排序为 Cu > Zn > Cr > As，超标面积分别占耕地总面积的 70.18%、67.63%、54.92% 和 34.51%，其中 As 元素区域分布变化较大，南部山区、中部川区及北部黄河谷地等人类活动发达的地区含量较高，高于土壤背景值，在中部地区约有 8.5hm^2 超过土壤环境质量评价标准值，达到污染级别。

研究区水田 133.3hm^2，占耕地总面积的 0.11%，位于榆中县北部青城镇黄河岸边；水浇地 26231.3hm^2，占耕地总面积的 20.70%，大部分水浇地位于中部川区，北部青城镇有一部分。由图 5－14 可知，研究区水田和水浇地的各个重金属元素均处于高值区，尤其是水田，Cd 的超标区域就全部位于面积仅为 133.3hm^2 的水田上，超标面积占比高达 52.65%。其他元素除 Hg 和 Pb 全部超过背景值外，水田和水浇地的 Cu 和 Zn 含量全部超出背景值区域。对研究区水田和水浇地调查发现，由于这两类耕地开发利用价值高，同时投入的化肥、农药相对较多，受人类活动影响相比旱地要高，易形成污染。

采用内梅罗综合污染指数法对研究区重金属元素污染进行综合评价（图 5－15）。内梅罗综合污染指数法是美国叙拉古大学的内梅罗（N. L. Nernerow）教授提出的一种水污染指数，现逐渐用于土壤污染评价。本次评价分值在 0.3～0.8 之间，分值越高，污染程度越高。评价结果显示，研究区土壤整体状况较好，分值介于 0.3～0.5 之间的污染低值区占耕地总面积的 97.3%。但由图 5－15 可知，整体而言，中部川区的水浇地和南部山区的部分耕地分值相对较高，处于 0.4～0.5 的分值区；评价分值介于 0.5～0.6 的中值区位于中部川区的边缘地带；在中部川区的和平镇和马坡乡的东北角出现 0.6～0.7 的高值区，而青城镇为研究区污染最高点，出现由中心向四周辐射扩散的特点。由此可见，高值区域主要分布在榆中县中部和北部黄河河岸灌溉农业区等农业开发较早、土地利用较为成熟、现代农业较为发达的区域，而低值区域处于旱作农业区等开发利用程度较低、粗放式经营的农作区。

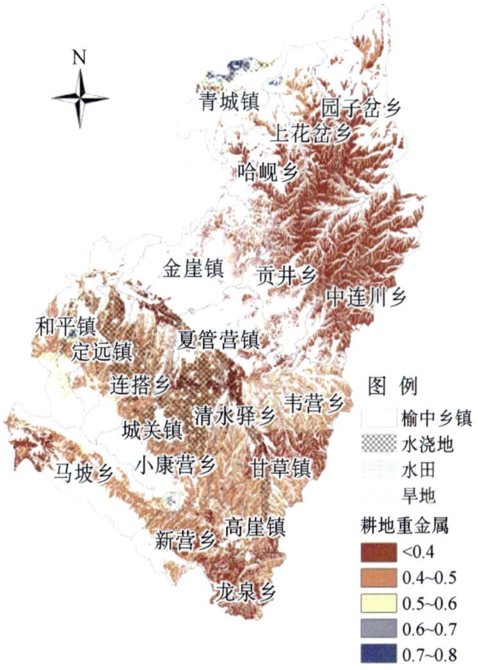

图 5－15　内罗梅综合污染分布图

3. 耕地自然质量综合评价

从立地条件、土壤特性、土壤肥力及土壤重金属污染四方面出发，对榆中县耕地进行综合评价，最终得到榆中县耕地质量综合评价分值。最终评价结果分值介于0.22～0.81之间，分值越高，说明耕地质量越好。榆中县大部分地区耕地自然质量分值在0.4～0.6之间，占耕地总面积的84.2%。为分析研究区耕地质量差别，将综合评价结果分为8级，得到综合评估图（图5－16）。

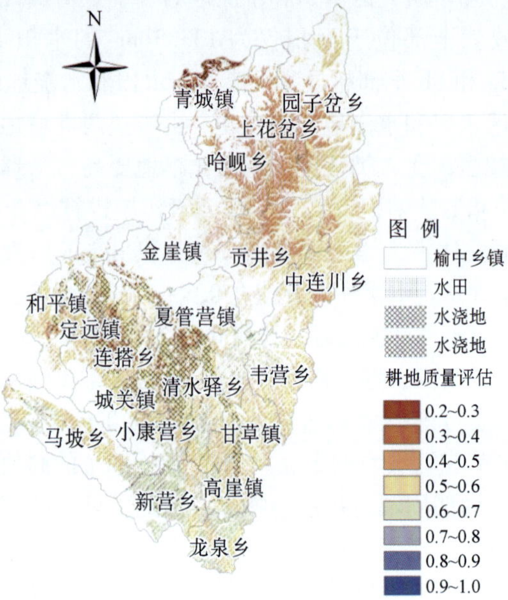

图5－16　耕地自然质量综合评估图

榆中县耕地质量自南向北逐渐变差，部分区域出现异常点，如和平镇和夏管营镇出现异常低值点。其中，南部石质山区旱地耕地质量相对较好，评价分值在0.6～0.7之间；北部干旱山区全部为旱地，耕地质量较差，评价分值在0.4～0.6之间，无比较明显的异常区域；而中部川区耕地以水浇地为主，有少部分旱地，耕地质量介于南部山区与北部山区之间，分值在0.5～0.6之间，和平镇、连搭乡、夏管营镇等水浇地区域出现0.3～0.4之间的低值区域；最北部黄河谷地的水浇地和水田评价分值最低，在0.2～0.3之间。对研究区耕地自然质量综合评价图做进一步分析发现，中部川区夏管营镇的低值区域与土壤物理性状的低值区域相吻合，说明夏管营镇的土壤质量限制因子为土壤物理性状；和平镇的低值区域与重金属综合污染分布图的高值区相吻合，说明和平镇耕地质量限制因子为重金属污染；而最北部黄河谷地的水浇地和水田的低值区与重金属污染图高度吻合，说明重金属污染是黄河谷地耕地自然质量的决定性因素。

研究区地处青藏高原、黄土高原与河西走廊的交错带，具有明显的林草过渡带的特点，在自然条件影响下，土地质量本应呈现出明显的地带性特点，但由于人类活动的影响，耕地质量出现了明显的差异性特点，研究结果表明：研究区耕地质量基本呈现由南向北逐渐变差的特点；水田、水浇地等农业开发较早、土地利用集约度较高的耕地类型，由于重金属污染等人类活动的影响，相对同区域的旱地质量较差。由此可知，西部生态脆弱区耕地自然质量依然主要受降雨量等自然因素的影响，但土壤污染等人为因素造成的耕地质量下降，将成为该区域未来面临的主要土地生态问题之一。

（四）小结

研究区地处青藏高原、黄土高原与河西走廊的交错带，生态系统脆弱，生态安全问题尤为突出。本节从耕地质量安全的角度出发，在调查研究耕地立地条件、土壤物理性状、土壤肥力等耕地质量评价常规条件的基础上，着重考虑重金属污染对研究区耕地质量的影响，对研究区耕地质量进行综合评估。主要研究结果如下：

（1）对研究区耕地立地条件、土壤物理性状、土壤肥力等自然条件调查发现，研究区耕地立地条件、土壤物理性状相对较好，质量较好的 4 级耕地最多，占耕地总面积的 62.89%；而土壤肥力较差的 2、3 级耕地占耕地总面积的 99.63%，其中 2 级耕地占比高达 62.05%。

（2）研究区单个重金属元素含量分析结果显示，As、Cd、Cr、Cu、Hg、Pb、Zn 等重金属元素的平均含量均高于地区土壤微量金属元素背景值，平均值与背景值的差值由高到低依次为 Cd > Hg > Pb > Zn > Cu > Cr > As，其中 Cd 和 Hg 的平均值分别达到地区背景值的 2.16 倍和 2 倍；最大值与背景值差值由高到低依次为 Hg > Cd > Cr > Pb > Cu > As > Zn，相差最大的为 Hg，最大值与背景值相差 12 倍。

（3）研究区耕地土壤重金属污染综合评价结果显示，从重金属污染的角度来看，研究区耕地质量整体较好，介于 0.3 ~ 0.5 之间的污染低值区占耕地总面积的 97.3%，但仍然有部分地区耕地重金属污染严重，北部黄河谷地的青城镇为重金属污染的最高值区，污染最为严重。

（4）研究区耕地质量综合评估结果显示，榆中县耕地质量自南向北逐渐变差，部分区域出现异常点。其中，南部石质山区评价分值在 0.6 ~ 0.7 之间；北部干旱山区耕地质量较差，评价分值在 0.4 ~ 0.6 之间；而中部川区耕地质量介于南部山区与北部山区之间，分值在 0.5 ~ 0.6 之间，最北部黄河谷地的水浇地和水田评价分值最低，在 0.2 ~ 0.3 之间。

西部生态脆弱区耕地质量受水资源制约，水田和水浇地土地利用集约度较高，产量远高于旱地，但在研究区发现由于重金属污染导致水田、水浇地耕地质量相对同区域的旱地质量较差。由此可见，虽然耕地自然质量主要受降雨量、坡度等自然因素的影响，但重金属造成的土壤污染已成为该区域不可忽视的耕地质量问题。

四、示范区土地生态状况调查评价

（一）调查评价方法

以土地利用二次调查为底图，采用高分遥感影像结合外业补充调查，对榆中县植被、水文、土地利用等土地生态基本信息进行调查。应用遥感方法进行调查时，在使用遥感影像获取信息时，内业工作基本完成之后，进行外业补充调查。充分利用所收集的现势地面调查成果和图件以及农业社会和经济资料等；与熟悉人员进行座谈或询问当地农民，进行核实；应用 GPS 进行图斑位置确定，实测地物面积和线状地物宽度；实地逐个图斑进行调查，即现场核实调查。

指标权重的确立方法有很多，可以分为主观赋权法与客观赋权法。本研究采用层次分析法对西部生态环境脆弱区土地生态环境状况进行全面评估。

1. 层次分析法

层次分析法（Analytical Hierarchy Process，AHP）提出于 20 世纪 70 年代，是一种定性方法与定量分析方法相结合的多目标决策分析方法。这种分析方法的特点是将分析人员的经验判断予以量化，对于目标（因素）结构复杂且缺乏必要数据的情况更为实用，是目前系统工程处理定性与定量相结合问题比较简单易行且行之有效的一种系统分析方法。AHP 法的基本思路是通过分析研究目标所包含的因素及相互关系，将问题所研究的全部元素按照不同的层次进行分类，标出上下层元素之间的联系，从而形成一个多层次结构。在每一个层次可按某一准则对该层的元素进行诸对对比，作出相对重要性判断，建立判断矩阵，通过求解判断矩阵最大特征值及对应的正交化特征向量，确定元素的排序权重，再进一步计算出各层次元素对总目标的组合权重，为决策问题提供数量化的决策依据。

2. 土地生态质量综合评估

通过查阅文献，得到综合评价的常用方法，经过优缺点比较后，选用综合指数法。根据土地生态状况评价指标体系中的指标权重与指标标准化值，计算结果分值采用以下公式计算土地生态状况质量综合评估分值：

$$S = \sum_{i=1}^{5} \langle w_i \times \{ \sum_{j=1}^{n} \times [w_j \times \sum_{k=1}^{m} (w_k \times Y_k)] \} \rangle \qquad (5-11)$$

式中：S 为土地生态质量综合分值，w_i 为一级指标权重；m 为元指标数量，w_k 为元指标的权重；Y_k 为元指标分值。

3. 评估结果分级

土地生态状况质量等级依据区域实际需要，按照总分值、准则层分值和指标分值综合确定，依据综合评估分值的高低，依次可分为土地生态状况质量优、质量良好、质量中等、质量较差、质量差 5 个等级。土地生态状况质量等级按照综合评估分值区段进行划分。

（二）评估体系及评价单元

1. 指标体系构建原则

（1）主导因素原则。选取对榆中县土地生态影响起主导作用的指标，突出主导指标对调查评估结果的作用。

（2）差异性原则。指标对榆中县不同区域的影响应有较大的差异，指标值有较大的变化范围。

（3）相对稳定性原则。所选取的指标应有相对稳定性，避免选取易变指标。

（4）可行性原则。榆中县土地生态调查与评估的深度应与榆中县现有资料和技术水平相协调，应从现有资料中选取影响因素，必要时进行野外补测。

（5）定性与定量相结合的原则。评价应尽量把定性的、经验性的分析进行定量化，以定量计算为主。而对于现阶段难以确定的自然、经济等因素，采取必要的定性分析，再将其量化，两者结合运用，使评价结果更客观、全面。

2. 指标体系及评价单元

1）指标体系

通过咨询专家，借鉴已有研究成果，从土地生态基底状况、生态用地结构和土地生态环境三方面，构建土地生态质量评价指标体系。采取综合分析和主导因子相结合的方法进行评估。评估方法采用综合指标方法和最小限制因子方法。在有关评估指标的分级中，以分级最低评估因子的分级作为该评估单元的等级。

（1）指标标准化。为消除各个指标间不同量纲的影响，对各指标进行标准化处理，得到标准化值。标准化公式为

$$Y_i = (X_{ij} - \min x_j) / (\max x_j - \min x_j) \quad (5-12)$$

$$Y_i = (\max x_j - X_{ij}) / (\max x_j - \min x_j) \quad (5-13)$$

正向指标为指标数值越大越好的指标，则选用公式（5－12）；负向指标为指标值越小越好的指标，则选用公式（5－13）；其中，$\min x_j$ 为最小值，$\max x_j$ 为最大值。

（2）指标权重确定。本次评估采用客观熵权法和特尔菲法进行指标权重确定，首先用客观熵权法确定，然后采用特尔菲法进行校验。熵权法是一种客观性很强的赋权方法，熵权是依据各指标在目标问题中提供有效信息的多寡程度来赋予不同权重的，即若指标的信息熵越小，该指标提供的信息量越大，在综合评价中所起作用越大，权重就越高。结合土地生态评价指标数据自身的特性，能很好地反映出研究区土地生态各个指标的权重值。将熵权法获取的各个指标因子权重与特尔菲法获取的权重值进行比较，对各个指标因子权重值进行校验，得到各指标权重（表5－26）。

2）评价单元确定

土地生态调查指标基本单元为图斑，经济指标根据统计年鉴和村镇调查数据，只能到乡镇级，多目标地球化学数据为4km^2，网格采样调查单元空间重采样到10m×10m单元进行插值分析。生态评估指标，根据生态调查指标二次计算和统计而得。在统计尺度上，示范区为乡镇与10m×10m网格。

（三）示范区土地生态环境状况分析

1. 土地生态基底情况

示范区榆中县有287个行政村，土地生态环境基底情况评价分值介于0.022～0.226之间，空间上，区域差异特征明显，呈现南部、中部高，北部低的规律。其中，榆中县城关区、连搭乡、马坡乡土地生态自然基础状况较好，基础性指标分值介于0.1～0.226之间；北部山区的园子岔乡、上花岔乡、哈岘乡土地自然基础状况较差，分值较低。这主要是因为榆中县南部地区植被密集，林地面积较大，同时气候条件较好，年均降水量在300～380mm之间；中部盆地人口密集，土地利用类型以耕地为主，是城镇用地和农村居民点的集中分布区域；北部山区植被覆盖度低，降水量少，土层较薄，主要的土地利用类型是低覆盖度天然草地，土壤有机质含量相对较低，土层有效厚度较薄。综上，由于榆中县不

表 5-26 土地生态状况综合评估指标及权重

指标类型	一级指标	二级指标	单位	权重
土地生态基底状况	地形地貌	坡度	(°)	0.090
		高程	m	0.085
	气候条件	年降水量	mm	0.120
	土壤质地	土壤有机质	%	0.067
		有效土层厚度	cm	0.038
	植被	植被覆盖度	-	0.069
生态用地结构	自然指示性生态用地比例	有林地比例	%	0.052
		湿地比例	%	0.048
		天然草地比例	%	0.032
		水面比例	%	0.030
		耕地比例	%	0.025
	人工指示性生态用地比例	城市绿地比例	%	0.021
		城市水面比例	%	0.022
	景观格局指数	土地利用类型多样性指数	-	0.045
土地生态环境	重要生态用地退化	林地年均退化率	%	0.035
		草地年均退化率	%	0.032
		湿地年均退化率	%	0.028
		水域年均退化率	%	0.025
	土壤污染	土壤综合污染指数	-	0.048
	土壤侵蚀	土壤侵蚀面积比例	%	0.045
		土壤侵蚀程度	%	0.043

同行政村基础性调查指标的区域差异，造成土地生态自然基础状况“南高北低”的结果与规律。

2. 生态用地结构

榆中县生态用地结构指标分值介于0.003~0.112之间，空间分布同样呈现“南高北低”的规律。从行政区来看，南部马坡乡、新营乡、小康乡、城关区等地数值较高；韦营乡-夏官营镇-金崖乡一线以北，土地生态结构状况数值较低，但北部地区青城乡土地生态结构状况良好。究其原因：南部地区海拔相对较高，土地利用格局多样性指数高，无污染高等级耕地，有林地与防护林地和天然牧草地比例较北部地区数值大，所以南部土地生态结构相对良好，以马坡乡、和平镇、定远镇、连搭乡等乡镇最为显著。北部地区以太平堡村、古城村、大耳朵村等村土地生态结构状况最差，指标分值介于0~0.048之间。

3. 土地生态环境

通过对土壤污染信息的分析发现，榆中县土壤的各种重金属含量基本上都在污染土地指标以下，只有极小部分区域存在砷和铜超标的现象，受污染的土地面积约为0.3hm^2，面积极小。榆中县的土地损毁主要来源于挖沙，据相关资料统计显示，2005年以前榆中县共有挖沙点60处左右，面积约为78.12hm^2，经过近几年治理，挖沙点减少为16处，面积约为27.18hm^2。2009—2011年间，榆中县土地退化状况不明显，其中林地处于增加状态，耕地退化面积仅为0.41hm^2，草地退化面积3209.64hm^2，湿地减少面积19.54hm^2，水域减少面积10.99hm^2。

榆中县是黄土高原地区水土流失较严重的城市之一，属于黄土高原丘陵沟壑区第五副区，其主要特征是：山峦起伏、沟壑纵横、山川相间、干旱少雨、植被稀疏、土壤疏松、水土流失严重。全县水土流失面积为830.295hm^2，占土地总面积的21%，是由水力、风力、重力和冻融等共同作用的结果，水力侵蚀是其主要形式，局部地区有重力侵蚀、风力侵蚀。县域范围内水土流失最为严重的是榆中县的北山地区，土壤侵蚀模数达5000t/km^2；二阴地区虽然土壤湿度大，植被覆盖较好，但土层薄，重力侵蚀比较严重，一般侵蚀模数为1500t/km^2。榆中县水土流失的发生和发展很大程度上取决于地区的自然情况，降水量少且集中于7、8、9月三个月，植被覆盖度低，地形破碎且起伏度高，土壤质地差，土层薄等都造成水土流失的加剧。但随着经济社会的发展和城市化进程的加快，人类对耕地和建设用地的需求日益增加，坡地不断被开垦，甚至大部分大于25°的不宜耕作的坡地都被开垦为耕地，由此更加剧了地区的水土流失。

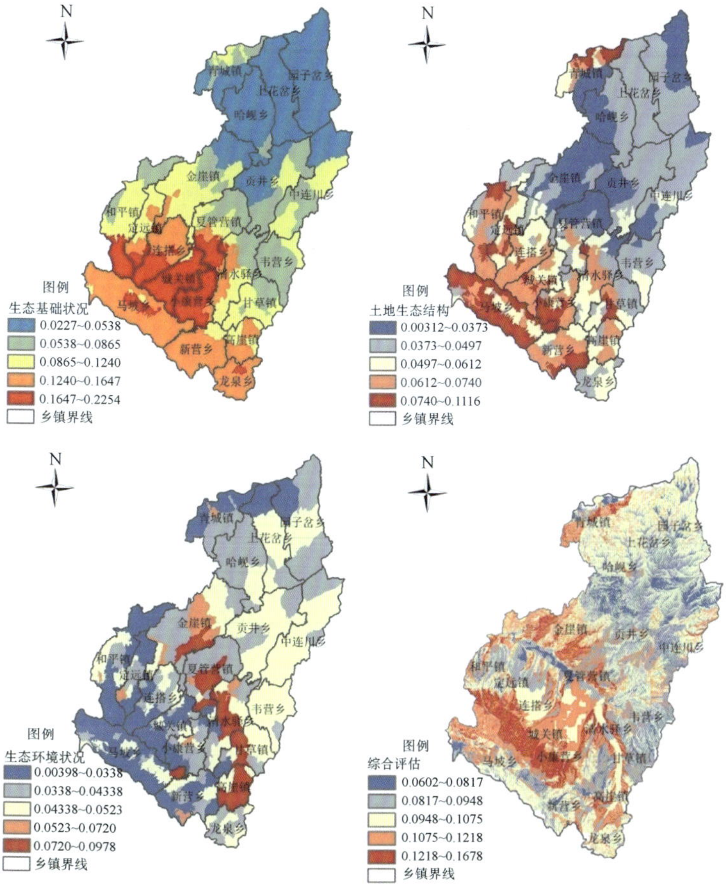

图5－17　示范区土地生态环境评估图

（四）土地生态质量综合评价

从土地生态基底情况、生态用地结构、土地生态环境三方面出发进行榆中县土地生态质量的综合评价，得到榆中县土地生态质量综合评估等级图（图5－17）。由图可以看出，榆中县土地生态质量分值较小的区域分布于北部山区的园子岔乡、上花岔乡、哈岘乡等地区，土地生态质量较差，区域环境背景值较低，面积约为9604.944hm^2，占榆中县面积的29.42%；中部盆地土地生态质量状况中等，主要分布在和平镇、定远镇、连搭乡、夏官营镇北部以及东南部的高崖镇、龙泉乡；土地生态环境质量较好的区域主要分布在西南部山区，兴隆山自然保护区北部等地，面积约为9715.45hm^2，占全县比例为30.06%。由此可见，榆中县土地生态质量具有明显的空间差异性，综合评估值在全县的空间分布大小排序为：西南山区>中部盆地>北部山区。

（五）土地生态环境状况差异分析

1. 自然生态基础脆弱

榆中县大部分地区地势起伏大，气候干燥，风沙大，旱灾多，生态环境脆弱。再加上西部地区经济基础薄弱，贫困人口集中，生产力落后，生产方式粗放，长期的人口和经济压力，在落后的生产方式下，形成对资源的掠夺利用，突出的问题是过垦和过牧。最终造成生态建设速度赶不上破坏速度。

2. 人口对生态环境形成沉重的压力

2009年，榆中县人口密度为131人/km^2，人口密度较高。从粮食水平来看，2009年全市人均粮食占有量为305.02kg/人，低于粮食自给自足标准（人均418kg），现有人口已超出土地承载力。由耕地的承载能力来看，由于耕地的质量较差，养活一个农村人口需要耕地面积0.095～0.13hm^2，耕地的实际人口承载量已超过其人口容量。

3. 对生态保护的重要性认识不足，重视不够

重资源开发，轻生态保护。少数地方、部门、单位和个人在经济利益的驱动下，借发展经济、保吃饭或脱贫致富为由，为增加收入，往往偏重于资源的开发利用，甚至是高强度掠夺式的开发利用，忽视了生态保护和自然资源的永续利用。

4. 宏观决策机制不健全，执法不严

在土地生态保护执法方面，普遍存在有法不依和执法不严的现象，致使破坏生态的违法案件得不到应有的处罚和制裁。不少地方普遍存在以罚款代替执法的现象，影响了执法的效果和执法监督作用。其次，表现在执法力量薄弱，执法手段落后，执法队伍素质不高，监测、取证、破案技术不能适应保护工作的要求。同时，也在一定程度上存在着行政严重干预生态保护执法的问题。

5. 土地生态保护投入不足

重要生态功能区、自然保护区、生态示范区等土地生态保护缺乏资金投入保障，是生态破坏趋势难以得到有效遏制的关键。

（六）小结

1. 土地生态基底情况

土地生态状况区域差异特征明显，呈现南部、中部高，北部低的规律。其中，榆中县城关区、连搭乡、马坡乡土地生态自然基础状况较好；北部山区的园子岔乡、上花岔乡、哈岘乡土地自然基础状况较差。

2. 生态用地结构情况

榆中县生态用地结构状况空间分布同样呈现“南高北低”的规律。从行政区来看，南部马坡乡、新营乡、小康乡、城关区等地数值较高；韦营乡－夏官营镇－金崖乡一线以北，土地生态结构状况数值较低，但北部地区青城镇土地生态结构状况良好。

3. 土地生态环境状况

榆中县耕地贫瘠，肥力不足，耕地质量较差；草地数量多，覆盖度低；林地、水域面积小，数量少；建设用地总量少，其中居民点用地比例大；未利用土地数量少，但开发难度大；土地条件差、供需矛盾突出，中心城市发展空间受限；地处甘肃中干旱、半干旱地区，干旱缺水是工农业生产和城乡建设发展的主要瓶颈；干旱、滑坡、水土流失、大气污染成为土地利用中主要的生态问题。

在以上研究基础上，对榆中县土地生态质量进行综合评估，最终得到榆中县土地生态状况质量的综合评估结果：榆中县土地生态质量分值较小的区域分布于北部山区的园子岔乡、上花岔乡、哈岘乡等地区，土地生态质量较差，区域环境背景值较低，面积约为 9604.944hm^2，占榆中县面积的 29.42%；中部盆地土地生态质量中等，主要分布在和平镇、定远镇、连搭乡、夏官营镇北部以及东南部的高崖镇、龙泉乡；土地生态环境质量较好的区域主要分布在西南部山区，兴隆山自然保护区北部等地，面积约为 9715.45hm^2，占全县的比例为 30.06%。由此可见，榆中县土地生态质量具有明显的空间差异性，综合评估值在全县的空间分布大小排序为：西南山区＞中部盆地＞北部山区。

第三节　西部生态脆弱区土地资源可持续利用对策研究

一、土地资源可持续利用对策建议

通过对榆中县土地利用变化的社会经济驱动因子的研究可以发现，人口因素（主要包括人口规模）、城市化发展因素、经济发展因素（主要包括经济总量和经济结构）和农业技术因素都是影响土地利用变化的关键因素。因此，应针对影响其土地利用变化的不同社会经济驱动因子，根据区域经济社会发展现状和未来趋势、区域经济社会发展战略定位，结合宏观性原则、整体性原则、科学发展观原则和因地制宜原则，以及土地资源可持续利用必须坚持的以人为本和人地协调发展的原则，制订土地资源合理利用的相应政策建议。

1. 控制人口规模，优化人口结构

通过上面的分析，虽然根据各地的实际情况，人口因素中的各组成部分诸如人口规模、人口结构、人口密度等指标对土地利用变化影响的重要性有所差别，但总的来说，人口因素是影响土地利用变化的主要因素之一。影响西部生态脆弱区土地利用的人口因素主要是人口规模，随着人口规模的不断扩大，其耕地日益减少，而建设用地日益增多。另外，从土地经济学中人口增长对土地的压力分析中可知，减轻土地压力的重要途径就是对人口总量和人口密度的控制。因此，需坚定不移地继续贯彻计划生育政策，控制人口规模，减轻人口剧增对土地造成的压力，保护有限的耕地。同时，对于非农业人口增长速度较快的地区，则要注意调整人口结构，使得人口结构能够符合当前的实际情况，主要可通过发展扶持农业，建设新农村等措施来减缓农村人口盲目进城的速度。另外，在控制人口增多造成土地的粗放利用上，可将土地开发利用的成本、利益等经济指标直接与土地利用主体挂钩，利用经济杠杆来控制对土地的掠夺性和破坏性利用。在此同时，亦可设立相应的奖罚制度来促进对土地资源的合理利用。

2. 合理引导经济发展，正确处理经济发展与资源的关系

通过驱动因子的分析可知，经济因素与人口因素都是影响土地利用变化的重要因素，对于我国这个正处于经济快速发展阶段的发展中国家而言，经济因素对土地利用变化的驱动作用更为直观和剧烈。经济的快速发展使得大量农用地尤其是耕地转化为建设用地，使得耕地资源日益紧缺，而建设用地的利用方式较为粗放。但是土地资源是有限的，耕地更关系到人类生活的长远利益，因此，在处理经济发展和保护土地资源的矛盾时，既不能为保护耕地而忽视经济发展对建设用地的需求，也不能为了促进经济发展而盲目地使耕地转化为建设用地，应该和谐处理两者的关系。

3. 加快农业技术开发，提高耕地利用效益

技术因素长期以来一直是促进人类进步的主要动力，从古至今，农业技术的不断提高更是不断提高土地生产力，节约耕地资源的主要途径。通过上述驱动因子的分析可知，农业技术因素是影响西部地区耕地和建设用地变化的主要因素，它发挥着极其重要的作用，同样农业技术因素是西部地区耕地变化的主要影响因素。因此，促进农业技术的不断发展，提高土地的投入产出效益，在相同的产量下使耕地面积最小，同时调整用地结构，从而有更多的土地空间可以转化为建设用地。提高农业技术条件，一方面要大力引进新品种，从主动力角度来促进农业的发展；另一方面要大力发展各种先进技术，诸如施肥技术、灌溉技术、套种技术等，培肥地力，改良中低产田，增强农业抗御风险能力。

4. 注重土地整理和土地开发，保障耕地和建设用地的后备资源

社会经济的快速发展必然带来耕地的减少和建设用地的增加，但是仅依靠耕地减少来满足建设用地需求是不现实的，也是不合理的。因此，进行后备资源的开发是实现土地资源可持续利用的必然途径。而后备资源的开发利用主要可通过土地整理和土地开发这两个方式来实现。土地整理主要针对现有闲置的耕地和闲置或低效的建设用地，而土地开发则是针对未利用地，西部地区虽然近年来未利用地得到较大利用，但基数较大，因此土地开发也是其主要途径。同时，西部地区有较多的闲置和低效用地，应加强土地整理和旧城改

造工作。土地开发整理必须坚持生态效益、社会效益、经济效益三统一，局部利益与整体利益、眼前利益与长远利益相结合这两个原则，根据土地利用总体规划来进行开发整理。

5. 调整土地利用方式，优化土地利用结构

西部地区的城镇地区及周边人多地少，人地矛盾比较突出，土地资源十分宝贵。因此，应该在城镇外延扩张的同时开展内部挖潜，加强土地整理工作，加大旧城和“城中村”的改造力度，实行土地整理折抵建设用地指标政策。对于利用效率低的地块要加大投资建设力度，提高单位面积上的建筑面积、居住人口密度，增加单位土地面积的产出。另外，加强农村居民点的整理工作，动员农民集中建设住宅，改善农居条件，开发利用废弃的农舍用地，确保实现耕地总量平衡。同时，不少城镇内用地结构亟待优化，居住用地和工业用地人均指标和比例远高出国家标准，而道路用地、绿化用地明显不足，居住环境需要进一步改善。同时，按照市场经济规律，需将城区内的第二产业田地逐步置换成第三产业用地，以促进城市产业结构的升级，实现城区土地应有的价值和功能。

二、土地利用与环境协调发展策略

土地合理利用是保护和建设生态环境的核心。合理开发利用土地资源，实施土地的永续利用是国民经济与社会可持续发展的重要内容。土地作为最重要的生产要素之一，对经济发展的重要作用就包括对产业结构进行调整。土地利用结构调整是产业结构调整的基础。目前，经济总量的增长对结构转变的依赖显著增加，经济发展和效益提高在很大程度上取决于资源的合理配置和产业结构优化。调整产业结构也是增加国民收入、增强经济综合实力的必经途径，又是生态环境建设成功的关键。

甘肃省位于西部干旱半干旱区，生态环境极其脆弱。推进土地利用结构战略性调整，保障土地生态服务质量，是甘肃土地发展的持久性特征。土地利用环境影响取决于资源利用、环境质量、污染治理、生态环境建设，因此按照各个地区经济社会发展规划和土地利用总体规划要求，因地制宜，调整土地利用结构与方式，加强生态环境保护，构建区域发展模式，有利于提高土地利用与生态环境的协调性。

1. 实施环境综合治理，建立生态环境补偿机制

生态环境优劣将对区域经济和社会的发展起到长远影响。因此，必须实施土地环境综合治理，治理工业“三废”；植树造林、荒山绿化、治理水土流失，在城市内部增加城镇绿化用地面积，提高植被覆盖率；在农业生产中，控制化肥、农药的用量，减少农村的污染源的产生，防止农产品污染；对工矿废弃地进行复垦，改善生态环境。坚持“谁开发谁保护、谁受益谁补偿”的原则，建立生态补偿机制，消除环境资源消费不公平带来的发展不平衡问题。建立科学的生态补偿标准测算体系，引入经济控制政策和市场机制，探索多元化的生态补偿方法与模式，逐步建立并完善生态环境共建共享的长效运行机制，推动生态补偿政策法规的制定和开展区域生态补偿机制的试点，鼓励、扶植一批企业或个人发展生态经济，改善区域生态环境状况，逐步积累经验，形成可操作的生态补偿模式，促进区域协调发展。

2. 构建土地生态系统，推进土地生态环境实施

按照建设环境友好型社会的要求，切实保护自然生态环境条件，协调土地利用与生态

环境建设，构建较为完善的土地生态体系，促进人与自然的和谐发展。根据“以土为首，土、水、林综合治理”的水土保持和“以治水改土为中心，山、水、田、林、路综合整治”的土地生态建设方针，开展以小流域综合治理为单元，采取工程措施、粮草轮作的“草、灌、乔”结合的植物措施，开展农田基本建设和整理，建立“梯田＋水窖＋科技”为特色的旱作农业和生态农业发展区、水土保持综合防御和治理区，因地制宜地调整各类用地布局，合理规划居民点、农田、林地、牧草地等用地结构，加强土地生态环境基础建设。加强对自然保护区、文化遗产的保护与建设，强化用地管理，严格控制在自然保护区、文化遗址区内安排与保护景观相悖的建筑物和构筑物建设用地，严禁在各类保护区内勘察开采矿产资源。进一步界定各类保护区范围，明确保护核心区，严格控制在核心区内乱占滥用土地进行与保护无关的其他建设活动，保护好自然生态和文化遗迹。

3. 调整产业结构，促进绿色农业发展

正确处理眼前利益与长远利益的关系，充分考虑生态承载能力，杜绝以牺牲生态环境为代价换取眼前和局部经济利益的各类开发和建设行为。充分发挥区域内光热资源丰富的优势，坚持“多采光、少用水、新技术、高效益”的原则，大力发展沙产业，着力开发利用风能、太阳能等清洁能源，变劣势为优势，逐步减轻农业生产对水资源的过度依赖。要按照资源节约型社会和环境友好型社会的要求，转变经济增长方式，从西部生态脆弱区域的实际出发，坚持以水资源承载能力确定发展的规模和速度，以提高有限水资源的利用效益为目标，调整优化经济结构，积极推广日光温室、地膜覆盖、间作套种、立体栽培等充分利用光热资源和集约利用水资源的“阳光农业”，切实做到“以水定产业、以水定面积、以水定结构、以水定规模”，加快推进经济工业化进程。大力推行节水灌溉，积极引进高新节水技术的试验示范，充分发掘内部节水潜力。在经济条件好的地区推广滴灌、渗灌和喷灌技术，加大抗旱节水作物的引进推广力度。

4. 改造低生态适宜度土地提高土地综合生态承载力

生态适宜度较低的土地，主要包括流沙和戈壁地区，此类土地生态系统单调而脆弱、物种消亡快，目前是不宜治理的，重点是预防和保护为主。最大限度地减少人为破坏，依靠生态自我修复能力，从源头上阻止流沙移动，减轻沙化危害，遏制沙漠化扩展，利用最自然的手段逐步改善该区域自然生态状况，提高土地的生态利用价值。

三、土地资源可持续利用模式创新

建立环境友好型土地利用是土地利用可持续发展的重要环节，也是西部地区实现土地利用与生态环境协调发展的重要途径。环境友好型土地利用模式是针对特定的地域单元，以保护和改善生态环境、节约与集约利用土地及可持续利用土地为原则和目标的土地利用方式。根据榆中县实际情况，遵守“布局集中、产业集聚、用地集约”的原则，提出4种环境友好型土地利用模式。

1. 生态都市型土地利用模式

“生态都市”是以循环经济模式来进行建设，以“协调”、“减量”和“循环”为主要手段，落实到各个环节，从而达到节约资源和保护环境的目的。从跨世纪高度，按现代化要求，在推进新型城市化的进程中，以国际视野确定发展目标，借鉴国内外城市发展新观念、模式，但又突出个性和灵魂，彰显示范区特色来规划、建设。

根据甘肃省城镇规划体系的思想，未来全省城镇体系将形成以兰州都市圈为核心，以西陇海兰新（甘肃段）为主轴，陇东和南部（以甘南和陇南为主）两翼点状发展的“一心一轴两翼的”空间格局。兰州市还是西北地区最大的交通通信枢纽，是通往中亚、西亚、中东、欧洲的重要通道，具有对外沟通和联接的突出战略地位，是西部大开发重点培育的三大经济带之一——西陇海兰新经济带的一级节点城市，因此也是整个西北地区重要的发展极之一。作为甘肃省乃至整个西北地区的“发展极核”，兰州市在加强基础设施建设的同时，做好黄河文化，延续黄河文脉，保存城市记忆，以规划为依据科学定位城市发展，凸显山水生态特色和黄河文化底蕴。

在实施中以“生态都市”为主体态，在人口、资源、环境容量约束下，合理确定区域功能和区域土地利用目标。挖掘建设用地潜力，控制城区的无序扩张，加速推进旧城区提升改造，探索土地节约集约利用新模式，提高土地的经济承载能力和土地收益率。严格控制城市生态用地改变用途。

其次，加大农用地保护力度，发展都市农业。加大农用地特别是耕地的保护力度。在城市郊区依靠邻近城市居民和流动人口组成的巨大消费市场、较好的基础设施、较强的科技支撑能力和较高的信息服务水平、政府大力扶持、多元化的社会投资渠道，发展都市农业。发展观赏性农业，扩大绿地面积，美化城市景观；发展高科技、高附加值和高产优质的种植业、观光农业和休闲农业，为市民提供休闲、游乐和体验的农业场所；发展规模化农产品商品基地。大力发展绿色经济、循环经济、低碳经济，鼓励清洁发展、节约发展、安全发展，构建环境友好型、资源节约型的产业体系、增长方式和消费模式。

最后，依靠科技创新，加强资源综合利用，发展循环经济。鼓励开发利用可再生能源、再生资源；调整产业的部门结构，加快发展高新技术产业和第三产业，淘汰高能耗、高物耗、高污染、低效益的产业和企业；调整产业的空间结构，优化产业布局，培育发展产业集群，加快开发和推广节能减排技术、资源综合利用技术和生态修复重建技术等，培育一批节能减排科技示范园区，壮大环保产业；加强国家可持续发展实验区建设，引导产业集聚式发展。开展循环经济试点，努力培植一批清洁生产型示范企业，借由这些试点探索与甘肃省实际相符合的循环经济发展模式，带动甘肃省经济结构转型与升级。大力发展绿色经济、循环经济，引进开发无污染、高附加值高新技术产品。

2. 现代农业土地利用模式

现代农业土地利用模式，必须用现代物质条件装备农业，用现代科学技术改造农业，用现代产业体系提升农业，用现代经营形式推进农业，用现代发展理念引领农业，用培养新型农民发展农业，着力提高农业的水利化、机械化和信息化水平，提高土地的产出率、资源利用率和农业劳动生产率，提高农业的素质、效益和竞争力，加快发展农村生产力，切实转变农业增长方式，促进农业又好又快发展。

河西走廊等传统农业生产区，土地生产效率低下，随着全省土地整改的综合开展，传统农业生产区应抓住土地开发整理的契机，电讯、金融、仓储、市场建设等商业服务建设也须加快发展。减少农业污染排放，改善农业生态环境，优化农业结构，提高现有耕地和农业资源的利用率、产出率和农产品商品率，加速农业现代化进程，实现各功能区农业资源的永续利用。改善土地生态环境和生产条件。改造低产田土，对低洼之处退田还湖。改造低产田，提高地力，增加粮食产量，提高土地利用效益。抓好“田、水、路、林、村、屋”综合整治，促进城乡统筹发展和社会主义新农村建设，推动农业机械化和农业现代化，辐射和带动其他市州。结合地方资源优势实行现代农业土地利用模式，以培育大型农产品加工龙头企业为重点，大力发展粮棉油农副产品深精加工产业、绿色养殖业，提升畜禽与果蔬加工业水平，尽快形成高效益的产业集群和产业链，提高农业产业化经营水平，提升农产品附加值和效益。

3. 山地生态旅游土地利用模式

在综合考虑生态旅游环境容量、生物多样性保护、自然资源的可持续利用的前提下，选取例如榆中县兴隆山等景区，以当地奇特的地貌景观和秀美的自然风光为基础，建设高水平的、特色鲜明的旅游路线，大力发展生态旅游。围绕旅游市场，拓展、调整完善旅游产业结构，促进旅游产品由单一化向多元化转型，打造生态旅游绿色产品体系。调整产业结构，以旅游业为龙头，发展生态农业、生态工业。

4. 山地生态农业土地利用模式

在山区发展山地生态农业，应充分利用山区自然资源优势，走农、林、牧、草综合发展与矿产资源、旅游资源的多元化开发之路。推广应用“雨养旱作农业”，山地实行“林—药—果—粮”立体开发，在开发利用中要注重用养结合，把握开发程度，以维持良性生态平衡和获取最佳的综合效益。合理利用山区农业资源，让资源优势发挥最大作用。发展生态农业，精心打造现代农业园区和畜牧业生产小区，广泛采用标准化生产规程，力创绿色、有机食品品牌。推进土地合理有序流转，结合正在推行的“林改”工作，鼓励承包经营，不断探索股田制、农企联营等有效流转形式，推动耕地适度集中，提高农业规模经营程度，扶持培育规模基地和经营大户，促进土地向规模基地和开发大户集结，提高土地利用率和利用效益。

参考文献

摆万奇，赵士洞．2001．土地利用变化驱动力系统分析［J］．资源科学，23（3）：39－41.

蔡海生，林建平，朱德海．2007．基于耕地质量评价的鄱阳湖区耕地整理规划［J］．农业工程学报（5）：75－80.

蔡运龙，霍雅勤．2006．中国耕地价值重建方法与案例研究［J］．地理学报，61（10）：1084－1092.

蔡运龙，蒙吉军．1999．退化土地的生态重建：社会工程途径［J］．地理科学，19（3）：198－204.

陈百明．2013．耕地质量建设的生态与环境理念［J］．中国农业资源与区划，34（1）：1－4.

陈冬雪．2012．土地利用变化趋势及驱动力模型研究——以鄂州市为例［D］．武汉：中国地质大学（武汉）.

陈印军，肖碧林，方琳娜，等．2011．中国耕地质量状况分析［J］．中国农业科学，44（17）：3557－3564.

邓祥征，战金艳．2004．中国北方农牧交错带土地利用变化驱动力的尺度效应分析［J］．地理与地理信息科学，20（3）：64－68.

段慧平．2009．西北干旱区金塔绿洲土地利用变化及其环境影响研究［D］．济南：山东师范大学.

高明秀，李占军，赵庚星．2008．面向土地整理的项目尺度耕地质量评价［J］．农业工程学报（S1）：

128－132.
关伯仁．1979. 评内梅罗的污染指数［J］．环境科学（8）：67－71.
姜广辉，赵婷婷，段增强，等．2010. 北京山区耕地质量变化及未来趋势模拟［J］．农业工程学报（26）：304－310.
李平，李秀彬，刘学军．2001. 我国现阶段土地利用变化驱动力的宏观分析［J］．地理研究，20（2）：129－138.
刘纪元．1996. 中国资源环境遥感宏观调查与动态研究［M］．北京：中国科学技术出版社．
刘伟．2005. 城乡结合部耕地转化的驱动力研究［D］．北京：中国农业大学．
刘学毅．2007. 德尔菲法在交叉学科研究评价中的应用［J］．西南交通大学学报（社会科学版），（8）2：21－25.
刘衍君，唐庆新，白振华，等．2009. 基于地质积累与内梅罗指数的耕地重金属污染研究［J］．中国农学通报，25（20）：174－178.
马丽君，孙根年．2007. 中国陆路交通运输综合实力的评价［J］．统计与决策（17）：98－99
毛彦成，张勃，张华．2007. 绿洲土地利用/覆盖变化的社会经济与自然驱动力分析——以张掖市甘州区为例［J］．干旱区资源与环境（21）：90－94.
蒙吉军，李正国．2004. 河西走廊景观类型变化的社会经济驱动力研究［J］．中国沙漠，24（1）：56－62.
钱凤魁．2011. 凌源市耕地质量评价与立地条件分析［J］．农业工程学报（11）：325－329.
上官杨平．2008. 上海市土地利用变化及其环境影响研究［D］．上海：上海师范大学．
石淑芹．2008. 基于3S技术的区域性耕地资源变化影响评价模式研究［J］．农业工程学报（7）：91－96.
谭少华，倪绍祥．2005. 区域土地利用变化驱动力的成因分析［J］．地理与地理信息科学，21（3）：47－50.
温仲明，杨勤科，焦峰，等．2002. 试论区域土地利用变化的经济学原因及意义［J］．水土保持通报，22（2）：75－78.
吴豪翔．2011. 县级农田地力分等定级评价与施肥综合管理［J］．农业工程学报（12）：307－312.
吴壮金，周艳梅，周兴．2011. 广西北部湾经济区城市土地集约利用驱动力因素研究［J］．国土资源科技管理，28（1）：27－32.
伍育鹏，郧文聚，邹如．2008. 基于耕地质量评价的耕地产能核算方法及分布［J］．农业工程学报（S1）：85－89.
杨建锋，马军成，王令超．2012. 基于多光谱遥感的耕地等别识别评价因素研究［J］．农业工程学报（17）：230－236.
袁天凤．2007. 基于GIS的重庆市丘陵山地耕地质量评价与比较［J］．农业工程学报（11）：101－107.
袁秀杰，赵庚星，朱雪欣．2008. 平原和丘陵区耕地地力评价及其指标体系衔接研究［J］．农业工程学报（7）：65－71.
张惠，杨正礼，韩瑞玲．2009. 银川市农业结构调整的自然－社会经济驱动力分析［J］．干旱区资源与环境，23（10）：25－30.
张衍毓，王静，陈美景．2012. 河南省粮食生产核心区建设的战略思考［J］．中国土地科学，2（63）：18－22.
朱会义，何书金，张明．2001. 环渤海地区土地利用变化的驱动力分析［J］．地理研究，20（6）：669－678.
CaiYunlong. 1990. Land use and management in P R China［J］. Land Use Policy, 7（4）: 337－350.
Moon K, Marshall N, Cocklin C. 2012. Personal Circumstances and Social Characteristics as Determinants of

Landholder Participation inBiodiversity Conservation Programs [J] . Journal of Environmental Management, 113: 292 - 300.

Nitsch H, Osterburg B, Roggendorf W, et al. 2012. Cross Compliance and the Protection of Grassland—Illustrative Analyses of Land Use Transitions between Permanent Grassland and Arable Land in German Regions [J] . Land Use Policy, 2 (92): 440 - 448.

Poppenborg P, Koellner T. 2013. Do Attitudes Toward Ecosystem Services Determine Agricultural Land Use Practices? An Analysis of Farmers' Decision - Making in a South Korean Watershed [J] . Land Use Policy, 31: 422 - 429.

Schmitz M F, Matos D G G, et al. 2012. De AranzabalI. , Effects of a Protected Area on Land - Use Dynamics and Socioeconomic Development of Local Populations [J] . Biological Conservation, 14 (91): 122 - 135.

第六章　苏北煤矿开采区野外科研基地建设与土地资源可持续利用示范

第一节　苏北煤矿开采区野外科研基地建设

一、野外科研基地概况

（一）科研基地基本情况与特征

苏北煤矿开采区，也称徐州矿区，位于江苏省徐州市，其“东襟淮海、西接中原、南屏江淮、北扼齐鲁”，素有“五省通衢”之称，是重要的水陆交通枢纽和经济联系的“十字路口”，华东地区重要的煤炭基地。黄淮海经济区拥有众多全国煤炭生产矿区，如两淮基地（淮南矿区、淮北矿区）、鲁西南基地（兖州矿区、济宁矿区、新汶矿区、枣滕矿区、龙口矿区、淄博矿区、肥城矿区、巨野矿区、黄河北矿区）、河南基地（鹤壁矿区、焦作矿区、义马矿区、郑州矿区、平顶山矿区、永夏矿区）等，而徐州市是黄淮海经济区的中心，即徐州矿区也是黄淮海经济区资源开采中心，具有区域煤炭开采区的共同特征。经过30余年的开采，徐州矿区形成了关闭矿井、衰竭矿井和开采矿井并存格局，具有黄淮海经济区煤矿开采的典型性和代表性，建立苏北煤矿开采区野外科研基地具有重要的意义和价值。

徐州市境内坐落着3家大型煤炭企业，即徐州矿务集团有限公司、上海大屯能源股份有限公司、华润天能徐州煤电有限公司。既有大面积农田下采煤、湖下（微山湖）采煤的类型，也有大量压煤村庄需要搬迁的特点。目前，该区域均采用垮落法管理顶板开采煤炭，即煤炭采出后，采空区顶板全部垮落，必然造成开采区上方大面积土地塌陷，极大破坏地表景观。其主要影响包括：

（1）对土地的影响：煤层倾角、厚度等地质因素不同，塌陷区沉陷深度、积水情况、稳定性也不同。因此，塌陷区地形复杂，如高低不平、坑坑洼洼等。土地塌陷不仅改变了地表形态，也改变了土壤结构。土地塌陷后积水使土地受渍返碱，甚至无法耕种。

（2）对设施的影响：土地塌陷使斗渠、斗沟等以上级别的农田水利设施损毁，造成农田旱不能灌、涝不能排，农业生产力受到严重影响。土地塌陷也引起房屋裂缝、变形，甚至倒塌。桥梁的断裂、路网的变形、供电及通信系统的破坏，给人民群众生产、生活带来极大困难。

（3）对水体的影响：采煤破坏地下岩层，一些灰岩岩溶水相继断流，大批水井干涸，原本地下水质良好的富水区逐渐变为缺水区，致使工农业用水日趋紧张。地表塌陷积水区受矿井水排放、矸石淋溶等污染，地表水系受到污染。

（4）对环境的影响：矸石山不仅影响了矿区景观，而且压占了大量土地，特别是煤矸石中的化学物质氧化、溶解，对大气、水及土壤资源的生态环境造成不良影响。

苏北煤矿开采区分布在泉山区（原九里区）、贾汪区、铜山区（原铜山县）、经济开发区和沛县，采煤塌陷地分为重度塌陷、中度塌陷、轻度塌陷等3种类型。重度塌陷是指地表沉降3m以上，塌陷后形成常年积水区的，复垦难度大。中度塌陷是指地表沉降1.5～3m，易形成落差较大的斜坡地或季节性积水区，农田生产设施全部遭到破坏。轻度塌陷是指地表沉降在1.5m以内，表现为地面倾斜，地表水系遭到破坏，农田生产设施需要修复。积水和坡地是徐州矿区采煤塌陷地的主要表现形式，这些特征与淮南、淮北、兖州、焦作等采煤塌陷特征相似。

（二）基地建设历程

1994年以来，依托采煤塌陷地治理工程，基地加大对采煤塌陷地综合利用技术的探索与研究，以优先发展农业为重点，形成了采煤塌陷地充填复垦与非充填复垦体系、复垦土壤重构、建设用地再利用、水土调控与污染控制等技术，获得国家科技进步奖2项、省部级科技进步奖10余项，指导了黄淮海地区塌陷地治理工作。

2009年1月29日，中德合作项目签字仪式在德国首都柏林市总理府举行，国务院总理温家宝和德国总理默克尔共同出席。江苏省人民政府副省长、徐州市委书记与德国北莱恩威斯特法伦州州长共同签署了共建徐州生态示范区项目合作意向书。徐州塌陷区生态修复示范区合作项目已经形成“中德能源与矿区生态修复中心”的国际合作平台，该平台以“徐州东方鲁尔工业”为产业载体，以“中德研究中心”为技术平台，开展煤矿塌陷地生态修复工程、能源利用等项目。以基地建设为契机编制“中德合作徐州低碳生态区规划”，在产业经济、城市生态、城市建设、技术开发、人才培养等多个领域深化合作。2011年10月，黄淮海采煤塌陷地土地利用——江苏徐州野外基地被纳入国土资源部首批命名建设野外科学观测基地。2012年9月，国土资源部土地利用重点实验室淮海经济区科研基地挂牌运行。

二、野外科研基地基础条件建设

（一）办公场所

野外科研基地受中国土地勘测规划院的领导与指导，由徐州市国土资源局和中国矿业大学负责建设。野外科研基地办公场所设在中国矿业大学环境与测绘学院和徐州市国土资源局。野外科研基地管理办公室（含资料室）、分析测试部，配备计算机、打印机、复印机、电话（含传真）、资料柜等日常办公设备，以及分析测试仪器等。野外科研基地监测数据与信息处理中心依托徐州市国土资源局建设。

（二）科研观测仪器设备

中国土地勘测规划院主要为土地管理基础业务提供技术保障、为国土资源管理决策提供技术支持、组织实施国土资源大调查土地调查工程、促进国土资源科技创新、提高科技产业化水平。中国矿业大学环境与测绘学院将以“3S”为代表的空间信息技术作为手段或技术支撑，结合其他相关学科的理论与方法，研究国土环境及灾害监测、分析、评估、预报及控制的关键理论与技术，构建国土环境演变与灾害的预报、预警、评估、信息服务一体化的技术体系，其拥有具有国内领先水平重要仪器，主要包括低空数字摄影测量系统，智能野外测绘系统，数量众多的GPS、全站仪、数字摄影测量仪、测量工作站等测绘仪器，拥有包括地理信息系统软件、AutoDesk GIS 系列、Erdas 软件、NOVO Tellux Imager、Geoway 系列、Oracle 数据库软件、MapGuide 等数据处理软件，以及土壤采样、力学测试、环境分析等试验平台。

（三）科研队伍建设

野外科研基地研究队伍依托中国土地勘测规划院的领导和指导组建，并委派一名研究人员担任基地副主任，指导研究队伍建设与基地研究工作。其他研究人员由中国矿业大学环境与测绘学院和徐州市国土资源局人员组成。中国土地勘测规划院拥有一批专业水平高、技术能力强、业务素质好的研究人员，涉及土地经济学、土地法学、土地调查、土地评价、土地规划、土地管理、土地遥感、信息技术等领域。徐州市国土资源局在土地整治、矿山生态修复、土地监测、土地信息化等方面具有丰富的实践经验和较高的管理能力。中国矿业大学环境与测绘学院有国土环境与灾害监测国家测绘地理信息局重点实验室、江苏省资源与环境信息工程重点实验室、矿山生态修复教育部工程研究中心、国家环保清洁煤炭与矿区生态恢复工程技术中心等平台，在土地综合治理利用、土地生态监测与修复方面具有国内领先技术。

野外科研基地研究队伍由固定人员和流动人员组成，其中，固定人员 18 人，分别为中国矿业大学环境与测绘学院研究人员 10 人、徐州市国土资源局人员 8 人；流动人员若干名，由中国矿业大学相关领域的研究生和国内外访问学者构成。

（四）科研基地建设制度和机制建设

1. 组织机构

野外科研基地接受江苏省国土资源厅、中国土地勘测规划院的领导和指导，下设办公室、分析测试部、野外监测与信息处理中心。

野外科研基地决策机构是管理委员会，由直接依托单位（国土资源部、中国土地勘测规划院、国土资源部土地利用重点实验室、江苏省国土资源厅）代表及专家组成。管理委员会每届任期 3 年，负责审议野外科研基地重大事项，制定发展规划，确定阶段任务和目标，制定野外科研基地管理章程和工作模式。

野外科研基地咨询机构是技术委员会，其成员由国内土地资源管理行业相关的科技界、企业界人士，以及依托单位的技术骨干组成，对管委会提出的重大科技课题开展技术咨询，对重大技术研究开发工作计划、重大科研成果、国内外科技学术交流和培训项目进行审议。

野外科研基地实行主任负责制，由徐州市国土资源局局长担任主任，下设两名副主任，其中一名由国土资源部土地利用重点实验室派任，另一名副主任由中国矿业大学环境与测绘学院研究骨干担任。主任与副主任执行管理委员会的决策，负责组织、实施、管理野外科研基地的各项日常工作。

2. 运行机制

野外科研基地拟采用技术转让、技术入股、技术参与等方式实现产业化。在国家产业政策、技术政策的指导下，发挥市场机制作用，实行有偿服务取得经济效益，增强自身发展能力；利用各种形式，对研究科技成果和优势技术进行推广，保证基地的正常运行和顺利发展。

3. 投入机制

野外科研基地承建单位提供研究开发场所和仪器设备，近期监测和运行主要依托申请国家、省部级科技项目及基地建设经费开展。后期基地运行按市场经济模式运作，实行科技导向，保证投入、产出比例合理性，以取得良好的经济效益。研究开发项目实行竞争淘汰机制，以滚动方式不断淘汰落后项目，不断开发新项目，吸收有价值的重要研究成果进行后续工程化研究，以推进科技成果的不断转化。

三、科研基地野外观测站网布设

（一）监测技术体系设计

苏北煤炭开采区土地资源数量—质量—生态监测的主要目标是针对黄淮海煤炭开采区的土地利用演变特征，重点监测煤矿开采造成的土地塌陷程度、土壤污染状况、土地退化等，并选择监测场地和对照观测场布设观测样点。科研基地野外观测选择在关闭矿井、枯竭矿井和生产矿井所在区域布设野外监测站网。

（二）布设原则、布点方法、站点布设图

1. 布点原则

依据对煤矿开采区土地资源数量—质量—生态状况特征与演变规律的分析，综合总结土地生态空间变异的影响因素的需求，确定野外观测站网的监测点布控原则，进而了解区域自然条件、土地利用程度、土地生态状况的经济与社会影响因素。监测点个数的合理确定主要取决于煤矿开采区土地空间变异程度的研究精度要求，同时考虑监测成本和可操作性。因此，野外监测站网的监测点布设原则具有重要作用。

（1）典型性。样点监测值能准确反映黄淮海煤矿开采区土地资源数量、质量、生态的等级水平和演变规律，同时能反映不同煤矿开采时期的土地资源状况。

（2）代表性。监测样点能重点反映土地资源数量、质量和生态的相似性与差异性，可通过样点监测快速、全面、准确地确定区域土地资源的状态特征。

（3）均匀性。为全面反映监测区域的土地资源的平均水平及变异规律，监测样点布局要分布均匀，能够反映区域不同土地资源的演变状况。

（4）稳定性。监测样点应能长期定位定点监测，不得随意改动监测点位置，同时做好保护工作。

2. 布点方法

根据土壤类型、肥力等级、地形或污染状况等因素，按照随机方法将采样范围分为若干采样单元，每个采样单元内布设一个采样点，布点方法包括简单随机法、分块随机法、系统随机法（图6-1）。

（1）简单随机法。如果土壤性质或元素是随机分布的，或者采样区是均匀且地形地貌一致时，可采用简单随机法布设监测点。将采样区域分成网格，对每个网格进行编码，决定采样点数后，随机抽取规定的样品数，样本号码对应的网格号即为采样单元。随机数的获得可采用掷骰、抽签、查随机数表等方法。

（2）分块随机法。如果采样区域的土壤性状有显著变异或地形地貌、种植制度有明显的差异，可将区域分成几个亚区，每个亚区内土壤条件基本一致而亚区间的土壤条件差异较明显，在每个亚区内随机布设监测样点。在分块科学的前提下，样点的代表性比简单随机法确定的样点代表性强。

（3）系统随机法。将采样区域分成面积相等的网格，每个网格即为一个采样单元的方法，称为系统随机法布点。如果区域内土壤条件变化较大，系统随机布点比简单随机法采样的样点代表性强。

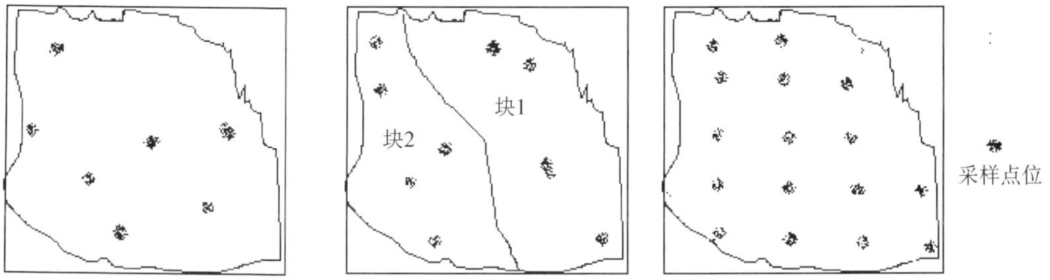

图6-1　样点布设方式示意图

监测样点的多少取决于区域大小、土壤类型、地形复杂程度及工作精密度要求等。平原地区的大田作物样点布设可少些，丘陵地区的园艺作物要适当加大样点布设密度。

样点数量估算：

$$N=\frac{t^2\times C_v^2}{S} \tag{6-1}$$

式中：N为样点数；t为选定置信水平（一般为95%）自由度下的t值；C_V为变异系数（%）；S为面积。

3. 站点布设图

为提高土地资源管护的信息化和科学化水平，满足土地资源数量—质量—生态管理的需要，在中国土地勘测规划院、国土资源部土地利用重点实验室领导下，以苏北煤矿开采区土地资源利用为研究对象，围绕煤矿开采区土地资源监测与利用问题，选择贾汪区潘安湖生态复垦区、铜山区柳新镇农地复垦区和沛县杨屯镇煤炭开采区作为监测样区，并采用系统随机法布设监测样点（图6－2～图6－5）。

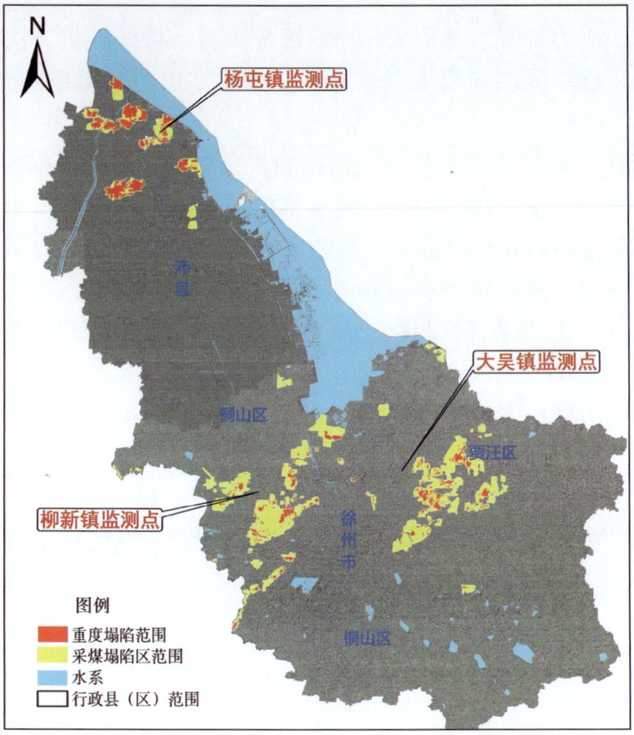

图6－2　苏北煤炭开采区野外监测区分布图

图6－3　铜山区柳新镇农地复垦区监测点分布图

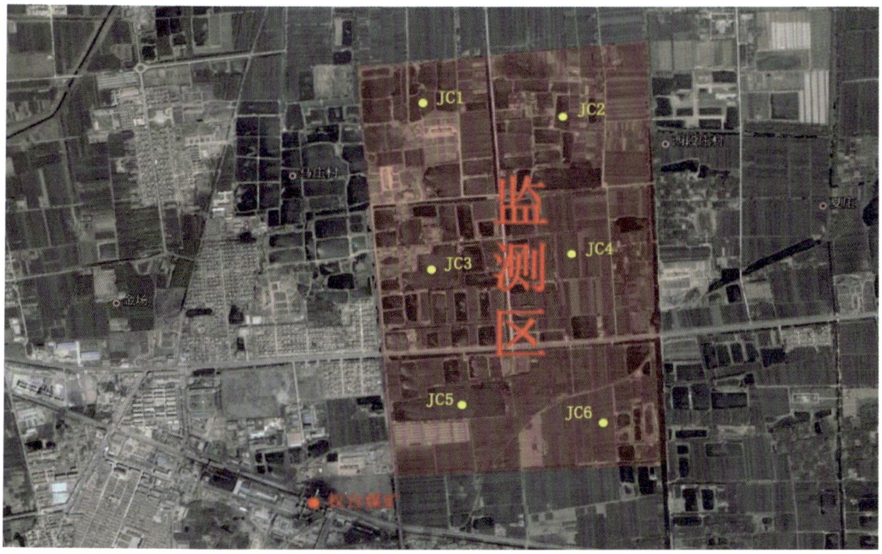

图6－4　贾汪区大吴镇潘安湖生态复垦区监测点分布图

图6－5　沛县杨屯镇煤炭开采区监测点分布图

四、科研基地设想

1．基地建设与“政产学研”有机结合

土地资源管理是一项政策性很强的工作，但政策制定需要基础信息的支撑。依托研究机构和高校的优势，建立长期监测站和获取土地利用数据信息，可以为政策制定提供依据。下一步，将依托基地建设，以“宜农则农、宜林则林、宜工则工、宜建则建、宜生态则生态”为原则，开展塌陷区生态修复、土壤重构、废弃地建设再利用研究。

2. 全面增强科研基地创新能力

进一步完善监测方案，开展长期稳定监测，积累大量基础数据；建立健全基地运行机制，完善基地运行的各项规章制度，保障基地的顺利运行；加强推进基地建设，尽快将野外基地建设成人才培养和科研载体的平台。

第二节 苏北煤矿开采区土地资源综合监测数据分析

一、土地资源数量评价

（一）土地资源数量动态变化

1. 土地利用数量结构

土地资源数量分析是对区域内土地数量、类型、组合类型的具体评价与分析，对衡量一个地区土地资源的多寡、结构均衡度及利用态势具有重要价值。

（1）土地利用类型多样性指数。土地利用类型多样性指数用于表征区域内各种地类的齐全程度及多样化水平，是反映土地利用类型总体结构的重要指标。采用吉布斯－马丁指数度量，其计算公式：

$$GM = 1 - \frac{\sum_{i=1}^{n} X_i^{\ 2}}{(\sum_{i=1}^{n} X_i^{\ 2})^2} \tag{6-2}$$

式中：GM 为多样性指数；X_i 为第 i 种土地利用类型的面积。

通常 $0 \leqslant GM < 1$，其值越高，表明土地利用结构越复杂，稳定性也越高；其值越小，表明土地利用结构越简单，稳定性也较低，抗干扰能力也相应降低；当 $i = 1$，说明只有一种土地利用类型，此时 $GM = 0$，多样化指数最小。如果土地利用类型多样，则 n 越大，GM 越接近 1。当 $n \to \infty$ 时，多样化指数 $GM \to 1$，达到最大值。

（2）土地数量结构集中化。土地数量结构集中化是测算各种土地类型的集中或分散程度的结果，可利用洛伦兹曲线分析。首先，计算区域内各种土地类型面积占总土地面积的百分比，并由大到小排列；然后，计算土地利用类型的累计百分比并绘制曲线（图 6－6）。

2. 土地利用变化幅度

土地利用变化幅度是指土地利用类型面积的变化，反映不同土地利用类型在总量上的变化，了解土地利用变化总态势和该时段内人类活动对土地资源利用变化的强弱程度，其表达式为

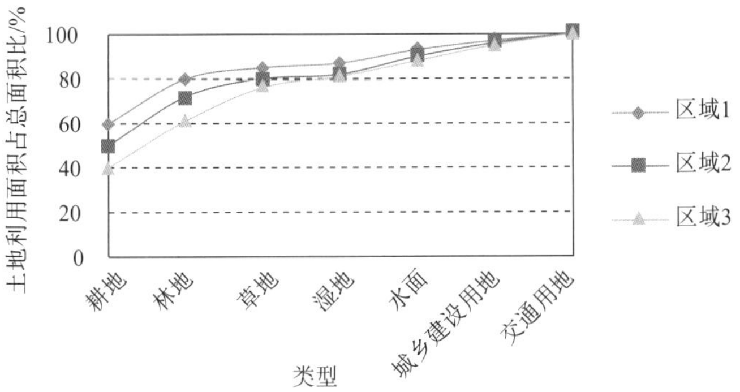

图6-6　土地利用洛伦兹曲线

$$Z = U_b - U_a \tag{6-3}$$

式中：Z 为研究时段内某一土地利用类型的总变化幅度；U_a、U_b 分别为研究期初、期末某种土地利用类型的面积（单位为 hm^2）。

3. 土地利用变化速度

土地利用动态度也称土地利用类型变化率指数，可定量描述区域土地利用变化速度，直观反映类型变化幅度与速度，也可通过类型间的比较反映变化的类型差异，探测其背后的驱动或约束因素。土地利用动态度分为单一土地利用动态度与综合土地利用动态度。

（1）单一土地利用动态度。单一土地利用动态度可表达区域一定时间范围内某种土地利用类型的数量变化情况，其计算公式为

$$K = \frac{U_b - U_a}{U_a} \times \frac{1}{T} \times 100\% \tag{6-4}$$

式中：K 为研究时段内某一土地利用类型的动态度；U_a、U_b分别为研究期初及研究期末某一土地类型的数量；T 为研究时段长度，当将 T 的时段设为年时，K 的值就是该研究区域某种土地利用类型年变化率。

（2）综合利用动态度。土地综合利用动态度可描述区域土地利用变化的速度，其公式表示为

$$LC = \left[\frac{\sum_{i=1}^{n} \Delta LU_{i-j}}{2\sum_{i=1}^{n} LU_i}\right] \times \frac{1}{T} \times 100\% \tag{6-5}$$

式中：LC 为研究区域土地综合利用动态度；LU_i为监测起始时间第 i 类土地利用类型面积；ΔLU_{i-j}为监测时段第 i 类土地利用类型转化为非 i 类土地利用类型面积的绝对值；T 为监测时段长度，当将 T 的时段设定为年时，LC 的值就是该研究区域土地利用年变化率。

4. 土地利用类型转移矩阵

土地利用变化幅度、土地利用动态度等是基于时间特征的定量分析方法，只能从总体上把握区域土地利用动态变化的特点与趋势，不能反映土地利用结构内在的变化过程。为更准确地揭示土地利用动态变化的空间过程，需定量地分析不同土地利用类型相互状况的

数量和比例。一般认为，某种土地利用变化类型在一段时期内的空间格局变化包含三种空间类型：①未变化部分（U_{si}）；②转移部分［$S(i, t_1) - U_{si}$］：第 i 类土地利用类型转变为其他非 i 类土地利用类型；③新增部分［$S(i, t_2) - U_{si}$］：其他非 i 类土地利用类型转变为第 i 类土地利用类型（图 6－7）。只有充分考虑每种土地利用类型变化的 3 个方面的去向及来源，才能清晰地揭示区域内各土地利用类型之间的相互转化规律。

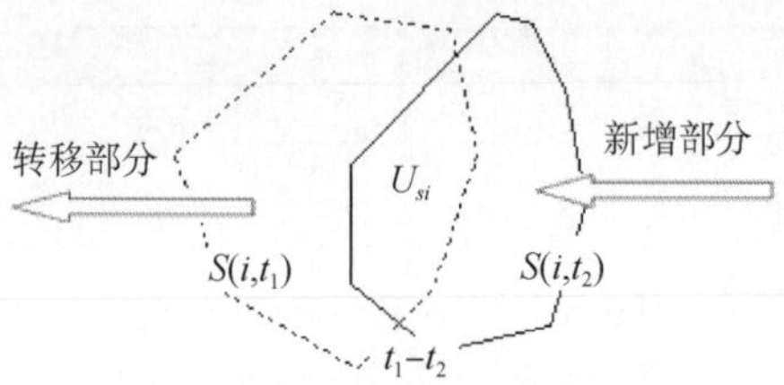

图 6－7　土地利用动态变化过程

Markov 转移矩阵可全面刻画区域土地利用变化的结构、特征和各用地类型变化的方向，反映在特定时间间隔下，一个亚稳态系统由 T 时刻向（$T+1$）时刻状态转化的一系列过程，是一种“无后效性”的特殊随机运动过程。Markov 模型在土地利用类型转化上应用的关键在于转移概率的确定。若以土地利用类型面积的转移概率为矩阵中的元素，则转移矩阵数学形式为

$$P_{ij} = \begin{vmatrix} P_{11} & P_{12} & P_{13} & \cdots & P_{1n} \\ P_{21} & P_{22} & P_{23} & \cdots & P_{2n} \\ P_{31} & P_{32} & P_{33} & \cdots & P_{3n} \\ \vdots & \vdots & \vdots & \vdots & \vdots \\ P_{n1} & P_{n2} & P_{n3} & \cdots & P_{nn} \end{vmatrix} \qquad (6-6)$$

式中：P_{ij}是土地利用类型 i 转化为土地利用类型 j 的转移面积。

Markov 转移矩阵模型不仅反映研究初期、研究末期的土地利用类型的结构，还反映研究时段内各土地利用类型的来源。同时，能生成区域内土地利用转变的转移概率矩阵，揭示不同类型之间的转移速率，更好地了解土地利用格局的时空演变过程。

5. 土地利用程度变化模型

土地利用程度变化是指人类对这一基本生产资料的利用程度，包括人类对土地的改造程度和土地的变化程度，一个区域的土地利用程度变化是各种土地利用类型综合变化的结果，其变化程度可以定量地反映区域土地利用的综合水平及变化趋势。土地利用程度主要反映土地利用的广度与深度，不仅反映土地本身的自然属性，也反映人类活动对自然环境因素的综合效应。刘纪远等从生态学角度提出了土地利用程度的综合分析方法，将土地利用程度按照土地自然综合体在社会因素影响下的自然平衡状态分为 4 种土地利用等级（表 6－1），给出了土地利用程度综合指数和土地利用程度变化模型的计算公式。

表 6-1　土地利用类型及分级

项目	未利用土地级	林地、草地、水体用地级	农业用地级	城镇聚落用地级
土地利用类型	未利用地或难利用地	林地、草地、水体	耕地、园地、人工草地	城镇、居民点、工矿地、交通用地
分级指数	1	2	3	4

土地利用程度综合指数是人类活动对土地改造和利用的综合反映，主要反映在土地利用的广度和深度上，其定量化计算公式为

$$L = 100 \times \sum_{i=1}^{n} A_i \times C_i \tag{6-7}$$

式中：L 为土地利用程度综合指数；A_i 为研究区内第 i 级土地利用程度分级指数；C_i 为研究区内第 i 级土地利用程度分级面积百分比；n 为土地利用程度分级数。L 的范围为 [100，400]。

一个特定范围内土地利用程度的变化是多种土地利用类型变化的结果，土地利用程度及其变化量和变化率可定量地揭示该范围土地利用的综合水平和变化趋势。土地利用程度变化值或土地利用程度变化率可表示为

$$\Delta L_{b-a} = L_b - L_a = 100 \times \left[\sum_{i=1}^{n} (A_i \times C_{ib}) - \sum_{i=1}^{n} (A_i \times C_{ia}) \right] \tag{6-8}$$

$$R = \left[\sum_{i=1}^{n} (A_i \times C_{ib}) - \sum_{i=1}^{n} (A_i \times C_{ia}) \right] / \sum_{i=1}^{n} (A_i \times C_{ia}) \tag{6-9}$$

式中：L_a 和 L_b 分别为研究期初和研究期末的区域土地利用程度综合指数；A_i 为第 i 级土地利用程度分级指数；C_{ia} 和 C_{ib} 分别为研究期初和研究期末第 i 级土地利用程度面积百分比。若 $\Delta L_{b-a} > 0$ 或 $R > 0$，则该区域土地利用处于发展期，否则处于调整期或衰退期。

6. 土地利用结构变化模型

土地利用结构变化是反映人类利用土地资源过程中，土地利用的发展趋势，其演化趋势可以借助一个区域土地利用结构的信息熵、均衡度和优势度 3 个模型来表达和测度。

（1）土地利用结构信息熵。熵的概念起源于物理学，用于度量热力系统的无序程度，在信息论中，熵值是不确定性的量度，熵值越高，信息传输越多，熵值越低，则意味传输信息越少。土地利用系统是由社会、经济、自然等子系统耦合而成的复合生态系统，是一个复杂的多目标、多层次、多功能的动态生态系统，各个子系统通过人类活动过程交织在一起，各个子系统的物质流、能量流、信息流及价值流通过生产、流通、分配和消费等环节动态、有序地耦合关联，其有序程度可以用信息熵来描述和刻画。土地利用结构信息熵指数可用于描述土地利用分割的程度，在一定程度上反映了人类活动对土地利用的影响，可综合反映某区域在一定时段内各种土地利用类型的动态变化及其转换程度，对区域土地利用结构调整具有指导意义。

信息熵指数的高低可反映区域土地利用的均衡程度，熵值越高，表明不同功能的土地利用类型数越多，各类型的面积相差越小，土地分布越均衡。当区域各用地类型的面积相等时，熵值达到最大，表明土地利用达到了均衡状态。表达公式为

$$H = -\sum_{i=1}^{n}(P_i \cdot \ln P_i) \tag{6-10}$$

式中：H 为土地利用结构信息熵；P_i 为各类土地利用类型与该区域土地总面积的百分比；n 为土地利用类型。

（2）土地利用均衡度。均衡度和优势度反映区域土地利用中不同职能土地利用类型的分配均衡程度。均衡度是信息熵与最大熵之间的比值，其取值范围为 $E \in [0, 1]$，当 $E = 0$ 时，土地利用处于最不均衡状态；当 $E = 1$ 时，表明各种土地利用类型分布均衡程度趋于最大。其表达式为

$$E = H/H_{\max} = -\sum_{i=1}^{n}(P_i \cdot \ln P_i)/l_{nm} \tag{6-11}$$

式中：E 为土地利用均衡度；$H_{\max} = l_{nm}$ 为多样性指数的最大值；m 为土地利用类型的数量；P_i 为第 i 类土地利用类型面积占土地总面积的比例。均衡度（E）越大，区域土地利用的均质性就越强，由于职能类型得到了考虑，且其值在 0～1 之间变化，与信息熵相比，均衡度数值更具有直观性和可比性。

（3）土地利用优势度。其表示景观多样性对最大多样性的偏离程度，或描述景观由少数主要景观类型控制的程度，优势度的值越大，表面偏离程度越大，反之，则表面偏离程度较小，优势度为零时，表示景观完全均质，土地利用优势度（D）是反映区域内一种或几种土地利用类型支配该区域土地利用类型的程度，与均衡度恰好相反，其表达式为

$$D = 1 - E \tag{6-12}$$

7. 粮食安全指数

粮食生产数量既要能够满足人口食用、养殖业、工业及其他国民经济正常发展所需的日益增长的用粮需求，又要与全面建设小康社会目标和进程的客观需要相匹配（自给粮）；既要储备一定数量的粮食作为实现粮食产销宏观调控的重要手段来平衡粮食供求关系，又要满足重大自然灾害、突发性事件及粮食明显供不应求时居民对粮食的应急需求（储备粮）；同时，对于粮食主产区和国家的重要粮食生产基地而言，需要向区域外调出一定数量的粮食（外调粮），以保证国家的粮食安全。因此，区域粮食安全应是区域耕地面积所产出的粮食在满足该区域所有人口的正常生活及健康发展需要的自给粮外，还要满足储备和外调需要。

（1）粮食安全指数。根据区域粮食安全的定义，结合吴文斌、张少杰等学者对我国粮食安全评价体系的研究，构建了综合考虑区域自给粮、外调粮和储备粮的“粮食安全指数”来测算区域的粮食安全水平。粮食安全指数的计算公式如下：

$$FSI = \frac{ALC}{FD + FR + FP} \times 100\% \tag{6-13}$$

式中：FSI 为粮食安全指数；ALC 为人均粮食生产力；FD 为人均粮食消费量；FR 为人均粮食储备量；FP 为人均粮食外调量。

（2）人均粮食生产力。保护耕地并保育农田生产力是实现粮食安全的重要保障之一。为了缓解粮食安全和农业经济发展的矛盾，国家提出坚守 18 亿亩耕地红线的耕地保护战略，为国家粮食安全提供基础保障。周小萍从土地利用方式的转变、播种面积和复种指数的提高等角度来量化粮食生产能力的变化。人均粮食生产力的计算公式如下：

$$ALC = RALA \times MCIRF \times RGT \times PA \tag{6-14}$$

式中：ALC 为人均粮食生产力；$RALA$ 为人均播种面积；$MCIRF$ 为粮食作物复种指数；RGT 为粮食作物播种面积比；PA 为单位播种面积粮食产量。

（3）人均粮食消费量。人均粮食消费量是目前反映人均实际生活水平的一项重要指标，国务院 2001 年颁布实施《中国食物与营养发展纲要》，预测 2010 年达到小康水平，人均粮食消费量 420kg；2030 年实现全面小康，人均粮食消费量 440kg。为此，在这里选用人均粮食消费量 430 kg。

（4）人均粮食储量及外调量。粮食储备是为保证非农业人口的粮食消费需求，调节粮食市场供求平衡、稳定粮食市场价格、应对重大自然灾害或其他突发事件而建立的一项物资储备制度；而黄淮海平原煤矿区是粮煤复合区，是国家的粮食主产区，处于每年区域粮食外调状况。为简化算法，用人均粮食消费量衡量人均粮食储量及外调量，即：

$$FR + FP = FD \times k \tag{6-15}$$

式中：k 为常数，并且 $k \geqslant 0$。

借鉴尹惠斌对粮食安全评价的研究，确定粮食安全判断标准（表 6－2）。

表 6－2　粮食安全判断标准

粮食安全指数	<50%	50% ~80%	80% ~100%	100% ~120%	>120%
安全等级	很不安全	不安全	基本安全	安全	很安全

（5）粮食安全指数变化率。粮食安全指数是某一时刻的评价指标，没有动态性，容易忽视土地资源的变化对粮食安全的影响。根据土地资源监测的目的，衡量土地资源数量变化对粮食安全的影响，采用粮食安全指数变化率，其公式为

$$\alpha = \frac{FSI_1 - FSI_2}{t_1 - t_2} \times 100\% \tag{6-16}$$

式中：FSI 为粮食安全指数；t_1，t_2 为不同的时间节点。若 $\alpha \geqslant 0$，说明土地资源的变化有利于提高地区粮食安全；若 $\alpha < 0$，说明土地资源的变化减弱了地区粮食安全。

（二）土地资源数量动态变化分析

1. 土地利用结构与变化幅度

利用 1987—2010 年遥感影像解译数据，统计研究区土地利用结构变化图（图 6－8）、利用式（6－3）、式（6－4）、式（6－5）计算土地利用变化幅度、单一土地利用动态度指数和综合土地利用动态度指数（表 6－3）。由图 6－8 得出 1987—2010 年间各土地利用类型中，耕地比例一直居首位，占区域比例的 56% 以上；建设用地次之，从 1987 年的 13. 87% 增加到 2010 年的 23. 51%；第三位为林地，从 1987 年的 14. 64% 降为 2010 年的 10. 76%；水体逐年增加，从 1987 年的 2. 90% 增加到 2010 年的 7. 67%；草地比例最小，约占总面积的 1. 32%。

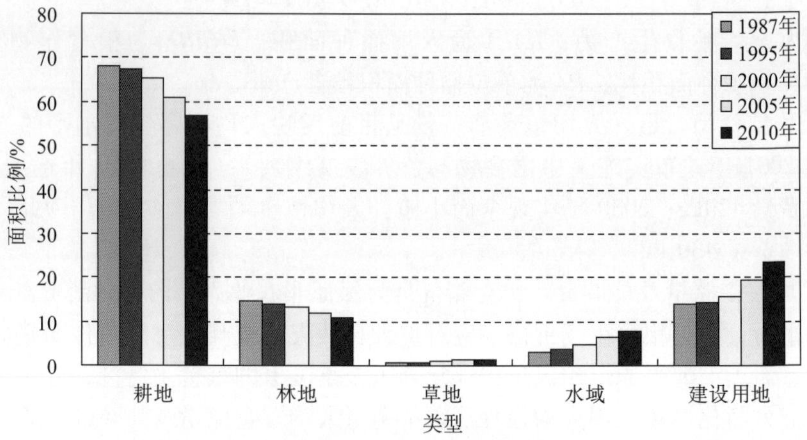

图6－8　贾汪矿区土地利用结构

表6－3　1987—2010年贾汪矿区土地利用类型变化幅度与速度

时间段	类型	耕地	林地	草地	水域	建设用地
1987—1995年	变化幅度/hm²	－245.45	－494.89	69.59	458.69	212.06
	单一动态度/%	－0.07	－0.68	2.22	3.21	0.31
	综合动态度/%	0.30				
1995—2000年	变化幅度/hm²	－1447.08	－310.04	117.10	652.43	987.58
	单一动态度/%	－0.69	－0.73	5.07	5.81	2.25
	综合动态度/%	1.14				
2000—2005年	变化幅度/hm²	－2661.27	－778.50	199.23	1159.31	2149.14
	单一动态度/%	－1.32	－1.89	6.88	8.00	4.40
	综合动态度/%	2.25				
2005—2010年	变化幅度/hm²	－2564.98	－811.09	38.38	673.56	2596.09
	单一动态度/%	－1.37	－2.18	0.99	3.32	4.36
	综合动态度/%	2.16				

注："－"表示减少的面积。

研究区土地利用类型变化速度较大，集中体现为耕地持续减少、建设用地和水域面积增加。建设用地增加主要表现为城镇用地扩张和独立工矿用地的增加，水域面积增加集中表现为采煤塌陷积水面积逐渐增多。从土地利用变化幅度看，表现为耕地、林地持续减少，1987—2010年净减少6918.77hm²和2394.52hm²，而建设用地和水域快速增加，净增面积为5944.87hm²和2943.99hm²。从单一土地利用动态度看，水域面积变化速度最快，1987—1995年、1995—2000年和2000—2005年动态度分别达到3.21%、5.81%和8.00%，2005—2010年水域变化速度有所减缓，动态度为3.32%，主要是土地复垦将部分塌陷水体复垦为其他土地。耕地动态度较小的主要原因是耕地基数较大。综合土地利用动态度反映各土地利用类型的内部变化，贾汪矿区综合土地利用程度呈急剧增加趋势。

2. 土地利用结构变化

土地利用结构信息熵描述土地利用结构的有序度和复杂度，而均衡度和优势度描述区域土地利用类型之间面积和大小差异，以及土地利用结构格局，可以综合反映研究区域各种土地利用类型的动态变化及转换程度，根据式（6－10）、式（6－11）、式（6－12）计算贾汪矿区1987—2010年土地利用结构信息熵、土地利用均衡度和优势度（图6－9）。由图6－9可得土地利用信息熵持续上升，从0.95升为1.16；土地利用均衡度也逐步增加，由1987年的0.59上升到2010年的0.72；优势度由0.41下降到0.28，说明土地利用朝着相对无序状态演化，其主要原因是随着改革开放政策的推进及资源与区位优势，社会经济和建设迅速发展，以采矿工业为主导的产业迅速发展，使得土地利用结构朝着无序度方向发展。2000年以后，城市化进度加大，城市扩张、资源能源需求加大，土地利用结构的无序度再次升高；2005年以后，土地管理制度不断完善，严格控制农地非农化和建设用地规模，建立了以耕地保护为核心的土地管理制度，实施采煤塌陷土地复垦工程补充耕地数量。因此，土地利用结构信息熵和均衡度收敛和下降，土地利用结构的无序程度有所下降，但依然处于无序状态。为此，土地节约集约利用应以人和自然协调发展为准则，通过对土地资源合理规划、开发、利用和保护，促进土地系统向有序方向发展，建立健康有序的生态机制，实现经济、社会与自然环境可持续发展。

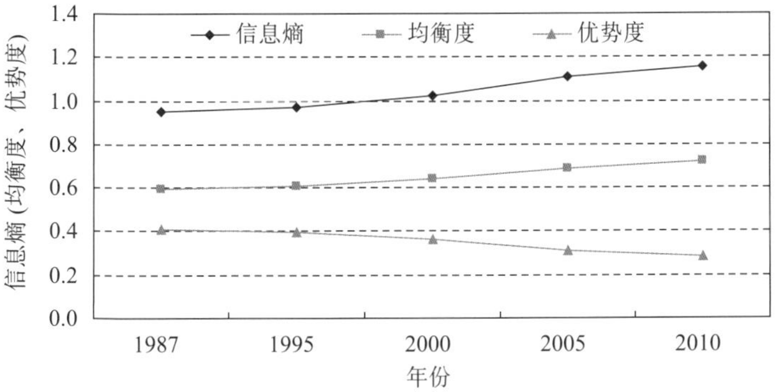

图6－9　1987—2010年贾汪矿区土地利用结构指数

3. 土地利用程度变化

土地利用综合程度指数反映区域土地利用的集约程度，一方面可反映特定时期的土地利用程度，另一方面通过指数变化反映区域土地利用程度的变化。根据式（6－7）、式（6－8）得到贾汪矿区1987—2010年土地利用程度综合指数和土地利用程度变化率（图6－10，图6－11）。由图可得：贾汪矿区土地利用综合程度逐渐增大，尤其是2000年以后，土地利用综合程度明显加大，各时段土地综合利用程度指数变化率 R 均大于0，说明处于持续快速发展时期。

4. 土地利用类型转换

土地利用状况转移矩阵可全面具体地刻画区域土地利用变化的结构特征与各用地类型变化的方向。将土地利用数据分别两两叠加分析，得到1987—1995年、1995—2000年、2000—2005年和2005—2010年土地利用类型在空间和数量上转换特征（表6－4～表6－7）。

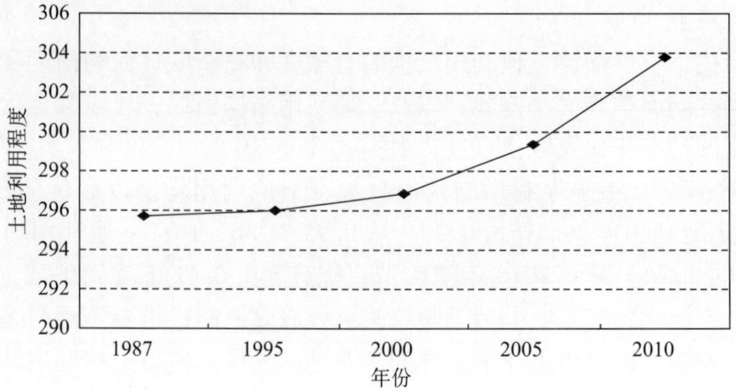

图 6-10　土地利用变化程度综合指数

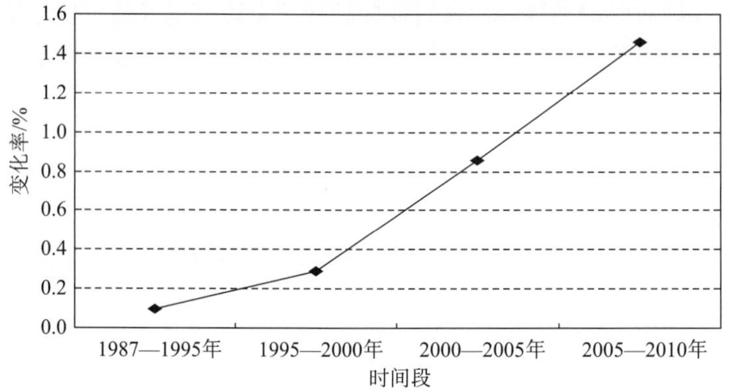

图 6-11　土地利用程度变化率

从土地利用转移矩阵可看出，贾汪矿区土地利用空间格局变化主要表现在：

（1）由表 6-4 可看出：1987—1995 年耕地主要转化为建设用地，其次为水域和林地，转移量分别为 964.64hm^2、476.03hm^{2}和 258.04hm^2。耕地转为建设用地主要来源于两个方面，一方面，来自城镇化发展导致建设用地的增加；另一方面，由煤炭资源开发带来的工矿占用耕地较多。耕地转化为水域主要来自于塌陷水体，采煤塌陷地积水而损坏耕地。林地有 679.53hm^{2}转化为耕地，水域主要来源于耕地和建设用地，主要是塌陷积水占用耕地和工矿用地等原因。

表 6-4　1987—1995 年贾汪矿区土地利用类型转移矩阵　　单位：hm^2

	耕地	林地	草地	水域	建设用地	1987 年合计
耕地	40134.93	258.04	88.38	476.03	964.64	41922.03
林地	679.53	8204.41	56.80	12.37	77.71	9030.83
草地	0.19	0.00	374.43	0.00	17.69	392.30
水域	63.59	0.00	0.00	1640.71	54.17	1788.47
建设用地	798.33	73.49	12.28	418.05	7257.67	8559.83
1995 年合计	41676.57	8535.94	461.89	2247.17	8771.89	61693.46

（2）由表6-5表明：耕地与林地减少幅度最大，耕地减少的速度明显加快，主要转化为建设用地、水体和林地，分别转化1913.06hm^2、344.42hm^{2}和311.80hm^2。城镇用地、农村居民点用地和独立工矿用地发展较快，净增长987.58hm^2，与1987—1995年相比，增加了近5倍，主要由耕地转化而来。林地减少的趋势有所缓和，主要转化为耕地和草地。林地一方面转化为耕地，另一方面随着城市化，开山采石等工业发展较快，林地破坏或退化为草地等类型。水域面积增加有增长趋势，年净增加面积由1987—1995年的57.33hm^{2}增加到1995—2000年的130.47hm^2，水体增加主要来源于耕地和建设用地，主要原因是这一段时期煤炭开采导致地面塌陷，塌陷区占用了耕地、工矿用地和农村居民点用地。

表6-5　1995—2000年贾汪矿区土地利用类型转移矩阵　　单位：hm^2

	耕地	林地	草地	水域	建设用地	1995年合计
耕地	39093.09	311.80	14.20	344.42	1913.06	41676.57
林地	560.96	7734.80	129.15	19.22	91.80	8535.94
草地	53.08	97.13	365.20	0.01	16.47	531.89
水域	182.61	5.82	0.01	2287.89	70.83	2547.17
建设用地	1139.75	76.35	53.42	148.06	6984.31	8401.89
2000年合计	40229.50	8225.91	578.99	2899.60	9759.48	61693.46

（3）由表6-6可发现，耕地、林地快速减少，转出为建设用地的仍然最多，转化了4190.73hm^2。转为水体和林地的比例增大，分别为607.74hm^{2}和557.49hm^2，耕地转移呈现多样化趋势，和前两期相比，表现为对耕地综合利用程度加大。从转化类型看，主要来源于耕地和林地，同时，水体转化为建设用地比例增加；水域面积有增加趋势，主要来源于耕地与建设用地，水体有310.72hm^{2}和147.69hm^{2}转化为耕地和建设用地，主要是随着土地复垦工程的实施，塌陷水体复垦为可耕种的土地和城市建设用地等。

表6-6　2000—2005年贾汪矿区土地利用类型转移矩阵　　单位：hm^2

	耕地	林地	草地	水域	建设用地	2000年合计
耕地	36348.94	557.49	22.03	607.74	4190.73	40229.50
林地	782.03	6996.11	58.20	6.20	383.36	8225.91
草地	73.79	69.67	379.24	3.00	36.28	578.99
水域	310.72	20.67	0.00	2320.51	147.69	2899.60
建设用地	952.68	97.45	18.74	156.89	7050.55	9759.48
2005年合计	37568.23	7447.40	778.22	4058.91	11908.62	61693.46

（4）由表6-7可看出，耕地、林地仍表现为持续快速减少趋势，分别减少2564.98hm^{2}和811.08hm^2；建设用地表现为持续高速增加态势，并有加强的趋势，主要由耕地和水域转化而来，分别转化2966.83hm^{2}和598.08hm^2；林地表现为较快减少，主要转化为耕地和建设用地，主要来自林地周围耕地的开发、开山采石及城市化发展。有1890.02hm^{2}耕地转化为林地，占新增林地的81.28%。这段时期，水域面积仍在增加，主要来源于塌陷水体占用耕地和建设用地，分别转化363.37hm^{2}和208.27hm^2。但与上一时

期相比，增加趋势有所下降，主要是由于水体转出为耕地和建设用地，分别转化652.59hm^{2}和598.08hm^2，原因是大量塌陷水体被复垦为耕地和建设用地，土地复垦工程效果明显。

表6-7 2005—2010年贾汪矿区土地利用类型转移矩阵 单位：hm^2

	耕地	林地	草地	水域	建设用地	2005年合计
耕地	32840.80	1890.02	7.09	363.37	2966.83	37568.23
林地	705.92	6710.87	9.00	16.19	299.35	7447.40
草地	14.97	134.79	285.47	3.50	39.49	778.22
水域	652.59	0.32	2.23	2241.13	598.08	4058.91
建设用地	1736.30	300.31	12.81	208.27	8550.92	11908.62
2010年合计	35003.25	6636.31	816.60	4732.47	14504.70	61693.33

二、土地资源质量评价

土地资源质量评价是指在土地资源调查、土地类型划分后，以土地合理利用为目标，根据特定目的对一定的土地用途及土地的属性作质量鉴定，从而阐明土地的适宜性程度、生产潜力、经济效益和对环境的影响程度，从而确定土地的价值。土地资源质量评价是土地利用分区的主要技术依据和决策因素。随着全球工业化、城市化进程的加快，人类正面临着资源枯竭和环境恶化的严峻现实。土地是一种最基本的资源，只有协调好人地关系，控制土地过度开发，才能实现土地的可持续利用。因此，加强土地质量精确评价，用量化指标确定土地质量等级，实现可持续土地利用规划，以提高土地的利用效益，具有重要的现实意义。

（一）矿区土地监测质量评价指标体系构建

矿区土地质量监测通过土地评价方式展示，土地质量评价的核心是评价指标体系的构建。

1. 指标选取原则

土地质量评价指标选择是评价指标体系建立的第一步。根据土地质量概念确定评价指标，为综合评价土地质量奠定基础。

（1）标准化原则。选择的指标与目前国标、行标一致，以便获取或利用已有资料，如《全国耕作类型区、耕地地力等级划分》（NY/T 309—1996）、《农用地分等定级规程》、《土壤环境质量标准》（GB 15618—2008）、《绿色食品产地环境技术条件》（NY/T 391—2000）、《耕地质量验收技术规范》（NY/T 1120—2006）、《土壤侵蚀分类分级标准》（SL 190—2007）等，减少重复性工作。

（2）主导性原则。矿区土地质量评价指标应是对矿区土地利用质量起主要影响的因素。与其他类型区域相比，矿区土地利用与管理的情况更加复杂，因此，需在众多土地特性中找出主导因素。

（3）特征性原则。按照农用地分等定级野外诊断指标评价原则，选用的指标是比较稳定的农用地质量因子，以便在一段时期内稳定。但矿区属于一个比较特殊的区域，其内部土地质量在短时间内有显著变化。因此，选择指标应尽可能反映矿区土地利用特点，不应只拘泥于某些稳定因子。

（4）研究性原则。目前没有一套完整的矿区土地质量评价标准体系，因此，建立指标体系的过程也是一种研究土地质量与人类活动的过程。

2. 指标确定

根据矿山与土地质量关系，结合矿区土地利用特点，选取评价指标。

（1）土地污染情况。煤矸石、粉煤灰中含有部分污染元素，主要包括铅（Pb）、铬（Cr）、汞（Hg）、铜（Cu）、砷（As）、镉（Cd）等。其自然堆放、运输或作为复垦充填物时，会导致污染元素释放对土壤和农作物造成污染，导致复垦土地因环境问题而不能利用。因此，首先应关注土壤污染情况，将土壤重金属的含量列为严格控制性指标。当土壤中重金属含量有超标情况时，应先考虑如何采取合理措施降低污染，只有在土壤环境质量达到正常标准后，再考虑具体土地利用方向。参考《土壤环境质量标准》（GB 15618—2008）、《绿色食品产地环境技术条件》（NY/T 391—2000）、《土壤环境监测技术规范》（NY/T 1120—2006）、《中国土壤元素背景值》等污染物质含量标准等级和背景值，结合矿区土地实际利用情况将各污染物分析比较，采用单因子污染指数 *PI* 评价。

$$PI=\begin{cases}\dfrac{C_i}{C_1} & 0<C_i<C_1\\[2ex] 1+\dfrac{(C_i-C_1)}{(C_2-C_1)} & C_1<C_i<C_2\\[2ex] 2+\dfrac{(C_i-C_2)}{(C_3-C_2)} & C_2<C_i<C_3\end{cases}\tag{6-17}$$

式中：*PI* 为单项污染指数；C_i 为土壤污染元素实测值；C_1、C_2、C_3 分别为国家土壤环境质量标准中的一级、二级和三级标准值。Cr、Hg、As 和 Cd 严格按照《土壤环境监测技术规范》（NY/T 1120—2006）一级、二级和三级标准值评价；Pb 和 Cu 先按照《绿色食品产地环境技术条件》（NY/T 391—2000）中土壤污染元素的要求评价，如超标再参照《土壤环境监测技术规范》（NY/T 1120—2006）二级和三级标准值。对各污染元素分别分析，以某种元素的最大 *PI* 值作为该区域土地污染状况值（表 6－8）。

表 6－8　土地污染状况等级

等级	*PI* 值	土壤污染状况
1 级	$PI \leq 0.7$	清洁（安全）
2 级	$0.7 < PI \leq 1$	尚清洁（警戒线）
3 级	$1 < PI \leq 2$	轻度污染
4 级	$2 < PI \leq 3$	中度污染
5 级	$3 < PI \leq 5$	重度污染
6 级	$PI > 5$	极重度污染

(2) 地面坡度。地面坡度因子是影响土壤肥力空间变异的主要因子，决定着土壤肥力的重新分配。地面坡度大对农业生产的影响主要表现在地表侵蚀程度、农田基本建设条件、灌溉条件、机耕条件等方面。综合《农用地分等定级规程》、《水土保持综合治理技术规范》(GB/T 16453—2008)、《森林资源规划设计调查主要技术规定》将坡度分为6级(表6-9)。

表6-9　坡度等级划分

等级	坡度
1级	地面坡度<2°
2级	地面坡度2°~5°，对耕地监测的坡度不宜超过5°
3级	地面坡度5°~10°
4级	地面坡度10°~15°
5级	地面坡度15°~25°
6级	地面坡度>25°，对林地和草地，监测的坡度不宜超过30°

(3) 有效土层厚度。有效土层厚度是指土壤层和松散母质层之和，是植物生长和土壤中生物活动的主要限制因子。矿区先通过填埋和覆土方式重新构建土壤，再在其上种植植被，恢复土地生产力。土壤有效厚度直接影响植物根系生长、发育，水分和养分的吸收。当有效土层太薄时，不能为植被生长提供良好的立地条件和隔绝污染物质，而新构建土壤层中由于不同物质的堆垫顺序或其他人为因素可能造成在已堆垫好土层中出现障碍层次，也会使得有效土层厚度较小，影响植被的正常生长，因此，将有效土层厚度作为矿区土地质量监测里的重要指标之一(表6-10)。

表6-10　有效土层厚度分级划分

等级	有效土层厚度
1级	有效土层厚度≥150cm
2级	有效土层厚度100~150cm
3级	有效土层厚度80~100cm
4级	有效土层厚度60~80cm
5级	有效土层厚度30~60cm
6级	有效土层厚度<30cm

(4) 剖面质地。土壤质地是指土壤中不同大小直径的矿物颗粒的组合状态，与土壤中养分含量、土壤通气透水性、保肥保水状态及耕作的难易有密切关系。因为矿区排土场多由当地土壤、粉煤灰、煤矸石等混合堆垫而成。由于复垦中人为耕作管理活动，以及土壤自身的物质淋溶与淀积过程会影响矿区土壤质地变化。所以，对矿区土壤质地监测的不仅是土壤表层情况，还要考虑土壤剖面不同质地层次的排列。

参考《农用地分等规程》中的3类剖面构型：均质质地剖面构型，即从土表到100cm深度土壤质地基本均一，或其他质地的土层的连续厚度<15cm，或这些土层的累加厚度<

40cm，包括了通体壤、通体砂和通体黏；夹层质地剖面构型，即从土表 20 ~ 30cm 至 60 ~ 70cm 深度内，夹有厚度 15 ~ 20cm 的与上下层土壤质地明显不同的质地土层，包括了砂/黏/砂、黏/砂/黏、壤/黏/壤和壤/砂/壤；垫层质剖面，即从土表 20 ~ 30cm 以下出现厚度 > 40cm 的不同质地的土层，包括了砂/黏/黏、黏/砂/砂、壤/黏/黏和壤/砂/砂（表 6 – 11）。

表 6 – 11　土壤剖面质地等级划分

等级	土壤剖面质地
1 级	土壤剖面构型通体壤、壤/砂/壤
2 级	土壤剖面构型壤/黏/壤
3 级	土壤剖面构型砂/黏/砂、壤/黏/黏、壤/砂/砂
4 级	土壤剖面构型砂/黏/黏
5 级	土壤剖面构型黏/砂/黏、通体黏、黏/砂/砂
6 级	土壤剖面构型通体砂和通体砾

（5）土壤容重。土壤容重是土壤在自然状态下单位体积的干土重量。土壤容重小，说明土壤疏松，孔隙度大，保水保肥能力强，土壤熟化程度高。当土壤容重过大时，影响土壤水肥气热条件和植被根系的穿插，影响土地质量。将 0 ~ 20cm 范围内土壤的平均容重分为 6 级（表 6 – 12）。

表 6 – 12　土壤容重等级划分

等级	土壤容重
1 级	容重 1.2 ~ 1.3g/cm^3
2 级	容重 1.1 ~ 1.2g/cm^3 或 1.3 ~ 1.4g/cm^3
3 级	容重 1.0 ~ 1.1 g/cm^3 或 1.4 ~ 1.5g/cm^3
4 级	容重 0.9 ~ 1.0g/cm^3 或 1.5 ~ 1.6g/cm^3
5 级	容重 0.8 ~ 0.9g/cm^3 或 1.6 ~ 1.7g/cm^3
6 级	容重 <0.8g/cm^3 或 >1.7g/cm^3

（6）pH 值。土壤 pH 值影响土壤的其他化学性质，制约土壤许多物理、化学及生物的过程，直接影响土壤营养元素的交换、运动、迁移等过程。煤矸石是煤矿区第一大固体废弃物，其处理方式通常为在其上直接种植植被或者覆土之后再种植绿化。因为煤矸石的特性会对土壤酸碱性产生较大影响，因此，复垦初期在含有煤矸石的土地上不适宜植被的生长，需采取措施改善酸碱性。参考《土壤环境质量标准》（GB 15618—2008）、《绿色食品产地环境技术条件》（NY/T 391—2000）、《农用地分等规程》将土壤按 pH 值分为 6 级（表 6 – 13）。

（7）有机质和氮磷钾。土壤有机质和氮磷钾含量是评价土地质量好坏的重要标准。有机质对改良土壤结构，促进团粒状结构的形成，从而增加土壤的疏松性，改善土壤的通气性和透水性，对土壤形成、土壤肥力及农林业可持续发展等有极其重要的意义。氮磷钾含量是土壤肥力高低的标志之一，对植被的正常生长有着直接贡献作用。参考《农用地分等

表 6-13　土壤 pH 值等级划分

等级	土壤 pH 值
1 级	土壤 pH 值 6.5～7.5 中性
2 级	土壤 pH 值 6.0～6.5 弱酸性或 7.5～8.0 弱碱性
3 级	土壤 pH 值 5.5～6.0 酸性或 8.0～8.5 碱性
4 级	土壤 pH 值 4.5～5.0 强酸性或 8.5～9.0 中强碱性
5 级	土壤 pH 值 <4.5 酸性极强或 9.0～9.5 强碱性
6 级	土壤 pH 值 >9.5 碱性极强

规程》、《全国耕地类型区、耕地地力等级划分》（NY/T 309—1996）将有机质分为 6 级（表 6-14）。

表 6-14　土壤有机质等级划分

等级	土壤有机质含量
1 级	土壤有机质含量 >40g/kg
2 级	土壤有机质含量 30～40g/kg
3 级	土壤有机质含量 20～30g/kg
4 级	土壤有机质含量 10～20g/kg
5 级	土壤有机质含量 6～10g/kg
6 级	土壤有机质含量 <6g/kg

选择全国第二次土壤普查全 N、全 P、有效 P、全 K 和速效 K 指标级别作为监测指标级别（表 6-15～表 6-17）。

表 6-15　土壤全 N 等级划分

等级	土壤全 N 含量
1 级	全 N 含量 >2g/kg
2 级	全 N 含量 1.5～2.0g/kg
3 级	全 N 含量 1.0～1.5g/kg
4 级	全 N 含量 0.75～1.00g/kg
5 级	全 N 含量 0.50～0.75g/kg
6 级	全 N 含量 <0.5g/kg

表 6-16　土壤全 P 和有效 P 级别划分

等级	土壤全 P 和有效 P 级别划分
1 级	全 P 含量 >1g/kg，有效 P 含量 >40mg/kg
2 级	全 P 含量 0.8～1g/kg，有效 P 含量 20～40mg/kg
3 级	全 P 含量 0.6～0.8g/kg，有效 P 含量 10～20mg/kg
4 级	全 P 含量 0.4～0.6g/kg，有效 P 含量 5～10mg/kg
5 级	全 P 含量 0.2～0.6g/kg，有效 P 含量 3～5mg/kg
6 级	全 P 含量 <0.2g/kg，有效 P 含量 <3mg/kg

表 6－17　土壤全 K 和速效 P 级别划分

等级	土壤全 K 和速效 P 含量
1 级	全 K 含量 >25g/kg，速效 K 含量 >200mg/kg
2 级	全 K 含量 20～25g/kg，速效 K 含量 150～200mg/kg
3 级	全 K 含量 15～20g/kg，速效 K 含量 100～150mg/kg
4 级	全 K 含量 10～15g/kg，速效 K 含量 50～100mg/kg
5 级	全 K 含量 5～10g/kg，速效 K 含量 30～50mg/kg
6 级	全 K 含量 <5g/kg，速效 K 含量 <30mg/kg

（8）土地生产力。生产力高低是土地质量的外在表现。在《农用地分等定级规程》和《全国耕作类型区、耕地地力等级划分》（NY/T 309—1996）中，将生产力作为决定土地质量的最重要指标。因此，将耕地可用粮食产量作为评价指标，对草地以覆盖度作为评价指标，对林地以郁闭度作为评价指标。参考《全国耕作类型区、耕地地力等级划分》（NY/T 309—1996）、《森林资源规划设计调查主要技术规定》、《第二次全国土地调查土地分类》等将土地生产力分为 6 级（表 6－18）。

表 6－18　土地生产力等级划分

等级	土地生产能力
1 级	粮食单产量 >13500kg/hm^2，郁闭度 >0.7，覆盖度 >70%
2 级	粮食单产量 10500～13500kg/hm^2，郁闭度 0.4～0.7，覆盖度 50%～70%
3 级	粮食单产量 7500～10500kg/hm^2，郁闭度 0.2～0.4，覆盖度 30%～50%
4 级	粮食单产量 4500～7500kg/hm^2，郁闭度 0.1～0.2，覆盖度 <30%
5 级	粮食单产量 1500～4500kg/hm^2，郁闭度 <0.1
6 级	粮食单产量 <1500kg/hm^2

（二）土地资源质量评价分析

1. 土壤因子特征分析

土壤信息包括土壤类型、有机质含量、土层厚度和土壤碳蓄积量信息等。以多目标地球化学调查数据为基期数据，辅助典型地区野外调查采样数据，结合农业部门基础地力调查数据和土壤图等资料统计分析徐州矿区土地质量情况。

1）铜山区

铜山区平均有效土层厚度 14.80cm，厚度较大的乡镇有何桥镇（16.00cm）、黄集镇（15.99cm）、柳泉镇（15.87cm）、徐庄镇（15.98cm）等，厚度较小的乡镇有铜山镇（12.04cm）、大彭镇（13.99cm）、汉王镇（13.99cm）等（图 6－12）。

铜山区平均土壤有机质为 1.44g/kg，其中，含量较高的乡镇有何桥镇（1.70g/kg）、伊庄镇（1.69g/kg）、马坡镇（1.69g/kg）、张集镇（1.68g/kg），含量较低的镇有铜山镇（0.82g/kg）、房村镇（1.10g/kg）、汉王镇（1.19g/kg）、大彭镇（1.20g/kg）、利国镇（1.20g/kg）（图 6－12）。

铜山区平均土壤碳蓄积量为699216t，含量较高的有柳泉镇（1220087t）、张集镇（1159993t）、单集镇（987449t）、徐庄镇（967262t），含量较低的镇有沿湖农场（276665t）、铜山镇（438153t）、郑集镇（445426t）、何桥镇（475455t）（图6－13）。

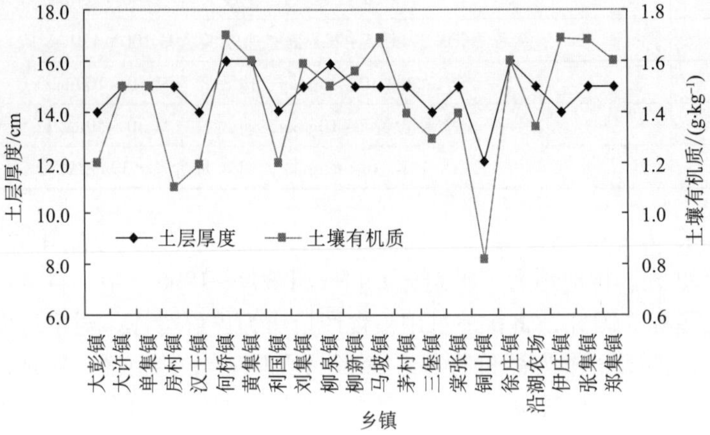

图6－12 铜山区有效土层厚度和土壤有机质

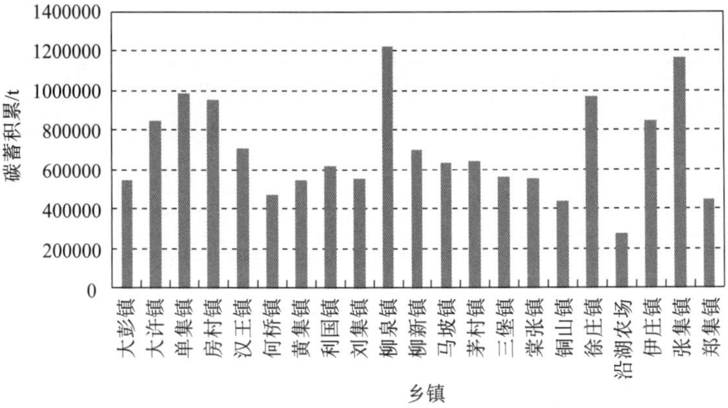

图6－13 铜山区土壤碳蓄积量

2）贾汪区

贾汪区平均有效土层厚度18.90cm，厚度较大的乡镇有鹿庄粮棉原种场（22.00cm）、夏桥街道办事处（21.57cm）、大吴镇（21.42cm）、塔山镇（21.42cm），厚度较小的乡镇有贾汪镇（14.89cm）、贾汪城区（15.09cm）、工业园区（16.57cm）（图6－14）。

贾汪区平均土壤有机质为2.27g/kg，其中，含量较高的乡镇有鹿庄粮棉原种场（2.93g/kg）、大吴镇（2.77g/kg）、工业园区管委会（2.45g/kg），含量较低的镇有塔山镇（1.70g/kg）、贾汪镇（1.94g/kg）、汴塘镇（2.00g/kg）（图6－14）。

贾汪区平均土壤碳蓄积量为389346.8t，含量较高的为汴塘镇（843082t）、青山泉镇（658335t）、贾汪镇（654611t），含量较低的镇有鹿庄粮棉原种场（4410t）、夏桥街道办事处（59638t）、老矿街道办事处（64687t），这些地方面积较小，所有碳蓄积量较小，建议用平均碳密度来分析较好（图6－15）。

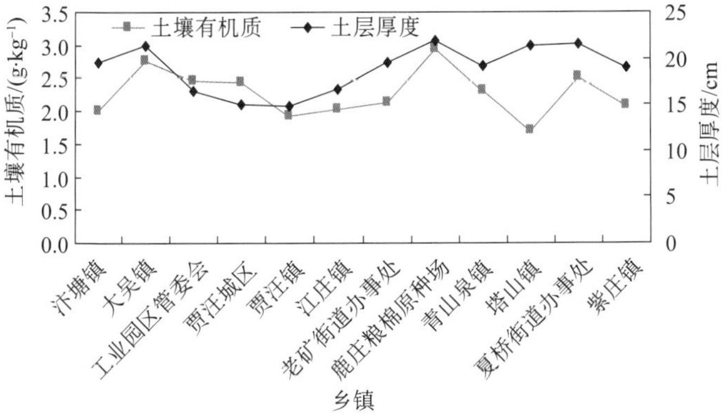

图6－14　贾汪区有效土层厚度和土壤有机质

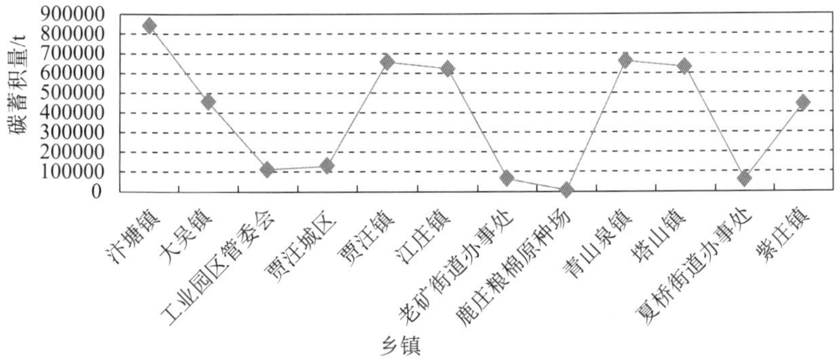

图6－15　贾汪区土壤碳蓄积量

3）沛县

沛县平均有效土层厚度15.13cm，厚度较大的乡镇有河口镇（15.80cm）、胡寨镇（15.72cm）、沛城镇（15.54cm）、沛县新城区（15.76cm），厚度较小的乡镇有安国镇（14.02cm）、龙固镇（14.03cm）等（图6－16）。

沛县平均土壤有机质为2.22g/kg，其中，含量较高的乡镇有胡寨镇（2.48g/kg）、五段镇（2.48g/kg）、杨屯镇（2.44g/kg）、沛县新城区（2.42g/kg），含量较低的镇有河口镇（1.76g/kg）、鹿楼镇（1.90g/kg）、安国镇（1.91g/kg）、栖山镇（2.01g/kg）等（图6－16）。

沛县平均土壤碳蓄积量为841305.4t，含量较高的乡镇有五段镇（2468980t）、胡寨镇（1560537t）、大屯镇（1249915t）、龙固镇（1170178t）、魏庙镇（1080095t）等，含量较低的乡镇有新城区（121694t）、经济开发区（202032t）（图6－17）。

2. 土壤污染状况分析

基于耕地分等定级、多目标地球化学调查数据、土壤污染调查等数据，结合野外样点采样调查，以第二次全国土地利用调查现状数据为底图，提取土壤污染状况信息。依据全国各省份土壤微量金属元素背景值、《全国土壤污染状况评价技术规定——土壤环境质量

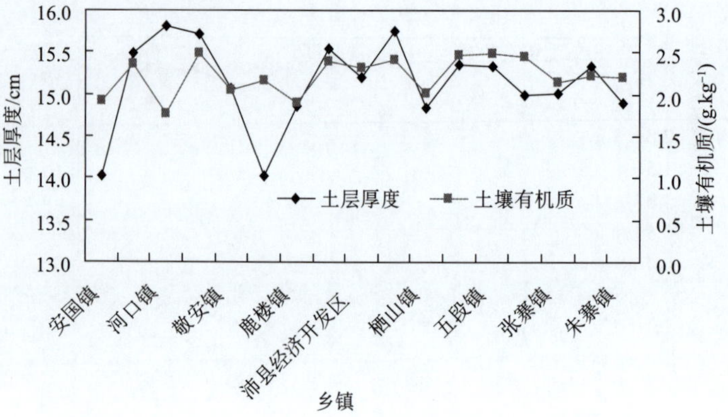

图 6 – 16　沛县有效土层厚度和土壤有机质

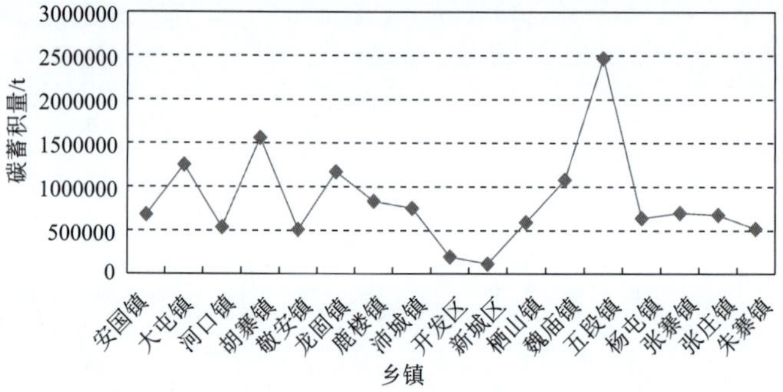

图 6 – 17　沛县土壤碳蓄积量

评价标准值》（环发〔2008〕39 号）、《全国土壤污染状况评价技术规定——重点区域土壤污染评价参考值（蔬菜地）》（环发〔2008〕39 号），综合评估土地污染状况。利用多目标地球化学调查数据，对点要素空间插值得到典型区域重金属污染空间分布图（图 6 – 18，图 6 – 19），大部分区域处于非污染状态，煤炭开采部分区域镉污染。

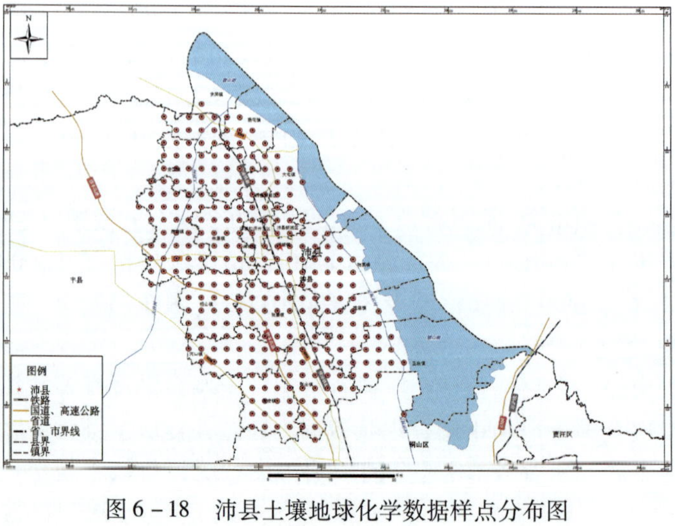

图 6 – 18　沛县土壤地球化学数据样点分布图

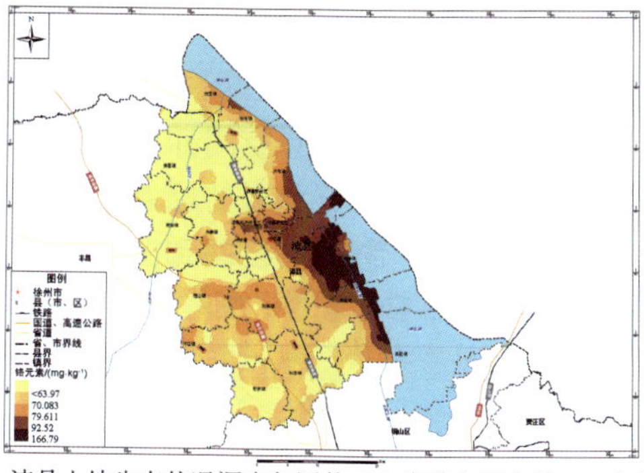
沛县土地生态状况调查与评估（土壤重金属含量——铬）

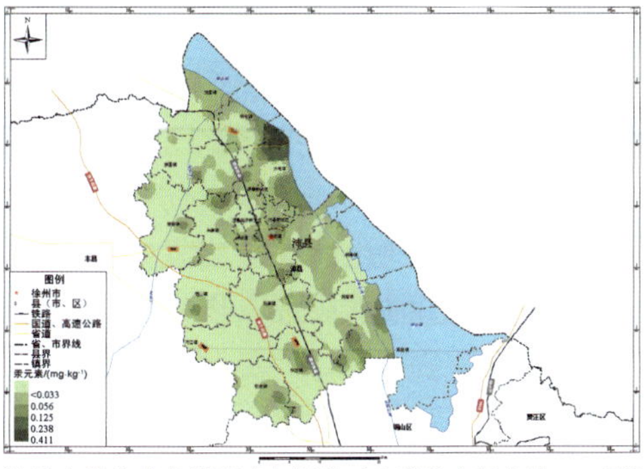
沛县土地生态状况调查与评估（土壤重金属含量——汞）

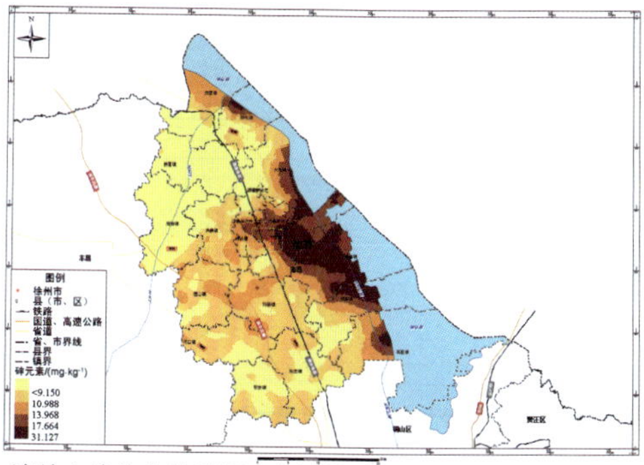
沛县土地生态状况调查与评估（土壤重金属含量——砷）

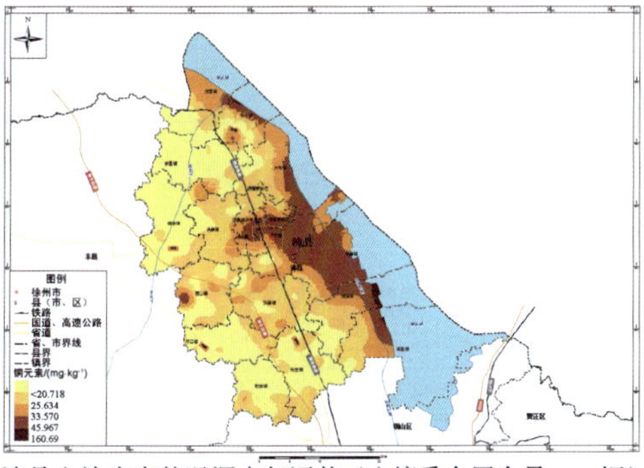
沛县土地生态状况调查与评估（土壤重金属含量——铜）

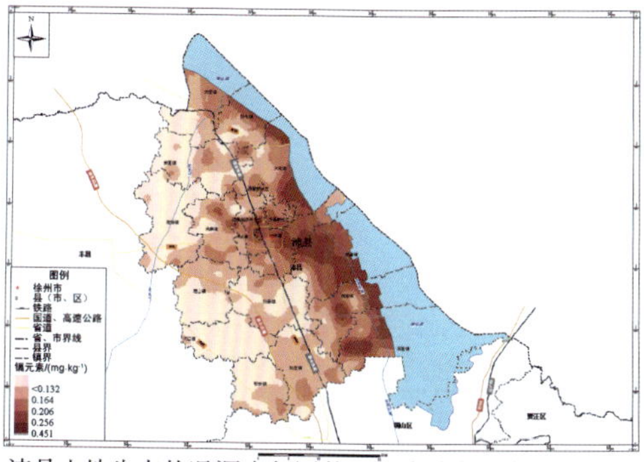
沛县土地生态状况调查与评估（土壤重金属含量——镉）

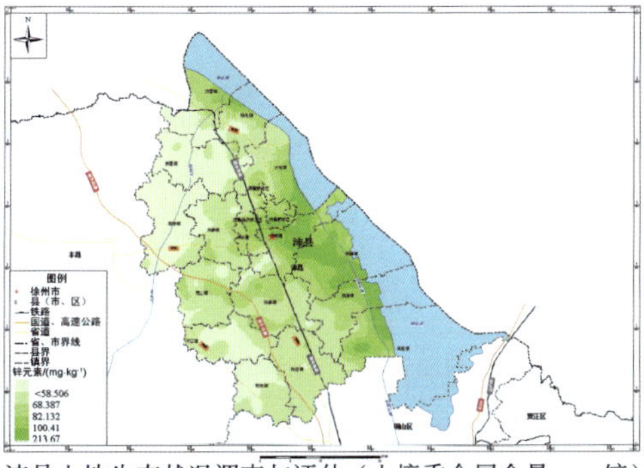
沛县土地生态状况调查与评估（土壤重金属含量——锌）

图 6－19　沛县土壤重金属分布图

3. 污染损毁状况分析

沛县土地生态污染损毁状况指标分值介于 1.0788～1.3091 之间，平均值为 1.2836，标准偏差为 0.01825。准则层的指标主要由土壤污染和土地损毁组成，且是负指标，即元指标值越大，其负面影响越强，其中，土壤污染指标指数又以金属元素含量为标准计算，可以看出沛县城区、杨屯镇东部、大屯镇东部、胡寨镇、魏庙镇和五段镇等邻近徽山湖区域重金属污染严重。土地损毁主要分布在沛北各大矿区，以龙固镇、杨屯镇、安国镇、大屯镇等镇部分压占和废气土地为主。综上，土地生态污染损毁指标指数呈现由东至西、由北向南的递减趋势分布（图 6－20）。以 250m×250m 的格网为单元的沛县土地生态污染损毁指标指数分值介于0.809～1.3288之间，平均值为1.2862，标准偏差为0.0908。图6－20反映以格网为评估单元的污染损毁指数的区间段划分和以图斑为单元评估结果的划分一致，所反映的重污染范围比图斑的空间要小，主要原因在于用格网对空间插值后的各重金属重新进行取值时，是以加权平均值的方式取值的，这就使得各重金属的原始插值经过重新取值后发生变化，甚至使值域范围变小。如果调整区间段，会使得格网和图斑的污染损毁指数分布图基本一致（图6－21，图6－22）。

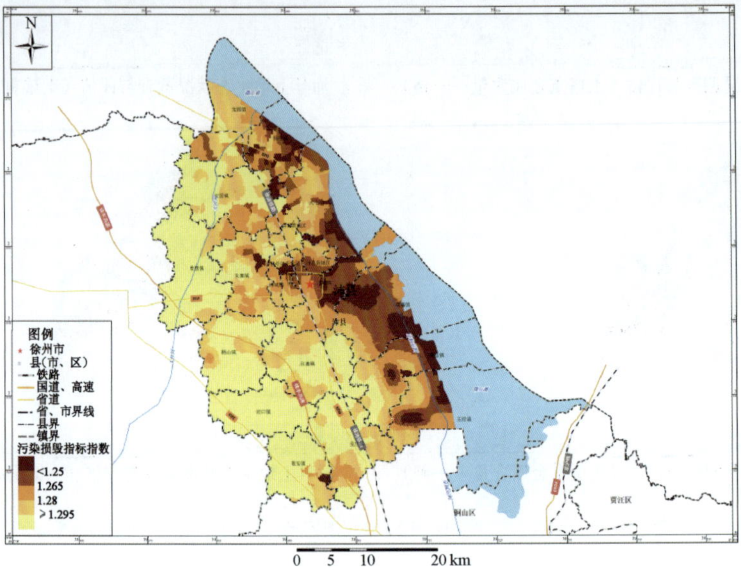

图6－20 沛县土地生态状况污染损毁指标分值图（图斑）

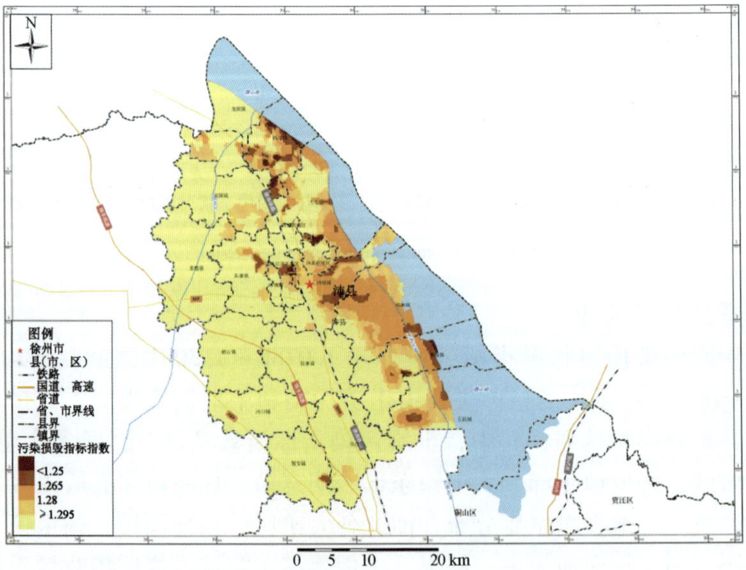

图6－21 沛县土地生态状况污染损毁指标分值图（格网一）

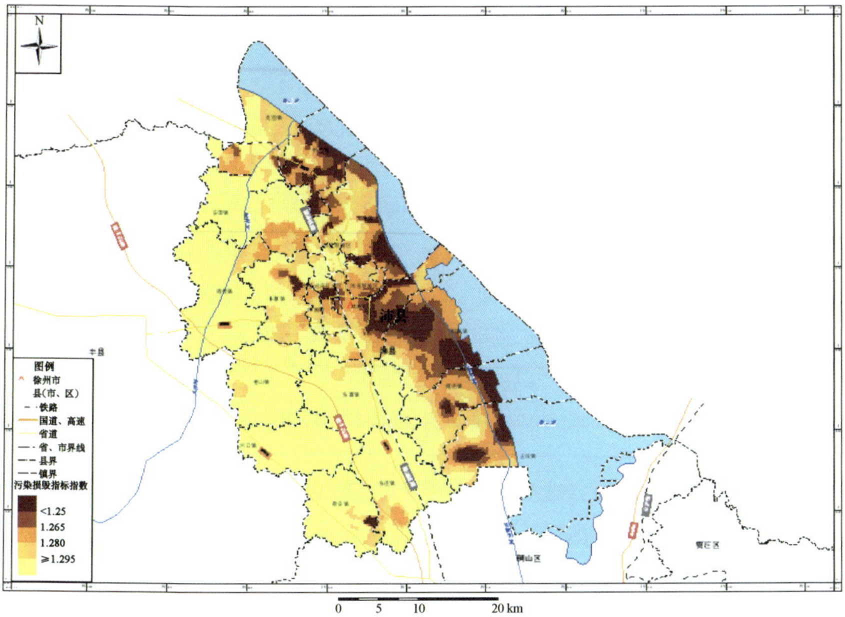

图6－22　沛县土地生态状况污染损毁指标分值图（格网二）

三、土地资源生态评价

（一）土地生态质量指数

1．生态系统干扰程度

景观生态学干扰是指发生在一定时空范围内，对生态系统结构造成直接或间接损伤或破坏的事件或现象。自然界干扰无处不在，直接影响生态系统演变的过程，既可以对生态系统演化起到积极的正效应，也可以起到消极的负效应，如水土流失过程，在自然环境影响下流失过程较为缓慢，但在人为干扰下，如过度放牧、过度砍伐，这一过程将会加速；然而，通过退耕还林，植树造林等合理的生态建设，可以使其向反方向逆转。被干扰的生态影响主要反映在各种自然因素的改变上，如景观中局部地区光、水、土、能量、土壤养分等，进而影响地表植被对土壤中养分的吸收，最终影响土地覆被变化，一般认为，干扰时系统中发生的不可预知的突发事件，对生态系统影响的范围或大或小，但均超出系统正常波动范围，干扰过后，生态系统自身无法恢复到景观原貌。按照干扰的来源可将干扰分为自然干扰和人为干扰，自然干扰是指在自然环境条件下发生的干扰，如火灾、风暴、洪水、地震、病虫害等；人为干扰指人类在改造和利用自然的各种活动，如开荒种地、砍伐森林、农田施肥、城市建设、资源开采与利用等；虽然从人类活动的角度出发，人类活动是一种经济生产活动，但对于生态系统来说，人类的一切行为均是一种干扰，都将会影响或改变土地生态系统的演替。表征景观生态干扰程度的景观格局事件有：

（1）景观破碎化。主要表现在自然或人为干扰使得土地形成了形状不同、大小各异的景观斑块，而且斑块的数量增加而面积减小，形状趋于不规则，其生态意义在于生态系统内部生境范围缩小，廊道被截断，景观斑块彼此隔离，直接影响种群的迁移与扩散，种群遗传与变异，影响物种的存活率、大小及灭绝速度，最终导致生物多样性的丧失，因此，干扰所形成的景观破碎化将直接影响物种在生态系统中的生存。

（2）建设用地干扰。主要表现在建设用地改变了土地覆盖原貌，阻隔了生物的迁移和物质能量的流动，丧失了原有的土地生态系统的功能，表现为景观生态状况的下降，人类对土地的建设活动包括城市建设、农村居民点建设、工矿企业建设，交通用地建设等，随着经济社会的发展，人类建设活动不断加强，对生态系统影响的深度也在不断地加深。

（3）土地利用类型单一化。单一化的土地利用会导致景观多样性的减少，造成生境多样性降低和物种多样性的减少，一般认为，在复杂多样、规模不大的干扰作用下，异质性景观逐渐形成，随着干扰的增强，景观异质性也不断增加，但干扰程度达到一定阈值，则会降低景观的异质性。

2. 生态系统的稳定程度

自生态系统稳定性被提出以来，稳定性一直是景观生态学中复杂而又重要的问题。一般认为，稳定性是生态系统抵抗外界干扰及干扰后系统恢复到初始状态的能力，包括恒定性、持久性、惯性、弹性、恢复性、抵抗性等都可以表示稳定性的概念。景观的稳定性并非绝对的稳定，而只是相对于一定时间和空间的稳定性，识别景观的稳定性可以从两个方面考虑：一方面是景观变化的趋势（上升、下降或平稳），另一方面是景观稳定性可以被看作干扰作用下景观的不同反应，一般来说，景观的抵抗干扰的能力越强，景观受干扰的影响就越小，景观越稳定；景观恢复能力越强，干扰破坏后景观的恢复时间越短，景观越稳定，事实上，景观可以看作干扰的产物。景观的稳定性可以从以下方面进行表征：

（1）土地利用结构。土地利用结构是各种土地利用类型或土地覆被之间的比例关系或组成，由于不同土地利用类型的景观生态功能不同，林地 > 草地、园地 > 耕地等，建设用地最差，从景观格局角度来看，土地利用结构也包含景观的聚合性、连通性，土地利用结构的多样性使景观连通性增加，能促进系统中生物的迁移与转化，增加景观单元中的生物多样性。

（2）植被覆盖度。地表植被是生物迁移与生产环境改善的前提，也是防止水土流失的基础，所以，植被覆盖是影响生态系统稳定程度的重要因素。

（3）河流密度。水体是生态系统的重要组成部分，适当湿度的土壤是动植物成长的必要条件；河流的长度越长，对农业和其他行业所输出的污染源的吸纳能力和降解能力将增大，而且河流周围的水生生物的发育繁殖等能力不断增强，提高了生物多样性，保护了生态环境。

3. 土地生态质量指数

土地生态质量指数（LEDI）反映矿区土地生态系统的稳定状况，是通过生态系统的稳定程度除以干扰程度得到。生态系统的稳定程度指数（ESI）和干扰程度指数（EDI）是基于主成分分析法和熵技术修正权系数法计算得到，其计算公式：

$$\mathrm{ESI} = \sum_{i=1}^{n} w_x \cdot x_i$$
$$\mathrm{EDI} = \sum_{i=1}^{n} w_z \cdot z_i \qquad (6-18)$$
$$\mathrm{LEQI} = \mathrm{ESI}/\mathrm{EDI}$$

式中：x_i 和 w_x 分别为稳定程度指标值和权重，z_i 和 w_z 分别为干扰程度指标值和权重；LEDI≥1，表明该地区生态质量较高，土地生态系统处于稳定状态，LEDI 越大，说明其土地生态状况越好；LEDI < 1 表明区域土地生态质量较低，土地生态系统处于不稳定状态，LEDI 越小，生态环境越差。

（1）植被覆盖指数（x_1）：反映煤矿区植被覆盖程度，计算公式：

x_1 =（α_1 × 耕地面积 + α_2 × 林地面积 + α_3 × 草地面积 + α_4 × 建设用地面积）/区域面积　　(6-19)

（2）土地利用结构指数（x_2）：根据不同土地利用类型对土地生态质量的贡献程度，人为赋予权重，把土地利用结构定量化，分别乘以各土地利用类型的面积，采用加权求和的方法计算土地利用结构指数。

$$x_2 = \sum_{i=1}^{n} g_i \times w_i \qquad (6-20)$$

式中：g_i 为各土地利用类型的面积；w_i 为各土地利用类型的权重。

（3）景观多样性指数（x_3）：表示评价单元内景观类型的多样化程度，可选用香农多样性指数计算。

$$x_3 = -\sum_{i=1}^{m} (p_i)\ln(p_i) \qquad (6-21)$$

式中：m 为景观类型总数；p_i 为景观类型 i 占评价单元面积的比例。

（4）水域比例（x_4）：反映矿区河流、水域面积丰富程度，其计算公式：

x_4 = 水域面积/区域面积　　(6-22)

（5）景观破碎度指数（z_1）：表征景观被分割的破碎程度，公式如下：

$$z_1 = (N_p - 1)/N_c \qquad (6-23)$$

式中：N_p 为景观单元内各类斑块总数；N_c 为景观单元的总面积，为消除评价单元不一致，N_c 的值可以用研究区最小斑块面积和总面积比值代替。

（6）工矿用地干扰指数（z_2）：反映矿区内工矿建设等对生态系统的破坏程度，公式如下：

z_2 = 建设用地面积/区域面积　　(6-24)

（7）单一土地利用优势度（z_3）：根据对土地生态系统的贡献，在研究区内，统计超过标准面积的土地利用类型的面积（S），除去林地、草地、水域（因为这些类型越大，土地生态系统越好）等。

z_3 = S/区域面积　　(6-25)

（8）矿区土地塌陷比例（z_4）：采煤塌陷地直接反映土地损毁情况，是影响矿区土地生态质量的重要方面，计算公式如下：

$$z_4 = \text{塌陷面积/区域面积} \quad (6-26)$$

（二）模糊综合评价

模糊综合评价是在模糊环境下考虑多种因素的影响，为某种目的对评价对象做出的综合决策的方法。由于模糊综合评价是将定量与定性分析、精确分析与不确定性分析相结合，模型简单、计算方便，在土地生态评价方面也较为成熟。模糊综合评价模型在应用时，重要的是根据研究对象确定评价指标和进行单因素评价，另外可以，借助 GIS 技术更好地展示土地资源生态评价结果的空间分布规律。

1. 模糊综合评价模型

模糊关系矩阵 $\underset{\sim}{R}$ 作为一个从因素集 U 到评语集 V 的模糊变换器，每输入一组因素的权重向量 A，就可以得到一组相应的评判结果 B（图 6－23）。

图 6－23　模糊综合评价基本模型

模糊综合评价的数学模型可分为一级模糊评价模型和多级模糊评价模型，此处模糊综合评价属于多级模糊综合评判，下面建立二级评价模型。

（1）确定因素层次。即被评价的因素集 U 分为 m 个因素子集：

$$U = \{u_1, u_2, \cdots, u_i, \cdots, u_m\} \quad (i=1, 2, \cdots, m) \quad (6-27)$$

u_i 为第一层次即最高层次中的第 i 个因素，它由第二层次中的 n 个因素决定，即：

$$U_i = \{u_{i1}, u_{i2}, \cdots, u_{ij}, \cdots, u_{im}\} \quad (j=1, 2, \cdots, n) \quad (6-28)$$

（2）建立权重集。根据每一层次中各个因素的重要程度，分别赋予每个因素以相应的权重值，则各权重集为

第一层次

$$A = \{a_1, a_2, \cdots, a_m\} \quad (6-29)$$

第二层次

$$A_i = \{a_{i1}, a_{i2}, \cdots, a_{in}\} \quad (6-30)$$

（3）建立备择集。备择集是评价者对评价对象可能做出的各种总的评价结果所组成的集合，不论评价层次有多少，备择集只有一个。评价系统状态及其因素状态的描述本身客观地存在模糊性，表达了系统状态的存在程度，备择集一般可表示为

$$V = \{v_1, v_2, \cdots, v_p\} \quad (6-31)$$

评语等级个数 p 不宜过多或过少，通常不小于 4 且不超过 9 个。一方面，p 取值过多难以正确区分；另一方面，p 过少又不符合模糊综合评价的精度要求，因此，p 的取值以适中为好。

（4）一级模糊综合评价。由于第一层次各因素都由第二层次的若干因素决定，所以第一层次每一因素的单因素评价，应是第二层次的多因素综合评价结果。令第二层次的单因素评判矩阵 $\underset{\sim}{R_i}$ 为

$$\underset{\sim}{R}_i=\begin{pmatrix}a_{i11} & \cdots & a_{i1p}\\ \vdots & \ddots & \vdots\\ a_{in1} & \cdots & a_{inp}\end{pmatrix}\tag{6-32}$$

决定 $\underset{\sim}{R}_i$ 矩阵行数的 r_{ij} 中的个数，即决定矩阵列数的备择集数。考虑了权重后，得到一级模糊综合评价集 $\underset{\sim}{B}_i$ 为：

$$\begin{aligned}\underset{\sim}{B}_i&=A_i\cdot\underset{\sim}{R}_i\\&=[a_{i1},\ a_{i2},\ \cdots,\ a_{in}]\cdot\begin{pmatrix}a_{i11} & \cdots & a_{i1p}\\ \vdots & \ddots & \vdots\\ a_{in1} & \cdots & a_{inp}\end{pmatrix}\\&=[b_{i1},\ b_{i2},\ \cdots,\ b_{ip}]\end{aligned}\tag{6-33}$$

式中：·是模糊算子。

（5）二级模糊综合评价。不论有多少层次，总要求得到最高层次即目标层的综合评价结果。一级模糊综合评价仅是最高层次综合评价的结果，它只是上一层次的单因素评价。为了继续求出上一层次的综合评价，必须进行二级模糊综合评价。这里二级模糊综合评价的单因素评价矩阵 $\underset{\sim}{R}_i$ 为

$$\underset{\sim}{R}_i=\begin{pmatrix}B_1\\ B_2\\ \vdots\\ B_m\end{pmatrix}=\begin{pmatrix}A_i\cdot\underset{\sim}{R}_1\\ A_2\cdot\underset{\sim}{R}_2\\ \vdots\\ A_m\cdot\underset{\sim}{R}_m\end{pmatrix}\tag{6-34}$$

则二级模糊综合评价集 B 为

$$B=A\cdot\underset{\sim}{R}_i=\begin{pmatrix}A_1\cdot\underset{\sim}{R}_1\\ A_2\cdot\underset{\sim}{R}_2\\ \vdots\\ A_m\cdot\underset{\sim}{R}_m\end{pmatrix}=(b_1,\ b_2,\ \cdots,\ b_p)\tag{6-35}$$

2. 模糊合成算子模型

结合实际问题需要，有多种模糊合成算子模型可供选择。

（1）模型1（∨，∧）该模型不论因素多少，均要求评价者最大限度地突出主要因素，又最大限度地突出单因素评价的隶属度。模型中“∨”表示取大运算，“∧”表示取小运算。

$$b_j=\bigvee_{j=1}^{n_i}(a_{ij}\wedge r_{ijk})\qquad(k=1,\ 2,\ \cdots,\ p;\ i=1,\ 2,\ \cdots,\ m)\tag{6-36}$$

（2）模型2（∨，·）该模型中“·”是普通乘法，“∨”是取大运算，于是

$$b_j=\bigvee_{i=1}^{m}(a_i\cdot r_{ij})=\bigvee_{i=1}^{m}(a_i r_{ij})\qquad(j=1,\ 2,\ \cdots,\ n)\tag{6-37}$$

相乘运算虽然不丢失任何信息，但取大运算仍将丢失信息。与模型1一样，它仍是极

大限度地突出了主要因素，最大限度地突出单因素评价的隶属度。但该模型能较好地反映单因素评价的结果和因素的重要程度，比模型 1 有所改进。

(3) 模型 3 ($\oplus$, $\wedge$) 该模型中"$\oplus$"表示"上限 1 求和"即：

$$x \oplus y = \min\{1,\ x+y\} \tag{6-38}$$

在该模型下：

$$b_j = \sum_{i=1}^{m}(a_i \wedge r_{ij}) \quad (j=1,2,\cdots,n) \tag{6-39}$$

记号 $\sum\limits_{i=1}^{m}$ 为对 m 个数在$\oplus$运算下求和，因此上式又可写为：

$$b_j = \min\{1, \sum_{i=1}^{m} a_j \wedge r_{ij}\} \quad (j=1,2,\cdots,n) \tag{6-40}$$

该模型在进行取小运算时会丢失信息，所以，该模型有可能损失信息。

(4) 模型 4 (+, ·) 该模型中" + "表示普通加法、" · "表示普通乘法，即：

$$b_j = \sum_{i=1}^{m} a_i r_{ij} \quad (j=1,2,\cdots,n) \tag{6-41}$$

式中：$\sum\limits_{i=1}^{m} a_i = 1$。

次模型不仅考虑了所有因素的影响，而且保留了单因素的评价信息，可用于需要全面考虑各个因素的影响和全面考虑各单因素评价结果的情况。但其运算量大，可以根据需要选择不同合成算子。

土地生态受到众多因素影响，且随时间推移不断变化。为此，基于土地生态监测的各项指标数据，运用综合评价模型对研究区土地生态进行比较评估。综合评估模型为

$$\Delta E = \sum_{i=1}^{n} \frac{(E_{qi} - E_{hi})}{E_{qi}} \times W_i \quad (i=1,2,\cdots,n) \tag{6-42}$$

式中：ΔE 为研究区土地生态指标变化值，即研究区内土地生态的评估值；E_{qi} 为特定时间段前的各监测指标值；E_{hi} 为特定时间段后的各监测指标值；W_i 为各监测指标权重（采用层次分析法确定）；ΔE 为特定时间段前后土地生态的变化量，是一个加权求和的综合指数。当 $\Delta E \geqslant 0$ 时，表示土地生态较以前有所改善和提高，$\Delta E < 0$ 时，表示土地生态较以前有所恶化或退化。

3. 指标权重的确定

层次分析法是 20 世纪 70 年代由美国著名运筹学家 T. L. Satty 提出的一种多目标、多准则、定性与定量相结合的决策分析方法。它是一种将决策者对复杂系统的决策思维过程模型化、数量化的过程。应用这种方法，决策者通过将复杂问题分解为若干层次和若干因素，在各因素之间进行简单的比较和计算，就可以得出不同方案的权重，为最佳方案的选择提供依据。这种方法的特点是：①思路简单明了，将决策者的思维过程条理化、数量化，便于计算，容易被人们所接受。②所需要的定量数据较少，但对问题的本质，包含的因素及其内在关系分析得清楚。③可用于分析复杂的非结构化的问题，以及多目标、多准则、多时段等各种类型问题的决策分析，具有较广泛的实用性。这里使用层次分析法来确定土地资源生态评价指标权重的确定。

层次分析法的基本内容是：首先根据问题的性质和要求，提出一个总的目标；然后将问题按层次分解，对同一层次内的诸因素通过两两比较的方法确定相对于上一层目标各自的权系数。这样层层分析下去，直到最后一层，即可给出所有元素（或方案）相对于总目标而言的按重要性程度的一个排序。层次分析法赋权重的基本步骤如下：

（1）构造判断矩阵。判断矩阵的值反映了各因素的相对重要性，其确定方法可采用专家打分法，将层次结构模型每个元素间的相互比较的重要程度构成判断矩阵 A：

$$A=\begin{pmatrix} a_{11} & \cdots & a_{1n} \\ \vdots & \ddots & \vdots \\ a_{m1} & \cdots & a_{mn} \end{pmatrix} \tag{6-43}$$

式中：a_{mn}为指标 m 相对于指标 n 的重要度；n 为重要矩阵 A 的阶数，其中，$a_{mm}=1/a_{nm}$（$m\neq n$），a_{mn}的值为表 6－19 给出的 1～9 打分的标度值。

表 6－19　标度值及描述

重要性标度	描述
1	表示两个因素相比，具有同等重要性
3	表示两个因素相比，一个因素比另一个因素明显重要
5	表示两个因素相比，一个因素比另一个因素明显重要
7	表示两个因素相比，一个因素比另一个因素强烈重要
9	表示两个因素相比，一个因素比另一个因素极端重要
2、4、6、8	表示上述两相邻判断的中间值
倒数	若因素 e 和 f 的比较判断为 a_{ef}，则 $a_{ef}=1/a_{fe}$

（2）求解判断矩阵的特征根。计算出最大特征根 λ_{max} 和它对应的标准化特征向量 W，即找出同一层中各因素相对于上一层某因素相对重要性的排序权重。

$$\begin{cases} AW=\lambda_{max}\cdot W \\ \sum_{i=1}^{n} W_i=1 \end{cases} \tag{6-44}$$

式中：W_i 相当于第 i 个指标的权重。

在实际应用中，可采用方根法求解，其步骤为：

①将矩阵 A 各行元素逐列相乘，即：

$$M_i=\prod_{k=1}^{N} a_{ik} \qquad (i,k=1,2,\cdots,N) \tag{6-45}$$

②M_i 开 N 次方，即：

$$\bar{W}_i=\sqrt[N]{M_i} \qquad (i=1,\ 2,\ \cdots,\ N) \tag{6-46}$$

③$\bar{W}_i$ 进行归一化处理得 W_i，即：

$$W_i=\bar{W}i/\sum_{i=1}^{N}\bar{W}_i \qquad (i=1,2,\cdots,N) \tag{6-47}$$

④计算 λ_{max}：

$$\lambda_{max} = \frac{1}{N}\sum_{i=1}^{N}\frac{(AW)_i}{W_i} \quad (i = 1,2,\cdots,N) \tag{6-48}$$

（3）判断矩阵的一致性检验。在给定判断矩阵时，由于判断上的误差，使矩阵 A 出现了不一致性。若矩阵 A 的不一致在允许限度内，则判断矩阵可以接受，具体验证方法如下：

①计算一致性指标 CI：

$$CI = \frac{\lambda_{max} - N}{N-1} \tag{6-49}$$

②根据矩阵 A 的阶数 N，查表求得平均随机一致性指标 RI，不同阶数矩阵的 RI 值如表6－20所示。

表6－20　计算随机一致性指标

矩阵阶数	1	2	3	4	5	6	7	8	9
RI	0.00	0.00	0.52	0.89	1.12	1.26	1.36	1.41	1.45

③计算随机一致性比率 CR：

$$CR = CI/RI \tag{6-50}$$

④检验：若 $CR<0.1$，则矩阵 A 的一致性满足要求。此时，前面求得的 W_i 即为第 i 个指标的权重。否则，矩阵 A 的一致性不满足要求，须重新给出指标相互对比的重要度矩阵，再重新计算。

为了提高权重值的准确性和客观性，本次评估首先用层次分析法（AHP）确定指标权重系数，然后通过熵技术对确定的权重系统进行修正。生态评估权重见表6－21。

（三）徐州矿区土地生态状况评估结果分析

根据徐州矿区的土地生态质量综合值，按照总分值、准则层和指标层分值综合确定，根据分值区段和障碍因子诊断方法相结合方法划分。原则上根据综合评分值的高低分为5类，即土地生态状况优、良好、中等、较差、差5个等级（表6－22），按照评价等级将徐州市各矿区的土地生态质量综合值进行等级划分，其分布图见图6－23～图6－25所示。

表6－21　土地生态评估权重表

准则层	权重	指标层	权重	元指标层	权重
基础性指标	0.243	气候条件	0.253	年均降水量	0.333
				季节分配	0.667
		土壤条件	0.446	土壤有机质含量	0.285
				有效土层厚度	0.308
				表层土壤质地	0.151
				障碍层深度	0.143
				土壤碳积蓄量	0.113
		植被状况	0.301	植被覆盖度	0.854
				生物量	0.146

续表

准则层	权重	指标层	权重	元指标层	权重
结构性指标	0.195	景观多样性指数	0.3347	土地多样性指数	0.815
				斑块多样性指数	0.185
		土地利用覆盖指数	0.6653	无污染耕地比例	0.361
				有林地比例	0.109
				无污染水面比例	0.272
				生态基础设施比例	0.258
土地污染损毁退化状况指标	0.204	土壤污染指标	0.658	土壤综合污染指数	1.000
		土地损毁指标	0.342	压占地比例	0.499
				废弃地比例	0.501
生态建设与生态效益指标	0.166	生态建设指标	0.227	未利用地增加率	0.318
				损毁土地增加率	0.288
				湿地增加率	0.394
		生态效益指标	0.291	区域环境质量指数	1.000
		生态压力指数	0.195	人口密度	1.000
		生态建设与保护指数	0.287	人口与生态弹性系数	0.563
				GDP 与生态弹性系数	0.437
区域性指标	0.192	生态修复指标	0.632	采矿塌陷地积水比例	0.532
				塌陷土地复垦率	0.468
		生态破坏指标	0.368	土地沉降比例	0.528
				工矿用地面积比例	0.472

表 6-22 评价等级划分

等级	土地生态状况指数/%	土地生态状况
Ⅰ等	>80	优
Ⅱ等	70~80	良好
Ⅲ等	60~70	中等
Ⅳ等	40~60	较差
Ⅴ等	<40	差

1. 贾汪区土地生态状况质量分析

贾汪区评估总面积为 62029.10hm^2，涉及 11 个镇、131 个行政村，70006 个图斑。贾汪区土地生态状况质量为优的区域 17809 个图斑，面积 17082.66hm^2，约占 27.54%，主要分布于贾汪区东部地区汴塘镇和塔山镇，西北部低山丘陵地区；土地生态质量为良好的区域 23645 个图斑，面积约为 20148.66hm^2，占总面积的 32.48%，主要分布于紫庄镇、青山泉镇、贾汪镇、江庄镇周围地区，是土地生态质量的主导类型；土地生态质量为中等的区域有14777个图斑，面积9161.91hm²，占总面积的14.77%，主要分布在贾汪城区东、西两侧、大吴镇的西部和南部部分地区；土地生态质量为较差与差的区域主要集中于贾汪城区和大吴中部地区，面积15635.86hm²，约占总面积的25.2%。中等以上的面积占区域总面积的74.8%，表明该区域整体上土地生态质量状况处于中等以上（图6－24；表6－23）。

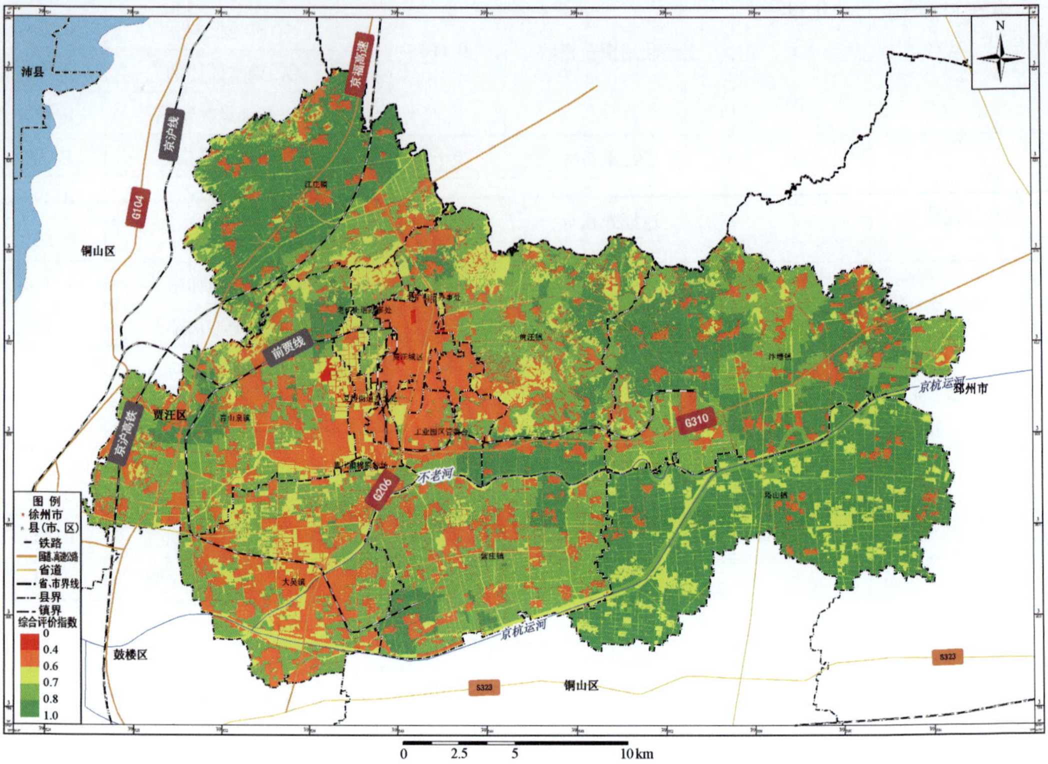

图6－24 贾汪区土地生态质量综合值分布图

表6－23 贾汪区土地生态状况质量评价

土地生态质量等级	图斑个数	面积/hm²	比例/%
优	17809	17082.66	27.54
良	23645	20148.66	32.48
中	14777	9161.91	14.77
较差	13685	15558.64	25.08
差	90	77.22	0.12
合计	70006	62029.10	100.00

2. 铜山区土地生态质量状况分析

铜山区评估面积为198997.59hm²，涉及31个乡镇（街道）、478个行政村，151692个图斑。铜山区土地生态状况质量为优的有22457个图斑，面积33637.33hm²，占总面积的16.90%，分布于铜山区东南部的张集镇、棠张镇和单集镇，西北部的何桥镇和郑集镇；土地生态质量良好的有52520个图斑，面积68944.78hm²，占总面积的34.65%，是研究区土地生态质量的主导类型，分布于靠近微山湖附近的马坡镇、沿湖农场、黄集镇等，东南部的房村镇、伊庄镇。生态质量处于中等的图斑 36745 个，面积 45006.37hm^2，占总面积的 22.62%，在铜山区东部的徐庄镇、大许镇及汉王镇部分地区零散分布；土地生态质量较差与差的 39970 个图斑，面积 51409.11hm^2，占总面积的 25.84%，主要集中于铜山区汉王镇及铜山北部的茅村镇和柳泉镇。中等以上的面积为区域总面积的 74.17%，表明整体上土地生态质量状况为中等质量以上（图 6-25；表 6-24）。

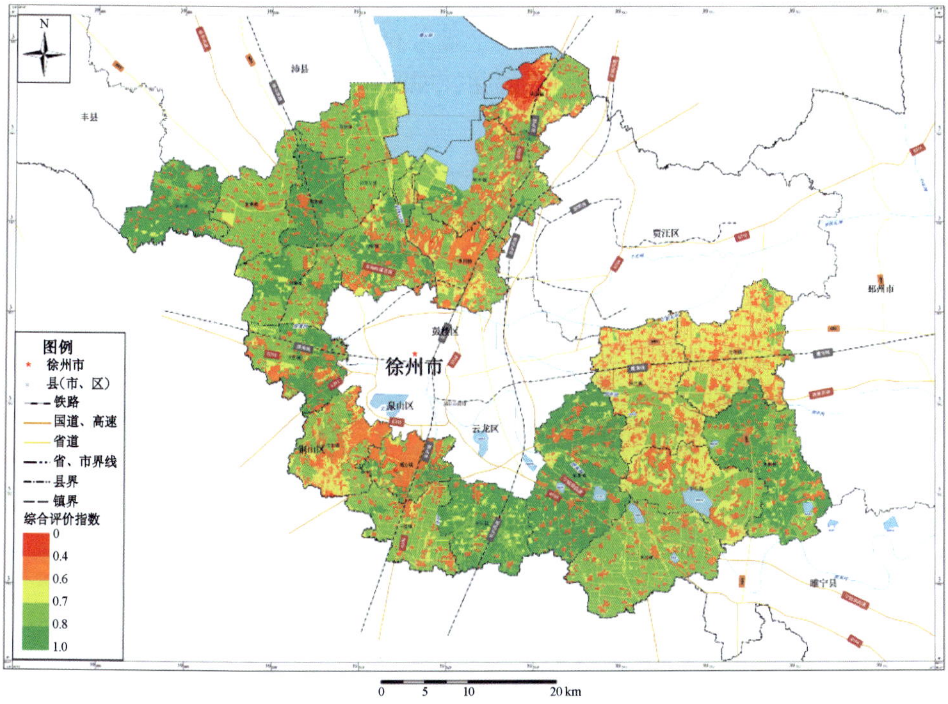

图 6-25　铜山区土地生态质量综合值分布图

表 6-24　铜山区土地生态状况质量评价

土地生态质量等级	图斑个数	面积/hm^2	比例/%
优	22457	33637.33	16.90
良	52520	68944.78	34.65
中	36745	45006.37	22.62
较差	39436	50001.78	25.13
差	534	1407.33	0.71
合计	151692	198997.59	100.00

3. 沛县土地生态状况质量分析

沛县土地生态状况质量综合评估面积 180577.70hm^2，涉及 17 个镇、407 个行政村，100702 个图斑。沛县土地生态质量为优的有 6925 个图斑，面积 10517.61hm^2，占总面积的 5.82%，分布于沛县北部地区龙固镇、杨屯镇，沛县南部的张庄镇和五段镇等部分地区。土地生态质量为良好的区域集中分布于西南部的敬安镇、栖山镇、河口镇、张寨镇、鹿楼镇等大部分地区，35442 个图斑，面积 56128.90hm^2，占总面积为 31.08%；生态质量为中等的区域有 31254 个图斑，面积为 57637.52hm^2，占总面积的 31.92%，是该区域内土地生态状况的主要类型，主要分布在沛县城区及沛城镇、安国镇和朱寨镇的部分地区；土地生态质量为较差的有 25446 个图斑，面积为 52471.01hm^2，约占总面积的 29.06%，主要集中于沿微山湖附近的沛县主城区、新城区、沛城镇、朱寨镇和魏庙镇的大部分地区；生态质量为极差的有 1635 个图斑，面积 3822.66hm^2，原因是该区域土壤污染、塌陷、压占、盐渍化等问题严重。沛县中等以上的区域占 68.83%，表明区域整体上处于中等水平，但随着煤炭资源开采，生态环境日趋恶化（图 6 - 26；表 6 - 25）。

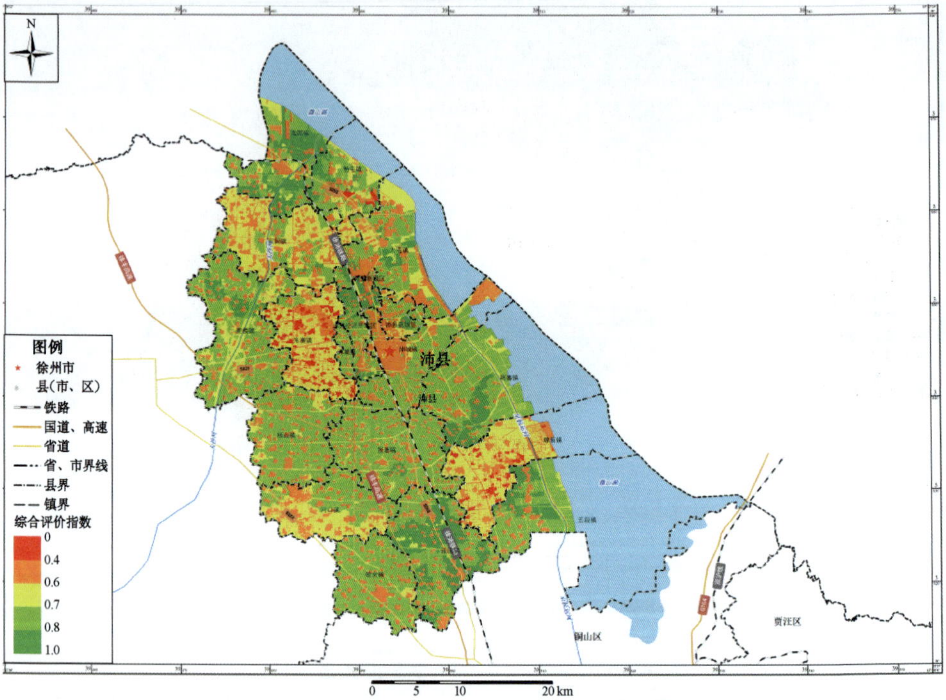

图 6 - 26　沛县土地生态质量综合值分布图

表 6 - 25　沛县土地生态状况质量评价

土地生态质量等级	图斑个数	面积/hm^2	比例/%
优	6925	10517.61	5.82
良	35442	56128.90	31.08
中	31254	57637.52	31.92
较差	25446	52471.01	29.06
差	1635	3822.66	2.12
合计	100702	180577.70	100.00

第三节　苏北煤炭开采塌陷区土地生态修复与信息化建设

苏北煤炭开采塌陷区土地生态修复与信息化建设遵循社会经济发展和土地资源利用管理需求，为体现苏北采煤塌陷区特色，突出区域土地利用的特点，坚持重点突破与全面推进相结合，以“矿、城、乡”协调共赢和持续发展为宗旨，采取多技术、多途径塌陷区生态修复模式，加强矿区环境综合整治，建立不同功能的矿区生态建设示范基地；按照“宜农则农、宜林则林、宜工则工、宜建则建、宜生态则生态”多层次、多元性开发的基本原则，遵循因地制宜和资源有效配置、人工和自然生态系统协调、社会和经济效益共赢、整体调节和局部控制同步原则，围绕老工业基地资源利用与生态修复的重大需求，大力推进庞庄采煤塌陷区生态修复示范工程、权台东方鲁尔文化生态产业园示范工程、沛县安国生态湿地示范工程建设，推进基地资源利用与生态修复、资源枯竭型城市转型升级的跨越式发展。

一、塌陷区土地生态修复工程

围绕苏北煤炭开采区野外观测科研基地建设目标，加快建设庞庄采煤塌陷区生态修复示范工程，建立生态修复示范工程的生态监测系统，开展了生态修复监测研究。同时，加强权台东方鲁尔文化生态产业园示范工程建设并启动了沛县安国生态湿地示范工程建设（图6－27～图6－29）。

图6－27　庞庄采煤塌陷区生态修复工程（九里湖湿地）效果图

图6－28　庞庄采煤塌陷区生态修复工程（九里湖湿地）全景图

图 6－29　权台东方鲁尔文化生态产业园示范工程规划图

安国湿地位于沛县安国镇张双楼煤矿采煤塌陷区，涉及安国镇周田居委会、蔡家居委会和张双楼村，规划面积 $10\times10^4km^2$，建成集水质净化、湿地生态修复、生态保护、休闲观光、科普教育、湿地研究等一体的国家级生态湿地（图 6－30～图 6－31）。

作为南水北调工程的重要组成部分，安国湿地是尾水导流的缓冲隔离区、在水域西南侧及西北侧设置的绿色屏障，把经济开发区和龙固工业园区处理过的尾水引流导入湿地。通过表面流湿地工程、生物滞留塘等多层次净化，使尾水净化达到地表三类水质，有效解决 $1\times10^4hm^2$ 的排灌用水难题。在合理开发塌陷区自然资源的同时，通过实施水质净化工程，大大改善生态环境，是推动区域经济可持续发展的“催化剂”，为实现采煤塌陷地“变废为宝”提供了新的机遇，是在采煤塌陷地综合整治道路上的一次全新尝试。

图 6－30　沛县安国生态湿地示范工程规划图

图 6-31 沛县安国生态湿地示范工程

二、沛北矿区土地利用信息工程建设

沛县位于江苏省西北部，是江苏省重要的煤炭生产基地，分布着上海大屯煤电股份有限公司孔庄煤矿、徐庄煤矿、姚桥煤矿和龙东煤矿，徐州矿务集团有限公司张双楼煤矿、三河尖煤矿，华润天能徐州煤电有限公司沛城煤矿、龙固煤矿等 8 座生产矿井，年产煤炭 1400×10^4t。沛北矿区为煤炭开采所在乡镇，包括沛县县城（沛城镇、新城区和开发区）、大屯镇、安国镇、杨屯镇和龙固镇，面积占全县的 28%、人口占全县的 46%，总面积为 $450km^2$（图 6-32，图 6-33）。

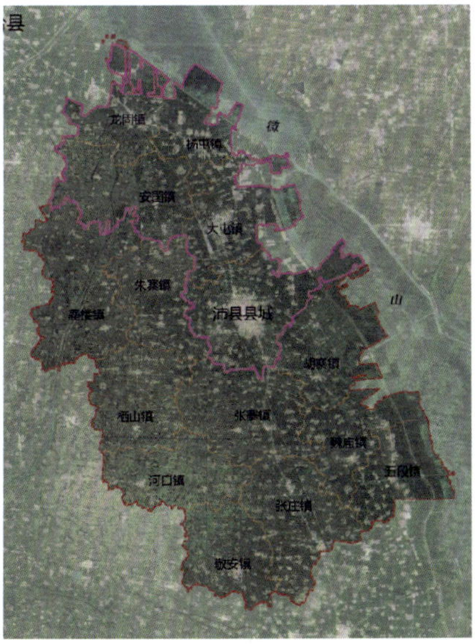

图 6-32 研究区示意图

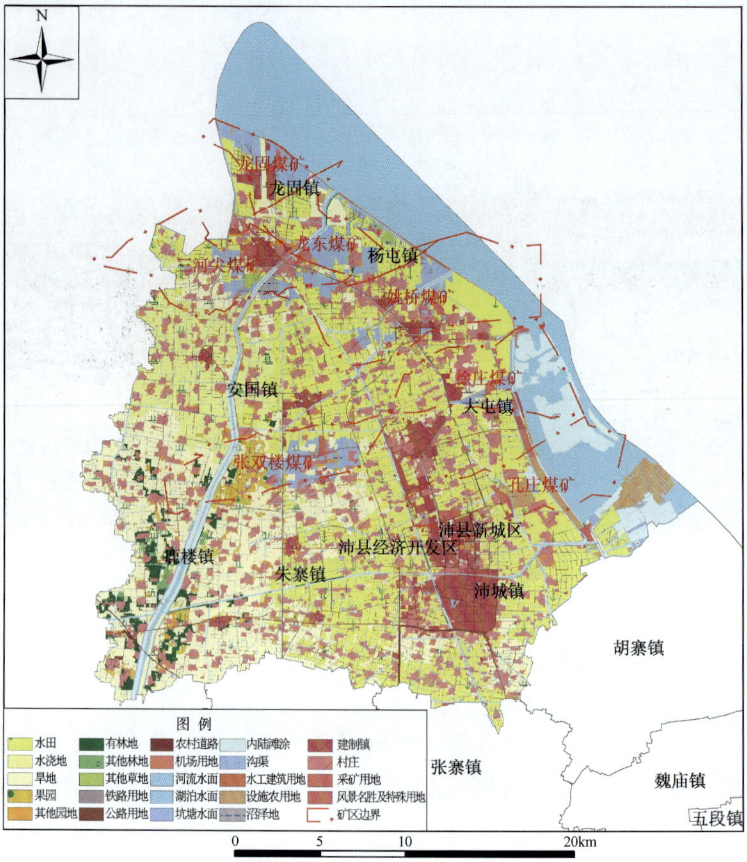

图 6－33　研究区矿井分布图

（一）地矿一体化数据库建立

针对矿区土地与矿产资源信息管理的特点，分析数据整合可行性，按照统一规范和标准，对现有信息编辑整理，实现坐标格式的统一，属性字段标准化。应用数据库技术，结合 GIS 技术，采用传统的三层结构设计模式，即应用层、服务层和数据层实现标准化统一数据建库。服务层采用 COM 组件技术，在 ArcGIS 软件平台上实现系统模块搭建，通过 ArcSDE 数据引擎对研究区地表和地下海量数据的检索，通过 Oracle 大型数据库载体实现数据库管理和维护，实现多源数据的统一管理、更新与维护。

综合分析业务系统数据流关系，实现数据实时共享应用，系统平台包含数据转换模块、图形处理模块、煤矿区矿产资源管理模块、煤矿区土地资源管理模块、预警预测模块和动态监测模块六大功能模块。数据转换模块可将各矿山的不同格式数据统一格式后导入系统，提供多种格式的导出功能；图形处理模块对数据加工、处理、入库，负责日常数据变更和维护；煤矿区矿产资源管理模块包含矿山基本信息管理、矿业权管理和地质环境管理等子模块；煤矿区土地资源管理模块包含煤矿区土地规划、建设用地全过程管理（包括煤矿区土地征收、储备）等子模块；预警预测模块包含越层越界预警预报、村庄搬迁分析等功能；动态监测模块包含越层越界监测、储量核减等功能（图 6－34）。

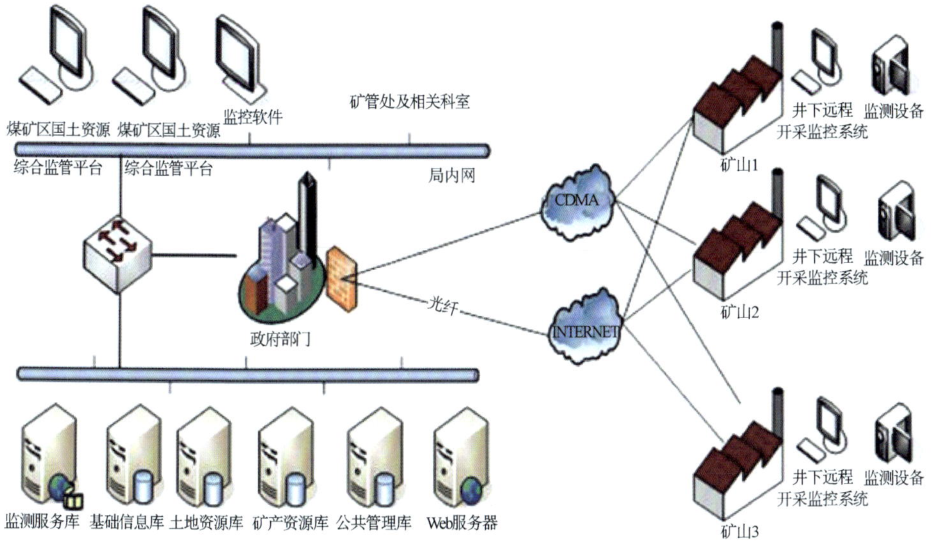

图 6－34 数据整合与统一利用管理框架

（二）煤矿区国土资源综合监测系统

以国土资源综合监测为基础，依托多级联动政务管理平台，对矿区国土资源利用和管理全过程信息进行监督、分析、预测，建立集信息采集监测、分析预警、辅助决策、在线指挥功能于一体的开放、可扩展的国土资源综合监测平台，实现地政和矿政全过程信息管理，具有实现土地和矿产资源现状、动态及与经济社会交互影响的分析、评估、预测和预警等功能，可以增强资源监管、宏观调控、决策指挥和应急处置能力（图 6－35～图 6－43）。

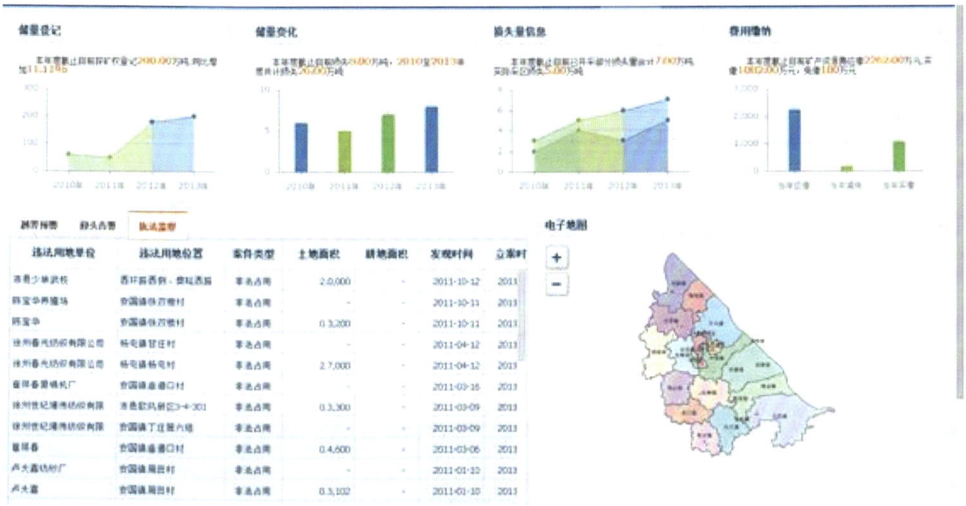

图 6－35 全局情况功能示意图

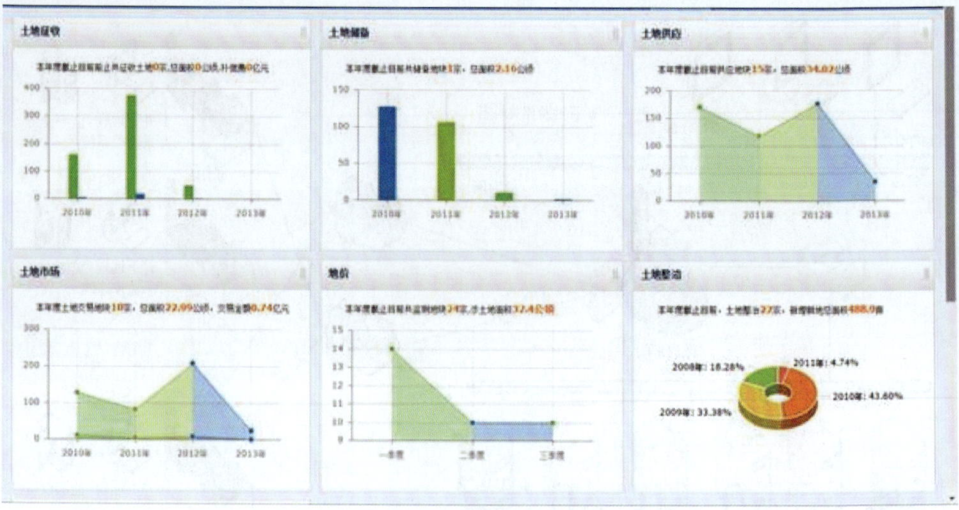

图 6－36　土地利用模块示意图

图 6－37　矿产资源监管页面示意图

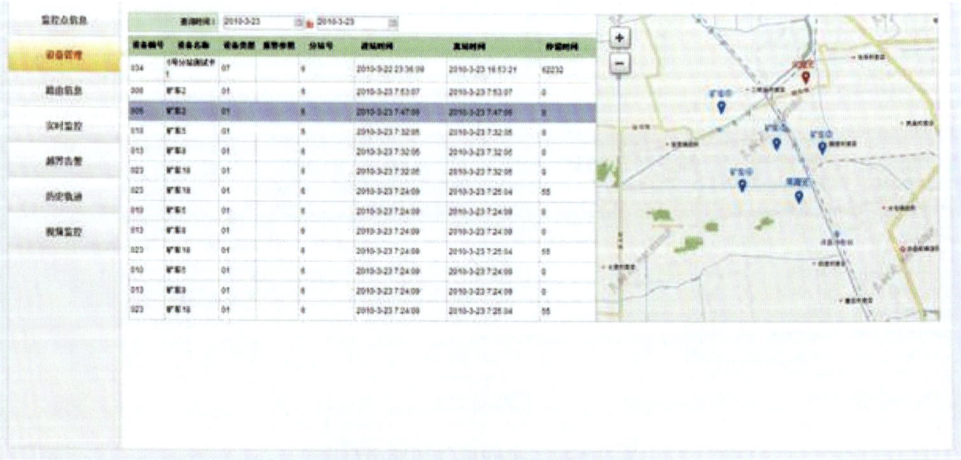

图 6－38　矿山动态监管示意图

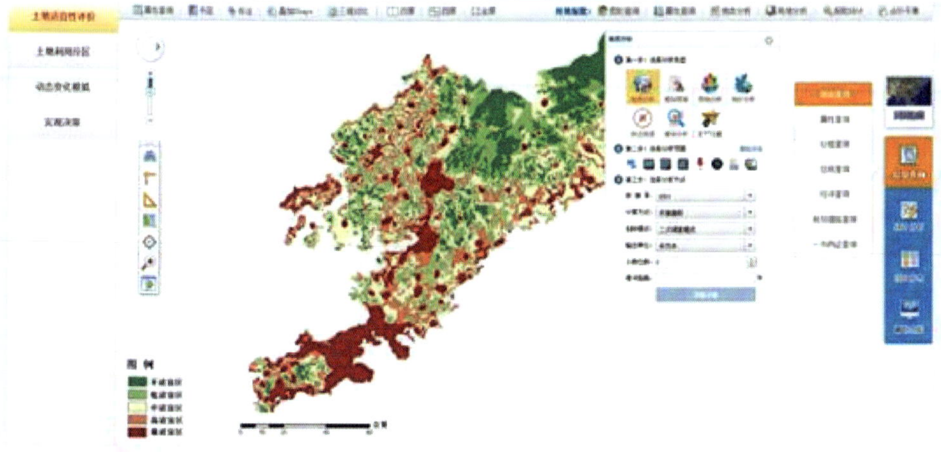

图 6－39　辅助决策模块设计图

图 6－40　统计分析模块示意图

图 6－41　系统管理模块示意图

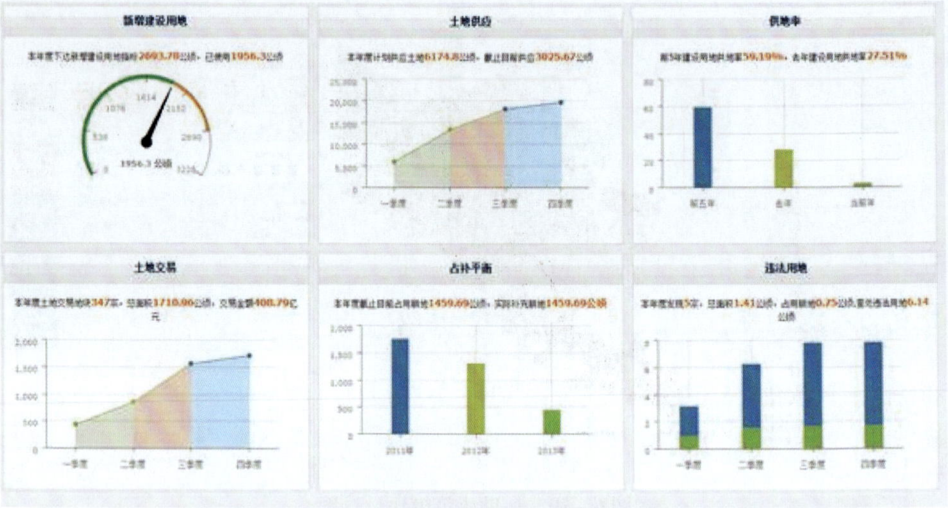

图 6－42　监管指标核心指标展示示意图

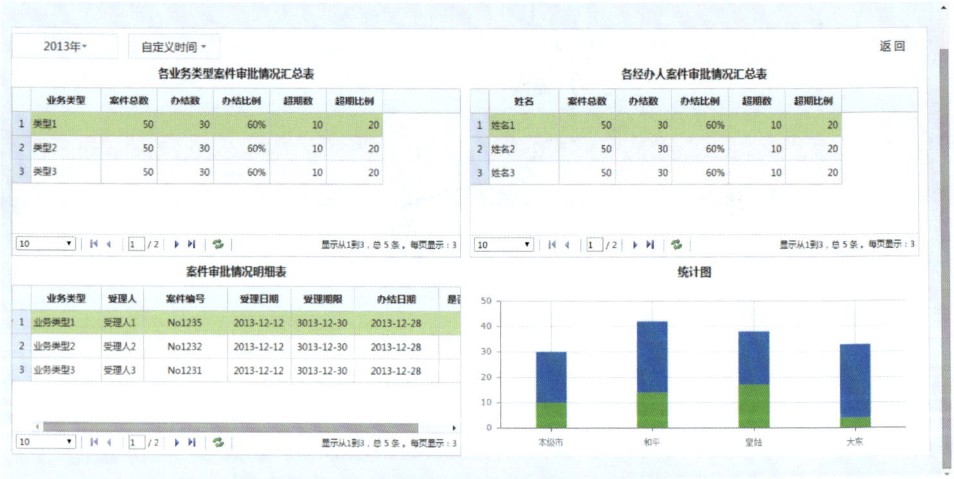

图 6－43　监管指标动态监管展示示意图

第四节　苏北煤炭开采塌陷区土地资源可持续利用对策研究

一、完善制度，加强监督，保证土地持续利用

鉴于法律强制性、规范性、统一性、公开性和稳定性等特点，完善的土地资源节约集约利用法律、法规、制度应成为社会主义市场经济条件下国家参与土地资源管理的基本方

法之一，从而有效地实现国家对土地资源的宏观调控。

（一）加大土地复垦执行力度

目前，我国关于土地复垦的政策、法规对土地复垦与生态重建提出了明确的要求，可见国家对土地复垦工作的重视程度，但其在执行中还缺乏力度。因此，必须强化刚性管理、严格落实土地复垦方案审查制度；建立土地复垦监管和监测制度，将土地复垦任务完成情况纳入企业年检内容；推进矿区土地复垦费征收管理制度建立。

（二）加强矿区土地集约利用的审核

在建设用地审批中，加强对土地集约利用的评价及审核。对矿区用地来言，也应对其用地集约程度进行审核，如从土地经济效益、土地利用程度、土地复垦程度等方面评价其集约利用水平。

（三）加大土地监管督察力度

在推动矿区土地集约利用中，政府监管职能的执行尤为重要。因此，应强化政府对矿区土地利用规划的编制与实施，严格执行土地用途管制制度，将政府监管职能落实到位；加大执法和违法追究力度，切实落实土地督察制度，强化法律、法规、政策的严肃性和执行力；严查土地违法违规案件，规范和约束矿区土地利用行为。

（四）加强政策制定与引导

制定严格的矿山开采准入制度，将其纳入土地节约集约利用内容，提高采矿用地准入门槛，杜绝土地粗放利用，特别是杜绝滥采乱挖；制定土地利用税收政策，降低土地集约利用税负，提高土地粗放利用税负；针对无义务主体的矿区，制定土地复垦奖励政策，强化激励机制，引导和鼓励社会力量参与矿区土地复垦，促进矿区土地循环利用。

（五）加强公众参与和监督

加强全民基本国情和国策教育，加强土地管理法规和政策宣传，提高社会对土地节约集约利用在可持续发展战略、保护生态环境中作用的认识；宣传普及矿区节约集约利用土地的行为准则，形成节约集约用地的良好氛围；提升矿区土地利用的公开性和透明度，增强公众参与和监督意识，奠定良好的社会氛围。

二、科学规划，合理调控，杜绝土地浪费

（一）坚持矿区土地利用规划的节约集约用地思想

将节约集约利用土地作为土地利用规划的重要原则。努力转变用地方式，加快由外延扩张向内涵挖潜、由粗放低效向集约高效转变，提高土地利用强度和土地利用收益，从源头防止土地浪费。另外，规划编制从单独土地规模控制转向土地规模控制与土地利用节约

集约控制并重，重点做好矿区土地利用功能分区，科学提出控制指标和限制条件，按照布局合理、用地集约、结构优化的原则，改变矿区土地布局分散、粗放、低效的局面。

（二）增强土地利用规划的权威性、科学性和协调性

首先，强化土地的宏观调控作用，加强规划对土地利用的整体控制，进一步明确土地利用总体规划的法律地位，严格规范规划调整修订审批，维护规划的严肃性，并将规划实施情况纳入政府考核体系。其次，在编制土地利用总体规划过程中，注重科学规划，加强公众参与，重视现代技术手段的应用，提高规划成果的科技含量和应用效果。最后，强化土地利用规划对土地利用的整体控制和统筹协调作用，协调矿区各类规划与土地利用总体规划的衔接，充分发挥土地利用总体规划的调控作用。

三、强化复垦，恢复生态，实现土地循环

（一）采用先进的土地复垦技术

在采用工程复垦、生态复垦、生物复垦、化学复垦等传统措施外，将景观学和景观建筑学理论引入矿区生态修复，建立复合型土地复垦模式；将传统土地复垦与生态重建技术结合，大力推进矿区废弃地整治，盘活存量土地。同时，将微生物复垦等新技术运用到矿区土地复垦。

（二）选择合适的生态重建模式

遵循矿区环境评价和土地利用总体规划，融采矿规划设计、矿区水土保持规划、土地复垦规划等为一体，以实现矿区生态全面恢复为目标，因地制宜选择生态重建模式，以新思路实施矿区土地利用；完善“谁复垦、谁受益”政策，引导和鼓励社会力量开展矿区土地复垦，扩大投资主体范围，提高土地复垦产业化程度；明晰矿山复垦土地产权，鼓励多用途利用；积极促使企业与地方政府在土地复垦中形成有效合作机制，统筹规划，相互协调，相互促进，全面发展。

四、讲究节约，注重效率，促进集约利用

（一）研究矿区土地节约集约利用基础理论

建立矿区土地节约集约利用的理论支撑，如矿区土地界定，矿区土地节约集约利用内涵及评价指标；随着土地节约集约利用内涵和外延的扩大，加强矿区土地持续利用、生态环境、整治潜力等研究，促进矿区土地利用实践工作顺利开展。

（二）制订矿区土地节约集约利用评价机制

建立科学的矿区土地节约集约利用评价体系，不断完善矿区土地节约集约利用评价标

准和体系，对指导土地利用决策的作用。将评价结果与矿区发展联系起来，调动矿山企业节约集约利用土地的积极性，在一定程度上制约不合理的土地开发和利用。

（三）指导矿区土地节约集约利用工作

将循环经济理念运用到矿区土地节约集约利用中，强化土地循环利用，提高土地利用效率，以较少资源消耗和最低限度的环境破坏促进经济增长，以最小成本获得最大经济和生态效益。

（四）加强矿区土地节约集约利用管理

通过土地利用动态监测，对土地利用状况进行监测、诊断、预测、规划、预警，提高土地利用数据的准确度和真实性，加强矿区土地节约集约用地的日常监测和重点监测，及时发现和制止闲置浪费土地现象；通过建立矿区土地节约集约利用信息系统，为构建科学、准确、合理的土地节约集约利用管理决策提供依据。

参考文献

陈利顶，傅伯杰．2000. 干扰的类型、特征及其生态意义［J］．生态学报，20（4）：581－586.

陈桥，胡克，雒昆利．2006. 基于 AHP 法的矿山生态环境综合评价模式研究［J］．中国矿业大学学报，35（3）：377－383.

但承龙，厉伟．2002. 土地可持续利用的规划学含义及实现途径分析［J］．国土经济（3）．

但承龙，王群．2002. 西方国家与中国土地利用规划比较［J］．中国土地科学，16（1）．

丁蕾，吴小根，丁洁．2006. 城市旅游竞争力评价指标体系的构建及应用［J］．经济地理，26（3）：511－515.

傅伯杰，陈利顶，马克明，等．2011. 景观生态学原理及应用（第二版）［M］．北京：科学出版社．

洪镀．2008. 矿山开采沉陷学［M］．徐州：中国矿业大学出版社：27－29.

胡振琪，赵艳玲，姜晶．2005. 土地整理复垦项目验收方案研究［J］．农业工程学报，21（6）：60－63.

姜升．2011. 煤矿区用地规划研究［D］．北京：中国矿业大学．

李美娟，陈国宏，陈衍泰．2004. 综合评价中指标标准化方法研究［J］．中国管理科学，12（专辑）：45－48.

吕少芳．2012. 基于 GIS 的土地利用总体规划执行评价研究［D］．杭州：浙江大学．

罗永．2009. GIS 技术在环境科学中的应用［J］．内蒙古科技与经济（2）：6－7.

钱铭杰，吴静，袁春，等．2014. 矿区废弃地复垦为农用地潜力评价方法的比较［J］．农业工程学报，6：195－204.

秦建成，2007. 土壤适宜性评价方法研究［D］．重庆：西南大学．

苏璧耀．2001. 苍梧县土地质量评价［J］．南京师范大学学报：自然科学版，24（3）：104－109.

汤江龙，赵小敏，夏敏．2004. 我国土地利用规划体系的优化与完善［J］．山东农业大学学报：社会科学版（3）．

王志电，周国强，郭艳秋，等．1994. 豫西地区土地质量评价［J］．洛阳大学学报，9（4）：65－75.

徐嘉兴，李钢，陈国良，等．2013. 土地复垦矿区景观生态质量变化［J］．农业工程学报，29（1）：232－239.

徐嘉兴．2013．典型平原矿区土地生态演变规律及评价研究——以徐州矿区为例［D］．徐州：中国矿业大学．
于苏俊．2009．可持续土地利用规划技术方法研究［D］．成都：西南交通大学．
张光宇，刘永清．1998．基于模糊相似关系的土地资源空间分布系统递阶结构模型［J］．自然资源学报，13（4）：35－357.
张子平，王宝山．1995．关于农用土地质量评价问题的研究［J］．焦作矿业学院学报，14（3）：58－63.
周怀锋．2011．基于系统动力学的煤炭开采价值与土地利用价值耦合关系研究［D］．北京：中国矿业大学．
朱方霞，陈华友．2013．区间多属性决策问题研究综述［J］．模糊系统与数学，27（3）：149－159.
朱永恒，濮励杰，赵春雨．2007．景观生态质量评价研究——以吴江市为例［J］．地理科学，27（2）：182－187.